Theory of International Commerce

국제 통상론

이재영 저

우용출판사
1997
www.choolpansa.com

머리말

지금의 세계는 글로벌화와 정보화 등으로 인하여 무한경쟁의 시대에 들어와 있다. 각 국은 자국의 이익을 달성하기 위하여 다양한 통상전략과 정책을 추진해 가고 있으며, 이러한 통상환경의 변화보다 훨씬 효과적으로 대응할 수 있는 방안이 마련되고 있다고 볼 수 있다. 특히 복잡하고 다변적인 통상환경에 적극적으로 대응하고 극복해야만 우리 나라 대외교역의 확대가 이루어질 수 있을 것이라 판단된다.

국제통상의 여러 이슈와 관련 내용들은 단순한 경제적 측면에서의 해석뿐만 아니라 법률적, 사회적 측면 등이 종합적으로 고려되어야 할 부분으로 종합적인 사고와 판단이 필요하다고 할 수 있다. 과거 우리가 흔히 말하던 zero-sum이 아닌 win-win할 수 있는 전략과 정책을 추진해야만 이러한 통상환경을 극복할 수 있고, 현재 우리 나라가 겪고 있는 통상마찰이나 대외교역의 한계를 극복할 수 있는 방안이 될 수 있을 것이다.

종합적으로 보면 WTO에 대한 체계적인 이해와 분석을 통하여 우리 나라의 대외교역을 확대할 수 있도록 통상이슈와 마찰에 대하여 적극적으로 대응하고, 세계무대에서 우리의 입지를 점진적으로 확대시켜 나갈 필요성이 있다.

따라서 본서는 이러한 측면에서 WTO에 대한 법체제와 관련한 제반 사항을 다루고 나아가 최근 들어 발생하는 중국과의 통상마찰문제, 무역과 환경문제, 지적재산권문제, 서비스교역의 개방, 전략물자 수출통제 등을 이슈로 선정하여 기술하였다.

본서는 크게 두 가지 분야로 구성되어 있다. 첫 번째로는 WTO체제에 관한 내용이다. 여기서는 WTO협정의 분석을 통하여 보다 체계적인 학습이 이루어질 수 있도록 기술되어 있으며, 두 번째는 이러한 WTO협정의 이해를 통하여 나타나게 되는 여러 통상 관련 이슈와 마찰 특히, 우리 나라와 교역이 가장 크게 두드러지는 중국을 중심으로 하여 기술하였으며, 그 밖에 최근 등장하는 통상이슈들로 구성되어 있다.

아쉬운 점은 국제통상과 관련된 다양한 이슈가 있으나, 지면 관계상 부득이하게 제외시키게 된 점을 아쉽게 생각한다. 향후 보다 학문적 깊이가 있고 읽는 이가 쉽게 이해할 수 있도록 지속적인 보완과 수정을 통하여 완성도를 높이도록 노력할 것을 이 지면을 통해서 약속드리는 바이다.

끝으로 본서가 국제통상학을 공부하는 많은 학생들과 일반인들에게 무역의 중요성과 국제통상에 대한 관심과 이해가 높아지길 기대한다.

본서의 출간은 무엇보다도 나의 대학시절과 대학원시절 물심양면으로 가르쳐주시고 학문에 대한 깊이를 알려주신 이춘삼 교수님의 후원이 가장 컸다. 아직까지도 부족한 제자를 위해서 진갑(進甲)이 넘으셨는데도 걱정과 애정으로 가르침을 주고 계신다. 앞으로도 학문의 정도를 걸으면서 부끄럽지 않은 제자가 될 수 있도록 이 글을 밀어 다시 한 번 다짐하게 된다.

끝으로 부족한 원고를 기꺼이 받아주시고 본서가 출판될 수 있도록 물심양면으로 도와주신 우용출판사 고종식 사장님께 감사의 말씀을 드린다.

2007년 7월

저자 씀

차례

Part Ⅰ WTO 총설

Chapter 9 WTO 통상분쟁 메커니즘

Part Ⅱ 통상마찰과 무역구제

Chapter 10 통상마찰과 무역구제 일반

Chapter 11 WTO 반덤핑협정

Chapter 14 WTO보조금 및 상계관세 협정

Part One

WTO총설

- ▶ WTO협정의 개요
- ▶ WTO협정과 국내법과의 관계
- ▶ WTO의 출범과 영향
- ▶ WTO 법질서
- ▶ 최혜국대우원칙과 내국민대우원칙
- ▶ WTO 위생 및 동·식물 검역협정
- ▶ WTO 신관세평가협정
- ▶ 서비스무역과 시장개방
- ▶ WTO 통상분쟁 해결 메커니즘

CHAPTER 1

WTO협정의 개요

Ⅰ. WTO의 의의

Ⅱ. WTO체제의 특징

Ⅲ. WTO체제의 기본원칙

Ⅳ. WTO의 구성

Ⅴ. WTO협정문의 구조

Ⅵ. WTO협정문의 적용범위

Ⅶ. WTO의 의사결정방식

Ⅷ. WTO와 GATT의 관계

Ⅰ WTO의 의의

세계무역기구(WTO : World Trade Organization)는 모든 교역분야에서 자유무역질서를 확대 강화하고, 제도화하기 위한 목적에서 출범한 기구로 「경제분야의 UN」 이라고 할 수 있다. 세계무역기구에서의 의사결정시 각국은 한 표를 행사하며, 단순다수결이 요구되나, 협정문의 유권해석, 회원국 의무이행면제(waiver) 승인 시에는 4분의 3의 다수결을 요구하고 있다.[1]

WTO협정은 WTO설립협정을 본문으로 하고 각종 다자간무역협정 및 복수국가간 무역협정을 부속서(Annex)로 구성되어 있다. UR협상의 결과로 법인격을 갖춘 WTO가 정식 기구로 설립되고 WTO 회원국의 국내법을 WTO협정에 일치시키도록 최대한 노력하도록 규정함으로써 다자간 무역체제가 더욱 강화되었다.

또한 뒤에 설명하는 바와 같이 구 GATT체제에서 제외되어 온 농산물, 서비스, 지적재산권, 무역관련 투자 등이 모두 포함됨에 따라 국제통상규범의 적용범위도 획기적으로 확대되었다. 더욱이 WTO가 국제통상 관련 모든 규범을 관장하게 되므로 국제통상규범의 적용에 일관성이 있게 되었으며, 분쟁 발생지에시 패널(pancl) 결정 불이행시 협정에 의거 교차보복을 인정함으로써 WTO규범적용의 강제성이 한층 강화되었다.

Ⅱ WTO체제의 특징

1 규범성

WTO체제의 가장 큰 특징은 소위 "Rule Integrity"를 강화하고 있다는 점이다. WTO

1) WTO설립협정 제9조.

체제는 GATT체제와는 달리 회원국의 협약불이행에 대하여 분쟁해결절차를 통해 강력한 제재를 가할 수 있게 함으로써 국제경제사회에서 "법의 지배"를 실현하고 있다.

2 포괄성

WTO체제의 두 번째 특징은 과거 GATT 체제 하에서 배제되어 있던 서비스교역, 지적재산권분야를 포함하고 있을 뿐만 아니라, 물품교역분야에서 사각지대로 있던, 농업, 섬유분야를 체제에 편입시키는 등 교역에 관한 서의 모든 분야와 문제들을 망라하고 있다는 점이다.

3 진보성

WTO체제의 세 번째 특징은 관세를 포함한 모든 무역장벽을 획기적으로 축소·철폐하고 무역정책검토기구(TPRB ; Trade Policy Review Body)에서 각국의 교역정책·관행을 주기적으로 감시하게 함으로써 국경 없는 교역(borderless trade)을 향한 획기적인 진전을 이룩하고 있다.

4 발전단계별 고려

WTO체제의 네 번째 특징은 발전단계가 낮은 국가들의 협약시행상의 어려움을 고려하여 개도국, 저개발도상국에 대해 상응하는 협약시행 유예기간을 부여함으로써 모든 후진국들의 참여를 유도하고 있다는 점이다.2) 선진국·개도국·최빈국의 분류기준은 협정 어디에도 나타나있지 않기 때문에 협상을 통해 결정하도록 되어 있다.

---

2) TRIPs에서는 선진국에 대하여 1년간의, 개도국에 대하여는 5년간의 시행유예기간을 부여하고 있기 때문에 우리 나라가 선진국으로 분류되는가 아니면 개발도상국(developing country)으로 분류되는가에 따라 중대한 영향을 받을 수 있다. 그러나 우리 나라와 미국, 우리 나라와 EU, 우리 나라와 일본간에는 지적소유권보호에 관한 양해각서가 교환되어 있는 상태이기 때문에 충격효과가 크지 않을 것으로 보인다.(Record of Understanding on Intellectual Property Rights between Republic of Korea and United States of America (August 28, 1986), Record of Understanding between the Commission of the European Communities and the Government of the Republic of Korea 참조.)

III WTO체제의 기본원칙

1 최혜국대우의 원칙

최혜국대우의 원칙(MFN : Most-Favoured Nations Treatment)은 어떤 체약국에 부여한 최우대조치를 다른 체약국에도 부여하여야 한다는 원칙으로 WTO체제의 모든 분야에서 요구되는 핵심원칙이다. 예를 들어 X국이 Y국에게 동등한 양허의 교환조건으로 특정품목의 관세를 인하하게 될 경우, 전 WTO 회원국들에게 동등한 최혜국대우를 부여해야 한다는 원칙이다. 이 경우 제3국도 역시 타국에게 비슷한 특혜를 주고받아 전 체약국들에게 동등한 대우를 부여해야하기 때문에 불평등한 거래는 없게 된다. 이때 특혜의 교환이 호혜주의(reciprocity)를 의미하는데, 호혜주의는 최혜국대우와 함께 WTO의 기본정신을 이루고 있다.

최혜국대우의 장점은 다음과 같다.

첫째, 시장기능의 왜곡현상을 최소화하여 자유무역을 실현할 수 있다.

둘째, 통상협상에 참여하는 모든 국가에 동일하게 적용되는 일반원칙을 세움으로써 규범형성의 비용을 최소화할 수 있다.

셋째, 무역문제에 관하여 국가별로 차별을 하지 않기 때문에 불필요한 긴장관계를 형성하지 않으므로 정치·경제적인 이점이 크다.

이상의 긍정적인 효과에도 불구하고 동 원칙은 후진국·개도국에 대한 특혜 부인으로 경쟁력이 약한 저개발국의 수출에 장애로 작용한다는 단점도 있다. 이 단점을 극복하기 위하여 후진국·개도국에 대하여 WTO/GATT 일부 조항을 면제시키거나, 경제개발을 지원하기 위하여 선진국들이 일반특혜관세제도(GSP)를 운용하고 있다.

한편, 최혜국대우의 예외로는 ① 긴급수입제한조치, ② 웨이버(waiver), ③ 개도국 우대조치, ④ 관세동맹 및 자유무역지역협정 등이 있다.

2 내국민대우의 원칙

내국민대우(National Treatment)의 원칙은 외국인과 내국인을 똑같이 대우해야 한다는 원칙으로서 예를 들어, 수입품에 대해 적용되는 내국세나 국내규칙이 국내 상품에 대해 부여하는 대우보다 불리하지 않은 대우를 부여하는 것을 의미한다. TRIPs에서는 이 원칙의 무조건 적용이 요구되나, GATS에서는 내국민대우원칙 적용에 대한 구체적인 약속을 국가별 양허표에 기재하도록 하고 있다.

내국민대우는 최혜국대우와는 달리 각국의 주권에 속하는 조세정책에 관련되기 때문에, 어떠한 조치가 외국상품에 대한 수입규제를 목적으로 한 것으로 판단할지에 대한 어려움이 있다.

3 시장접근 보장의 원칙

시장접근보장(market access)의 원칙은 예측할 수 있고 개선되는 시장접근 추진을 의미하는 것으로서 관세나 조세를 제외한 용역의 공급에 대한 일체의 제한을 철폐해야 한다는 원칙이다. 이러한 시장접근 보장원칙은 내국민대우원칙과 함께 시장개방의 양대 요소를 이루고 있는데, GATS 등에서는 국별양허표에 분야별로 구체적인 시장접근범위를 정하도록 하고 있다.

4 투명성의 원칙

투명성(Transparency)의 원칙이란 각국의 행정·사법기관의 의사결정이나 법령적용, 제도운용이 합리적이며 예측 가능하여야 하고 결정에 관한 이유가 고지되어야 하며, 그러한 결정의 기초가 되는 모든 법령 및 자료들이 공개되어야 한다는 원칙으로 개방의 실질적인 요소로서 구체적으로는 관세의 인하 및 모든 비관세장벽의 철폐와 무역관련 국내법령, 규칙 및 관행의 투명성 제고를 의미하는 것이다. 이러한 투명성의 원칙은 세계무역기구 체제의 일관된 원칙이나 국가안전보장에 관계되는 내용, 법 집행에 위해가 되는 사항, 영업상의 비밀 등 특정한 경우에는 예외를 인정하고 있다.

Ⅳ WTO 구성

【그림 1-1】 WTO의 조직도

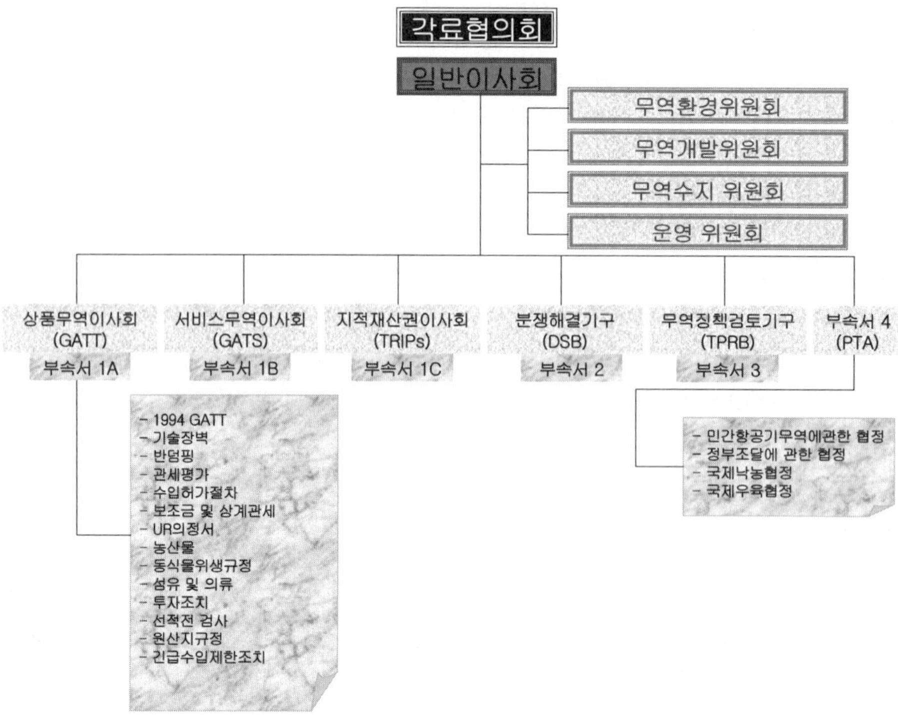

WTO는 최고 의결기관으로 2년마다 1회 이상 개최되는 각료회의(Ministerial Conference)가 있고, 각료회의가 열리지 않는 동안에는 일반이사회(General Council)가 각료회의의 업무를 처리하게 되며,[3] 이 일반이사회는 분쟁해결기구(Dispute Settlement Body), 무역정책검토기구(Trade Policy Review Body)로서의 기능도 수행하게 되어있다. 각료회의 산하에는 무역개발위원회, 무역수지위원회, 운영위원회, 무역환경위원회 등 특별위원회가 설치되며, 일반이사회 산하에는 상품무역이사회, 서비스무역이사회, 무역관련지적재산권이사회가 각각 설치된다.

V WTO협정문의 구조

1 개요

세계무역기구 설립협정[4]은 세계경제헌법이라고 할 수 있으며, 선문과 총 16개 조문으로 구성되어 있고, 세계무역기구의 기능, 구조, 조직, 가입 및 탈퇴, 의결방법 등의 사항을 규정하고 있다.[5]

WTO 무역협정은 크게 다자간무역협정과 다수국간 무역협정으로 구성되어 있다.[6]

---

3) WTO설립협정 제4조.

4) GATT TNC, The Uruguay Round(MTN/FA), 1993. 12. 15.

5) WTO설립협정은 전문과 제16개 조문으로 구성되어 있는 비교적 단순한 협정이라고 할 수 있다. 그러나 UR 협상의 결과인 모든 다자간무역협정(Multilateral Trade Agreement) 및 다각적 무역협정(Plurilateral Trade Agreement)이 부속서로 들어 있고, MTA의 경우에는 WTO설립협정 가입과 함께, 자동가입이 되기 때문에 UR 협정의 결과를 총 망라하고 있다고 해도 과언이 아니다.

6) 세계무역기구 설립협정의 부속협약에는 다수국간 무역협정(PTA)과 다자간무역협정(MTA)이 있는데, 그 차이점은 다자간무역협정은 세계무역기구 설립협정 가입시 자동적으로 가입되나, 다수국간 무역협정은 별도로 가입한 국가에 대해서만 적용된다는 점이다.(WTO설립협정 제12조 제1항-MTA-, 제3항-PTA-) 다각적 무역협정은 세계무역기구 설립협정에 부속되어 있기는 하지만 설립협정과는 독립된 협정이라고 할 수 있다.(이춘삼, 「무역관계법」, 법문사, 1994, p. 481)

다자간무역협정은 무역에 관한 다자간무역협정(Multilateral Agreement on Trade, 부속서 1), 분쟁해결 규칙 및 절차에 관한 양해(Understanding on Rules and Procedures Governing the Settlement of Disputes, 부속서 2), 그리고 무역정책 검토제도(Trade Policy Review Mechanism, 부속서 3) 등 3개의 부속서로 구성되어 있다.

【그림 1-2】 세계무역기구설립협정문의 구성

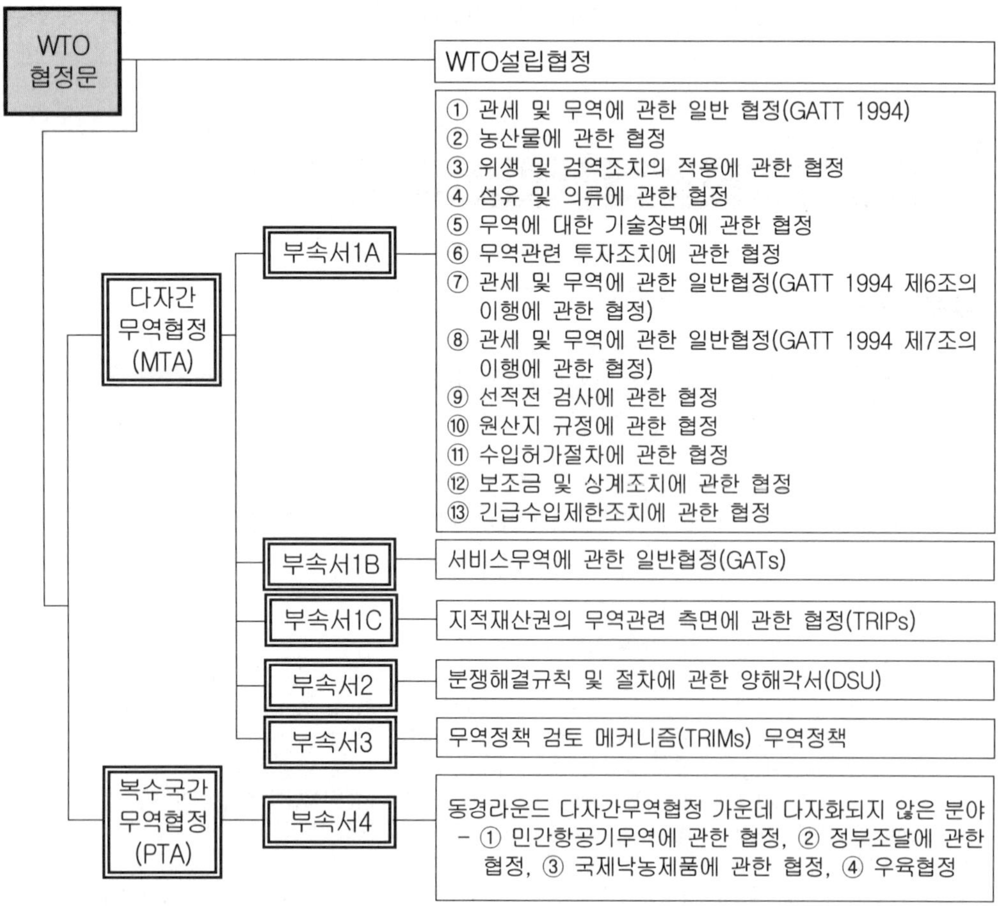

그리고 무역에 관한 다자간협정(부속서 1)은 다시 상품무역에 관한 다자간무역협정(Multilateral Agreement on Trade in Goods, 부속서 1A), 서비스무역에 관한 다자간무역협정(General Agreement on Trade in Service, 부속서 1B), 무역관련 지적재산권에 관한 협정(Agreement on Trade-Related Aspects of Intellectual Property Rights, 부속서1C)으로 세분되어 있다.

특히, 부속서1A 상품무역에 관한 다자간협정은 성격에 따라 WTO로 복귀하는 협정(농산물, 섬유), 동경라운드 무역협성 중 다자화 된 분야[7], 그리고 새롭게 체결된 다자간협정(위생 및 검역조치, 무역관련 투자조치, 선적전 검사, 원산지 규정, 긴급수입제한조치)등으로 구분될 수 있다. 이와 같은 다자간무역협정들은 WTO협정의 일부로서 모든 WTO 회원국에게 적용되고 있다.

한편, 다수국간 무역협정은 「부속서 4」에서 규정하고 있는데, 민간항공기무역에 관한 협정(Agreement on Trade in Civil Aircraft), 정부조달에 관한 협정(Agreement on Government Procurement), 국제낙농협정(International Bovine Meat Agreement)등 4가지 협정으로 구성되어 있다. 현재 우리 나라는 4개의 다수국간 협정에서 정부조달 협정에만 가입하고 있다.[8]

이러한 다수국간 무역협정(복수국간 협정)은 WTO협정의 일부이기는 하나 실질적

---

7) 동경 라운드에서 체결된 9개의 MTN협약 즉, Technical Barriers to Trade(무역에 관한 기술장벽 - 일명 표준 코드(Standards Code)로 불리어 짐-), Government Procurement(정부조달), Subsidies(보조금 및 상계조치 - GATT 제8조, 제16조, 제23조의 해석-), Bovine Meat(우육 협정), Dairy Products(국제낙농협정), Customs Valuation(관세평가 - GATT 제7조의 해석), Import Licensing Procedures(수입허가절차), Civil Aircraft(민간항공기 무역), Anti-dumping(반덤핑 관세) 등에 대한 협약은 개별적으로 이들 협약에 가입한 국가들에 대해서만 적용하게 되었고, 이들 협약에 가입한 국가들은 20 - 30여개 국가에 불과했기 때문에 실효성이 별로 없었다고 할 수 있다. UR 협상에서는 Government Procurement, Bovine Meat, Dairy Products, Civil Aircraft 이외에는 모두 소위 MTN(Multilateral Trade Agreement)로 전환함으로써 모든 WTO가입국에 대하여 자동적으로 적용하게 되었다.(WTO설립협정 제12조 ; Jackson John H., The World Trading System, The MIT Press, 1989, p. 55.)

8) 우리 나라는 1994년 4월 15일 마라케쉬 각료회의에서 국내비준 조건부로 정부조달협정에 서명하였는데, 이 협정은 우리 나라에 대하여 1997년 1월 1일부로 발효되었으며, 일정금액 이상의 물품구매 및 공사발주의 경우 국제경쟁에 붙이도록 하고 있는 것이 주요 내용이다.

으로 WTO협정과는 별도로 독립적으로 운영되고 있으며, 단지 관리의 편의상 WTO가 관장하고 있는 상태이다. 또한 다수국간 무역협정은 다자간협정과 달리 동 협정에 개별적으로 가입한 회원국들에게만 그 효력이 미치고 있다.[9)]

그리고 12개 각료회의 결정 및 선언은 다음과 같다.

① 최빈개도국을 위한 조치에 관한 협정, ② 세계경제정책상의 일관성 제고를 위한 세계무역기구의 기여에 관한 선언, ③ 통보절차에 관한 결정, ④ 세계무역기구와 국제통화기금간의 관계에 관한 결정, ⑤ 최빈개도국과 식량 순수입 개도국의 농업개혁계획의 이행시 발생 가능한 부정적 효과와 관련한 조치에 관한 결정, ⑥ 섬유 및 의류에 관한 협정 제2조 제6항의 1차 통보에 관한 결정, ⑦ 기술장벽에 관한 결정, ⑧ GATT 1994 제6조의 이행협정에 관한 결정 및 선언, ⑨ GATT 1994 제7조의 이행협정에 관한 결정, ⑩ 서비스무역에 관한 결정, ⑪ 정부조달협정가입에 관한 결정, ⑫ 분쟁해결규칙 및 절차에 관한 양해의 적용 및 검토에 관한 결정 등이다.

2 주요 협정문 내용의 개관

1. 분쟁해결절차 양해

분쟁해결절차의 양해는 다자간 무역체계의 안정성과 예측가능성을 부여하는 중심적 요소로서 협의, 패널, 상소(항소)기구, 분쟁해결의 이행, 보복조치 등의 일련의 절차에 대한 시한 설정 및 명확한 작업절차를 규정하고 있다. 이는 기존의 GATT 분쟁해결절차와 달리 패널보고서의 채택, 패널권고의 불이행시 보복조치를 자동적으로 승인되도록 하고, 상소기회도 제공하고 있다.

2. 농산물협정

농산물교역에 적용되는 GATT규정이 비관세 조치와 보조금 조치에 따라 비효율

9) Agreement Establishing the World Trade Organization, Art. Ⅱ(3).

적이었으나 동 협정에서는 모든 비관세 조치의 철폐(TE[10])를 통한 양허) 및 보조금 감축을 규정하고 있다. 이와 관련해서 시장접근은 10년에 걸쳐 관세인하(일반 36%, 개도국은 24%)를 하도록 하고 있으며, 국내보조의 경우 6년에 걸쳐 20%감축(개도국은 10년간 13%)하도록 명시하고 있고, 수출보조금 또한 6년에 걸쳐 36%감축(개도국은 10년간 24%)하도록 규정하고 있다.

3. 섬유협정

기존에 GATT체제하에서 예외적 조항(Grey Area)으로 남아있던, 섬유류 무역에 관한 다자간협정(MFA, 1974년 발효)을 10년간 단계적으로 GATT에 복귀하고, 단계별 쿼터 증가를 보장하고 있다.

4. 서비스협정

서비스무역에 관한 일반적인 규칙과 규율을 정하고, 개별분야에 대한 특별한 조건을 정한 부속서 및 서비스 시장접근에 대한 양허표로 구성되어 있다. 일반원칙으로 적용대상, 내국민대우, 공개주의, 인정제도, 국제지급 및 이전에 대한 제한 금지, 점진적 자유화를 규정하고 있으며, 부속서에서 자연인 이동, 금융서비스, 통신, 항공운송서비스 등에 대해 규정하고 있다.

5. 지적재산권 협정

지적재산권의 보호 및 강화를 위해 내국민대우 및 최혜국대우보장 등 기본원칙을 규정하고 있으며, 지적재산권의 획득가능성 범위와 사용에 관한 기준을 설정하고 있다. 여기에는 저작 및 인접권, 상표, 지리적 표시, 의장, 특허, 집적회로(IC : Intelligent Circuit) 배치설계, 영업비밀, 라이선스 계약에 의한 반경쟁행위 통제 등

10) 관세상당치(Tariff Equivalent ; TE)를 말한다. UR농산물협상에서 농림축산물의 '예외 없는 관세화'(without tariffication)에 의한 양허품목 중 농산물의 수입급증에 따른 피해가 발생하는 경우, 국제가격과 국내가격의 차이인 내외가격차, 측 관세상당치 만큼을 관세를 부과할 수 있도록 한 WTO협정부속서중 '농업협정문'에 의한 특별긴급 구제제도(special safeguard)에 의거하여 도입된 것이다.

에 대한 시행절차, 권리의 획득유지 및 관련 내부절차 등을 규정하고 있다.

6. 반덤핑협정

1979년대 동경 라운드에서 타결된 반덤핑협정의 덤핑마진 결정방법, 조사절차 등에 대해 보다 명료하고 상세히 규정하고 있으며, 제소자격을 강화하고, 덤핑마진 산정기준을 객관화하고, 덤핑수입과 산업피해간의 고려요건을 강화하는 한편, 반덤핑관세의 소멸조항(sunset clause) 도입 등을 명시하고 있다.

7. 보조금협정

보조금의 개념을 정부의 재정적 지원, 특정성 요건 설정 등을 통해 명확히 정의해 놓은 것이 특징이다. 이들 보조금은 크게 3가지 유형으로 구분하고 있는데, 금지보조금, 상계가능보조금, 허용보조금으로서 ① 금지보조금은 수출성과부 보조금, 수입대체 보조금 등으로의 지급을 금지하도록 하고 있으며, ② 상계가능보조금은 특정산업, 특정기업에 대한 보조금으로 지원은 허용되나 타국산업에 역효과를 제공해서는 안 됨을 명시시키고, ③ 허용보조금은 기술개발, 환경보호, 지역개발을 위한 보조금으로 일정조건하에서 허용하고 있다. 한편, 보조금에 따른 상계관세 부과절차 역시 객관화 및 명료화함이 특징이다.

8. 세이프가드협정

수입증가로 인해 특정산업에 심각한 손상을 초래하거나 초래할 가능성이 있는 경우 특정산업을 보호하기 위한 장치를 제공하는 것이 세이프가드라 할 수 있는데, WTO협정의 특징은 기존 GATT 제19조 상의 세이프가드 발동절차 및 조건을 보다 명료화, 구체화하고, 세이프가드 조치의 종료시한을 설정하고 있다는 점이다. 한편, 수출자율규제(VER : Voluntary Export Restrict)등 각종 회색지대(Grey Area) 조치에 대해서는 원칙적으로 금지시키고 있다.

9. 기술장벽협정

기술장벽협정(TBT : Trade Barrier to Trade Agreement)은 기술규정과 표준 및 검사와 인증절차가 무역에 불필요한 장벽을 만들지 않도록 보장하고 있다.

10. 수입허가절차협정

수입허가절차의 투명성 및 예측가능성을 보장하기 위함이 본 협정의 목적으로서 수입허가절차의 설립이나 변경 등에 대한 통보를 반드시 준수할 것을 규정하고 있으며, 자동허가절차 및 비자동허가절차에 대한 기준도 설정하고 있다.

11. 관세평가협정

관세평가협정은 관세를 부과할 목적의 상품의 가치평가를 하는데 있어서 공정하고 통일된 중립적 관세평가 체제를 유지하고자 하고 있다.

12. 선적전 검사협정

개도국에 의해 사용되는 선적전 검사에 대한 규율을 하고 있는데, 선적전 검사란 해외에서 주문한 상품의 가격, 수량, 품질에 대한 선적명세서 점검을 정부가 아닌 개인회사를 사용하는 관행을 의미한다. 이러한 선적전 검사협정에는 선적전 검사 사용 회원국 정부에 대한 의무로서 무차별, 투명성, 영업비밀 보호, 지체의 회피 등의 내용과 선적전 검사 사용자에 대한 수출회원국의 의무라고 할 수 있는 무차별, 공표, 기술지원 제공의무 등을 명시하고 있다.

13. 원산지규정

회원국의 원산지규정의 투명성을 보장하고, 국제무역에서 분열적 효과나 제한적, 왜곡적인 효과 초래를 금지하기 위함이 본 규정의 목적으로서 WTO협정발효 3년 이내에 통일원산지 규정을 제정하도록 규정하고 있다.

14. 무역관련 투자조치 협정

무역관련 투자조치 협정(TRIMs)은 상품에 관한 무역과 관련 투자제한 조치의 철폐를 규정 다만, 일반적으로 2년, 개도국은 5년, 최빈개도국에 대해서는 7년의 유예기간을 허용하고 있다.

15. 복수국간 협정

복수국간 협정이란 동경라운드 타결 이후 1980년 1월 1일 발효된 선택적인 협정을 의미하는데, 민간항공기협정은 민간항공기 및 그 부품의 관세 철폐 등 보조금 지급 제한에 관한 규정을 명시하고 있으며, 정부조달협정에서는 정부조달부문의 국제경쟁을 가능한 개방하기 위해 정부조달관련 법률, 규정 및 절차, 관행을 투명하게 하고, 외국공급자를 차별하거나 국내공급자를 보호하지 않도록 하고 있으며, UR 협상에서 대상 범위를 이전협정의 10배 범위로 확대하는 등 실질적인 자유화를 확대하고 있다. 낙농협정은 세계낙농교역의 자유화확대 및 안정된 무역을 도모하고 있고, 우육협정은 가축과 육류에 대한 국제무역의 안정성과 자유화 확대를 통한 동 분야의 국제협력을 강화하고자 하였다.

VI WTO협정문의 적용범위

WTO는 상품, 서비스, 지적재산권 등의 광범위한 분야를 총괄하고 있으며, 이는 과거의 GATT가 상품분야의 일부분에 한정되었던 것과는 차이가 있다. 따라서 기존의 GATT에서 다루어졌던 상품분야는 물론이고, 상품분야의 무역규범에 대칭되는 서비스 분야의 무역규범도 새로이 제정되어 WTO의 또 다른 축을 구성하고 있다.

이는 기존의 상품분야에 있어서 공산품분야에 관세인하, 섬유부문의 수입제한 장벽철폐, 회색지대 조치(수출자율규제)철폐 등을 실시하였다. 또 농산물분야에 있어 예외 없는 관세화, 관세의 단계적 감축, 최소시장 접근 및 현재의 시장접근에 의한 수입기회보장 방법 등을 통한 시장개방조치를 강화하였으며, 서비스 분야는 155개 업종을 대상으로 한 자유화가 추진되었으며, 서비스 분야에 대한 규율의 폭은 점차 포괄적이며, 세분화되고 있다.

이러한 상품분야에 대한 규율의 정교화와 함께 WTO의 집행력을 강화하기 위해 몇 가지 제도적 보완을 갖추었는데, WTO의 분쟁해결절차를 통일하여 체계성을 갖추고 또한 일방적인 조치를 억제하고, 교차보복(cross-sector retaliation)[11]을 인정하는 등 실효성도 증대시켜, WTO체제유지를 위한 기반을 마련하고 있으며, 이를 관할하기 위한 분쟁해결기구(DSB : Dispute Settlement Body)를 설치하였다. 이러한 조치는 WTO협정 위반자에 대한 제재조치의 강화의 의미를 가지는 것으로서 기존의 GATT 체제가 상설분쟁기구가 없음으로 인해 국가간 분쟁이 발생했을 경우 권고조치만으로 끝나던 것을 실질적으로 분쟁을 해결하기 위해 상설기구인 분쟁해결기구(DSB)를 설치하여 해결하도록 하고 있다. 특히 분쟁해결의 단계적 절차와 이행기간을 명료화하였으며, 분쟁기구의 결정사항이 용이하게 집행될 수 있도록 하기 위해 교차보복의 조치를 취할 수 있도록 하였다.

그리고 국제무역규범의 제정과 강화이다. 공정하고 명료한 무역규범을 마련하기 위해 무역정책검토기구(TPRB : Trade Policy Review Body)를 설치하였으며, 각 회원국의 무역정책과 관련제도 및 관행을 정기적으로 평가하기 위한 무역정책검토제도(TPRM : Trade Policy Review Mechanism)도 실시하도록 하였다. 이러한 TPRM를 통해 주기적으로 회원국의 무역정책을 평가함으로써 사전에 무역분쟁의 발생가능성을 감소시켜 주게 된다.[12]

---

11) WTO의 분쟁해결절차를 통하여 피소당사국이 패널결정에 대하여 합리적인 기간 이내에 이행하지 않는 경우에 제소당사국은 분쟁해결기구의 승인을 얻어 패소국에 대한 양허나 그 밖의 협정상의 의무를 정지할 수 있는 것을 말한다.

12) 이영준, 「국제경제법론」, 법문사, 1997. p. 54.

Ⅶ WTO의 의사결정방식

WTO는, 투표가 아닌 만장일치의 합의제(Consensus)[13]에 의한 의사결정이라는 GATT의 오랜 관행을 유지하고 있으며, 이를 통하여 회원국들의 이해가 반영되도록 보장하고 있다. 만일, Consensus가 불가능할 경우, WTO협정은 투표에 의한 의사결정을 허용하고 있는데, 과반수에 의한 다수결의 투표를 따르도록 하여 의사를 결정하게 된다.[14]

대부분의 경우 의사결정의 시한은 90일이며, 일부 회원국이 자국에게 불리하다는 이유로 WTO의 결정사항을 수락하지 않을 경우, 그것이 다자체제에 위협을 주는 등 WTO에 중요한 사항인 경우에는 3/4이상의 동의를 얻어 수락시한을 정한 다음, 그 시한 내에도 이를 수락하지 아니하는 경우 국가에 대하여는 WTO를 탈퇴시킬 수 있도록 하고 있다. 또한「1국가 1표」원칙이 적용되지만, EU의 경우에는 WTO 회원국 숫자만큼 투표권을 행사할 수 있다.

다만, WTO협정상 특수한 투표가 적용되는 경우는[15] 첫째, WTO 다자간협정의 해석 채택과 회원국 의무면제 사항(Waiver)과 관련된 분야로서 회원국의 3/4의 찬성이 있어야 한다.[16] 둘째, 다자간협정의 개정과 관련된 사안으로서 개정규정의 중요성에 따라 회원국 전체 또는 2/3의 찬성을 얻어야 하는데 다만 이 경우 개정규정은 그것을 받아들인 국가들에게만 적용된다는 것이 특징이다.[17] 마지막으로 신규 회원국 승인과 관련된 내용[18]으로서 각료회의시 2/3의 찬성을 얻어야만 한다.[19]

---

13) 만장일치 합의제는 표결을 거쳐 전원의 동의를 구하는 방식과는 다소 차이가 있는데, 여기서의 만장일치 합의제는 참석회원국가운데 공식적으로 반대를 표명하는 국가가 없을 경우 합의된 것으로 보는 관행을 의미한다. 이러한 의미에서 WTO의 만장일치 합의제를 역만장일치제(reverse consense)라고 지칭하기도 한다.

14) WTO설립협정 제9조 1항.

15) 통상산업부,「미래를 향한 무역 - WTO -」, 통상산업부 세계무역기구담당관실, 1995,. 10. p. 20.

16) 제9조 2, 3, 4항.

17) 제10조 1항.

Ⅷ WTO와 GATT의 관계

WTO체제는 기존의 GATT체제에서는 볼 수 없는 많은 내용을 포괄하고 있다. 즉, 세계 각국의 시장개방 확대조치, 공정하고 명료한 무역규범 마련, 규범이탈자에 대한 제재를 강화할 수 있는 효과적인 분쟁해결절차 등이 그것이다.

이러한 WTO체제는 기존의 GATT체제와 상당히 많은 부분에서 그 차이점을 발견할 수 있는데, 이를 도표를 통해 살펴보면 다음과 같다.

[표 1-1] GATT와 WTO의 차이

체제 / 내용	GATT	WTO
기구의 성격	- 국제협정일 뿐 엄격한 의미의 국제기구는 아니었음 - 불완전한 브레튼우즈 체제	- 국제법인으로서 국제기구의 역할을 수행 - 브레튼우즈 체제 완성
국제무역 규율범위	- 공산품과 일부 농산물 - 농산물과 서비스의 교역제한 허용	- 농산물, 공산품, 서비스, 지적재산권 등 국제적으로 거래되는 모든 상품
국제 규범	- 포괄적인 무역규범의 제정에는 실패 - 보조금협정과 반덤핑협정의 제정 - NTB(Non-Tariff Barriers)에 대한 규범제정을 시도했으나 실패	- 관세 및 비관세장벽 완화 - 17개 다자간협정과 4개의 복수간 협정 포괄 - 서비스(GATS) 제정 - 지적재산권 협정(TRIPs) 제정 - 반덤핑협정과 보조금 및 상계관세협정의 강화 - 세이프가드 협정을 통해 회색조치 철폐 의무화
분쟁	- 상설 분쟁해결 기구가 없음	- 상설 분쟁해결 기구인 DSB의 신설과 상소기구

18) WTO에 대한 가입은 각료회의가 결정하며, 각료회의는 WTO 회원국의 2/3의 다수결로 가입조건을 승인한다(제12조 3항). 회원국은 국가 또는 완전한 자치권을 보유한 독립된 관세영역으로서 자신의 대외무역관계 및 WTO협정에 규정된 사항을 시행할 수 있어야 한다(제12조 1항). WTO 회원국이 설립협정에 대하여 어느 조항도 유보할 수 없으며, 다자간무역협정에 대한 유보는 이 협정에 명시된 경우에 한하여 채택할 수 있다(제16조 5항). WTO회원국은 이 설립협정에 부속된 협정들의 의무들을 이행함에 있어서 자국의 법, 규제 및 행정절차가 이들 협정과 합치하도록 필요한 모든 조치를 취하여야 한다(제14조 4항)

19) 제12조 3항.

해결 절차	무역분쟁에 대한 권고안만 제시 - 교차보복(cross-sector retaliation) 없음	의 신설 - 분쟁해결의 단계적 절차와 이행 기간 명료화 - DSB결정사항의 집행용이 - 교차보복(cross-sector retaliation) 가능

1 WTO의 구성

1. WTO체제

1994년 관세 및 무역에 관한 일반협정(General Agreement on Tariffs and Trade 1994)은 WTO협정 부속서 1 A에 속해 있는 협정으로서, '1994년 관세 및 무역에 관한 일반협정 본문', '1994년 관세 및 무역협정의 해석에 관한 6개 양해' 및 '1994년 마라케쉬의정서'의 세 부분으로 구성되어 있다.

2. WTO협정의 구성

(1) 1994년 GATT협정 본문의 구성

1994년 GATT는 ① 1947년 GATT 발효후 WTO협정 발효전까지 정정, 개정 또는 수정된 GATT규정, ② 1947년 GATT체제하에서 발표한 법률문서, 즉, 관세양허와 관련한 의정서와 증명서 및 가입의정서와 1947년 GATT 제25조에 따라 부여되었으며, WTO협정 발효시 계속 유효한 면제에 관한 결정 그리고 기타 1947년 GATT 회원국단의 결정사항으로 구성되어 있다.

(2) 우루과이라운드협상에서 타결된 1994년 GATT 해석에 관한 양해

A. 1994년 GATT 제2조 1항 (b)의 해석에 관한 양해

제2조 1항 (b)에 언급된 관세양허 품목에 대하여는 양허세율뿐만 아니라, 동 품목에 대하여 적용되는 '기타 과세 및 부담금'의 성격과 수준도 1994년 GATT에 부속된 양허표에 기재하여야 한다.

B. 1994년 GATT 제17조 해석에 관한 양해

GATT 제17조에 의한 회원국의 국영무역관련 통보 및 이와 관련된 정책 검토 의무를 확대하고 있는바, 국영무역기업 활동의 투명성 보장을 위하여 각 회원국에게 국영무역기업을 상품무역이사회에 통보하도록 규정하고 있다.

C. 1994년 GATT 국제수지규정에 관한 양해

제12조 및 제18조 B에 규정된 국제수지보호를 위한 수입제한조치의 발동요건 강화를 규정하고 있으며, 그 내용으로서는 ① 국제수지를 목적으로 취해진 수입제한조치철폐의 일정의 공표, ② 무역에 대한 교란효과가 가장 적은 조치의 채택, ③ 심각한 국제수지 상황으로 인하여 대외지불상태 악화를 저지할 수 없는 상황을 제외하고는 국제수지 목적의 새로운 수량제한의 부과 회피 및 ④ 수량제한의 부과 시행에도 가급적 임의적 수입허가의 시행을 자제하도록 하고 있다.

D. 1994년 GATT 제24조의 해석에 관한 양해

제24조의 관세동맹 및 자유무역지대[20] 관련 규정의 투명성을 제고하기 위한 방안으로서 ① 관세동맹 또는 자유무역지대 형성 전후의 관세수준 평가방법 규정, ② 관세동맹 또는 자유무역지대의 형성에 따른 관세 인상시 보상제공, ③ 잠정협정의 경우 완전한 관세동맹 또는 자유무역지대로의 이행기간은 원칙적으로 10년이내로 한정, ④ 관세동맹 또는 자유무역지대창설협정 등으로 인하여 특정국의 이익이 무효화 또는 침해될 경우 WTO분쟁해결절차 원용 등을 규정하고 있다.

20) GATT 제24조 8항에서 정의되고 있는 '관세동맹'이란 그 체약국이 상호간의 무역에 대하여 원칙적으로 무역장애를 만들지 않고, 역내제국과의 무역에 대하여는 공통의 관세 기타 통상규칙을 적용하는 것을 말하며, '자유무역지대'란 그 체약국이 상호간의 무역에 대하여 원칙적으로 무역장애를 만들지 않는다는 점에서는 관세동맹의 경우와 동일하나 역외제국과의 무역에 대하여는 각 체약국은 각각 기존의 관세 기타 통상규칙을 그대로 두는 것을 가리키고 있다.(이춘삼, 「국제관세제도론」, 1992. 동성출판사, p. 86.)

E. 1994년 GATT 의무면제에 관한 양해

의무면제(waiver)의 존속기간을 설정하고 있는바, WTO협정 발효시 유효한 의무면제가 추후 연장되지 아니하는 한 WTO협정 발효 후 2년 이내에 종료하도록 하고, 의무면제와 관련하여 특정국의 이익이 무효화 또는 침해될 경우, WTO분쟁해결절차 원용이 가능하도록 규정하고 있다.

F. 1994년 GATT 제28조의 해석에 관한 양해

제28조에 따라 관세율을 재협상하는 경우, 주요 공급국(PSI : Principal Supplying Interest)의 인정기준을 확대하고 있는바, 양허의 수정 또는 철회시 이로 인하여 영향을 받는 수출이 총수출에서 차지하는 비중이 가장 큰 회원국에게도 주요 공급국의 지위를 부여하고 있다.

보상액 산정시 미래의 무역량 감안원칙을 마련하여, 특정국의 관세양허가 할당관세[21]로 대체될 경우, 이에 따른 보상액은 동 양허의 수정으로 인해 영향을 받는 실제 무역액을 초과하도록 규정하고 미래의 예상무역량을 감안하도록 규정하고 있으며, 양허의 수정 또는 철회시 보상을 위한 최초 협상권을 주요 공급국에게 부여하고 있다.

(3) 1994년 GATT에 대한 마라케쉬의정서

1994년 GATT에 대한 마라케쉬의정서는 UR협상을 통해 각국이 약속한 국별

---

21) 할당관세(tariff quota system)란 관세율의 조작에 의하여 수입수량을 직접 규제하고자 마련된 제도로서 국내생산이 국내수요를 충족하지 못할 때 공급부족분, 즉 수요충족을 위한 수입량에 대하여 낮은 관세율을 적용하고, 이를 초과하는 수량에 대하여는 높은 세율을 부과함으로써 국내의 생산업자와 수요자를 동시에 보호하기 위한 관세제도이다. 그러나 국내에서 생산되지 않는 물품에 대하여도 국내수요량을 초과하여 수입되는 경우에 가수요를 억제하기 위한 수단으로도 사용되고 있다.

GATT에서는 국내산업의 보호수단으로 양적 수입규제를 원칙적으로는 금지하고 있으나, 관세할당제도는 무차별적 적용을 조건으로 하여 인정되고 있으며, 이 무차별방식은 전면적으로 이해관계국의 협약에 의하는 국가별 할당방식과 과거의 무역실적을 기준으로 하여 정해지는 국별 할당방식이 인정되고 있다.

양허 및 약속계획표(schedules on the concessions and commitments)의 이행 및 그 시기에 관해 규정하고 있다. 실제로 약2만 6천 페이지에 달하는 방대한 회원국의 '국별관세 및 서비스계획표(national tariff and services schedules)'가 마라케쉬의정서에 첨부되었으며, 동 의정서에 첨부된 각국의 양허표가 1994년도 GATT 상의 양허표임을 규정하여 각국의 시장개방협상결과 도출된 관세·비관세장벽의 완화 철폐 약속이 WTO협정의 불가분의 일부임을 규정하고 있다.

구체적으로 농산물 이외의 관세인하는 WTO협정 발효일에 최초로 인하하고 그 후 매년 1월 1일을 기준으로 동률로 인하하여[22] 5차례의 동률인하를 통하여 이행하도록 규정하고 있다. 그리고 농산물에 대한 관세인하는 각국의 양허표상 농업관련 부분에 따라 단계적으로 이행하도록 하고 있다.

(4) 조부조항폐지의 예외부여

조부조항(Grandfather Clause)이라 함은 GATT 규정 가운데 제2부(제3조 - 제23조)와 회원국 국내법 규정이 상충할 경우, 동 국내법이 해당 회원국의 GATT 가입 이전에 발효되었고, 해당국 정부가 의무적으로 시행해야 하는 것일 경우에 한하여 국내법을 우선 적용할 수 있도록 하는 규정을 의미한다.

이러한 조부조항은 GATT에서 폐지하는 것을 원칙으로 하고 있는 바, 이의 폐지에도 불구하고, 연안 해운에 있어서 외국건조 선박의 상업적 목적을 위한 사용, 판매 또는 임대의 금지에 관한 조치(미국의 Jones Act를 지칭)는 허용된다고 규정하고 있다.[23] 다만, WTO협정 발효후 5년 이내 및 그 이후 2년마다 동 예외인정의 필요성을 검토하기로 하고 있다.

22) WTO 발효후 4년 이내에 최종세율을 발효하도록 되어 있다.
23) WTO협정 부속서 1A, 1994년 GATT 제3항(a).

2 GATT체제와의 관계

1. GATT (1947)의 개념

세계무역기구설립협정에서 의미하는 「GATT 1947」은 동 협정문 제2조 4항에서 언급하고 있는 바와 같이, '무역과 고용에 관한 UN회의 준비위원회 제2회기의 종료시 채택되었던 최종의정서에 부속되어있던 것으로서 이후 몇 차례에 걸쳐 수정 및 개정되었거나, 변경된 1947년 10월 30일자 「관세 및 무역에 관한 일반협정」을 의미한다. 따라서 세계무역기구 설립협정에서 지칭하는 「GATT 1947」은 1947년 당시의 GATT를 의미하는 것은 아니다.

사실, 1947년도의 GATT는 그 개정 요건을 엄격히 제한하고 있었기 때문에, 협정 자체의 개정이 사실상 불가능하였으며, 소위 '규정'이라고 불리어 오고 있는 부수 또는 보조협정, 체약국단(Contracting Parties)의 결정, 체약국들의 양해사항 및 분쟁의 해결을 위한 패널보고서의 채택 등과 같은 방법을 통하여 1947년의 GATT가 계속 수정·개정·보완되어 온 것이다. 이를 통틀어 「GATT 1947」이라 한다.[24)]

2. GATT(1947)의 종료

1994년 12월 8일 제네바에서 열렸던 경과조치에 관한 이행회의(Implementation Conference on Transitional Arrangements)에서 당시 GATT 체약국 각료들이 채택하였던 「GATT 1947 및 세계무역기구(WTO)협정의 잠정적 공존에 관한 결정(Decision on Transitional Coexistence of the GATT 1947 and the WTO Agreement)」에서 체약국단의 연기결정이 없는 한, GATT 1947은 WTO협정의 발효일로부터 1년 동안만 시행되는 것으로 확정하였다.

이 결정에 따라 GATT 1947 그 자체는 1995년 12월 31일에 종료되었다. 다만, 'WTO

24) 장효상, 「국제경제법 연습」, 법영사, 1998, pp. 145 - 148.

협정의 발효 이전에 효력을 가지고 있던 법적 합의문서들의 규정에 의하여 수정 및 개정되었거나 변경된 ...이하 중략... 잠정적용의정서를 제외한 1947년 10월 30일자 관세 및 무역에 관한 일반협정상의 규정들'은 관세 및 무역에 관한 일반협정 「GATT 1994(General Agreement on Tariffs and Trade 1994)」의 일부를 구성하고 있는 것이다.[25)]

다시 말하면, GATT 1947 그 자체는 종료시키되, 그 규정들은 GATT 1994로 편입시키는 방법을 사용한 것이라고 할 수 있다.[26)]

3. WTO체제하에서 GATT(1947)의 중요성

GATT (1947)과 GATT (1994)의 상호 연관성을 볼 때, 현재의 국제통상규범의 대부분을 구성하고 있는 WTO협정하에서도 GATT 1947의 법적 의미가 완전히 소멸된 것은 아니며, 비록 GATT 1947 그 자체는 종료되었으나, 「세계무역기구 설립협정의 잡칙 1」[27)]과 「분쟁해결규칙 및 절차에 관한 양해각서 제3조 1항」[28)]을 통해 법적인 의미를 유지하고 있음을 알 수 있다.

앞에서 살펴본 규정들은 GATT 1947체제에서 WTO체제로 이행하면서도 그 연속성을 유지하려는 법정책의 소산으로 해석된다. 그러면 'GATT법의 원칙(the principles of GATT law)'이란 무엇을 의미하는가?

1947년의 GATT체제 이후의 개정조항 · 규칙(codes)으로 지칭되는 부속협정 · 보조협정 · 체약국들의 양해사항 · 체약국단의 결정 · 분쟁해결 보고서들이 기존의 'GATT 체제(the GATT System)'에 포괄된다.

분쟁해결이 실체적 적용법규에 있어서 이론상으로는 이른바, 'GATT법'을 규칙

25) GATT 1994, 1 (a).
26) 장효상, 「국제경제법 연습」, 법영사, 1998, pp. 145 - 148.
27) 「본 협정 및 다자간 무역규범에 달리 규정되어 있지 않는 한, 세계무역기구는 GATT 1947의 체약국단 및 GATT 1947체제 내에서 설치되었던 기관들의 결정과 따랐던 절차 및 관행을 그 지침으로 삼아야 한다.」
28) 「회원국들은 GATT 1947 제22조 및 제23조에 의거해 현재까지 적용되어 온 분쟁의 관리를 위한 원칙과 본 양해서에 의해 더욱 정치화(精緻化)되고 수정된 규칙 및 절차의 준수를 확인한다.」

으로 하리라는 것을 상정해 볼 수는 있으나, 실제로는 수시로 당시의 GATT체제 내로 편입되어 들어와야 할 일부 원칙들을 준거로 삼지 아니하고는 분쟁의 해결을 기할 수 없었다. 이 때문에 분쟁사건을 받은 패널에서는 신의성실의 원칙, 합리적 기대이익의 보호, 투명성, 예측 가능성 등을 편의상 'GATT법의 원칙(the principles of GATT law)'[29]이라 불렀을 뿐이다. 그리하여 기존의 패널보고서들로부터 일관된 GATT 1947의 원칙 및 법규를 추론해내기란 쉽지 않았던 것이다. 향후 WTO협정상 분쟁해결과정에서의 이들과 관련된 준비작업과 법무대책도 쉽지 않을 것을 예견된다.

원론적으로 보아 GATT 1947과 GATT 1994와의 관계는 법적으로 별개이다. 세계무역기구 설립협정은 「부속서 1A」에 구체적으로 규정되어 있는 「관세 및 무역에 관한 일반 협정 1994」는 법적으로는 무역과 고용에 관한 UN회의 준비위원회 제2회기 종료시 채택되었던 최종의정서에 부속되어 있던 것으로, 이후 수정 및 개정되었거나, 변경된 1947년 10월 30일자 「관세 및 무역에 관한 일반협정 1947」과는 별개이다라고 밝히고 있다.[30]

한편, 상품무역에 관한 다자간협정문 규정들 가운데 하나인 GATT 1994에는 잠정적용의정서를 제외한 GATT 1947상의 규정들과 각기 GATT 1994의 실체적 규정 6개를 수정·보완한 6개의 양해서와 GATT 1947 제35조의 해석에 관한 양해서 및 GATT 1994에 대한 마라케쉬의정서가 포함된다.

GATT 1947의 규정들은 세계무역기구 설립협정 1A에 포괄되어 있는 상품무역에 관한 다자간협정과 부속서 2의 분쟁해결규칙 및 절차에 관한 양해각서에 이미 흡수되어 더욱 보강되어 있으므로 GATT 1947의 규정들은 그 대부분이 독자적인 존

---

29) Pierre Prscatore, "The GATT Dispute Settlement Mechanism : Its Present Situation and Its Prospects," 27 Journal of World Trade(1993), pp. 12 - 13.
30) 제2조 4항.

재성을 상실하였다고 보아야 할 것이다. 그러나 일부 규정들은 WTO협정하에서도 나름대로의 법적 의미를 유지하고 있기 때문에 이 조항들은 양해서의 형식으로 이를 수정·보완한 것이다. 해당조항을 GATT 1947이 아니라 「GATT 1994의 제○조」라고 표기한 것은 GATT 1947상의 규정이 이미 GATT 1994를 일부 구성한다고 명시하였기 때문에 이미 GATT 1994로 편입된 조항으로 보아 그렇게 된 것으로 보아야 할 것이다.

4. WTO법체제하에서 계속 유지되는 GATT 제도

(1) 관세양허

관세양허(tariff concession)란 체약국이 특정품목에 대해 일정수준 이상의 관세를 부과하지 않겠다는 약속을 말한다. 이 약속은 당해 국가의 양허표에 나타나 있으며, 당해 양허표상에 명시된 품목을 양허품목이라 한다.

관세를 양허하는 방법에는 세율을 단순히 인하하는 방법, 현행세율을 더 이상 인상하지 않겠다고 약속하는 현행세율의 거치(binding)방법, 앞으로 세율을 인상하는 경우에 일정수준 이상으로는 세율을 인상하지 않겠다는 한도(ceiling)를 표시하는 방법 등이 있다. 이러한 방법 가운데 어떠한 경우이든지 특정품목의 관세를 양허하는 경우 관세수준을 보다 완화하거나 경감하는 것은 가능하지만, 양허한 범위를 초과하거나 관세장벽을 보다 강화할 수는 없다.

일단, 약속한 양허세율은 최저 3년간은 거치(据置), 즉 고정화해야 한다. 그 후에는 거치 기간을 3년씩 자동적으로 연장하고 매 3년마다 양허를 수정하거나 철회할 수 있다.[31] 또한 3년마다의 재검토에서는 특별한 사정변화에 대응하지 못할 우려가 있기 때문에 일정한 조건하에서 양허를 수정·철회할 수 있음을 규정하고 있다.[32]

31) 제28조 1항.

WTO에 있어서는 이에 대한 보완으로 1994년 GATT 제2조 1항 (b)의 해석에 관한 양해를 통해 '기타 과세 및 부과금'을 국별 양허표에 기재하도록 규정함으로써 '기타 과세 및 부담금'을 통한 실질적인 관세인상 효과를 배제하고 있다. 즉, '기타 과세 및 부과금'의 임의성을 배제하여 수입 제한적인 목적으로 사용하는 경우를 제한하고자 하는 것이다.

각 국가마다 상품분류에 관한 기준이 다를 경우 혹은 새로운 상품이 출하될 경우 그 상품을 어떤 품목에 포함시켜 어느 만큼의 양허를 인정하여야 할 것인가 하는 문제가 생긴다. 이에 대하여 1952년 관세협력이사회(CCC : Customs Cooperation Council)를 설립, 관세협력이사회 품목분류집(CCCN : Customs Cooperation Council Nomenclature)을 마련하여 상품분류의 국제적 통일을 기하였고, 기존의 품목분류 기준을 하나로 통합한 통일상품명 및 부호체계(HS : Harmonized System)[33]를 제정하여 1998년 1월 1일부터 시행하고 있다.

GATT하에서 이루어진 관세인하 협상의 특징을 단계별로 살펴보면 다음과 같다. 첫째 1~5차의 다자간 협상에서는 개별 국가간의 요청과 수용(Request-Offer) 방식으로 진행되었다. 둘째, 제6차의 케네디라운드에서는 일정한 관세인하폭을 일괄적으로 적용하는 선형인하방식(linear tariff reduction)이 적용되었다. 제7차 동경라운드에서는 일괄인하방식이 채택되었으나 일률적인 비율이 아니라 기존의 관세율이 높을수록 더욱 큰 폭의 실제 인하가 이루어지는 조화인하방식(harmonized cut)이 사용되었다.

우루과이라운드에서의 관세율 양허는 다음과 같은 형태로 이루어졌다. 첫째 무관세화로의 양허, 둘째 관세율의 인하약속(bindings with reduction), 셋째 기존 관세율 수준에서의 거치약속(bindings without reduction) 등이다. 그 결과, 관세협

---

32) 제28조 4항.

33) 이춘삼, 「국제관세제도론」, 동성사, 1991, p. 153.

상은 당초 가중평균으로 1/3이상의 감축을 목표로 추진되었으나 결과적으로 기대 이상의 큰 폭의 실제적인 인하가 이루어진 것으로 평가되고 있는데 특히 선진국들을 중심으로 무세화(zero-for-zero), 관세조화(tariff harmonization)에 대한 합의가 이루어짐으로써 선진국의 평균 관세율은 종전의 6.3%에서 3.9%로 낮아졌다.

관련 사례로, 독일은 1951년 스칸디나비아산 정어리에 대하여 관세양허를 부여하고 난 직후에 제2차 세계대전 이전의 포르투갈과 통상조약이 유효하다는 법적 판단에 따라 포르투갈산 정어리에 대하여 보다 좋은 조건의 특혜를 부여하였다. 정어리시장에서 전통적으로 포르투갈과 경쟁관계에 있는 노르웨이는 독일의 수입정어리에 대한 조치가 GATT 위반이라고 주장하였다.[34]

당시 노르웨이는 독일을 상대로 독일의 스칸디나비아산 정어리에 대한 차별적인 관세·내국세 부과 및 수량제한 조치가 MFN에 관한 GATT 제1조 1항(동종상품)과 수량제한의 비차별적 적용에 관한 제13조에 위반하는지 여부 또는 포르투갈산 정어리에 비교하여 스칸디나비아산 정어리에 대한 보다 불리한 대우는 비위반의 무효화 또는 침해에 관한 제23조 1항(b) (1951년의 스칸디나비아산 정어리에 대한 관세양허)에 해당하는지 여부를 GATT에 제소한 것이다.

패널은 제소국인 노르웨이와 독일과의 양허협상에서 정어리의 동종상품성보다는 동종의 대우가 중점적인 협상기준이었기 때문에 '동종상품'에 관한 문제는 검토하지 않았으며, 따라서 제1조나 제13조의 위반도 없다고 판단하였다. 그러나 포르투칼산 정어리에 대한 1951년의 관세양허의 비위반의 무효화 또는 침해에 해당한다고 하였다. 이는 ① 두 정어리 사이의 경쟁적 관계가 침해되었으며, ② 독일과의 양허협상에서 노르웨이가 자국산 정어리에 대하여 동동 이상의 대우가

34) Treatment by Germany of Imports of Sardines : BISD1S/53(1953), (이영준, 「국제경제법론」, 법문사, 1996, pp. 67 - 68.)

유지될 것이라는 기대를 가지고 양허함을 분명히 밝혔고, 노르웨이가 제기한 동등한 대우의 문제가 논의되었기 때문이다.

(2) 최혜국대우

최혜국대우의 원칙(MFN : Most Favored Nation Treatment)이란 한 국가가 동종상품(like product)에 대하여 관세, 통관, 수출·수입에 관한 규칙 및 절차 등 국제교역관계에 있어서 특정국가에 부여하고 있는 제조건보다도 불리하기 아니한 조건을 다른 국가들에게도 부여해 주어야 한다는 원칙을 말한다.[35]

그러나 GATT는 최혜국대우의 원칙을 획일적으로 적용하는 것이 아니라 이에 대한 예외를 인정하고 있다. 이러한 예외는 크게 '일반회원국에 대한 예외'와 '특정회원국에 대한 예외'로 나누어 볼 수 있다.

일반회원국에 대한 예외라 함은 어느 회원국이든 GATT에서 정한 일정한 조건만 구비하면 최혜국대우에 대한 예외적 조치를 취할 수 있는 것을 말한다. 이는 제12조(국제수지악화를 이유로 한 예외), 제19조(긴급사태시 면책조항), 제20조(일반적 예외조항 : 공중도덕, 인간 및 동물·식물의 생명 건강, 유한천연자원 등의 보호를 위한 일반적인 예외조치 규정), 세21조(안전보장을 위한 예외), 제25조 5항(면책조항 : Waiver)[36] 등이 있다.

특정회원국에 대한 예외란 특정회원국 또는 특정회원국 집단에게만 인정되는 최혜국대우에 대한 예외를 의미한다. 이에는 GATT 출범 이전부터 존재하던 특정국간 특혜관세제도(제1조 2항 및 부속서), 일반특혜관세제도로 대표되는 개발도상국에 대한 특별조치(제18조), 국경무역(Frontier Trade), 관세동맹(Customs

35) GATT 제1조.

36) GATT에 규정되어 있지 아니한 예외적인 상황에서는 GATT 회원국의 투표 2/3의 찬성으로 전체회원국의 과반수이상의 찬성을 전제로 그 범위 및 기준을 정하여 어떤 회원국의 특정 GATT 규정의 준수의무를 면제해 주는 것을 의미한다.

Unions) 및 자유무역지대(Free Trade Area) 등으로 대표되는 경제통합에 대한 특별조치(제24조), 특정회원국간의 협정(제35조) 등이 있다.

관련 사례로, 최혜국대우에 대한 관련사례로서 벨기에의 가족수당제도 관련사건, EEC의 캐나다로부터의 쇠고기 수입사건, 스페인의 볶지 않은 커피의 관세대우에 관한 사건, 일본의 가문비나무 각재의 수입에 대한 관세부과사건, 미국의 브라질로부터 수입되는 비고무제품 신발에 대한 최혜국대우 부인사건 등이 있다.[37)]

이 가운데 캐나다와 일본 간의 사건을 살펴보면 다음과 같다. 당시 일본은 자국의 관세 분류제도에 따라서 캐나다에서 수입되는 가문비나무 각재에 대하여 8%의 관세를 부과하고 있었다. 이에 대하여 캐나다는 일본이 미국산 Hemlock-fir 각재에 대하여는 무관세 혜택을 부여하는 반면 동종 상품인 가문비나무 각재에 대하여 관세를 부과하는 것은 GATT 제1조의 최혜국대우조항에 위배된다고 제소하였던 것이다. 동 사건에서 패널은 규격재는 관세분류상 국제적으로 인정된 상품범주가 아니라고 하면서 국내관세의 구조와 상품의 분류에 대하여 체약국에게 넓은 재량을 부과하였다. 이러한 견해는 GATT상의 동종상품에 대하여 다른 체약국의 관세분류에 이의를 제기한 체약국에게는 그러한 관세분류가 국제무역상 차별수단으로 사용되었음을 입증하도록 하였으며, 이러한 규격재는 GATT 제1조 1항에서 정하고 있는 최혜국대우의 위반을 결정하는 근거가 될 수 없기 때문에 GATT상의 동종상품이 아니라고 평결하였다.

37) Belgian Family Allowances(Allocations Facilitates : BISD 1S/59(1953) ; European Economic Community-Imports Beef from Canada : BISD 28S/92(1982) ; Spain-Tariff Treatment of Unboasted Coffee : BISD 28S/102(1982) ; Canada/Japan : Tariff on Imports of Spruce, Pine, Fir(SPF) Dimension Lumber BISD 36S/167(1990) ; United States Denial of Most Favoured Nation Treatment as to Non-Rubber Footwear from Brazil : BISD 39S/128(1993).

(3) 내국민대우

내국민대우(National Treatment)란 일단 수입된 상품에 대하여는 국내 상품에 부여하는 대우보다 불리하지 아니한 대우를 해주어야 한다는 원칙으로서 수입국 내에서 국내 상품과 수입상품간의 균등한 경쟁조건을 보장함으로써 무역장애를 제거하고자 하는데 근본적인 목적을 두고 있다.

따라서 GATT 회원국은 ① 수입품에 대하여 동종의 국내 상품에 부과하는 것보다 높은 내국세, 기타 과징금을 부과해서는 안 되며, ② 수입상품의 국내에서의 판매, 구입, 운송, 분배 또는 사용에 영향을 미치는 법령 및 정책 등에 관하여 이를 국내 상품보다 불리하게 취급하여서는 안 되는 것을 의미한다. 국내의 개인이나 사기업이 수입상품에 대하여 차별적인 조치를 취할 경우, 민간부분의 조치에 대하여는 내국민대우의 원칙이 적용되지 않지만, 정부가 이러한 차별조치를 직접적 또는 간접적으로 유도하는 경우에는 내국민대우의 원칙에 위반이 된다.

또한 ③ 특정상품의 원자재 또는 부품으로서 수입상품과 국내 상품을 합성하여 사용하는 경우, 수입상품에 대하여 국내 상품보다 차별적인 대우를 하지 않아야 한다.

내국민대우의 예외로서 GATT 제20조 일반적인 예외 및 제21조 안전보장을 위한 예외와 함께 스크린 쿼터제로서 국내에 상영되는 전체 영화의 상영시간 가운데 국내제작영화의 상영시간을 할당할 수 있음을 명시하고 있다. 영화필름에 대한 규제는 경제적인 측면이나, 국제무역에 대한 고려보다는 국내문화정책과 긴밀한 관계가 있음을 이유로 내국민대우의 원칙에 예외로 규정하고 있는 것이다.

이 외에도 GATT 회원국은 상품을 상업적인 용도를 위한 제품생산에 사용하기 위한 것이 아니라, 정부용으로서 구입하는 경우에는 정부기관에 의하여 조달할 수 있는 바, 이 경우 국내 상품을 우선적으로 구입할 수 있도록 하고 있다.

관련 사례로 내국민대우와 관련된 사례는 매우 많은 편이나, EEC의 오일시드와 관련 사료용 단백질의 가공업자와 생산자에 대한 보조금 지급사건을 살펴보면 다음과 같다.[38]

미국은 EEC가 역내 생산된 오일시드의 가공업자에게 보조금을 지급하도록 규정한 EEC 위원회 규칙은 GATT 제3조 4항에 위반되고 또한 가공에 대한 보조금은 EEC의 오일시드 생산자에 대한 간접적인 생산보조금을 구성하여 오일시드에 대한 관세양허 이익의 비위반의 무효화 또는 침해에 관한 제23조 1항 (b)에 위반된다고 하였다.

이에 대하여 패널은 EEC내의 오일시드 가공업자들에게 역내에서 생산되는 오일시드의 구입을 조건으로 보조금을 지급하는 것은 GATT 제3조에 위배되므로 이 규칙들을 GATT에 일치시킬 것을 요청하였다.

또한 오일시드에 대한 무관세양허로 인하여 GATT 제2조 하에서 미국에 발생되는 이익은 역내의 오일시드 생산업자를 수입가격의 변동으로부터 완전하게 보호하고, 또한 관세양허가 국내 및 수입오일시드의 경쟁적인 관계에 아무런 영향을 미치지 못하도록 하는 생산품에 대한 보조금체제의 도입으로 인하여 무효화되고 침해되었다고 평결하였다. 그리고 패널은 체약국단에게 EEC로 하여금 관세양허의 무효화 또는 침해와 관련하여 공동체가 위의 규칙을 GATT 제3조 4항에 일치하도록 조정할 합리적인 기회를 가질 때까지 더 이상의 어떠한 조치도 취하지 말 것을 권고하였다.

---

38) European Economic Community Payments and Subsidies Paid to Processors and Producers of Oilseeds and Related Animal-Feed Proteins ; BISD 39S/86(1991).

(4) 수량제한

GATT 제11조는 상품의 수출입에 대한 할당, 수출입의 허가 또는 기타의 조치 등 그 형태에 관계없이 관세나 과징금 이외의 상품의 수출입에 대한 금지 또는 제한을 신설하거나 유지하면 안 된다고 명시하고 있다. 수량제한[39]의 금지는 여러 가지 정책적인 문제점을 제기시킨다.

첫째, 수량제한의 절대적인 금지의 필요성에 대한 의문이 제기될 수 있는데, 이는 관세와 마찬가지로 쿼터[40]도 GATT 협상 대상에 포함하여 그 협상결과를 양허표상에 규정할 수 없는가 하는 문제와 일치한다.

쿼터가 GATT에서 합법적으로 인정되고 있는 경우, 이것이 교섭의 대상이 되는 것은 별 문제점이 없다. 문제는 쿼터가 GATT에서 허용되지 않는 불법적인 경우 교섭과정에서 쿼터의 제거를 조건으로 상대국에게 보상을 요구할 수 있는가 하는 점인데, 현실적으로는 보상의 제공이 없이 쿼터가 불법적인 것이라 할지라도 쿼터가 철폐될 가능성이 거의 없다는 점이다.

둘째, 수량제한 절대적인 금지의무가 GATT의무의 적용상 선진국과 개도국 사이의 불공평을 초래할 수 있을 것이라는 점이다. 개발도상국들의 주장

39) 수입에 대한 수량제한(Quantitative Restriction)은 관세의 부과와 같이 인위적으로 수입가격을 올리는 것이 아니라, 수입가격과는 상관없이 수입품의 수량에 대해 직접적으로 제한을 가하는 조치이다. 수입과징금 및 복수환율 등 관세유사조치와는 달리, 수량제한은 국내가격과 세계시장가격 사이에 연계성을 완전히 단절하는 것을 의미한다. 수입에 대한 수량제한은 크게 4가지로 구분할 수 있다. ① 총량적 쿼터(Global Quota), ② 쌍무적 쿼터(Bilateral Quota), ③ 임의허가제도(Discretionary Licensing), ④ 국가독점수입(State Import Monopoly) 등이다. 수입금지는 제로쿼터를 의미한다.

40) 국제무역에 있어서 수량제한 가운데 가장 크게 논의의 대상이 되고 있는 것이 쿼터의 문제인데, 쿼터란, 일정한 기간 동안에 특정상품에 대하여 일정한 수량(또는 가격)을 한도로 할당하고 그 한도를 초과하는 상품의 수입을 허용하지 않는 수입제한조치를 의미한다. 수입 수량제한의 경우에는 상품을 정해진 수량 이상으로 수입하는 것이 불가능하다. 이는 수입제한의 방법으로서 수량제한과는 달리 관세가 부과되는 경우 관세를 납부하기만 하면 수입물량에는 아무런 제한도 받지 않게 되는 것과는 대조를 이루고 있다. 쿼터의 경우 수입업자들이 쿼터가 소진되기 전에 해당 상품을 수입하려 하기 때문에 수입이 쿼터 초기에 집중되는 경향을 보인다.

은 그들이 국내 유치산업을 보호할 수 있는 유일한 효과적인 수단이 쿼터제도라고 인정하고 있는데, GATT 창설당시 개발도상국들은 보조금은 허용되고 있는데 반하여 쿼터는 금지되어 있다는 점을 지적한 바 있다. 즉, 보조금은 재정상태가 비교적 여유가 있는 선진국들에게는 유용한 수단이지만, 대부분의 개발도상국의 경우에는 무용한 것이라는 점이다.

GATT는 수량제한의 금지에 대하여 다음과 같은 각종의 예외를 명시하고 있다.

① 식량 등 중요 상품의 부족상태 해소를 위한 수출제한조치를 취할 수 있다.[41]

② 상품의 분류, 등급 또는 판매에 관한 기준 및 규칙의 적용을 위하여 필요한 경우에는 수출 또는 수입을 제한할 수 있다.[42]

③ 농수산업 문제는 단순히 경제적인 측면뿐만 아니라 사회, 정치적인 측면도 아울러 가지고 있음을 고려하여 수량제한금지의 원칙에 대한 광범위한 예외를 인정하고 있다.[43]

④ GATT 회원국은 국제수지의 악화로 인하여 통화준비가 현저하게 감소한 경우 그 증가를 위하여 필요한 최소한도 범위 내에서 상품의 수입량을 제한할 수 있다. 그러나 1994년 GATT 국제수지규정에 관한 양해에 의하면 과거에 국제수지의 만성적인 적자를 이유로 많은 개도국들이 수입제한 조치를 기한 없이 취해왔으나, 앞으로는 구체적인 철폐시간표를 제출할 의무가 생겼으며, 또한 국제수지보호를 목적으로 하는 제반조치는 원칙적으로 가격조치를 위주로 운영해야 하며, 예외적으로 수량제한조치를 허용할 뿐이다.[44]

⑤ 경제상태가 저생활 수준에 머물러 있고 개발의 초기단계에 있지만, 상기 저개발국의 범위에 속하지 아니한 선발 개발도상국에 대해서는 특정산업

41) GATT(1994) § 제11조 2항 a호.
42) GATT(1994) § 제11조 2항 b호.
43) GATT(1994) § 제11조 2항 c호.
44) GATT(1994) § 제12조.

의 보호를 위한 수입제한만을 허용하고 있다.[45)]

⑥ 긴급수입제한제도로서 어떤 상품의 수입이 급증하여 국내 산업에 피해를 미치는 경우 이에 대한 구제수단으로서 취할 수 있는 무역제한조치 일반을 말한다. 긴급수입제한조치의 구체적인 방법으로는 관세인상, 관세할당제도[46)], 수입과징금의 부과, 수입수량할당 및 수입허가발급제도 등이 있다.[47)]

1994년 GATT에서는 양해협정을 통해 수입제한조치를 취하는 회원국은 다른 회원국들에게 이러한 조치를 통보해야 하며, 국제수지관련 수입제한 위원회에서는 각국의 수입제한조치를 정기적으로 검토하고 이와 관련된 권고사항을 제시해야 하는데, 이 경우 수입제한조치를 취한 날로부터 30일 이내에 이를 이사회에 통보해야 하며, 4개월 이내에 위원회와 협의해야 한다. 특히, 수입제한조치의 투명성을 확보하기 위한 의무조항을 둠으로서 수입제한 조치를 비상시에만 허용한다는 취지를 보다 명확히 하고 있다.

⑦ 공중도덕의 보호, 인간·동식물의 생명, 건강의 보호, 재소자 노동 상품에 대한 조치, 유한천연자원의 보존 등을 위하여 각종의 GATT 의무에 대한 예외를 인정하고 있다.[48)]

⑧ GATT 가맹국은 자국의 안전보장 또는 세계의 평화 및 안전보장을 위하여 UN 헌장에 따라 필요한 조치를 취할 수 있다.[49)]

⑨ 다른 회원국의 GATT 의무불이행으로 피해를 입은 회원국은 그 보복조치로서 회원국단이 인정하는 범위 내에서 보복조치를 취할 수 있는데, 그 보복조치의 일환으로 수입제한을 할 수 있다.[50)]

---

45) GATT(1994) § 제18조.
46) 일정하게 할당된 수량 이상의 수입에 대하여 고율의 관세를 부과하는 제도.
47) GATT(1994) § 제19조.
48) GATT(1994) § 제20조.
49) GATT(1994) § 제21조.
50) GATT(1994) § 제23조.

⑩ 회원국단은 GATT에 별도로 규정되지 않은 예외적인 사정[51)]하에서는 GATT에 의하여 회원국에 부과하고 있는 의무를 면제할 수 있도록 하고 있다. 다만, 이러한 결정은 투표된 표수의 2/3 이상의 찬성이 있어야 함과 동시에 전치 회원국의 과반수를 넘어야 한다.[52)] 그러나, GATT 13조는 쿼터제 실시에 따른 최혜국대우의 원칙을 규정하고 있기 때문에 예외적으로 수량제한이 인정되는 경우라 하더라도 그 제한조치를 상대국에 따라 차별적으로 적용해서는 안 된다.

관련 사례로는 미국이 한국을 상대로 제기한 '한국의 미국산 쇠고기 수입제한 사건' 관련 사례를 살펴보면 다음과 같다.[53)] 이 사건은 한국이 1984년 쇠고기를 전면적으로 수입을 금지하였는데, 이러한 쇠고기에 대한 수입제한이 GATT 제18조 B의 국제수지를 이유로 한 수입제한으로서 정당성을 가지는가하는 것과 제11조 1항의 수량제한의 일반적 금지의 위반을 구성하는가 하는 것이 문제가 되었다.

미국은 동 사건에서 ① 한국의 쇠고기 수입에 대한 수량제한은 국제수지를 이유로 한 제18조 B에 의하여 정당화되지 않으므로 수량제한의 일반적 금지에 관한 제11조 1항 위반이고, ② 국가구입독점에 의한 가격인상은 관세양허에 관한 제2조 4항의 관세양허의 위반이며, ③ 수량제한에 대한 통고의 결여는 무역규정의 집행에 관한 제10조와 수량제한 비차별적 적용에 관한 제13조 위반이며, ④ 생산자들에 의한 수입독점은 수량제한의 일반적 금지에 관한 제11조 1항 위반이라고 주장하였다. 이에 대하여 한국은 국제수지에 관한 문제는 국제수지에

51) '예외적 사정'이 무엇을 의미하는가에 관하여 구체적인 기준은 없다. 일상적이며, 정상적인 상황에서는 Waiver가 부여될 수 없다. 현실적으로는 필요한 다수가결을 득하는 경우 모든 상황에 Waiver가 부여될 수 있는 것으로 인식되어 왔다.(Jackson, J. H. 「World Trade and the Law of GATT」, The Mickie Company, 1969. pp. 260 - 262.)

52) GATT(1994) § 제25조 5항.

53) Republic of Korea-Restrictions on Imports of Beef Complaint by the United States : BISD 36S/93(1990).

관한 제18조 B의 절차에 따라 검토되어야 하며, 제23조의 제소절차에 따라 검토될 수 없다고 주장하였다.

GATT 패널은 "한국은 더 이상 국제수지를 이유로 한 수량제한이 필요 없다"는 1987년 국제수지위원회 보고서와 "한국은 IMF가 제출한 당시의 국제수지에 대한 통계를 고려할 때 한국은 수량제한의 단계적 철폐를 위한 시간표를 마련하여야 한다. 따라서 쇠고기에 대한 수량제한은 국제수지를 이유로 정당화되지 않으며, 수량제한의 일반적 금지에 관한 제11조 1항의 위반"이라고 하였다. 그러나 수량제한이 허용된 경우에, 수량제한으로 제한된 수입의 경매를 통하여 국영독점이 얻는 프리미엄 가격은 가격인상을 통상적인 이윤과 관세로 제한하는 제2조 4항의 위반이 아니며, 생산자들에 의한 수입독점은 그 자체로서 수량제한의 일반적 금지에 관한 제11조 1항의 위반이 아니라고 하였다. 동 사건에서 분쟁당사국들은 1990년 3월 27일 한국이 쇠고기시장을 자유화할 GATT 의무를 확인하였다.

한편, 최근의 사례로서 미국은 한국의 쇠고기 수입판매제도와 관련하여 ① 수입육 전문판매제도의 부당성, ② 수입업체 제한의 부당성, ③ 양허수준을 넘어선 보조금 지급의 부당성, ④ 쇠고기에 대한 수입부과금 부과 등의 부당성을 이유로 하여 WTO에 제소하였다.

생각건대, ①의 경우 수입쇠고기가 한우고기로 팔리는 불법행위를 방지하기 위해 판매장소를 분리한 것일 뿐 수입육과 국산육을 차별한 것이라고 볼 수 없으며, 이점은 GATT 제20조 d항에서도 「사기판매를 방지하기 위해 필요한 조치를 취할 수 있다」고 명시되어 있다. ②의 경우 수입권을 축산물유통사업단과 9개 업체로 한정한 것은 쇠고기는 2000년까지 수입제한품목으로서 일정한 기준에 따른 수입업체로의 제한은 한국 정부의 배타적권리에 속한다고 할 것이며, ③의 경우 보조금 지급 역시, IMF 구제금융 쇼크로 인하여 1998년 1년 동안만 WTO

가 인정하는 최소허용범위 안에서 지급한 것이고, 끝으로 ④의 수입부과금은 1999년까지 WTO협정 타결시 공식적으로 인정된 것이다. 따라서 미국의 제소사유는 반론에서와 같이 WTO의 제규정을 검토할 때 이유가 없다고 할 것이다.

(5) 국영무역

국영무역(State Trading)이란 일반적으로 국가에 의해 설립되거나 유지되는 국영기업 또는 국가로부터 독점적 또는 특권적 권한을 부여받은 기업이 행하는 무역을 말한다.

비관세장벽을 방지하기 위한 가장 중요한 GATT 규칙은 주로 사회주의국가에서 운영되는 국영무역기업(state trading enterprises)에 관련한 GATT 제17조이다. 국영기업은 그 속성상 자유무역에 위배되는 행위를 할 많은 점을 고려하여 삽입된 규정이다.

그러나 동 조항은 국영기업에 관한 명백한 정의를 내려놓고 있지 않다.[54)]우루과이라운드에서는 이와 같은 입법적 불완전함을 보완하기 위해 "GATT 1994 제 17 조의 해석에 관한 양해"(Understanding on the Interpretation of Article XVII of the General Agreement on Tariffs and Trade 1994)이란 "법적 또는 헌법적 권한을 포함하여 배타적 또는 특별한 권리 또는 특권이 부여되어 동 권리 또는 특권을 행사함으로써 구입 또는 판매를 통하여 수출 또는 수입의 수준 또는 방향에 영향을 주는, 유통위원회를 포함하는 정부 및 비정부 기업"으로 넓게 정의되고 있다.[55)] 또한, 국영무역기업 활동의 투명성을 보장하기 위해 회원국은 국영무역기업을 상품무역이사회에 통보해야 한다.[56)] 어떤 회원국이 통보의무를 적절히

54) 다만, GATT 제17조는 '국영기업'에 대해서 뿐만 아니라, '체약국이 배타적이거나 특별한 권한을 부여한 기업'에 대해서도 적용된다.

55) "GATT 1994 제17조의 해석에 관한 양해" 제1항.

56) 다만, 이러한 통보요건은 정부 또는 국영무역기업의 사용에 있어 직접적 또는 궁극적 소비를 위한 것으로서, 재판매나 판매용 상품생산에 사용되기 위한 것이 아닌 상품 수입의 경우에는 적용되지 아니한다.

준수하지 않았다고 판단할 근거를 가진 회원국은 이 문제를 관련회원국에 제기하고, 이 문제가 만족스럽게 해결되지 못할 경우 상품무역이사회에 역통보(counter-notification)를 할 수 있다.57) 상품무역이사회는 통보 및 역통보를 검토하기 위한 작업반을 설치한다. 작업반의 검토결과에 비추어 상품무역이사회는 통보의 적정성 및 추가정보의 필요성에 관하여 권고할 수 있다.58)

GATT는 자본주의국가이건 아니면 사회주의국가이건 간에 관계없이 체약국이 국영무역기업을 설립하는 것 자체를 금지하고 있지는 않다. 그 대신 GATT 제17조에 의하면, GATT규칙은 국영무역기업의 수입과 수출 거래에도 마찬가지로 적용된다. 그리고 그들의 구매와 판매는 가격, 품질, 획득가능성, 시장성, 수송과 같은 상업적 고려(commercial considerations)에만 기초하여야 한다. 또한 타체약국의 기업은 국영기업과 매매계약을 체결할 충분한 기회를 가져야 한다.

그러나 이들 요건은 정부에 대한 상품의 공급에 대해서는 적용되지 아니한다. 이 경우에는 타체약국의 기업들은 단지 '공정하고 균등한 대우'(fair and equitable treatment)를 요구할 수 있을 따름이다.59) 동경 라운드와 우루과이라운드에서 채택된 정부조달협정은 이 문제를 근본적으로 변경시켰다.

(6) 수출규제

많은 국가들이 국내산업 보호 및 국가안보 등을 이유로 수출에 대하여 어느 정도의 규제를 하고 있기 때문에 GATT에서도 수출규제에 관한 규정을 두고 있다.

이 가운데 수출규제와 관련된 가장 중요한 의무는 제1조 최혜국대우 의무 및 제11조의 수량제한 금지 의무이다. 이 밖에 제6조 및 제16조의 보조금 · 반덤핑관세규정, 제8조와 제9조의 통관수수료 및 관세행정절차에 관한 규정들도 수출

57) 동 양해 제4항.
58) 동 양해 제5항.
59) GATT 제17조 2항.

과 관련한 중요한 조항들이며, 제20조와 제21조는 GATT상의 수출통관의무에 대한 예외사항을 명기하고 있다.

그러나 GATT 상의 가장 기본적이고 중요한 원칙인 GATT 제2조의 관세양허의무와 내국민대우의무가 수출에는 적용되지 않는다.

(7) WAIVER

GATT 회원국단은 일정한 요건을 충족하는 경우 특정 회원국의 GATT 의무를 면제시켜 줄 수 있는 권한을 보유하고 있는바, 이를 면제부여(waiver)라고 하는데, 이에 대한 근거는 GATT 제25조 5항으로서 "이 협정에 달리 규정되지 아니한 예외적인 사정 하에서 체약국단(Contracting Parties)은 이 협정에 의하여 체약국에 부과된 의무를 면제할 수 있다."고 규정하고 있다. 제25조 5항에 의거하여 웨이버가 부여되는 것은 흔한 일이다. 예컨대, 유럽석탄철강공동체(ECSC)는 GATT 제24조 8항에 규정된 관세동맹으로 인정받기 위한 모든 요건을 충족하고 있지 못함에도 불구하고 면제를 통하여 관세동맹으로 인정받았다. 또한 개도국들을 위한 일반특혜관세(GSP : General System of Preferences)도 원래는 제25조 5항에 의거하여 승인되었었다. 면제는 일정 기간 동안에만 부여되며, 또한 정기적인 보고를 포함한 감독을 받는다. 면제는 물론 연장될 수 있다.[60)]

우루과이라운드에서 채택된 "GATT 1994 의무면제에 관한 양해"(Understanding in Respect of Trade 1994)에 의하면, 면제의 요청 또는 기존 면제의 연장요청에는 회원국이 취하고자 하는 조치, 회원국이 추구하는 정책목표, 그리고 회원국이 GATT에 따른 의무에 일치하는 조치에 의해 이 정책목표달성을 방해받는 이유 등을 명시해야 한다.[61)] 그리고 WTO협정 발효일 현재 유효한 면제는 위 절차 및 WTO협정 제9조(의사결정)의 절차에 따라 연장되지 않는 한 면제종료일 또는

60) van Houtte, p. 87.
61) "GATT"1994 의무면제에 관한 양해" 제1항.

WTO협정 발효일로부터 2년 후 중 빠른 시점에 종료된다.[62] 면제를 부여받은 회원국이 면제부 조건을 준수하지 아니하거나 또는 면제부여조건에 합치되는 조치를 적용함으로 인하여 자기 나라의 이익이 무효화되거나 침해되고 있다고 생각하는 타회원국은 분쟁해결절차에 관한 양해(DSU)에 의하여 발전되고 적용되는 GATT 제23조의 규정을 원용할 수 있다.[63]

Waiver를 부여받기 위해서는 실체적 요건으로서 "본 협정에 별도로 규정되어 있지 아니한 예외적인 사정"이 존재해야 하며, 절차적 요건으로서는 투표된 표수의 2/3이상, 전체 체약국단의 과반수이상이라는 요건을 동시에 구비하는 결정이 있어야 한다. 이에 반하여 GATT의 일반적인 결정의 경우는 투표의 과반수에 의한다.

(8) 지역경제통합과 GATT

경제통합(Economic Integration)이란 일반적으로 지리적으로 인접한 2개국 또는 그 이상의 국가들이 대등한 지위 하에서 경제적 이익의 공동추구를 목적으로 동맹을 결성하여 회원국들은 어떠한 차별적인 대우도 받지 않는 하나의 경제권을 이루는 것을 말한다. 즉, B. Balassa는 경제통합을 「여러 국가간에 속해있는 거래단위간의 차별을 제거하는 수단이며, 각종 차별이 없는 상태」라고 정의한다. 그리고 그 형태로서 [표 1-3]에서와 같이 5가지로 분류하고 있다.

62) 동 양해 제2항.
63) 동 양해 제3항.

[표 1-3] 경제통합의 형태와 특징

종류 \ 특징	가맹국간의 관계	비가맹국과의 관계
자유무역지대	완전한 관세 철폐	독자적인 관세 부과
관세동맹	완전한 관세 철폐	공동관세 부과
공동시장	관세철폐 및 생산요소의 초국가적인 형태, 자유로운 이동 보장	공동관세 부과
경제동맹	관세철폐 + 생산요소의 자유이동 + 재정·금융·통화정책 등의 공동추진 및 협조	공동관세 부과
완전경제통합	경제분야 뿐만 아니라 정치·사회·문화적인 면에서 통일	

지역경제통합과 관련하여 GATT 제24조는 일정한 요건을 갖추어 설립되는 지역경제의 통합에 대하여 일정 범위 내에서 GATT의 의무를 면제하여 주고 있는데, 그 첫째는 국경무역이고, 둘째는 다음과 같은 3가지 형태의 지역경제통합 즉, ① 관세동맹, ② 자유무역지대 및 ③ 관세동맹 또는 자유무역지대의 조직을 위한 잠정협정(interim agreement)에 대해서이다.

GATT 제24조 3항에 의하면 체약국이 국경무역(frontier traffic)[64]을 용이하게 하기 위하여 인접국(adjacent countries)에 부여하는 이익은 "GATT 규정은 체약국 영역간에 관계동맹이나 자유무역지대를 형성하거나 또는 관세동맹이나 자유무역지대의 형성에 필요한 잠정협정의 체결을 방해하지 아니한다."고 규정하고 있다. 그 결과 EEC(현 EU), EFTA, EEA, NAFTA, MERCOSUR[65]등의 많은 지역경제통합기구의 회원국들이 서로에게 부여하고 있는 이익에 관해서는 다른 GATT 체약국들이 GATT의 최혜국대우 규정에 의거하여 이를 원용할 수 없다.

64) 국경무역이라 함은 역사적인 이유 혹은 하천이나 호수 등 지리적 근접성 등을 이유로 인접한 국가간의 무역에 관하여 특정한 혜택을 부여하는 제도를 말한다.(GATT 제24조 3항 a호).

65) Treaty establishing a common market between Argentina, Brazil, Paraguay and Uruguay, 26 March 1001, (1991) 30 ILM 1041.

1) 자유무역지대

GATT 제24조 8항(b)에 의하면, 자유무역지대(free trade area)란 "관세 및 기타 제한적 통상규제[66]가 구성영역들을 원산지로 하는 생산품의 이들 영역 상호간의 '실질적으로 모든 무역'(substantially all the trade)에 관하여 제거되는, 둘 또는 그 이상의 관세영역의 집단(a group of two or more customs territories)"을 의미한다. 요컨대, 자유무역지대란 회원국 상호간에 '실질적으로 모든'상품의 흐름을 저지하는 관세·쿼터 등의 무역제한을 제거하기 위하여 창설되는 경우로서, 회원국들간에는 관세장벽이 제거되지만 각 회원국은 여전히 제3국에 대하여 자신의 관세 높이를 설정할 자유를 갖는다. EFTA, NAFTA, EEA 등이 여기에 해당한다. 다만, GATT 제24조 5항 (b)는 체약국들이 자유무역지대를 형성함에 있어 한 가지 조건을 충족시킬 것을 요구하고 있다. 즉, 각 회원국에서 유지되고 그리고 자유무역지대 형성시 제3국과의 무역에 대해 적용되는 관세 및 기타 통상규제는 당해 자유무역지대 형성 전에 각 회원국에서 존재하고 있던 상응하는 관세 및 통상규제보다 높거나 더욱 제한적이어서는 안된다.[67]

2) 관세동맹

GATT 제24조 8항(a)에 의하면, 관세동맹(customs union)이란 "둘 또는 그 이상의 관세영역을 단일관세영역으로 대체한 것으로서, 관세동맹의 구성 영역간의 '실질적인 모든 무역'(substantially all the trade)에 관하여 혹은 적어도 그러한 영역을 원산지로 하는 생산품의 '실질적으로 모든 무역'에 관하여 관세 및 기타 제한적인 통상규제[68]가 철폐되고, 그리고 '실질적으로 동일한 관세 및

66) 필요에 따라 GATT 제11조 내지 제15조와 제20조에 의하여 허용되는 경우는 제외된다.
67) van Houtte, p. 60.
68) 필요에 따라 GATT 제11조 내지 제15조와 제20조에 의하여 허용되는 경우는 제외된다.

기타 통상규제'(substantially the same duties and other regulations of commerce)가 관세동맹의 각 회원국에 의하여 당해 동맹에 속하지 않는 영역에 대해 적용되는 것"을 말한다. 요컨대, 관세동맹은 자유무역지대로부터 한 걸음 더 나아가, 그 구성영역들이 대외적으로 하나의 단위가 되어 제3국에 대해서도 동일한 관세 및 기타 무역제한을 적용한다. 다시 말해서 대외공동관세(common external tariff)가 도입되기 때문에 제3국으로부터 역내로 수입되는 상품이 어느 회원국을 통해 들어오건 관계없이 관세가 동일한 율로 부과된다. 관세수입은 합의된 공식에 따라 배분되어야 하는데, EC의 경우 이것은 1975년부터 공동체 자체 자원(Communities' own resources)을 구성하고 있으며, 이에 따라 공동체관세는 회원국 당국이 징수하여 공동체에 납부하고 있다.[69]

GATT 제24조 5항 (a)는 체약국들이 관세동맹을 형성함에 있어, 상기 자유무역지대의 경우와 거의 비슷하기는 하지만, 그러나 관세동맹은 자유무역지대와는 달리 그 자체가 대외적으로 하나의 단위로 간주되는 관계로 약간은 다른 한 가지 조건을 충족시킬 것을 요구하고 있다.

69) 이 밖에, 공동시장(common market)에 관해서는 정확한 정의가 결여되어 있으나, 어쨌든 이것은 관세동맹 이상의 것을 의미한다. 즉, 공동시장이란 역내 관세장벽의 철폐 및 대외공동관세가 설정한 기초에 '상품'의 자유이동(free movement of goods)과 그 밖의 일정 요소를 포함하는 넓은 개념이나. 경제동맹(economic union) 혹은 경제화폐동맹(economic and monetary union)은 각 회원국의 경제정책의 차이를 완전히 제거함을 목표로 하여야 한다. 뿐만 아니라, 하나의 중앙은행과 함께 단 하나의 통화가 있어야 할 것이고, 또 재정통화정책의 기초에 관해서도 완전한 합의가 있어야 할 것이다. 경제주권의 상당한 손실과 함께 높은 수준의 정치통합이 전제되지 않고서는 이 단계에 도달하기 어려울 것이다. 1986년의 단일유럽협정(Single European Act)에 의하여 삽입된 EEC 제8A조 2단(EC 제7A조 2단)은 '역내시장'(internal market)이란 새로운 법적 개념을 공동체설립조약에 도입하면서, 이를 "상품·사람·서비스 및 자본의 자유이동이 확보되는 역내경제가 없는 지역"으로 정의하고 있다. 따라서 공동시장 보다는 다소 좁은 개념으로 보인다. ("유럽공동체의 역내시장 개념에 관한 연구 : 1986년의 단일유럽협정을 중심으로", 「국제법학회논총」, 제36권 제2호 (1991년 12월), pp. 21 - 40)

(9) 개도국에 대한 GATT의 특례조항

1) 의의

GATT 협정은 개도국들이 GATT 의무로부터 일탈하여 보호주의적인 조치들을 취하거나, 선진국이 개도국들에 대한 우대조치를 취하는 것을 예외적으로 허용하고 있는데, 이 가운데 GATT 제18조는 특별히 개도국이 자국의 개발계획의 수행을 위하여 GATT에서 원칙적으로 허용하지 아니하는 보호주의적 수단들을 이용하여 이에 대한 광범위한 예외를 인정하고 있는 조항이다.

여기서 개도국은 ① 경제 상태가 저생활 수준에 있고, 개발초기 단계에 있는 후발개도국과 ② 경제가 개발도상에 있지만, ①의 범주에 속하지 않는 선발개도국의 2가지 형태로 분류되고 있다.

'개발초기 단계의 체약국'이 취할 수 있는 조치로서는 ① 관세양허의 수정 및 철회, ② 국제수지를 이유로 한 제한과 ③ 특정산업의 진흥을 위한 개발조치가 있다.

한편, '개발과정중의 체약국'이 취할 수 있는 조치로서는 자국의 경제개빌을 위해 특정산업의 확립을 촉진하려고 하는 경우 GATT의 다른 조문에 의한 조치를 실제로 취할 수 없을 때에 수입제한 등의 조치를 취할 수 있도록 하고 있다. 다만, 체약국단의 동의[70]를 받아야만 개도국에 대한 GATT의 특례조항과 관련된 조치를 취할 수 있다는 점에서 개발초기단계의 개도국과는 다르다.

---

70) GATT 제18조 22항.

2) GATT 제4부의 규정

① **원칙과 목적**[71] : 개발도상국의 수출시장과 소득의 확대, 1차 산품 시장조건의 개선, 개발도상국 경제의 다양화, GATT와 다른 국제기관과의 협력 및 상호주의 원칙의 완화 등을 규정하고 있다. 본 조에서 주안점을 두고 있는 것은 선진국의 경우 개발도상국과의 무역협상에서 개발도상국의 상호주의를 기대하지 않는다는 취지가 명기된 것으로서 GATT의 전통적인 사고방식에 대한 중요한 수정이라고 할 수 있다.[72]

② **선진국의 약속**[73] : 선진국은 개발도상국의 수출관심품목에 대한 과세, 기타의 수입 장애의 경감·철폐에 우선권을 부여하고, 개발도상국의 수출관심품목에 대하여는 관세, 기타 수입 장벽을 신설하거나 강화하지 않을 것을 약속하고 이에 대한 협의절차를 규정하고 있다.

③ **공동행동**[74] : 체약국단은 개발도상국이 관심을 가진 1차 산품의 세계시장진출을 위해 보다 개선되고 수락 가능한 조건을 마련하고 1차 산품의 가격안정을 위한 적절한 행동을 취하여야 하며, 무역과 개발을 위한 정책문제에 대하여 국제기관과 협력하여야 하고, 개발도상국의 개발계획 및 정책을 분석하며, 개발도상국의 실행 가능한 무역확대 방안을 검토하고, GATT 제4부의 규정을 실시하기 위하여 필요한 기구를 설치하는 것 등에 대하여 공동으로 행동하도록 규정하고 있다.

---

71) GATT 제4부 제36조.
72) 이영준, 「국제경제법」, 법문사, 1996., pp. 80 - 81.
73) GATT 제4부 제37조.
74) GATT 제4부 제38조.

3) 일반특혜관세제도

일반특혜관세제도란 개발도상국의 수출증대 및 경제개발을 촉진을 목적으로 개발도상국에 대한 관세상의 특혜조치로서 선진국이 일방적으로 개도국으로부터 수입하는 물품에 대하여 일방적 · 무차별적 · 비상호주의적으로 무관세 또는 낮은 관세율을 부과하는 관세를 의미한다.[75] 이러한 GSP는 UNCTAD에서 오랜 작업 끝에 1971년 6월 GATT 체약국단이 GATT 제1조(최혜국대우 의무)의 Waiver를 승인함으로서 확립된 것이다.

이와 대별되는 개념으로서 이른바 '졸업(graduation)'이라는 것이 있는데, 이는 개발도상국의 개발의 진전에 따라 GSP라는 특혜를 받을 필요가 없다고 인정될 경우 GSP의 부여를 하지 않는 것을 의미한다.

(10) 일반적 예외조치

GATT 제20조는 GATT 의무에 대한 일반적인 예외사항(general exceptions)들을 열거하고 있다.[76] 즉, 각 체약국은 다음의 어느 한 가지 사유에 의하여 정당화되는 경우에는 GATT 기본원칙에 위배되는 조치(예컨대, 수입 또는 수출 금지)를 취할 수 있다. 이 조항에서 인정하는 구체적인 예외사유는 다음과 같다. ① 공중도덕을 보호하기 위하여 필요한 조치, ② 인간 및 동식물의 생명 혹은 건강의 보호를 위하여 필요한 조치, ③ 금 또는 은의 수입 또는 수출에 관한 조치, ④ 특허·상표·저작권의 보호를 위하여, 그리고 기만적 관행의 방지를 위하여 필요한 조치, ⑤ 교도소 노동생산품에 관한 조치, ⑥ 미술적, 역사적 혹은 고고학적 가치가 있는 국보의 보호를 위하여 적용되는 조치, ⑦ 유한천연자원의 보존에 관련된 조치. 단, 이러한 조치가 국내의 생산 또는 소비에 대한 제한과 관련

---

75) 이춘삼, 「국제관세제도론」, 동성사, 1991. pp. 126.

76) GATT 제20조 "본 협정의 어떠한 규정도 회원국이 다음의 어떤 조치를 채택하거나 실시하는 것을 방해하는 것으로 해석되어서는 안 된다."

하여 실시되는 경우에 한한다, ⑧ 체약국단에 의하여 채택된 기준에 부합하는 범위 내에서 기본생산품(basic products)에 대한 국제협정에 따라 취하는 조치, ⑨ 그 가격이 정부안정화 계획의 일환으로 국제가격보다 낮게 유지되는 기간 동안, 국내 가공 산업에 불가결한 수량의 원료를 확보하기 위하여 국내원료의 수출을 제한하는 조치. 단, 동 제한은 이러한 생산품에 대해 국내산업의 수출을 증가시키거나 국내 산업에 대해 보호를 증대하도록 운용되지 않아야 하며, 또한 무차별 대우에 관한 GATT의 규정을 일탈하지 않아야 한다, ⑩ 일반적으로 혹은 지역적으로 공급이 부족한 생산품의 획득 또는 분배를 위하여 필수적인 조치 등이다.

그러나 이상의 조치는 동일한 조건하에 있는 국가들은 자의적이고 불공평하게 차별대우하기 위한 수단을 구성하거나, 혹은 국제무역에 대한 위장된 제한을 구성하는 방식으로 사용되지 않을 것을 조건으로 한다.

(11) 안전보장을 위한 예외

안전보장을 위한 예외(security exceptions)란 국가의 안전보장 혹은 국제평화의 유지문제에 대해서는 상호교역의 논리가 적용될 수 없음은 자명하다. 그러므로 GATT 제21조에 의하면 체약국들은 국가 안전보장을 위하여 GATT 협정상의 모든 의무에 대하여 다음과 같은 예외조치를 취할 수 있다고 규정하고 있다.

첫째, 자국의 안전보장에 관련된 정보에 관한 한 이를 제공할 의무를 부담하지 아니할 것을 규정하고 있다. 둘째, 핵분열물질 또는 그 생산원료가 되는 물질에 관한 조치를 취하거나, 혹은 무기·탄약·군수품의 거래와 군사시설에 공급하기 위하여 직접·간접으로 행하여지는 기타의 화물 및 원료의 거래에 관한 조치를 취하는 것을 방해하지 아니한다. 셋째, UN 헌장에 규정된 국제평화와 안전을 위하여 일정한 무역제재를 가하는 조치로서 전시 혹은 기타 국제 위기 시에는 체약국들은 자국의 안전을 보호하기 위하여 필요한 일체의 조치를 취할 수 있으며 체약국들은 국제평화와 안전보장을 위하여 필요한 일체의 조치를 취할 수 있다. 특히, 체약국들은 국제평화와 안전보장을 위하여 UN헌장에 따른 의무를 이행하는 것을 방해받지 아니한다.77) 그런데 체약국들은 무역제한이 제21조에 의거하여 정당화되는지의 여부를 실제로는 그들 스스로 결정하고 있다. GATT패널들이 정치적 판단에 연루되기를 바라지 않고 있기 때문이다.78)

최근까지 NATO국가들이 COCOM(Co-ordinating committee on export controls : 대공산권 수출통제위원회)의 틀 안에서 적용하였던 수출제한들은 GATT 제21조에 의거하여 정당화되었다. COCOM은 파리에서 정기적으로 화합을 갖고 '안보민감' (security-sensitive) 품목과 기술의 목록을 작성하여 왔으며, 이들 품목과 기술은 모든 가맹국이 합의하는 경우에만 COCOM에 의하여 지명된 국가들에게로 수출될 수 있었다. COCOM은 1994년 3월 31일 해체되었으나, 옛 사회주의국가들을 포함한 더욱 확대된 기구를 설립하여 전략무기와 기술의 제3세계 이전을 통제하는 방안이 검토되고 있다.

---

77) 1966년 12월 16일 UN안전보장이사회가 로디지아에 대해 취한 금수조치가 그 좋은 예라 할 수 있다.(Akehurst, p. 219.)
78) van Houtte, p. 219.

CHAPTER 2

WTO협정과 국내법과의 관계

I 서론

구 GATT체제(1947~94)와 신 WTO 출범(1995~현재)을 주도적으로 이끌어 왔던 미국 등 주요국의 통상정책은 한편으로는 다자간 통상질서의 재편을 그들의 이익을 위한 방향으로 꾸준히 추진해 나가는 동시에, 다른 한편으로는 지역간, 산업구조간의 경제 블록화를 통해 그들의 실리와 세계경제에서의 주도권 확보를 도모하여 왔다. 더욱이 한국을 비롯한 주요 교역대상국들간의 개별협상을 통해 통상이익을 추구해 나가는 등 소위 3원적 통상정책을 전개하고 있다. 자국의 이익을 위한 이러한 통상정책 및 통상법의 변화는 자유무역이라기보다는 그들의 기준에 의한 공정무역(fair trade)내지는 관리무역(managed trade)의 형태를 취하게 됨에 따라 GATT/WTO 법을 근간으로 하고 있는 국제통상법과 여러 부문에서 많은 충돌(conflict of laws)을 빚고 있다.

예컨대 미국의 경우 전술과 같이 GATT/WTO체제가 그들의 주도로 7년여의(1986 ~ 93. 12. 15) 협상 끝에 합의되었음에도 불구하고 「UR이행법[1]」에서 이에 위반되는 많은 조항을 삽입하였고, 특히 그 동안 일방적 무역보복조치로 세계의 비난을 받아 온 1974통상법 301조가 GATT/WTO의 새로운 분쟁해결절차에도 불구하고 아직도 가장 강력한 통상규제수단으로 활용되고 있다는 점 등이 그 대표적인 예에 속한다.

지난 1995년 1월 1일부터 발효된 WTO법은 국제적 조약으로서 동 협정에 서명한 각국을 구속하며, 이를 위반하는 국가는 동 협정의 분쟁해결절차에 따라 제재를 받게 됨은 조약법의 성격상 너무나 당연하다.

그러나 문제는 WTO협정의 이와 같은 국제법상의 효력이 곧 각 국가 내에서 국내

---

1) 원칙적으로는 1994년 4월 15일 Marrakesh 회의에서 WTO협정으로 조인을 받기 이전에는 UR 또는 UR협정이라는 명칭이, 동 회의 이후에는 WTO협정이라는 명칭을 사용하는 것이 옳다. 그런데 미국에서는 WTO 이행법이라고 하지 않고 「UR 이행법」 이라는 말이 법안의 명칭으로 상정되었다.

법으로서 유효하다는 것을 뜻하는 것은 아니다. 즉 이 문제는 개별 국가의 헌법과 법령이 대외적인 통상조약에 대하여 어떠한 효력을 부여하고 있느냐에 달려있다.[2] 그리하여 만일 조약의 국내법적 효력을 부인하는 법체제하에서는 (미국 및 EU가 그러하다) 당해 조약에 따른 의무를 이행하기 위한 이행법을 국내법으로 별도 제정하게 된다. 이 경우, 그 이행법이 조약내용과 반드시 일치한다는 보장은 없다. WTO법의 실효성 논란이 야기된 근본 요인이 여기에 있다.

본 장에서는 이러한 취지에서 미국 및 한국 법 구조를 중심으로 WTO규범과의 효력 우선순위문제를 놓고 그 동안 논란이 되어왔던 미국통상법 301조, 반덤핑법, 정부구매제도, 관세법 제337조, 미 통상법의 역외적용문제, 수량제한조치, 수출자율규제, 환경보호정책 등에 대해서 검토하기로 한다.

Ⅱ 미국통상법체계

미국의 법체계는 매우 복잡한 양상을 띠고 있다. 우선, 첫째로 미국헌법과 개별 국내법간의 통상에 관한 체계가 불명확하고, 둘째로 입법과정에서의 독특한 정치적 성격, 사법부의 판례를 통한 기존 법률이나 정책결정의 위헌건언, 연방법과 주법간의 관계 등이 그 예이다.

기본적으로 미 헌법 제2조에[3] 근거하여 대통령이 확정한 국제조약은 제6조[4]의 규

2) 미국과 같이 WTO협정의 국내법적 효력을 직접 인정하지 않는 경우, 예로 X재의 수입관세율을 5%로 인하하기로 한 조약에도 불구하고 미 정부가 기존의 10%를 고수할 때 미국은 국제법상으로는 조약의무를 위반한 것이 확실하지만 국내법상으로는 아무런 위법이 되지 않으며 따라서 X재 수입업자는 10%로 부과된 관세에 대해서 소송이나 다른 항변을 할 수 없도록 되어있다.

3) 미국 헌법 제2조 : “대통령은 상원의 자문과 동의를 얻어 외국과의 조약을 체결할 권한을 갖는다.”

4) 미국 헌법 제6조 : “본 헌법과 법률 기타 모든 조약은 미국내에서 최고법(Suprime Law)으로서의 위치를 가진다.”

정에 의해 미국내 다른 국내법과 동등한 위치를 갖는다.

일반적으로 미국내 판결에 있어 미연방법이나 주법이 국제협약과 상충될 경우, 법원은 그 상충되는 규정을 조화·해석하도록 한정하고 있다.[5] 만일, 그 상충되는 규정이 너무나 명확하여 법원의 조화적 해석이 불가능할 경우, 「후법우선의 원칙(Later-in-Time Rule)」에 의해 후에 입법한 법률이나 조약은 이전의 상충되는 조약과 법률을 대체하도록 규정하고 있다.

이에 대하여 미국 사법부는 일련의 판례법[6]을 통해 소위 「전환행위(The Act of Transformation)이론」에 입각하여, 이미 국제적으로 승인된 규범이라 하더라도 반드시 미국의회의 구체적인 입법행위를 통해 국내법적 효력을 부여받도록 하고 있으며, 미국의회도 국제조약이나 협정은 그 자체만으로는 직접적인 효력을 갖지 못한다고 판시하고 있다.[7]

또한 일반적으로 연방법이 주법에 우선하도록 되어 있으나, 국제조약과 주법과의 관계에 있어서는 미국대법원에서 판례법(Case Law)[8]을 통해 유효한 국제조약은 주법에 우선한다는 원칙을 천명하고 있다.

결국, 미국 통상법은 많은 법률들에 의해 미국 국내법 우선의 원칙을 적용시키고 있음을 시사하고 있으며, 국제통상규범은 미국의 국내법과 동등한 효력을 가지는 것을 원칙으로 하고 있다.

그러나 실질적으로는 미국 국내법 우선의 의지를 여러 가지 형태로 천명함으로써

---

5) U. S. v. PLO, 695 F. Supp, 1456(S. D. N. Y. 1988).

6) 미국내에서 국제조약의 직접적 효력여부에 대해서는 1952년 Sei Fujii v. State of California사건을 통해 UN헌장의 일부조항은 직접적인 효력을 가지지 못한다고 판시하였다.

7) Tokyo Round 협정과 관련된 1979년의 입법 제3조(a) 및 제3조(f), NAFTE 협정문 및 UR협정을 위한 이행법률에서도 이를 명시하고 있다.,(UR Agreements Act, @ 102, 1993) 참조.

8) Missouri v. Holland 252 U. S. 416(1920).

미국 통상정책에서 법 적용 순위는 첫째, 국제통상규범과 직접적인 마찰이 있는 경우는 미국의 국내법을 우선 적용하고, 둘째, 미국 국내법과 직접적인 마찰이 없는 경우에는 국제통상법을 적용하는 선국내법, 후국제규범의 입장을 취하고 있다.

한편 미국의 통상법은 1986년부터 1994년까지 진행된 UR의 타결에 따라 UR협상을 수용하기 위한 협정 이행법(Uruguay Round Agreement Act)을 제정하면서 많은 부분에 국제통상규범과 상충되는 규성을 포함시켰다.

미국 연방법은 미국 국내법 우선 원칙을 천명하고 있으며, WTO협정이 수년간에 걸쳐 다수국간의 합의에 의한 국제통상규범으로서의 국제관습법(Customary International Law)의 단계를 넘어선 국제조약의 성격을 가지고 있음을 감안한다면, WTO규범의 기본효력을 무효화 또는 최소화시키고 있다고 보아도 무리는 아니다.

UR협정이행법(UR Agreement Act)은 WTO협정이 미국 주법에 우선하도록 규정하고 있으나, 미국 정부에 의해 문제가 야기된 경우에만 예외적인 경우로 한정하고 있다. 또한, WTO협정이행법(UR Agreement Act)은 어떠한 경우라도 일반인들은 UR협정을 근거로 소(訴)를 제기하지 못하도록 되어 있으며, 협정문 조항을 근거로 한 항변을 하지 못하도록 되어 있다. 이는 어떠한 경우라도 일반인들은 WTO협정과 상충을 근거로 연방법이나 주법의 개정을 제안할 수 없음을 내포한다 하겠다.[9)]

UR협정이행법(UR Agreement Act)은 미국 행정부로 하여금 미국의회에 여러 가지 형태의 보고를 하도록 하고 있으며, 필요할 경우 의회의 자문을 받도록 규정하고 있고,[10)] 5년간의 주기로 WTO체제의 참여여부에 대해 미국의회에서 심사를 할 수 있도록 규정하고 있다.[11)]

---

9) Uruguay Round Agreement Act, @102(c)

10) Uruguay Round Agreement Act @@122, 123, 127.

11) Robert Dole 상원의원이 WTO의 분쟁해결결과를 심의할 수 있는 권한을 가진 위원회(Commission)의 창설을 목적으로 한 법안의 내용을 살펴보면 다음과 같다.

결국, 미국은 WTO체제를 통해 지적재산권, 투자, 금융서비스 등 미국 산업을 지원하기 위해 새로운 통상 분야를 포괄하는 무역체제를 설정하는 한편, 필요할 경우 상호주의(reciprocity)12)에 근거한 쌍무주의 협상을 통해 미국의 통상이익을 추구해 나갈 수 있다는 것이다.13)

즉, 미국은 WTO체제유지에 다분히 결정적인 결함이 될 수 있는 내용을 가지고 있으며,14)이는 미국 행정부에 의해서도 지지되고 있음을 알 수 있다.15)

Ⅲ WTO협정과 미국통상법과의 관계

---

① 5인의 연방고등법원 판사들로 구성되는 동 위원회는 WTO분쟁해결결과를 심의하여 패널이 미국의 의무를 증가시키거나, 미국의 각종 권리를 저해하였는지, 또는 패널의 결정에 있어 주어진 권한 사항의 범위를 초과하였는지 여부를 결정하고,

② 만약, 상기위원회가 WTO패널의 결정과 관련하여 상기 사항의 위반내용을 발견하였을 경우, WTO분쟁해결절차의 내용들을 수정할 수 있도록 미국 대통령이 협의를 개시하도록 요구하고 있으며,

③ 만약 동위원회가 5년간 3회 이상의 상기사항에 대한 위반사항을 발견한 경우, WTO협정의 승인철회와 WTO에서의 탈퇴 등을 할 수 있도록 규정하고 있다.

12) 상호주의란 국제무역에 있어서 교역 당사국간의 동등한 대우의 공여, 동등한 정책적 조치의 채택, 동등한 권리와 의무의 수행 등을 의미한다. 다시 말하면 상호주의란 어느 나라가 교역 상대국에 대하여 관세율의 인하, 수입규제조치의 완화, 자국 시장의 개방 등 정책적 조치를 실시하면 그 교역 상대국도 이에 대한 대가로 동일하거나, 유사한 정책적 조치를 취하도록 하는 것을 의미한다.

13) Mickey Kantor USTR 대표는 1995. 5. 26 일본의 하시모토 통산상에게 보낸 서한을 통해 "모든 국가는 WTO협정문 이외의 사항에 관한 해위나 관습을 지양하기 위해 그 국가의 국내무역법을 사용할 권리를 가지고 있다"고 확인하고 있다.

14) 우루과이라운드 이행법(Uruguay Round Agreement Act of 1994) 제1조에는 "미국 국내법에 상치되는 WTO결정에 대해서는 국내법을 우선적으로 적용한다"고 명시하고 있다. 또한 동법에서는 WTO의 결정사항을 5년 단위로 측정하여 3회 이상 부당한 판결을 내린 경우에는 의회가 WTO 탈퇴 결의안을 상정, 통과시켜 대통령이의 서명으로 정식 탈퇴하도록 하고 있다.

15) Economic Report of the President Feb. 1995, at 213.

1 1974 통상법 제301조

1. 배경

미국 통상법 301조는 대표적인 일방적 무역조치로 알려져 있다. 미국 의회는 1993년 국제통상 정책에 대해, 교역상대국의 불공정무역행위에 대한 보복조치를 할 수 있는 권한을 미국 대통령에게 부여하였다.

이러한 대통령의 권한은 1974년 및 1979년의 통상법을 통해 확대되어 왔다. 1988년 소위 종합통상법(Omnibus Trade and Competitiveness Act)에 의한 「슈퍼 301조」[16)]를 통해 우선협상대상국 및 우선협상대상관행을 지정, 이들 대상국과의 협상이 미진할 경우, 일방적 보복조치를 취할 수 있도록 까지 확대되어 왔다.

2. 301조와 WTO법과의 마찰

WTO체제는 공산품을 주축으로 한 상품교역 분야는 물론 서비스, 지적재산권 등의 다양한 분야를 포괄하며, 국가간의 일방적 보복조치를 자제하고 WTO의 분쟁해결절차를 통한 합의의 도출을 기본정신으로 하고 있다.

이전의 GATT체제 내에서의 분쟁해결절차는 비효율적이며, 느슨한 집행력으로 인한 결함을 가지고 있었으나, WTO체제하에서의 새로운 분쟁해결절차는 종래의 단점을 상당부분 보완하고 있다.[17)] 또한 이 제도는 합의원칙(consensus rule)에 의해 패소국의 반대가 있을 경우 패널보고서가 채택되지 못하였으나, WTO/GATT체제는 패널

16) 특히 1988년의 종합통상법의 301조는 1989년 및 1990년의 2개 년도에 걸쳐 301조 조사를 의무화하였고, 보복조치가 의무적으로 행해진다는 의미에서 "슈퍼301조"로 통칭되어 왔다.

17) 우선 가맹국이 상대국의 GATT규범위반을 계기로 협의(Consultation)를 요청하도록 되어 있으며, 패널의 설치 및 분쟁해결기구(DSB : Dispute Settlement Body)에 의한 자동적인 패널보고서의 채택, 상급심(Appellate Body)에 의한 패널결정의 설치에서부터 DSB에 의한 상소결정까지는 12개월을 넘지 못하도록 규정하고 있으며, DSB는 패널결정을 감독하도록 규정하고 있다.(박노형, WTO체재의 분쟁해결제도 : 패널절차 통상법률, 1995. 4. pp 5~33.)

의 결정이 자동적으로 DSB(Dispute Settlement Body)에 의해 채택되게 된다.

그러나 이러한 301조의 규정은 다음과 같은 충돌측면을 내포하고 있다.

GATT 양해협약서에서는 301조 규정이 근거하고 있는 일방적(unilateral)보복조치를 철폐하는 것을 근본정신으로 하고 있다. 그러나 1974년 통상법 301조[18]는 교역상대국의 시장개방이 불공정하다고 결정할 경우 미국이 일방적으로 무역보복조치를 취할 수 있도록 함으로써 다자간 기구에 의한 합의도출을 근간으로 하는 GATT/WTO체제에 정면으로 상충된다고 볼 수 있다.[19]

301조의 발동요건을 살펴보면 덤핑방지관세(Anti-dumping Duty)나 상계관세(Countervailing Duty)의 경우 미국의 국내법 또는 GATT규정에 의한 「피해(Injury)의 존재여부를 발동요건으로 하고, 보복조치 발동요건은 「미국의 상업에 부담을 주거나, 저해하는 행위」로 규정함으로써 그 발동요건이 매우 자의적이며, 불명확하게 되어있다.

또한, 미 행정절차법(Administrative Procedures Act)[20]에서도 행정기관의 행위가 자의적이고 불명확하여, 사법적 심사가 불가능할 경우 해당 행정기관의 행위는 불법으로 규정,[21] 301조는 사법부의 심사를 규정하고 있지 않음으로써, 향후 소의 제

18) 현행 일반적인 301조 조사절차에 따르면 301조 청원의 대상이 GATT 범위내에서 속하는 것 인한 미 무역대표부(USTR)는 GATT의 분쟁해결절차(dispute Settlement procedures)에 의할 것을 규정하고 있다.(19 U. S. C. @ 2413 (a) (2).)

19) WTO체제의 출범과 더불어 301조의 사용을 자제할 것으로 기대해 왔던 교역상대국들의 예상과는 달리, WTO 출범 후에도 미국은 필요할 경우 통상문제의 해결에 있어서, 301조에 의존할 것이라는 것은 이미 여러 경로를 통해 확인되고 있다.

특히 미국은 최근의 미국과 일본과의 자동차 및 자동차 부품(Auto and Auto parts)에 대한 마찰에서도 볼 수 있듯이 일본이 WTO에서의 협상논의 요청에도 불구하고 일본과의 쌍무협상을 마침내 관철하여 1995. 6. 28 극적인 쌍무협상을 타결하였다.(International Trade Reporter, 1995. 7. 1)

20) 미국 행정절차법은 미국행정부의 각종 행정행위에 대한 기본절차를 구정하고 있다.

21) 5 U. S. C. @ 701 및 Citizens to Preserve Overton Park v. Brinegar, 494 F. 2d 1212(6th Cir. 1974)참조

기에 따라 본 조치의 적법성 여부가 심사될 가능성도 있다.22)

WTO의 금융서비스시장의 개방에 대한 다자간 논의에서도 WTO의 다자간 무역협상이 만족스럽지 못할 경우 다자간 협상을 포기하고 일본, 한국, 싱가포르 등과의 쌍무협상을 진행할 것임을 선언한 바 있다.23)

2 내국민대우의 원칙(National Treatment Principle)

GATT/WTO체제하에서 내국민특혜원칙(National Treatment Principle)은 최혜국대우원칙(MFN : Most-Favored-Nation Principle)과 더불어 다자간 무역체계의 근간이 되어왔음은 주지의 사실이다.

이러한 미국통상법은 여러 가지 측면에서 이러한 국제통상규범상의 내국민대우원칙을 간과 또는 저해하는 많은 문제점들을 내포하고 있음을 알 수 있다. 이를 분야별로 살펴보면 다음과 같다.

1. 반덤핑관련 통상법

미국의 통상법에서 덤핑방지관세제도는 가장 보호주의 수단으로의 활용이 증대되고 있는 법이다.24) 덤핑방지관세 부과 요건을 살펴보면 국제통상규범상 내국민

22) 이와 관련하여 미국의 일본자동차시장의 개방에 대한 불만으로 야기된 1995년 6월의 자동차 보복관세에 대해서 일본의 Toyota자동차사는 GATT규범의 위반, 미국헌법과 미국 통상법규에서 규정하고 있는 사항 절차위반을 근거로 미국법원에 제소를 준비하였다.

전통적으로 미국법원은 여러 가지 근거하여, 미국행정부와 의회의 행위에 대해서 관여하는 것을 자제하는 입장이나, 301조에 대한 최초의 제소가 일본에 의해 이루어졌더라면, 결과가 어떻게 되었을지 궁금하다. 특히, Toyota자동차회사는 자동차에 대한 시장개방 문제와 보복조치는 WTO의 분쟁해결범위에 포함되어야 한다고 주장하고, USTR의 일방적 보복조치는 WTO의 규범에 위배된다고 주장하였다.(Inside U. S. Trade, May 12, 1995.)

23) Inside U. S. Trade, 1995. 7. 28. 참조

24) 미국은 덤핑방지관세제도를 과다하게 사용하여 보호주의의 한 수단으로 사용될 가능성이 높아졌다. 또한 많은 개발도상국들도 이들 덤핑방지관세제도를 활용하기 시작했다는 점이다. 이를 좀 더 살

대우원칙에 위배되는 점이 많다.

덤핑의 정의를 미국에서는 생산원가이하 가격의 판매도 덤핑으로 규정하고 있으나, 미국 국내법상에서는 상당한 범위의 재량을 인정하고 있다.[25] 또한, 생산원가이하의 판매를 미국은 판매관행을 약탈적 성격이 아닌 한, 인정하는 경향을 보이고 있다.[26]

다음으로는 반덤핑법과 미국 경쟁촉진법의 근본정신과의 상충문제이다.[27] 미국의 반덤핑관련법을 살펴보면 미국의 국내가격차별은 Robinson-Patman법보다 한결 더 규제적인 법으로 알려져 있다.[28]

우선, Robinson-Patman법에서는 가격차별에 대해 여러 가지로 항변이 가능하나, 덤핑의 경우 항변을 허용하지 않고 있으며, 다음으로 Robinson-Patman법의 해석에 관한 법원의 결정이나, 동 법의 제정목적 등 모두가 동 법의 운용이 경쟁제도 자체를 보호하고자 함에 있으며, 개별 경쟁자를 보호하고자 함에 있지 않다고 명시

펴보면, 동경 Round이후 덤핑방지관세제도의 주된 사용국들은 미국, 호주, EU 및 캐나다 등이었으나, 1992~1993년 동안의 통계는 멕시코를 비롯한 타국들도 덤핑방지관세제도를 많이 사용하고 있음을 보여주고 있다. 실제로 미국은 동 기간 중 194회의 조사를 실시했으며, 호주는 184회, EU가 112회, 캐나다가 77회, 멕시코가 62회, 뉴질랜드 32회, 한국 5회, 일본이 3회의 조사를 실시한 바 있다.

25) 미국 내에서와 해외에서의 가격차별 중 국내에서의 가격차별을 보다 많이 인정해 주는 이유는 주로 국내에서의 가격차별은 그렇게 불공정하다고 보지는 않는 관행에 기인한 것으로 풀이된다.(Round A. Cass, Price Discrimination and Predation Analysis in Antitrust and International Trade : A Comment, 61 U. Cincinnati L. Rev. 877(1993).)

26) 특히 철강업체들이 손해를 보는 불경기에는 미국의 철강생산업체들은 원가이하의 판매에 대해서도 서로 소송을 제기하지 않으나, 수입업체에 대해서는 예외 없이 반덤핑소송을 제기하고 있다. 이상에서 보듯이 이들 생산원가이하의 판매에 대한 덤핑으로서의 규제는 GATT의 내국민대우원칙에 위배된다고 볼 수 있을 것이다.(Brooke Group Ltd. v. Brown & Williamson Tobacco Corp., 113 S.Ct. 2578, 125 L.Ed. 2d 168. 1993)

27) 미국의 반덤핑관련법은, 미국의 국내가격차별은 Robinson-Patman법보다 한결 더 규제적인 법으로 알려져 있다.(15 U. S. C. A. @ 13.)

28) 15 U. S. C. A. @ 13.

하고 있다. 그러나 반덤핑법은 국내의 경쟁자 또는 생산자들을 보호하고자함이 목적에 규정되어 있으며, 개괄적인 국내 경쟁촉진정책에 대한 고려는 전혀 하고 있지 않다.

2. 정부구매제도

GATT 제3조 8항(정부구매에 관한 규정)에서 기본적으로 정부구매에 관한 사항은 내국민대우원칙의 예외로 인정하고 있다. 이러한 정부구매는 통신, 중화학, 전력, 수송부문에 집중되어 있다. 그러나 미국에서는 이들 부문의 경쟁력을 바탕으로 정부구매에 관한 국제규범의 형성을 일찍부터 주창해 왔으며, 쌍무협상을 통해 무역 상대국의 정부구매시장에의 참여를 요구하고 있다.

이미 동경라운드(Tokyo Round Agreement)에서 정부구매의 기본 틀을 형성하였으나, 미국의 정부구매의 상당 부분이 GATT규범을 위배하고 있는 설정이다.

미국의 국산품 우대정책에 의해 1933년 미국의 연방구매법(Buy-American Act)[29]의 일방적 국내품 우대조치를 취하고 있으며, 연방구매기준(Federal Acquisition Regulation)[30]에서도 국내공급업자들이 제시한 가격이 해외공급업자들의 제시가격보다 6% 이상(소규모 기업제품의 경우에는 12% 이상) 비싸지 않는 한 국내공급을 우대하도록 규정하고 있다. 특히, 미국 국방부(Defense Department) 구매 50%까지의 가격 차이를 허용하고 있다.[31]

29) 동법은 기본적으로 연방정부기관으로 하여금 가격이 비합리적이거나(Unreasonable) 미국업체로부터의 구매가 공공의 이익에 위배되지 않는 한 국내 생산제품을 구매하도록 규정하고 있다.(41 U. S. C. A @ @10a-13d)

30) 48 CFR @ 25.105(1993)

31) 이와 관련하여 1992년의 GATT패널은 미국이 남극대륙의 수중음파 탐지시스템에 관한 정부구매에서 EU의 공급자를 배제한 것은 GATT의 Tokyo Round Agreement를 위반했다고 결정하였으나, 미국은 동 구배가 물품뿐만 아니라 서비스에 관한 구매도 포함하므로 Tokyo Round협정의 범위밖에 있다고 주장하며 동 패널의 채택을 거부하였다.(42 CFR @ 225.105(1993).)

3. 관세법 제 337조의 적용

미국 관세법 제337조[32]의 발동요건을 살펴보면 불공정한 경쟁방법(Unfair Methods of Competition)을 동원하거나 또는 미국으로의 수출과 관련한 불공정한 행위가 첫째, 미국 내에서의 산업을 도태시키거나 또는 상당한 정도로 피해를 미칠 경우, 둘째, 산업의 설립을 저해하거나, 셋째, 미국 내에서의 통상 및 상업을 방해 또는 독점할 경우 이들 행위는 불법이라고 규정하고 있으며, 이러한 불공정한 행위는 미국의 특허권을 침해하는 상품들의 수입 또는 판매로 인한 경우도 포함한다고 규정하고 있다.

이러한 측면에서 볼 때 미국 관세법 제 337조는 원칙적으로 GATT 제32조 4항(내국민대우원칙)에 위배한다고 볼 수 있다.[33]

---

32) 19 U. S. C. A @ 1337

33) 1989년 EU는 미국의 1930년 관세법 제 337조의 적용과 관련하여 GATT위반을 근거로 GATT패널에 제소하였다. 지적재산권 침해에 관한 분규에 주고 적용되는 미국 관세법 제337조의 내용을 보면, 그 발동요건으로 불공정한 행위가 ① 미국 내에서의 산업을 도태시키거나 또는 상당한 정도로 위해를 미칠 경우, ② 산업의 발생을 저해하거나, ③ 미국 내에서의 통상 및 성업을 방해 또는 독점할 경우 이들 행위는 불법이라고 규정하고 있으며, 이러한 불공정한 행위는 미국의 특허권을 침해하는 상품들의 수입 또는 판매로 인한 경우도 포함한다고 규정하고 있다.

이러한 문제에 관한 EU의 주된 논거는 특허침해사건에 있어서 제 337조에 근거한 미국 국제무역위원회(USITC : United States International Trade Commission)의 조사는 미국 특허를 침해하였다고 주장되는 수입제품에 대해서만 적용되는데 반해 미국원산의 제품이 특허침해로 제소될 경우 미국 연방법원의 관할적용을 받음으로써 GATT 제 2조 4항의 내국민대우원칙에 위배되며 이들 절차의 차이로 인해 수입제품에 대한 대우가 미국원산의 유사제품에 비해 상대적으로 불리하다고 주장하였다.

GATT 패널은 동내용을 조사한 끝에 제337조는 GATT 제 3조 4항에 위배되며, 미국원산의 제품에 대한 연방법원의 구제절차보다 수입제품의 미 국제무역위원회에 의한 절차가 불리하다고 결정하였다.(GATT Panel Report Adopted, November 7, 1989 36th Supp. BISD 345(1990).

그러나 미국은 제 337조에 관한 패널보고서의 채택을 거의 1년간 거부하였으며, 마침내 보고서의 채택을 결정하면서도 UR의 결론전까지는 제 337조를 수정하지 않을 것임을 시사하였다. 현재 미국은 UR협정이행과 관련한 이행법에서 337조를 일부 수정하여 조사종료시한규정의 철폐, 피소자의 반소권의 보장 등 일부내용을 개정하였으나 GATT패널의 결정사항과 일치할 지는 아직 미지수이다.

3 미국 통상법의 역외 적용

이상과 같이 미국 통상법은 비단 국내적 적용에 있어서만 WTO규정과 위배되고 잇는 것만이 아니다. 다음에 살펴보는 바와 같이 미국 통상법의 역외적용에 있어서도 상당부분이 WTO 규정에 위배하고 있는 측면이 있음은 주지의 사실이다.

1. 경쟁촉진정책

경쟁 촉진법은 관할권에 관한 국제사외에서의 분규 중[34] 국제통상법적으로 가장 첨예하게 대립하는 분야 가운데 하나라고 할 수 있다. 특히, 미국의 경쟁촉진에 관한 기본법인 Sherman Act는 동 법에 근거한 배상으로 3배의 배상을 부과할 수 있도록 규정하고 있어 원고가 소송의 국제법적 · 정치적 부담에도 불구하고 독점금지법 소송을 제기하는 충분한 계기가 되어 왔다.

미국 독점금지법에서는 1980년 제정된 셔먼 독점금지법(The Sherman Antitrust Act)으로부터 시작, 대외거래 독점금지 강화법(The Foreign trade Antitrust Improvements Act)으로 확대 · 발전되어 왔다.

해외에서의 반경쟁적 행위가 미국시장에 직접적이고, 실질적이며 합리적으로 예측 가능한 영향(a direct, substantial and reasonable forseeable effect)을 미쳤을 경우 소송을 제기할 수 있도록 규정하고 있다. 또한 미국 법무부(Antitrust Enforcement Guidelines for International Operations)를 통해 세부적인 내용을 규정하고 있다.

이와 관련된 지침은 1995년 4월 6일 개정되어 미국에 직접적인 영향이 없더라도 미국수출에 영향을 미칠 것으로 예상되는 경우에도 확대적용 되도록 규정하고 있

34) 미국법의 역외적용은 이미 형법의 경우에 많은 판례를 통해 미국은 미국형법이 타국에도 적용될 수 있음을 판시한 바 있다. (예 : The Money Laundering Control Act of 1986, 18 U. S. C. @ 1956 The 1970 Currency and Foreign Transactions Reporting Act, 31 U. S. C. @ 31-32, 1203, The Aircraft Sabotage Act, 18 U. S. C. @@ 31-32, U. S. v. Alvarez-Machain, 112 S. Ct. 2188(1992).

으며, 미국의 독점금지법을 미국기업들의 해외시장에서의 경쟁을 저해하는 외국정부 또는 기업의 행위에도 적용할 수 있다고 규정함으로써 향후 미국의 독점금지법의 해외에서의 확대적용을 시사하고 있는 것이 현실이라 하겠다.

2. 파산법(Bankruptcy Law)

미국연방파산법(The Federal Bankruptcy Code)에서는 미국연방법원으로 하여금 세계 어느 지역에 있는 채무자(Debtor)의 재산에 대해서도 관할권을 행사할 수 있도록 규정하고 있다.

비록 해외의 채권자가 미국 채무자의 해외재산에 관해 담보이익(Security Interest)을 가지고 있는 경우라도 반드시 미국 파산법과 그 절차에 따라야만 한다고 규정하고 있으며, 이러한 문제의 결과, 해외의 채권자가 미국 채무자의 해외재산에 관한 채권집행을 하고자 할 경우에도 반드시 미국 법원의 승인을 얻도록 규정하고 있어 국제법상 마찰의 소지를 항상 갖고 있다.[35)]

4 쿼터 및 VER

수량제한조치에 관한 GATT의 기본규정(GATT 제11조)에서는 수량제한조치를 일반적으로 금지하고 있다. 일반적 수량제한조치에 대한 예외로서 ① 농수산물에 대한 수입제한, ② 외환보유 규모 변화로 인한 수입제한조치, ③ 국제수지 문제점으로 인한 수입제한조치, ④ 기타 국가안보, 공중위생, 보건 등을 이유로 한 예외조치 등이 허용하고 있다.

---

35) The Federal Bankruptcy Code, 11 U. S. C. @ 101, & 28 U. s. c. @ 44, 49 ets, The Bankruptcy Reform Act of 1994, PL 103-394, 108 Stat. 4106(1994). 이러한 파산법의 규정은 일련의 판례들을 통해 확인되고 있는 바, United State Lines, Inc., v. Gas Marine Fuels Ltd., v. Gas Marine Fuels Ltd., 68 B. R. 690(Bankr, S. D. N. Y. 1986), and In re McClean Industries, 74 B, R. 589(Bankr., S. D. N. Y. 1987)에서 미국의 선박회사인 U. S. Lines사는 파산신청절차를 통해 해외채권자의 선박압류를 금지하는 가처분신청을 제출하였고, 법원은 동 U. S. Lines사의 홍콩, 싱가폴 소재 선박들의 압류를 금지토록 조치하였다.

이러한 수입제한조치가 허용될 경우에도 그 발동절차로서 반드시 GATT의 가맹국(Contracting Party)들에 대한 신청과 동의를 얻도록 규정하고 있으나, 미국에서는 자국 농산물 보호를 위한 수입 제한에 빈번히 활용하고 있는 실정이다.[36)]

미국의 여러 통상 관련법에서 수량제한조치를 허용하고 있는 조항들을 포함하고 있다.[37)]즉, Ⓐ 1974년 통상법(Trade Act of 1974)에서 ㉮ 수입경쟁으로 인한 산업피해로부터의 구제조치(Escape CLAUSE)를 규정하고 있는 제 201조에서 204조까지의 규정, 특히 제203조의 조치(@203 (a) (B) - (C) (19 U. S. C. A. @ 2253 (a) (B) - (c)), ㉯ 제301조부터 310까지의 불공정 무역관행으로 인한 구제조치, 특히 301조에 의한 일방적 무역보복조치(@301-310. @301(C)(1)(B)(19 U. S. C. A. @2911(C)(1)(B)) ㉰ 제406조에 근거한 공산권국가로부터의 수입증가로부터의 수입증가로 인한 시장의 교란에 대비한 수입제한조치(@406 (19 U. S. C. A. @2436). Ⓑ 1962년 무역확대법(Trade Expansion Act)의 제 232조 : 국가안보를 위한 수입제한조치의 허용(@232(19 U. S. C. A. @1862), Ⓒ 농업조정법(Agricultural Adjustment Act) 제22조에서도 면화, 설탕, 땅콩, 기타 여러 낙농제품 등의 수입규제 허용조치(7U.S.C. A. @624), Ⓓ 1956년 농업법(Agricultural Act of 1956)

---

36) Subcomm. on Int'l trade of the Senate Committ. on Finance, 93d. Cong. 2d Sess. 90-93. 참조.

37) 이러한 수출자율규제는 섬유, 철강, 자동차등 여러 부문에 걸쳐 광범위하게 시행되었으나, 마침내 UR 협정의 시행에 따라, Safeguard 협정 제11조에 의해 수출자율규제, 시장질서유지협정(OMA : Orderly Marketing Arrangement), 기타 유사한 규제는 금지되며 현존하는 규제는 UR 협정의 이행일로부터 4년 이내에 철폐, 또는 감축하도록 규정하고 있다.

또한 동 협정 제 11조 3항은 UR협정의 가맹국들은 공·사기업을 막론하고 향후 이와 유사한 수입규제조치의 채택을 권장 또는 유도하지 않도록 규정하고 있다. 그러나 이러한 국제통상규범상의 철폐선언에도 불구하고 미국은 수입자동차에 대해 엔진이나 트랜스미션의 원산국, 각 부품의 생산국별 비율, 조립국등 일반자동차에 관한 국내부품비율을 명시토록 한 자동차제조표지법(American Automobile Labeling Act)-Section 210 of the Passenger Motor Vehicle Content Information Disclosure Act of October 1992. 참조.-을 제정함으로써 일부 국가로부터 수출자율규제에 대신하는 수입제한조치라는 비난을 면치 못하고 있다.(**日本** Yomiuri **新聞** 1994. 5. 31.)

제204조 : 섬유 및 섬유제품에 대한 수입제품에 대한 수입제한을 규정, Ⓔ 1979년 통상협정법(Trade Agreement Act of 1979) 제 702조 : 치즈수입에 대한 제한조치를 허용, Ⓕ 1980년 국제커피협정법(International Coffee Agreement Act of 1980) : 커피의 수입제한조치(19 (U. S. C. A. @1356 K-M), Ⓖ 조화관세제도(Harmonized Tariff Schedule) : 여러 가지 형태의 수입제한제도, Ⓗ 기타: 이외에도 여러 법령에 의해 명시적 또는 묵시적으로 미국 행정부의 수입수량제한조치를 위한 많은 규정들이 산재해 있다.

5 환경보호정책 등

GATT 제 20조(g)에서는 각 가맹국들이 자국 환경보호를 위해 필요한 정책을 채택할 수 있도록 규정하고 있다. GATT 제20조 규정 조건에서는 환경보호정책의 일환으로 채택된 보호수단은 천연자원의 보호와 관련이 있어야 하며, 이들 보호수단은 정당하지 않은 차별정책이나 자의적인 수단 또는 국제무역을 교묘히 제한하는 수단으로 사용되어서는 안 됨을 명시하고 있다.

그러나 이러한 미국의 환경보호정책은 상대적으로 미국 국내기업에 비해 해외 기업에게 차별적인 기준을 적용하는 배타적인 정책을 운용하고 있는 실정으로서 문제를 야기 시키고 있는 문제점을 내포하고 있다고 할 수 있다.[38)]

38) 1995년 남미의 베네주엘라와 브라질은 미국이 차별적인 공기청정법(Clean Air Act)의 적용을 통해 이들 국가들의 기업들에 대한 차별대우를 행하고 있다고 주장, WTO에 분쟁해결패널의 설치를 요구했다.

미국의 공기청정법에 의한 규제지침을 살펴보면, 미국 내 정유업체들은 1990년에 업체자체가 휘발유를 판매하던 당시의 업체의 공해수준(level of pollutants)에 해당하는 수준까지는 공해배출정도가 허용되는데 반해 수입정유업체는 1990년에 판매되던 일반적인 평균 휘발유의 법적 배출허용기준까지로 그 기준을 설정하고 있어, 미국업체에 비해 베네주엘라나 브라질 등 외국으로부터의 수입업체에 불평등한 대우를 함으로써 GATT 제1조와 3조의 내국민대우원칙을 위배하고 있다고 주장하고 있다. Venezuela는 미국의 수입차별조치로 인한 피해는 연간 1억 5천만불에 달한다고 주장하고 있다.(Inside U.S. Trade, July 7, 1995. 참조.)

특히 미국의 이들 수입업체에 대한 규제는 UR무역에 관한 기술장벽협정(UR Technological Barriers to Trade Agreement :TBT)에 위배하고 있을 소지도 다분히 있어 패널의 결정결과가 주목되고 있다.

VI WTO협정과 한국법과의 관계

1 조약의 국내법상 지위

우리 헌법상 조약을 협상하고 체결, 비준하는 권한은 대통령에 속한다.[39] 대통령이 조약을 체결하고 비준하는 데는 두 가지 요건이 있다. 모든 조약안은 국무회의의 심의를 거쳐야 하며[40] 국회는 상호원조 또는 안전보장에 관한 조약, 중요한 국제조직에 관한 조약, 우호통상항해조약, 주권의 제약에 관한 조약, 강화조약, 국가나 국민에게 중요한 재정적 부담을 지우는 조약 또는 입법사항에 관한 조약의 체결 · 비준에 대한 동의권을 가진다.[41] 여기서 입법사항이라 함은 국민의 권리나 의무에 관계됨으로써 현행법의 개정이나 신규 입법을 요하는 사항을 위미한다. 위에 열거되지 않은 사항에 대한 조약이나 협정, 예컨대 열거된 조약의 위임 사항, 시행 사항, 또는 비입법 사항에 관한 행정협정 등은 국회 동의를 요하지 않는다.

미국의 참치-돌고래(Tuna-Dolpine) 사건에서 보여 지는 사례는 미국의 일방적인 환경보호정책이 어떻게 국제무역에 영향을 미칠 수 있는 가를 보여주는 또 하나의 예라고 볼 수 있다. 기본적으로 미국은 1991. 5. 미해양포유동물보호법(Marine Mammal Protection Act : MMPA) - (22 U. S. c. @ 1978 (1998))-에 의해 돌고래의 보호를 위해 멕시코로부터의 참치 수입제한을 제한하는 조치를 발표하였다.

멕시코는 이러한 미국의 참치수입제한조치에 대응하여, GATT 제 3조의 내국민대우원칙에 위배되며, 제20조(g)에 의한 수입제한조치의 정당화요건에 해당되지 않는다고 결정하였다. 나아가서, 동 패널은 개별국가가 환경보호정책의 일환으로 수입제한조치를 취할 경우 이들 수입제한조치는 그 정당한 근거를 제사하여야 하며, 그 남용을 방지하기 위해서도 합리적인 기준에 근거하여야 한다고 결정하였다.

결국 이러한 GATT패널의 결정에 대해 미국은 패널보고서 채택을 거부함으로써 다시 한 번 미국의 국내법 우선적용이라는 입장을 고수하였다.

39) 헌법 제173조.

40) 헌법 제89조.

41) 헌법 제60조 1항.

국회는 동의 과정에서 선별적인 동의 다시 말하면 조약 원안에 수정을 가한 수 동의를 부여할 수 있는가? 아직까지 구체적인 선례나 판례가 없는 가운데 학설상 차이가 있으나 통설은 특정한 결론을 표시하여 구속하는 것은 위헌으로 보며 다만 상대국과 협의 하에 수정하도록 조건부로 동의할 수는 있는 것으로 본다. 국회에서 조약안의 수정가결이 허용되지 않는 다는 점에서 한국 국회의 조약안에 대한 동의는 소위 「신속절차」를 영구적으로 채택하고 있다고 말할 수 있다.

미국 등 여타 국가들과 비교하여 한국 국회의 조약체결을 위한 교섭·체결·비준 과정에서의 역할은 위에서 언급한 중요 조약에 대한 동의권 행사 외에는 별로 없었다고 할 수 있으며 지금까지 동의가 거부된 사례도 아직 없다.

위에 설명한 헌법 절차에 따라 체결 공포된 조약과 일반적으로 승인된 국제 법규는 국내법과 같은 효력을 가진다.[42] 따라서 원칙적으로 조약은 국내법화 하는 별도의 입법조치가 필요 없이 국내법으로서의 직접 효력을 갖는다. 다만 예외적으로 조약 자체가 그 집행을 위하여 별도의 국내 입법 조치를 전제하고 있는 경우에는 물론 그러한 입법 조치가 필요하다고 하겠다.

앞에서 국내법과 동일한 효력을 갖는다는 헌법규정이 곧 모든 조약이 국회의 입법절차에 따라 제정된 「법률」과 같은 지위를 갖는다고 볼 수는 없다. 따라서 국회의 동의를 받지 않은 조약은 원칙적으로 대통령령이나 부령의 지위를 갖는다고 보아야 할 것이다. 법령과 법령의 충돌이 있는 경우 일반적으로 신법우선 원칙과 특별법우선 원칙이 인정된다. 조약은 위에서 말한 것처럼 국내법과 동등한 지위에 있으므로 후에 제정된 국내법이 특정 조약의 효력의 제한이나 상실을 가져올 가능성을 배제할 수 없다. 그러나 이러한 충돌과 저촉 가능성은 우선적으로 행정부 내 법제처 업무수행에 의하여 방지되고 있으며 궁극적으로는 법원이 판단하여야 할 과제이다.

42) 헌법 제6조 제1항.

2 WTO협정의 지위

WTO 제협정은 「세계무역기구 창설에 관한 마라케시협정」으로서 1994년 12월 16일 일괄하여 국회의 동의를 얻었으며 12월 23일 대통령의 비준을 거쳐 12월 30일 공포되었다. 따라서 WTO협정은 헌법 제6조 제1항에 규정에 따라 국내법과 동등한 직접 효력을 갖는다는 것은 의심의 여지가 없다. 이미 대법원은 GATT조문의 직접 적용을 수차례에 걸쳐 확인한 바 있다.[43)]

국회가 WTO협정의 비준과 관련하여 한 가지 특기할 것은 정부가 제안한 조약안을 그대로 동의하는데 그치지 않고 「WTO협정 이행특별법」이란 별도 입법을 하였다는 점이다. 위에서 본 것처럼 헌법상 이와 같은 별도의 이행법은 불필요할 뿐만 아니라 헌정 50년 역사상 처음의 시도이기도 하였다. 여기서 한 가지 주의할 사항은 이 이행특별법은 그 이름의 유사성에도 불구하고 미국이나 유럽연합에서 말하는 UR 이행법과는 전혀 다른 법적 성질을 갖고 있다는 점이다. 조약의 직접적 국내 효력을 부인하는 미국이나 EU의 경우 이행을 위한 국내법의 제정은 필수적이며 그 내용도 UR 전 협정의 구체적 조항을 모두 포함하여야 하나 우리 나라의 경우 UR협정은 그 자체가 국내법적 효력을 가지므로 당시 제정된 UR 이행특별법은 UR협정을 대신하는 것이 아니라 다만 UR협정에 관련한 몇 가지의 특별한 사안에 대한 추가적 조치를 내용으로 하고 있다는 점이다. 즉 그 주 내용은 UR협정으로 가장 타격을 받을 것으로 예상되는 농어민 등에 대한 특별보호조치를 강구하는데 있으며 그러한 특별조치를 하는데 있어서도 「UR협정의 어느 조항도 국가의 경제 주권을 상실 또는 침해하는 것을 용인하는 것으로 해석할 수 없다.」 (제2조) 또는 「UR협정은 효력을 상실 또는 배제하지 못한다.」 (제3조)고 하는 등 헌법 제6조 제1항 규정과 정면으로 대립하는 듯한 제안들이 있었으나 심의 과정에서 삭제되었다는 점이다.

---

43) 대법원 판결번호 85누 448(1987), 91누 10763(1992) 두 사건 모두 관세부과처분취소건으로 GATT 조문과 한국관세법조문을 동시에 검토 · 적용한 것이다.

이상에서 본 바와 같이 UR협정의 제조항은 국회의 동의를 얻은 헌법 제6조 제1항 상의 조약으로서 원칙적으로(별도 국내입법을 전제하거나 너무 모호하여 법적 집행력을 부여하기 어려운 경우를 제외하고) 국내법상 직접 효력을 갖는다.

그러면 WTO분쟁해결절차에 관련한 패널보고서는 국내법상 어떤 효력을 갖는다고 보아야 할 것인가? 아직 한 번도 GATT 패널보고서의 집행에 관한 구체적 케이스가 없기 때문에 분명치는 않으나, 국내법상 구속력이 인정되어야 하리라고 본다. 여기서 WTO 패널보고서는 WTO분쟁조정위원회의 채택결의에 의한 국제기구의 결의 사항이라고 볼 수 있다. 이미 헌법재판소는 사립학교법 관계판결에서 UN결의의 직접 적용가능성을 인정하였거니와 혹은 조약 그 자체와는 구별된다고 하여도 조약에 의해 정당하게 존재하는 국제기구의 결의는 그 결의가 선언적이거나 정책의 표명이 아니고 구체적·구속적 결정일 때 국내법원은 이를 받아들여야 하리라고 본다. 다만 우리의 주 무역상대국인 미국이나 유럽연합의 경우 직접 효력을 부인하고 있다는 점에서 우리 나라의 법원이 앞으로 어떤 입장을 취할지 주시된다.

V 요약 및 시사점

이상에서 살펴본 바와 같이 미국의 통상법은 WTO 국제통상규범과 많은 마찰을 빚고 있는데 그 대표적인 예를 정리하면 다음과 같다.

① 다자간 무역규범의 근간이 되는 GATT/WTO체제가 미국의 주도로 오랫동안의 협상 끝에 합의되었음에도 불구하고 미국은 그 이행법에서 이에 정면으로 배치되는 많은 조항을 삽입하였으며, 또한 WTO분쟁해결절차에 대한 심의를 위한 위원회의 설치를 계획하는 등 GATT/WTO의 근본정신을 위반하고 있다.

② 대표적인 일방적 무역보복조치로 세계의 비난을 받아 온 1974년 통상법 301조

가 GATT/WTO의 새로운 분쟁해결절차에도 불구하고 여전히 미국의 가장 강력한 통상수단으로 활용되고 있다.

③ 반덤핑관련통상법, 정부구매제도, 관세법 제 337조 등 각종 통상법의 적용에 있어서 GATT의 기본정신인 내국민대우원칙에 반하고 있다.

④ 미국의 경쟁촉진정책, 파산법 등 향후국제통상문제에 지대한 영향을 미칠 수 있는 분야들이 교역상대국과의 직접적인 무역으로 인한 분규뿐만 아니라 이들 국가들의 산업구조 등까지 그 적용이 확대되어 가는 추세에 있어 이에 따른 다자간 규범과의 마찰이 심화되고 있다.

⑤ GATT 제11조에 의해 원칙적으로 금지되고 있는 수량제한조치가 많은 미국통상법에 아직도 산재해 있으며, UR협정에 의한 수출자율구제의 폐지합의에도 불구하고 자동차제조표지법 등이 실질적 수입제한조치로 대체될 가능성이 있다.

특히 위 사항 중 74통상법 제301조는 정치적 · 외교적 분쟁해결 수단으로서 규범지향적인 GATT/WTO의 분쟁해결방식에 배치된다. 이는 공정성을 내세우는 미국이「규범」에 의한 합리적인 해결을 외면하고 오히려 자국의「힘」에 의지하여 분쟁해결을 도모함으로써 오히려 불공정을 초래하고 있다는 비난을 면하기 어렵다.

구체적으로 301조는 불공정관행의 여건과 절차의 진행 및 제재조치의 발동에 이르기까지 그 일방적 성격으로 인해 GATT/WTO의 다변적 분쟁해결구조에 배치된다. 특히 WTO분쟁해결협정은 분쟁의 일방적 해결을 명문으로 금지하고 있어 301조는 이에 정면으로 위배된다.

또한 301조는 특정국을 지정하여 무역제재조치를 부과하는 차별적 조치로서 GATT/WTO의 무차별원칙에 배치된다. GATT협정 제1조의 최혜국대우원칙은 특정국에 대해 다른 국가보다 불리한 교역조건의 부과를 금지하고 있는데 301조는 일방적이고 모호한 근거에서 특정국의 불공정관행에 대해 제재조치를 부과함으로써 사실상 차별적인 운용이 가능한 것이다.

더욱이 301조는 외국의 불공정관행에 대하여 무제한적 보복조치를 과할 수 있게 함으로써 GATT/WTO의 최소규제원칙에 위배된다. GATT/WTO의 분쟁해결절차는 보복조치의 보충성과 균형성, 한시성을 요구하고 있음에 대해 301조는 법상 아무런 제한 없는 보복조치를 부과할 수 있게 되어 있다.

301조는 이와 같은 문제점이 있기 때문에 WTO가 출범한 이후에도 미국이 계속 이를 고집할 경우 모처럼 어렵게 출발한 WTO체제를 근본부터 뒤흔들 가능성마저도 있다고 하겠다. 따라서 미국이 301조 자체를 폐기하는 것이 가장 바람직하겠지만 그렇지 않을 경우 내부규정을 마련하여 GATT/WTO가 규율하지 않는 분야나 국가에 대하여만 301조를 발동하도록 규범적인 보장이 있어야 할 것이다.

CHAPTER 3

WTO출범과 영향

I WTO의 설립배경

세계 각국이 상호간에 세계경제의 번영을 위해서 국제무역활동을 어떻게 이끌 것인가에 대한 논의는 오랫동안 수 없이 되풀이되어 왔다. 오늘날 이 방면에 대한 역사적 경험이나 이론적 근거에 바탕을 둔 각 국의 정책자나 실무자나 또한 학자들의 의견과 주장은 압도적으로 보호무역주의보다도 자유화와 개방화를 지향하는 자유무역주의편에 기울어져 있다.

따라서 대부분의 각 국은 세계경제의 발전을 위해서는 세계무역이 보복을 초래하고 비용이 많이 드는 보호무역주의 정책을 따르기보다는 자유경쟁과 개방에 의한 자유무역주의 정책을 선택하는 편이 좋다는 결론에 이른지가 오래 전의 일이다.

제2차 세계대전 후 세계의 여러 국가들은 세계경제의 발전을 위해 GATT와 같은 국제무역협정을 만들었다. 그러나 GATT체제(1948~1994)는 곧 미·소 양국 간의 정치이념에 따른 동서냉전에 휘말려서 서방진영에서만 실현하게 되었고 다시금 2차대전시의 전쟁 당사국에 대한 경제재건이나 남북(선·후진국간)간에 경제수준의 큰 격차 때문에 경제 재건국이나 후진국에 일부의 보호주의적 조치를 허용하게 되었다. 즉 미완이고 미비한 다각적 개방의 자유무역체제로 GATT가 1994년 까지 유지되어 왔다.

그러나 1990년대에 이르러 소련을 위시한 사회주의권의 붕괴와 세계경제양상이 양극면에서 다극화로 그 판도가 변화함에 따라서 그동안의 미비했던 자유무역체제가 아닌 완숙한 무차별적 개방의 자유무역기구를 조성할 수 있는 기회와 계기가 이루어진 것이다. 이로써 자유로운 경쟁과 무역 그리고 다각적 개방의 무역을 규율하는 새로운 WTO체제가 탄생한 것이다.

2차 대전 후 50년 만에 명실상부한 자유무역이 WTO체제하에서 시행하게 되었다.

이로써 세계경제는 크게 변화되고, 영향을 받게 되었으며, 나름대로의 발전의 기회와 새로운 도전, 그리고 겪어야 할 시련과 좌절에 봉착하게 된 것이다.

이와 같은 배경을 가진 WTO체제의 출범이 첫째, 세계경제나 무역환경에 어떤 영향을 미쳐서 변화시킬 것인가를 고찰하고 둘째, 이러한 여러 가지 국제적 영향의 파장 가운데서 특히 한국의 경제나 무역에 미칠 영향을 검토하며 셋째, 한국의 입장에서 이에 대한 대응방향을 세계화라는 측면에서 강구해 보는 것이 본 장의 수된 목적이다.

이제 이러한 목적을 이루기 위해서는 명실상부한 자유무역을 완성시킬 목적의 WTO가 어떠한 연혁적 배경을 가지고 이루어졌으며 과연 그 목적을 달성하도록 하는 체제와 구조 그리고 역할과 어떠한 규범 내용 등을 가지고 있는가? 달리 말하면 WTO가 자유무역을 명분상으로만 실천하도록 되어 있느냐 아니면 실제상으로도 실천하도록 되어 있느냐에 관한 것이다. 이러한 물음은 WTO체제의 존폐와 성쇄에 직결되는 본원적인 문제가 아닌가 생각된다.

그리고 이 장에서 서술되는 분야는 주로 경제적 여건의 분야가 될 것이지만 경제외적여건(예, 정치 · 문화 · 교육 등)의 분야도 아울러 살펴보게 될 것이다. 이러한 경제외적여건의 병행 · 연관 고찰은 노동, 자본, 토지, 기술 등의 생산요소 보다도 지식과 문화 등의 경제외적인 요소가 미래의 사회에서는 보다 중요한 경제적 생산요소로써 작용할 것이라는 명제와 가설에 입각하고 있다. 뿐만 아니라 이러한 시각은 참된 경제학(연구)이 단순한 기술적 이론이 아니라 철학을 기초로 하고 이를 매개로 한 법학, 정치학, 자연과학 등과 연결되어야 한다[1]는 견지에 서 있다.

---

1) F.A.v.Hayek, Studies in Philosophy, Politics and Economic, 1967. University of Chicago Press. A. 토플러(Toffler)는 오늘날 경제학이 이들 지식과 문화라는 생산요소를 도외시함으로써 경제현상의 인과를 제대로 설명하지 못하고 있다고 주장한다. 그리고 이러한 주장보다 앞선 이론은 F.A.v.하이예크(Hayek)교수에 의해 이미 오래전에 전개되고 있다. 중앙일보, 1995년 1월 5일자, 「A.Toffler와의 신춘대담」, p.6 참조.

Ⅱ WTO의 기능

1 WTO의 이념

GATT체제하의 국제무역질서가 자유화와 다각화된 무역에 이바지했으나, 미완성형태의 자유무역체제에 머물렀고 많은 부분에 있어서 미비점을 남겨 놓았다. 그 까닭은 이미 언급한 바와 같이 미·소 양극화와 그로 인한 동서 각 진영의 유인책으로 생긴 자유화에 대한 다양한 형태의 예외보호조치[2]가 허용된 것이 그 첫째이다. 미완이지만 자유화와 다각적 개방화를 통한 GATT체제하의 무역이 확대균형무역을 낳아 왔다. 그러나 GATT가 무역확대균형에서 생긴 무역이익을 무역당사국에 공평한 규범(Rule)에 따라 배분의 역할을 하는 (국제적 「법의 지배」[3]를 집행하는)기구가 아니며 또 그러한 역할을 할 「자유의 규범과 분쟁해결의 제도」를 정당하게 구사하고 있지 못하다는 것이 그 둘째 이유가 된다.

그런데 첫 번째의 이유가 생긴 동기는 이미 언급한 바와 같이 2차 대전 후의 동서 냉전 속에서 미·소의 양극이 각기의 정치적 세력권을 확대시키기 위해 취한 경제적 「유인조치」와 상통한 것이다. 그러나 두 번째 이유의 것은 그와는 대칭적이다. 즉, 다국화의 등장과 더불어 양극화의 쇠퇴와 종언에 따라서 미국의 경제력의 「만회조

2) 각종 회색조치, 지역통합의 인정, 농산물의 관세부과에 대한 제재의 강제규정이 없음, 지적재산권의 비보호등 등의 GATT의 조치.

3) Gray, John, Hayek, on Liberty, Basil Blackwell, 1984, Chap 3. 西山千明편, 신자유주의 とは何か, 동경신문사, 1997, p23 or pp. 91-114. 여기서 말한 「법의 지배」란 고대 희랍어의 Isonomia에서 비롯한 말의 의미인, 「모든 종류의 사람들에 대한 법의 평등성」을 가리키는 것인데 「법 앞에서의 평등」, 「법에 의한 정치」, 「법에 의한 지배」를 뜻함. 이때의 법이란 자유를 유지시키기 위한 일반적인 원칙의 규정을 말함. 그리고 자유란 간단히 말하면 사람들에 대한 자의적인 압력이나 강제가 존재하고 있지 않다는 것이다. 따라서 그러한 자유는 바른 행동이 어떤 것인가를 규정하는 일반적인 원칙(법)에 의해 제한된다.

치」가 국제적으로 마련되는 장치와 기구가 되어 있지 않다는데서 생긴 것이다.

두 번째 이유에 대하여 구체적으로 말한다면, 미완이지만 다각적인 자유무역으로 세계가 확대균형무역을 초래하고 세계경제의 번영이 이룩되었는데도 불구하고, 공정한 국제적 「법의 지배」를 집행할 장치가 없음으로써 무역당사국가는 확대균형무역에서 생기는 무역수지의 불균형이나 무역이익의 불균형이 시정되지 않고 영속한다는 것이다.

이와 같이 무역수지의 불균형이나 무역이익의 불균형을 시정하고자 하는 개별국의 개별적 구상은 무역상대국과의 자유롭고 동시에 공정한 무역정책의 이념으로 변화시키기에 이르렀고 그 이념의 실행 행동은 곧 무역의 제한과 마찰 그리고 분쟁도 불사하게 했다.[4)]

실로 이러한 이념과 행동의 변화는 2차 대전 후 세계경제의 주도적 역할을 해온 미국이 1970년대 이래로 ① 그의 경제력을 상대적으로 저하시켰고 또한 ② 무역적자도 크게 확대시킨데 반하여 무역흑자국인 일본이나 EU국이 대미수입을 증대시키지 않았는데도 기인한다.

따라서 미국은 무역상대국들에게 무역의 확대균형지향의 자유무역주의뿐만 아니라 공정한 「법의 지배」라는 명분에[5)] 따르는 「공정무역주의」[6)]도 요구하는 변색된 자

4) J.Bhagwati & H,.T.Patrick, Aggressive Unilateralism, America's 301 Trade Policy and the World Trading System, The University of Michigan 1990. 미국이 명분상으로는 상대국과 상호주의에 입각하여 자유와 공정의 무역을 주장하기 시작했지만, 상대국에서의 시정기미가 없을 때는 일방적이거나 공격적인 대외무역정책수단을 강구할 것을 표명했다.

5) Badlwin, R.E., "U.S Trade Policy, 1945-1988: Foreign Policy To Domestic Policy", ed by Charles,S.Pearson Riedle, The Direction of Trade Policy, 1990,pp17-23에서 Baldwin은 축구장에서의 축구선수가 경기에 필요한 규칙으로써 예를 들고 있다. 공정은 기본적으로 규칙이건 행동이건 간에 그것이 어떤 국가에 유리 내지는 불리하게 되지 않도록 하는 것을 의미한다고 함.

6) 공정무역주의란 일반적으로 무역당사국간에 공정한 규범에 따르는 무역이고, 무역되는 가치가 공평하게 되도록 한다는 서구식 의미의 「상호주의」(Bilateralism)와 동일시 될 수 있다. 따라서 서구인들은 공정무역이

유무역주의이념을 요구하게 되었다. 미국 이외의 여타국들로서는 세계시장 중에서도 방대한 부분을 차지하는 미국의 요구에 부응하지 않을 수 없었으며 또 성장을 거듭해온 다극화의 이들 국가들도 그의 무역이 확대됨에 따라 국제적인 공정한 「법의 지배」 격인 규범과 기관의 필요에 따르지 않을 수 없었다. 이러한 이념과 행동들의 전세계적 동참화가 1995년에 WTO의 성립으로써 나타났다.

2 WTO의 역할

1995년 출범하게 된 WTO체제는 그의 목적을 WTO가입국들의 지속적인 세계경제의 안정과 발전을 이바지하는 데 두고 또 각 국민들의 생활수준을 향상시키기 위해 무역의 자유화와 공정화를 공동으로 도모한다는 명분의 목적과 내용을 가지고 있다.

이러한 목적을 달성하고 그의 역할을 수행하기 위한 수단과 방법을 ① 가입국들이 상호 호혜의 바탕위에서 모든 재화와 용역에 대한 관세 및 비관세 등의 무역장벽을 인하하고 국제무역에서의 차별대우를 폐지하며(무역자유화의 확대), 그리고 ② 과거의 무역자유화노력과 UR협상의 결과 전체를 포괄하는 보다 자생력 있는 다자간무역체제를 구축 하고 자유화를 위한 규범의 설정과 집행(무역공정화의 이행)을 수단으로 하고 있다.

이와 같은 WTO의 설립된 목적과 가동될 수단에 따라 전개될 세계경제는 매우 낙관적이고 장미빛으로 볼 수 있다.

그러나 이러한 장미빛 청사진의 밑바탕에는 ① 개방화와 자유화의 추진기구인 WTO의 완전한 역할이 뒷받침될 체제가 되어야 하고 ② 각국의 경제주체가 냉혹하고 가차 없는 무자비한 적자생존의 탈국경적[7] 무한 경쟁시대로 돌입하여 경쟁력 없

란 용어에 미숙하다. 상호주의란 자유를 지키기 위한 공정한 「법의 지배」(=규율)가 상호주의에 입각해서 서로 지켜져야 한다는 것이다. 동양인들은 자유가 공정한 규범을 수반한다는 뜻이라는 것을 잘 이해하지 못하기 때문에 공정무역이라고 하는 편이 알기 쉽다. R.O.Keohane, After Hegemony, Princeton Univ.Press, 1986참조.

이는 도태된다는 사실이 뒷받침되어야 하며 ③ 세계 모든 경제주체가 WTO의 규범을 엄수해야 한다는 고통을 수반할 때 비로소 가능하게 된다.

이렇게 WTO의 성립배경과 역할, 그리고 그로 인하여 가시화 할 수 있는 미래의 세계경제환경에서 얻을 수 있는 WTO체제배경하의 새로운 세계무역질서의 주요한 성격은 다음과 같이 정리할 수 있다.

첫째, 신세계무역질서는 각국으로 하여금 우선 지적재산권을 제외하고서 종래의 차별적인 재화와 용역의 보호무역조치를 일체 배제하게 하고, 보호산업에서의 선별적 폐쇄조치를 제거시키는 성격(탈국경적)의 자유무역을 지향하게 하면서도, 또 한편으로는 WTO가 무역의 개방자유화 실현수칙인 국제적 규범(법의 지배원리)을 적용하여 이 규범을 준수토록 하는 「공정무역」의 성격을 지닌다.

따라서 둘째로 전개될 탈국경의 신세계무역질서는 각국으로 하여금 가차 없는 냉혹한 적자생존의 무한 「국제경쟁」을 가열시킨다. 또 다른 측면에서는 국제경쟁력의 지역적 공조향상방안으로 지역경제통합이라는 「국제적 경쟁협력」의 실현도 촉진시키지만, 다른 한편에서는 자유무역의 국제규범준수를 어느 국가에 개의치 않고 강요를 바라는 「국제적 수칙강요」가 수반된다.

셋째, 이미 본 바와 같이 모든 경제주체가 자유와 개방이라는 탈국경하에서 일정한 규칙(Rule)에 따라서 존속과 발전을 도모해야 한다. 그러기 위해 경쟁력 강화를 제고를 하여야 하기 때문에 각 주체는 고도의 「직업 전문화와 분업화」를 촉진시키고 각각의 기능과 역할을 강화시켜 나가지만, 다른 한편으로는 탈국경으로 세계화된 이들 고도의 분업화와 전문화의 진행에 따라 생기는 「전업의 곤란성」도 병행된다.

이상의 첫째와 둘째의 성격이 유지되기 위해서는 이미 언급한 WTO의 수칙규범

7) 이때의 국경은 정치적 의미의 것이 아니라 경제적 의미의 국경을 말한다. 따라서 탈국경이란 각국으로 하여금 종래의 절대적 경쟁에 입각하면서도 상대적 경쟁에 입각하는 이중적 성격의 무역거래가 아니라 절대적 자유경쟁에 입각한 무역거래를 하도록 한다는 것이다.

(Rule)을 준수할 수 있는 체제유지가 관건이 된다. 만약 이러한 국제적 규범이 모두에게 공정하게(어느 한 국가에 의해서도) 수칙되지 않을 체제하에서는 경쟁의 우위자와 열위자간에 「빈익빈과 부익부」, 「발전과 도태」 등의 양극화현상이 나타나게 된다. 뿐만 아니라 선진국은 후진국에게 상호주의라는 미명하의 개방압력을 요구할 것이다. 나아가 후진국은 이러한 개방을 거부하는 통상마찰을 야기 시킬 것이다. 그러나 후술과 같이 WTO의 수칙규범과 그 체제의 유지에는 미국 국회의 WTO가입비준처리사항과 문제점을 가지고 있고 또 여타의 국가들에서도 경쟁력의 국제협력체인 지역적 경제권(EU, NFTA, ASEAN)의 발전과도 대립되는 문제점을 지닌다. 셋째의 성격에서 볼 때 전업의 곤란성을 제거하기 위한 방법은 각국마다 아직도 모색되고 있지 않다. 따라서 WTO가 전세계의 복지향상을 목적으로 한데 반해서 국가에 따라서 전업의 기회상실과 실업의 양산이 일어나게 되고 이로써 각국 정부는 세계적 복지의 극대화보다도 자국복지의 극대화 지향적이 된다는 문제점의 야기를 가속화 시키고 있다.[8)]

III WTO의 파급효과

다음은 WTO체제의 성립·운영에 따라서 세계경제나 무역환경이 어떻게 영향을 받게 되는가? 환언하면 세계경제가 WTO의 출범으로 말미암아 어떻게 달라질 것인가를 검토하여 보기로 한다. 우선 먼저 WTO의 출범이라는 대전환점을 계기로 삼아 그 전후의 역사 속에서 찾을 수 있는 사상과 가치관을 대비시킴으로서 그 전망을 도출할 사고의 기본틀(Paradigm)부터 언급한다.

8) Krasner, S. D., “The Tokyo Round : Practicularistic Interests and Prospects for Stability in The Global Trading System”, International Studies Quarterly, Dec.1979, p.509.

1 무역환경에 미친 영향

지난 제 2차 대전과 WTO출범간의 50년간은 서구중심의 문명이 전세계적으로 휩쓸고 완결을 본 시대라고 할 수 있다. 즉, 서구문명의 그 대지주적 사상이라고 할 수 있는 기독교의 이원론적인 교리사상과 적자생존의 법칙을 신봉하는 진화론적인 사상이 자본주의 사상의 밑거름이 되어 세계를 압권 했던 시대이다. 그 압권의 절정은 1990년대에 비롯된 사회주의 몰락으로 볼 수 있다.

이러한 서구중심의 문명 하에서는 부득이 정치, 경제, 문화 등 모든 면에서도 이원화내지 양극화(좌동과 우서, 냉전과 화해, 독재와 민주자본주의, 사회주의진보와 보수 등)사상이 전개되지 않을 수 없었다. 이러한 양극화 내지 이원화사상이 중요시되는 사고는 선명성과 배타성이고, 강조되는 수단은 경쟁(투쟁)에서 승리하기 위한 높은 능률과 효율로써 이들이 높게 평가된다. 왜냐하면 양극화논리에서는 상대를 부정하는 것이 곧 자기의 존립이유의 근거가 되고, 상대와의 삶의 경쟁에서 보다 높은 능률과 효율로써 승리하기 위한 방편으로 삼을 수 있기 때문이다.

따라서 이러한 양극화논리는 정치이념의 패러다임에서나 경제이론의 패러다임에서도 같은 징후를 나타낸다. 오늘날까지의 사회주의경제와 자본주의경제의 대립은 자본주의경제사상의 승리로 끝났다. 이로써 세계적 개방 하에 공정한 국제적 법치로서 최대한 효율성 추구라는 무제한 자유경쟁을 명실 공히 실현하는 것이 최종목표가 되어 왔던 것이다.

그러나 이러한 최종목표의 달성은 곧 목표달성을 위한 지난 역사 속에서 정치·경제중심의 패러다임을 새롭게 전환시키고 변화시켜, 조만간 새로운 패러다임을 낳을 것이며 그러한 패러다임의 구체적 구현은 21세기 중에 이루어질 것이다. 종래의 것이 정치와 경제에 중심을 둔 것과 관련되었다면 앞으로 새롭게 탄생될 패러다임은 여러 학자들에 의해 예견된 바처럼 인류의 삶의 질과 종류에 보편적 가치를 두는 지식과 문화중심의 것이 된다[9]고 한다.

2 WTO와 세계경제(긍정적인 측면)

1. 경제활동면에서의 긍정적인 영향

WTO출범을 전후로 한 패러다임의 추이에 비추어서 WTO가 세계경제나 무역에 미치는 영향을 우선 첫 번째로 생산, 교환, 그리고 소비 면으로 나누어 살피되 그 영향이 발전의 기회와 계기가 되리라고 보는 긍정적 영향은 다음과 같다.

① 상품과 용역의 생산 면에서는 세계 각국기업의 탈국경의 덕분으로 생산비절감과 보다 높은 생산능률의 기술과 입지를 자유로이 추구하여 생산 활력을 낳았다. 이로써 「가격파괴」의 기틀경쟁이 마련되게 되었다.

② 교환경제면에서는 탈국경으로 인해 재화와 용역의 관세·비관세를 포함한 무역장벽이 철폐·완화됨에 따라 각국은 종래의 국내외시장보다 넓은 전세계 시장으로의 확대와 심화가 가속되고 그 영향은 곧 ①의 가격파괴효과와 더불어 가속화 되고 있다. 다만 지적소유권의 생산과 교환 면에서는 WTO가 개방, 자율화하지 않고 오히려 보호하여 주기 때문에 준독점가격 내지 보호가격이 유지되고 있다. 그리고 이러한 소유권의 소득비중은 3차 산업의 소득비중과 더불어 경제발전에 따라 1,2차 산업보다도 훨씬 크게 증대되고 있다.

③ 소비 면에서는 모든 경제주체가 기업의 무한자유경쟁으로 상품용역의 다양화된 종류와 양적 증대와 그리고 질적 향상을 수반한 「가격파괴」의 혜택을 얻게 된다. 환언하면 소비자잉여의 극대화가 될 것이다.

---

9) 세계적 미래학자인 S. 헌팅턴 「The Clash of Civilization(93)」, A. 토플러 [제3의 물결(82), 권력이동(90), 신문명참조(93)], j. 네이스비스트 [Megatrend (88), 글로벌 패러독스(94)] 등 참조

2. 경제주체별로 미치는 긍정적 영향

WTO가 세계경제에 미치는 발전기회의 두 번째 영향을 경제주체별(정부, 기업, 가계)로 나누어 보면, 이들 각각의 경제주체가 탈국경이라는 개방, 자유의 무한경쟁하의 무역 상황에 놓일 때 받는 영향은 각기 다른 것이다. 우선 변화된 이러한 무역환경 하에서의 경쟁의 대표주자격인 주체가 되는 것은 기업이다. 따라서 WTO가 세계경제의 각 주체에 미치는 영향을 요약하여 본다면 기업에 미치는 영향이 가장 크지 않을 수 없다.

① WTO의 출범에 의해 세계경제주체중의 기업이 받는 긍정적인 영향은 각 기업에게 고도의 생산비 및 간접비 절감과 산출능률향상을 낳은 세계화된 초국가기업(TNC)이나 글로벌기업 또는 가족형 기업이 되도록 요구하고 있다. 당분간(21세기 초까지)은 경쟁에서의 승리를 도모하는 대표 주자로써의 기업이 탈국경과 급속한 정보통신의 혁신에 힘입어 기업의 국제화나 다국적화 그리고 초국가화가 가속될 전망이다. 즉 무역과 관련된 각종 해외투자조치가 지난 1997년에 폐지됨으로써 다국적 기업의 국제화나 세계화가 크게 확대되고 있다. 아울러 경쟁기업간의 전략적 제휴도 크게 활성화되어 초국가기업의 등장과 이들의 경제 지배를 예고하고 있다. 이들 글로벌기업이나 초국가기업 또는 가족형전문업은 종래상품의 증량경쟁에서 품질향상과 신종제품개발에 전력하여 경쟁력을 향상시키는 특화전략을 세우게 된다. 이들의 사례는 듀퐁(Dupont), 아세아 브라운 보베리(ABB), 소니(SONY), 3M 등을 들 수 있다.

② 이제 WTO에 의해 각국 정부에 미치는 긍정적 영향은 각 정부가 앞으로 그의 모습과 역할을 「큰 정부」에서 「작은 정부」로 또한 발전을 위한 「주도적 견인차」 역할에서 기업의 생산성 향상을 강력히 도우는 「지원적」 역할의 주체로 변하도록 한다는 것이다. 여기서 말한 「작은 정부」는 비용절감과 정부규제의 해제를 뜻하고, 강력한 지원역할이란 고도의 전문화 지식과 실천력을 가진 국내지도와 국제협력의 행위자로써의 역할을 말한다.

③ 그리고 가계에 미친 긍정적 영향은 탈국경의 과정에서 어느 국가의 정부나 기업을 가리지 않고 소비자가 자유경쟁을 통한 생산비절감과 생산성 향상으로 인하된 가격의 상품과 용역, 그리고 지적재산권을 소비하고 소비생활수준을 향상시킨다. 또 그러한 것들을 생산하는데 요하는 생산요소를 소비자나 가계가 공급할 것이다. 즉, 가계는 언제나 소비자잉여의 극대화를 지향하면서 생산에 부응되는 주체로 참여할 것이다.

3 WTO와 세계경제(부정적인 측면)

역사란 지난 것의 매듭과 청산, 그리고 다가 올 것의 설립과 펼침 사이에 놓인 전환의 계기를 점철시켜 놓은 것이다. 2차 대전 후 과거 50년 동안 추구해온 가치는 그 가치의 실현이 가장 가까운 장래에 이루어짐과 동시에 기존가치에 대한 문제점과 부정적 영향을 낳게 된다. 이에 따라 인류는 다음의 새로운 가치의 배태와 그의 추구를 정립시키기 위한 다른 패러다임을 구축하여 나간다. 완전무결한 가치는 없다.

그와 같이 WTO의 진전을 계기로 하여 세계경제나 무역에 미치는 장미빛의 긍정적 영향은 곧 여러 문제점과 부정적 영향(시련)을 낳기도 한다. 여기서는 우선 "WTO라는 세계적기구와 그 체제가 과연 무탈하게 계속 유지될 것이냐?"의 근본문제점을 비롯해서 WTO의 출범으로 인해 각 경제주체별로 미치는 경제활동(생산, 교환, 소비면)상의 문제점들과 부정적 영향을 살펴보기로 한다. 이와 더불어 정치와 문화 분야의 활동에 걸친 문제도 아울러 살핀다.

우선 첫째, WTO체제의 계속적 유지가 가능한가의 근본문제이다. 「법의 지배」에 따른 취지와 같이 WTO의 「수칙규범」이 가맹국의 어느 국가에도 「공정」하게 적용되고 준수시킬 수 있는가가 이 체제유지의 관건이 된다고 함은 이미 언급되었다.

그러나 이때 세계기구에 의한 「법과 규범」의 「공정성」이 어떻게 이루어지고 유지되며 얼마동안 지켜지느냐가 문제이다. 만일 WTO체제나 그의 공정성이 정치와 경제적 대국이나 지역경제 통합권에 의하여 도전받을 소지를 가진다면 WTO의 목적과 역할은 달성되지 못하여 체제는 파괴될 것이다. 이러한 소지는 정치적 면에서 엿볼 수 있는 바, 미국정부와 국회 그리고 EU가 WTO의 가입비준에 조건부 사항[10]을 달고 있는데서 볼 수 있다.

오늘날 각국 정부가 쌍무주의 협정과 지역주의 협정[11]에 입각한 지역경제통합(예, NAFTA, EU, APEC 등)과 WTO의 결성가입을 동시에 병행하고 있다는데서 볼 수 있다. 이러한 소지는 분명히 세계적인 규범(법의지배)하에서 이탈하는 것이다. WTO하에서 자유와 무차별적인 개방이 진행되면 될수록 다른 한편에서는 지역통합에 의한 지역적 보호주의적 색깔을 띤 국제협력도 기승을 하는 긴장과 갈등의 모순을 낳을 수도 있다. 이러한 것은 역시 세계이익의 증가라기보다도 상대적 이익배분의 증대를 목표로 한 각국의 차별적 경쟁인 것이고 WTO의 목적에도 상반되는 문제와 부정적 효과를 줄 것이다.[12]

둘째로 보는 것은 기업에 미치는 부정적 영향과 문제점이다. WTO체제에 의해 변하게 될 무역환경 하에서는 최소한의 요소비용과 경비절감 그리고 최고도의 생산성과 능률을 위주로 하는 기업들 간의 경쟁 활동이 전개됨으로써 기업 간의 경쟁은 더욱 냉혹하고 무자비한 것으로 나타날 것이다. 이 경쟁에서의 낙오는 곧 도태를 의미하고 여기에 대한 문제해결이 남게 된다.

따라서 고도의 생산효율과 극단적인 생산비절약과 그리고 고질적인 단일품종의 세계적인 판도를 확보하는 체질과 규모의 기업인 「초국가기업」 이나 또는 다양한 전문품종의 꾸준한 판로를 확보하는 체질과 규모의 기업인 「가족적 기업」 이 성행되리라

10) 클린턴 미 대통령과 돌의원 간에 미국은 향후 5년 동안 WTO가 미국국익에 부당한 결정을 3회 이상 내릴 때 미국은 WTO를 탈퇴한다는 조건을 WTO가입비준을 1995. 12. 1로 통과시킴, 또 미국과 EU등은 WTO의 결정이 국내법과 대치될 경우 국내법을 우선한다고 결정함. (URAA 제10.2조 참조)

11) 두 협정 모두 다 차별적 무역과 보호적 무역의 색체를 띤다.

12) 이호철, WTO체제하 국제무역질서와 한국, 경남대 극동문제연구소, 연구보고서(No.14) 1994.10, pp.18-21

고 본다. 이러한 기업류의 생산제조업은 대체로 세계적인 산업입지의 유리지역(외부경제의 혜택이 풍부하거나 수확체증이 가능한 지역)에 자리 잡고 있으며 기업경쟁에서 우위를 확보하게 된다.13)

더욱이 세계중의 상당한 국가가 2차 산업의 소득비중보다 3차 산업 내지는 지적재산권에 의한 소득수준이 비약적으로 증대되는 21세기 경제발전단계에 이르면 지적재산권의 세계적 보호를 받는 이들의 초국가적 기업이나 가족적 기업들이 확산될 것으로 본다. 그 밖의 기업인 중소기업의 경우는 매우 어렵게 될 문제가 있다. 이러한 향상으로 미루어 볼 때 국제(선·후진국)간이나 기업간에 사활이 분명하게 되고 빈부의 격차를 확대시킬 것이며 존속 발전될 기업의 규모는 거대한 국제적, 초국가적 기업과 가족기업이라는 "규모의 양극화문제"를 나타낼 수도 있다.

경제발전을 위한 이들 기업들의 최대한 능률적인 경제활동은 일반적으로 지구의 자연자원의 훼손으로 공해를 유발하는 부정적 영향을 낳는다. 오늘날의 선진국은 무공해 및 탈공해산업의 도입이 진척되었지만 중진국이나 후진국의 경우는 매우 미흡하다. 더욱이 환경을 해치는 상품에 대한 무역제재나 쇼셜덤핑에 의한 상품에 대하여 무역제재를 가할 수 있도록 한 WTO의 관련규범(Green Round나 Blue Round)은 각국의 자연환경운동가나 노동운동가에 긍정적 효과를 주지만 중진국이하의 후진국기업에는 타격을 주고 국제경쟁력을 하락시키는 부정적 영향을 준다.

한편 WTO체제하의 탈국경에 따라 그동안 보호되어 왔던 많은 중진국과 후진국의 국내시장도 보호유예기간이 지나면서 점차 외국의 경쟁주체들에게 노출되고 공개되어 외국기업체의 압력을 받게 된다.

셋째, 각국 정부에 미치는 경제의 부정적 영향과 문제점이다. 탈국경의 무한 경쟁적 자유무역 하에서는 정부가 비용절감과 정부규제의 이해를 뜻하는 작은 정부로 되

---

13) Krugman, P., Geography and International Trade, 1985, Lecture 2. 탈국경이고 외부경제의 혜택이 있는 산업입지에 따라 부의 편중이 가속화한다는 것을 논증하고 있다.

어야 하고, 또한 고도의 전문화지식과 실천력을 가진 국내지도와 국제협력의 행위자로써 강력한 지원역할을 발휘하여야만 되도록 강요받는다. 이러한 강요에 의한 작은 정부와의 동시적 달성은 상반되는 모순적 문제를 가지게 된다.

비용절감과 규제해제를 위한 행정기구의 축소통합과 아울러 관리들의 인원감축이 따라야만 되는 것이지만 이런 것이 단시간에 전문적이고 강력한 국내외의 지원력을 발휘하지 못하게 되는 문제를 낳기 때문이다. 더욱이 중진국이나 후진국 정부는 대외경쟁력이나 무역이익의 배분을 극대화하기 위한 국제협상력을 증대시키기 위해서도 오히려 큰 정부와 경쟁 주도적 정부가 되어야 하는 문제점을 가진다.

넷째, 각 가계에 미치는 부정적 영향이다. 생산성 향상과 비용절감을 통한 경쟁우위를 선점하려는 각 기업의 경쟁은 다른 경제활동 참여자인 민간주체(노동자와 경영자)로 하여금 고도의 기능, 기술, 지식을 가진 분업과 전문직의 담당자가 될 것을 강요하고 있다. 즉, 금세기의 탈공업화 사회에서는 고도의 기술과 지식이 가장 중요한 생산요소가 된다고 함은 이미 지적된 바와 같다. 왜냐하면 고도의 발전사회에선, 1, 2차 산업중시의 사회라기보다도 3차 산업이나 지식산업이 높은 부가가치를 가지고 또 GDP중에서 그런 부가가치가 방대한 비중을 차지함으로써 중요성이 더욱 부각된다.[14)]

그런데 이런 고도의 전문지식이나 직종의 습득은 매우 긴 기간과 큰 비용을 필요로 하지만 전문지식의 사용기간은 무한자유경쟁의 가열과 가속화로 짧아지는 경향에 놓일 것이 분명하다.[15)] 뿐만 아니라 긴 기간과 큰 비용으로 습득한 전문지식이나 전문 직종은 다른 전문 직종으로 용이하게 전용되기 어렵다는 문제(마찰적 실업의 문제)를 가진다.

---

14) **堺屋太一**, **知價革命**, 동경, PHP연구소, 1985, pp.219-222.

15) 조선일보, 1995. 1. 10일자 노동청의 한국직업사건 편찬조사를 인용, 지난 10년간 한국에서 새로운 직종발생건수는 1500종이고 사라진 직종도 많아졌다고 함.

이러한 마찰적 실업의 흔한 발생과 무한경쟁의 수행상간의 모순적 난점을 극복하기 위한 방편이 된 것이 컴퓨터와 정보통신 등의 멀티미디어(Multimedia 다중매체)와 그리고 산업용로보트 등의 고도의 도구개발과 기계혁명이었고 또 그의 사용인 것이다. 이러한 새로운 고도의 기계혁명의 진전은 곧 많은 노동자들을 실직을 시키고 실업자로 만든다.16)

WTO의 출범에 따른 자유경쟁과 개방으로 인한 긍정적인 영향(경제발전의)의 이면에 있는 이러한 부정적인 영향은 실직과 실업만 국한되는 것이 아니다. 고도의 지식과 기능 및 기술을 습득치 못한 인재들은 i) 대량의 미숙련공으로 양산되고, ii) 도시의 형성에 따라 사회적 불안과 불이익을 속출시키며 뿐만 아니라 경기변동을 급속히 확대시키는 결함도 낳을 수 있다17)는 것이다.

다섯째, 상술한 경제주체별의 생산과 교환활동 면에 따른 영향과는 달리 그들의 소비활동 면에 미치는 영향을 자본주의의 「문화적 모순」이란 관점에서 살펴본다. 이러한 관점은 탈공업화가 될수록 소비활동과 문화발전 간에는 「문화」가 상술되었던 생산요소로서의 「지식」과 함께 다음과 같이 가장 중요한 소비 요소로서 작용하기 때문이다.

즉 현대에 이르기(서구자본주의 문화가 전세계에 석권하기)까지는 도덕적 의미로나 사회적 미덕의 상징이었던 절제와 근면의 문화가 경제활동의 요구에 부응하는 (풍요로움을 달성하기 위한) 도구로 작용했으나, 현대이후로는 절제와 근면보다도 욕망추구와 쾌락에 가치를 두고 대량소비를 조장하는 경제활동이 세계적 규모와 대중적인 유행족 풍의 문화적 요구에 부응하는 도구로 전도되었다. 이로써 대중문화는 단순히 도덕적 의미를 지닌다거나 사회적 상징이 되는 것이 아니고 생활양식으로써

16) Kennedy, P., Preparing for The Twenty-First Century, Random House, N.Y., 1993, Chap 5참조 그리고 그의 미국 LA타임즈 기고문 "일자리와 노동력의 이동"(조선일보, 1994. 12. 17일자 번역)에 의하면 영국 British Stell회사가 지난 10년 동안 37개사에서 4개사로 감축하고 노동력은 85% 감원시킨 예를 들고 있다.

17) 波邊昭夫, 緒田原涓一, 국제정치경제론, 동경, 유비각, 1988, p.74

사회나 경제를 움직이게 되었다. 즉, 벌기(일하기 또는 생산하기)위해 쓰는 것(노는 것 또는 소비하는 것)이 아니고 쓰기 위해서(놀기 또는 소비하기 위해) 버는(일하는 또는 생산하는) 문화로 변신하고 대중화한 것이다.

여기에 소비와 쾌락과 의욕의 실현이 미덕이 되어 도덕적 정당성을 띤 사회의식으로 변환된 지가 오래 이고 또 앞으로도 상당히 지속될 것이다. 왜냐하면 쾌락과 의욕이나 「자기의 실현」의 대표적 문화상품이 각종 영상산업이나, 매스미디어 등을 통하여 다량으로 만들어지는 대중화된 것들이므로, 가족이나 거대기업의 고도생산성 경쟁과 쾌락문화에 의한 고도의 대중소비가 서로 맞물려 그 절정에 달하리라고 본다. 다만 이러한 양상은 생산성이나 경쟁력의 위 지역에서 시작하여 그의 열위지역으로 전파되리라고 보지만, 열위지역의 생산성은 필연코 그 지역의 소비고도화에 따르지 못할 것이다. 이렇게 나타날 가까운 미래의 현상을 추리하여 말한다면 세계는 다양한 고도의 질적 소비수준을 실현하는 국가와 그런 것이 실현되지 않은 국가간에 경제적 부의 격차가 심화되는 양극화현상을 보일 것이다.

하지만 이러한 서구문화의 세계적 지배라는 일방적 흐름을 먼 미래에 걸쳐 보면 서구문화와, 비서구문화사이에 대립과 갈등이 온다는 견해이거나 또는 갈등이 아니고 정보통신의 혁신에 힘입어 급속히 세계의 각 문화는 새로운 독창적 문화를 창조하게 된다는 견해가 있다. 아무튼 동서 문화 간의 갈등과 대립이든 융합을 통한 독창적 문화의 창조이든 간에 장기적 미래는 「지식과 문화」 가 「경제나 정치」 를 선도하는 중요한 요소가 된다고 하는 견해에는 일치하고 있다. 즉 미래사회는 정치·경제(힘과 물질문명)의 가치에 중심을 두는 「패러다임」 으로 이전하고 변화함에 따라 현재는 그러한 과도기적 제반문제를 지니게 될 것이다.

IV 요약 및 정책제안

이제 본 장에서 언급해야 할 사항은 앞장에서 여러 가지 검토된 사항을 참고로 하여 한국경제나 무역의 주체들이 신무역환경의 변화에 따라서 취해야 할 대응자세와 각 분야별의 대응방안을 제시하는 것이다. 이러한 사항들이 곧 결론이 될 것이다.

여기서 우선 먼저 언급한다면 첫째, 한국의 모든 경재주체가 모든 세계인들과 함께 무역환경의 새로운 변화로 인하여 입게 될 긍정적 영향을 조장해야 하는 한편, 둘째로는 부정적이고 난제가 될 영향을 극복하는 즉각적인 「선의적인 경쟁의식의 변화」 에 동참해야 한다는 것이다. 다음으로 취해야 할 사항은 이러한 의식변화에 입각하여 신세계무역질서의 장에 세계인들과 적극적으로 편승을 하고 난제에 도전을 하는 지침과 행동을 가지는 일이다. 이제 전자를 가리켜 새 무역환경에 따른 대응자세로 보고, 후자를 가리켜 대응방도로 보면서 전술된 바와 같이 연결 지어 살펴보기 한다.

① 경쟁력향상을 막아온 수많은 행정체제와 같은 여러 제도를 단시일 내에 철폐하고 또 그러한 관행과 인습 및 단견에서 탈피해야 한다. 특히 과거 일제하에서 컸던 민족적 열등의식이나 오늘날 맹목적으로 외세에 전도된 비주체적 의식에서 벗어나는 길은 「올바른 교육」 과 「진정한 종교」 의 힘에 의해서 민도의 고도화가 18)이루어져야 한다. 즉, 교육과 종교의 개혁이 선행되지 않으면 안 된다.

② WTO의 무역체제와 실행규범을 방어하려는 인상을 주어서는 안 된다. 즉, 새

18) 민도란 크게 보아 빈부와 개명의 정도를 말하는 것이지만, 여기서는 다음과 같이 구체적인 것들(외형적 수학수준보다도 실질적 지적 수준뿐만 아니라 공동생활에서의 도덕적 규범수준과 예의준수, 인간성과 덕성의 함양, 사회봉사정신 유무, 문화적 세련미, 독서인구와 독서열 여하 등)도 감안한 것이다.

무역 질서와 규범을 소극적으로 피하지 말고 성실하고 적극적으로 이행한다는 신뢰감을 세계에 주어야 한다. 뿐만 아니라 WTO의 의도와 일거수일투족의 관련정보를 수집하고 대외로비활동에도 힘을 기울여야 한다.

③ 국제시장위주인 경제활동의 안목을 세계적인 안목으로 넓혀 나가야 한다. 실로 종래와 같이 선진국의 생산과 소비를 모방함으로써 유치산업을 보호육성 한다는 모습에서 벗어나서 새로운 창의나 상상력의 발휘로써 국제적 요구나 세계적 수요를 선도할 제품계획, 경영기법, 경쟁력 등의 「아이디어」가 고도의 지식과 선도적 문화에 의해 창출되도록 하여야 한다.

④ WTO의 DDA협상 출범과 함께 향후 본격적으로 거론될 뉴라운드(GR과 BR)에도 사전에 충분히 검토·대비하는 자세가 요구된다.

21세기는 20세기의 정치·경제적 패러다임에 의한 공업화사회와는 차원을 달리하는 고도의 지식과 문화의 패러다임 중심사회가 된다고 본다. 이러한 미래사회에서는 일류시민과 고도의 지식과 그리고 선도문화를 창출하는 진정한 종교와 바른 교육의 개혁이 사회적 기반으로 요구된다.

이러한 교육개혁은 단일의 대량매체(Mass Media)가 아닌 다중매체(Multi Media)나 정보고속처리시설에 의하여 다양한 문화의 창조를 돕는 사고와 상상력이 이루어지도록 교육환경의 개선이 뒷받침되어야 된다는 것이다. 특히 교육의 개선과 개혁은 정부주도하에서 각급 학교는 물론 기업에서도 앞장서야 한다. 이러한 교육의 개선과 개혁은 이미 언급된 가장 중요한 미래사회의 난제인 실직과 실업의 문제에 대비해서도 중요한 처방의 의미를 지니다.

이제 본 연구에서 마지막에 이르는 대응방안을 논함에 있어서는 대체로 다음과 같이 나누어 언급한다. 첫째는 한국의 경제주체(정부, 기업, 가계)별로 취해야 할 무역환경의 새 변화에 대한 경제적 대응방안이고 그 둘째는 그러한 변화에 대하여 경제와 연관된, 정치, 문화, 교육 등의 분야(경제외적여건의 분야)에서 취하는 대응방안이다. 이들 대응방안들은 앞의 Ⅳ장에서 한국에 미친 부정적 영향과 문제점을 고찰했을 때 이미 암시적으로 지적된 것이 많았기 때문에 가능한 한 이들의 중복을 피하기로 한다.

1. 정부의 대응방안

우선 먼저 첫 번째의 경제주체별 대응방안에서 우리정부가 국민경제에 대하여 취해야 할 경제 정책적 대응방안은 그동안의 각 정부에서 발표한 내용을 요약하여 소개하면 다음과 같다.

① 종래 정부주도의 경제운영방식을 기업에 의한 자율적 경쟁질서방식으로 정착토록 개선한다. 여기서는 i) 기업에 대한 기존의 지원과 규제방식을 지양하고 새국제규범에 적응시키고, ii) 공기업의 민영화, iii) 세정개혁, iv) 금융자율화, v) 민간경제의 자율화를 위한 경제환경 조성 등이 열거됨

② 경제 활성에 필수적조건이고 근간이 되는 사회간접자본의 확충을 위해 i) 민자 유치, ii) 국가예산의 우선배정, iii) 현 사회간접자본의 효율적 유지와 보수

③ 산업인력 육성을 위해 i) 기술고도화에 적응하는 기능인 양성, ii) 이공계중심의 지속적인 교육체제개편

④ 기술개발과 정보화를 촉진시키기 위해 i) R&D비용의 증대, ii) 산학연협력과 민자에 의한 기술개발지원금 확대, iii) 초고속정보통신망구축

⑤ 중소기업의 경쟁력기반확대를 위해 i) 인력난 완화, 작업자동화, ii) WTO의 규범에 적응되는 중소기업법의 정비, iii) 경쟁제한적인 중소기업보호제도의 개선

⑥ 농어촌 구조개선을 위한 과감한 투자를 통해서 i) 농업경재력향상의 10대 사업추진, ii) 농어촌생활개선, iii) 투자융자사업 확대, iv) WTO출범으로 인한 피해 작물별 경쟁력 강화

⑦ 다자간 세계경제질서에 능동적인 참여 등의 방도를 강구하고 그밖에 제조업과 서

비스업분야의 구체적 대책과 산업경쟁력향상을 위한 법률정비 등을 제시하고 있다.

그런데 이상에서와 같은 한국정부의 경제정책적 대응방안을 다음과 같은 바탕의 마련이 선결되어야 하고 또 고려되어야 할 사항이 있는 것이다. 즉, ① 한국정부자체나 그 속에서 먼저 세계화의 정확한 인식과 취할 자세가 요청된다. 아직도 세계화의 개념이나 방법 등이 불분명하며 국민들도 바르게 인식하지 못하고 있다. 따라서 세계화를 위한 인식변화가 정부기구나 조직, 그리고 관리들에 의래 이루어지고 또 교육개혁을 통한 국민의 자발적인 의사에 의하여 추진되어야 한다. 무한경쟁 속에서 존속발전하기 위해서는 다기능과 다양성과 다면체적 세계화의 교육적 바탕을 둔 일류시민과 관리의 양성이 급선무이다. ② 종래 경제개발과 발전에 대하여 주도(규제와 지도)역할을 해온 정부는 이제 그의 지원역할을 담당해야 하고, 정부가 되어야 하지만 이들 목표의 달성에는 상호모순성을 띠게 되어 있다. 따라서 이 상호모순성의 극복이 선결되어야 한다.

2. 기업의 대응방안

새로운 세계무역환경의 변화에 주도적으로 적응하고 타개하여 나가는 세력은 기업이고 민간이 된다고 함에는 이견이 없다. 따라서 한국의 기업들이 취해야 할 방안에 관해서 언급하면 아래와 같다.

① 기업조직과 기업경영의 개편혁신을 꾀하여야 한다. 예로써 대량생산(Mass Production)에 대한 대기업들은 고질의 다량화된 생산(Multi-Production)을 하는 초국가기업이나 가족적 기업과 같은 조직개편과 경영혁신을 가지는 준비에 착수하여야 한다는 것이다. 즉, 주력시장에 반드시 기업본부를 두는 것이 아니라 계획과 두뇌가 되는 본부만 본국에 두되 세계각지로 영업권을 분산하는 조직과 경영방식이 되든가 또는 경쟁력 있는 세분화된 전문분야에 소수정예의 조직으로 경영의 모든 영향을 집중하는 가족적 기업의 경영방식으로 미래의 무한경쟁에 대응해야 한다는 것이다. 이러한 과정에서는 능률 높은

감량경영과 많은 실직 노동이 불가피하게 수반된다는 난점이 이미 지적되었고 이를 극복하기 위한 고도의 직업교육이 기업에 의해 준비 되여야 한다.

② WTO에 의한 자유무역환경에로의 변화와 함께 그 역사와 연혁을 오랫동안 지니고 있는 세계의 각 지역경제권(예, NAFTA, EU, ASEAN 등)이 줄어들지 않고 오히려 급속히 확산되는 추세에 있음에 따라 이들 지역에 기업이 해외직접투자를 통하여 해외의 생산기지와 수요시장을 확보하는 대책도 가일층 추진되어야 한다.

③ 상품과 용역종류의 다양화와 고품질화 되어가는 세계적 수요에 부응하는 한국기업제품의 공급력 증진을 위하여, 정확한 수요예측의 정보수집과 기업교육개발과 기술혁신, 그리고 제품계획을 도모해야 한다. 미래세계의 큰 규모의 수요는 현재의 한국수출 주도 상품목보다도 오히려 용역이나 지적소유권에 대한 것이 되며, 또한 이들과 밀접하게 연관된 일반 대중문화 산업품에 대한 것이 될 가능성이 높다, 따라서 이 방면의 개발과 기업진출이 준비되어야 한다.

④ 이상과 같은 세계수요 시장의 변화에 부응하는 한국기업의 교두보확보는 사회전반적인 교육개선과 연구개발과 그리고 높은 문화의 창달이 합쳐져야만 하는데, 정부나 교육기관이나 교육수준에 의한 협조만으로는 부족하고 미흡하므로 결국 기업이 그 책임을 분담해야 한다. 이러한 것은 한국 국내시장에서의 외국제품의 침투력을 차단하고 선의의 경쟁을 하는 것과 관련된다.

⑤ WTO체제와의 무역환경변화는 한국의 주도수출산업이나 대기업에게는 도전과 기회를 낳은 긍정적 영향이 될 수 있지만, 한국의 중소기업에게는 그간의 정부부호가 사라져 분명히 위협과 생존문제로 직면하게 되는 부정적인 영향을 낳는다. 따라서 중소기업이 자체적으로 새롭게 전개될 무역환경에 적응하는 다음과 같은 방안을 모색해야 한다. 예로써 종래의 정부보호대신의 역할

을 분담해 주도록 하기위한 중소기업의 연합체 구성이나 또는 대기업과 중소기업간의 수평적 또는 수직적 생산계열화나 혹은 금융자금, 정보교환, 연구과제 등의 조직망적 협력관계를 정착시킬 필요가 있다.

⑥ 탈국경으로 해외직접투자가 용이하게 됨에 따라서 한국기업의 해외기지화가 용이하지만, 그와는 반대로 거대한 직·간접투자를 통한 외국기업의 한국내기지화와 활동도 유리하게 된다. 그리고 외국기업의 교묘한 경영침두방법과 거대자본에 의해서 한국의 전도유망한 또는 유수의 기업조차도 파괴, 흡수, 합병하는 등의 방식이 이루어지고 있다. 여기에 대한 구체적인 여러 가지 대응방법도 고려되어야 한다.

⑦ WTO의 규범변동에 대한 정확한 정보입수와 대응, 그리고 앞으로 정착될 환경라운드(GR)와 노동조건라운드(BR)에 대비한 연구와 행동적 조치가 기업나름대로 강구되어야 한다.

3. 가계와 민간의 대응방안

국제경쟁력의 제고와 변화되는 국제사회와의 협력은 정부나 기업에게만 의존해서 되는 것이 아니다. 이들 두 주체들은 뒷받침할 대중(가계와 민간단체)의 생활의식과 생활의 종류나 양이나 질 등의 모습에도 크게 의존한다. 그런데 한국의 대중들은 인공존중을 중심으로 한 「물질문명의 풍요로운 선진사회의 실현」을 맞고 있나. 그 이후 앞으로 맞을 미래의 세계사회는 인공(물질문명)존중에 인간(정신문화)과 자연존중도 조화롭게 융합시키는 탈공업의 선진사회를 맞을 것이며, 생활의식과 양식도 바뀔 것이다.[19]

그러나 오늘날의 한국대중은 물질문명적인 것에 머물며 탈물질적 생활의식과 양식에 대한 대응준비는 매우 낮은 수준이다. 즉, 인공존중(물질주의)으로부터 인간

19) D.ソケロヴッチ, 「ニゥ-ル-ゥル(New Rule)」, 동경, 三笠書防, 1982.

과 자연존중(탈물질주의)에로의 가치관의 전환과 더불어 생활의식과 생활양식 등이 선진국(구미나 일본)과 같이 참된 교육과 진정한 종교에 바탕을 두고 여과되지 못하고 있는 것이 현실이다. 이러한 현실의 지속은 오히려 인간성과 자연애의 상실이 고착될 수 있는 사회로 이끌리게 될 우려가 있다. 실로 한국의 교육기관이 인간성과 자연존중교육보다도 아직은 물질문명추구의 지식과 기술을 치중하는 교육내용에 머물고 있어 안타깝다.

이러한 현실의 극복이 각 가정이나 학교, 종교단체에서 일어나고 바른 윤리관의 회복이 새로운 문화 창조와 함께 요구되는 것이다. 또한 이러한 것이 국내적으로는 자연보호와 노사갈등을 해소하며 내외적으로는 환경라운드(GR)과 노동조건라운드(BR)에 대비하는 방도가 되는 것이다.

현재까지의 자본주의시장경제아래에서 전통적인 산업이나 무역이 발전하여 온 모습은 대략 정부의 강력한 주도하에 이루어진 상당한 보조를 받지 않은 선진국의 기술모방과 이용 등으로 재화나 용역의 양상체제로써 이루어져 왔다. 그러나 WTO에 의해 영향을 받는 미래의 세계경제는 이미 언급된 바와 같이 재화나 용역의 중심무역에서 지적소유권(예, 저작권, 의장, 상표권, 특허권 등)을 무기로 삼는 문화산업이나 문화상품 중심으로 치중되고 또 이들이 고부가가치 품종으로 변신하는 추세를 보인다. 그런데 이 지적소유권은 국제적으로 자유공개가 아니라 비공개, 보호를 받도록 제도화되어 허가없는 모방이나 이용은 금지되어 있다.

문화산업에서 핵심 상품이라고 하는 서적, 음반, 영화, TV, 비디오, 디자인 등의 문화상품은 모두 저작권법에 의해 보호되는 것이고 이들 상품들은 거대한 자본이 따르는 다중매체(Multi Media)와 위성의 도움으로 유통속도가 빨라지며, 유통(시장) 범위도 전세계화하고 있는 것들이다. 오늘날 각국의 문화상품에 대한 세계적인 보급과 시장 확보 쟁탈전이 「문화전쟁」으로 전개되고 있는 실정이다.[20)]

20) 이중한·정상조·정재형·조희문, "특집 : WTO시대, 세계의 문화정쟁과 우리의 대응", 전망, 대륙연구소

따라서 문화전쟁이 첫째 지적소유권을 제도적인 무기로 삼을 때나 또한 둘째 서구문화의 심미적 가치관과 일본의 대중문화가 세계 속에서 우위를 점하고, 셋째 이러한 문화상품의 수요가 세계적 규모로 확산된다면, 자본 영세와 지적소유권이 적은 한국으로서는 큰 타격의 문제가 아닐 수 없다.

이러한 문화전쟁에서의 전략적 대응목표와 방도는 생산된 일국문화상품의 종류에 대한 선호나 그의 질에 대한 취향을 큰 지역권에서나 세계적으로 보편화될 수 있는 문화가치의 것으로 확산시키는 데 있다. 따라서 한 민족문화가 다른 민족문화를 「흡수」, 「소화」 함으로써 다른 새 「문화」 를 창조하고, 인접국과 보편화된 공통, 공유의 문화로 점차 공존시켜 가면서 세계와의 공통, 공유, 공존의 문화로 승화시킬 필요가 있는 것이다. 하지만 한국은 아직도 타문화의 흡수, 소화조차도 미흡한 단계에 지나지 않고 있다. 여기에 대한 근본적인 대응책도 필요하다.

① 문화전쟁에서 지적소유권의 중요성에 대한 인식을 적극적으로 홍보하고 이 소유권에 관한 규정과 정보를 예의 검토 분석하면서 여기에 관련된 국내법의 정비에도 만전을 기해야 한다.

② 가장 한국적으로 전통적인 한국고유의 문화산물을 발굴하거나 또 이것과 외래의 문화의 융합을 통한 새문화품을 창조시키고 이의 지적소유권을 보호, 강화해 줌으로써 창의적 고부가가치의 문화상품을 개발하도록 하여야 한다.

③ 현재도 거대한 자본을 배경으로 하여 전세계에 문화상품 시장을 확보하고 있는 일본의 유행성 높은 대중문화(예, 만화 등)는 이미 한국에 상당히 침투되고 있다. 이러한 일본의 문화침투전략을 한국교육문화의 고도화와 그리고 그의 세계적인 보편타당화로써 대처 할 수밖에 도리가 없다. 교육과 문화의 고도화는 공급과 수요의 종류와 수량과 품질에 대한 판별력을 키우고 또 건전하고 보편적 가치의 문화품의 창출에 이바지하기 때문이다.

1994. 5.

④ 한국문화상품의 수출도 적극 추진해야 하고 동시에 선진국의 문화상품에 대한 적극적인 인수나 지배권의 확보를 통해 보다 효율적이고 고부가가치의 상품으로 개발, 판매해야 한다.

⑤ 한국의 지적소유권이 침해당하지 않도록 제도적인 안정장치를 확보하고 또 한국의 문화상품의 대내외적인 선양과 보급도 병행하여 시장 확장을 도모해야 한다.

아무튼 이 지역에 살고 있는 경제주체가 ① 시간적으로 보아서 세대간(기존세대와 젊은 세대간)에 문화의 단절이 아니라 연속성이 있어야 하고, ② 지역적으로 언어소통의 공통도구(한자)를 배제할 것이 아니라 개발시켜 나가야 한다는 것이다.

CHAPTER 4

WTO의 법질서

I 의의 및 성격

1 정의

국제통상활동은 대부분 상이한 법영역에서 이루어지므로, 국제통상활동을 규율하는 법규의 선택이 매우 중요하다. 국제통상법(Law of International Trade and Commerce, International business Transaction Law)의 개념에 대하여는 다음과 같이 통일된 의견이 없다.

1966년 UN에 설립된 국제통상법위원회(UNCITRAL : United Nations Commission on International Trade Law)는 그 설립보고서를 통하여 국제통상법을 정의함에 있어서 "서로 다른 국가들이 관련하는 사법상의 상사관계를 규율하는 법체계"(the body of rules governing commercial relationships of a private law nature involving different countries.)라고 규정하고 있다.

또한 미국의 일부 통상법학자들은[1)] ① 세계사회에서의 통상행위 ; 통상이냐 고립이냐, 행위의 주체, 국제통상의 형태, ② 국제물품교역 ; 국제물품거래계약, 국제물품거래결제, ③ 국제교역의 규제 ; 관세와 비관세장벽, 수입경쟁에 대한 보호, 수출, ④ 기술의 이전 ; 라이센싱(licensing), 침해 및 지적재산권 보호, 해외투자 ; 해외투자의 설치, 국유화, ⑤ 국제분쟁해결절차 등을 그 대상으로 다루고 있다.

또 다른 견해는 국제통상법은 국제무역의 질서유지와 국제규범을 정하여 효율적인 무역거래가 이루어지도록 하고, 또 이를 둘러싼 각종 상사분쟁의 해소 내지는 경감을 목적으로 존재하는 법률이라 할 수 있다. 따라서 국제통상법이라 함은 국제통상의 경제법적 이념뿐만 아니라 무역거래의 전반적인 진행과정에 걸쳐 규범화되어 있

1) Ralph H. Folsom, Michael W. Gordon, John A. Spanogle, International Business Transaction, 3rd., West Publishing Co, 1995.

는 모든 국제법규를 지칭하는 것이라고 정의하기도 한다.[2)]

그러나 국제통상법의 핵심영역은 상품과 서비스무역이며, 특히 WTO를 중심으로 발전된 국제통상법체제가 매우 중요하다. 왜냐하면, 제2차 세계대전이 종식한 후 50년 동안 세계무역질서의 근간이 되었던 GATT를 중심으로 발전된 국제통상법이 현존하는 국제경제규범 가운데 가장 복잡하고 광범위하기 때문이다. 또한 GATT를 중심으로 한 통상법은 WTO 법체제하에서의 또 다른 축인 서비스무역에 관한 GATS의 모델이 되었고, 이러한 통상법의 영역확장은 당분간 계속될 것으로 예상된다. 따라서 국제통상법은 공법적 성격이 더욱 강한 법영역이라고 할 수 있다.

요컨대 국제통상법은 "국경을 넘어 이루어지거나 또는 달리 두 국가 이상에 관련하는 상품, 자본, 노동, 무형재산, 기술, 선박 또는 항공기 등의 이동에 관련된 거래와 같은 경제적 거래를 규율하는 모든 국제법과 국제협정으로서 개인이 아닌 국가의 형태를 규율하는 공법규칙"의 총체라고 정의하는 것이 타당하다.

이러한 관점에 따라 국제통상법의 개념을 구체화 하면 다음과 같다.

① 국제통상법은 국제통상관계를 규율하는 법으로써 여기서 '국제'라 함은 원칙적으로 국가간의 관계를 말하기 때문에 이점에서 국제매매·국제운송·국제결제와 같은 사법적 관계를 규율하는 법과 구별된다. 국제통상관계는 조약과 각국의 통상법규에 의하여 규율된다. 일부 지역경제 블록의 경우에는 대외통상법규가 역외국들과의 통상관계에 적용되기도 한다.

② 국제통상법은 사인(私人)간의 거래에 대한 각국 정부 또는 WTO와 같은 국제기구의 개입과 간섭에 관련된 규범(통상, 행정규제영역)이며 "국제시장의 형성과 국제시장의 바람직한 경쟁질서유지에 관한 법체계"로서 국제시장의 경쟁구조 내지는 경쟁질서의 유지를 문제 삼는 거시적(巨視的) 규범이다. 따라서 각국 정부의 활동과 경제전체를 통제하여 국제경제의 조화를 이루려는 법률(조약)로서 공법의 일종이다.

---

2) エカ カ喜久男, 貿易契約に關する公法, 有斐閣「貿易と法律」第8巻, 1985. p. 421.

③ 국제통상법은 예컨대 A국이 B국에서 생산된 '칼라 TV'에 대한 수입을 규제하는 경우와 같이 국제법 주체인 국가가 그러한 활동의 법주체가 된다. 또한 국제통상 분야에서의 국가간의 관계는 순수하게 경제적이기 보다는 정치적 색채가 농후하게 나타난다. 그리하여 국제통상법 분야는 국제사회의 압력, 즉 힘의 논리, 힘의 지배가 우선한다.

오늘날 국제통상협상에서 보아 온 미국·EU등 강대국의 힘의 논리가 이를 잘 반영한다. 다시 말해서 통상법규를 위반한 경우에는 국제사회의 압력과 그에 상응하는 보복조치에 의하여 제재를 받는다. 다만 WTO출범을 계기로 힘의 논리가 배제되고 협상과 타협 내지는 법에 의한 지배시대가 도래하고 있다.

④ 국제통상법 주체인 국가간 차원(interstate level)에서는 국가들의 통상정책의 조화와 국제통상협력이 수행된다. 그리고 국제통상법의 보호를 받는 국가의 경제적 이익의 특성 때문에 국제통상법은 개별국가의 경제적 이익, 지역적 경제적 이익 및 세계적 경제적 이익을 추구한다.

⑤ 국제통상법은 기본적으로 국제경제법의 영역이지만 특히 WTO, IMF, IBRD, UNCTAD, OECD 등 국제기구가 수체가 된다는 점에서 국제법의 연구대상이 되기도 한다.

⑥ 자유롭고 공정한 국제거래를 보장함으로써 인류 공동의 경제발전을 촉진시키고 인류공영에 이바지한다. 즉, 정부 또는 국제기구의 차원에서 자유롭고 공정한 통상환경을 조성하는 기능을 했다.

국제통상법의 주체는 국가 또는 국제기구가 담당한다. 따라서 국제통상법에서는 국제기구와 국가 내지 정부의 태도 및 조치가 주로 문제가 된다. 그러므로 공법적 성격이 강하게 나타난다.

⑦ 국제통상법의 법원으로서 가장 중요한 지위를 갖는 것은 조약, 즉 양자간 조약, 다자간 조약, 지역조약이다.

국제통상관계에 적용되는 조약의 공통된 국제법원칙은 ⅰ) 최저기준의 원칙(minimum

standard principle) 즉, 형평대우의 원칙(equitable treatment principle), ii) 최혜국대우의 원칙(Principle of most favoured nation treatment), iii) 동등대우의 원칙(Principle of equal treatment), iv) 특혜대우의 원칙(Principle of preferential treatment)이 있다.

국제통상관계는 복합적이며 상호의존적인 관계로 그 규율 대상과 범위를 살펴보면 국제경제관계법규범의 큰 틀 안에서 국제경제법과 국제거래법으로 구분할 수 있으며, 국제경제법은 국제통상법, 국제통화·금융업, 국제투자법, 국제운송법으로 구분할 수 있으며 국제거래법은 국제계약법, 국제사법, 국제소송법, 국제중재법으로 나누어볼 수 있다.

2 목적 및 대상

국제통상법의 대상을 국제통상의 주체 면에서 볼 때는 국제기구, 국가 또는 정부, 기업 또는 개인이며, 국제통상의 객체 면에 볼 때는 상품, 서비스, 기술투자, 지적재산권, 국제수지 등이 있다. 따라서 국제통상법은 그 대상인 주체와 객체들이 상호 어울려 국제적 통상활동을 수행하는데 따른 제반 문제를 규율하는 법으로 볼 수 있을 것이다.

이러한 국제통상법의 이념으로서 자유무역과 공정무역[3]은 국제통상에 관한 규범체계의 근간을 이루는 GATT 및 GATT를 대체한 WTO와 각국 통상법에 그 바탕을 두고 있다. 따라서 이를 중심으로 국제통상법의 연구대상을 살펴보면 다음과 같다.

국제시장에서의 각 경제활동은 경제주체간의 거래활동으로 나타난다. 국제시장은 거래 대상별로 물품과 서비스, 자본 및 기술시장 등으로 구분될 수 있는데 이들에 대한 각 시장별 규범체계를 나누어 볼 수 있다.

이러한 국제경제활동관련 법규는 물품시장을 중심으로 하여 형성되었고, 여기에서

3) 자유무역론(free trade)이 자유경쟁을 통하여 전체적인 부의 극대화를 추구하는데 목표를 두고 있는 반면, 공정무역론(fair trade)은 거래에 관여하는 모든 당사자들의 이익을 균형 있게 보장하는데 관심을 두고 있다. 만일, 자유가 지나치게 강조된다면, 강자의 논리에 흐를 수밖에 없고, 거래 공정의 강조는 이를 실현하기 위한 각국 정부의 인위적 개입을 강화시킴으로서 시장 기능을 저해할 우려가 있다. 따라서 거래에 있어서 자유와 공정의 조화는 국내거래뿐만 아니라, 국제거래의 선결과제라 할 수 있을 것이다.

확립된 규범들이 인접 관련분야로 확산되는 추세에 있는데, 이를 구체적으로 살펴보면 다음과 같다.

① 거래자유화법규 : 국제시장형성을 위한 각국의 시장개방과 관련된 규범.

② 거래공정화법규 : 시장에서 공정경쟁조건 보장을 위한 규범.

③ 수출통제법규 : 일부 국가에서 수출통제를 함에 따르는 문제점을 해결하기 위한 규범-자원 내셔널리즘과 일부 국가의 외교, 안보 목적을 위해 영향력을 행사하는 규범 등이다.

다음으로 아직 완전히 성립되지 못한 법규들로서는 서비스, 기술, 자본거래 법규 등이 있는데, 이는 UR협상에서 처음 형성되기 시작하였고, 현재도 국제적 합의도출을 위한 협상단계에 있는 법규들이 대부분이다.

범세계적인 차원에서 형성되는 시장과 지역적 통합시장 및 주요국의 국내시장이 조직되고 운영되는 기구적 측면에서 관련된 법규들이다.

우선, WTO관련기구 및 산하기구관련 법규로서 각 지역시장—OECD, APEC, NAFTA 등—을 형성함에 따라 등장하는 기구와 관련된 법규 및 미국, EU, 중국의 법규 등이 이에 해당한다.

3 국제통상법의 성격

첫째, 법이 자연적으로 존재하는 것인지 아니면, 인간이 만든 것인지에 따라 자연법(natural law)과 실정법(positive law)으로 구분할 수 있는데, 국제통상법은 국제통상과 관련된 활동을 영위하는 법으로서 인간이 만든 실정법적 영역에 속한다.

둘째, 법의 규율대상이 국제사회를 위한 것인지 국내사회에 필요한 것인지에 따라 국제법(international law)과 국내법(domestic law)으로 나눌 수 있다. 이러한 이분법적 구분으로 본다면, 국제통상법은 국제법의 영역에 속한다고 할 수 있으나, 국제법의 준수의무가 국내법에 영향을 미친다는 점을 고려한다면, 국제통상법은 그 기본영역을 국제법으로 두고 그 방계영역으로서 국내법에 영향을 미친다고 볼 수 있을 것이다.[4)]

셋째, 법의 적용범위에 따른 구분으로 무차별적 적용대상을 정한 것과 특정의 사람, 물건, 행위 등에만 적용하기 위한 것인가의 구분에 따라 일반법(general law)과 특별법(special law)으로 구분할 수 있는데, 국제통상법은 특별법의 영역에 속한다.

넷째, 규율대상이 수직관계에 있는가 수평관계에 있는가에 따라 공법적 영역(public law)과 사법적 영역(private law)으로 나눌 수 있는데, 이분법적 영역으로 구분하여 본다면 공법적 성격이 강하다고 볼 수 있다. 왜냐하면, 국제통상법이란 국가 또는 정부 단위의 조약(treaty)이나 협정(agreement)에 따라 정부 및 공공기관의 활동을 수직적으로 규율하는 국제공법적 영역에 속하는 것이 대부분이기 때문이다.

4 국제통상법의 기본원리

국제통상은 본래 사인간의 사적자치의 원칙에 따라 이루어지는 상거래를 중심으로 이와 관련된 제반법규 등을 의미하며, 이는 또한 2개 국가간 내지 그 이상의 다수국간에 행하여진다는 점에서 국제법에 의해서 여러 가지 규제가 가해지고 있다. 이러한 것들 가운데 가장 기본적인 것이 국가간의 자유로운 경제활동에 법적 근거를 부여하는 통상조약(commercial treaty and convention)[5)]이다.

---

4) 박노형, "국제경제법의 개념에 관한 고찰", 법무부, 통상법률 제8집, 1996. 4. pp. 38 - 56.

5) 항해통상조약(treaty of commerce and navigation, friendship commerce and navigation treaty)이 규정하는 내용은 매우 광범위한데, 그것은 직접으로 통상과 항해에 관계하는 사항뿐만 아니라, 체약국의 경제·사회·문화의 모든 방면에 걸치는 사항에까지 미치는 것이 보통이다.

즉, 첫째, 수출입·관세·물품의 유통·창고 기타 체약국의 물품과 상인에 대해서 타방체약국의 영역 내에서 인정되는 이익과 권리를 보장하는 규정, 둘째, 선박의 통과와 입항의 자유, 화물의 적하와 양륙, 해난구조 기타 체약국의 선박과 승무원에 대하여 타방체약국의 영해 및 항구에서 인정되는 권리와 특권 등 통상과 항해에 관한 규정, 셋째, 체약국의 국민의 입국·거주·여행·직업의 자유로부터

통상조약[6]은 기원전 509년에 로마와 카르타고 간에 이루어진 것을 시초로 보고 있으며, 중세에는 주로 이탈리아의 상업도시국가간에 체결되었으나, 그것은 주로 정치적 성질의 것이었다. 이후 점차로 국제통상활동이 활발해짐에 따라 18세기 이후에 있어서의 통상조약이 주요 통상법규의 기초가 되고 있는 것이다.

그런데, 제2차 세계대전 이후에는 국제통상에 관한 국제법적 규제는 그 비중이 더욱 증대되었는데, 그 대표적인 것이 GATT이다. 현재까지도 GATT가 더욱 강화된 형태인 WTO를 중심으로 한 통상조약이 국제통상의 기본이 되고 있음은 변함이 없으며, 국제법적 질서는 한 나라의 국제통상에 대하여 큰 역할을 하는 것이고, 어떤 국가의 국내법도 또한 원칙적으로는 이러한 국제법의 법 테두리 안에서 제정되지 않으면 안 되는 것이다. 그리고 오늘날의 국제통상에 관한 국내입법 및 그 운영은 이러한 WTO 협정 등 국제법에 의한 규제로 말미암아 좌우되는 경우가 많음을 알 수 있다.

한편, 국제통상법은 기본적으로 무역거래의 전반적인 진행과정에 걸쳐 규범화되어 있는 모든 국제법규는 물론이고 국제통상과 관련된 경제법적 개념까지도 포괄하는 매우 광범위한 것을 포함한다. 이러한 국제통상법은 국가 또는 각 사인(私人)의 합의에 따라 그 내용을 바꾸거나 적용을 배제할 수도 있는 임의규정이 있는 반면, 이를

신체 · 재산의 보호 · 종교의 자유에 이르기까지 체약국 국민의 타방체약국 영역 안에서 향유하는 사법상의 지위에 관한 규정 등이 그것이다.(이춘삼, 「무역관계법」, 법문사, 1994, pp. 27 - 29.)

6) 조약에는 실질적 의미와 형식적 의미의 두 가지 뜻이 있다. 실질적 의미의 조약이라는 것은 국제법 주체간의 명시적 합의를 총칭한 것이고, 형식적 의미의 조약은 이와 같은 조약 가운데 특별히 구체적으로 'Treaty'라는 명칭이 붙은 것을 의미한다. 그런데 조약의 국제법상의 효과는 그 명칭 여하에 관계없이 동일하며, 조약에 적용될 실체법규도 명칭 여하에 차별을 두지 않고, 국제관례상 다음과 같은 구별이 있을 뿐이다.(이한기, 「국제법(상)」, 박영사, 1986, pp. 318 - 319)

① **조약군**(The Treaty Group) : Treaty(조약), Pact(협약), Covenant(규약), Charter(헌장), Constitution(헌장), State(규정), Convention(협정), Act(의정서), Declaration(선언) 등이 이에 속한다.

② **약정군**(The Agreement Group) : Agreement, Accord, Arrangement(이상, 모두 약정으로 번역된다), Protocol(의정서), Modus Vivendi(잠정 협정), Exchange of Notes(교환 공문) 등이 이에 속한다.

③ 기타 : 그 자체 조약을 구성하지 않는 Memorandum(각서), Note Verbal(**口上書**), Proce's verbal(의사록) 등이 있다.(이춘삼, 「무역관계법」, 법문사, 1994, pp. 28 - 25).

임의로 바꿀 수 없는 강행규정(jus cogens)도 있다.

또한, 통상 현안과 관련된 여러 국제규범간의 충돌을 통하여 국제통일법으로 형성되어 가는 규범(WTO의 다자간협정과 관련된 내용)도 있지만 - 아직까지 국제규범으로 마련되어 있기는 하지만 - 실질적인 기능을 발휘하지 못하는 경우(국제 운송 분야의 함부르크 규칙과 같은 경우)도 있다.

II 법원

법의 연원(淵源 ; Rechtsquellen)을 간단하게 '법원'(法源 ; The Source of the Law)이라고 한다. 법원이라는 말은 여러 가지 의미로 사용되고 있기 때문에 반드시 명백한 용어가 될 수는 없지만, 일반적으로는 법의 존재형식 또는 현상·형태라는 의미로 사용되고 있다.[7] 이러한 국제통상법의 연원을 살펴보면 다음과 같다.

1 국제조약 및 협정

1. WTO협정

국제통상법의 중요한 법원으로 경제관계에 관한 국제조약들이 있다. 이러한 조약에는 다자간 통상·통회협정과 지역경제통합협정이 있으며, 또한 2국기간에 체결된 쌍무협정 등이 있다.

우선, 가장 대표적인 국제통상법의 법원으로서 「관세와 무역에 관한 일반협정(GATT : General Agreement on Tariffs and Trade)」와 세계무역기구(WTO : World Trade Organization)를 들 수 있는데, 1947년 출범한 GATT가 단순한 협정의 차원에서 세계무역을 관리하고, 각국 간의 무역마찰을 해결해 주는 「세계무역기구」로 변

7) 곽윤직, 「민법총칙(민법강의 I)」, 박영사, 1988. p. 19.

신하였다는 점을 감안하면, WTO는 국제통상법의 가장 중요한 법원(法源)이라고 할 수 있다.

다음으로 다자간협정을 살펴보면, 다자간섬유협정(MFA : Multi-Fiber Agreement), 다자간철강협정(MSA : Multi-Steel Agreement), 다자간투자협정(MIA : Multi- Investment Agreement), 단기 면직물협정(STA : Short-Term Agreement), 장기 면직물협정(LTA : Long-Term Agreement) 등이 있으며, 2국간 경제조약(Economic Treaties)으로는 우호통상항해조약(FCN : Friendship Commerce Navigation Treaties), 이중과세방지협정, 무역협정, 특정품목협정(섬유협정 등)과 최근에 와서는 포괄적인 경제협력협정(ECA : Economic Cooperation Agreement)과 쌍무적 투자보장협정(BITs : Bilateral Investment Treaties) 등이 있다.

상기의 협정들은 특정 분야에 국한된 다자간협정이라고 볼 수 있는데, 이러한 협정들은 대부분이 과거의 GATT체제에서 만들어진 것으로서 WTO의 탄생과 더불어 WTO의 틀 안으로 흡수되었다. 기존의 GATT를 대체한 WTO는 GATT체제의 범위 밖에 있었던 농산물이나, 섬유 및 철강의 무역을 포함하여, 서비스, 국제투자, 무역관련 지적재산권 등 국제무역에 관련된 기의 모든 부분을 포괄하고 있어 「경제 분야의 UN」이라고 지칭하고 있음을 감안할 때, 「WTO협정(WTO Agreement)은 다자간 통상법규를 포괄적으로 규정하고 있는 우루과이라운드 이후의 국제통상법의 가장 중요한 법원이 된다」고 할 수 있다.[8)]

2. 기타 국제협약

국제통상법의 범위는 크게 국제법 가운데 국제경제법의 범주에 속한다고 볼 수 있다. 이러한 국제법의 가장 근본적인 법원(法源)은 UN헌장이라고 할 수 있다. 왜냐하면 UN헌장은 전세계 대부분의 국가들의 합의에 의해 제정된 협약이며, 현재 전세계를 포괄하는 가장 대표적인 기구이기 때문이다.

8) 장효상, 「국제통상법」, 법영사, 1995. p. 35.

이 외에도 국제통상과 관련된 국제협약을 개략적으로 살펴보면, ① 국제물품매매에 관하여 국제무역법위원회(UNCITRAL)에서 제정한 국제물품매매계약에 관한 UN협약, ② 국제운송과 관련하여 국제해사위원회(CMI)에서 제정한 선하증권에 관한 법규의 통일을 위한 국제협약, 국제무역법위원회의 국제화물복합운송에 관한 UN협약, ③ 국제상사중재와 관련하여 국제무역법위원회에서 제정한 외국중재판정의 승인과 집행에 관한 UN협약, ④ 관세행정과 관련하여 세계관세기구(WCO)에서 제정한 세관절차의 간소화 및 조화에 관한 국제협약 및 통일상품명 및 코딩시스템에 관한 국제협약, ⑤ 투자분쟁과 관련하여 국제투자분쟁해결센터(ICSID)에서 제정한 특정국가와 다른 국가의 국민간의 투자 분쟁 해결에 관한 협약, ⑥ 지적재산권과 관련하여 세계지적소유권기구(WIPO)의 만국공업소유권보호동맹협약(파리협약)과 국제연합경제사회이사회의 세계저작권협약 등이 있다.

이상과 같은 국제통상관계에 직·간접적으로 적용되는 여러 형태의 조약 및 협정을 검토하면 대체로 다음과 같은 공통된 법 원칙을 발견할 수 있다.

첫째, 형평대우(equitable treatment)의 원칙, 즉 최저기준(minimum standard)의 원칙이 있다. 이 원칙은 외국인의 대우에 관하여 국가가 적용하여야 할 국제법상 요구되는 최소한의 기준을 의미한다.

둘째, 최혜국대우(most favoured nation treatment)의 원칙이 있다. 외국, 외국산품 또는 서비스 등에 있어서 차별을 금지하는 이 원칙은 국제경제에 관련된 조약에 일반적으로 규정된다. 특히, GATT는 무조건적 최혜국대우를 규정한다. 그러나 최혜국대우는 그 보편적인 적용에도 불구하고 아직 관습법적 지위를 갖는 것으로 이해되지는 않는다. 다시 말해서 국제통상관계에서 가장 대표적 규범인 최혜국대우도 조약상의 규정에 근거함으로써 법적 효력을 갖는다는 것이 일반적인 입장이다.

셋째, 동등대우(equal treatment)의 원칙이다. 이 원칙의 가장 대표적인 유형은 내국민대우(national treatment)이다. 한 국가는 타 국민이나 기업에게 자신의 국민 또는 기업에게 부여한 동일대우를 부여해야한다는 이 원칙도 역시 조약에 기인한다.

넷째, 특혜대우(preferential treatment)의 원칙이 있다. 이 원칙은 MFN원칙의 예외로서 국제경제관계에서의 실질적인 평등(substantive equality)의 보장을 위하여 개도국에게 부여된 특혜대우와 관세동맹(customs union) 등의 지역통합에 참여한 국가에 대한 특혜대우로 이 역시 조약에 근거한다.

2 국제통상법의 법원으로서의 국내법

각국의 국내법, 특히, 미국이나 EU 등 영향력이 큰 국가의 대외경제법은 국제통상법의 중요한 법원이 된다.[9] 이러한 국내법이 국제경제법의 법원이 된다고 할 때 국내법과 국제법의 관계에 따라 두 가지 측면으로 나누어 생각할 수 있다.

우선, 국제협정에서 합의된 규범의 테두리 내에서 각국의 국내법이 제정되는 경우[10]이다. 이러한 국제통상법의 법원을 이루는 각국의 국내법은 종래에는 대외무역법, 관세법, 외환관리법, 외자도입법 등 대외경제법에 국한되었지만, 최근 비관세장벽의 중요성이 커진 오늘날에는 직접적으로 대외적인 경제활동에 주안점을 두지 않는 보건·환경·위생·노동·세법 등 거의 모든 국내경제법이 국제경제법을 포함한다고 할 수 있을 것이다.

이러한 사례로서 WTO의 반덤핑협정을 그 예로 들 수 있는데, 각국은 WTO협정을 기초로 한 자국의 반덤핑법을 별도로 제정하여 시행하고 있다.[11] 이러한 경우, WTO 협정과 국내법은 그 규범대상을 국제시장의 두 주체인 국가와 사기업으로 달리하고

9) 서헌제, 「국제경제법」, 율곡출판사, 1996. 3, pp. 41 - 46.

10) 국제협정에 대해 직접적인 법률로서의 효력을 인정하는 헌법구조를 가진 경우에는 국제협정과 별도로 국내법을 제정할 필요는 없으나(우리 나라의 경우), 대부분 국가의 경우(미국, EU 등의 경우) 시행상의 편의를 위해 별도의 법을 제정하고 있다.

11) 우리 나라의 경우 대외무역법, 관세법, 불공정무역행위조사 및 산업피해구제에 관한 법률에 그 내용을 담고 있다.

있지만, 국제시장의 바람직한 질서유지를 도모한다는 측면에서 모두 국제경제법의 법원이 되는 것임을 알 수 있다.

특히, 국제경제의 주요부문에 있어 아직 국제적으로 합의된 규범이 존재하지 않는 경우 국내법이 제1차적인 국제경제법의 규범으로 적용되며 대개는 '국가법의 역외적용(extra-territorial application of national laws)'이라는 형태를 취하게 됨을 알 수 있다. 실제로 미국의 독점규제법이나 수출통제법의 역외적용의 경우, 역외적용은 자국의 관할영역 밖으로 자국법의 적용을 확장하는 것이기 때문에 필연적으로 상대국의 주권침해가 문제가 되며, 국제적인 마찰의 원인이 되고 있음을 알 수 있다.

Ⅲ 국제통상법의 본질

1 공법 · 사법으로서의 국제통상법

법을 구분할 때 공법과 사법으로 구분하는 경우가 일반적이다.12) 이러한 개념은 국제법의 개념에서 볼 때 국제사법적 측면과 국제공법적 측면으로 다시 구분할 수 있다. 국제사법(private international law)은 기업이나 개인의 활동이 한 국가의 국경을 넘을 때 그 활동을 대상으로 하는 법이라 할 수 있으며,13) 국제공법(public international law)은 국가와 국가간 또는 국가와 개인간의 관계를 규율하는 법이라 할 수 있다. 오늘날 국제공

12) 공법과 사법을 구분하는 데는 일반적으로 다음과 같은 세 가지 학설이 있다. 첫째, 성질설로서 공법은 명령, 복종관계를 규율하는 법 즉, 수직적 관계를 규율하는 법이 공법이며, 수평적 관계를 규율하는 법이 사법이라는 학설과 둘째, 이익설 또는 목적설로서 공익을 위한 목적의 법이 공법이고, 사익을 목적으로 한 법이 사법이라는 학설, 마지막으로 규율주체설이 있는데, 이는 국가와 국가, 공공단체, 사인간 또는 공공단체와 공공단체의 관계 즉, 공인간의 상호관계를 규율하는 법이 공법이고, 사인과 사인간의 상호관계를 규율하는 법이 사법이라는 학설이다. 그러나 일반적으로 공법과 사법을 구분하는 학설은 성질설이 다수의 학설로 알려져 있다.

13) 서희원, 「국제사법강의」, 일조각, 1980. p. 5.

법적인 규범이 개인의 행위를 규율하거나 이에 영향을 미치는 경우도 있기 때문에 국제사회의 규범을 단순하게 국제공법과 국제사법으로 구분하는 것에는 그 한계가 있다.

그런데, 국제통상법은 국가 또는 정부단위의 조약(treaty)이나 협정(agreement)에 따라 정부 및 공공기관의 활동을 수직적으로 규율하는 국제공법적 영역에 속한다함은 기술한 바와 같다. 그러나 국제통상법의 영역 속에는 타국에 있어서의 기업이나 개인 활동을 수평적으로 규율하는 국제사법적 영역도 일부 있기 때문에 국제통상법에 대한 공·사법 구분은 큰 의미가 없다.

앞에서 살펴 본 바와 같이 국제통상법은 공법적 성격이 더 강하다고 볼 수 있다. 왜냐하면 오늘날 국제무역의 기조가 관리무역의 체계 하에서 운용되고 있음을 감안한다면, 국가 및 정부가 개별기업의 대외경제활동에 적극적으로 육성 및 조정을 하고 있다는 것이다. 이러한 실례로서 통상거래상대국 정부와 투자보장협정을 체결하는 행위는 정부의 승인사항이라는 점이다. 이러한 관점에서 볼 때 국제통상법을 공법영역에 대한 사법의 침투라고 말할 수도 있다.14)

2 국제법과의 관계

국제통상법은 국제통상관계를 규율하는 법인 반면에, 국제법(international law)은 국제사회를 기반으로 하고, 일반적으로 조약과 관습법 등의 법 성립 형성에 의한 국가들간의 합의를 중심으로 형성되며, 국가간의 관계를 규율하는 외에 국제기구와 그 밖의 단체 및 개인의 관계를 규율할 수도 있는 강제성을 수반하는 규범의 총체이다.15)

따라서 국제법이 국가간의 주권, 전쟁, 경제관계 등 국제사회의 다양한 분야를 그 규율대상으로 하고 있으므로, 국제통상법도 근본적으로는 국제법의 한 분야라고 볼 수 있다. 국제통상법과 국제법은 그 주체가 국가간 또는 국가와 개인간의 관계를 규

14) 이춘삼, 「현대무역학개론」, 동성출판사, 1996. pp. 131 - 140.

15) 이상윤, 「국제경제법」, 중앙경제사, 1995. pp. 43 - 44.

율하는 공법이라는 측면에서는 공통점이 있다.

3 국제경제법과의 관계

국제경제법은 그 기원을 경제법[16]에 두고 있는데 경제법은 세계의 경제규모가 확대되고 국가간 통상거래가 빈번해짐에 따라 국제경제법이 탄생하게 되었다. 따라서 국제경제법이란 국제시장의 형성과 국제시장의 바람직한 경쟁질서유지에 관한 법체계라고 할 수 있다. 즉, 국제경제법은 자유로운 경제활동이 이루어질 수 있는 국제시장의 형성을 저해하는 국가적 규제장벽을 철폐하거나 경감하기 위한 법체계를 의미하며, 이를 위해 국제시장에 대한 공정한 질서를 유지하게 만들기 위해 행위주체에 대한 일정한 규제를 하는 법을 의미하기도 한다.

이러한 측면에서 볼 때 국제경제법과 국제통상법의 차이는 국제경제법이 통상문제 이외에도 다국적기업의 경쟁제한관행 및 국제통화규범, 국제과세규범 등도 포함한다는 점에서 국제통상법보다 훨씬 광범위하다고 볼 수 있으나, 국제통상라운드협상에서 경쟁법과 통상법과의 연계, 환경정책 · 노동정책과 통상의 연계로 말미암아 국제경제문제는 거의 대부분이 통상에 포함됨으로 이러한 구별은 무의미해지고 있는 현실이다. 따라서 국제경제법과 국제통상법의 차이는 그 내포하는 규율대상의 차이라기보다는 관점의 차이라고 할 수 있다.

결국, 국제경제법에서는 국제시장이라는 구조적 문제에 관심을 두고 접근하는데 비해, 국제통상법에서는 시장에서 이루어지는 '교역' 그 자체에 중점을 두고 있다는

16) 경제법은 자본주의 사회에서의 경제적·사회적인 문제를 해결하고 조정하기 위한 국가의 경제에 대한 간섭 및 규제에 관한 법체계라 할 수 있다. 이는 그 기원을 영국에서 산업혁명 이후, 대기업의 피해를 방지하기 위해 제정한 것에서 유래 되었으며, 이후, 제2차 세계대전 후 독일의 패전 이후, 전후 독일의 경제부흥을 위해 제정된 것에서 현대적 의미의 경제법이 제정되었고, 이후, 미국 등 세계 각국에 전파되었다. 따라서 이 법은 오랜 전통과 학문적 배경을 가지고 있는 법이 아닌, 비교적 근래에 들어와서 발전하기 시작한 법의 영역이며, 또한 그 규율하고 있는 대상이나 법원칙이 빠르게 변화하고 있는 역동적 분야라 할 수 있다.(이남기, 「경제법」, 박영사, 1998, pp. 10 - 13)

미세한 관점의 차이만이 존재할 뿐이며, 따라서 국제통상법과 국제경제법은 거의 동일한 의미에서 사용되고 있다고 할 수 있다.

4 국제거래법과의 관계

국제거래법은 '국제상거래에 공통적으로 적용되는 사법적 법규의 총체'라 할 수 있다. 이를 구체적으로 살펴보면 다음과 같다.

첫째, 국제거래법은 국제상거래에 '공통적'으로 적용되는 법규이다.

둘째, 국제거래법은 국경을 초월하여 행하여지는 거래를 규율하는 법규이다.

셋째, 국제거래법은 물품, 용역(서비스) 및 자본 등을 대상으로 하는 상거래에 관한 법규이다.

넷째, 국제거래법은 국제거래를 수행하기 위해 필요한 국제기업조직을 포함한다.

다섯째, 국제거래법은 국제거래에 의하여 발생하는 국제조세문제를 포함한다.

여섯째, 국제거래법은 국제상사분쟁을 포함한다.[17)]

이에 내하여 국세통상법은 자유롭고 공정한 국제거래를 보장함으로써 인류공동의 경제발전을 촉진시키고 인류공영에 이바지한다는 점이다. 즉, 국제통상법은 정보 또는 국제기구의 차원에서 자유롭고 공정한 통상환경을 조성하는 기능을 갖는다. 예컨대, A·B 국간 통상협상의 결과 A국의 수출업자가 B국에 자동차를 수출할 수 있게 되고 반면, B국은 A국에 더 많은 TV를 수출할 수 있다고 하는 것은 국제통상법의 영역이지만, 실제로 상품의 선적, 보험에의 부보(付保) 등 수출이행 및 대금회수 나아가 상사간 분쟁처리문제 등은 국제거래법의 영역이다.[18)]

17) 최준선, 「국제거래법」, 삼영사, 1997. pp. 42 - 43.

18) 박노형, 국제경제법의 개념에 관한 고찰, 법무부 통상법률(1996, 4), p. 41

5 국내통상법과의 관계

국제통상법은 앞에서 언급한 바와 같이 국제통상의 자유화를 위한 법이라 할 수 있다. 국제통상법을 수행하는 주체는 역시 각 국가 및 국가에 소속된 개인이라고 할 수 있는데, 이러한 국가와 개인들의 국제통상 관련 제반활동은 각 국가의 국내통상법에 의한 지배를 받게 된다. 즉, 국제통상법에 대한 국내통상법은 원칙적으로 국제통상법의 범위 안에서 제정·운용되는 것이다.

따라서 국제통상과 관련된 국내의 제반법을 국내통상법이라고 할 수 있다. 이는 구체적으로 조약상의 의무이행을 위한 국내법이다. 즉, 무역에 관한 다자간 조약이나 복수국가간 협정의 자국 내에서의 자동시행적 효력을 인정하지 않는 국가들은 당해 조약을 국내에서 시행하기 위해서 국내법으로 변형시키게 된다. 이러한 조치들은 국가에 따라서 약간씩 상이한데, 이 협정의 국내시행을 위한 별도의 입법조치를 취하지는 않지만, 조약상의 의무이행을 위해 국내법을 개정하기도 한다.

예컨대, 우리 나라의 대외무역법 제2조의 「정부는 헌법에 의하여 체결·공포된 무역에 관한 조약과 일반적으로 승인된 국제법규가 정하는 바에 따라 자유롭고 공정한 무역을 조장함을 원칙으로 한다」고 국내법적 차원에서 선언한 것에서도 알 수 있다.[19)]

실제로 우리 나라는 1967년 4월 15일에 GATT 가입을 계기로 대외무역법에 의한 자주적 무역관리를 GATT의 틀 내에서 설정·운용해왔으며, 1995년 발효된 WTO제협정에 대해서도 국회의 비준을 얻어 국내법화 하는 절차를 거쳤고, 이러한 WTO조문과 일치하지 않거나, 모호한 규정들은 이 조문에 일치하도록 제반법규를 개정하여 왔다.

---

19) 이춘삼, 「무역관계법」, 법문사, 1994, pp. 6 - 7.

6 국제환경법과의 관계

1. 국제환경법의 의의 및 특징

환경(Environment)이란 포괄적으로 「인간을 둘러싸고, 인간의 환경에 영향을 미치는 유형·무형의 모든 것」이라고 정의되고 있다. 환경이란 말은 프랑스어 'milieu'에서 유래한 것으로서 mi는 영어의 middle(중앙), lieu는 place(장소)를 뜻한다. 이 말은 프랑스의 B. Pascal(1623~1662)에 의해 처음 사용된 것으로, 그는 '중심에 존재하는 물체를 둘러싸는 것'이라는 의미로 사용하였다. 오늘날 인구의 증가와 산업화 및 도시화로 인하여 지구환경이 위기에 처해있다. 국제환경법은 이러한 위기에 처한 환경보호를 목적으로 하는 국제법 규범의 총체를 말한다. 그러나 국제환경법은 기존의 국제법과 비교할 때 다음과 같은 특징을 갖고 있다.

첫째, 국제환경법은 주로 생태계변화에 따른 과학적 정보에 대응하여 형성되고 있다.

둘째, 국제환경법은 세계 모든 국가에 환경보호라는 대의명분하에 공통적인 책임을 부여하나, 의무분담에서는 국가별 산업화 정도에 따라 차별성을 나타내고 있다.

셋째, 국제환경법은 과학적 불확실성에 근거하고 있는 것과 일맥상통하여 법적 구속력이 미약하다. 지금까지 체결된 국제환경규범의 주요 형태는 실천계획(action plan), 지침(guidelines), 기본협약 또는 협약(framework convention or convention) 및 의정서(protocol) 등으로써 실천계획 내지는 지침에서 기본협약/협약단계를 거쳐 의정서로 발전하는 과정을 거치고 있다.

'오존층 파괴에 관한 몬트리올 의정서'는 의정서 비가입국과의 무역규제와 의정서 의무를 준수하지 않는 국가에 대한 제재를 규정하고 있다.

국제환경법의 가장 근본적인 원칙은 국가간의 협력(cooperation)원칙이다. 환경분야에서 국가간 협력이 요구되는 분야는 크게 정보교환, 긴급환경사태하의 상호원조, 기술 및 재정협력 등이다. 국제환경법은 21세기의 국가간 관계를 규율하는 새로운 국제법 질서의 하나임에는 틀림없다.

2. 무역론자와 환경론자의 대립

첫째, 자유무역론자가 지지하는 GATT/WTO체제는 관세 및 비관세장벽을 제거하고 무역의 자유화를 통하여 후생의 극대화를 실현하는데 그 목적을 둔다. 이에 대하여 환경론자는 자유무역의 토대인 GATT를 '대규모 사업(big business)으로 하여금 자연의 혜택을 마음대로 유린하게 하는 악마의 헌장'이라고 비난한다.

환경론자는 환경자원이 일단 접근 또는 이용되면 어떤 형태로든 영향을 받게 되며, 특히 훼손된 경우에는 재생이 거의 불가능하기 때문에 환경자원의 자유로운 개발 또는 이용보다는 이를 절대적으로 보호해야 한다고 주장한다. 즉, 환경론은 환경자원이 있는 그대로 보존·유지되어야 한다는 'Stock'개념에서 출발한다. 말하자면 무역처럼 적자에서 흑자로 또는 그 반대로 융통성 있는 개념인 'Flow'가 적용될 수 없다고 한다.

둘째, 무역론자들은 환경을 이유로 한 무역제한조치를 보호무역주의의 숨은 저의가 있는 것으로 의심한다. 또한 환경보호를 뒷받침하는 논리가 과학적으로 불충분하고 경제적으로 불확실하다는 등 환경가치의 수용을 거부한다.

이에 대하여 환경론자들은 자유무역이 비록 경제성장을 가져오지만 환경보호를 무시함으로써 오염을 유발하고 환경에 유해한 영향도 동반하여 손익계산에서 손해라고 응수한다.

셋째, 무역론자나 환경론자 모두 공감하고 있는 것은 「무역은 그 자체가 목적이 될 수 없으며 목적에 대한 수단이다. 그 목적은 환경적으로 지속가능한 개발(Sustainable Development)이다. 따라서 무역과 환경은 지속가능한 개발이라는 대명제하에서 서로 조화를 이루어야 한다. 환경보호를 위한 일방적 무역제한정책은 지구환경보호라는 궁극목적을 달성하는데 효과적이지 못하며, 따라서 환경보호를 위하여 일방적으로 자유무역이 제한되어서는 안 된다. 한편 환경비용의 내부화 등 건전한 환경정책을 전제로 하지 않은 무역자유화는 무절제한 자원의 이용으로 인한 환경파괴 등 환경에 악영향을 끼치게 되기 때문에 상호조화가 이루어져야 한다」는데 그 뜻을 같이하고 있다.

끝으로 무역·환경조화에 관한 UN환경개발회의 '리우선언원칙 12'도 「각국은 환경악화에 적절히 대처하기 위하여 모든 국가의 경제성장과 지속가능한 개발을 도모함에 있어 도움이 되고 개방적인 국제경제체제를 증진시키도록 협력하여야 하고, 환경목적을 위한 무역정책수단은 국제무역에 대하여 자의적 또는 부당한 차별적 조치나 위장된 제한을 포함해서는 아니 되고 수입국의 관할지역 밖의 환경문제에 대응하기 위한 일방적 조치는 회피되어야 하며, 국경을 초월하거나 지구적 차원의 환경문제에 대처하는 환경조치는 가능한 한 국제적 합의에 기초하여야 한다」고 표명하고 있다.

3. 국제환경협약과 무역규제조치

환경보호문제는 전 세계적으로 다루어져야 한다는 인식이 확산됨에 따라 최근 수많은 국제환경협약이 체결되었고, 이렇게 체결된 국제환경협약들중 상당수는 다음과 같은 무역거래제한규정을 두고 있다.

첫째, 오존층 보호를 위한 몬트리올의정서(Montreal Protocol on Substances that Deplete the Ozone Layer ; 우리 나라는 1992. 2. 5. 가입)에 의하면 규제물질에 대한 무역제한규정으로서 비가맹국들을 차별하고 있다.

둘째, 유해폐기물의 국가간 이동 및 처리에 관한 바젤협약(Basel Convention on the Control of Transboundary Movements of Hazardous Waste and Disposal ; 우리 나라는 1994. 2. 28. 가입)에 의하면 유해폐기물의 국제적 거래는 오직 가맹국 사이에서만 허용될 뿐이다.

셋째, 멸종위기에 있는 야생 동·식물의 국제거래에 관한 협약(Convention on International Trade in Endangered Specieo of Flora and Fauna ; 우리 나라는 1993. 10. 7. 발효) 제10조는 일정한 조건 아래서 비가맹국과의 무역에 제한을 가하고 있다.

넷째, 기후변화에 관한 UN기본협약(the United Nations Framework Convention on Climate Change ; 우리 나라는 1993. 12. 가입)에 의하면 국제무역에 있어서 기후변화 대응책을 이유로 일방적이고 자의적인 무역규제, 부당한 차별, 위장된 무역제한 등을 행사할 수 없다고 규정하고 있다.

끝으로 국내적으로 사용이 금지된 상품, 즉 국내판금품(Domestically Prohibited Goods)의 수출거래에 관한 문제이다. 주로 선진국들이 국내적으로는 국민건강, 환경보등을 이유로 사용을 금지한 상품, 예로 인체에 해로운 살충제, 살균제등을 생산하여 개도국에 수출하는 사례가 많이 있는데 이러한 경우, 수입국의 수입금지 조치는 GATT 제20조(b)항이 규정하고 있는 전형에 해당되어 정당하다. 즉 동조(b)항은 「인간, 동·식물의 생명 또는 건강을 보호하기 위하여 필요한 경우 자유무역에 상충되는 조치를 취할 수 있다」 고 규정하고 있다.

4. 환경보호와 관련된 GATT(1994) 규범

그동안 GATT는 생활수준을 향상시키고, 완전고용을 달성하며, 지구자원의 완전이용을 도모하고 재화의 생신과 교환을 확대시키기 위하여 무역을 증진시키는 것을 목적으로 하고 있었기 때문에 무역제한 문제를 수반하는 환경보호는 주요관심사항이 아니었다. 그러나 지구환경문제가 날로 심각해지자 UR협상에서 탄생한 WTO협정은 그 전문에서 자원의 적정배분을 위한 지속가능한 개발 및 환경보호의 필요성을 인정하고 '무역환경위원회'를 설치하였다.

환경보호와 관련된 GATT규정들을 검토하면 다음과 같다.

(1) GATT 제1조 '최혜국대우원칙'(Most Favored Nation Treatment)

이 원칙은 대외무역에서 어느 특정국의 물품을 그 밖의 타국의 '동종물품'(like product)과 동일한 대우가 주어져야 한다는 원칙이다. 환경과 관련하여 동종물품이 문제가 되는 것은 어떤 물품과 본질적으로는 같으나 환경적으로 불건전한 방법, 즉 환경을 오염시키는 방법으로 생산된 물품이 동종물품인가라는 문제이다. 일방적인 견해는 동조에서의 동종물품이란 생산방법(the method of production)이 아니고 물품 그 자체의 본질과 관련된 것으로 파악하고 있다. 즉 제품의 제조공정, 제조방법(Processes and Production Methods : PPMs)이 환경에 미치는 영향에 관계없이 동종물품이면 똑같은 대우를 받는 것으로 보고 있다. Tuna-Dolphin사건에서도 GATT Panel은 "태평양 동부적도지역에서 참치잡이시 부수적으로 돌고래가 많이 잡히는 건착망을 사용하여 잡은 참치는 돌고래에 해가 되지 않는 방법으로 잡은 참치와 '동종물품'이다"고 확인한 바 있다.

(2) GATT 제3조 '내국민대우원칙'(National Treatment)

이 원칙 역시 MFN원칙과 함께 GATT의 핵심원칙으로 동조 제1항은 가격에 영향을 미치는 내국세 또는 규정, 물품 그 자체의 수입이나 판매를 금지하는 기술규제들을 사용하여 보호무역정책을 취하는 것을 금지하고 있다. 환경과 관련하여 Tuna-Dolphin사건에서 멕시코산 참치에 대한 미국의 수입금지 조치 및 중개국가에 대한 참치 수입금지 조치는 동종물품인 미국산 참치와 멕시코산 참치를 차별하는 것이기 때문에 내국민대우원칙에 위배된다고 GATT패널을 결론지었다.

(3) GATT 제11조 '수량제한의 철폐원칙'(Elimination of Quantitative Restictions)

이 원칙은 쿼터, 수입 또는 수출허가제, 그 밖의 다른 수단을 사용하여 수입 또는 수출을 금지하거나 제한해서는 안 된다는 원칙이다.

어느 나라가 국내 산업을 보호하기 위하여 GATT가 허용하고 있는 관세 이외의 방법으로 특히 공중보건이나 자원보존이란 명목 하에 수입을 제한하거나 수입품에 대하여 부당한 경제적 부담을 가할 때 자주 분쟁이 발생한다. 앞의 사건에서 미국의 멕시코산 참치에 대한 수입금지 조치는 허용될 수 없는 수량제한이기 때문에 GATT 제11조에 위반한 것이 된다.

(4) GATT 제6조 및 제16조 '보조금 및 상계조치'(Subsidies and Countervailing Measures)

환경과 관련한 보조금 문제는 우선 엄격한 환경규제를 하고 있는 나라가 자기나라 기업이 환경규제가 느슨하여 환경비용을 외부화(externalige) 한 나라의 기업과의 국제경쟁에 있어서 불리한 위치에 처하는 것을 최소화하기 위하여 자국기업의 해당 물품의 생산 또는 수출에 대하여 보조금을 지급하거나 오염방지시설을 설치할 때 보조금을 지급하여 경제부담을 줄여 주는 경우의 문제이다. UR보조금 및 상계조치협정은 예외적으로 환경보조금을 허용보조금으로 지급할 수 있다고 규정한다.

다음으로, 엄격한 환경규제를 하고 있는 국가가 자기나라 산업을 보호하기 위하여 느슨한 환경규제에 의하여 환경비용을 외부화 함으로써 값싸게 생산된 타국상품에 대하여 그 국가가 보조금을 지급한 것으로 간주하여 상계관세를 부과할 수 있는가라는 문제이다. 이점에 대해서는 현재 각국의 환경규제체제가 서로 다르고, 환경기준, 구체적인 부과대상, 부과액, 부과방법과 관련하여 많은 문제점이 내포하고 있어 부정적 시각이 지배적이다.

(5) GATT 제20조 '일반적 예외조항'(General Exceptions) (b)항

이 조항은 「인간, 동물, 식물의 생명 또는 건강을 보호하기 위하여 필요한 경우에만 자유무역에 상충되는 조치를 할 수 있다」 고 규정한다. 여기서 필요한 경우란 무역규제조치를 취하려는 당사국은 무역제한조치를 취하기 전에 GATT에 위배되지 않거나 덜 위반되는 모든 조치를 사전에 모두 시도해 보았어야 하고, 이렇게 하여 취해진 무역규제조치는 자원보존 또는 공중보건이라는 목적과 관련이 있어야 하며 그 조치의 정도는 문제의 중요성 및 심각성과 비례해야 한다.

(6) GATT 제20조 '일반적 예외조항'(General Exceptions) (g)항

이 조항은 「국내의 생산 또는 소비에 대한 제한과 관련하여 효과적인 경우에 한하여 유한천연자원(exhaustible natural resources)의 보존에 관한 조치를 취할 수 있다」 고 규정한다. 여기서 유한천연자원은 광의로 해석하여 한번 사용하면 없어지는 광물자원뿐만 아니라 생물자원도 포함하는 것으로 해석하는 것이 일반적 경향이다. 그리하여 유한천연자원으로 보호대상이 되기 위해서는 멸종위기에 있는 것으로 국제적으로 인정되거나 또는 국제적으로 보호의 대상이 되어야 하며 적어도 '보존의 필요성'에 대한 국제적 합의가 존재하여야 한다.

또한 이 조항에 따라 무역제한조치를 취하기 위해서는 무역제한조치의 대상(앞의 Tuna-Dolphin사건에서의 참치)과 보존되어야 할 대상이 일치해야 한다. 그러나 앞의 사건에서는 보존되어야 할 자원이 돌고래인 관계로 이 조항에 의한 유한 천연자원의 보존과는 관련이 없다고 보아 미국의 멕시코산 참치 수입금지는 타당성이 없다고 본다.

(7) 무역에 관한 기술장벽협정(Agreement on Technical Barriers to Trade : TBT)

기술장벽이란 어떤 상품의 기술명세(표준, 기술규정)와 기술명세에 적합한지의 여부를 판단하는 인증에 의하여 발생할 수 있는 무역상의 장벽을 말한다.

UR에서 타결된 본 협정도 수출품의 품질을 보증하기 위하여, 인간, 동물, 식물의 생명 또는 건강 그리고 환경의 보호를 위하여, 또한 기만적인 관행을 방지하기 위하여 기술규정(technical regulations), 표준(standards), 적합판정절차(conformity assessment procedures)등 필요한 조치를 취하는 것을 인정한다.

(8) 위생 및 검역조치 협정
(Agreement on the Application of Sanitary and Phytosanitary Measures)

본 협정 하에서 회원국은 인간, 동물, 식물의 생명 또는 건강을 보호하기 위하여 필요한 위생 및 검역규제조치가 이 협정에 합치되는 경우, 동 규제조치를 취할 수 있다고 규정한다. 즉, 수입국은 농산물 등 수입품에 대하여 위생 및 검역조치를 취할 수 있다. 그러나 동협정은 위생 및 검역규제 조치가 국제무역에 불필요한 장애가 되는 것을 막기 위하여 동조치가 동일조건의 국가간에 자의적이고 불공정하게 차별되거나 국제무역에 위장된 규제수단으로 사용되지 말아야 한다고 규정한다.

5. 환경관련 비관세장벽

(1) 환경분류표시제도(Eco-Labelling Requirements)

환경마크 부여기준이 국가마다 상이하므로 각 수출국의 기준에 맞는 제품생산애로 등으로 인한 무역장벽의 효과가 예상되며 수입국의 환경마크를 획득하기 위한 시험절차, 비용 등이 무역장벽으로 작용할 수 있다. 지속적 개발에 저해되는 방법으로 벌목한 목재의 수입을 금지시킨다든가, 유자망으로 잡은 생선을 가공한 일체의 제품무역을 금지시키는 경우 등의 문제이다. 이러한 유한자원에 대한 환경기준(Eco-Labelling)을 경쟁력 보다는 지속적 개발에 초점을 두고 있다. 그러나 어느 지역의 벌목이 지속적 개발을 저해하는지 여부를 판단하기가 힘들고 유자망에 의하지 않았다(drift-net free)는 환경기준이 있어도 실제로는 유자망에 의한 것인지 여부를 확인하기는 매우 곤란하다.

(2) 공정 및 생산방법(Process and Production Methods : PPMs)의 규제

지구환경을 위한 무역규제의 대상을 제품의 소비부문에 한정할 것이 아니라 제품의 제조방법, 즉 생산부문까지도 포함해야 한다는 것과 수출국이 최적기준에 미달되는 공정 및 생산방법에 관한 기준을 갖고 있다면 환경비용이 수출품가격에 내재화되어 있지 않다. 일종의 생태적 덤핑(Ecological-Dumping)으로 볼 수 있어 이에 대한 규제논의를 제기한 것이다. 실제로 많은 국가들은 농수산물의 PPMs차이에 따른 무역규제를 이미 시행하고 있거나 계획하고 있으며 공산품까지 확대하려는 움직임이 있다. 이는 특정 공정에 대한 무역규제조치가 지구환경보전의 목적으로 행해지는 경우 논리적 정당성이 점차 인정되어가는 추세를 보여주는 것이다.

(3) 국제표준화기구(International Standard Organization : ISO)의 환경경영 표준화

ISO가 현재 국가별로 시행되고 있는 환경관련규격을 통일하여 향후 제품, 용역, 기업조직 및 경영전반에 대하여 환경경영체제, 감사 등 주체별로 인증을 주는 제도이다. 이 제도는 환경보호에 대한 국제적 관심이 고조됨에 따라 국가별로 상이한 환경관련규격들이 제정되면서 향후 무역 분쟁의 소지가 될 우려가 높아지자 이들 규격의 국제적 조화를 도모하고 산업계의 낭비적인 비용지출을 최소화하고 환경보전을 위한 산업계의 자발적 노력을 유도하기 위해서이다.

(4) 포장폐기물 관리제도

자국에 폐기물발생억제를 위하여 국가별로 제품포장의 재질 및 방법 등을 규격화하는 것으로서 자국의 규정에 적합하지 않을 경우 무역규제수단으로 작용하는 것을 말한다.

(5) 특정제품 및 성분의 사용규제

환경피해의 가능성이 있는 특정제품과 물질의 생산, 사용 및 유통을 사전에 방지하고자 국내생산품과 더불어 수입품에 대해서도 규제하는 것을 말한다.

여기에는 환경위해제품 및 물질(석면, 농약, 첨가물)이나 희귀자원 및 멸종위기에 처한 종 등의 사용과 판매를 제한 또는 금지하고 유해물질을 사용하여 제조된 제품의 무역을 금지하는 것을 포함한다.

이상에서 검토한 바와 같이 환경을 이유로 한 무역규제는 기업의 생산활동에 따른 환경오염이 인근의 제3자에게 손해를 입힘으로써 발생하는 외부비경제(Negative Externality)를 해결하기 위하여 외부비경제와 관련된 비용을 세금, 벌금, 환경기준의 강화를 통해 오염유발업소의 비용함수에 내부화(Internalige)시켜야 한다는 경제학이론에 근거를 두고 있다.

CHAPTER 5

최혜국대우원칙과 내국민대우원칙

I 개요

오늘날 모든 국제경제기구가 근거하고 있는 것은 자유무역주의이며 그 핵심은 GATT/WTO 협정 맨 앞에 나란히 규정되어 있는 최혜국대우(Most-Favored Nation)[1]와 내국민대우(National Treatment)[2]원칙이다. 최혜국대우와 내국민대우원칙은 비차별을 근간으로 양축을 형성, 자유무역주의를 지탱하고 있다.[3]

같은 수입품이면서 X국으로부터의 수입품과 Y국으로부터의 수입품을 달리 대우한다거나, 자국 제품과 외국으로부터의 수입품을 어떤 형태로든 차별 취급하는 등 제품의 국적에 바탕을 둔 차별정책은 수요와 공급에 의한 가격결정, 즉 순수한 시장원리에 의해서가 아닌 시장외적 요소가 개입된 인위적인 영향을 받음으로써 소비자들의 최종선택을 왜곡시킬 우려가 충분히 있다. 이에 최혜국대우원칙은 모든 체약국들의 제품을 어느 특정제품에만 특혜를 주는 일이 없이 이들 모두를 똑같이 대우해야 한다는 점을 강조하고 있고, 내국민대우원칙은 내국산제품에 비하여 외국산제품이 불공정한 대우를 받으면 안 된다는 점을 내세우고 있다.[4] 이들 두 원칙이 공통으로 하고 있는 것은 비차별주의로, 이들 원칙 아래에서는 국내외 모든 제품들이 적어도 이론적으로는 특정시장에서 모든 제품이 시장외적 요소로 인한 차별을 받지 않고 그 경쟁이 공정하게 이루어질 것을 보장받을 수 있어야 한다. 자유무역주의의 '예외'에 해당되어 통상규제를 가함에 있어서도 차별을 두어서는 안 됨은 물론이다.

---

1) GATT/WTO 제1조

2) GATT/WTO 제2조

3) 서비스무역에 있어서도 각국이 양허할 것으로 기재한 분야에 대해서는 원칙적으로 MFN원칙이 적용되며 지적재산권협정에서도 MFN원칙이 규정되어 있다. (GATT 제 2조 1항, TRIPS 제4조)

4) John H.Jackson, The World trading System (2nd ed, The MIT Press, 1997 p. 213)

무역차별(Trade discrimination)만큼 국제무역의 균형발전을 저해하는 요인은 없다. 지난, 1920-30년대의 전간기(戰間期)에 자국의 단기적 이익에 집착한 주요국의 근린궁핍화정책(beggar-thy-neighbor policy)이 무역차별을 낳고, 차별이 보복을 낳는 악순환을 거듭하면서 대공황의 골을 깊게 하였을 뿐만 아니라, 제2차 세계대전 발발의 한 원인이 되었던 사실은 너무나 잘 알려져 있다. 이런 과오를 되풀이하지 않기 위해 GATT는 다자주의와 함께 비차별원리(principle of non-discrimination)를 지도원리로 확립하였다. 즉, 최혜국대우가 회원국의 차별적인 국내제도 및 조치의 적용으로 무력해질 소지를 배제하기 위해 내국민대우원칙의 확립을 요구하고, 내국민대우가 국가간에 차별적으로 적용되지 않도록 하기 위해 최혜국대우를 요구하고 있다는 것이다. 양자는 이처럼 상호 긴밀히 연결되어 있으나, 정치경제적 함의와 외연은 상당한 차이가 있다. 우선 최혜국대우원리는 국가간 차별(discrimination among countries)을 배제함으로써 모든 국가에 동등한 무역기회를 제공하고, 무역흐름이 왜곡(distortion)되지 않도록 함으로써 각국의 국민경제 및 세계경제 차원에서 자원배분의 효율성(allocative efficiency)을 극대화하는데 목적이 있으며 국제무역관계의 성격과 구조에 중대한 영향을 미치고, 특히 무역협상의 지도원리가 된다. 한편 내국민대우원리는 자국과 외국간의 차별(discrimination between self and other countries)을 배제함으로서 회원각국에 보장된 국제무역상 권리와 기회가 어떤 국가의 국내제도와 정책의 보호주의적 운영으로 부당하게 침해되지 않도록 보장하는데 뜻이 있으며, 부득이 국내제도와 정책에 관한 국가주권(national sovereignty)에 일정한 제약을 가하게 된다.

이 논문에서는 GATT/WTO체제의 근간을 형성하고 있는 두 비차별원칙에 대한 의무규정의 해석 및 적용기준과 관련하여 GATT/WTO 패널 및 상소심기구의 판단기준이 어떻게 구체화되고 있으며 그 기준은 타당한지 여부를 검토하는데 목적을 둔다.

Ⅱ MFN원칙

1 MFN원칙 일반론

최혜국대우원칙(Most-favored nation Treatment ; MFN)이란 관세, 과징금, 수출입에 관한 규칙 및 절차 등 통상관계에서 제3국에 부여하고 있는 대우보다 불리하지 않는 대우를 다른 국가에게도 부여해야 한다는 원칙이다. 예컨대, A국이 B국에 대해 최혜국대우를 부여하고 있는 상태에서 C국으로부터 A국으로 수입되는 C국 상품에 대하여 낮은 관세를 부과하였다면, A국은 B국과 그 시민에 대하여 그와 동일한 낮은 관세를 부과해야 하는 것이다. 이러한 최혜국대우원칙은 ① 조건적(conditional) 최혜국대우원칙, ② 무조건적(unconditional) 최혜국대우원칙, ③ 코드조건적(code-conditional) 최혜국대우원칙으로 나누어 볼 수 있다.

첫째, 조건적 최혜국대우원칙에 따르면, A국이 B국에 대하여 최혜국대우를 부여하고 있는 상태에서 C국에 대하여 일정한 특혜를 부여하였다면 A국은 B국으로부터 대가로서 호혜적인 특혜를 부여받은 후에 B국에 대하여 C국에 대한 특혜와 동등한 특혜를 부여해야 한다. 둘째, 무조건적 최혜국대우원칙에 따르면, 위와 같은 사례에서 A국은 B국으로부터 대가를 받았는지 여부에 관계없이 B국에 대하여 동등한 특혜를 부여해야 한다. 셋째, 코드조건적 최혜국대우원칙은 동경라운드에서 다양한 코드(codes)와 부속협정(side agreements)이 체결됨에 따라 최혜국대우원칙의 새로운 유형으로 발생하는 것인데, 그와 같은 코드 중 일부는 코드상의 대우가 단지 코드서명국에 대해서만 부여됨을 명시하고 있었다. 따라서 A, B, C국이 상계관세조치 이전 '피해조사(injury test)'를 요구하는 코드에 가입하여 있는 경우, A국은 코드회원국이 아닌 X국으로 부터의 수입에 대하여 피해조사를 취할 필요가 없다고 주장할 수 있다. 이러한 원칙은 종종 조건적 최혜국대우원칙으로 간주되기도 하였지만, 특별한 호혜협상을 요하지 않는다는 점에서 조건적 최혜국대우원칙과는 다른 것이다. 이와 같은 코드조건적 최혜국대우원칙은 '무임승차(free-rider)'를 방지하고 비회원국들을 코드에 가입하도록 하기 위한 유인으로서 작용하였다.5)

미국은 제1차 세계대전 이전까지만 해도 다른 주요 국가들과는 달리 조건적 최혜국대우원칙을 추구하다가 1923년에 무조건적 최혜국대우정책으로 선회하였다.6) 무조건적 최혜국대우원칙은 조건적 최혜국대우원칙에 비하여 다음과 같은 장점을 가지고 있다. 우선 조건적 최혜국대우원칙을 채택하는 경우 협상을 통하여 제3의 수혜국(beneficiary)으로부터 상호주의적인 양허(reciprocal concession)를 획득하는 것은 현실적으로 매우 어려운 일이다. 즉 위의 사례에서 B국을 A국과의 협상절차에 참여하도록 하는 강한 유인이 존재하지 않는 한, 그와 같은 협상은 오히려 강한 적의와 분쟁을 야기하게 될 것이다. 두 번째로 무조건적 최혜국대우원칙은 특정국의 양허를 매우 광범위하게 일반화할 수 있다는 점에서 보다 조속한 무역자유화를 촉진시킬 수 있다. 이와 같은 이유에서 GATT의 최혜국대우조항도 무조건 최혜국대우원칙을 선언하고 있다.7)

전술한 바와 같이, 최혜국대우원칙은 내국민대우원칙과 함께 GATT체제를 유지하는 2대 지주로서, 내국민대우원칙이 수입국 내에서 국내상품과 수입상품간에 경쟁조건의 균등을 보장함으로써 무역장애를 제거하기 위한 것이라면 최혜국대우원칙은 수출국간에 경쟁의 기회균등을 보장하려는 것이라고 할 수 있다. 최혜국대우원칙의 이론적 근거로서는 크게 경제적 측면과 정치적 측면 2가지가 제시되고 있는데, 경제적 측면은 첫째, 동 원칙이 시장경제의 왜곡을 최소화시키는데 유익하고, 둘째, 가능한 한 정부개입을 최소화하면서 자유무역을 가능하게 하며, 셋째, 상품의 거래비용

5) Viner Jacob, International Economics (Glenco,Ⅲ. : Free), 1951. pp. 96~99

6) John H. Jackson & William J., Davey, Legal Problems of International Economic Relations, Westing Publishing Co., 1986, pp.430-432

7) 최병선, 무역정치경제론, 박영사, 1999, pp.459-460

(transaction-cost)을 최소화한다는 점이고, 정치적 측면은 동 원칙을 통해 각 정부 간의 무역파벌(trade cliques)과 경제적 긴장관계를 방지할 수 있다는데 있다.

2 GATT/WTO 상의 MFN의무

GATT/WTO 제1조 제1항은 그 전반부에서 최혜국대우원칙의 적용범위를, 그 후반부에서는 동 원칙상의 의무사항을 명시하고 있는데, 이를 나누어 설명하면 다음과 같다. 즉, 제1조 제1항 전반부는 "수출입에 대해서 또는 수출입과 관련하여 부과되거나 수출입 대금의 국제적 이전에 대하여 부과되는 관세 및 모든 종류의 과징금에 관하여, 그리고 이와 유사한 조세, 이러한 관세 및 과징금의 부과방법에 관하여 그리고 수출입에 관련된 규칙 및 절차에 관하여, 그리고 제3조 제2항과 제4항에 기재된 모든 사항에 관하여..."라고 규정하고 있는데 이에 따르면 최혜국대우원칙은 ① 수출입 및 수출입대금의 국제간의 송금과 관련하여 부과되는 관세 및 기타의 과징금, ② 동 관세 및 과징금의 부과방법, ③ 수출입과 관련된 모든 규칙 및 수단, ④ 제3조 제2항과 제4항에 규정된 모든 사항(내국세 및 기타의 국내규칙)을 그 적용대상으로 하며 이상의 모든 사항은 ⑤ 상품(products)에 대해서만 적용 된다.

이와 같이 GATT는 동 원칙의 적용을 상품에만 국한하고 있으므로 외국인 경영권이라든지 서비스(service)등과 같은 무형(intangible)의 대상은 최혜국대우원칙의 적용대상이 되지 않는다. 한편 GATT1947 주석 및 보충규정에 의하여 상기 ④에 속하는 사항은 'GATT 잠정적용의정서'와 각 가입의정서에서 규정하고 있는 '현행법령(existing legislations)'의 원칙에 따라 최혜국대우원칙에 대한 일정한 예외조치가 허용된다.

제1조 제1항 후반부는 "·····일방체약국이 타국의 원산품이나 타국에 적송되는 상품에 관하여 부여하는 편의, 호의, 특전, 면제는 다른 모든 체약국의 동종 원산품 및 동 체약국 영역에 적송되는 동종상품에 대해서도 즉시 그리고 무조건적으로 부여되어야 한다."고 규정하고 있는바, 이에 대한 해석상 다음과 같은 사항들이 문제가 된다.

첫째, 편의, 특전, 특권, 면제(Advantage, Favor, Privilege or Immunity)에 관한 해석론이다. 이에 대한 주석이나 보충규정은 존재하지 않으나 관련사건으로서 인도가 다른 GATT 체약국에 대한 수출상품에는 수출세를 면제해 주었으나 파키스탄에 대해서는 수출세를 면제해 주지 않음으로써 문제가 제기되자 체약국단 의장은 이와 같은 차별이 GATT 제1조 제1항에 위배되는 것이라고 결정한 바 있다.

둘째, "원산지로 하는"(Originating In)의 의미문제이다. 각국은 법집행 관행을 통하여 수입품의 원산지확인을 요구하여 왔다. 만약 모든 원산지의 모든 상품에 대하여 최혜국대우원칙이 적용된다면 그와 같은 원산지규정(rules of origin)은 필요가 없었을 것이지만, 실제로는 원산지에 따른 수입차별이 공공연한 관행으로서 이루어져 왔다. 예컨대, GATT 회원국인 6개 국가들이 그들 지역 내에서 자유로운 무관세(tariff-free)무역을 행하기 위하여 관세동맹(customs union)을 설립하는 경우 각 동맹국의 수입상품에 대해서는 적어도 3가지 수준의 관세가 부과될 것이다. 즉, 비동맹국인 GATT 회원국 상품에 대해서는 GATT 고정관세수준이, 동맹국 상품에 대해서는 면세조치가, GATT 비회원국 상품에 대해서는 일반관세가 각각 적용될 것이다. 따라서 이 경우 상품의 수입시에 그 수입상품이 위와 같은 3가지 그룹 중 어디에 속하는지를 확인하는 작업이 필요하다.

GATT 1947은 제 9조에서 원산지표시(Country of Origin Marking) 제도만 규정하고 있을 뿐, 원산지규정에 대해서는 아무런 언급도 하고 있지 않다. 이와 같이 원산지규정에 관한 국제규범이 존재하지 않았기 때문에 각국은 서로 다른 원산지규정을 두고 있었는데, 동 규정의 불명료성과 자의적인 운용의 결과 무역왜곡적인 비관세장벽이 형성되자 각국은 우루과이라운드에서 보다 명료하고 통일성 있는 원산지규정을 제정하기 위해 노력을 기울이게 된다. 그 결과 GATT1994/WTO에서는 새로운 WTO원산지 규정이 제정되게 되었다.

셋째, 타국(Any Other Country)에 대한 문제이다. 즉, GATT 체약국이 다른 국가에 부여하는 모든 혜택은 다른 모든 GATT 체약국에도 제공되어야 한다. 즉 어느 한 체약국이 GATT 비가입국에 제공하는 모든 혜택은 GATT 체약국 모두에 대해서도 제공해야 한다. 따라서 이러한 최혜국대우원칙의 성격으로 인하여 만약 GATT 비체약국이 주요 무역상대국인 GATT 체약국들과 쌍무적인 최혜국대우협정을 맺고 있는 경우 당해 비체약국은 GATT에서 부여된 대부분의 혜택을 받을 수 있기 때문에 GATT가입에 따르는 이점이 상대적으로 줄어든다는 맹점이 발생하게 된다.

3 MFN원칙과 "동종상품"해석문제

1. 문제의 여건

GATT는 주로 상품과 관련된 법적기구이기 때문에 비슷한 상품을 확인하는 문제나 상품분류상의 문제가 흔히 제기되고 있으며 상품과 관련된 해석문제에서 가장 많은 분쟁의 대상이 되고 있는 것이 "동종상품"(like products)[8]이란 용어이다.

유사상품의 구분과 관련한 GATT초안 작성과정에서의 논의를 살펴보면 "동종상품"이란 표현의 정확한 정의가 없으며 또 하나의 고유한 의미가 있는 것은 아니란 것을 알 수 있다. 1946년 준비위원회에 참가하고 있던 한 대표는 "ITO헌장 안에 나타나 있는 동종상품은 각각 다른 의미를 갖는다."고 강조하고 특히 MFN조항에 사용된 경우에는 수량제한과는 아무런 관계도 갖지 않는다는 점을 지적했다. 또한 미국대표는 「이 표현은 많은 쌍무협정상의 MFN조항에서 사용되었다. 그러나 "동종상품이란 현실적으로 비슷한 상품을 의미한다."라는 「국제연맹」의 한 보고서를 제외하고는 이에 관한 정확한 정의는 없다.」 고 전제하고 이에 관해 ITO의 구체적인 연구가 필요하다고 역설하였다.

---

8) 이와 비슷한 표현으로서 "like commodity"(제6조 제7항), "like merchandise"(제7조 제2항), "like or competitive products"(제19조 제 1항)등이 있으나 "동종상품"과 전혀 같은 의미로 해석되지는 않는다, 한편 제2조 1항, 제 5조 제6항, 제 3조 제 1항 등에서 단순히 "products"라고만 규정한 것은 "동종상품"을 나타낸 것으로 간주되고 있다.

그러나 동시에 이들 준비위원회에서는 특히 MFN조항에 규정한 "동종상품"의 의미에 대한 몇 가지 예시적인 토의가 있었다. 즉 '밀의 동종상품으로 모든 곡물이 포함될 수 있는가'라는 문제에 대해 '밀의 동종상품은 오직 밀뿐이다'라는 결론이 내려졌으며, 중량이 1,500kg이상인 자동차와 1,500kg이하인 자동차는 동종상품으로 간주될 수 없다는 해석도 내려졌다.

2. 동종상품의 해석사례

GATT 제1조(MFN규칙)에 규정된 "동종상품"은 이상과 같은 초안 작성과정에서의 논의배경에서 그 의미가 검토되어야 할 것이다. 그러나 GATT 제6조(반덤핑 및 상계관세)에서 규정된 동종상품은 "같은" 상품이란 의미를 갖는 표현으로서 동조의 목적상보다 좁은 의미로 해석되어야 한다고 인식되고 있다. 또한 GATT 제 11조 제 2항(c)(수량제한의 예외조치로서 농수산물에 대한 수입제한)의 "동종의 국내상품"(like domestic products)에 대해서도 보다 엄격한 해석을 요하는 것으로 고려되고 있다. 그렇다고 제1조에서의 "동종상품"의 의미가 사과와 바나나를 동종상품으로 취급할 만큼 광범위한 의미를 갖는 것은 아니다. 이에 비해 제19조(면책조항)에 규정된 "동종의 또는 직접적으로 경쟁적인"(like or directly competitive)이란 표현은 단순히 "동종상품"이란 표현보다는 훨씬 넓은 의미를 갖는 것으로 해석된다. 즉 제19조의 목적(수입이 국내생산자에 피해를 주는 원인이 될 경우 잠정적으로 GATT의무의 정지를 허용)상 여기서는 보다 광범위한 개념으로 해석되어야 한다는 논리가 성립된다.

한편 제3조 제2항에서는 동종상품에 대해 2가지 의미가 같이 규정되어 있다. 즉, 제2항 자체에 규정된 "동종 국내상품"이란 표현은 "동종상품"과 같은 의미로 사용되고 있고 동조항에 관한 GATT주석 및 보충규정에는 보다 넓은 의미의 "경쟁적인 혹은 대체가능한 상품"(competitive or substitutable products)라고 규정하고 있는데 제2항에 규정된 "동종상품"은 내국민대우의무에 관한 것이고 "경쟁적인 혹은 대체가능한 상품" 이란 주석 및 보충규정의 표현은 제3조 제1항의 표현과 함께 내국세의 적용에 있어 "국내생산보호조치에 대한 제한"이라는 보다 광범위한 의미로 해석되고 있다.

유사상품문제와 관련하여 GATT에는 많은 케이스들이 다루어져 있다. 1952년 체약국단은 호주산 황산케이스에 대한 결정에서 황산암모니아와 질산나트륨은 동종상품이 아니라는 결정을 내렸는데, 그 이유는 이들 두 제품은 각기 상이한 관세로 분류되어 있기 때문에 달리 취급되어야 한다는 것이었다.

또 다른 예를 들면, 1949년 브라질이 수입「코냑」과 자국산「코냑」을 분류하여 차별적인 소비세를 부과한 문제에 대해 GATT작업반은 브라질정부의 조치는 이 두 가지 상품의 성분이 서로 다르다는 점을 근거로 하고 있기 때문에 합당한 것이라는 결론을 내린바가 있다.

이상을 요약하면 우선 "동종상품" 및 기타 유사한 표현에 대한 정확한 정의는 없으며 또 각 조항에 규정된 이들 표현은 각기 다른 의미를 갖는다고 할 수 있다. 또한 이들 "동종상품"이란 표현의 해석문제는 관련 조항의 입법목적이 해석의 기준으로 고려되어야 한다. 즉 제6조와 제11조 제2항(c)의 "동종상품"은 좁은 의미로 해석되어야 한다. 왜냐하면 이들 조항들은 GATT의무의 예외조항이기 때문이다. 한편 제1조에 규정된 동종상품은 동조항이 관세양허의 이행과 양허효과를 보호하기 위해 제정된 것이므로 관세분류체계상의 상품과 거의 같은 의미로 해석되어야 할 것이다. 그리고 제19조의 "경쟁"상품의 개념은 동조가 제23조의「무효화와 침해」와 관련하여 보상조치를 규정하고 있는 만큼 가장 넓은 의미를 가지는 것이라고 하겠다.

3. GATT/WTO패널의 입장

'동종상품'의 해석과 관련하여 분쟁해결 패널은 상품의 제조방법, 지역적 요소, 가공 및 유전자적 요소, 상품의 향기 내지 맛, 상품의 최종사용형태, 다른 나라에서의 관행 등을 모두 고려하여야 한다고 판단하고 있다. 즉, 1979년 7월 8일 스페인이 커피에 대한 관세분류표를 개정하여 브라질산 수입커피에 대하여 타국산 수입커피보다 높은 관세를 부과한 사건에서, 패널은 ① 볶지 않은(unroasted) 다양한 커피들 사이의 차이점은 주로 지역적 요소, 경작방법, 원두의 가공, 유전자적 요소 등의 차이점에 기인하는 것으로 이와 같은 차이점은 차별적인 관세대우를 허용할 만한 이유가 되지 않으며, ② 볶지 않은 커피는 다양한 형태의 커피와 섞여 주로 혼합물(blend) 형태로 판매되며 최종 사용되는(end-use) 커피는 보편적으로 사람들이 마시기 위한 실질적으로 동일한 목적을 가지고 있고, ③ 다른 어떤 체약국도 볶지 않고 카페인을 제거하지 않은(decaffeinated) 커피에 대하여 이 사건과 같이 다른 관세율을 적용하고 있지 않다는 이유를 들어, 스페인의 관세표 HS 0901 A.la에 등재된 '볶지 않고 카페인이 제거되지 않은 커피'는 GATT 제1조 제1항 상의 '동종상품'이라고 보아야한다고 판단하였다.

또한 패널은 동종상품 여부를 판단함에 있어서 수입상품의 특성(characteristic of goods)자체에 근거하여 판단하여야 하며 상품 수출국가의 법체계 등에 근거하여 판단하여서는 아니 된다고 보고 있다. 즉, 벨기에가 공공기관의 외국상품 구입시 상품생산국이 일정요건에 미달하는 가족수당제도(system of family allowances)를 유지하고 있는 경우 일정한 과징금(charge)을 부과하는 법률을 제정하고 이에 따라 노르웨이와 덴마크산 특정수입상품에 과징금을 부과하자 노르웨이와 덴마크가 GATT에 제소한 사건에서, 패널은 "동종상품 여부를 판단함에 있어서 수입상품의 특성자체에 근거하여 상품의 특성이 다른 경우 그 특성에 따라 상이한 대우를 해도 무방하지만 상품의 특성이 아닌 상품수출국(exporting country)의 특성에 근거하여 상이한 대우를 해서는 안 된다."면서 벨기에 정부의 조치가 제1조 소정의 MFN 원칙에 위반한다고 결정하였다.

Ⅲ NT원칙

1 NT원칙 일반론

1. 의의 및 목적

GATT에서 규정된 여러 가지 의무 가운데서 각 가맹국의 국내정책과 가장 직접적으로 충돌의 가능성을 갖고 있는 것이 제3조에 집약되어 있는 내국민대우(national treatment)에 관한 의무이다. GATT상의 "내국민대우"란 각국은 조세 및 정부규제 등에 있어서 수입품을 국내제품과 똑같이 취급해야 한다는 의무를 말하는 것으로서 모든 수입품을 공평하게 취급하되 국내제품은 유리하게 취급될 수도 있는 최혜국대우원칙에 비해 훨씬 넓은 개념이라 할 수 있다. 예를 들면 A라는 나라가 X국과 Y국으로부터 어떤 상품을 수입하고 있고 A국 자신도 같은 상품을 생산하고 있었다고 할 때, MFN원칙 하에서는 A국은 X국과 Y국의 상품을 동일하게 취급하기만 하면 되는데 비해 내국민대우원칙은 A국으로 하여금 X국과 Y국의 상품을 자국생산품과 동일하게 취급해야 할 것을 요구하고 있다.

만약 수입품에 대한 차별적인 내국세가 부과된다면 이는 관세에 버금가는 보호주의적 장벽이 될 수 있다. 마찬가지로 여러 가지 형태의 정부규제도 국내제품을 보호하고 수입품을 시장에서 몰아내는데 있어 관세보다 더욱 유용하게 사용될 수 있다. 흔한 예로서 수입품에 대해 특별한 상표표시방법이나 포장을 요구한다든지 건강규정을 적용하는 등의 행정적 규제가 수입을 제한할 목적으로 이용되고 있다[9].

따라서 내국민대우원칙은 가맹국정부의 조치에 직접적으로 영향을 주기 때문에

9) 예를 들어 수입 족제비가죽에는 밍크라는 표시를 할 수 없도록 함으로써 국내 관련산업을 보호한 조치가 있었다. (1967년 미연방거래위원회 판정)

다른 GATT의무에 비해 국내정치문제와 쉽게 마찰을 일으키는 경우가 많으며 결과 내국민대우의무에 위배되는 사례가 많다[10].

2. NT원칙 관련조항

GATT상 내국민대우에 관한 기본조항은 제3조라고 할 수 있는 바, 제1항에서는 "체약국은 내국세 및 기타 내국과징금과 상품의 국내 판매, 판매를 위한 제공, 구매, 운송, 유통 및 사용에 영향을 주는 법률, 규정, 요건과 특정 수량 또는 비율로 상품을 혼합하거나 가공 또는 사용하도록 요구하는 내국의 수량규제가 국내생산을 보호하기 위하여 수입품 또는 국내산품에 적용되어서는 아니 된다." 라는 일반적인 의무규정을 두고 있다.[11] 그리고 나머지 항에서는 "체약국은 ① 내국세(internal taxes)와 내국과징금(internal charges),[12] ② 국내에서의 판매, 판매를 위한 제공, 구매, 운송, 유통 및 사용에 영향을 주는 법률(laws), 규정(regulations), 요건(requirements),[13] ③ 상품의 혼합, 가공, 사용에 관하여 특정한 수량 또는 비율의 국내 상품의 사용을 요구하는 내국의 수량규제(internal quantitative regulations)[14] 등과 관련하여 국내 산품

---

10) 호주는 수입버터 대용품은 국내법에 의해 규정된 대로 착색, 소인되어야 할 것을 요구하고 이러한 차별조치는 잠정적용에 관한 의정서에서 확인된 것이라고 주장하였다(1962년). 네덜란드는 서독이 수입서적류에 불공평한 거래세를 적용하고 있다고 주장, GATT에 공청회개최를 요구하였다(1956년). 영국은 프랑스가 국내에 생산된 농기계를 구입하는 경우 구입가격의 15%를 환불해 줌으로서 GATT 제3조를 위배하고 있다고 이의를 제기하였다(1957년). 그밖에 GATT의 내국민대우의무를 위반한 사례로는 쿠바의 수입목재에 대한 9% 판매세부과(1953년), 브라질의 차별적인 내국세(1953년), 이탈리아의 선박용 강편과 농기계에 대한 차별적조치(1960년), 프랑스의 수입자동차에 대한 내국세(1956년)등을 들 수가 있다.

11) GATT 제3조 제1항의 원문은 다음과 같다.

The contracting parties recognize that internal taxes and other internal charges, and laws, regulations and requirements affecting the internal sale, offering for sale, purchase, transportation, distribution or use of products, and internal quantitative regulations requiring the mixture, processing or use of products in specified amounts or proportions, should not be applied to imported products so as to afford protection to domestic production.

12) GATT 제3조 제2항

13) GATT 제3조 제4항

(domestic production) 사이에 차별을 두어서는 아니 된다."는 구체적인 의무규정을 명기하고 있다. GATT 제3조 규정에서 알 수 있는 바와 같이 GATT상 내국민대우 규정은 상품과 관련된 것일 뿐, 사람이나 선박 등은 대상으로 하고 있지 않다. 특히 GATT 내국민대우규정은 GATT 제2부에 속하는 것으로 각국의 국내법 범위 내에서 최대한 적용되면 되는 것이었다. 그러나 WTO에서는 특별히 법으로 인정되지 아니하는 한 내국민대우원칙은 준수되어야 한다.

한편 GATT는 영화필름에 관한 제4조, 보조금에 관한 제16조, 예외에 관한 제20조와 제21조의 규정에서도 내국민대우의무를 규정하고 있다.

2 GATT/WTO상의 NT원칙

1. 내국세와 내국민대우원칙

제3조 제2항은 "어느 한 체약국의 상품으로서 다른 체약국의 영역 내에 수입되는 상품에 대해서는 동종의 내국상품에 직·간접적으로 부과되는 내국세 또는 기타의 모든 과징금을 초과하는 내국세 및 기타의 내국과징금을 직·간접적으로 부과하여서는 안 된다. 또한 체약국은 본조 제1항에 규정된 원칙에 위배되는 기타 방법으로 내국세 및 기타 내국과징금을 수입상품이나 국내 상품에 부과해서는 안 된다." 라고 규정하고 있다. 이 조항은 정부의 내국세와 관련한 특정조치가 표면적으로는 비차별적으로 보일지라도 실제 적용상 국내 상품과 비교하여 수입상품의 판매조건에 차이를 가져올 수 있는 위장된(disguised) 또는 사실상의(de facto) 차별이 될 수 있다는 점을 고려한 조항이다.

동 조항상의 내국세에는 판매세(sales taxes), 사치세(luxury taxes), 거래세 (turnover taxes), 이용세 등이 해당된다. 한편 GATT 제3조는 상품(products)과 관련된 것이므로 예컨대 소득세 등 직접세(direct taxes)의 경우에는 설사 이와 같은 세금의 부과

14) GATT 제3조 제5항 내지 제7항

행위가 내외국에 대하여 차별적으로 적용된다 하더라도 이 조항은 적용되지 아니한다. 오히려 직접세에 관한 규칙은 일종의 보조금으로 볼 여지가 많으며 따라서 보조금에 관한 GATT규정에 위반될 소지가 많다.

내국민대우원칙은 동종상품 뿐만 아니라 직접경쟁적 이거나 대체가능한 상품에 대한 관계에서도 역시 적용된다(제3조 주석).[15] 예컨대 오렌지는 생산되지 않고 사과만 생산되고 있는 한국에 오렌지를 수출하는 미국이 한국으로부터 오렌지에 대한 관세양허를 얻었다고 하더라도 한국이 오렌지에 대한 내국세를 부과하면 한국은 자국산 사과를 보호하게 되고 미국으로서는 오렌지에 대한 관세인하의 효과를 기대할 수 없게 된다. 따라서 이러한 관점에서 볼 때 제3조 제2항의 첫 번째 문장은 동종상품에 대한 것으로, 두 번째 문장은 직접 경쟁적이거나 대체가능한 상품에 대해서도 적용되는 것으로 해석 된다.

한편 패널은 내국민대우관련 사건에서 브라질산 코냑(cognac)과 타국가의 코냑(cognac) (BISD Ⅱ/181), 미국산 저 농도 알코올 맥주와 타 국가의 고농도 알코올 맥주(GATT Doc. DS23/R) 등은 동종상품이 아니며, 반면에 브라질산 벽걸이 시계, 손목시계, 담배와 타국의 벽걸이 시계, 손목시계, 담배(BISD Ⅱ/181), EEC산 사료용 단백질과 미국산 사료용 단백질(BISD 25S/49), 미국산 석유와 타국산 석유(BISD 34S/136), 일본산 주류와 타국산 주류(BISD 34S/83) 등은 동종상품이라고 판단한 바 있다.

패널은 GATT 제3조 제2항의 취지가 무역의 중립성(neutrality of trade)을 보장하여 주며 상품이 세관을 통과한 경우 동등한 경쟁조건(equal condition of competition)을 보장해 주는 데 있으므로 GATT 제3조 제2항을 명확히 해석하기 위해서는 우선 ① 어떠한 상품이 '동종상품' 또는 '직접 경쟁적이거나 대체가능한 상품' 인지를 결정하기 위한 상품비교를 행해야 하며, ② 수입상품에 대한 과세가 동종 국내 상품에 대한 과세를 초과하고 이러한 내국세가 직접경쟁적이거나 대체가능한 상품의 국내생산을 보

15) GATT 제3조 주석

호하는지의 여부를 결정하기 위한 재정비교를 행해야 한다는 기준을 제시한 바 있다. 즉, 일본이 자국의 주류와 EEC의 주류에 대하여 차별적인 부과세를 부과한 사건에서 패널은 위와 같은 전재 하에서 ① 진(gin), 보드카(vodka), 위스키(whysky), 포도 브랜디(grape brandy), 과일 브랜디(fruit brandy), 전통 리큐어(classic liqueurs), 거품이 일지 않는 와인(still wine), 거품이 이는 와인(sparking wine) 등은 유사한 성질, 최종사용용도, 통일적인 분류 등에 비추어 동종상품이고 그 외 증류주(distilled liquor), 리큐어 등은 직접 경쟁적이거나 대체가능성이 있는 주류이며, ② EEC 산 수입주류에 부과되는 일본의 내국세가 동종의 일본 국내 상품에 부과 되는 세금을 초과하고 이에 따라서 국내 소비자들로 하여금 국내주류를 선호하게 하는 결과를 가져온다는 등의 이유를 들어, 결국 일본의 조치가 GATT 제3조 제2항에 위배된다고 판단하였다.

2. 수입품의 각종 판매조건에 관한 국내규제

GATT 제3조 제4항은 "체약국 영역의 상품으로 다른 체약국의 영역에 수입된 상품은 동 국내에서의 판매, 판매를 위한 제공, 구매, 운송, 유통 및 사용에 영향을 주는 법률, 규칙 및 요건에 관하여 국내원산의 동종상품(like product of national origin)에 부과하고 있는 대우보다 불리하지 아니한 대우를 부과하여야 한다."고 규정하여 내국세 및 기타 모든 종류의 내국과징금에 있어서의 차별 이외에 정부규제에 있어서 차별조치를 취하는 것을 금지하고 있다.[16)]

만약 국내에서 수입품을 취급하기 어렵게 하는 조치가 취해지고 있다면 수입품은 국내에서 소비되기 어려울 수밖에 없다. 예를 들어, 수입품을 판매하는 장소나 시간이 제한된

16) GATT 제3조 제 4항의 원문은 다음과 같다.

The products of the territory of any contracting party imported into the territory of any other contracting party shall be accorded treatment no less favourable than that accorded to like products of national origin in respect of all laws, regulations and requirements affecting their internal sale, offering for sale, purchase, transportation, distribution or use. The provisions of this paragraph shall not prevent the application of differential internal transportation charges which are based exclusively on the economic operation of the means of transport and not on the nationality of the product.

다거나 수입품의 사용자에 대하여 불이익을 가하거나 수입품의 운송에서는 국내산품보다 높은 운임을 적용한다면 그만큼 수입품은 국내산품에 비하여 불리하게 되는 것이다.

제4항은 수입품과 국내산품간의 동등한 대우를 요구하고 있지는 않다. 이는 실제로 수입품과 국내산품을 모든 면에서 동일하게 취급하기란 불가능한 경우가 있기 때문이다. 다만 수입품에 대하여 '불리하지 않은 대우'가 무엇을 의미하는지가 가장 중요한 사항이다. GATT 판례법에 의하면 수입품과 국내산품간의 경쟁관계에 불리한 영향을 미칠 수 있을 만한 차별대우가 있었는지의 여부가 그 결정 기준으로 되어 있다. 즉, 수입품에 대하여 국내산품에 대한 것과는 다른 법적인 대우를 하였으며 그로 인하여 수입품이 국내산품과의 경쟁관계에 있어서 불리한 입장에 처하게 될 가능성이 있다면 제4항에 위배되는 것이다. 따라서 경쟁관계에 미치는 영향이 결정기준이지 실제로 차별대우로 인하여 무역에 어떠한 경제적인 영향을 미쳤는가 하는 결과적 측면은 제3조 제4항 위반 여부를 결정하는 기준이 되지 못한다.17)

한편 GATT는 정부간의 문제를 규율하는 체제이기 때문에 개인이나 사기업의 수입품에 대한 제한적인 조치는 본 조항의 적용을 받지 아니한다. 이와 관련하여 1955년 하와이에서는 외국산 달걀을 수입, 판매, 판매를 위한 진열을 할 경우 "우리는 외국 달걀을 팔고 있다." 라는 문구를 3인치 이상 크기의 인쇄체 대문자로 적은 플래카드를 소비자가 명확히 볼 수 있는 곳에 게시하지 않으면 불법으로 처리하였는데, 이에 대하여 당시 하와이에 달걀을 수출하고 있던 호주 정부는 이 관행이 GATT 제3조 제4항에 위배된다고 주장하여 GATT에 제소한 사례가 있다. 패널은 하와이의 위와 같은 관행을 내국민대우원칙의 위장된 제한으로 인정하여 이를 폐지토록 하였다.

3. 수량규제와 내국민대우원칙

GATT 제3조 제5항 내지 제7항은 혼합상품에 대해 규정하고 있다. 즉, 특정한

17) Italian Discrimination against Imported Agricultural Machinery, BISD 7S/60, paras. 11-13; United States-Section 337 of the Tariff Act of 1930, BISD 36S/386-387, paras. 5.11-5.13.

수량 또는 비율에 의한 상품의 혼합, 가공 또는 사용 등에 있어서 자국산의 특정한 수량 또는 비율을 부과하여서는 아니 되며 특정의 수량 또는 비율을 국외의 공급원 사이에 할당하는 방법으로 사용할 수 없다는 것을 천명하고 있다. 예컨대 마가린의 제조에 관하여 국산버터를 20% 이상 혼합하도록 의무화하는 경우에는 수입제한과 같은 효과를 가져오고 국내 상품에 대한 보호효과를 가져올 것이다. 또한 버터의 원산지를 지정하는 일 없이 단순히 버터를 20 %이상 함유하는 것을 요건으로 하는 규칙은 형식적으로는 상기 규정에 위반되지 않지만 만약 국내에서 마가린이 제조되지 않고 국산 버터가 외국산 버터보다 압도적으로 경쟁력이 강할 경우에는 국내생산을 보호할 수도 있는 것이다.

3 내국민대우원칙과 '동종상품해석 문제'

1. 동종상품의 범위

GATT 제3조 내국민대우규정에서는 동종상품(like product)과 직접 경쟁하거나 대체가능한 상품(directly competitive or substitutable product, 이하 'DCS 상품'이라함)에 대해 모두 언급하고 있다. 즉, 제3조 제2항 제1문과 제3조 제4항에서는 동종상품이란 용어를 사용하고 있고, 부속서 I 제3조 제2항에 대한 주석 및 보충규정에서는 DCS 상품이란 용어를 사용하고 있다. 그러나 GATT 규정을 살펴보면, 어디에서도 이러한 용어들에 대한 정의 규정을 찾아 볼 수 없다.

그렇다면, 동종상품이란 무엇인가? 동종성 개념은 GATT 전반에 걸쳐 동일하게 해석되는가? DCS 상품이란 무엇인가? 대체가능성은 어떻게 판단될 수 있는가? 동종상품이란 개념과 DCS 상품이란 개념 간에는 어떠한 차이가 있는가? 내국민대우에 대해 규정하고 있는 동일 조문에서 상품과 관련해서 두 가지 용어를 사용하는 이유는 무엇인가? 등의 문제가 제기된다.

WTO반덤핑협정 제2조 제6항에서는 "동종상품이라 함은 조사대상인 상품과 모든 면에서 같은 상품, 즉 동일한 상품이거나 그러한 상품이 존재하지 않는 경우에는 비록 모든 면에서 같지는 않지만 조사대상인 상품과 매우 유사한 특성을 가진 다른 상품을 의미한다."고 규정하고 있고, 보조금협정 제15조 제1항 각주 46에서는 동종상품의 정의에 대해 반덤핑협정과 동일하게 규정하고 있다. 그러나 반덤핑협정과 보조금협정에서 내린 동종상품이란 용어에 대한 정의는 GATT 제6조와 제16조의 해석과 관련된 것에 지나지 않으며, GATT의 여타 동종상품 관련 규정에서의 동종상품 개념은 관련규정의 목적과 정책배경을 고려하여야 하기 때문에 동일하게 적용될 수 있는 용어의 정의라고는 할 수 없다. 따라서 여전히 동종상품이라는 용어의 정의가 문제점으로 남아있다고 할 수 있다.

GATT/WTO체제를 지탱하고 있는 양대 비차별대우 원칙 중 하나는 내국민대우원칙이고, 내국민대우원칙의 위반 여부를 판단 할 때 선결문제가 되는 것은 비교대상이 되는 상품들 간의 동종성 여부이다. GATT상 동종상품 관련 규정에서의 동종상품 개념은 관련규정의 목적을 고려하여야 하기 때문에 일률적으로 해석 될 수 없다는 점을 고려한다면, 내국민대우규정상 동종상품의 개념을 결정하는 것은 중요한 문제가 된다.

GATT는 17개 조문에서 '동종성(like)'라는 단어가 포함된 용어와 동종성 개념 분석과 밀접하게 관련되어 있는 표현들을 사용하고 있고, 다시 이 규정들은 '다른 상품에 대한 수입품의 동종성(an imported item's likeness to some other item)'에 초점을 맞추거나 '수입품에 대한 국내산품의 동종성(a domestically produced item's likeness to an imported item)'에 초점을 맞추는 규정들로 분류될 수 있다.

즉, 내국민대우규정 중 동종성 개념분석과 관련 있는 제3조 제2항 제1문과 제3조 제4항은 수입품과 국내산품을 다르게 취급하는 수입국 관행과 관련된 규정이라 할 수 있다.

앞에서 언급했던 것처럼, 제3조 제2항 제1문은 체약국의 영역 내에 수입된 체약국 영역의 상품에 대하여는 동종 국내상품에 직접 또는 간접으로 부과되는 내국세 또는 기타 모든 종류의 내국과징금을 초과하는 내국세 또는 기타 모든 종류의 내국 과징금을 직접 또는 간접으로 부과하여서는 아니 된다고 규정하여 동종 국내상품에 초점을 두고 상품의 원산지를 기준으로 하여 동종상품 사이에 차별조치를 취하는 것을 금지하고 있다. 제3조 제4항은 체약국 영역의 상품으로 다른 체약국의 영역에 수입된 상품은 동 국내에서의 판매, 판매를 위한 제공, 구매, 운송, 유통 및 사용에 관한 모든 법률, 규칙 및 요건에 관하여 국내원산의 동종상품에 부여하고 있는 대우보다 불리하지 아니한 대우를 부여하여야 한다고 규정하여 내국세 및 기타 모든 종류의 내국과징금에 있어서의 차별 이외에 정부규제에 있어서 차별조치를 취하는 것을 금지하고 있다.

그런데 수입국 국내산품과 수입품을 비교하는 규정들은 교역품이 갖고 있는 생산효율성(production efficiency)을 보호하는데 그 목적이 있다. 수출국이 수출품에 대해 당해 상품을 수입하는 수입국 소비자를 유인하는 요소들을 인위적으로 변경시키는 조치를 삼가야 하는 것처럼, 수입국도 마찬가지로 수입품과 국내산품간에 존재하는 소비자 유인요소들의 차이를 인위적으로 변경시키는 조치를 해서는 안 된다. 제3조 제2항 제1문과 제3조 제4항은 모두 수입국으로 하여금 인위적으로 시장을 왜곡시키는 조치를 취하지 못하도록 하는 데에 그 목적이 있다. 그렇게 함으로써, 소비자 수요를 불러일으키는 상품은 공정한 경쟁을 저해시키거나 시장을 왜곡시키는 부당한 정부간섭에 의해 불이익을 받지 않게 될 것이다.

따라서 이들 규정들에 나타난 동종국내상품 개념은 동종성 개념을 이해하는 데 도움이 된다. 즉, 이들 규정에서 동종국내상품 개념은 협의로 해석된다. 동종국내상품 개념을 협의로 해석함으로써 각국은 해당 국가가 갖고 있는 경쟁력을 바탕으로 타국 소비자들을 유인할 수 있게 된다. 그리고 동종국내상품에 부여하고 있는 대우보다 불리하지 아니한 대우를 수입품에 대해서도 부여할 것을 요구하는 제3조 제2항 제1문과 제3조 제4항에서의 동종성 개념을 좁게 해석 하는 한, 일국의 생산효율성에 부합되지 않는 차별은 없게 될 것이다. 제3조 제2항 제1문과 제3조 제4항 동종상품 개념은 동 조항들의 목적을 고려하여 보거나 입법과정을 검토하여 볼 때 협의로 해석된다고 할 수 있다. 다시 말해, 이들 조문에서의 동종상품 개념은 '동일한(identical)' 또는 '매우 유사한(very closely similar)' 상품을 의미하며, 최혜국대우원칙 관련 규정에서의 동종상품 개념보다 좁게 해석 된다고 할 수 있다.

2. 직접경쟁 또는 대체가능 상품의 범위

WTO 회원국이 부과한 내국세가 일반협정 제3조 2항 2문 위반 판정을 받기 위한 첫째 요건은 수입상품과 국내상품이 직접경쟁 또는 대체관계에 있어야 한다. 직접경쟁 또는 대체관계의 존재여부는 1문상의 동종상품의 경우와 같이 특정 시장 내에서의 구체적 시장에 근거하여 사안별로 판단하여야 한다. 직접경쟁 또는 대체관계의 상품 범위는 동종상품 보다 넓은 범위의 상품을 포함한다.

GATT 제3조 제2항에서는 동종상품과 DCS 상품에 대해 모두 규정하고 있는데, 그 이유를 관세양허와 관련하여 예를 들면, 한국이 바나나에 대해 5% 관세를 미국이 자동차에 대해 5%의 관세를 양허하였다. 그러나 만약 한국이 국내규제를 통해 주로 국내에서 생산되는 사과와 오렌지에 대해서는 0%의 부가가치세를 부과하고, 주로 수입되는 바나나에 대해서는 50%의 부가가치세를 부과하면 관세양허를 완전히 무효화 시킬 수 있다. 즉, 부가가치세가 수입품과 동종인 국내산품에 대해 차별적으로 부과되고 있지 않더라도 바나나에 대해 5% 관세양허를 한 것이 결과적으로 무의미해질 수 있다는 것이다. 따라서 한국의 시장에서 소비자는 바나나, 사과, 오렌지는 직접 경쟁하는 상품이기 때문에 좀 더 싼 상품을 구입하게 될 것이다.[18] 이처럼 제3조 제2항에서 동종상품 뿐만 아니라 DCS 상품에 대해서도 언급하고 있는 것은 DCS 상품에 혜택을 줌으로써 동종상품에 대한 관세인하 약속이 무효화되지 않도록 하기 위한 것이다.

앞에서 논의한 바와 같이 관련규정의 목적과 정책배경을 고려하고 입법과정을 검토하여 보면, 제3조 제2항 제1문과 제3조 제4항에서의 동종성 개념은 좁게 해석되며, 이들 조문에서의 동종상품 개념은 '동일한' 또는 '매우 유사한' 상품을 의미

18) Mavroidis, supra note 7, p.126.

한다. 또한, GATT 부속서 I 제3조 제4항에서의 동종성 개념은 좁게 해석되며 이들 조문에서의 동종상품 개념은 '동일한' 또는 '매우 유사한' 이란 의미를 훨씬 넘어서 '완전히 다르지만 교체 가능한'으로 해석된다고 할 것이다. 다시 말해, DCS 상품은 다른 상품을 반드시 대신할 수 있어야 한다는 필요를 넘어서 제한이 없는 것이라고 할 수 있다.

이러한 해석과 관련하여 WTO 패널보고서는 두 개념간의 관계에 대해 잘 설명해 주고 있다. 한국 주세사건에 대한 WTO 상소기구는 다음과 같은 견해를 피력하고 있다.[19] "동종상품은 DCS 상품의 부분집합이다. 따라서 동종상품은 모두 DCS 상품이지만, DCS 상품이 모두 동종상품인 것은 아니다."

또한 일본 주세사건에 대한 WTO 패널과 상소기구는 다음과 같은 견해를 피력하고 있다.[20] "안쪽 원은 동종상품을 나타내고 바깥쪽 원은 DCS 상품을 나타낸다. 안쪽 원에 있는 물품은 적어도 DCS 상품이어야 하기 때문에 우선 문제되는 두 상품이 직접경쟁하거나 대체가능한 관계에 있는지 여부를 증명해야 한다. 그리고 해당 테스트는 동일 시장 내에서 이루어지기 때문에 직접경쟁하거나 대체가능한 관계에 있다는 것을 판단하는 기준으로 수요대체성(demand substitutability)을 통해 입증될 수밖에 없다. 경제이론에 의한다면 원칙적으로 어떠한 상품도 대체가능하다. 예를 들어, 오렌지 가격이 치솟는다면 소비자들은 상대적으로 가격이 저렴한 사과를 구입하고 남은 가용소득으로 언젠가 신문을 구입할 것이다. 그러나 이러한 것으로 오렌지와 신문이 제3조에서 말하는 대체가능한 상품이라는 것을 의미하지는 않는다. 높은 정도의 대체가능성이 요구된다. DCS 상품이란 용어에 '직접(directly)' 이란 단어는 이러한 역할을 위해 필요한 것이다."

위에서 논의한 것처럼, 제3조 제2항에서 동종상품과 DCS 상품을 모두 언급하고

---

19) WTO Doc. WT/DS75/AB/R of 18 January 1999 at § 118.

20) WTO Doc. WT/DS/8-11 and WT/DS/8/AB/R of 4 October 1996.

있는 것은 DCS 상품에 혜택을 줌으로써 동종상품에 대한 관세인하 약속이 무효화 되지 않도록 하기 위한 것이며, DCS 상품은 동종상품을 포함하는 개념으로 다른 상품을 반드시 대신할 수 있어야 한다는 필요를 넘어서 제한이 없는 것이지만 높은 정도의 대체가능성이 요구되는 상품이라고 판단된다.

Ⅳ 비차별원칙에 대한 예외

GATT/WTO는 최혜국대우원칙을 획일적으로 적용하는 것이 아니라 이에 대한 예외를 광범위하게 인정하고 있다. 이러한 예외는 크게 '일반 회원국에 대한 예외'와 '특정회원국에 대한 예외'로 나누어볼 수 있다.

일반 회원국에 대한 예외라 함은 어느 회원국이든 GATT에서 정한 일정한 조건만 구비하면 최혜국대우에 대한 예외적 조치를 취할 수 있는 것을 말한다. 이는 제12조(국제수지 악화를 이유로 한 예외), 제19조(긴급사태시 면책조항), 제20조(일반적 예외조항 : 공중도덕, 인간 및 동물·식물의 생명건강, 유한천연자원 등의 보호를 위한 일반적 예외조치 규정), 제21조(안전보장을 위한 예외), 제25조 5항(면책조항(Waiver)[21])등이 있다.

한편 특정 회원국에 대한 예외란 특정 회원국 또는 특정 회원국 집단에게만 인정되는 최혜국대우에 대한 예외를 의미한다. 이에는 GATT 출범 이전부터 존재하던 특정국간 특혜관세제도(제1조 2항 및 부속서), 일반특혜관세제도로 대표되는 개발도상국에 대한 특별조치(제18조), 국경무역(Forntier Trade), 관세동맹(Customs Unions) 및 자유무역지대(Free Trade Area) 등으로 대표되는 경제통합에 대한 특별조치(제24조), 특정회원국간의 협정(제35조)등이 있다.

21) GATT에 규정되어 있지 아니한 예외적인 상황에서는 GATT 회원국의 투표 2/3의 찬성으로 전체 회원국의 과반수이상의 찬성을 전제로 그 범위 및 기준을 정하여 어떤 회원국의 특정 GATT 규정의 준수의무를 면제해 주는 것을 의미한다.

반면 내국민대우의 예외로서 GATT 제 20조 일반적인 예외 및 제21조 안전보장을 위한 예외와 함께 스크린쿼터제로서 국내에 상영되는 전체 영화의 상영시간 가운데 국내제작영화와 상영시간을 할당할 수 있음을 명시하고 있다. 영화필름에 대한 규제는 경제적인 측면이나, 국제무역에 대한 고려보다는 국내문화정책과 긴밀한 관계가 있음을 이유로 내국민대우의 원칙에 예외로 규정하고 있는 것이다.

이 외에도 GATT 회원국은 상품을 상업적인 용도를 위한 제품생산에 사용하기 위한 것이 아니라, 정부용으로서 구입하는 경우에는 정부기관에 의하여 조달할 수 있는바, 이 경우 국내상품을 우선적으로 구입할 수 있도록 하고 있다.

[표 5-1] GATT/WTO상의 수입규제관련 예외조항

예외조항	항목	내용
제6조	반덤핑 및 상계관세	• 덤핑 및 수출보조금에 의한 수입규제
제11조	수량제한의 일반적 금지에 대한 예외	• 식량부족을 해결하기 위한 수출제한 • 표준화제도 시행을 위한 수입제한 • 특정한 경우의 농산물 수입제한
제12조	국제수지의 옹호를 위한 제한	• 선진국의 국제수지 방어를 위한 수입규제
제18조	경제개발에 대한 정부지원	• 개도국의 국제수지 방어와 경제개발을 위한 수입제한
제19조	특정 물품 수입에 대한 긴급 조치	• 수입급증으로 인한 산업피해구제를 위한 수입제한
제20조	일반적 예외	• 공중도덕, 위생 및 생명보호를 위한 수입규제
제21조	안전보장을 위한 예외	• 국가의 안전보장을 위한 수입규제
제25조	체약국의 공동행위	• Waiver 획득을 위한 수입제한
제28조	양허표의 수정	• 양허표의 수정을 통한 수입제한
제35조	특정 체약국의 협정부적용	• GATT의 제협정이 적용되지 않는 경우

V 요약 및 시사점

최혜국대우 원칙과 내국민대우원칙은 전술한 바와 같이 비차별원칙의 양축을 형성하고 있는데, 내국민대우원칙은 그 기원이 최혜국대우보다 훨씬 늦을 뿐만 아니라 1970-80년대 이후 서비스무역과 국제투자가 활발해지면서 국내제도와 정책의 무역영향(trade impact)이 크게 증가함에 따라 그것의 중요성이 부각되었다. 이상과 검토결과를 요약 분석하면 다음과 같다.

첫째, MFN원칙은 각국이 상호파괴적인 죄수의 딜레마 상황에서 탈출할 수 있도록 도운 유일한 일반규칙(general rule)이었다. 각국은 다른 모든 국가가 어떤 국가에 제공하는 최고의 대우가 아무런 차별 없이 자신에게 당연히 보장될 것에 대한 확신을 필요로 하였고, 이 상태를 보장에 주는 것이 바로 모든 무역상대국을 동등하게 대우할 것을 요구하는 MFN원칙의 채택과 적용이었던 것이다. 또한 같은 논리로 MFN원칙은 한 국가가 악의적으로 이용하려는 행태에 쐐기를 박는 수단이기도 하였다.

둘째, MFN원칙은 자국의 모든 무역상대국을 차별 없이 동등하게 대우할 것을 요구한다. 따라서 이 원칙하게 무역왜곡(trade distortion)은 최소화되며, 세계경제차원에서 자원배분의 효율성은 극대화된다. 우선 공급자의 입장에서 본다면 세계경제에시 가장 효율성(생산성)이 높은 생산자(또는 가장 낮은 비용의 공급자)가 수출에 있어서 가장 유리한 위치에 서게 된다. 다음으로 수입국의 입장에서 보면 일국은 여러 해외공급자(foreign suppliers)중 가장 낮은 비용의 공급자로부터 수입할 수 있게 된다. 이것은 지극히 당연한 결과라고 생각하기 쉽지만, 국가와 국가간에 차별이 이루어질 때 이러한 결과는 결코 확보될 수 없다.

셋째, MFN원칙이 적용되지 않는 상황에서는 각국이 각기 수많은 국가를 상대로 상호주의에 입각한 양국간협상을 동시에 진행시키지 않을 수 없어 협상이 대단히 복잡해질 뿐만 아니라, 어렵게 만들어진 양국간협상 결과조차 확정성을 갖기 어렵게 된다. 왜냐하면 A국과 B국의 협상은 상호주의 원리에 입각하여 차후 A국과 C, D, E…국과의 협상결과 그리고 B국과 C, D, E….국과의 협상결과에 따라 재협상에 임해야 하는 등 협상이 끊임없이 계속되지 않을 수 없게 되기 때문이다. 이런 면에서 MFN원칙에 입각한 무역협상은 시간과 비용 측면에서 협상의 효율성을 극대화 하고 협상비용을 최소화 해줄 뿐만 아니라, 협상결과의 안정성과 예측가능성을 증가시키는 역할을 한다.

넷째, 무조건부 MFN원칙은 특정국의 양허가 일반화되어 모든 회원국에 동일하게 적용되도록 하는 것이므로, 무역자유화 효과를 빠르고 넓게 확산시키는데 기여한다. 또한 일국의 무역자유화는 모든 다른 국가의 동시적인 무역자유화를 촉구하게 되어 무역자유화의 효과는 크게 배가 된다. 이것을 보통 무조건부 MFN원리의 승수효과(multiplier effect)라고 부른다. 특히 GATT체제에서는 정기적(주기적)인 무역협상라운드의 개최를 상정하고 있는데, 이러한 다자간 무역협상라운드를 통해 세계무역자유화가 확대되고 있다.

끝으로, 내국민대우원칙은 오늘날에 있어서 국가의 기본권 중의 하나인 평등권과 기초하여 외국인 대우에 있어서 국가가 갖게 되는 권리와 의무의 한 부분이 되었다. 특히 국제통상관계에 있어서는 자유무역을 실현시키는 불가결한 요인으로서 국제통상상 중요한 기본원칙으로 자리 잡게 되었다. 내국민대우는 원래 국가간 외국인의 지위 전반에 관한 것으로 국제경제관계에서는 외국인의 경제활동과 상품, 서비스, 재산 등에 대한 취급에서 중요한 의미를 갖게 된다.

CHAPTER 6

WTO 위생 및 동·식물 검역협정

I 개요

수입농산물에 대한 위생 및 검역조치는 1947년 GATT 제20조 (b)항에 근거한 정당한 조치, 즉 인간이나 동·식물의 생명 또는 건강을 위하여 필요한 조치로 GATT체제하에서도 예외적으로 허용되어 왔으나, 각국이 위생 및 검역조치를 자의적으로 운영함으로써 수입제한적인 조치가 남용되는 사례가 많았다. 그러나 WTO 위생 및 동·식물검역협정(Agreement on the Application of Sanitary and Phytosanitary Measures 이하 'SPS협정'이라 약칭함)은 인간이나 동·식물의 생명 또는 건강을 위해 필요한 조치를 취할 수 있는 표준과 평가방법을 규정하고 위생 및 검역조치의 과학적 정당성과 명료성 및 예측가능성을 요구함으로써 위생 및 검역조치가 자의적인 통상규제수단으로 사용되는 것을 금지하고 있다.

'SPS협정'은 본 협정의 규정과 합치하는 한, 인간이나 동·식물의 생명 또는 건강을 보호하는데 필요한 위생 및 검역조치를 취할 수 있는 권리를 회원국에게 부여하고 있다. 그러나 위생 및 검역조치는 '필요한 범위 내에서만'(only to the extent necessary) 적용되어야 하며, '과학적 원칙'(scientific principles)과 '충분한 과학적 근거'(scientific evidence)에 입각하여야만 발동할 수 있게 되어 있다. 여기서 '필요성'(necessity)이란 요건을 충족하기 위해서는 첫째, GATT 및 WTO협정에 위반되지 않거나 덜 위반되는 다른 대체수단(alternative measure)이 없거나 다른 대체수단을 모두 사용해보았어야 하고, 둘째, 인간의 건강 및 생태계보호라는 목적과 합리적 관련성이 있어야하며 셋째, 취해진 구제조치는 보호목적의 중요성과 피해라는 사안의 심각성에 비례하여야 한다.

나아가 SPS협정은 자국영역과 다른 회원국영역간의 차별을 포함하여, 자국의 위생 및 검역조치가 동일하거나 유사한 조건하에 있는 다른 회원국에게 자의적이고 부당하게 차별하지 아니할 것을 보장하도록 회원국에게 요구하고 있다. 통상규제와 관련한 이러한 비차별원칙은 GATT와 WTO의 기본원칙으로서 최혜국대우조항(1994년. GATT 제1조)과 내국민대우조항(제3조)[1]에 반영되어 있다. 비차별원칙은 필요성요건, 과학적 정당성, 위해성 평가 등이 충족되는 경우에도 적용되는 기본원칙이다.

특히 'SPS협정'은 회원국에게 국제통상에 있어서 위장된 제한을 규정하는 방법으로 위생 및 검역조치를 적용할 수 없다고 규정하고 있다. 즉 위생 및 검역조치는 인간 건강 및 생태계보호를 위해 불가피하게 적용한다 할지라도 위장된 통상제한으로서 이용되지 않아야 한다.

여기서 위장된 통상제한이란 회원국이 선택한 '생명 또는 건강기준'이 합리적이고 정당한 통상조치에 적합하지 않은 것이라 볼 수 있다. 생각건대 어떠한 통상규제가 '위장된' 통상제한인지를 구분하는 것은 쉬운 일은 아니나, 필요한 정도와 범위를 초과하여 취해지는 통상규제, 자의적이고 부당한 차별적 통상규제 등은 위장된 통상제한으로 볼 수 있을 것이다. 또한 자의적 해석 및 적용을 방지하기 위하여 통상규제조치와 관련한 모든 법규, 결정 및 정책은 공개되고 객관적으로 명백하여야 하며, 관련 당사국이 합리적으로 예측할 수 있어야 하는데, 이는 WTO체제의 기본원칙인 투명성(transparancy) 원칙에서도 요구되어지는 조건이다.

이상과 같이 SPS협정은 각 회원국들이 각자 적합하다고 생각하는 인간·동식물의 생명 및 건강보호수준을 정하고 이를 확보하기 위한 검사·검역조치를 선택, 시행할 수 있는 고유한 주권적 권리를 보장하는 한편 이러한 주권적인 권리의 행사가 국제무역에 불필요한 장벽(NTB)으로 행사되지 않도록 하는 이중의 목적을 갖고 있다.

본 장에서는 농산물무역에 대한 위생 및 검역규제에 관련된 WTO규범을 검토함으로써 국민건강과 자연생태계보호를 위해 국제규범상 적법한 규제 방법을 강구하는

---

1) 수입물품은 국산물품과 비교하여 관세를 물어야한다는 점 외에는 차별되어서는 안 된다는 원칙이다. 예컨대 수입쇠고기는 지방분이 3% 이하여야 한다든가, 냉동쇠고기의 물 함유량은 1%를 넘어서는 안 된다는 등의 수입허용기준이 이에 속하다. 자국에서 생산되는 쇠고기도 충족시키기 어려운 이런 기준을 수입쇠고기에 부과하는 것은 명백한 내국민대우원칙을 위반하는 것이 되고 그것은 결국 자국의 축산업보호육성에 근본 목적이 있다고 볼 수밖에 없는 위장된 보호무역수단이다.

것을 주된 목적으로 한다.

먼저 WTO 위생 및 동·식물검역협정의 규범체계를 GATT 및 무역관련 기술장벽협정과 간략히 비교 검토한 다음 주요내용을 분석하기로 한다.

WTO 위생 및 동·식물검역협정에 대한 평가에 대해서는 협정의 성격과 기본요소 및 협정관련국간의 이해관계로 구분하여 설명하고자 한다.

II WTO 위생 및 동·식물검역협정의 일반

1 위생 및 동·식물검역협정의 적용 범위

SPS협정은 국제무역에 영향을 미칠 수 있는 모든 위생 및 동·식물검역조치에 적용된다. 위생 및 동·식물검역조치는 다음 사항에 적용되는 모든 조치를 말한다.[2)]

첫째, 식품에 포함된 첨가제, 오염물질, 독소, 질병원인체로 인하여 발생하는 위험으로부터 인간 및 동물의 생명보호조치

둘째, 동식물로부터 전파되는 질병으로부터의 인간의 생명보호 조치

셋째, 병해충, 질병, 질병원인체로부터의 동식물의 생명보호조치

넷째, 병해충의 유입, 정착 또는 전파로 인한 국가적 손실의 사전예방 또는 제한조치

이상의 정의에는 어류와 야생동물군 및 산림과 야생식물군의 건강보호를 위하여 취해지는 위생 및 동·식물검역조치도 포함된다는 것이 WTO사무국의 유권해석이다.

SPS협정은 위의 목적을 달성하기 위한 모든 유형의 조치를 대상으로 하고 있으며, 이러한 조치들에는 최종생산물에 대한 요건, 가공요건, 검사, 인증, 소독 또는 식품안

2) SPS협정 Annex A para 1.

전과 직접적으로 관계되는 포장 및 라벨링을 포함한다.

WTO에서 일반적으로 농산물의 개념에는 어류 및 수산물이 포함되지 않으나[3] 어류 및 수산물은 인간, 동물 또는 식물의 건강과 생명에 영향을 미치므로 SPS협정은 자연스럽게 수산물 교역에도 적용된다. 그렇다고 해서 SPS협정이 적용될 수 있는 교역분야가 농산물, 어류 및 수산물 등 일정한 범위로 정해져 있다는 뜻은 아니고, 그 성격상 이러한 분야가 적용될 여지가 많다는 의미임을 유의할 필요가 있다.

2 위생 및 동·식물검역협정과 GATT와의 관계

GATT 1947 체제하에서는 인간, 동·식물의 생명 또는 건강의 보호를 위한 위생 및 동·식물검역조치에 관해 SPS협정과 같은 별도의 규율체제가 존재하지 않았다. 다만 인간, 동·식물의 생명 또는 건강의 보호를 위한 특정한 조치가 내국민대우나 수량제한 금지 등 GATT의 실체적 의무조항에 위반되는 조치로 판명된 경우, GATT 제20조에 의해 일정한 조건하에서 회원국의 권리로서 정당화되었다. 즉, 1947년도 GATT 체제하에서는 위생 및 동·식물검역조치의 채택과 유지에 관하여 별도의 실체적인 의무사항이 존재하지 않았고, 위생 및 동·식물검역 조치가 GATT에 규정된 실체적 의무사항을 위반한 것으로 판명된 경우에만 그 정당화를 위해 동 조치와 그 적용방식이 GATT 제20조(b)[4]에 규정된 예외조항에 합치되는지가 검토대상이 되었다.

따라서 1947년도 GATT의 이러한 법적 구조 때문에 GATT 제20조에 규정된 대로 위생 및 동·식물검역조치의 적용이 자의적 또는 부당한 차별이나 국제무역에 대한 위장된 제한을 구성하는지가 문제되기 위해서는 동 조치가 GATT의 여타 실체적 규정에 위반하였는지에 대한 판단이 선행되지 않으면 안 되었다. 이는 다른 관점에서 보면, 위생 및 동·식물검역조치의 적용이 내국민대우, 최혜국대우, 수량제한 금지 등

---

3) Agreement on Agriculture Annex 1.

4) necessary to protect human, animal or plant life or health

GATT의 다른 규정에 위반을 구성하지 않는 한, 자의적 또는 부당한 차별이나 국제무역에 대한 위장된 제한을 구성한다는 것 그 자체는 별도의 GATT 위반행위를 구성하지는 않았다는 것을 의미한다고 볼 수 있다.

그러나 WTO체제하에서는 SPS협정의 모든 의무사항은 특정 위생 및 동·식물검역조치가 1994년도 GATT를 포함, WTO체제하의 다른 협정상의 의무에 불합치 되는지의 여부와는 관계없이 독자적으로 적용된다. 즉, SPS협정은 회원국이 위생 및 동·식물검역조치를 도입하거나 유지하기 위해서 충족시키지 않으면 안 될 특정한 의무사항을 규정하고 있으므로, GATT 또는 여타 협정의 합치여부에 대한 검토가 선행될 필요가 없고 그 자체로서 적용과 시행을 강제할 수 있는 법적으로 완결된 실체적 규정이다.

3 위생 및 동·식물검역협정과 무역에 관한 기술장벽협정과의 관계

SPS협정과 유사한 성격을 가진 무역에 관한 기술장벽협정(Agreement on Technical Barriers to Trade : TBT)은 현, WTO체제하에서는 원칙적으로 상호 배타적이다. SPS협정 제1.4조는 SPS협정 대상이 아닌 조치와 관련하여 TBT협정상의 회원국의 권리에 아무런 영향을 미치지 않는다고 규정하고 있고, TBT협성 제1.5소는 TBT협성은 SPS소치에는 적용되지 않는다고 명시적으로 규정하고 있다. 따라서 특정조치에 대해 두 협정의 위반여부가 제기된 경우에는 우선 동 조치가 SPS조치인지, 즉 해당 조치가 위험요소들로부터 회원국 영토내의 인간, 동물 또는 식물의 생명 및 건강을 보호하는 것을 그 목적으로 하고 있는지를 우선 검토해야 한다. 만일 해당 조치가 위생 및 동식물검역조치로 판정된 때에는 두 가지 협정 중 TBT협정의 적용이 배제되고 SPS협정의 규율만 받게 된다.[5] 다만, SPS협정의 적용여부는 해당 조치의 목적을 기준으로 판단되는 한편, TBT협정은 해당 조치의 성격과 내용, 즉 해당 조치가 품질, 규격 등 기술관련 규정을 포함하는가 하는 것을 기준으로 그 적용여부가 결정되므로, 이론적으로는 두 협정이 모두 적용되는 경우가 가능하다고 판단된다.[6]

5) EU~호르몬 case(DS26/USA) Panel Report para.8.29.

Ⅲ WTO 위생 및 동·식물 검역협정에 대한 분석

1 체약국의 기분적 권리와 의무

SPS협정은 회원국들에게 기본적으로 다음과 같은 권리와 의무를 부여하고 있다.[7]

첫째, 회원국은 인간, 동물 또는 식물의 생명 또는 건강을 보호하기 위하여 필요한 위생 및 식물위생 조치를 취할 수 있는 권리를 부여받고 있다. 따라서 수입국은 자국 국민의 건강과 안전을 위하여 위생조치를 취할 수 있는 권리를 동 협정으로부터 부여받고 있다.

둘째. 이상과 같은 권리의 행사(위생조치의 실시)는 일정한 범위 내에서 이루어져야 한다. 또 충분한 과학적 증거 없이 유지되지 않도록 하고 있다. 단, 제5조 제7항에 규정된 사항은 제외한다.[8]

셋째, 자국의 위생 및 식물위생 조치와 동일하거나 유사한 조건하에 있는 회원국들을 자의적이고 부당하게 차별하지 않아야 하며, 넷째, 이 협정의 관련규정에 따르는 위생 또는 식물위생 조치는 동 조치의 이용과 관련된 1994년도 GATT 규정, 특히 제20조 (b)항[9]의 규정에 따른 회원국의 의무에 합치하는 것으로 간

6) SPS협정과 TBT협정관련 쟁점 중 가장 대표적인 사례는 GMO 농산물에 대한 상표부착 요건과 관련된 쟁점이다. 이 문제는 식품위생과 보건에 관련된 문제라는 점에서 SPS협정의 규율대상이 된다고 볼 수 있는 동시에 위생검역조치의 엄밀한 정의에 비춰보면 TBT협정에 보다 직접적인 관련을 맺고 있다는 주장이 논란이 되는 것이다. (왕상한, 「WTO 뉴라운드와 기술무역장벽」, 新論社, 2003, p.83)

7) SPS협정 제2조

8) SPS협정 제5조 제7항

9) GATT 협정 제20조 : 본 협정의 어떠한 규정도 체약국이 다음의 조치를 채택하거나 실시하는 것을 방해하는 것으로 해석되어서는 아니 된다. 단 이러한 조치가 동일한 조건하에 있는 국가간에 자

주한다고 규정하고 있다.

예컨대, 우리 나라가 농수산식품을 수입할 경우, 국민의 건강과 안전을 위하여 과학적 원리에 근거하여 위생조치를 취할 수 있는 권리를 동 협정으로부터 부여받고 있다는 것이다.[10] 다시 말하면 우리 나라는 비위생적인 농수산식품에 대한 수입제한 조치인 위생조치를 취할 권리를 가지고 있지만 위생조치는 충분한 과학적 증거에 근거하여야 한다는 것이다.

2 국제적 기준과의 조화원칙

SPS협정 체약국은 인간, 동식물의 생명과 위생을 보호하는데 필요한 위생 및 식물검역조치를 채택하고 시행할 권리와 함께 그들이 필요하다고 간주하는 보호수준 즉, 그들 자신의 "위생 또는 식물위생보호의 적정수준"(appropriate level of sanitary or phytosanitary protection) 또는 "수용 가능한 위험수준"(acceptable level of risk)을 정할 권리를 갖는다.[11]

식품안전 또는 동식물 위생을 보장하면서 동시에 무역을 촉진하기 위하여 체약국은 그들의 위생 및 식물검역조치의 제반요건을 조화(harmonize)시키도록 권장한다. "조화"란 국제기준, 지침, 또는 권고가 있는 경우 자국의 위생 및 식물검역조치를 이에 근거하여 설정해야 함을 뜻한다. 그러나 체약국은 과학적 정당성이 있거나 국제적 기준이 체약국이 고려하는 수용 가능한 위험수준에 미치지 못한다는 것을 증명하는 경우 보다 엄격한 위생 및 식물검역조치를 취할 수 있다. 조화를 촉진시키기 위하여 체약국은 기준, 지침, 또는 권고의 개발과 이의 주기적인 재검토를 행할 목적으로 관련 국제기구 또는 그 하

의적이며 불공평한 차별의 수단 또는 국제무역에 대한 위장된 제한조치로 사용되지 않을 것을 조건으로 한다.

(a) 공중도덕을 보호하기 위하여 필요한 조치

(b) 인간 및 동식물의 생명 혹은 건강의 보호를 위하여 필요한 조치

10) SPS협정 제2조

11) SPS협정 제3조 제3항, 제5조 제3항, Annex A para.5.

부기구에 능동적으로 참여하도록 권장하고 있다. SPS협정에 의하여 설립된 WTO내의 위생 및 식물검역조치위원회(Committee on Sanitary and Phytosanitary Measures)의 과제중의 하나는 국제간 조화과정의 감시절차를 개발하는 것이라고 하겠다. 전술한 바와 같이 위생 및 식물검역협정은 체약국이 자국에서 인간 및 동식물의 위생을 보호하기 위한 조치를 취할 권리를 명백히 인정하고 있다. 다만, 그러한 조치는 과학적 정당성에 근거하여야 하고 위생보호에 필요하며, 또한 외국의 수출자들 간에 부당한 차별을 두어서는 아니 된다. 따라서 각 국가는 자국의 식품안전의 수준과 동식물의 보호에 대한 결정권을 계속 보유하게 되며, WTO 또는 다른 국제기구에는 이러한 결정권이 없다. 즉, 위생 및 동식물검역협정은 위생 및 동·식물검역조치에 관하여서 체약국의 주권을 제약하고 있지 않다(principle of non-relinguishment and non-derogation of a sovereign power).

그러나 SPS협정은 각국이 국내조치를 "조화"시키거나 관련 국제기구에서 개발한 국제기준, 지침, 또는 권고 등에 근거하도록 권고하고 있다.

국제기준이라 함은 국내기준의 상한 또는 하한을 의미하는 것은 아니다. 단순히 각국의 국내기준이 국제기준보다 높다고 해서 이 국내기준이 위생 및 식물검역협정을 위반하는 것은 아니며, 국제기준에 근거한 요구조건보다도 엄격한 요건을 부과하는 것도 위생 및 식물검역협정상 명백히 허용된다. 다만, 관련 국제기준에 근거하지 아니하고 국내적 요건을 정하는 WTO 회원국은 그러한 차이로 인하여 무역 분쟁이 야기되는 경우에는 그러한 높은 수준의 기준설정에 관해서 정당한 사유를 제시하여야만 한다.

3 동등성의 원칙

SPS협정 제4조는 동등성(Equivalence)원칙에 대한 사항을 규정하고 있다. 여기서는 크게 두 가지 점을 강조하고 있다.

첫째, 수출국의 위생 및 식물검역조치가 수입국의 방법과 상이하더라도 동등한 결과가 인정될 경우, 즉 수출국이 자신들의 위생조치로 인한 보호수준과 수입국의 위생조치에 의한 보호수준이 동일함을 객관적으로 증명할 경우, 수입국은 수출국의 위생 및 식물검역조치를 동등한 것으로 인정하여야 한다는 것이다.[12]

동등성 인정을 위해 수입국이 자료제시를 희망할 때, 수출국은 검사, 시험 및 기타 관련 절차를 수입국에 제공해야 한다.

둘째, 수입국은 수출국의 동등성 인정 요청시 협의할 의무가 있으며, 이를 위해 양자간 또는 다자간 협의를 실시하여야 한다는 것이다.[13]

4 위험평가와 위생 및 동·식물검역조치의 적정보호수준 결정

1. 위험평가

위생 및 동·식물검역조치는 관련 국제기구[14]에 의해 개발된 위험평가 기술을 고려하여, 자국의 위생 또는 식물위생조치가 여건에 따라 적절하게 인간, 동물 또는 식물의 생명 또는 건강에 대한 위험평가에 기초하도록 보장해야 하며, 적정보호수준을 달성하기 위해 요구되는 수준 이상의 무역제한조치로 위생 및 검역규제를 사용하여서는 안 되며, 과학적 증거가 불충분한 경우, 입수 가능한 자료에 근거하여 잠정적으로 위생 및 식물검역조치를 운용할 수 있도록 하되 이를 적절한 시기에 재검토해야 함을 명시하고 있다.[15]

위험평가에 있어서 회원국은 이용 가능한 과학적 증거, 관련 가공 및 생산방법, 관련검사, 표본추출 및 시험방법, 특정 병해충의 발생률, 안전지역의 존재, 관련 생태학적 및 환경조건, 그리고 검역 또는 다른 처리를 고려해야 한다.[16]

12) SPS협정 제4조 제1항

13) SPS협정 제4조 제2항

14) 국제수역사무국(Office International des Epizooties (OIE)) 이 제정한 국제동물위생규약(International Animal Health Code), 국제식물보호협약(International Plant Protection Convention) 등

15) SPS협정 제5조 제1항

특정국의 위생 및 식물검역조치가 자국의 수출을 제한하거나 혹은 제한할 가능성이 있을 경우, 해당 조치에 대한 국제기준이 없거나 혹은 있다고 해도 동규제가 국제기준에 근거하고 있지 않다고 믿을 만한 이유가 있을 때, 수출국은 해당국에게 그들의 위생 및 검역규제에 대한 설명을 요구할 수 있으며, 해당국은 이를 설명해야 할 의무가 있다.

또한 "인간, 동물 또는 식물의 생명 또는 건강에 대한 위험으로부터의 위생 또는 식물위생보호의 적정수준이라는 개념의 적용에 있어서 일관성을 달성할 목적으로, 각 회원국은 상이한 상황에서 적절한 것으로 판단하는 수준의 구별이 국제무역에 대한 차별적 또는 위장된 제한을 초래하는 경우의 자의적 또는 부당한 구별을 회피한다.[17] 회원국은 WTO 위생 및 동·식물검역조치위원회에서 이 규정의 실제 이행을 촉진하기 위한 지침을 개발하기 위하여 협력 한다."고 규정하고 있다.[18]

2. 적정보호수준결정

WTO/SPS협정은 각 회원국은 위해성 평가(risk assessment)를 통한 과학적 정당성과 근거가 없는 경우, 국내의 모든 위생 또는 식물위생 조치를 국제 기준, 지침 또는 권고에 조화시켜야 한다. 또한 수출국이 자기나라의 위생관리 조치가 수입국의 위생 및 식물위생의 「적정보호수준」 을 달성할 수 있다는 것을 수입국에게 객관적으로 증명하는 경우, 회원국은 다른 위생 또는 식물위생조치가 자기나라의 조치와 상이하더라도 이를 동등한 것으로 인정하도록 하고 있다.

여기서의 「적정보호수준」 은 식품을 매개체로 하는 위험으로부터 국민을 보호하기 위한 국가의 목표로 정성적 또는 정량적 개념으로 식품위생관리 관련법, 지침 또는 기타의 문서에 반영되어 있는 보호수준을 의미한다. 이를 역으로 말하면 수

16) SPS협정 제5조 제2항

17) SPS협정 제5조 제5항

18) SPS협정 제12조 제1항 내지 제3항

용 가능한 위험으로 볼 수 있다.

WTO/SPS위원회의 지침에서 적정보호수준의 개념적용을 위해 요구하고 있는 사항을 열거하면 다음과 같다.[19)]

첫째, 회원국은 포괄적인 정책적 목적이나 특수한 상황을 위해 적정보호수준을 결정할 때 다음과 같은 사항을 고려해야 한다.

- 자국에서 제고되고 있는 보호수준과 상이한 상황에 처한 타 회원국이 앞서 결정한 기준 사이에 차이점은 없는가,
- 만약 차이점이 있다면, 그러한 차이점들이 자의적이거나 불합리하지는 않은가,
- 그리고 그러하다면, 그 차이점들이 국제 무역에 있어서 차별이나 위장된 제한을 초래하지는 않는가,
- 그리고 상이한 상황 하에서 적절하다고 간주되는 방어기준의 현저한 차이정도,
- 회원국에 의해 상이한 상황 하에서는 적절하다고 간주되는 보호수준에서의 자의적이거나 불합리한 차이의 실체
- 이른바 적정보호수준의 충족을 위해 적용되는 위생학적·실물위생학적 평가에 과학적인 정당성이 결여된 경우, 또는 그 기준이 '위험'의 환경에 대한 적절한 평가에 근거를 두고 있지 않은 경우 (위험 평가가 없거나 불충분한 평가만이 있을 경우)

둘째, 회원국은 적정보호수준의 결정에 책임이 있는 관계기관간의 명확하고 효과적인 상호교류와 정보의 순환을 확립시킨다. 즉 SPS협정 제5조 5항의 규정을 충족시키기 위한 적정보호수준을 결정함에 있어서 중요요소는 정보와 정보의 상호교류이다. 적정보호수준을 결정을 위한 준비와 여행을 담당하고 있는 담당자는 다른 상황에 처해 있는 회원국, 특히 가까운 장

19) GUIDELINES TO FURTHER THE PRACTICAL IMPLEMENTATION OF ARTICLE 5.5(A. Application of the concept of the appropriate level of protection), WTO Committee on Sanitary and Phytosanitary Measures(G/SPS/15 18.July 2000)

래에 비교할 수 있는 상황에 처해있는 회원국들의 견해를 숙지해야 한다.

셋째, 회원국은 상이한 상황을 적절하게 고려해야 한다. 회원국은 인간 또는 동식물의 생명 및 건강에 관한 요소들을 비교하기 위해, 충분한 보편적 요소가 있는 상황 하에서 적절하다고 고려되고 있거나 과거 고려되었던 기준을 특정한 상황 하에서의 보호수준에 준거하여 제기되는 모든 결정들과 비교해 보아야만 한다.

넷째, 새로운 또는 수정된 적정보호수준의 결정에 있어서 회원국은 현재의 정책들과 그 전개를 고려하여, 제5조 5항의 목적과 의무라는 측면에서 적정보호수준을 고려하는 자국의 기존정책들에 대해 재검토해야 한다.

다섯째, 새로운 또는 수정된 적정보호수준의 결정에 있어서 회원국은 동일한 위험이나 상황에 직면한 다른 회원국들에 의해 채택된 관련 국제기준이나, 지침 또는 권고, 또는 판결을 전부 적용해 보는 것이 유용할 것이다.

여섯째, 회원국은 새로운 또는 수정된 적정보호수준에 관한 자국의 정책 결정과정에 일조하기 위해 전문가의 조언을 받아야 한다.

일곱째, 각 회원국은 사람들이 자발적으로 감수하는 특이한 종류의 위험에 대한 자국의 보호수준을 예외적으로 낮게 수락할 경우 그것이 정당하다고 간주할 수 있을 만한 명확한 상황을 제시해야 한다.

그리고 동 지침은 적정보호수준 개념의 실질적 이행을 위해 다음과 같은 사항을 규정하고 있다. 왜냐하면 SPS협정은 협정상 의무는 부과하고 있지만, 회원국으로 하여금 자국의 적정보호수준을 결정하게 하는 명확한(또는 강제적인) 규정을 포함하고 있지 않다. 실질적으로 다양한 이유 때문에 회원국들은 자신들의 적정보호수준을 항상 정확하게 나타낼 수는 없다. 이 경우 적정보호수준은 위생학적 및 식물위생학적 지침이 적절하게 반영된 보호수준에 근거하여 결정된다. 따라서 이 규정의 실질적 이행을 촉진하기 위하여 다음의 지침은 조치의 선택과 사용문제를 제기하고 있다.[20]

첫째, 회원국은 적정보호수준의 결정에 책임이 있는 관계기관과 적정보호수준을 충족시키기 위해 설계된 위생 및 식물위생조치의 선택과 이행에 책임이 있는 책임자들 간에 명확하고 효과적인 의사소통과 정보교환체계를 확립해야 한다.

둘째, 회원국은 요구되는 보호수준을 충족하기 위해 적용될 수 있는 위험을 평가하고 방법을 사정하는 관계기관에 대한 일반적 접근과 사용의 지속적 진행을 확립해야 한다. 일반적 접근, 특히 인간과 동식물의 생명과 건강에 영향을 미치는 위험에 관한 부분의 일반적 접근은 신중하게 검토되어야 한다.

셋째, 회원국은 특정 상황 하에서 적정보호수준을 충족하도록 의도된 조치가 제시되었을 때, 이미 받아들여졌거나 고려되고 있으며 충분한 보편적 요소를 가지고 있어 비교분석이 가능한 상황 하에 있는 인간과 동식물의 생명 및 건강에 대한 위생 및 식물위생조치와 비교하여야 한다. 다시 말하면 적정보호수준의 개념이 위생 및 식물위생조치의 선정과 이행을 통해 적용되기 때문에, 그러한 비교는 충분한 보편적 요소를 가지고 있어 비교분석이 가능한 상황 하의 같은 보호수준을 충족시키기 위해 설계된 기존 지침들과 함께, 새롭게 제시된 지침의 신뢰성을 뒷받침하는 데 유용할 수 있다는 것이다.

넷째, 회원국은 현존하는 결정과 사안 등을 고려하여 자국의 적정보호수준을 충족시키기 위해 적용된 현재 조치가 상기 넷째의 목적에 합치하는지 정기적으로 재검토하여야 한다.

다섯째, 특정 상황 하의 적정보호수준의 충족을 위한 조치를 고려할 때, 회원국은 관련 국제기준이나 지침 또는 권고 등이 존재하는지를 살펴보고, 만약 존재한다면 그것을 채택하여 회원국의 적정보호수준을 충족시킬 수 있을지 검토하여야 한다.

---

20) GUIDELINES TO FURTHER THE PRACTICAL IMPLEMENTATION OF ARTICLE 5.5(B. Practical implementation of the concept of an appropriate level of protection), WTO Committee on Sanitary and Phytosanitary Measures(G/SPS/15 18.July 2000)

여섯째, 특정 상황 하에서의 적정보호수준의 충족을 위해 제기된 지침을 고려함에 있어서, 회원국은 비슷한 위험이나 상황에 직면하고 있는 다른 회원국들이 적용하고 있는 지침을 검토하여 보는 것이 필요할 것이다.

일곱째, 회원국은 자국의 적정보호수준의 달성을 위해 위생 및 식물위생 조치의 선정과 이행에 있어 전문가의 조언을 요청할 필요가 있다. 인지도와 자격이 있는 전문가로부터 자문을 받을 수 있어야 하며, 그 자문은 위생 및 식물위생조치로부터 기인한 잠재적이고도 특징적인 무역효과에 관한 다양한 문제점을 포함할 수 있다.

이상과 같이 SPS위원회는 SPS협정의 실질적 이행을 위한 노력중의 하나로 제5조 5항의 적정보호수준의 개념적용에 대한 일관성 달성과 국제무역에서 차별적 적용 금지를 위해 지속적인 노력을 하고 있다. 그러나 동 지침도 보다 효율적인 실행을 위해서는 이행에 대한 감시 및 지속적인 재검토가 요청된다.

5 투명성의 원칙

WTO/SPS 회원국은 무역을 제한하고 동시에 국제기준에 근거하지 않은 위생 및 식물검역조치를 치하는 경우에는 이를 다른 회원국에 통보하여야 하며, 또한 정보요청에 응할 수 있는 문의처를 설치하여야 한다. 회원국은 자국의 식품안전 및 동식물위생규정의 적용방법을 공개하여야 한다. 그런데 투명성의 보장문제와 관련하여서 고찰되어야할 사항으로서는 위생 및 식물검역협정 Annex B의 Para.5에서 규정하고 있는 "다른 회원국의 무역에 미치는 심각한 영향"에 대한 개념의 정립이다. 그런데 이점에 관하여서는 WTO가 의견을 밝힌 바 있다. 즉, 그 개념은

- 단일 또는 복수의 기술규정에 의한 무역에 미치는 영향
- 특정상품, 일단의 상품, 일반상품 무역에 미치는 영향
- 둘 또는 그 이상의 회원국 간의 무역에 미치는 영향을 말하며,

"기술규정이 무역에 미치는 영향의 중요성 판정 시에는 당해 회원국은 (i) 타 체약국으로부터 수입하는 당해 회원국의 관점에서 본 수입의 가치나 중요성, (ii) 수입대상품의 잠재적인 성장도 및 (iii) 제안된 규정안에 합치시키기 위하여 타 회원국의 생산자가 직면할 어려움 등의 요인을 고려하여야 한다. 타 회원국의 무역에 미치는 중대한 영향의 개념에는 그 영향이 중요한, 타 회원국의 무역에 대한 수입증가 및 수입감소 효과도 포함되어야만 한다"라고 그 의견을 제시한 것이다.

IV WTO 위생 및 동·식물검역협정에 대한 평가

1 협정의 성격

WTO 위생 및 동·식물검역협정은 위생검사, 검역조치에 위해 식품 및 동·식물 등의 국제교역이 저해되는 것을 방지하기 위해 만들어진 WTO협정체제를 구성하는 하나의 협정이다. 즉, 위생 및 식물검역협정은 위생 및 식물검사조치가 위장된 무역장벽으로 사용되지 않으면서 사람 또는 동·식물을 보호하는 적정수준의 조치가 되도록 보장하기 위한 요건을 규정한 '수입 검역 검사 관련 국제규범'으로서의 성격을 갖고 있다.

2 협정의 기본요소

1. 과학적 원리의 중시

위생 및 식물검역협정은 검역 검사조치의 남용으로 인한 국제무역상의 장애요소를 제거하고자 하는 목적에서 과학적인 근거 없이 특정 동·식물 또는 그 산물의 수입을 금지하는 수입국의 조치에 대하여서는 제재조치를 위할 수 있도록 규정하고 있다. 따라서 수입국이 특정한 검역조치를 통하여서 다른 국가가 수출한 동식물의 수입을 금지할 때에는 과학적인 근거를 확보하여야만 하도록 규정하고 있다. 또한 국제기준이 없는 경우라도 여타국가의 관련규정과 비교하여 국제기준이 제정될 때까지만 한시적으로 운용토록 하는 등 위생 및 식물검역조치에 대한 과학적 근거의 확보여부를 중요시 하고 있는 것이다.

2. 소비자 이익보호추구

회원국의 소비자들은 위생 및 동·식물검역협정에 의해서 그들이 소비하는 식품의 안전도가 보장되고 향상되는 한편, 이 분야에서 자의적이고 정당성을 결여한 결정사항의 범위가 축소됨으로 인해서 이익을 얻게 될 것이다. 정부의 제반절차 및 식품안전위생에 관한 결정사항의 투명성이 더욱 커짐에 따라서 소비자는 더욱 많은 정보를 이용할 수 있게 될 것이다. 불필요한 무역장벽을 제거함으로써 소비자들은 더욱 커진 안전식품에 대한 선택범위와 국내외 생산자들 간의 건전한 국제경쟁의 결과로 나타나는 경제적 혜택을 누릴 수 있게 될 것이다.

3 협정과 관련국가간의 이해관계

1. 선진국측면

UR협상 중 선진국은 개도국이 농산물에 대한 위생검사 검역조치를 통하여서 그 농산물에 대한 수입제한 또는 수입금지 조치를 취하게 될 가능성에 적지 않은 관심을 쏟은 것이 사실이다. 이에 따라 선진국은 이러한 자국의 이해관계를 SPS협정에 반영코자 노력하였는바, 그러한 결과로 나타난 것이 다음과 같은 규정들이다. 즉,

① 위생검사 및 검역을 통한 농산물에 대한 수입제한 또는 수입금지는 반드시 과학적인 근거에 의하여서만 가능토록 하는 규정하고 있는 조항(제2조 제2항)

② 동등성 원칙의 실시 즉, 수출국의 위생 및 식물검역조치가 수입국의 조치와 상이하

더라도 동등한 검사 또는 위생조치 결과를 나타내는 것이 인정될 경우, 수입국은 수출국의 위생 및 식물검역조치를 동등한 것으로 인정하는 규정(제5조 제1항) 및 수입국은 수출국의 동등성 인정요청 시에는 협의할 의무가 있으며, 이를 위하여서 양자간 또는 다자간 협의를 실시토록 하는 규정하고 있는 조항(제5조 제2항)

본 협정 제5조는 미국 측의 주장이 광범위하게 반영된 것인 바, 즉 미국은 과학적 정당성이 있을 경우에는 국제적 기준보다도 높은 수준의 위생 및 식물검역조치를 인정하도록 함으로써 수입국의 입장을 충분히 반영하는 한편, 또한 상기 동등성의 원칙을 규정함으로써 수출국의 입장도 반영시키는 양면전략을 구사한 것이라 하겠다. 이는 미국의 경우 자국의 위생 및 식물검역기술이 우위에 있기 때문에 자국의 기준을 일반적인 국제적 기준과 조화시킬 경우에는 자칫 초래될지도 모를 자국의 위생 및 식물검역기준의 하향조정가능성을 사전에 배제하고자 하는 의도가 내포된 것이었다고 하겠다.

③ 위생 및 식물검역조치는 국제기구에서 개발한 위험평가방법(risk assessment)을 적용하여 위험을 평가한 후 그 결과에 따라 적정보호수준을 결정하여야 하며, 적정보호수준 이상의 무역제한적인 위생 및 식물검역조치는 취할 수 없도록 규정하고 있는 조항(제5조 제4항, 동조 제5항, 동조 제6항)

④ 특정국의 위생 및 식물검역조치가 자국의 수출을 제한하거나 혹은 제한할 가능성이 있을 경우, 또한 당해조치에 대한 국제기준이 없거나 혹은 있다고 하여도 동 조치가 국제적 기준에 근거하고 있지 않다고 믿을 만한 이유가 있을 경우, 수출국은 수입국에게 그 위생 및 식물검역규제 사유에 대한 설명을 요구할 수 있으며, 수입국은 이를 설명해야할 의무를 규정하고 있는 조항(제5조 제8항)

⑤ 병해충 안전지역 및 발생이 적은 지역의 인정 즉, 수입국의 위생 및 식물검역조치는 수출국의 지역별 특성을 고려하여 조정하고 병해충 안전지역 및 발생이 적은 지역을 인정하며, 동 규제의 범위를 국가영토단위(territory로서 영토 및 부속도

서를 말함)에서 지역(area)단위로 세분화할 수 있도록 규정하고 있는 조항(제6조)

2. 개도국 측면

선진국은 개도국들을 WTO체제에 편입시키기 위하여 WTO협정의 발효일로부터 일반개도국에 대하여서는 2년간, 최빈개도국 대하여서는 5년간 본 협정의 시행을 유보할 수 있도록 규정하고 있다(제4조). 또한 개도국들이 농산물에 대한 수출기회를 유지할 수 있도록 그들 관심품목에 대하여서는 수입국(주로 선진국을 의도하고 있음)이 취하고 있는 위생 및 식물검역조치의 적절한 수준에 따른 신규조치의 시행을 장기간 유예할 수 있도록 규정하고 있다(제10조 제2항).

3. 수출국 측면

위생 및 식물검역협정의 취지는 결국 수입국의 검역조치가 과학적 근거가 있느냐의 여부를 따지는 것이므로 수출국은 수입국의 검역조치가 국제기준보다 엄격한지의 여부를 먼저 보게 되고, 국제기준보다 엄격하다면 어떠한 과학적 정당성(scientific justification)을 가지고 검역조치를 운용하고 있는지를 상대국에 문의하여 수입국에서 제시한 근거가 부당하다고 판단될 때에는 WTO의 분쟁해결기구에 제소함으로써 소기의 목적을 달성하게 되므로 위생 및 식물검역협정은 선진수출국에게 유리한 협정이라고 하지 않을 수 없다.

V 결론 및 시사점

WTO/SPS협정은 인간, 동물 또는 식물의 생명 또는 건강을 보호하기 위해 정부가 취하는 조치 즉, SPS조치가 국제무역에 최소한의 영향을 미치도록 하는데 목적이 있다. SPS협정은 당초 우루과이라운드 협상에서 농업협정의 결과로 탄생하여 WTO체제에 처음으로 도입되었다. 각국이 위생 및 식물위생의 보호를 위하여 시행하는 조치가 새로운 형태의 비관세장벽으로 변질되어 농업협정의 체결을 계기로 획기적으로 증대될 것으로 기대되는 농산물 교역에 장애요인이 되지 않도록 하기 위한 장치가 필요했던 것이다. 이러한 배경에서 보는 바와 같이 SPS협정은 그 성격상 농산물 교역에 적용되는 것이 일반적이다.

SPS협정은 각 회원국들이 각자 적합하다고 생각하는 생명 및 건강보호수준을 정하고 이를 확보하기 위한 SPS조치를 선택, 시행할 수 있는 고유한 주권적 권리를 보장하는 한편, 이러한 주권적 권리의 행사가 국제무역에 불필요한 장벽으로 행사되지 않도록 하는 2가지의 목적을 갖고 있다. SPS협정의 이러한 기본 목적은 서문과 함께 제2조에 명확하게 표현되어 있다. 협정은 서문에서 인간, 동물 또는 식물의 생명 또는 건강을 보호하기 위하여 필요한 조치가 자의적 또는 부당한 차별 또는 국제무역에 대한 위장된 제한을 구성하는 방법으로 이용되지 않는다는 조건으로 동 조치를 채택 또는 이행할 수 있음을 재확인하고, 회원국의 기본적인 권리와 의무를 규정한 제2조에서는 SPS조치가 인간, 동물 또는 식물의 생명 또는 건강을 보호하는데 필요한 정도에서만 적용되어야 하며 원칙적으로 과학적 원리에 근거하여야 하고 충분한 과학적 증거 없이 유지될 수가 없다고 규정하면서, 이러한 조치는 동일하거나 유사한 상황에 있는 회원국을 자의적으로 또는 부당하게 차별할 수 없으며 무역제한을 위장하는 수단으로 사용되어서는 아니 된다고 규정하고 있다.

향후, 각국 정부는 SPS협정의 이행과 관련하여 더 많은 경험을 축적하고자 할 것이며, 동 협정과 관련한 다양한 분쟁의 해결에 따라 동 협정 또는 지속적으로 개선될 것으로 예상된다. 특히 식품교역을 통한 이익을 극대화하는 수단으로서 SPS협정을 활용하고자 하는 국가들은 동 협정의 적극적인 활용방법을 습득하여야 할 것이다. 왜냐하면 그렇지 않은 국가는 새로운 제도의 적용으로 발생하는 편익을 누릴 수 없을 것이기 때문이다.

CHAPTER 7

WTO 신관세평가협정

Ⅰ. 개요

Ⅱ. 관세평가의 목적

Ⅲ. 관세평가의 대상

Ⅳ. 관세평가에 관한 입법례

Ⅴ. WTO 관세평가협정 구조

I 개요

무역거래의 당사자는 각기 가격에 대한 개념을 가지고 있다. 즉, 구매자에게는 그가 구입할 물품의 가치와 그 당시의 동종·동질물품의 가격을 비교하는 평가의 개념이 있을 것이다. 판매자에게도 역시 그가 투자한 비용과 동종경쟁물품의 가격을 비교하여 그가 물품의 구매자로부터 얻는 대가를 평가하는 가격의 개념이 있을 것이다.

이러한 개념, 즉 구매자의 가격개념과 판매자의 가격개념은 상호보완적인 것이지만, 주지하는 바와 같이 구매자는 최저가격을 원하고 판매자는 반대로 최고가격을 원하는데 차이가 있으며, 이익의 균형을 이루는 점에서 합의가격에 도달한다.

그러나 합의가격은 거래 자체에 수반되는 관계 이외에 구매자와 판매자간의 관계에 의하여 영향을 받을 수 있다.[1)] 종가세를 적용하는 과세권자의 가격개념은 매매당사자간에 일치된 가격을 고려하는 한편, 수입업자간의 차별을 피하기 위하여 매매당사자간의 특수 관계에 의한 가격에의 영향을 공제하지 않으면 안 된다.

이와 같이 수많은 가격, 즉 선불가격·현금가격·후불가격·할인가격·할증가격·수출가격·수입가격·국내시장가격·도매가격·소매가격·임대가격·판매가격·월부가격 및 생산원가 등 여러 가지 가격이 바로 수입국의 법률(관세법)에서 정하는 과세가격의 요건을 갖추었는지의 여부를 검토하고 그 거래의 내용을 법률요건에 맞추어 해석함으로써 과세가격을 산출·결정하는 것을 '관세평가'(customs valuation)[2)]라고 한다.

---

1) C. C. C., "Explanatory Notes to the Brussels Definition of Value," 1971. p. 16.

2) 그러나, 이러한 과세평가의 개념은 실정법상의 개념이 아니기 때문에, '종가세 물품의 과세가격결정'이라는 보다 실제적인 표현과 혼용해서 쓰여지고 있으나, 본서에서는 통용되고 있는 관세평가란 용어를 그대로 사용하기로 한다.

관세평가란, $Y = ax$(a = 관세율, x = 과세표준, Y = 관세)의 함수관계에서 Y는 독립변수 x의 크기에 좌우되는 것이며, 이 x를 결정하는 것이 곧 관세평가이다.

Ⅱ 관세평가의 목적

관세는 일반적으로 재정수입을 확보하기 위하여 혹은 국제경쟁력이 약한 국내 산업을 보호하거나, 혹은 특정물품의 수입을 억제함으로써 국제수지를 개선하기 위하여 부과된다.

그러나 이러한 특정목적을 달성하기 위하여 관세율을 적정하게 책정하더라도 평가면에서 정확하고 공정한 과세가격을 포착하지 못한다면 관세부과의 목적이 달성될 수 없게 되는 바, 과세가격을 '제2의 세율'이라고 부르는 이유가 바로 이점에 있는 것이다. 즉, 어떤 물품에 관해 무역 당사국간의 관세율을 20%에서 10%로 하향조정하기로 합의하였다고 하더라도 과세가격을 결정하는 기준이 다르면(예를 들어 과세가격을 100원에서 200원으로 바꾸어 버리면 관세는 동일하게 되므로) 양국 간의 관세율 인하협상은 실효를 거둘 수 없게 된다.

이렇듯 관세평가의 목적은 수입물품의 저가신고를 방지하여 관세수입을 확보하고 덤핑수입을 방지하여 국내 산업을 보호하며, 아울러 고가신고로 인한 부당한 외화유출을 방지함으로써 적정과세확보를 도모하는데 그 목적이 있다.[3)]

따라서 아무리 특정목적을 위하여 관세율을 신중하게 책정한다 하더라도 관세의 과세가격을 결정하는 평가에 정확을 기하지 못한다면, 관세부과의 목적을 달성할 수 없게 된다.(**日本關稅協會, 關稅評價硏究會, 「關稅平價とは何か(解說編)」, 日本關稅協會**, 1977. p. 7. ; 이춘삼, "관세의 과세가격결정에 관한 연구," 「한국조세연구」 제1권, 세경사, p. 219)

3) 임홍근·강이수, 「관세법」, 삼영사, 1976. p. 180.

III 관세평가의 대상

관세는 과세표준을 기준으로 하여 종가세·종량세·선택세 및 복합세로 분류할 수 있다.

이 가운데 '종가세'[4]는 수입물품의 가격을 과세표준으로 하는 관세를 말하고, '종량세'[5]라 함은 물품의 수량·중량·용적·길이·면적 등을 과세표준으로 하는 관세를 말한다. '선택세'[6]란 한 품목에 대하여 종량세율과 종량세액을 정하여 고세액산출세액을 적용하는 제도로서 종가·종량 선택세라 할 수 있으며, 또한 '복합세'[7]란 한 품목에 대하여 종가세와 종량세를 함께 부과하는 관세로서 종량 · 종가병과세라고 할 수 있다.

그러므로 종량세 대상물품은 관세평가의 대상이 될 수 없으며, 평가의 대상은 주로 종가세물품 그리고 선택세 물품과 복합세물품 가운데 종가세 해당 부분만이 이에 포함된다고 볼 수 있다. 따라서 관세의 과세가격평가의 대상은 종가세 물품이다.

이론적인 근거와 역사적인 관점에서 볼 때 초기관세의 부과방식은 종량세와 종가세로 구분되었고 징수방식도 현물징수와 현금징수로 구분되었는데, 그 구체적인 방법은 경제의 발전에 따라 대체로 종량세 현물징수에서 종가세 현금징수방식으로 발전하여 왔다.[8] 이러한 발전과정에서 기본적으로 쟁점이 되었던 것은 관세가 대물세

---

4) 종가세 = *CIF*거래가격 × 과세환율 × 관세율

5) 종량세 = 수입수량 × 단위당 관세액

6) 예컨대 '120% 그러나 kg당 60,000원 이상'과 같다.

7) 예컨대, '50% + Kg당 100원'과 같다.

8) 초기관세의 실례로서 De Laet는 고대 그리스의 관세와 관련하여 "이 세는 종가에 의하여 징수되는 것이 아니고 일반적으로 자유의사에 의하여 자발적으로 외국상인이 그들의 상행위를 할 지역의 높은 위치에 있는 자에게 증물의 형식으로 주어진 것이다"고 한다.(**朝倉弘教, 「世界關稅史」, 日本關稅協會**, 1983. p. 19.)

임을 전제로 할 때 동일한 물품에는 동일한 금액의 관세를 징수하는 것이 공정하다는 생각과 종가세제를 채택하는 한, 가격이 다르면 세금도 달라져야 한다는 주장이 서로 대립하였다.

그러나 오늘날 거의 대부분의 국가에서는 관세부과에 있어서 종가세 방식을 채택하고 있다.

우리 나라 관세법 제9조도 "관세의 과세표준은 수입물품의 가격 또는 수량으로 한다"고 규정하고 있지만, 별표 관세율표상에는 대부분의 물품이 종가세로 선정되어 있어[9] 종가세물품의 과세가격이 '거래가격'이기 때문에[10] 이 거래가격을 어떻게 평가할 것인가를 밝히는 것이 매우 중요하다.

IV 관세평가에 관한 입법례

관세평가에 대한 입법주의를 보면 대체로 장소를 중심으로 하는 발송지 가격주의와 도착지 가격주의가 있고, 시기를 중심으로 하는 수출시 가격주의와 수입시 가격주의가 있는데, 이 가운데 발송지 가격주의는 수출시 가격주의에 대응하는 개념이고, 반대로 도착지 가격주의는 수입시 가격주의에 대응하는 개념이며, 제3의 모형으로 법정가격주의 개념이 있다.

마지막의 법정 가격주의는 어느 기간 중의 국내시장의 평균가격을 조사하여 그 가격을 과세가격으로 정하는 것을 말한다. 이 가격에 의하여 과세가격을 산출하게 되면 수출국에 있어서의 가격이나 수입신고가격을 고려할 필요 없이 법정의 가격에 의

9) 현재 조당과 비디오테이프 등 종량세 대상품목은 극소수에 불과하다.(韓國關稅硏究所, 「大韓民國關稅率表」, 1994 참조)

10) 관세법 제9조의 3 제1내지 3항 참조.

하여 과세하므로 과세가격결정이 매우 간편하다는 장점이 있으나, 법정가격은 과거 일정 기간 내의 평균가격을 기초로 하기 때문에 실제 수입 당시의 가격과는 항상 차이가 생기며 그 결과 과세의 공평을 기할 수 없다는 단점이 있다.

따라서 이 단점을 보완하려면 적어도 가격변동에 따라 빈번히 법정가격을 변경시켜야 하며, 또 모든 수입물품의 가격을 법으로 정한다는 것은 사실상 매우 어려울 뿐만 아니라 수입업자 역시 항상 변동하는 가격 때문에 무역거래에 불안을 갖게 된다.

한편, 발송지 가격주의는 이른바 FOB가격주의로서 해상운임과 보험료를 합산하지 않는 가격을 의미한다. 따라서 후술하는 CIF가격주의 즉, 도착시 가격주의에서보다 관세부담이 적어진다.

CIF가격주의의 경우를 과세가격으로 할 경우에는 세계 각국에 있어서의 모든 가격을 조사하여야 하는데, 사실상 불가능하며 송품장에 갈음하기 때문에 당해 송품장의 진정성 유무를 검토하기 위하여 해외시장가격을 조사하여야 할뿐만 아니라, 국내산업 보호의 견지에서 볼 때에도 불합리하다는 결점이 있다.

그러나 FOB가격주의는 과세가격이 낮아 납세자의 관세부담이 적고 운임 · 보험료의 불포함으로 근거리지역으로부터의 수입유발을 제거할 수 있는 이점이 있다. 그리고 도착시 가격에는 소위 CIF가격과 도착지시장가격(시가역산제)이 있는데, CIF가격은 주지하는 바와 같이 수입항에 도착할 때까지의 운임과 보험료를 가산한 가격을 과세가격으로 하는 방법을 말한다. 따라서 CIF가격은 FOB가격에 비하여 과세가격이 높아 납세자의 관세부담이 많고 따라서 관세수입의 증대에 기여한다.

또 관세의 전전(forward shifting)현상으로 소비가 억제되어 국내 산업을 보호한다. 반면 운임과 보험료를 포함한 복합가격으로 과세를 결정하기 때문에 원거리 무역을 저해하고 근거리 무역을 조장할 우려가 있다.

우리 나라를 포함한 일본 및 EU의 관세평가는 CIF가격주의를 그리고 미국은 FOB가격주의를 채택하고 있는 대표적인 국가에 속한다.

V WTO 관세평가협정구조

WTO 신관세평가협정은 과세가격의 제1차적 기준을 "거래가격"(transaction value)임을 협정 전문에서 분명하게 밝히고 있다. 아울러 거래가격의 결정기준에 대하여 협정 본문에 명시된 사항을 재차 주의를 환기시키는 점이 1981년 동경 라운드 관세평가협정의 전문 구성방식과 약간 다르다.

1 수입물품의 관세평가

관세평가협정은 수입물품의 가격을 상사적 기초에서 평가되어야 한다고 규정한다.[11] 수입업자와 수출업자가 "관련이 없는 당사자"(unrelated parties)인 경우 그 과세가격은 판매가격(selling price)에 의하여 결정된다. 이러한 방법이 "거래가격"(transaction value)에 의한 평가방식으로 관세평가에 있어서 가장 흔하게 사용되고 선호되는 방식으로 관세평가협정은 전문에서 관세가격의 제1차적 기준은 "거래가격"임을 명시하고 있다. 물론, 그 가격에 대해서는 약간의 조정이 있을 수 있다.[12] 또한 이것은 당해 거래의 실제 상황을 고려해야 한다. 즉, 물품의 라이선스료 등은 수출업자에게 지불되기 때문에 거래가격에 포함되어야 한다.

그러나 다국적 기업이 증가하면서 수입업자와 수출업자가 "관련을 갖는 당사자"(related parties)가 되는 경우가 흔하며 송장의 가격은 "관련이 없는 당사자"간의 "독립된 당사자거래"(arms length transaction)에서 나타나는 가격을 반영하지 않는 경우가 많다.

---

11) 관세평가협정 일반서설 참조.

12) 관세평가협정 제1조 1항 및 제8조 참조.

2 관세평가 방법

관세평가협정은 1차적으로 거래가격을 평가방법으로 이용한다. 이것은 가장 공통적이고 흔한 방식이다. 수입물품의 과세가격을 동 물품의 거래가격으로 결정할 수 없는 경우에 대비하여 협정은 4가지 선택적 평가방법을 도입한다. 이 4가지 평가방법은 다음 순서로 순차적으로 적용된다.

① 동종물품의 거래가격[13](transaction value of identical goods)

동종물품이 동일 수입국에 동시에 수입되고 있을 때 그 물품의 거래가격이 과세가격으로 된다.

② 유사물품의 거래가격[14](transaction value of similar goods)

유사물품이 동일 수입국에 동시에 수입되고 있을 때 그 물품의 거래가격이 과세가격으로 된다.

③ 공제가격[15](deductive value)

동종·유사의 수입물품이 수입국내에서 판매되는 경우 그 단위가격에서 통상 지불하는 수수료, 통상적으로 발생되는 이윤이나 일반경비로서 부가되는 금액, 수입국내에서 발생되는 운임, 보험료 등과 그 물품의 수입 또는 판매로 인하여 수입국내에서 지불하는 관세 및 기타 내국세 등을 공제한 가격이 과세가격이 된다.

④ 산정가격[16](computed value)

산정가격은 수입물품의 생산에 있어서 노동 및 자재의 실제투입비용, 통상적

---

13) 관세평가협정 제2조 참조.

14) 관세평가협정 제3조 참조.

15) 관세평가협정 제5조 참조.

16) 관세평가협정 제6조 참조.

인 일반경비 및 동일한 부류에 속하는 제품의 판매시 통상 반영되는 이윤 등을 합산한 가격이 과세가격이 된다.

관세평가협정에 의하면 관세평가의 순서는 위와 같지만 수입업자의 요청이 있는 경우에는 산정가격과 공제가격의 순위를 바꾸어 적용할 수 있다.[17]

또한 상기와 같은 선택적인 가격산정방법에 의하여 과세가격을 결정할 수 없는 경우에는 이 협정과 GATT 1994 제7조의 원칙과 일반규정에 합치되고 수입국내에서 입수 가능한 자료를 토대로 합리적인 방법(reasonable means)을 이용하여 결정되어야 한다.[18] 이러한 과세가격산정방식은 사실상 국내법에 일임되어 있는 것이므로 협정은 여기에 대해서 수출국 도매시장에서의 물품가격이나 수입국이 아닌 다른 국가에 수출하는 물품가격, 자의적이거나 가공적인 가격 등에 기초하여 그 과세가격을 정할 수 없다고 하여 과세가격결정에 있어서 그 자의성을 최대한 배제한다.[19]

1. 거래가격

수입물품의 거래가격은 수입물품에 대하여 "실제로 지불했거나 지불해야 할 가격"이다. 실제로 지불했거나 지불해야 할 가격은 평가협정 제8조의 규정에 따른 금액을 가산하여 조정된 가격이 거래가격이 된다.[20]

제8조의 규정에 의하여 거래가격에 반드시 가산되는 항목은 다음과 같다. 구매자가 부담하는 수수료 및 중개료, 물품과 일체로 취급되는 용기비용, 동 물품의 포장에 소요되는 노무비와 자재비, 수입물품에 무료 또는 인하된 가격으로 직·간접적으로 제공되어 물품에 결합되는 재료비, 수입물품의 거래조건으로서 직·간접적으로

17) 관세평가협정 제4조 참조.

18) 관세평가협정 제7조 1항.

19) 관세평가협정 제7조 2항 참조.

20) 우리 나라의 관세법은 관세평가협정의 내용을 그대로 실현하고 있다. 제9조의 3 제1항 참조.

지불하도록 되어있는 로열티나 라이선스료, 수입물품의 전매, 처분 또는 사용에 따르는 수입금으로 판매자에게 귀속될 금액이 해당되며, 이러한 항목에 대하여 충분한 정보가 없다면 이러한 평가방법은 이용할 수 없다.

그리고 협정에서 가산되는 항목 이외에는 거래가격에 다른 것을 포함시킬 수 없기 때문에[21] 물품수입 후 물품의 조립이나 유지비용, 수입 후의 운송비용이나 수입물품의 소비세 등은 당연히 제외된다.

구매자에 의한 물품의 처분 또는 사용에 대한 일정한 제한이 있는 경우에는 그 거래가격을 평가방법으로 이용할 수 없다.[22] 구매자의 수입물품에 판매에 대한 제약, 그 판매에 부과되는 조건 또는 물품의 판매가격 등에 대한 제약, 구매자의 수익금의 일부가 판매자에게 귀속된다는 특약 또는 관련이 있는 당사자 간의 거래 등에 대하여는 그 거래가격을 이용할 수 없다. 그러나 구매자에게 일정한 제약을 가하는 경우라 하더라도 그 거래가격이 인정되는 경우가 있다. 즉, 수입국의 법률 또는 행정당국이 부과하는 제약, 수입물품이 전매 될 수 있는 지역에 대한 제약 그리고 물품가격에 실질적으로 영향을 미치지 않는 제약의 경우에는 그 거래가격은 수용될 수 있다.

앞에서 설명한 거래가격으로 인정될 수 없는 경우의 예로서 평가협정 「제1부속서」는 구매자가 특정 수량의 다른 물품을 구매한다는 조건으로 판매자가 수입물품의 가격을 결정하는 경우, 수입물품의 구매자가 수입물품의 판매자에게 판매하는 다른 물품의 가격에 따라 수입물품의 가격이 변동하는 경우, 그리고 수입물품에 대하여 특이한 지불방법을 사용하는 경우 등이 그렇다.[23] 이러한 경우에 있어서 그 거래가격은 관세당국이 무시할 수 있다.

---

21) 관세평가협정 제8조 4항.

22) 관세평가협정 제1조 1항 a, b, c, d 참조.

23) 관세평가협정 제1부속서 제1조 2항 b에 대해 주해 참조.

수입물품의 거래가격이 적절하지 않은 경우, 가령 관련이 있는 당사자 간의 거래 등에 있어서는 동종물품[24](identical goods)의 거래가격을 이용할 수 있다.[25] 동종물품의 거래가격을 이용할 때에도 상이한 거래나 상이한 수량으로 판매되는 경우에 있어서는 그 거래 또는 수량차이에 따른 가격차이 및 기타 적용 가능한 조정방법에 의하여 조정된 가격을 과세가격으로 삼을 수 있다.

물품의 거래가격 또는 동종물품의 거래가격을 결정할 수 없는 경우 유사물품[26](similar goods)의 거래가격이 이용된다.[27] 동종물품과 유사물품과의 차이는 평가협정 및 동 부속서에도 명시적으로 규정되어 있지 않다. 이는 국내법으로 규율할 사항인 바, 우리 나라의 관세법 시행령에 의하면 그 물품의 물리적 특성, 품질 및 소비자 등의 평판 등에 의하여 그 동종성 여부를 판단한다. 우리 나라에 있는 A회사가 싱가포르에 있는 제휴회사인 B회사로부터 물품을 구입하고 관세당국이 그 특별한 관계로 인하여 송장가격의 진실성에 의심을 한다면, 관세당국은 당연히 평가협정 제1조에 의한 거래가격이 아닌 제2조나 제3조의 거래가격에 의하여야 할 것이다. 이때 유사물품의 거래가격을 기초로 하는 경우 당해 수입업자는 그 물품의 과세가격의 산정근거를 요청할 수 있다.

2. 공제가격

공제가격이란 수입물품, 동종 또는 유사의 수입물품이 수입국에서 판매될 때 일

24) 우리 나라 관세법에 의하면 동종물품을 "동종·동질물품"으로 표현한다. 관세법 시행령 제3조의 7의 제1항에 의하면 "'동종·동질물품'이라 함은 당해 수입물품의 생산국에서 생산된 것으로서 물리적 특성·품질 및 소비자 등의 평판을 포함한 모든 면에서 동일한 물품"이다.

25) 관세평가협정 제2조.

26) 관세법 시행령 제3조의 7의 2항에 의하면 "'유사물품'이라 함은 당해 수입물품의 생산국에서 생산된 것으로서 모든 면에서 동일하지는 아니하더라도 동일한 기능을 수행하고 대체 사용이 가능할 수 있을 만큼 비슷한 특성과 구성요소를 가지고 있는 물품"이다.

27) 관세평가협정 제3조.

정 항목에 대하여 이를 공제하여 판매될 때의 가격을 말한다.[28] 따라서 과세가격 결정에 있어서 그 공제되는 가격만큼 감액된다. 공제가격을 결정함에 있어서 관세당국은 물품 수입업자와는 관련이 없는 구매자에게 최대의 총량으로 판매되는 단위가격(unit price)을 고려하여, 지불할 수수료나 동종 또는 동류의 수입물품이 수입국내에서 판매될 때 통상적으로 발생되는 이윤이나 일반경비 등을 공제한다.

공제가격은 단위가격을 기초로 산정되며 이 가격은 판매시점 및 구입조건에 따라 달라질 수 있다. 그 물품가격에 포장비 등이 포함되어 있지 않다면, 이는 부가된다. 포장비에는 노무비와 자재비가 포함된다. 이러한 것이 부과된 연후에 일정한 항목에 대하여 공제한다. 공제대상 항목으로는 수수료, 이윤, 일반경비, 운송비, 보험료, 관세 및 내국세 등이다.

3. 산정가격

물품의 거래가격, 동종, 유사물품의 거래가격을 결정할 수 없는 경우에는 과세가격은 공제가격 다음으로 산정가격이 된다. 산정가격은 전술한 방법으로 결정할 수 없는 경우에 이용된다. 산정가격은 기본적으로 생산비에 근거한 평가방법이다. 산정가격에 이용되는 요소로는 수입물품의 생산에 소요된 자재비, 조립비나 기타 가공에 소요되는 비용, 수입국에 수출하기 위하여 수출국내 생산자가 제조한 당해물품과 동종 또는 동류의 물품 판매시 통상적으로 반영되는 이윤과 일반경비 등이다.[29] 그리고 평가협정 제8조 2항에 의하면 당사국이 선택한 평가방법 여하에 따라 수입물품의 수입항까지의 운송비, 운송과 관련한 적하비 등과 운송보험료를 산정가격에 포함시킬 수 있다.[30]

산정가격을 산출하기 위한 근거는 수입국 밖에서 수집한 정보에 어느 정도 의존

28) 관세평가협정 제5조 1항 a 참조.

29) 관세평가협정 제6조 1항 참조.

30) 우리 나라 관세법은 제9조의 7 제3호에서 이러한 것을 산정가격에 포함시킨다.

할 수 있다. 즉, 외국의 생산자가 정보 제공을 거부하는 경우 산정가격을 산출할 수 없는 것이다. 산정가격은 동종물품 또는 유사물품의 거래가격을 이용할 수 없는 경우로서 관련이 있는 당사자 간의 거래에 이용될 수 있을 것이다.

3 관련이 있는 당사자간의 거래

관세평가협정이 "관련이 있는 당사자간 거래"(related-party transactions)에 대하여 이를 별도로 취급하는 이유는 가격의 합리성에 영향을 줄 수 있는 비시장적 요인이 개재될 개연성이 크다고 보기 때문이다. 실제의 비용과 이윤을 반영하지 않는 이전가격이 회사 내 거래에 있어서 사실상 흔한 현상이다. 그러나 관련이 있는 당사자간 거래라 하더라도 그러한 특수 관계가 거래가격에 영향을 미치지 않는 경우에는 당해 물품의 거래가격을 채택하여야 한다는 것이 평가협정의 원칙이다.[31)]

평가협정 제15조 4항은 "관련이 있는 자"를 명시적으로 규정한다. 동항에 의하면 ① 양자가 상호 사업상의 임원이나 관리자인 경우, ② 법률상 동업자로 인정되는 경우, ③ 양자가 고용자와 피고용자인 경우, ④ 특정인이 양자의 의결권이 있는 주식이나 지분의 5% 이상을 직접 또는 간접 소유, 관리 또는 점유하는 경우, ⑤ 양자 중 일방이 직접 또는 간접으로 타방을 관리하는 경우, ⑥ 양자가 제3자에 의해 직접 또는 간접으로 관리하는 경우, ⑦ 양자가 제3자를 직접 또는 간접으로 공동관리 하는 경우 또는 ⑧ 양자가 동일가족인 경우 "관련이 있는 자"로 본다.

관련이 있는 당사자간의 거래라도 그 거래상황을 검토하여 그 관계가 가격에 영향을 미치지 않은 경우에는 그 거래가격을 채택하여야 한다. 평가협정에 의하면 수입업자가 제공한 정보에 비추어 그 관계가 가격에 영향을 미쳤다고 인정할 수 있는 사유가 있다고 보는 경우에 관세당국은 그 사유를 반드시 수입업자에게 통보하고 수입업자가 이에 답변할 수 있는 합리적인 기회를 제공하여야 한다.[32)]

---

31) 관세평가협정 제1조 2항 a 참조.

당사자간의 관련여부에 대하여는 1차적으로 관세당국이 입증할 책임이 있고 차후에 입증책임은 수입업자에게 전가된다. 또한 관련이 있는 자간의 거래에 있어서 수입업자의 신고거래가격이 동종 또는 유사물품을 동시에 수입하고 있는 국가의 관련이 없는 구매자에게 수출하는 거래가격과 "매우 근사(近似)하다"(closely approximate)는 것을 수입업자가 증명하는 경우에는 독립당사자간 거래와 마찬가지로 그 거래가격이 관세평가의 결정기준이 된다.[33] 실제 지불한 가격 또는 지불할 가격이 당사자간의 관계에 의하여 영향을 받았는가 하는 결정은 결국, 사안별로 판단할 문제이다.

4 과세가격산정의 가산금

수입물품의 관세평가에 일정한 가격을 가산하는 배경은 사실상 해외의 생산자가 제공하고 아울러 그 비용을 반드시 부담해야 하기 때문이다. 이러한 가산금(additional costs)은 수입업자가 실제 지불해야 하는 가격에 포함되지 않은 금액이다. 평가협정은 제8조에서 가산금에 대하여 규정하고 있는 바, 물품에 결합되는 재료, 물품의 생산에 사용되는 공구, 형판 및 주형, 물품의 생산에 소요되는 재료비, 수입국이 아닌 수입국 외부에서 수행되며 수입물품의 생산에 필요한 엔지니어링, 디자인워크, 도면 등에 대한 비용 등이 거래가격에 가산된다.

관세당국은 그 가산금의 산정에 있어서는 인정된 회계원칙[34](generally accepted accounting principles)에 따른 방법을 이용하여야 할 것이다.

---

32) 관세평가협정 제1조 2항 a 참조.

33) 관세평가협정 제1조 2항 b 참조.

34) 관세평가협정 제1부속서 "주해"에 따르면, "일반적으로 인정된 회계원칙"은 "...특정 시기에 특정 국내에서 일반적으로 인정되거나, 실질적이고 권위 있는 지원을 받고 있는 회계원칙"을 말한다.

5 기존의 관세평가협정과의 차이

동경라운드 관세평가협정과 1994 관세평가협정은 본질적으로 동일하다. 협정체계에 있어서 실체적 내용을 이루는 부분은 동일하게 규정되어 있고, 제2부의 분쟁해결 등 비실체적 문제에 있어서는 GATT 1994 "분쟁해결규칙 절차에 관한 양해각서"가 별도로 체결됨으로써 과거 관세평가 중에서 규율되었던 내용이 상기 각서에 수용됨으로서 변경되었고,[35] 과거 "관세 및 무역에 관한 일반협정 제7조의 시행에 관한 협정 의정서"는 GATT 1994 관세평가협정의 제3부속서에 의하여 조문구성방식만 바뀌고 사실상 그 내용의 변경 없이 수용되었다.

WTO협정 가운데 일부 개발도상국들이 주장하였던 내용이 어느 정도 관철되었다고 볼 수 있으나, 그 주장내용이 관세평가협정이나 부속서에 포함되지 않고 각료회의에서 결정(Decision)의 형식으로 평가협정을 보완하는 방식으로 이루어진 점이 특징이라고 볼 수 있다.

개발도상국인 인도, 브라질, 케냐 등은 관세평가협정 제17조에 의한 관세당국의 권한 행사에 있어서 어려움을 호소하였다. 관세당국은 신고된 가격의 진실성이나 정확성 등에 대하여 확인할 권리를 가지고 있으나, 개발도상국의 경우 한정된 인력이나 기술의 부족으로 그 정확성을 확인하기 어렵다는 입장이었다. 따라서 관세당국이 신고된 가격의 진실성을 의심할만한 사유가 있는 경우에는 상대방 즉, 수입업자에게 그 산정된 가격의 타당성에 대한 입증책임을 부담시켜야 한다는 주장이었다.

동경라운드 관세평가협정은 원칙적으로 거래가격을 과세평가의 기준으로 삼아 수입국가의 관세행정의 자의성을 막는 한편, 신고가격에 의심이 있을 때에는 제17조에 의하여 관세당국이 이를 확인할 수 있도록 권한을 부여함으로써 균형을 취하고 있기 때

35) 개정된 관세평가협정 제19조 1항에 의하면, "분쟁해결에 관한 규칙 절차에 대한 양해각서는 달리 정한 바를 제외하고는 이 협정에 따른 협의 및 분쟁해결에 적용"된다.

문에 따라서 입증책임은 사실상 상당부분 수입업자에게 있다는 견해가 지배적이었다. 물론, 최소한의 입증책임은 관세당국에게 있고, 이를 소명하는 입증책임은 수입업자에게 있다는 해석이 가능함으로써 제17조에 대한 개정이 필요 없었던 것이다.

그러나 각료회의는 상기 개도국들의 주장을 일부 수용하여 "관세당국이 신고의 정확성이나 진실성을 의심할만한 사유가 있는 경우에 관한 결정"(Decision Regarding Cases Where Customs Administrations Have Reasons to Doubt the Truth or Accuracy of the Declared Value)에 의하여 제17조를 보완하고 있다. 이 결정문의 내용이 협정이나 그 부속서에 수용되지 않음으로써 이것이 협정의 본질적인 부분이 될 것인가, 즉 제17조의 해석에 있어서 구속력이 있는가 하는 의문이 발생한다. 이것에 대한 해결방안으로서는 제3부속서 제6항에서 신고가격의 정확성을 확인하는 목적의 조사에 있어서 "회원국들은 자국의 법령 및 절차에 따라"[36] 수입업자로부터 충분한 협조를 기대할 권리를 갖는다고 규정하고 있고 "관세당국이 신고가격의 정확성이나 진실성을 의심할 만한 사유가 있는 경우에 관한 결정"에서는 보다 구체적인 절차를 규정하고 있으므로 이 결정에 의거 관세협정 제17조에 대하여 국내법령을 보다 세밀히 규정하는 방안을 검토할 수 있을 것이다.

평가협정 제17조의 내용은 변경이 없으나, 결정의 형태로서 관세당국의 권한을 보다 명료히 하여 실질적으로 관세당국의 권한을 강화하는 결과가 되었다.

36) 이 구문은 GATT 1947 관세평가협정 의정서 제7항에는 없었던 것으로 새로 추가된 내용이다.

CHAPTER 8

서비스무역과 시장개방

Ⅰ. 개요

Ⅱ. 서비스의의와 GATS

Ⅲ. 서비스무역 협상의 전개

Ⅳ. WTO서비스무역협정의 구조

Ⅴ. 서비스무역과 시장개방

Ⅵ. 요약 및 시사점

Ⅰ 개요

전통적으로 서비스는 상품의 생산과 무역에 따르는 부수적인 것으로서 노동집약적이고 비생산적인 산업부분으로 인식되어 왔다. 그러나 1960년대 이후 주요 선진국에서 서비스산업이 급속한 성장을 이루면서 이제는 대부분 선진기술과 고도로 숙련된 고임금 노동자들에 의존하는 부가가치 산업으로 자리 잡고 있다. 이에 따라 서비스산업에 대한 관심이 증가하면서 상품부분과는 별도로 독자적인 중요성이 인식되고 있다.[1)]

서비스 부분에 대한 무역은 매우 급속도로 증가하고 있는데, 이러한 원인에는 주요국에서 서비스산업의 발전과 그에 따른 고용신장이라는 요인 이외에 서비스산업에서도 규모의 경제를 달성하기 위해 국제적인 차원에서 사업영역의 확대와 전문화를 꾀하고 있기 때문이다. 여기에다 통신기기와 데이터처리 등 관련 사업분야에서의 기술진보는 서비스산업의 국제화를 촉진시키는 중요한 요소로 작용하고 있다. 우루과이라운드의 협상에서도 농산물, 섬유와 아울러 서비스가 핵심 분야로 서비스무역에 대한 새로운 규범이 제정되었다.

현재 우리 나라는 상품수지에 있어서는 지속적인 흑자가 이루어지고 있으나 서비스무역수지에 있어서는 적자폭이 계속적으로 확대되고 있는 추세이다. 또한 국가의 대외경제정책의 중요 방향 중 하나인 FTA의 지속적 체결은 교역량을 더욱 증가시킬 것이고 이에 따라 서비스무역의 적자폭이 심화될 가능성이 높다고 볼 수 있다.

따라서 본 연구에서는 서비스무역의 개념과 서비스무역에 관한 일반협정(GATS)에 대하여 살펴보고, 서비스무역과 관련된 통상현안 즉, 서비스무역에 있어서의 FTA를 분석함으로 향후 서비스무역의 발전방향을 모색하는 데 목적이 있다.

1) 서헌재, 『국제경제법』, 율곡출판사, 1996., p. 513.

[표 8-1] 물품 및 서비스무역 추이

단위 : 억USD, %

		1999	2000	2001	2002	2003	2004	2005
물품무역	수출	1,436.9	1,722.7	1,504.4	1,624.7	1,938.2	2,538.5	1,365.4
	증가율	8.6	19.9	−12.7	8.0	19.3	31.1	–
	수입	1,197.5	1,604.8	1,4110	1,521.3	1,788.3	2,244.6	1,240.2
	증가율	28.4	34.0	−12.1	7.8	17.6	25.5	–
	상품수지	239.3	117.9	93.4	103.4	149.9	293.8	125.2
서비스무역	수출	265.3	305.3	290.6	283.9	329.6	414.3	219.7
	증가율	3.8	15.1	−4.8	−2.3	16.1	25.7	–
	수입	271.8	333.8	329.3	365.9	403.8	502.0	281.0
	증가율	10.8	22.8	−1.4	11.1	10.4	24.3	–
	서비스수지	−6.5	−28.5	−38.7	−82.0	−74.2	−87.7	−61.3
경상수지		245.2	122.5	80.3	54.0	119.5	276.1	87.0

자료 : 한국무역협회 무역통계시스템(www.stat.kita.net), 한국은행 경제통계시스템(ecos.bok.or.kr)
주 : 물품무역통계는 한국무역협회 서비스 및 경상수지는 한국은행 통계자료를 활용하였음
2005년은 상반기 실적임

Ⅱ 서비스의 의의와 GATS

1 서비스의 의의

서비스라는 용어는 광고, 금융, 통신, 건설, 프랜차이징, 전문직서비스(건축, 회계, 교육, 엔지니어링, 건강 및 법무분야 등), 유통, 관광 및 운송을 망라하는 매우 포괄적인 개념이다. 최근 들어 서비스는 재화와 더불어 경제사회에 있어서 경제활동의 대상으로 점차 부각되고 있다. 서비스의 종류와 대상은 다변화되었고, 시대의 변화에 따라 학자마다 서비스에 대한 해석을 달리하고 있다. 서비스의 분류방법을 요약하면

다음과 같이 할 수 있다.[2)]

[표 8-2] 서비스의 분류

학자	분류 기준	분류	주요 내용
엘프링	서비스가 제공하는 업무나 활동	생산자 서비스	중간투입재적 요소 서비스 : 금융보험, 부동산업, 사업 및 전문서비스업 등
		유통 서비스	유통 및 운송 관련 서비스 : 도·소매업, 운수업, 통신업
		개인 서비스	소비자 관련 서비스 : 음식 및 숙박업 이·미용업, 가사서비스업 등
		사회 서비스	공공재적 서비스 : 공공행정·국방, 의료보험, 교육 등
그루벨과 워커	지출	소비자 서비스	소비자 구매서비스 (엘프링의 개인서비스) : 호텔, 금융·보험업, 이·미용업
		생산자 서비스	요소 및 중간투입서비스 : 회계, 광고 정보·통신 등
		정부 서비스	공공부문 서비스 (엘프링의 사회서비스) : 교육, 의료, 보건, 국방, 치안 등
하타	매매 대상	물적 서비스	물자매매수단 서비스 : 임대 및 리스 오락·게임업
		인적 서비스	인간행위관련 서비스 : 가사서비스, 의료서비스, 이·미용업 등
		시스템적 서비스	조직화된 제도적 서비스 : 정보·통신업, 보험업 등
힐	영향을 미치는 대상	재화에 영향을 미치는 서비스	중간투입성격 서비스 : 금융, 수리, 컨설팅 서비스 등
		사람에 영향을 미치는 서비스	소비자물리적·심리적 상태관련 서비스 : 여객운송, 의료, 교육, 통신 등

김우규, "서비스무역과 그 유형", 「무역상무연구」, 한국무역상무학회, 제13권, 2000. 2., p. 683.

2) J, Elfring, "New Evidence on the Expansion of Service Employment in Advanced Economics," Review of Income and Wealth 35, 1989, pp. 409~440 ; H. Grubel and M.A. Walker, "Modern Service Sector Growth : Causes and Effects," in H. Giersch(ed.), Services in World Economic Growth, TÜbingen : Kiel University, 1989, pp. 5~23 ; 羽田昇史, サービス經濟學入門, 同文館, 1993., p. 44 ; Hill. T.P., "On Goods and Services", Review of Income and Wealth 23, 1977., pp. 328~330.

2 GATS의 서비스의 유형

이미 타결된 UR에서 합의된 서비스협정(서비스무역에 관한 일반협정, GATS : General Agreement on Trade in Service)상에 나타난 서비스무역의 형태는 4가지로 구분되는데 여기에는 상품의 국경간 수출입과 같은 생산물의 국경간 이동뿐만 아니라, 소비자의 이동, 생산요소의 이동에 의한 서비스 공급을 모두 포함한다.3)

GATS의 서비스의 유형은 크게 4가지로 구분할 수 있다.

첫째, 국경간 공급(cross-border supply)은 서비스 생산자가 서비스 수입국내에 존재하지 않은 상태에서의 서비스 공급을 말한다. 즉, 서비스 공급주체가 서비스 수출국내에 그대로 주재하면서 서비스를 생산하여 생산된 서비스를 서비스 수입국에 반출하는 경우로서 자본이나 노동과 같은 생산요소의 이동이 수반되지 않는 경우를 말한다. 이의 전형적인 예로서 통신수단에 의한 서비스 공급과 상품에 구현된 서비스 공급을 들 수 있다.4)

둘째, 해외소비(consumption abroad)는 서비스 소비자가 서비스 수출국 영토 내에서 서비스를 소비하는 경우를 말한다. 이 경우에 서비스 소비자는 자연인과 자연인이 소유하고 있는 소유물을 포함한다. 이에는 관광관련 서비스, 교육서비스, 의료서비스 및 항공기나 선박 등이 해외현지에서 수선·유지 관리서비스를 받는 경우에 해당한다.

셋째, 상업적 주재(commercial presence)는 외국기업이 모든 형태의 사업체를 서비스 수입국내에 창설하여 영업활동을 영위하는 경우와 외국기업이 간접투자로 기존 기업의 인수를 통해 지사와 대표사업소를 신규 설치하여 운영하는 경우에 해당된다.

---

3) 대외경제정책연구원, "UR 총점검, 1993, pp. 331~332.

4) 통신수단에 의한 서비스 공급의 예로는 위성에 의한 국가간 케이블 방송 등을 들 수 있으며, 상품에 구현된 서비스 공급의 예로는 컴퓨터 디스켓에 내장된 각종 프로그래밍 서비스 등을 들 수 있다.

넷째, 자연인의 주재(presence of natural persons)는 외국서비스 공급기업의 지사, 자회사 등의 임·직원의 현재주재에 의한 서비스 공급, 회계사, 엔지니어 등 개별 서비스 생산자가 서비스 수입국내에 일정기간 체류하면서 서비스를 공급하는 경우에 해당된다.[5)]

서비스의 유형에 따른 실례를 들어보면, 국제전화는 한 회원국이 다른 회원국의 소비자에게 공급하는 서비스이다. 관광은 어떤 회원국의 영역 내에서 다른 회원국의 소비자에 대한 서비스의 공급이다. 다른 회원국의 영역 내에 시설이 있거나 일시적으로 대표를 파견한 외국인 투자기업에 의한 서비스 공급도 서비스무역이다. 금융은 서비스 공급자의 상업적 주재를 통한 서비스의 공급이다. 자문과 같은 전문직 서비스는 그 내용이 국제우편으로 할 수 있으면, 서비스의 국가간 이동에 해당하겠지만, 전문가가 입국하여 서비스를 제공하게 되면 자연인의 상업적 주재를 통한 서비스의 공급이 된다.[6)]

이와 같은 4가지 유형 가운데 이론상이나 실질적으로 이루어지고 있는 서비스무역의 유형은 앞의 3가지로 볼 수 있으며, 4번째 유형은 실질적으로는 거의 이루어지지 않고 있는 유형이다. 그리고 여기서의 '서비스의 공급'(supply of a service)[7)]은 서비스의 생산(production), 유통(distribution), 미케팅(marketing), 판매(sales), 배달(delivery) 등을 포함한다.

5) 김우규, "서비스무역과 그 유형", 「무역상무연구」, 한국무역상무학회, 제13권, 2000. 2., pp. 690~691
(서비스가 수출국에서 생산되어 국제간 거래를 통하여 수입국에서 소비되는 국경이동의 유형, 둘째, 서비스의 생산을 위하여 생산자가 수입국으로 이동하는 생산자 이동의 유형 셋째, 소비자가 서비스 생산국으로 이동하는 유형. 넷째, 생산자와 소비자 모두가 제3국으로 이동하는 제3국 무역의 유형으로 구분될 수 있다. ; **山浦廣海**, 『GATT 서비스 교섭의 타개와 이론』, 국제상사법무, Vol 19., 1991., p. 1313.)

6) 장효상, 『국제경제법』, 법영사, 1999, pp. 315~319.

7) GATS 제28조.

III 서비스무역 협상의 전개

1 개요

서비스무역은 1970년대 이전까지는 주로 국내에서만 이루어지던 거래로 인식되어 왔고 이에 따라 서비스무역에 대한 규제도 국제적인 규범에 의하여 규율되기보다는 각국의 국내 법규에 의하여 규율을 받아왔다. 그러므로 상품무역이 그 동안 국제적으로 꾸준하게 자유화가 이루어졌음에 반하여 서비스무역은 국제적인 규범의 규율 밖에서 존재하여 왔던 것이다. 이러한 상황에서도 서비스무역에 관한 국제적인 논의는 매우 다양하게 전개되어 왔다.8)

양국간의 쌍무협상은 투자협정이나 우호통상항해협정 등에서 서비스무역과 관련된 부분을 포함시키고 있다. OECD는 다자간 통상협상에서 서비스무역을 처음으로 의제로 채택한 국제기구이다. 여기서는 주로 선진국의 입장을 대변하여 서비스무역의 자유화문제를 다루어왔다. UNCTAD는 전통적으로 개도국의 이익을 반영하기 위하여 국제기구로서 국제 서비스무역규범에 개도국의 이익을 많이 반영하려고 노력하여 왔다. 개도국이 세계 서비스무역에서 차지하는 비중은 크지 않지만, 앞으로 개도국이 경제발전을 지속하기 위해서는 서비스무역의 확대가 불가피하다는 것이 UNCTAD의 서비스무역에 대한 기본입장이다. GATT에서는 개도국들은 통신관련 국제통신연합(ITU : International Telecommunications Union), 항공관련 국제민간항공기구(ICAO : International Civil Aviation Organization), 해운관련 UN협약(United Nations Convention on Code of Conduct for Liner Conferences)

8) Petersmann, Ernst-Ulrish and Hilf, Neinhard, 『The New GATT Round of Multilateral Trade Negotiation(Legal and Economics Problems)』 (Klwer Law and Taxation Publishers, 1991), p. 459. ; Nicolaides·Phedon, 『Economics Aspects of Services : Implications for GATT Agrements』 Journal of World Trade Vol 23, 1989., p. 126.

등 주요 서비스산업에 대한 국제협정 내지 규약이 이미 존재하고 있음을 이유로 우루과이 협상에서 서비스협상의 추진을 반대하여 왔다.

그러나 선진국들은 첫째, GATT가 선진국과 개도국을 포함한 세계의 대다수의 국가들로 구성되어 있고 둘째, GATT에서 의결된 사항들은 다른 국제기구의 의결사항보다 회원국에 대한 실효성을 확보할 수 있으며, 셋째, 상품무역 위주의 GATT구조를 약간만 수정·보완함으로서 서비스부문까지 쉽게 확대·적용할 수 있다는 점에서 GATT에서 서비스무역의 자유화에 관한 논의를 할 것을 주장하였다. 개도국들도 처음에는 반대하였으나, 결국은 GATT, 우루과이라운드에서 WTO서비스무역협정이 체결되었다.

2 서비스무역협상의 전개

1. GATT와 서비스무역

GATT는 상품무역의 규범체계로서의 기능을 하여왔기 때문에 상품무역에 관련되는 극히 제한적인 부분을 제외하고는 서비스에 대한 규정을 두지 않았다. 다만, GATT에서 서비스와 관련된 규정을 보면 GATT 제16조에서 운송·보험 등의 일정한 용역을 낮은 요율로 제공하는 것을 보조금으로 규정하고 있으며, 관세평가와 관련하여 일정 서비스는 평가 대상에 포함되지만, 어떤 서비스는 제외된다고 정하고 있는 정도이며, 정부 조달과 관련하여 상품의 공급에 부수되는 서비스에도 적용된다는 규정이 있을 뿐이다.

2. UR 서비스무역협상의 전개

앞에서 언급한 바와 같이 서비스 부분에 대한 협상은 선진국과 개도국의 입장 차이로 인해 매우 그 전개가 미미하였으나, 1998년 몬트리올 각료회의를 계기로 급진전되었다. 서비스협상은 크게 일반협정, 분야별 부속서, 양허협상의 3개 분야로 나누어 진행되었다.

첫째, 서비스 일반협정은 1997년 7월의 의장초안과 1991년 12월의 둔켈 초안을 거쳐 1993년 12월 15일 WTO협정의 부속서의 하나로서, 「서비스거래에 관한 일반협정」(GATS : General Agreement on Trade in Service)으로 최종 완성되었다.

둘째, 분야별 부속서는 일반 협정의 규정을 적용하기 곤란하거나, 분야별로 상세한 추가협정이 필요한 서비스 분야에 대하여 제정되었으며, 8개의 부속서를 두고 있다.

셋째, 서비스 분야의 양허협상은 상품분야와 달리 일률적으로 진행될 수 없기 때문에 쌍무적인 request/offer방식에 의하여 진행되어 최종 서비스양허표로 집대성되었다.

IV WTO 서비스무역협정의 구조

1 WTO 서비스무역협정의 개요

WTO의 서비스무역협정은 WTO설립협정의 부속서 1B에 규정되어 있으며, 총6부 29조의 본문, 부속서 및 결정. 양해사항의 3부분으로 구성되어 있다.

서비스무역에 관한 일반 협정은 일차적으로 WTO의 전 회원과 어느 분야이든 간에 서비스의 무역과 관련된 정부가 구매하거나 제공하는 서비스를 제외한 모든 서비스를 규율하는 일반적원칙 및 규정을 명시한 기본협정(framework convention)이며, 제2부에 규정된 이에 따른 일반적 의무는 표현 그대로 WTO의 각 회원이 양허계획서에 규정된 한도 내에서만 적용되는 제3부 구체적 약혹의 의무와는 구별 된다

한편, UR의 서비스업종분류표를 보면 서비스를 사업, 통신, 건설, 유통, 교육, 환경, 금융, 은행, 건강, 여행, 오락, 운송, 기타 등 12개 부문으로 구분하고 있는데, 법무서비스는 사업서비스 가운데 전문서비스로 분류되어 있으며, 이들 분류표 가운데 가장 앞에 위치하고 있다.

협정문 제1조는 서비스협정의 적용을 받는 대상으로 "서비스무역에 영향을 미치는 회원국들의 제반조치(measures)"로 규정하고 있다.

첫째, 서비스협정은 규율대상인 서비스의 범위를 최대한 포괄적으로 규정하고 있지만, 서비스 자체에 대한 개념정의는 내리지 않고 있다.

둘째, 서비스협정의 적용을 받는 '조치'에는 법률, 규정, 규칙, 절차, 결정, 행정해위 등 그 형태를 불문하고 회원국에 의하여 취하여지는 모든 형태의 조치를 말한다.

셋째, 정부권한의 수행상 공급되는 서비스는 서비스협정의 적용대상에서 제외되고 있는데, 정부권한의 수행상 공급되는 서비스란 상업적 차원에서 공급되지 아니할 뿐만 아니라, 다른 서비스 공급자와 경쟁관계에 있는 않는 서비스를 말한다.

이러한 서비스무역에 관한 일반협정은 다른 자유화관련협약과 마찬가지로 국별 양허표가 협정의 부속서로 첨부되어 있다. 이 국별 양허표는 각국의 개방 약속을 담은 표로서 시장접근과 내국민대우의 적용분야 및 적용조건을 명시하고 있다. 서비스무역에 관한 일반협정은 서비스무역에 반드시 수반되는 자본거래나 서비스 관련 인력의 출입국에 대해서도 규율하고 있다.9)

2 일반적 의무

1. 최혜국대우(MFN : Most Favoured Nation Treatment)

회원국들은 이 협정 하에서 취하는 어느 조치에 있어서나 다른 회원국들의 서비스나 서비스 공급자들 간에 차별을 두어서는 안 되며 모든 회원국들에 어느 회원의 동종 서비스 및 서비스 공급자에게 부여하는 대우보다 불리한 대우를 하지 않을 것을 명시하고 있다.10) 이 규정에 합치하지 않는 조치라 할지라도 제2조의 면제에 관한 면제에 관한 부속서

9) 이춘삼(1994), 『무역관계법』, 법문사, pp. 480.

10) GATS 제2조 1항.

(Annex on Article Ⅱ Exemptions)에 기재된 조건에 해당되는 경우에는 유지될 수 있다.[11]

특정 서비스와 관련하여 특정 국가들에게 계속 보다 유리한 대우를 유지하려는 회원국 정부에게 이 협정이 시행되기 전에 '최혜국대우면제'를 기재할 수 있도록 한 것이었다. 서비스무역이사회가 WTO협정 발효 후 5년 이내에 면제목록을 검토하고 원칙적으로 이들 면제는 10년을 초과할 수 없도록 규정하고 있다.[12]

2. 투명성의 보장(Transparency)

각 회원국들은 협정의 운용과 관련된 모든 조치를 의무적으로 공표하여야 한다. 서비스무역에 중대한 영향을 미치는 새 법령이나 행정지침, 또는 그 변경내용은 즉시, 그리고 적어도 1년에 한번 씩 서비스무역이사회에 통보되어야 한다. 문의처는 협정 발효 후 2년 내에 설치되어 운영되어야 한다.[13]

서비스무역에 있어서는 국내법규가 이에 대한 가장 중요한 통제수단으로 되어 있는데 바로 이러한 이유로 양허한 업종의 서비스무역에 일반적으로 적용되는 모든 조치는 객관적이며 공평한 방법으로 집행되어야 한다.[14]

양허된 서비스의 공급에 허가가 필요한 경우, 신청은 신속히 처리되어야 하며, 주무 당국은 신청서 제출 후 합리적인 기간 내에 그 결정사항을 신청자에게 통보하여야 한다.

3. 인정제도(Recognition)

각 회원국은 허가기준이나 서비스 공급자의 자격요건 등과 관련하여 특정 국가에서 취득한 학력, 경력, 면허, 자격 등을 인정할 수 있다. 이러한 인정은 그 기준

11) GATS 제2조 2항.

12) GATS 제2조의 면제에 관한 부속서 3, 6.

13) GATS 제3조 1~3항.

14) GATS 제6조 1항.

이나 요건의 적용에 있어서 국가간의 차별의 수단이 되거나, 서비스무역에 대한 위장된 제한이 되는 방식이 되지 않아야 한다.[15] 이 조항은 최혜국대우의 원칙에도 불구하고, 허가를 하는 기관이 일부 회원에서의 하력이나 경력만을 인정할 수 있음을 확인하고 있다.

회원들이 상호인증협정을 체결할 때에는 이해관계가 있는 다른 회원들에게도 협상을 거쳐 이 협정에 가입하거나, 혹은 이에 상응한 협정의 교섭을 할 수 있도록 충분한 기회를 보장하여야 한다. 만일, 어떤 회원이 자동적으로 그러한 인정을 하는 경우에는 다른 회원들에게도 학력, 경력, 면허, 자격도 인정받을 수 있는 것임을 입증할 수 있는 충분한 기회가 보장되어야 한다.

4. 국제지급 및 이전 (Payments and Transfers)

이 협정 하에 구체적인 약속과 관련된 경상거래를 위한 국제지급이나 이전에 대해서 제한을 가하지 못한다.[16] 예외적으로 국제수지상이나 대외재정상 심각한 어려움이 있는 경우에만 서비스무역 및 그와 관련된 거래를 위한 지급이나 이전을 포함한 서비스무역에 대한 제한을 가할 수 있다.[17] 이 제한은 잠정적인 것이어야 하며, 상황이 개선됨에 따라 점차적으로 철폐되어야 한다.[18]

5. 경쟁 제한적 영업관행(Business Practices)

회원국들은 또한 서비스공급자들의 일정한 경쟁 제한적 관행들이 경쟁을 제한하여 서비스무역에서 제약요인으로 작용할 수 있음을 인정하고, 다른 회원국의 요청이 있으면, 그러한 관행을 철폐하기 위한 협의에 응하여야 한다.

---

15) GATS 제7조 1, 3항.

16) GATS 제11조 1항.

17) GATS 제12조 1항.

18) GATS 제12조 2항 (e).

6. 일반적 예외(General Exceptions)

어느 회원이든지 국가간의 자의적이거나 부당한 차별의 수단이나 서비스무역에 대한 위장된 제한이 되지 않는 한, 공중도덕의 보호나 공공질서의 유지, 사람이나 동·식물 건강의 보호, 사기 및 기만행위의 방지, 개인적인 비밀의 안정성 보호, 안정 등을 위하여 필요한 조치를 취할 수 있다.[19] 국가안보상의 이익의 보호에 있어서도 마찬가지이다.[20]

전통적으로 상품무역에 있어서 비교우위론에 근거한 자유무역시대라 하더라도 국민의 공중도덕, 사회의 공공질서 및 국가안보 등과 상충되는 의미에서의 무역자유화는 허용되지 않는다는 것이 세계 각국의 공통적인 시각이다. 그 까닭은 국가안보, 공공질서, 공중도덕 등의 제 문제는 국가의 공통적인 시각이다. 그 일 뿐만 아니라, 국가의 생존권의 직결되는 문제이기 때문에 이와 같은 경우에 국가안보 등을 침해하면서까지 무역자유화를 허용할 의무를 지우는 것은 곤란하기 때문이다.[21] 이러한 취지하에 GATT(1994) 제20조와 제21조(Public Morals, Public Order)의 규정을 GATS 제14조와 제14조 1에서 규정하고 있다.

7. 기타 조항

본 협정의 기본조항들은 추후 협상을 옹하여 현행법규에 새로이 추가될 규정들을 예정하고 있는 여러 조항들에 의하여 보완된다.

긴급수입제한조치(emergency safeguard measures) 문제에 대하여는 세이프가드 조항의 삽입을 위한 추후 다자간 협상을 통하여 그 결과가 WTO협정 발효 후 늦어도 3년 이내에 시행되도록 되어 있다.[22] 서비스의 정부조달에 관한 다자간 협상도

19) GATS 제14조 (a), (b), (c)항

20) GATS 제14조 1항.

21) Jackson, John H., and Davery, William J., 『Legal of International Economics Relations』, West Publishing Co., 1986, p. 911.

WTO협정 발효 후 늦어도 2년 이내에 개시되어야 한다.[23)]

회원들은 보조금에 서비스무역을 왜곡시키는 효과가 있음을 인정하고, 이러한 무역왜곡 효과를 피하기 위하여 필요한 다자간규범(multilateral dis-ciplines)을 개발하기 위한 협상에 참가해야 한다. 이 협상에서는 상계절차의 적정성 문제도 다루어지게 된다.[24)]

3 구체적 약속

1. 개요

이 협정 제3부는 제16조(시장접근), 제17조(내국민대우), 제18조(추가적 약속)로 구성되어 있다.

서비스무역이 국제적으로 이루어지는 것이기는 하지만, 상품 무역에서와는 달리 주로 국내적 규제를 통하여 규율된다. 그 이유는 많은 서비스무역이 서비스 자체의 국가간 이동이 아니라, 관광과 같이 한 회원국 영역 내에서 다른 회원국의 소비자에 대한 서비스의 공급이나, 외국인 건설 근로자와 같이 서비스를 공급하는 외국의 자연인의 주재나 또는 외국계 은행이나 지점에 의한 금융서비스와 같이 외국에서 서비스를 공급하는 경제 주체들에 의하여 이루어지기 때문이다. 이처럼 서비스, 사람, 자본의 국제적 이동이 서로 밀접하게 연계되어 있는 데다, 서비스무역에 관한 다자간 법규에는 비관세장벽의 일반적 금지 및 개별적인 국내규제 전반에 대한 금지규정이 아직 없기 때문에 서비스무역에 대한 국제적 규제와 그 자유화가 상품 무역에 비해 훨씬 복잡해지게 된 것이다.

제3부의 3개 조항은 본 협정에 첨부되어 있는 국별 계획서에 규정된 한도 내에서만 적용된다. 서비스무역에 대한 두 번째 단계의 법적 규제는 국별 계획서에 기재된 시장접근

22) GATS 제10조 1항.

23) GATS 제13조 2항.

24) GATS 제15조 1항.

의 약속(market-access commitments), 내국민대우의 약속(nations treatment commitments), 기타 추가적인 약속(additional commitments) 및 최혜국대우의 면제가 기재된 국별 목록에 의하여 이루어지고 있다.

2. 시장접근(Market-Access)

각 회원국 정부의 국별 양허계획서(schedule)에는 자국 시장에의 접근을 보장한 서비스 분야나 업종, 시장접근에 대한 제한 및 조건, 추가적 자유화 약속과 관련된 1제반조치, 그리고 적절한 경우에는 그 약속의 이행을 위한 일정 등이 기재되어 있다.

각 회원국들은 시장접근에 있어서 다른 회원국들의 서비스 및 그 공급자에게 자국의 양허계획서에 규정된 조건 및 제한보다 불리한 대우를 해서는 안 된다.[25] 시장접근이 양허된 분야에 대해 양허계획서에 달리 규정되어 있지 않는 이상, 각 회원은 다음의 조치를 취하거나 유지하지 말아야 한다. 서비스 공급자의 수에 대한 제한, 서비스 총 거래액 및 총자산에 대한 제한조치, 숫자단위로 표시된 총 영업 횟수, 및 총 산출액에 대한 제한조치, 특정서비스 분야에 고용되거나 서비스 공급자가 공급하는 총 산출액에 대한 제한조치, 특정 종류의 법인이나 합작회사의 형태를 취하도록 제한하는 조치, 그리고 외국인의 지분이나 투자총액에 대한 제한 등이 그것이다.[26]

3. 내국민대우(Nations Treatment)

각 회원국은 양허계획서에 기재된 분야에서 그 조건 및 자격요건에 따라 다른 회원국의 서비스 및 서비스 공급자에 대해 자국의 동종 서비스나 서비스 공급자에게 부여하는 대우보다 불리하지 않은 대우를 하여야 한다. 내국민대우를 위해 국내의 서비스나 서비스 공급자에게 취해지는 조치와 형식적으로 다른 조치를 취할 수 있으나, 자국의 서비스 및 서비스 공급자에게 유리하게 경쟁의 조건을 바꾸게

25) GATS 제16조 1항.

26) GATS 제16조 2항.

되면 내국민대우에 위배되는 것으로 간주된다.27)

서비스무역에 있어서는 형식적으로 동일한 조치라 할지라도 결과적으로 차별이 될 수 있다. 반면에 형식으로는 다른 조치라도 동등한 대우가 될 수 있다. 이 조항은 그 적용범위에 있어서도 각 회원의 양허계획서에 기재된 분야와 그 조건 및 자격요건이 부가되어 있어서 GATT 법에서 일반적으로 인정되었던 내국민대우에 비해서는 종합적으로 보장되는 것은 아니다.28)

4. 추가적인 약속(Additional Commitments)

회원국들은 시장접근과 내국민대우에 대한 사항 이외에 자격요건, 표준 또는 허가에 관련된 문제를 포함하는 서비스무역에 영향을 미치는 제반조치에 대한 협상을 할 수 있으며, 이러한 약속은 각 회원국의 양허계획서에 명기되어야 한다.

5. 연속적인 다자간 협상을 통한 점진적 자유화(Progressive Liberalization)

WTO협정 발효일로부터 5년 이내에 개시되어 그 후 주기적으로 이어져 갈, 점진적으로 보다 높은 수준의 자유화를 위한 협상이 있을 것이다. 이 협상은 효과적인 시장접근을 제공하기 위한 수단으로서 서비스무역에 미치는 부정적 영향을 완화하거나 폐지하는 방향으로 추진된다.29)

6. 양허의 수정(Modification of Schedules)

양허 발효일로부터 3년이 지나면 언제라도 양허의 수정이나 철회가 가능하다. 이 경우, 피해당사자의 요청이 있으면, 관계 당사자는 보상을 위한 협상을 개시하여야 한다. 관계 당사자들간의 합의가 이루어지지 않을 때에는 피해당사자는 당해 사안을 중재에 부탁할 수 있다.30)

---

27) GATS 제17조.

28) 장효상, 『국제경제법』, 법영사, 1996, pp. 315~323.

29) GATS 제19조 1항.

7. 부속서

서비스무역에 관한 일반협정에는 금융서비스 자유화약속에 관한 양해서와 분야별 여러 부속서들이 있다.

본 협정 하에서 서비스를 공급하는 자연인 이동에 대한 부속서(Annex on Movement of Natural Persons Supplying Services under the Agreement)는 회원국 정부가 서비스 공급을 목적으로 단기 체류하는 사람에게 적용할 구체적 양허 사항에 대한 협상을 할 것을 규정하고 있다. 이 협정은 시민권이나 영주권, 또는 영구고용에 관한 조치에는 적용되지 않는다.

금융서비스에 관한 부속서(Annex on Financial Services)는 투자자, 예금주, 보험계약자 등을 보호하기 위한 여러 신중한 조치를 취하고, 완전하고 안정적인 금융제도를 보장할 정부의 의무를 규정하고 있다. 본 협정에서 제외되어 있는 중앙은행이 제공하는 서비스와 같은 행정작용으로서 공급되는 서비스도 규정되어 있다.

통신부속서(Annex on Telecommunications)는 통신 분야가 경제적 활동이란 독립된 분야이면서 동시에 다른 경제활동을 뒷받침하는 매개수단이라는 이중적인 역할을 인식할 것과 정부는 공중통신망에 외국서비스공급자도 아무런 차별을 받지 않고 접근할 수 있는 기회를 제공할 것을 규정하고 있다.

항공운송서비스에 대한 부속서는 취항권이나 그 행사에 직접 관련되는 서비스에 관련되는 조치는 본 협정의 적용범위에서 제외시켰다. 그러나 본 협정은 항공기의 수선 및 유지서비스, 항공운송 서비스마케팅, 컴퓨터 예약서비스 등에 적용된다.[31)]

---

30) GATS 제21조 1항(a), 제2항(a), 제3항(a).

31) 이춘삼, 『국제통상법』,법문사, 1999, pp. 248~259.

Ⅴ 서비스무역과 시장개방

1 우리 나라 FTA 추진정책

최근의 세계 통상환경을 보면, 자유무역협정(FTA: Free Trade Agreement)을 중심으로 한 지역주의(Regionalism)가 가속화되고 있는 추세이다. 이러한 지역주의의 경향은 과거 GATT체제보다 현재의 WTO체제에서 오히려 급속도로 확산되는 경향을 보이고 있다. 세계 각국의 FTA 체결 경쟁은 도하개발어젠다(DDA)에 별다른 영향을 받지 않고 한층 가속화되고 있으며, WTO 각료회의를 통해서 의미 있는 합의를 도출하지 못한 까닭에 많은 국가들이 더욱 양자간 지역협정에 의존하는 경향이 더욱 높아졌다.

현재 발효 중인 186개의 지역협정의 체결시기별로 살펴보면, 70년대 이전 5개, 70년대 12개, 80년대 10개에 불과하던 것이 90년대 64개, 2000년 이후 95개가 체결되어 최근 지역주의의 광범위한 영향을 여실히 보여주고 있다.[32)]

이러한 상황에서 우리 나라가 적극적으로 FTA를 추진해야 하는 이유는 첫째, 1992년 EU의 출범과 1994년 NAFTA의 발효를 계기로 지역주의가 세계적으로 확산되면서 역외국으로서의 피해를 최소화하고, 나아가 이러한 지역주의(FTA 등)의 시대적 상황을 적극적으로 대응하기 위해 FTA를 추진하고 있는 점이다. 특히 우리의 대외경제 규모가 국내총생산(GDP)의 70% 이상을 차지하고 있는 점을 고려할 때[33)] 주요 경쟁국이 FTA를 생존전략으로서 추진하고 있는 통상환경 하에서 우리 나라가 기존 수출시장을 유지하고 새로운 시장에 진출하기 위해서는 FTA의 확대는 필수적이다. 둘째, 세계화와 국제화의 추세에 맞추어 능동적인 시장개방과 교역 자유화를 통하여 산업의 경쟁

32) http://www.wto.org

33) 2004년 국내총생산(GDP)에서 대외교역(수출+수입)이 차지하는 비중은 70.3%로 나타나고 있다.

력 확보 및 자원의 효율적 배분 등을 추구함으로서 경제체질을 강화하고 선진경제로 진입하기 위한 교두보적인 역할을 FTA가 할 수 있을 것으로 보여지기 때문이다.

현재 우리 나라 정부는 "동시다발적 FTA 추진전략"을 바탕으로 FTA 네트워크를 구축해 나가고 있습니다. 이러한 전략을 채택한 가장 큰 이유는 그동안 지체된 FTA 체결 진도를 단기간 내에 만회하여 세계적인 FTA 확산추세에 따른 우리 기업들의 기회비용을 줄이기 위해서라고 볼 수 있다. 특히 순차적으로 주요 교역과의 FTA를 추진할 경우 상당한 기간이 소요되며, 여러 개의 FTA를 동시다발적으로 추진하여 발효시킴으로써, 각 협상별로 부정적인 효과를 상쇄하여 전체 이익을 극대화할 수 있다는 이점을 가질 수 있다. 내용면에 있어서도 FTA 체결 효과를 극대화하기 위해 상품분야에서의 관세철폐 뿐만 아니라, 서비스, 투자, 정부조달, 지적재산권, 기술표준 등을 포함하는 포괄적인 FTA를 지향하고, WTO의 상품과 서비스관련 규정에 일치하는 높은 수준의 FTA 추진을 지향함으로써 다자주의를 보완하고, FTA를 통해 국내제도의 개선 및 선진화를 도모하려하고 있다.[34]

2 FTA 서비스협상의 특성

한·칠레 FTA는 우리 나라의 첫 FTA로서 기존의 통상정책 수단을 다원화시켰다는 점과, 태평양을 가로지른 국가끼리의 FTA로서 지역적 한계를 초월했다는 점, 그리고 향후 추진될 우리 나라 FTA의 model case라는 점 등에서 정책적 의의를 찾을 수 있다.

1. 절차적 특성

우리 나라는 한·칠레 FTA를 출발점으로 하여 본격적인 FTA를 추진하고 있다. FTA 추진을 게을리 할 경우 서비스 부분에서도 예외 없이 교역조건이 불리해지는 단기적 피해를 불가피하며, 체약국 역내에서 얻을 수 있는 규모의 경제 확대, 효율적 자원배분에 따른 비교우위 산업에의 특화, 해외직접투자 확대 등 중장기적 이익을 기대할 수 없을 것이다.

34) http://www.fta.go.kr

우리 나라를 비롯한 세계 대부분의 경제시스템은 서비스산업 부분의 규제완화 및 영역파괴(borderless)의 가속화로 다양한 진통을 겪고 있다. 과거 제조업 부문의 규제완화 및 글로벌화 과정에서 겪었던 갈등들이 서비스 부문으로 전이되어 동일한 현상들이 나타나고 있는 것이다. FTA 서비스협상의 절차적 특성을 요약하면 다음과 같다.

첫째, FTA 서비스협상은 WTO/DDA 서비스협상의 골격을 유지하고 있다. 실제 한·칠레 협정에서도 양허한 서비스의 범위만 다를 뿐 GATS 모델을 따르고 있지만, 실질적인 차이를 분석하면 아래의 [표 8-3]과 같다.

[표 8-3] GATS와 FTA체제 서비스협상의 비교

WTO/DDA	구분	FTA 서비스협상
- 원칙적으로 모든 서비스를 대상 (단, 비상업적·비경쟁적 정부서비스 제외)	대상	- 일부 서비스를 대상으로 협상에 의하여 결정함 (예, cross-border services)
- R/O 방식	방식	- R/O 방식
- 다자주의 체제에 의한 서비스무역 자유화	체제	- 지역주의 체제에 의한 서비스무역 자유화
- 서비스무역 자유화 속도 지연 (다자간 협상으로 타결지연) - 시장개방 수준 낮음 - MFN 의무와 NT의 예외가 폭넓게 인정되어 무차별 원칙 준수 의무에 한계	특징	- 서비스무역 자유화 가속화 (협상에서의 조기 결론 가능) - 시장개방 수준 확대 가능 - 2국간 내지 복수국간에 체결되는 협상이므로 예외의 범위가 많지 않음
- 다자간 체제에서의 강제적 추진	추진	- 자발적·선택적 추진 - 상대국 취사선택 가능

자료 : 박문서, "FTA 추진과 서비스무역 협상전략", 「국제지역연구」, 국제지역학회 춘계학술대회, 2005.

둘째, GATS 목표와 마찬가지로 FTA 서비스협상 역시 무역자유화를 목표로 하고 있다는 점이다. 그러나 협상의 강제성을 요구하는 GATS 다자간 체제와는 달리 체약국의 필요에 의해서 자발적·선택적으로 협상이 이루어지며, 협상 상대국을 선택하여 추진된다.

셋째, 협상의 목적은 서비스 부문의 해외시장에 대한 접근성을 확보하기 위한 것이며, 이로서 서비스수출을 늘리는 데에 있다. 또한 서비스수입 측면에서는 서비스수입에 따른 후생증진과 국내 서비스산업의 구조조정을 도모하기 위한 것으로 GATS 목표와 맥락을 같이 한다.

서비스 부문은 상품, 투자, 지적재산권 등과 함께 FTA의 적용범위에 기본적으로 포괄된다. FTA 체약국간 서비스무역의 증대를 위하여 서비스 공급자에게 내국민대우를 보장하고, 서비스무역에 대한 제한조치를 금지함으로서 당사국간 자유로운 서비스 공급이 가능하도록 하는 제도적 장치를 도입하는 데에 협상의 주안점을 두고 있다.

2. GATS 제5조의 적용

WTO/GATS는 서비스의 국제무역 문제를 다루는 최초의 구속적 다자간 규범으로 탄생한 것이다. 서비스협정은 각 회원국이 국가간 차별을 두지 않도록 하는 최혜국대우를 일시적으로 적용하지 않을 수 있도록 허용한다. 즉, 각국이 개방분야를 결정하도록 하고, 개방분야에 있어서도 사전에 양허표에 기재된 사항에 대해서는 시장접근 및 내국민대우 제한 사항을 허용하고 있는 것이다.

GATS 제5조 경제통합(Economics Integration)에 따라 서비스 부문의 지역무역협정(RTA) 체결을 허용하고 있다.[35] 동 조 제1항에서는 체약국의 서비스에 대해 "실질적인 모든 차별(substantially all discrimination)을 철폐하도록 규정하고 있으며, 제4항에서 역외국에 대해 협정체결 전보다 서비스무역에 대한 장벽수준을 높여서는 안되도록 규정하고 있다.

35) GATS협정은 회원국이 서비스무역을 자유화하는 양자간 혹은 복수 당사국간의 협정 당사자가 되거나 협정체결을 방해하지 아니한다. 단, 협정 체결시에는 실질적 서비스 유형별 범위(substantial sectoral coverage)를 정하여야 하며, 기존 차별조치의 폐지는 물론 신규조치 및 차별 확대조치를 실질적으로 폐지 할 수 있도록 하여야 한다.

3 FTA 서비스협상의 과제

지금까지 세계화의 포커스가 제조업 중심의 재화무역에 집중되었다면 이제는 서비스무역으로 관심이 모아지고 있다. 즉, 산업의 보호막 제거 과정에 있어서 재화 부문은 거의 종결되고, 서비스 부문이 남아 있는 것이다. 급변하는 세계 통상환경하에서 서비스협장 문제는 다자주의 또는 지역주의 협상의 여부를 불문하고 중요성은 더욱 높게 평가되고 있다. 현재 진행되고 있는 우리 나라 FTA협상의 문제들은 요약하면 다음과 같이 평가할 수 있다.36)

첫째, 상품에 있어서 DDA협상과 FTA협상은 본질적 특성이 매우 상이한 데에도 불구하고 서비스협상은 동일한 시각을 기본 틀로 하고 있다. 이는 GATS 제5조의 규정 때문이기는 하지만 다자주의와 지역주의가 각기 다른 맥락에서 뿌리를 두고 있다는 점을 근본적으로 부정하는 결과가 된다. 서비스협상은 다른 협상부문과 달리 광범위한 산업적 특성을 포괄하고 있는 파급효과가 매우 높고 다양하게 나타남으로 협상에 있어서 서비스 고유의 특성을 고려할 필요가 있다.

둘째, 서비스협상 경험을 학습기회로 연결하지 못하고 있다. 우리 나라는 1995년 WTO 출범 이후 10여년이 넘게 서비스 시장개방을 위한 협상의 기회를 가졌다. WTO서비스협상이 DDA 출범까지 중단되었다는 이유로 서비스시장에 대한 경쟁력 강화는 물론이고 무방비 상태로 세월을 허비한 결과는 아니었는가 반성해 볼 필요가 있다. 여전히 농산물 개방, 특히 쌀시장 개방 문제에만 매달리느라 무역자유화를 추진하기 시작한 4반세기에 가까운 시간 동안을 시종일관 공산품 문제에만 매달리고 있다. 만약 서비스 경쟁력에서 선진국들과 FTA를 추진한다면 어떤 결과가 나타날지는 쉽사리 짐작할 수 있다.

셋째, FTA 서비스협상은 GATS의 4가지 서비스 공급형태를 원용하고 있어서 거래방식에 의한 복잡성이 협상을 곤란하게 만들 수 있다. 서비스 부문의 협상에서는 아직 경험이

36) 박문서, “FTA 추진과 서비스무역 협상전략”, 「국제지역연구」, 국제지역학회 춘계학술대회, 2005.

만지 않은 편이므로 서비스협상에 임할 경우 협상의 구체성을 상실할 우려가 있다.

넷째, 서비스 인프라가 취약하기 때문에 잘못하면 FTA 서비스협상 주도권을 상대국에게 넘겨줄 우려가 있다. 우리 나라의 무역 현실은 그 동안 협상의 관심이나 경쟁력 제고의 목소리가 모두 제조부문에 편중되어 있었다.

다섯째, FTA 서비스협상을 위한 업종별 주무기관이 분산되어 있다. 산업 특성상 불가피한 일이기는 하나, 협상의 비효율성이 크게 노출되고 있다.

여섯째, 한·칠레 FTA 협상에서 볼 수 있듯이 협정문의 체계가 지나치게 복잡하게 되어 있다. 이 때문에 서비스무역에 관한 협정내용을 잘못 이해할 우려가 있으며, 정책 연구자들의 수고만 더하는 결과를 낳게 된다. 즉, 협상 당사자들의 정보독점에 의한 협상의 오류를 야기할 수 있는 것이다.

VI 요약 및 시사점

우리 나라는 지속적인 무역의 확대를 통하여 경제성장을 이룩하였다. 최근 들어 급속한 통상환경의 변화로 인하여 우리 나라는 새로운 통상정책을 수립하지 않으면 안 되는 현실에 놓여있다. 특히 지역주의의 만연은 수출을 지속적으로 확대하여야 하는 국가에게는 큰 어려움이 아닐 수 없다. 그러한 통상환경을 극복해나가기 위한 해결책으로 우리 나라는 지속적이고 동시다발적인 FTA 추진을 천명하고 나섰다. 최근 WTO를 중심으로 공산품에 대한 개방 압력은 점차로 줄어들고 있는 반면에 서비스무역에 대한 개방 압력은 점차적으로 확대되고 있는 추세이다. 상품에 비하여 상대적으로 그 중요성이 부각되고 있지 않은 서비스분야이지만, 실제로는 상품보다 높은 부가가치와 파급효과를 가지고 있는 것이 서비스분야이다.

FTA의 추진은 시대적 요구이며, 선진국 경제로 진입하기 위한 중요한 정책이다.

따라서 본 연구에서는 이러한 FTA 추진에 있어서의 서비스분야에 대한 통상현안들을 살펴보았다. 본 연구를 통하여 FTA 추진에 있어서 서비스분야의 몇 가지 중요한 정책방향을 제시하면 다음과 같이 정리할 수 있을 것이다.

첫째, 상품보다도 더욱 다양한 이해관계가 집중화되어 있는 것이 서비스분야이다. 그리고 서비스분야는 대체적으로 국가의 정체성이나 민족성과 관련이 되는 부분도 많은 편이다. 따라서 협상을 추진하는 데 있어서 보다 다양한 의견수렴과 더불어서 국내협상에서의 합리적인 타결점 및 이해관계의 결집이 필요할 것이다.

둘째, FTA 추진에 있어서의 우리 나라 서비스산업 전체에 대한 계량적인 연구가 필요한 것으로 보여 진다. 특히 서비스산업별 경쟁력 분석과 더불어서 서비스 시장개방에 따른 구체적 이해득실 관계에 대한 분석이 선행되어야 현재 추진하고 있는 많은 FTA 추진에 있어서 서비스분야의 경제적 이익을 극대화할 수 있는 모색할 수 있을 것이다.

셋째, 자유무역협정 절차규정이 대통령 훈령 제121호로 제정되어 있으나 실제 절차적인 면에 있어서 여러 가지 모호한 내용 및 원론적 규정이 다분하다. 따라서 자유무여협정 체결에 대한 보다 구체석인 절차규정이 필요할 것으로 판단된다.

본 연구는 서비스무역과 FTA에 대한 협상과정에서 나타나는 몇 가지 부분만을 분석하였다. 그러나 향후 서비스무역과 FTA협상에 있어서의 개별 서비스분야에 대한 보다 심도 있는 연구가 이어져야 할 것으로 보인다.

CHAPTER 9

WTO 통상분쟁해결 메커니즘

Ⅰ. 개요

Ⅱ. WTO 통상분쟁해결의 의의

Ⅲ. WTO 통상분쟁해결의 특징

Ⅳ. WTO 통상분쟁 메커니즘

I 개요

국제통상 분쟁에 대한 규범이란 국가간의 무역 분쟁에 대한 사실관계를 확정하고, 관련 국제규범을 적용하여 그 해결을 도출하는 일련의 실체적, 절차적 규범을 의미한다. 분쟁해결규범은 실체적인 국제경제규범의 집행을 현실적으로 뒷받침해 주는 규범이기 때문에 분쟁해결규범의 형태에 따라서 관련 국제협정의 성격도 달라진다고 할 수 있다.[1)]

예컨대, OECD협정이나 APEC규범은 회원국 간의 경제적 마찰을 동료적 압력(peer pressure)을 통해 자발적으로 해결하고 있기 때문에 법적 규범력을 가진 협정이라기보다는 일종의 신사협정(gentlemen's agreement)에 지나지 않는다. 반면에, WTO의 분쟁해결제도는 제소에서부터 패널심사 그리고 판정과 그 집행에 이르기까지 국내 행정소송절차와 매우 유사한 구조를 가지고 있을 뿐만 아니라, 상소심에서의 재검토 절차까지 마련하고 있어 사법적 성격이 농후하다고 할 수 있다. 그러나 국제경제사회에서 주권을 가진 초국가적인 실체가 존재하지 않기 때문에 분쟁해결절차는 법적인 집행력을 가진다고 하더라도 이는 어디까지나 상대적인 의미 이상은 아닐 수밖에 없는 것이다.

한편, 이러한 국제통상 분쟁에 대한 해결방법은 분쟁당사국이 자국 법을 일방적으로 적용함으로써 해결하는 방안과 국제적 규범에 의하여 해결하는 다자간 분쟁해결절차를 통하는 방안이 있다. 일방적 분쟁해결은 주로 강대국에 의해 원용되는 조치로서 그 일방적 성격과 불공정성으로 인해 상대국의 불만을 증폭시켜왔다. 이에 따라 국제적으로 단일화된 법규의 제정이 요청하였고 이에 따라 앞에서 언급한 바와 같이 관련 국제기구들에서 국제통상 분쟁과 관련된 각종 제도를 마련하였으나, 전체적인 국제통상분쟁의 문제를 해결하는 데는 요원하였다고 할 수 있다.

---

1) 서헌제, 「국제경제법」, 율곡출판사, 1996. pp. 764 - 770.

Ⅱ WTO 통상분쟁해결의 의의

WTO분쟁해결절차는 WTO회원국간에 발생하는 무역 분쟁에 대하여 이를 해결하는 준 사법적 분쟁해결절차이다. 동 절차는 다자간 무역체제에 안정성 및 예측가능성을 제공하는 핵심요소로서, WTO협정하의 권리와 의무를 보존하고, 기존의 제반 GATT규정을 명확히 하고자 하는데 그 의의가 있다. 동 절차는 WTO협정의 적용을 받는 분야에 있어서, 협정상의 의무이행과 아울러 협정을 위반하지 않은 조치라도 일방회원국의 이익이 침해를 받은 경우에는 분쟁해결절차를 원용할 수 있도록 하고 있다.

동 절차는 WTO설립협정 및 이에 부속된 다자간무역협정상의 모든 분쟁해결에 적용된다. 다만, 반덤핑, 보조금 및 상계조치협정 등에 별도로 규정된 분쟁해결절차는 동 절차가 특별법적 성격을 갖는바, 이는 WTO일반국제분쟁해결절차에 우선하여 적용된다. WTO국제분쟁해결절차는 총 27개 및 4개의 부속서로 구성되어 있다.

기본적으로 WTO국제통상분쟁해결절차는 WTO회원국간에 발생하는 무역 분쟁에 대하여 이를 해결하는 준사법적 분쟁해결절차이다. WTO국제분쟁해결절차는 총 27개조 및 4개의 부속서로 구성되어 있다.

WTO국제분쟁해결절차는 WTO설립협정 및 이에 부속된 다자간무역협정상의 모든 분쟁해결에 적용된다. 다만, 반덤핑, 보조금 및 상계조치협정 등에 별도로 규정된 분쟁해결절차는 동 절차가 특별법적 성격을 갖는 바, 이는 WTO국제분쟁해결절차에 우선하여 적용된다함은 이미 앞에서 설명한 바와 같다.

【그림 9-1】 WTO분쟁해결절차

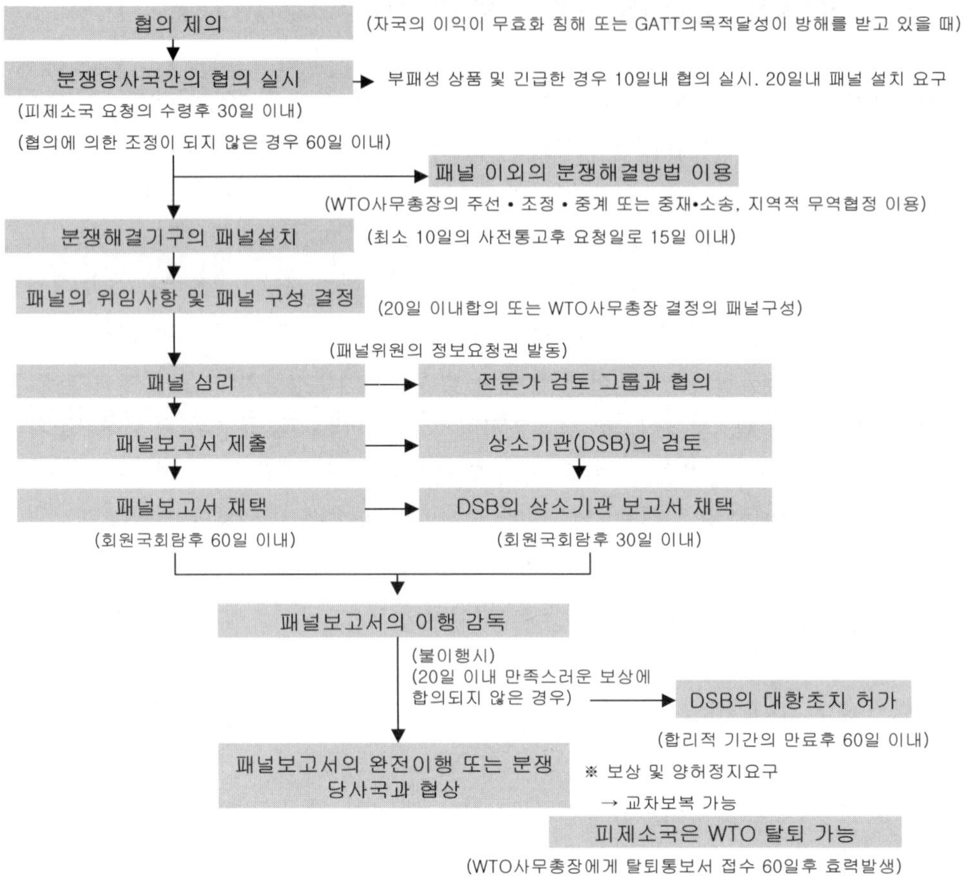

Ⅲ WTO 통상분쟁해결의 특징

WTO분쟁해결제도의 특징을 살펴보면,

첫째, WTO체제의 분쟁해결은 모든 문제를 하나의 일관된 법체제로 조문화한 통일된 분쟁해결제도로서 단일화된 기준으로 적용하게 된다는 점이다.

둘째, 엄격한 시한의 설정이다. 전통적인 GATT분쟁해결절차와 달리 WTO에서는 엄격한 시한을 설정했다는 것이다. 각 단계별로 기한을 둠으로써 고의로 분쟁절차를 지연시키는 문제점을 해결하려 노력했으며, 지연사유 발생시에도 그 기한을 명시함으로써 이를 확립하고자 하였다.

셋째, 항소기구의 설치·운영하였는데, 이는 전통적인 GATT분쟁해결절차에서는 항소심 절차가 존재하지 않았다. 즉, 패널보고서가 GATT 일반이사회에서 최종적으로 채택되거나 아니면 거부되었다. 그러나 새로운 분쟁해결절차에서는 7명으로 구성된 상설항소기구가 설치되며 패널판정에 불복할 경우 3명으로 구성된 항소패널이 항소심으로서의 기능을 수행하게 되는바, 이는 WTO협정의 해석에 대한 일관성을 기하기 위한 것으로 풀이된다.

넷째, 역만장일치제(reverse consensus rule)의 도입이다. 과거 전통적인 GATT분쟁해결제도하에서 패널의 판정은 회원국의 만장일치제에 의해서만 채택되었다. 따라서 패소 당사국을 포함해서 어느 국가이든지 실질적으로 거부권을 행사할 수 있었는데, 본 WTO협정에서는 역만장일치제를 채택하였다. 즉, 모든 회원국이 만장일치로 거부하지 않는 한 자동적으로 패널판정이 채택됨으로써 실질적 거부권 행사를 억제시켰다.

다섯째, 보복조치의 자동권한으로 이는 역만장일치제의 도입에 따라 자동적으로 승소국에게 부여된 권한이다. 이러한 보복조치를 부여함으로써 종전의 GATT제도하에서 패널보고서의 효과가 미미했던 문제점을 극복시키기 위해 도입된 제도로 볼 수 있다.

여섯째, 패널구성원과 상소기구위원회의 자격요건으로 국제무역법의 전문성 등이 요구됨으로써, 분쟁분야의 전문가로 구성된 상설적인 상소기관에 의한 WTO체제의 분쟁해결제도의 통일성이 확보될 수 있어 회원국들의 WTO체제에 대한 신뢰성이 증대될 수 있게 되었다는 것을 특징으로 하고 있다. 다만, 이상과 같은 WTO분쟁해결절차의 특징 및 장점에도 불구하고 보다 실효성 있는 분쟁해결절차의 담보가 되기 위해서는 열악한 저개발국의 지위를 절차상으로 개선하기 위한 제도적 장치가 결여되었다는 점, 즉 개도국에 대한 고려가 부족하다는 단점도 있다.

한편, 이러한 WTO의 분쟁해결절차를 과거의 GATT체제와 비교해 보면 다음과 같다.

[표 9-1] GATT와 WTO체제 분쟁해결절차의 주요 특징 비교

기준 \ 체제	GATT체제	WTO체제(DSU)
관할대상	주로 상품 분야	상품분야 뿐만 아니라 서비스, 무역관련 지적재산권, 투자분야까지 확대
분쟁해결기구	해당 분야별로 별도처리(체약국단, 작업반 등)	분쟁해결기구(DSB) 및 상설상소기구(SAB) 설치
의사결정	만장일치제(Consensus)가 관행	역만장일치제(Reverse Consensus)가 원칙, 불가시 다수결
기한설정	기한설정의 명확한 기준 미비	각 절차마다 매우 엄격한 기한 설정
분쟁해결 관련규정	분쟁해결이라는 명칭은 없으나, 분쟁해결 규정이 복잡 다양함	분쟁해결제도를 1994년 분쟁해결양해로 통일
신설 내용		· 교차보복(Cross-Retaliation)설정 · 일방적 보복조치를 명문으로 금지 · 상소제도를 인정

Ⅳ WTO 통상분쟁 메커니즘

1 적용범위

기구(DSB : Dispute Settlement Body)상의 규칙 및 절차는 "분쟁해결을 관장하는 규정 및 절차에 관한 양해"(Understanding on Rules Procedures Governing the Settlement of Disputes)의 「부록 1」(Appendix 1)에 열거된 협정(이하 '대상협정'이라 한다)상의 분쟁해결 및 협의에 적용된다.

즉, 동 양해의 대상이 되는 협정으로서는 세계무역기구설립협정과 다자간무역협정으로서 상품무역에 관한 다자간협정, 서비스무역에 관한 일반협정, 무역관련지적재산권에 관한 협정, 분쟁해결규칙 및 절차에 관한 양해, 복수국간무역협정으로서 민간항공기 무역에 관한 협정, 정부조달에 관한 협정, 국제낙농협정, 국제우육협정 등 회원국의 권리·의무에 관한 회원국간의 협의 및 분쟁해결에 적용된다.

그러나 본 양해각서 「부록 2」 (Appendix 2)에 열거된 '대상협정하의 특별 또는 추가적인 분쟁해결 규칙 및 절차'(이하 '특별규정 및 절차'라 한다)는 본 규칙 및 절차에 우선하기 때문에 본 양해각서의 규칙 및 절차와 부록 2의 특별 또는 추가적인 규칙 및 절차가 상충될 경우에는 「부록 2」의 특별 또는 추가적인 규칙 및 절차가 우선한다.

2개 이상의 대상협정상의 규칙 및 절차가 관련되는 분쟁에 있어서 검토대상이 되고 있는 대상협정들의 특별 또는 추가적인 규칙 및 절차가 서로 상충되고 분쟁당사국들이 패널설치 후 20일 이내에 적용할 규칙 및 절차에 관한 분쟁당사국간의 합의가 이루어지지 않은 경우 제21조 1항에 규정된 분쟁해결기구 의장은 각 회원국의 요청 후 10일 이내에 적용할 규칙 및 절차를 결정해야 한다. 이 경우 DSB의장은 가능한 한 특별 또는 추가적인 규칙 및 절차들이 이 양해의 규칙 및 절차와 상충되지 않는 범위 안에서만 이용해야 한다.

2 집행절차

기구는 WTO설립협정상의 규칙, 절차 및 대상 협정 하에서 달리 규정하지 않는 한 대상협정들의 협의 및 분쟁해결조항을 집행(Administration)한다. 분쟁해결기구의 권한으로서는 패널의 설치와 패널 및 상소보고서의 작성·결정 및 권고사항의 이행에 대한 감시, 대상협정하의 양허 및 기타 의무의 유보에 대한 승인 등이 있다. DSB는 개별대상협정상의 규정과 관련된 분쟁의 진행상황을 세계무역기구하의 관련이사회 및 위원회에 통보해야 한다. 분쟁해결기구의 운영방법으로서는 본 양해 하에 허용된 시간범위(time-frame) 내에서 협의해야 하며, 의사결정은 만장일치(consensus)에 의한다.

3 일반규정

국제분쟁해결제도는 다자간 무역체제에 안정성과 예측가능성을 높이는 핵심요소이므로, 대상 협정들 하의 회원국의 권리와 의무를 보호하고, 통상적인 규정에 따라 대상협정의 기존조항을 명확히 하는 역할을 수행한다.

동 양해각서상의 일반규정으로 회원국들은 1947년 GATT 제22조와 제23조에 따라 적용되어 온 분쟁의 관리원칙과 이 분쟁해결양해에 의하여 더욱 발전되고 수정된 규칙 및 절차를 준수할 것을 요구하고 있는데 이는 WTO의 구조자체가 기존 1947년 GATT 내용을 포함하는 논리상의 당연한 귀결로서 기존 분쟁해결제도의 전통을 수용하고 있기 때문이다.

회원국이 WTO협정상의 의무위반이나 이익의 무효화 또는 침해, 혹은 대상협정의 목표달성 저해 등의 행위를 시정하고자 할 때에는 본 양허각서상의 분쟁해결규칙과 절차, 그리고 분쟁해결기구가 채택한 패널 및 상소기구의 보고서나 중재판정서의 판정 및 권고를 준수하여야 한다.

분쟁해결제도의 목표가 분쟁의 긍정적 해결책을 확보하는 것이기 때문에 분쟁해결기구에 제소할 내용이 자국의 국익에 맞는지를 구체적으로 결정하도록 하고 있으며, 이에 따라 제기된 분쟁의 해결책은 분쟁당사국이 상호수용 가능하고 대상협정과 합치해야 한다. 반면에 상호 합의된 해결책이 없을 때에는 통상 그 조치가 대상협정에 대한 위반으로 판정이 내려진 경우 동조치를 철회하여야 하지만 철회가 불가능할 경우에 한하여 대상협정에 대한 위반조치의 철회 시까지 잠정조치로서 보상을 제공할 수 있다. 이 양해가 분쟁해결절차에 호소하는 회원국에게 부여하는 최후의 구제수단은 분쟁해결기구의 승인에 따르는 것을 조건으로 다른 회원국에 대하여 차별적으로 대상협정상의 양허 또는 그 밖의 의무의 적용을 정지할 수 있다는 것이다.

화해요청 및 분쟁해결절차의 활용이 비우호적인 행위로 간주되어서는 안 되며, 또한 분쟁이 발생한 경우 모든 회원국은 분쟁해결을 위하여 성실하게 절차에 참여하여야 하고, 개별 사안들에 대한 제소 및 반소가 연계되어서는 안 된다.

또한 분쟁해결기구는 WTO설립협정 발효시 또는 발효 후에 제정된 대상협정의 협의규정에 의거하여 제기된 신규협의요청에 대해 적용된다. WTO설립협정의 발효 전에 대상협정의 선행협정이나 1947년 GATT에 의해 제기된 협의요청에 대하여는 '이전 분쟁해결 절차'가 계속 적용된다. 그리고 개도국이 선진회원국에 대해 제소하는 경우, 제소국은 동 절차와 1966년 4월 5일 결정의 절차 중 하나를 선택할 수 있는 경과규정을 두고 있다.2)

---

2) 동 분쟁해결양해각서는 WTO체제의 분쟁해결에 적용될 일반원칙을 상술한 바와 같이 제3조에서 일반규정으로 별도로 규정하고 있지만 학자에 따라서는 WTO체제 분쟁해결제도의 일반원칙으로서 다음과 같이 분석하고 있다. (i) GATT체제 분쟁해결제도의 승계 및 발전, (ii) 다자체제의 강화로서 WTO분쟁해결절차의 우선적 사용과 분쟁해결을 통한 다자체제의 강화, (iii) 분쟁해결절차의 남용제한, (iv) 해석을 통한 분쟁해결의 한계, (v) 개발도상회원국을 위한 특별대우, (vi) 최빈개도국을 위한 특별대우이다.(박노형, 「WTO체제의 분쟁해결제도연구」, 박영사, 1995. pp. 20~25.) ; 그리고 WTO국제분쟁해결절차를 다음과 같은 원칙으로 분석한 경우도 있다. (i) 다자간 분쟁해결절차의 우선 적용, (ii) 국제무역분쟁해결절차의 실효성 및 효율성 제고, (iii) 분쟁해결절차의 통합화 및 분쟁해결기구의 상설화, (iv) 개도국에 대한 분쟁해결절차상의 우대, (v) 분쟁해결수단 및 목적의 합리화

4 분쟁해결기구

1. 분쟁해결기구의 의의

WTO설립협정에 의해 WTO 일반이사회가 분쟁해결기구로 활동하며, 분쟁해결기구의 임무는 원칙적으로 대상협정상의 협의 및 분쟁해결 관련조항을 집행한다. 분쟁해결기구는 패널을 설치하고 패널 및 상설상소기구보고서를 채택하며, 판정 및 권고안의 이행 상태를 감독하고 협정상의 양허 및 기타 의무의 중재를 허가하는 권한을 갖는다.

또한 분쟁해결기구는 기존 GATT의 전통에 따라 만장일치(consensus)로 의결한다. 패널이나 상설상소기구의 판정이나 권고안을 의결할 경우에는 소위 '역만장일치제'(reverse consensus system)를 채택하고 있다.

2. WTO 사무국

WTO 사무국은 분쟁해결조치의 법적·역사적·절차적 측면에 관하여 패널을 지원할 책임을 지며, 또한 사무 및 기술지원을 제공할 책임을 진다. 사무국은 회원국이 요청하는 경우 분쟁해결과 관련하여 회원국을 지원한다. 또한, 개도국회원국에 대해 추가적인 법률자문 및 지원을 제공할 필요가 있을 때에는 개도국회원국이 요청하는 경우 기술협력국(Technical Cooperation Service)내의 자격있는 법률전문가로 하여금 지원하도록 하고 있다.

3. 기타 WTO 회원국 및 이사회

분쟁해결기구는 관련 WTO이사회 및 위원회에 관련된 분쟁의 진전사항을 통보하여야 한다.

등이다.(이상윤, 「국제경제법」, 중앙경제사, 1995, pp. 341~343.)

5 분쟁해결 진행절차

1. 협의

(1) 협의 시한 및 방식

협의(Consultations)요청이 대상협정에 따라 이루어지는 경우 그 요청을 접수한 회원국은 달리 상호 합의하지 않는 한 요청 접수일로부터 10일 이내에 답변하며, 요청 접수일로부터 30일 이내에 상호 만족할 만한 해결책에 도달하기 위하여 성실하게 협의에 임해야 한다. 상기 조건이 충족되지 않을 경우에 협의를 요청한 회원국은 직접 패널의 설치를 요구할 수 있다.

이러한 모든 협의요청은 협의 요청국에 의하여 협의 요청시 문제가 되고 있는 조치의 명시 및 제소에 대한 법적 근거의 제시를 포함한 협의요청 사유서를 서면으로 DSB 및 관련이사회와 위원회에 통보해야 한다.

협의결과 협의 요청일로부터 60일 이내에 협의를 통한 분쟁해결에 실패할 경우 협의 요청국은 패널설치를 요구할 수 있다. 협의 당사자가 협의를 통한 분쟁해결에 실패했다고 공동으로 간주하는 경우, 협의요청국은 패널설치를 요구할 수 있다.

(2) 긴급사안의 특례

부패성 상품에 관한 분쟁을 포함하여 긴급한 상황에서는 요청일부터 10일 이내에 협의에 임해야 하며, 요청일로부터 20일 이내에 분쟁해결에 실패할 경우 협의요청국은 패널설치를 요구할 수 있다. 상기의 경우, 분쟁당사자국과 패널 및 상소기구는 신속한 진행을 위해 최대한으로 노력을 기울인다. 협의과정에서 회원국은 개도국의 특별한 문제점과 이익에 대하여 특별한 고려를 하여야 한다.

(3) 제3국의 참여

분쟁당사자국 이외의 제3국이 협의참여를 희망할 경우, 10일 이내에 협의회원국 및 분쟁해결기구에 통보하여야 한다. 제3국은 1994년 GATT 제22조 1항, GATS 제22조 1항, 또는 기타 대상협정상의 규정에 근거하여 개최되는 협의에 상당한 이해관계가 있다고 인정되는 경우에 협의참여가 가능하다. 협의참여 요청이 기각될 경우, 제3국은 1994년 GATT 제22조 1항, GATS 제22조 1항, 또는 기타 대상협정상의 규정에 근거하여 협의를 요청할 수 있다.[3)]

2. 주선 · 조정 · 중개(周旋 · 調整 · 仲介)

주선 · 조정 · 중개(Good Offices · Conciliation · Mediation)는 분쟁당사국이 합의할 경우 자발적으로 취해지는 절차이다. 분쟁당사자는 언제든지 주선, 조정, 중개를 요청할 수 있다. 주선 · 조정 · 중개는 언제든지 개시되고 종료될 수 있다. 일단 주선 · 조정 또는 중개절차가 종료되면 제소국은 패널의 설치를 요청할 수 있다.

동 절차가 협의 요청일로부터 60일 이내에 개시될 경우, 제소국은 패널설치의 요청과 협의요청의 수령사이에 60일을 허용해야 하나, 그 이전에라도 분쟁당사국들이 동 절차가 분쟁해결에 실패하였다고 공동으로 판정되면 제소국은 60일이 경과되기 전에라도 패널설치를 요청할 수 있다. 분쟁당사자가 합의하는 경우 주선, 조정 또는 중개절차는 패널과정이 진행되는 동안 지속될 수 있다. 사무총장은 회원국의 분쟁을 해결하는 것을 돕기 위하여 직권으로 주선, 조정 또는 중개를 제공할 수 있다.[4)]

---

3) 동 협정 제4조.

4) 동 협정 제5조.

3. 중재(仲裁)

본 양해각서에 특별한 규정이 있는 경우를 제외하고는 당사자 간의 합의가 있어야 중재(Arbitration)절차가 가능하며 이 경우 분쟁당사국들은 쌍방이 따라야 할 절차에 관하여도 합의하여야 한다. 중재의뢰는 분쟁당사국의 상호합의하에 중재절차가 실질적으로 시작되기 충분한 시간을 두고 모든 회원국에 통보되어야 한다. 기타 회원국들은 중재의뢰에 합의한 국가들의 동의하에 중재절차에 참가할 수 있다. 소송당사국들은 중재판정을 준수하여야 하며, 중재판정 내용은 관련된 협정의 이사회나 위원회와 분쟁해결기구에 통보되어야 한다.

중재는 WTO체제의 기본적인 분쟁해결제도는 아니며, 손해배상액이나 보상액의 산정과 같은 특별한 문제의 해결에 일부 채용된다. 그러므로 중재는 WTO분쟁해결의 대체수단이라고 할 수 있다.

6 PANEL

1. 패널의 설치

제소국이 패널의 설치를 요청하는 경우 분쟁해결기구는 패널을 설치하여야 하며, 패널설치는 늦어도 패널설치 요청이 의제에 상정되는 분쟁해결기구회의의 다음 회의까지는 이루어져야 한다. 다만 분쟁해결기구에서 패널을 설치하지 않기로 하는 경우 패널을 설치하지 않아도 되는 역반장일치제도를 도입하여 분쟁해결절차의 지연을 방지하고 있다.

패널설치의 요청은 서면제안으로 이루어지며 요청서에는 협의개최 여부가 문제가 되는 특정조치를 명시하고, 문제를 명확히 하기 위해 제소의 법적 근거에 대한 간단한 요약을 첨부해야 한다. 제소국이 표준위임사항(standard terms of reference)과 상이한 위임사항을 갖는 패널의 설치를 요청하는 경우, 요청서에는 제소국이 제안하고자 하는 특별 위임사항(special terms of reference)을 포함하여야 한다.

2. 패널의 위임사항

패널은 분쟁당사국이 패널설치로부터 20일 이내에 달리 합의하지 않는 한 다음과 같은 위임사항(Terms of Reference)을 설정해야 한다.

즉, "분쟁당사자가 인용하는 대상협정명의 관련규정에 따라 당사국 국명이 문서번호 DS/... 로 분쟁해결기구에 제기한 문제를 조사하고, 분쟁해결기구가 동 협정에 규정된 권고나 판정을 내리는 데 도움이 되는 조사결과를 제출한다."

패널 설치시 분쟁해결기구는 동 기구 의장으로 하여금 분쟁당사자와의 협의를 거쳐 패널의 위임사항을 작성하는 권한을 부여할 수 있다. 이와 같이 작성된 패널의 위임사항은 모든 회원국들에 배포되어야 하며, 표준위임사항이 아닌 다른 위임사항에 대한 합의가 이루어지는 경우, 어느 회원국도 DSB에 문제를 제기할 수 있다.

3. 패널의 구성

(1) 패널구성원의 자격

패널리스트가 될 수 있는 자격을 갖춘 사람들은 ① 패널에서 일한 경력이 있거나 자국의 입장을 개진한 경험이 있는 자, ② WTO회원국 및 1947년 GATT회원국의 대표로서의 경험이 있는 자나 혹은 사무국(Secretariat)에서 근무한 바 있는 자, ③ WTO하의 제반 관계협정이나 그 이전 협정하의 이사회나 위원회에서 회원국의 대표로서의 경험이 있는 자, ④ 국제무역법규나 국제무역정책에 관한 강의나 논문발표 경험이 있는 자, ⑤ WTO회원국의 무역정책에 관한 고위 실무 경험이 있는 자로 구성된다. 분쟁당사국이나 해당분쟁에 상당한 이해관계가 있는 제3국의 국적을 가진 인사는 당사국간의 합의가 없는 한, 패널리스트로 선정될 수 없다.

사무국은 패널리스트 선정의 효율성을 위하여 자격요건을 갖춘 정부 및 비정부인사 목록을 보유하여 상황에 적합한 패널리스트를 선정할 수 있으며, 분쟁당사자국에 패널리스트 지명을 제안하며, 분쟁당사국은 불가피한 사유가 없는 한 이러한 지명을 수락해야 한다.

(2) 패널구성의 선정

패널은 원칙적으로 3명의 패널리스트로 구성되나 분쟁당사국이 패널설치 후 10일 이내에 합의하는 경우에는 5명의 패널리스트로 구성되기도 한다. 패널설치 후 20일 이내에 패널리스트 선정에 합의하지 못할 경우, 사무총장은 일반당사국의 요청에 따라, 분쟁당사국과 협의후 분쟁해결기구의 의장 및 관련위원회 또는 이사회의 의장과 협의하여 가장 적합한 패널리스트를 지명하고, 요청일로부터 10일 이내에 패널구성에 대해 통보하여야 한다.

개도국과 선진국간의 분쟁발생시에는 개도국이 요청하는 경우, 패널위원 중 적어도 1명은 개도국의 인사를 임명할 수 있다.

4. 복수 제소자를 위한 절차

(1) 단일패널의 구성

두 회원국 이상이 동일한 사안과 관련된 패널의 설치를 요청하는 경우, 이러한 복수의 제소내용을 조사하기 위하여 모든 관련회원국들의 권리를 고려한 단일패널이 설치될 수 있다.[5)]

(2) 단일패널의 활동

단일패널은 분리패널(복수패널)의 경우에 분쟁당사자국이 누릴 수 있는 권리가 침해당하지 않도록 조사 작업을 체계화하고 조사결과를 DSB에 보고한다. 일반당사자국의 요청이 있을 경우 패널은 관련분쟁에 관한 별도의 분리된 보고서를 제출할 수 있다. 각 제소국은 다른 제소국의 서면입장을 입수할 수 있으며, 각 제소국은 다른 제소국이 패널에 자국의 입장을 진술할 때 참여할 수 있는 권리가 있다.[6)]

5) 동 협정 제9조 1항.

6) 동 협정 제9조 2항.

(3) 복수패널의 설치

동일사안과 관련된 복수의 제소내용을 조사하기 위하여 복수패널이 설치될 경우에는 가능한 한 최대한도로 동일한 패널리스트들이 각각 분리된 패널이 패널리스트로 참가하며, 각각의 패널진행시간은 잘 조화되도록 운영되어야 한다.7)

5. 제3국

대부분의 분쟁에서와 마찬가지로 WTO체제의 분쟁에서도 분쟁당사국들 외에도 제3국(Third Parties)이 분쟁에 참여할 수 있기 때문에 분쟁당사국들과 분쟁대상인 대상협정의 다른 회원국의 이해관계는 패널절차에서 충분히 고려되어야 한다.

패널에 회부된 분쟁사안에 실질적 이해관계를 가지고 있으며 자국의 이해관계를 DSB에 통보한 제3국은 패널에 대하여 자신의 입장을 개진하고 서면으로 의견을 제시할 기회를 가진다. 이러한 제3국의 제출서류는 분쟁당사국에게 전달되며 패널보고서에 반영된다.

만일 제3국이 이미 패널절차의 대상이 되는 조치가 대상협정상의 자국의 이익을 무효화 또는 침해하였다고 판단한 경우에 동 제3국은 본 양해하의 정상적인 분쟁해결절차를 밟을 수 있으며, 가능한 한 원패널에 회부되어야 한다.8)

6. 패널의 기능

패널의 기능은 분쟁해결기구가 이 양해 및 대상협정상의 임무를 수행하도록 지원하는 것이다. 따라서 패널은 분쟁의 사실부분에 대한 객관적인 평가, 대상협정의 적용가능성 및 그 협정과의 합치성을 포함하여 자신에게 회부된 사안에 대하여 객관적인 평가를 내려야 하며, 분쟁해결기구가 대상협정에 규정되어 있는 권고를 행하거나 판정을 내리는데 도움이 되는 기타 조사결과를 제출해야 한다. 이를 위하

7) 동 협정 제9조 3항.

8) 동 협정 제10조.

여 패널은 분쟁당사국들과 정기적으로 협의하고 이들이 상호 만족할 만한 해결책을 찾기 위한 적절한 기회를 제공해야 한다.9)

7. 패널절차

(1) 패널 작업절차

패널리스트들은 분쟁당사국과의 협의 후, 현실적으로 가장 빠른 시일 내에, 그리고 가능한 언제나 패널의 구성 및 위임사항에 대하여 합의가 이루어진 후로부터 일 주일 이내에 패널작성계획표를 작성해야 한다. 패널은 분쟁당사국들이 서면입장을 제출하여야 하는 정확한 마감시한을 설정해야 하며, 분쟁당사국은 동 마감시한을 준수해야 한다.

(2) 준비서면의 제출

분쟁당사국은 패널과 분쟁당사국 및 기타 분쟁당사국에게 즉시 전달되도록 자신의 서면입장을 사무국에 기탁하여야 한다. 제소국은 원칙적으로 피소국보다 먼저 1차 서면입장을 제출해야 하며, 후속서류는 분쟁당사국이 동시에 제출하여야 한다.

(3) 보고서 제출시한

패널의 조사기간은 패널구성 및 위임사항 등에 관한 합의시점으로부터 최종보고서가 분쟁당사국에 제시되는 시점까지 6개월을 초과하지 않도록 한다. 부패성상품 등의 긴급한 상황 하에서는 보고서가 3개월 이내에 분쟁당사국에 제출되어야 한다. 위 보고서 제출시한을 준수하지 못할 경우에 패널은 분쟁해결기구에 지연사유 및 추정보고서 제출예정일을 서면으로 통보하며, 이 경우에도 패널 설치에서 회원국에 대한 보고서 제출일까지는 9개월을 초과할 수 없다.

---

9) 동 협정 제11조.

(4) 개도국에 대한 고려

개도국이 관련된 분쟁의 경우 대상협정에 명시되어 있는 개도국 우대에 관한 관련규정이 어떻게 고려되었는지가 패널보고서에 분명하게 명시되어야 한다.

(5) 패널의 작업 중단

패널은 제소국이 요청하는 경우에는 언제라도 12개월을 초과하지 않는 범위 내에서 자신의 작업을 중지할 수 있으며, 12개월이 초과되는 경우에는 패널설치 권한이 소멸된다.[10)]

8. 정보요청권 및 비밀보장

패널은 필요한 경우 해당국가에 통보하여 개인 또는 기관으로부터 정보 및 기술적 자문을 구할 수 있으나, 비밀정보가 제공되는 경우, 동 정보는 이를 제공하는 회원국의 개인, 기관 또는 당국으로부터 공식적인 승인이 없는 한 공개할 수 없다. 패널은 분쟁당사국에 의해 제기된 과학적 또는 그 밖의 기술적 사항과 관련된 사실문제에 관해 전문가 검토그룹(Expert Review Group)에게 서면 자문보고서를 요청할 수 있다.

전문가 검토그룹의 위임사항 및 세부작업절차는 패널이 작성하며, 동 그룹은 검토결과를 패널에 보고한다. 분쟁당사국의 국민은 양국의 상호 합의 없이는 특별한 경우를 제외하고 전문가검토그룹에 종사할 수 없으며, 분쟁당사국의 정부관리는 어떠한 경우라도 동 그룹에 종사할 수 없다. 패널의 심의는 공개하지 않으며, 패널보고서에 기록된 개별 패널리스트의 의견은 익명으로 한다.[11)]

10) 동 협정 제12조.

11) 동 협정 제13조, 제14조.

9. 잠정검토단계

(1) 기술적인 부분에 관한 보고서

패널은 답변서(rebuttal)와 구두변론 내용을 고려하여 보고서 초안 중 기술적인 부분을 정리하여 분쟁당사국에게 제출한다. 패널이 지정한 기한 내에 분쟁당사국은 서면으로 이에 대한 논평을 제출해야 한다.

(2) 잠정보고서의 제출

패널은 분쟁당사국으로부터 논평접수 마감일이 지난 후 기술적인 부분과 패널의 판단 및 결론을 모두 포함하는 잠정보고서를 작성하여 분쟁당사국들에게 제출한다. 패널이 설정한 기간 내에 분쟁당사국은 최종보고서가 회원국들에게 배포되기 전에 잠정보고서의 특정측면을 패널이 검토할 것을 서면으로 요청할 수 있다. 일방 분쟁당사국의 초청시, 패널은 진술서에 게재된 문제들에 대해 회원국들과 추가적인 회의를 할 수 있다. 분쟁당국들로부터 견해표명이 없을 경우, 잠정 보고서는 최종 패널보고서로 간주되며 신속히 회원국에게 배포된다.[12)]

10. 패널보고서의 채택

(1) 패널보고서의 검토기간

DSB는 구성회원국들이 패널보고서를 충분히 검토할 수 있도록 보고서가 배부된 지 20일 이내에는 채택되지 않도록 해야 하며, 패널보고서에 반대하는 회원국은 동보고서가 심의되는 분쟁해결기구 회의를 개최하기 최소한 10일전까지는 반대사유를 서면으로 제출해야 한다.

(2) 패널보고서의 채택

분쟁당사국은 DSB에 의한 패널보고서의 전과정에 참가할 수 있으며, 이들이

12) 동 협정 제15조.

밝힌 견해는 모두 기록된다. 일방당사국이 DSB에 공식적으로 상소의사를 통보하거나 DSB가 만장일치에 의해 패널보고서를 채택하지 않기로 않는 한(역만장일치제 : Reverse Consensus System), 동보고서는 배부일로부터 60일 이내에 채택된다. 일방당사국이 상소의사를 통보하면 동보고서는 상소가 종결될 때까지는 DSB에서 채택될 수 없다.[13)]

7 상소제도

1. 상설상소기구

상설상소기구(Standing Appellate Body)는 패널판정에 대한 상소를 접수하는 기구로서 분쟁해결기구에 의해 설치된다. 인원은 7인으로 구성되며, 상소기구의 작업절차에 따라 한 사건에 3인씩 교대로 상소업무를 담당한다.

구성원의 임기는 4년이며, 1회에 한하여 연임할 수 있다. 다만, WTO협정 발효직후 임명되는 7인 중 3인의 임기는 2년 후 만료되며, 이는 추첨으로 결정한다. 결원은 발생할 때마다 충원된다. 임기가 만료되지 아니한 상소기구위원을 교체하기 위하여 임명된 위원은 전임자의 잔여임기 동안 상소기구위원회의 직무를 수행한다.

상소기구의 구성원은 법률과 국제무역 및 협정상의 관련분야에 관한 전문가로서의 권위를 인정받은 자로서 어떠한 개별국가의 정부와도 관계를 맺어서는 안 되며, 직접 또는 간접적인 이해의 충돌을 야기할 수 있는 분쟁의 심사에는 참여할 수 없다.

분쟁당사국만이 패널보고서에 대하여 상소할 수 있으며 제3자는 상소할 수 없다(상소적격). 일반적으로 일방분쟁당사자가 자국의 상소결정을 공식적으로 통지한 날로부터 상소기구가 자신의 보고서를 판정한 날까지의 절차는 60일을 초과할 수 없다. 상소

13) 동 협정 제16조.

기구는 60일 이내에 자신의 보고서를 제출할 수 없는 경우에는 연장사유와 보고서 제출예정일을 서면으로 DSB에 제출하여야 하나, 어떠한 경우에도 그 절차는 90일을 초과할 수 없다. 상소는 패널보고서상에서 다루어진 법률문제 및 패널이 행한 법률해석에만 국한되어야 하며, 상소기구는 자신이 필요로 하는 적절한 행정적·법률적 지원을 제공받는다.

여행경비 및 수당을 포함하여 상소기구위원이 업무를 수행하는 데 소요되는 비용은 예산·재정 및 관리위원회의 권고에 근거하여 일반이사회가 채택하는 기준에 따라 WTO의 예산으로 충당한다.14)

2. 상소절차

상소기구는 분쟁해결기구 의장 및 사무총장과의 협의를 거쳐 작업 절차를 작성하며, 동 작업절차는 모든 회원국들에게 통보되어야 한다. 상소기구의 심의과정은 비공개로 진행되며, 상소기구의 보고서는 분쟁당사국의 참여 없이 이미 제공된 정보 및 행하여진 진술내용을 기초로 작성된다. 상소보고서에 기록되는 개별상소기구위원회의 견해는 익명으로 함과 아울러 상소기구는 패널의 법률적인 판정과 결론을 인용, 변경 또는 파기할 수 있다.15)

3. 상소보고서의 채택

상소보고서가 회원국에게 배포된 후 30일 이내에 DSB가 만장일치로 동보고서를 채택하지 않기로 결정하지 않는 한 분재해결기구는 이를 채택하며, 분쟁당사자는 동보고서를 무조건 수락하여야 한다. 동 채택절차에 있어서 회원국은 상소기구보고서에 대하여 자국의 견해를 자유롭게 표명할 수 있다.16)

14) 동 협정 제17조 1, 2, 3, 4, 5, 6, 7, 8항.

15) 동 협정 제17조 9, 10, 11, 12, 13항.

16) 동 협정 제17조 14항.

8 분쟁해결기구의 결정 시한

분쟁당사자가 달리 합의하지 않는 한, 일반적으로 분재해결기구가 패널을 설치한 날로부터 패널보고서나 상소보고서의 채택을 심의하는 날까지의 기간은 패널보고서에 대하여 상소를 제가하지 아니한 경우에는 9개월, 상소를 제가한 경우에는 12개월을 초과할 수 없다. 패널이나 상소기구가 제12조 9항 또는 제17조 5항에 따라 보고서의 제출기간을 연장하기로 한 경우에는, 추가로 소요된 시간은 동기간에 합산된다.[17)]

9 권고와 판정의 이행감독

1. 이행을 위한 합리적 기간의 설정

DSB는 채택된 권고 또는 결정의 이행을 지속적으로 감독(Surveillance of Implementation of Recommendations and Rulings)하여야 하고, 패널 혹은 상소기구의 보고서가 채택된 후 30일 이내에 개최되는 DSB 회의에서 관련회원국은 DSB의 권고 및 판정의 이행에 관한 자국의 계획을 DSB에 통보하여야 한다.

권고와 판정을 즉시 이행할 수 없을 경우에 당해 회원국은 다음과 같은 합리적 이행 기간을 제시하여야 한다. 즉, ① 분쟁해결기구의 승인을 받는 것을 조건으로 관련회원국이 제의하는 기간 또는 ② 그러한 승인이 없는 경우에는 권고 및 판정이 채택된 날로부터 45일 이내에 분쟁당사자가 상호 합의하는 기간 또는 ③ 그러한 합의가 없을 경우, 권고 및 판정의 채택일로부터 90일 이내에 구속력 있는 중재(binding arbitration)를 통해 결정된 기간 등이다.

이러한 중재에 있어서 중재인을 위한 지침은 패널 또는 상소기구의 권고 이행을 위한 합리적인 기간이 패널 또는 상소기구보고서가 채택된 날로부터 15개월을 초

17) 동 협정 제20조.

과하지 아니하여야 한다.

2. 이행의 시한

패널 또는 상소기구가 보고서 제출기간을 연장하는 경우를 제외하고 분쟁해결기구에 의한 패널 설치일로부터 합리적 이행기간의 종료일까지, 즉 보고서의 제출기간은 분쟁당사국이 달리 합의하지 않는 한, 본 규정이 정하는 특별한 경우[18]를 제외하고는 15개월을 초과할 수 없다. 패널이나 상소기구가 보고서 제출기간을 연장하기로 한 경우, 추가적으로 소요된 기간은 15개월의 기간에 합산된다. 다만, 분쟁당사자가 예외적인 상황이 존재한다는 데에 합의하지 않는 한, 총 기간이 18개월을 초과할 수 없다.

3. 패소당사국 이행조치의 심사

DSB의 권고 및 결정에 따라 취해지는 조치의 존재여부, 혹은 대상협정과 합치하는지 여부에 대해 의견이 일치하지 않을 경우, 이러한 분쟁은 가능한 한 원패널에 회부하는 것을 포함하여 분쟁해결절차를 통하여 결정된다. 패널은 동 사안이 회부된 날로부터 90일 이내에 결정하여야 한다. 패널이 90일 이내에 보고서를 제출할 수 없다고 판단하는 경우, 연장사유 및 보고서 제출예정일 등을 DSB에 서면으로 통보해야 한다.

4. 권고안 및 결정의 이행상황 감시

DSB는 채택된 권고나 결정의 이행을 지속적으로 감시해야 한다. 분쟁해결기구가 달리 결정하지 아니하는 한, 권고 및 결정의 이행문제는 제21조 3항에 따라 합리적 이행기간이 확정된 날로부터 6개월 이후에 분쟁해결기구 회의의 의제에 상정되며 이들 문제가 해결될 때까지 계속 분쟁해결기구의 의제로서 남는다.

이러한 분쟁해결기구 회의가 개최되기 10일 전까지 관련회원국은 권고 또는 결

18) 제12조 9항 및 제17조 5항 참조.

정의 이행에 있어서의 진전 상황에 관한 서면보고서를 분쟁해결기구에 제출해야 한다. 개도국이 제소국인 경우 DSB는 관련조치가 무역 및 개도국 경제에 미치는 영향까지 고려하여 그에 적합한 조치를 선정해야 한다.

10 보상 및 양허의 정지

1. 법적 성격

보상 및 양허나 그 밖의 의무의 정지(Compensation and Suspension of Concessions)는 권고 및 결정사항이 합리적인 기간 내에 이행되지 않을 경우에 취할 수 있는 잠정적인 조치로서 보상이나 양허 또는 그 밖의 의무의 정지는 권고의 완전한 이해에 우선하지 않는다. 보상은 자발적으로 이루어져야 하며, 대상협정과 합치되어야 한다. 그러므로 DSB의 권고와 결정이 이행되지 않는 경우에 보상과 양해 등의 정지가 허용되지만, 가능한 한 DSB의 권고와 결정의 이행이 우선적으로 이루어져야 한다.

2. 보상 및 양허의 정지 허가

합리적인 기간의 종료 후 20일 이내에 만족할 만한 보상합의가 이루어지지 않을 경우, 분쟁해결절차를 발의한 당사국은 DSB에 당해 회원국에 대한 양허나 다른 의무의 적용을 정지할 수 있는지 여부를 요청할 수 있다. DSB는 제소국의 요청을 기각할 것을 만장일치에 의해 결정하지 않는 한, 합리적 기간의 종료 후 30일 이내에 이를 승인하여야 한다.

3. 보복조치의 실행

제소국이 피소국에 대하여 보복조치를 취하기 위해서는 ① 패널에서 피소국이 대상협정규정에 위반하였음을 결정하고, ② 의무위반으로 결정된 피제소국은 DSB의 결정과 권고를 합리적 기간 내에 이행하지 않았으며, ③ 합리적 기간의 만료

후 20일 내에 만족스런 보상이 합의되지 않았어야 한다. DSB가 허가한 양허 또는 다른 의무의 정지수준은 무효화 또는 침해의 수준과 동등하여야 한다.

이러한 단계를 거쳐 보복조치가 허가되면, 제소국은 다음과 같은 보복조치의 실행에 관한 조건을 충족하여야 한다. 우선 어떤 양허나 기타 의무의 정지를 모색할 경우에 ① 패널이나 상소기구가 의무위반, 무효화 또는 침해사실을 발견한 분야와 동일한 분야에 우선적으로 적용하고, ② 동일분야에 대한 양허나 기타 의무의 적용이 현실적이지 못하거나 효과적이지 못할 경우에는 동일협정하의 여타 분야에 적용 가능하며, ③ 동일협정하의 여타 분야의 양허나 기타 의무의 정지적용이 현실적이지 못하거나 효과적이지 못하고 상황이 매우 심각할 경우에는 관련된 여타 협정하의 양허나 기타 의무의 정지를 시도할 수 있다.

둘째, 상기 준수사항을 적용하는 데에 있어서 당해국은 다음과 같은 사항들을 고려해야 한다.

① 패널 또는 상소기구가 위반 또는 그 밖의 무효화 또는 침해가 있었다고 판정을 내린 분야나 당해 협정상의 무역, 그리고 동 무역이 제소국에서 차지하는 중요성, ② 무효화 또는 침해에 관련된 보다 광범위한 경제적 요소와 양허 또는 기타 의무의 정지가 초래할 보다 광범위한 경제적 파급효과, ③ 제소국이 동일분야 이외의 분야에서 양허나 기타 의무의 정지를 요청할 경우, 당해국은 DSB 및 관련이사회, 그리고 관련분야를 관장하는 기구에 그와 같은 요청을 통보해야 한다.

관련회원국이 이미 제시된 양허의 정지수준에 동의하지 않은 경우나 상기의 원칙 및 절차가 준수되지 않은 경우, 중재절차를 밟게 된다. 이러한 중재는 원 패널의 소집이 가능한 경우 원 패널, 또는 사무총장이 지명하는 중재자에 의해 수행되며, 합리적 기간의 만료일로부터 60일 이내에 종결되어야 한다. 양허 또는 기타 의무는 중재의 진행 중에는 정지되지 아니한다.

중재자는 정지의 대상인 양허 또는 기타 의무의 성격에 관해서 검토할 수 없으며, 단지 동정지가 협정상의 원칙 및 절차에 일치하는지의 여부와 동 정지의 수준이 무효화나 침해의 수준과 동등한지의 여부를 결정해야 한다. 분쟁당사국은 중재자의 결정을 최종조치로 받아들여야 한다. 중재자는 그의 결정을 즉시 DSB에 통보하여야 하며, DSB는 중재자가 양허나 기타 의무의 정지를 요청할 경우, 동 요청을 기각할 것을 만장일치에 의해 결정하지 않는 한 이를 즉시 승인해야 하다. DSB에 의해 승인되거나 중재에 의해 결정된 양허나 기타의무 적용의 정지수준은 무효화 또는 침해수준과 동등하여야 한다. 그러나 분쟁해결기구는 대상협정이 정지를 금지하면 양허 및 기타 의무의 금지를 승인해서는 안 된다.

양허나 기타의무 적용의 정지는 일시적이어야 하며 대상협정과 일치하지 않는 조치가 제거되거나, 권고나 결정사항을 이행해야 할 회원국이 이익의 무효화 및 침해에 대한 해결책을 제공하거나, 상호 만족할 만한 해결책이 도출될 때까지만 적용되어야 한다.

11 최빈개도국에 대한 특별절차

최빈개도국이 관련된 분쟁해결절차의 모든 단계에서는 최빈개도국에 대한 특수상황이 특별히 고려되어야 한다. 최빈개도국에 대한 특별조치로 인해 타회원국의 이익이 무효화되거나 침해되었을 경우, 제소국은 본 규정상의 보상요구를 자제하거나 양허 혹은 기타의무 적용의 정지를 요청하는 것을 자제하여야 한다.

최빈개도국이 관련된 분쟁해결절차에 있어서 만족스러운 해결책이 도출되지 못할 경우 사무총장이나 DSB 의장은 최빈개도국이 요청하는 경우 분쟁당사국이 분쟁을 해결할 수 있도록 패널설치요청이 이루어지기 이전이라도 주선, 조정 및 중재를 제의해야 한다.[19)]

19) 동 협정 제24조.

12 중재

본 양해각서에 달리 규정한 경우를 제외하고, 중재(Arbitration)의뢰는 분쟁당사국의 상호합의하에 중재절차가 실질적으로 시작되기 전에 충분한 시간을 갖고 모든 회원국에 통보되어야 한다. 기타 회원국들은 중재의뢰에 합의한 국가들의 동의하에 중재절차에 참가할 수 있다. 소송당사국들은 중재판정을 준수하는 데 합의해야 한다. 중재판정 내용은 대상협정의 이사회나 위원회와 분쟁해결기구에 통보되어야 한다.[20]

13 규정위반이 아닌(Non-Violation)분쟁의 처리

1. 1994년 GATT 제23조 1항 (b)에 규정된 형태의 비위반 제소

패널 또는 상소기구는 일방분쟁당사국이 특정회원국의 조치로 인하여 자국의 이익이 무효화 또는 침해되었다고 판단하는 경우, 혹은 대상협정의 목적달성이 저해되었다고 판단하는 경우에 해당 조치의 협정위배 여부에 관계없이 1994년 GATT 제23조 1항 (b)에 근거하여 결정 및 권고를 할 수 있다.

① 제소국은 관련대상협정과 상충하지 아니하는 조치에 관한 제소를 정당화할 수 있는 자세한 근거를 제시해야 한다.

② 특정조치가 관련대상협정을 위반하지 아니하면서 동 협정에 다른 이익을 무효화 또는 침해하였거나 동 협정의 복표달성을 저해한다고 판정이 내려진 경우, 동조치를 철회할 의무는 없다. 그러나 이러한 경우 패널이나 상소기구가 회원국에게 상호 만족할 만한 조정을 하도록 권고해야 한다.

③ 분쟁당사국의 요청에 의한 중재에서는 이익의 무효화나 침해수준을 결정하고 상호 만족할 만한 조정방법을 제의할 수 있다. 그러나 이러한 제의는 분쟁당

20) 동 협정 제25조.

사국에 대하여 구속력을 가지지 아니한다.

2. 1994년 GATT 제23조 1항 (c)에 규정된 형태의 비위반제소

패널은 일방당사국이 타회원국의 협정불이행이나 특정조치의 적용 이외에 기타 상황의 존재로 인하여 자국의 협정상 이익이 직접·간접적으로 무효화 또는 침해되었다고 판단하는 경우, 혹은 동 협정의 목표달성이 저해되었다고 판단하는 경우에 1994년 GATT 제23조 1항 (c)에 근거하여 결정 및 권고를 할 수 있다. 이러한 일방분쟁당사국은 그 사안이 이 항의 적용을 받는다고 간주하고 패널이 그렇게 결정을 내리는 경우에 한하며 이러한 양해절차는 패널보고서가 회원국들에게 배부되는 시점까지만 적용된다.

이 경우에 ① 제소국은 이 항의 적용대상이 되는 사안(1994년 GATT 제23조 1항 (c)에 관하여 행하여진 논거를 뒷받침하는 자세한 근거를 제시해야 하며, ② 1994년 GATT 제23조 1항 (c)의 적용대상이 되는 문제를 다루는 사안에 있어서, 1994년 GATT 제23조 1항 (a) 및 (b)와 관련된 사안이 발견될 경우, 패널은 각각의 사안을 설명하는 별도의 보고서를 작성해야만 한다.

Part Two

통상마찰과 무역규제

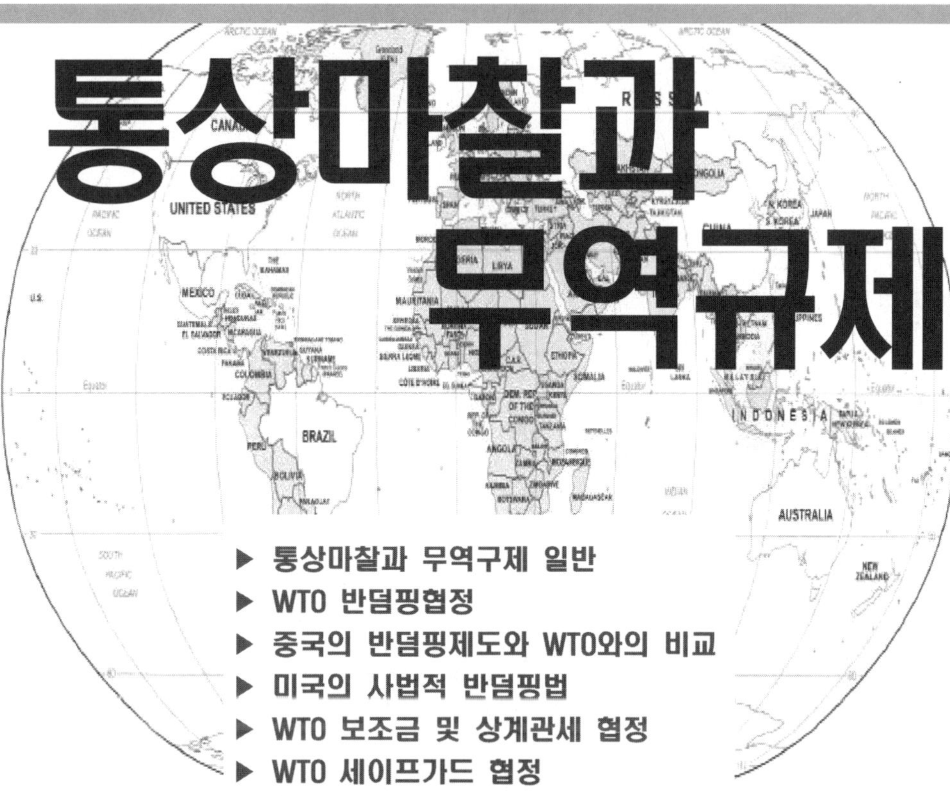

- 통상마찰과 무역규제 일반
- WTO 반덤핑협정
- 중국의 반덤핑제도와 WTO와의 비교
- 미국의 사법적 반덤핑법
- WTO 보조금 및 상계관세 협정
- WTO 세이프가드 협정
- 한 · 중 세이프가드 마찰케이스
- 무역과 환경
- WTO협정과 환경문제
- 전략물자 수출통제제도

CHAPTER 10

통상마찰과 무역구제 일반

Ⅰ. 개요

Ⅱ. 무역구제제도의 의의와 중국의 무역구제제도

Ⅲ. 중국의 무역구제제도의 운영과 향후 전망

Ⅳ. 중국의 무역구제제도의 문제점

Ⅴ. 도하개발의제에서의 무역구제제도 논의 쟁점

Ⅵ. 요약 및 시사점

Ⅰ 개요

한국경제는 수출주도형 경제성장(export-led growth)의 가장 성공적인 사례로 평가받고 있다. 즉, 부존자원이 빈약하고 시장규모가 협소한 소규모 개방경제에서 수출의 증가로 규모의 경제를 달성, 경제의 효율성 향상, 고용창출, 기술개발 촉진 등을 통하여 고도성장이 가능하였다. 한국경제에 있어서 수출의 경제성장 기여율은 2000년도에 29%에서 2003년에는 131%로 증가하였다.[1] 따라서 한국경제에 있어서 수출은 가장 중요한 경제 성장의 요인이라고 볼 수 있다.

하지만, 최근 들어 각 국가들의 반덤핑조치, 상계조치, 긴급수입제한조치로 인하여 한국의 수출확대에 있어 어려움이 나타나고 있다. 1990년대로 넘어오면서 전 세계의 무역이 확대되고 이를 규율하기 위한 WTO체제가 출범하면서 과거의 다자간 관세인하협상형태에서 시장 개방의 촉진을 위한 다양한 형태의 무역장벽을 제거해 가는데 주력하였다. 이러한 세계무역환경의 흐름은 필연적으로 모든 나라가 타국의 수입급증으로부터 자국 산업을 보호하기 위한 무역구제조치를 강화하려는 현상으로 나타났다.

WTO체제이후 무역구제제도의 활용빈도는 더욱 크게 나타나고 있다. WTO 이전에는 관세를 통한 자유무역 제한효과가 크게 나타났으나, Kennedy Round와 Tokyo Round 등의 다자간 관세인하협상을 통하여 관세를 통한 자유무역제한 효과가 크게 감소한 것이 원인이 될 수 있다. 또한 금융위기 이후 아시아 국가의 저가수출, 미국의 무역수지적자 확대 등도 중요한 이유가 되지만, 그 근본적인 원인은 경기침체에 따른 각국 업계의 보호무역정책에 대한 요구가 증가하였기 때문이라는 지적도 있다.[2]

하지만, 무역구제제도[3]는 세계무역에 있어서의 자유화의 실현을 위한 과정에서 발

1) 한국무역협회 무역연구소, "2003년 수출의 국민경제에 대한 파급효과", 2004. 2.

2) 채욱 외, 『WTO 뉴라운드의 규범분야의 논의동향과 한국의 협상전략』, 대외경제정책연구원, 2001., p. 27.

생할 수 있는 문제를 해결하기 위하여 국제사회에서 예외적으로 허용한 규범이라 할 수 있다. 이는 무역제한이나 국내산업보호를 위한 보호주의적 수단이 아니라 자유무역을 실현하기 위한 보완장치의 성격이 있다고 할 수 있다.

최근의 무역구제제도가 단순히 국내산업의 보호수단으로 남용되는 경향이 뚜렷해지면서 전 세계의 자유무역을 지양하는 WTO의 목적과 이념에 배치되는 상황이 일반화됨에 따라 무역구제제도에 대한 새로운 규범정립이 필요하게 되었으며, 이는 DDA협상에 공식의제로 채택된 배경으로 볼 수 있다.

본 논문은 최근 우리 나라와의 교역에 있어서 큰 비중을 차지하고 있는 중국이 한국산 제품에 대하여 무역구제제도를 적극적으로 활용함으로서 나타나게 되는 수입규제의 문제점이 심각함을 인식하고 중국의 무역구제제도에 대한 분석과 더불어서 그에 대한 문제점을 도출하고 나아가 앞으로 전개될 DDA 협상에서의 반덤핑조치와 상계조치에 대한 쟁점사항을 살펴본 후 이를 통하여 중국 무역구제제도의 향후 변화방향에 대해서 제시하는데 목적이 있다고 하겠다.

3) 일반적으로 무역구제제도와 산업피해구제제도가 혼용되어서 사용되고 있는데, 이와 관련하여 반덤핑관세제도, 상계관세제도, 세이프가드조치는 무역(trade)구제제도보다는 산업피해(industry injury)구제제도로 해석하는 것이 맞을 것이다. 즉 무역은 수출과 수입을 포괄하는 개념이고, 무역구제제도는 협의의 의미에서 수입의 피해로 인한 국내산업의 피해를 구제하기 위한 것으로 이해할 수 있기 때문이다. 하지만 본 연구에서는 용어의 혼란을 피하고 일반적으로 많이 통용되고 있는 무역구제(trade remedy)제도라는 용어를 선택하였다.

II 무역구제제도의 의의와 중국의 무역구제제도

무역구제제도는 18세기 말 산업자본주의의 등장과 함께 무역자유화가 확대되고 이 과정에서 덤핑수출등과 같은 불공정 무역행위가 만연됨에 따라 무역구제에 관한 규범 확립의 필요성이 제기되었다. 국별 입법화를 통한 제도화의 움직임이 19세기말부터 미국, 캐나다, 호주 등 서구 선진국으로부터 전 세계로 확산되어 갔으며, 1948년 GATT를 통해 최초의 범세계적인 통일적 규범이 탄생되었다.[4]

무역구제제도는 특정물품의 수입으로 인하여 자국내 산업이 피해를 보거나 입을 우려가 있을 경우 당해 수입물품에 대하여 관세조치 및 비관세조치 등의 구제조치를 취하여 자국내의 산업을 보호하는 제도를 말한다.

일반적으로 무역구제제도는 협의의 무역구제제도와 광의의 무역구제제도로 구분할 수 있다. 전자는 반덤핑관세제도, 상계관세제도, 세이프가드조치가 해당되며 이는 WTO가 공식적으로 인정하는 무역구제제도이다.[5] 후자인 광의의 무역구제제도는 협의의 개념에 불공정 무역행위조사제도를 추가한 개념으로서 불공정 무역행위조사제도는 WTO협정에는 공식적으로 규정되어 있지 아니하고 각 국의 국내법령에 의해서 운영되고 있다.[6]

반덤핑관세제도(Anti-Dumping Duty System, AD)는 무역구제제도에 있어서의 가장 많은 국가가 이용하고 있는 제도이다. 이는 어떤 수입물품이 정상가격(normal value)보다 낮은 가격[7]으로 타국의 상업권내로 도입되어 국내산업에 대한 실질적 피해(material injury), 국

---

4) 이병호, "한국통상법 및 사례연구", 한국무역위원회, 2000. 11., pp. 1 - 2.

5) 협의의 무역구제제도는 GATT 및 WTO규범으로 보장된 유일한 국내산업 보호장치로서 미국의 통상법 301조와 같이 국내법에 따른 일방적 조치와는 구별된다.

6) 본 논문에서는 무역구제제도의 개념을 협의의 개념으로 반덤핑관세제도, 상계관세제도, 세이프가드제도에 대한 범위로 한정하였다.

내산업에 대한 실질적 피해 우려(threat of material injury), 국내산업에 대한 실질적 피해의 지연(material retardation of the establishment)중의 하나를 야기 시킬 경우 조사를 실시하여 정상가격과 덤핑가격의 차액 범위 내에서 반덤핑 관세를 부과함으로서 공정한 경쟁을 확보하기 위한 제도이다.8)

반덤핑관세제도에 있어서의 핵심사항은 첫째, 수입물품에 덤핑행위가 존재하여야 하며 둘째, 당해 물품의 수입으로 국내산업에 피해가 발생해야 하고 셋째, 앞의 덤핑행위와 국내산업에 피해에 대한 인과관계가 반드시 존재해야 한다.

상계관세제도(Countervailing Duty System, CVD)는 수출국 정부로부터 보조금을 받아 수출경쟁력이 높아진 물품이 수입되어 국내산업이 실질적인 피해를 받거나 받을 우려가 발생할 우려가 있을 때 또는 국내산업의 확립이 지연될 때, 조사를 실시하여 보조금 범위내에서 상계관세를 부과함으로서 공정경쟁을 확보하는 제도이다. 상계관세제도는 첫째, 수입되는 특정물품에 대한 보조금 지급행위가 존재하여야 하며 둘째, 당해 물품의 수입으로 인하여 국내산업에 대한 피해가 발생해야 하고 셋째, 반덤핑관세제도와 마찬가지로 보조금 지급행위와 국내산업에 대한 피해 간에 인과관계가 성립되어야 한다.

세이프가드제도(Safeguard, SG)는 수출국의 공정한 수출행위에 의한 수입이지만, 특정물품의 수입이 급격하게 증가하여 국내산업이 심각한 피해를 받거나 받을 우려가 있을 경우에, 조사를 실시하여 수입수량을 제한하거나 관세율을 인상하는 등의 구제조치를 취하는 제도를 의미한다. 세이프가드제도는 첫째, 특정물품의 수입 증가가 있어야 하고, 둘째, 당해 물품의 수입으로 국내산업에 피해가 발생하여야 하며 셋째,

7) 경제적 의미에서의 덤핑은 국가 시장들 간에 있어서의 가격차별(price discrimination national markets)로 정의할 수 있으며, WTO에서의 덤핑이란 한 국가로부터 타국으로 수출된 물품의 수출가격이 수출국에서 소비용으로 판매되고 있는 동종물품에 대한 통상의 상거래에 있어서의 비교 가능한 가격보다 낮을 경우 당해 물품이 덤핑된 것으로 규정하고 있다. (Viner, J., Dumping, A Problem in International Trade, 1923., p. 1. ; WTO반덤핑협정 제2조)

8) 이춘삼, 『국제통상법』, 법문사, 1999., p. 174 - 204.

수입의 증가와 국내산업에 대한 피해관계가 서로 인과관계를 가지고 있어야 한다.9)

[표 10-1] 협의의 무역구제제도의 비교

	반덤핑 관세제도	상계관세제도	세이프가드제도
성격	- 불공정 무역에 대한 제재 - 외국수출기업에 대한 규제	- 불공정무역에 대한 제재 - 외국정부행위 규제	- 공정무역에 대한 제재 - 수입국 산업의 구조조정 촉진 - 사전에 정부간의 협의
요건	- 덤핑수입사실 - 국내 동종물품의 생산 산업에 대한 실질적 피해 - 덤핑수입과 실질적 피해사이에 인과관계	- 보조금 지급 사실 - 국내 동종물품의 생산 산업에 대한 실질적 피해 - 덤핑수입과 실질적 피해사이에 인과관계	- 수입수량의 증가 - 동종 또는 직접경쟁 물품에 심각한 피해 - 다른 요인에 못지않은 심각한 피해의 중요 원인
관련 법규정	- GATT 1994 제6조 - GATT 1994 제6조에 이행에 관한 협정(WTO반덤핑협정)	- GATT 1994 제6조 및 제16조 - WTO 보조금 및 상계조치에 관한 협정	- GATT 1994 제19조 - WTO 세이프가드 협정
명문화 규정	- 덤핑률 결정에 대한 사항 - 산업피해 결정에 대한 사항 - 조사개시 및 절차에 관한 사항 - 증거채택에 관한 사항 - 잠정조치에 관한 사항 - 반덤핑관세 부과 및 징수 사항	- 보조금의 정의 - 특정성(specificity)의 원칙 - 금지보조금 - 상계가능보조금 - 허용보조금	- 발동요건 - 심각한 피해의 판정기준 - SG적용의 한계 - 잠정SG조치 - 협의 및 보상 - 조사절차
실체적 요건	- 덤핑수입 - 국내산업에 실질적 피해 - 인과관계의 존재 입증	- 특정산업을 대상으로 지급된 보조금 수혜 물품의 수입 - 국내산업에 대한 실질적 피해 - 인과관계의 존재 입증	- 예상치 못한 상황의 발생으로 인한 특정물품의 수입증가 - 국내산업에 대한 심각한 피해 - 인과관계의 존재 입증
조치	- 반덤핑 관세부과 - 보상 없음	- 상계관세 부과 - 보상 없음	- 관세부과, 수입수량 제한 - 보상(또는 보복) 있음

자료 : 산업자원부 무역위원회, 『산업피해구제제도의 개관』, 2001. 12., 필자 정리.

중국은 1978년 개혁 개방을 선언한 이후 지속적으로 대외무역을 증가시켜 왔다. 1980년 중국의 대외무역 총액은 381억 달러였지만, 2002년 중국의 대외무역 총액은 6,207억 달러로 2002년 세계 제6위의 교역대국으로 성장하였다. 초기의 중국경제는 저렴한 노동력을 바탕으로 한 노동집약적 산업에 경쟁력을 가지고 있었다. 하지만,

9) 산업자원부 무역위원회, 『산업피해구제제도의 개관』, 2001. 12., pp. 5 - 9.

이후 수출의 점차적으로 증가하면서 외국으로부터의 반덤핑 제소 등 수입규제도 빈번하게 당하기 시작하였다. WTO가 1995년 출범한 이후 현재까지 중국은 가장 많은 제소를 당한 국가 중 하나이다.

이러한 경험과 공정무역에 대한 실현 필요성, 중국 국내 산업의 보호 등의 여러 복합적인 측면을 고려하여 중국은 무역구제제도의 도입에 대한 필요성을 느끼게 되었으며, 1994년에 제정된 중화인민공화국 대외무역법(中華人民共和國 對外貿易法)을 계기로 무역구제제도에 대한 구체적인 도입과 시행이 실시되는 시발점이 되었다.

대외무역법에 근거하여 국무원은 1997년 3월 25일 '반덤핑 및 반보조금 조례(反傾銷條例和反補貼條例)를 제정 공표하였다. 동 조례에 의거하여 1997년 12월 10일 중국 무역구제제도의 도입 이후 최초의 반덤핑조사가 시작되었다. 미국, 한국, 캐나다산 수입 신문용지에 관한 조사였다. 이후 WTO 가입에 대비하여 WTO 관련 협정에 맞추는 무역구제제도의 법적 체계를 대폭 정비하였다. 이에 따라 2001년 12월 국무원은 새로운 반덤핑조례(反傾銷條例), 반보조금조례(反補貼條例) 및 세이프가드조례(保障措施條例)를 2002년 1월 1일부로 시행하였다. 이를 통하여 1997년 제정된 "반덤핑 및 반보조금조례"는 폐지되었고 특히 WTO협정을 수용하면서 기존 조례에서의 나타났던 문제점을 보완하였다.

1 반덤핑관세제도

중국의 반덤핑관세제도와 관련된 조례는 중화인민공화국 반덤핑조례(中華人民共和國 反傾銷條例 ; 이하 반덤핑조례라 함)가 그 내용을 담고 있다. 이는 1994년 대외무역법 제30조, 제32조에 근거하여 제정된 반덤핑 및 반보조금조례가 개정·제정된 것이다.

앞에서도 언급했듯이 반덤핑조치를 취하기 위해서는 먼저 덤핑수입이 입증되어야 한다. 덤핑수입을 입증하기 위해서는 먼저 수입물품의 정상가격을 산정하는 기준이 있어야 한다. 중국 반덤핑조례에서는 이러한 정상가격을 산정하는 기준을 첫째, 수입제품의 동종제품이 수출국(지역) 국내 시장에서의 정상거래 과정에 비교 가능한 가격이 있을 경우 비교

가능한 가격을 정상가격이라 하고 이 경우 정상가격을 수출국의 국내 판매가격을 가리킨다. 그리고 수입제품의 동종 제품이 수출국(지역) 국내시장의 정상 거래과정에서 판매되지 않았거나 동종제품의 가격, 수량에 따라 공정한 비교를 실시할 수 없을 경우, 동종제품을 적합한 제3국(지역)에 수출한 비교 가능한 가격 또는 원산지국(지역)의 생산원가에 합리적 비용, 이윤을 합산한 가격을 정상가격으로 한다고 규정하고 있다.[10] 덤핑마진의 산정에 있어서 중국의 반덤핑조례는 정상가격과 수출가격[11]의 조정과 비교에 대해 간략히 원칙만을 규정하고 있다. 수입제품의 정상가격과 수출가격의 차액을 덤핑마진으로 규정하고 있으며 이들을 비교할 경우에는 반드시 가격에 영향을 주는 여러 가지 비교 가능한 요소를 감안하여 공평하고 합리적인 방식으로 비교를 실시해야 한다고 규정하고 있다.[12] 하지만 이러한 비교기준과 가격에 영향을 주는 요소들에 대해서는 구체적으로 열거하고 있지 않다. 덤핑마진의 확정과 관련하여 3가지 비교방법을 제시하고 있는데[13] 첫째, 가중평균가격 대 가중평균 가격의 비교로 가중평균 정상가격과 모든 비교 가능한 수출거래의 가중평균가격과의 비교에 기초한 덤핑마진을 산정하는 방법이고 둘째, 개별 거래가격 대 개별 거래가격의 비교 방법으로 각각의 거래에 기초한 정상가격과 수출가격의 비교에 기초한 덤핑마진을 산정하는 방법이다. 셋째, 가중평균가격 대 개별 거래가격으로 수출가격이 상이한 구매자, 지역, 기간별로 큰 차이를 두고 있어 앞에 언급된 2가지 방법에 따라 비교하기 어려운 경우에 가중 평균에 기초하여 산정된 정상가격이 개별 수출거래 가격에 비교한 덤핑마진을 산정하는 방법이다. 중국의 반덤핑조사를 살펴보면 대체로 "가중평균 대 가중평균의 방식"을 사용하고 있으며 그 외에 "가중평균 대 개별거래의 방식[14]"도 사

10) 중국반덤핑조례 제2조 1항·2항.

11) 수입제품의 수출가격에 대한 규정은 WTO반덤핑협정의 내용을 그대로 따르고 있다.(중국 반덤핑조례 제5조) 그러나 수출가격을 믿을 수 없다고 관계당국이 보는 요인이나 수출가격 산정함에 있어서의 종류나 범위 등에 대한 구체적인 기술은 전혀 설명되어 있지 않다.

12) 중국반덤핑조례 제6조.

13) 중국반덤핑조례 제6조 2항.

용하고 있지만, "거래 대 거래"의 방식은 아직까지 사용하고 있지 않다.

피해의 결정에 있어 국내산업이란 동종제품을 생산하는 중국 국내 생산자 전체 또는 이들 중 생산량의 합계가 당해 제품의 국내총생산량의 상당부분을 점하는 국내 생산자를 지칭한다.15) 또한 피해의 결정에 있어서의 실질적 피해의 존재여부에 대한 결정기준을 WTO 반덤핑협정 제3조 1항의 내용에 더하여 덤핑 수입상품의 수출국, 원산지국의 생산능력, 조사대상 상품의 재고상황과 국내산업에 피해를 초래한 기타 요소 등을 첨가하였다.16)

덤핑과 피해간의 인과관계에 있어서 중국의 반덤핑조례에서는 "덤핑이 국내산업에 대한 피해여부 확정시 긍정적 증거에 근거해야 하며 피해를 초래한 비덤핑 요소를 덤핑원인으로 해서는 안 된다."고 규정되어 있어 매우 원론적인 내용만을 담고 있다.

중국의 반덤핑조사로부터 재심에 이르기까지 주요절차요건의 핵심내용을 살펴보면 다음과 같다.17)

첫째, 반덤핑조사의 신청과 조사개시의 결정과 관련하여 반덤핑조례는 신청자, 신청서 포함내용, 조사기한, 국내산업 등에 대해 규정하고 있다. 조례의 규정을 보다 상세히 담고 있는 "반덤핑조사개시잠정시행규칙(反傾銷調査立案暫行規則)18)"을 제정하여 시행하고 있다. 상무부19)는 신청인의 신청에 따라 반덤핑조사를

14) 스테인리스냉연강판사전에서 동 방식을 취하고 있는데 그 이유로 응소회사들의 수출가격이 구매자, 판매지역과 판매시간에 따라 현저한 차이가 발생함을 들고 있다.

15) 중국반덤핑조례 제11조.

16) 중국반덤핑조례 제8조.

17) 이춘삼, "중국 반덤핑제도의 규범체계", 「산업경영연구」 제27권 1호, 청주대학교 산업경영연구소, 2004. 2., pp. 111 - 124.

18) 반덤핑조사개시잠정시행규칙은 조례에 비하여 조사 신청시 신청인에게 덤핑과 피해의 상당한 입증책임을 요구하고 있다. 또한 신청과 조사개시 결정 여부에 대한 구체적인 내용을 규정하고 있어 조사절차의 투명성과 공정성을 제고시키고 있다.(이승영, "중국의 무역구제제도에 관한 연구-반덤핑제도와 대한 수입규제를 중심으로-" 한국외국어대학교 대학원 박사학위논문, 2004. 2., p. 68)

진행할 수 있으며, 또한 자체적으로 반덤핑조사를 진행할 수 있다.[20] 신청인은 중국 국내산업 또는 국내산업을 대표하는 자연인, 법인, 또는 관련조직은 동 조례의 규정에 따라 일정한 요건을 갖추어 상무부에 반덤핑조사신청서를 제출할 수 있다. 특수상황에서 상무부는 반덤핑조사의 신청서를 접수하지 못했지만 충분한 증거가 있는 경우 직권제소를 결정할 수도 있다.

둘째, 조사의 진행과 자료제출에 대하여 조사개시의 결정은 상무부가 공고하며 신청인, 알고 있는 수출자와 수입자, 수출국(지역) 정부 및 기타 이해관계를 가지는 조직과 개인에게 통지한다. 조사기관은 이해관계자에게 의견을 진술할 기회와 논거를 제공할 기회를 제공해야 한다.[21] 자료제출은 조사기관의 조사 진행시 이해관계자는 상황을 여실하게 반영하고 관련 자료를 제공해야 한다.[22] 또한 이해관계자는 제출 자료를 비밀자료로 할 것을 신청할 수 있고, 조사기관이 신청을 정당하다고 인정하면 그 자료를 비밀자료로 처리해야 하며 동시에 이해관계자에게 비밀성격을 띠지 않는 동 자료의 요약문을 제공할 것을 요구한다.[23]

---

19) 과거의 중국의 무역구제 관련기관으로 국가경제무역위원회와 대외경제무역합작부로 구분되어 있었으나 2003년 3월 제10기 진인민대표자회의를 통한 조직개편에 따라 상기 두 기관이 상무부라는 조직으로 통합 신설되었다. 이외에도 무역구제 관련 기관으로 반덤핑조사의 최종결정기관으로 잠정반덤핑관세의 결정, 반덤핑관세의 부과결정, 반덤핑관세의 환급결정에 대한 최종결정을 내리고 반덤핑관세의 유보, 수정, 취소 등에 대한 재심결정을 내리는 국무원관세세칙위원회(Tariff Commission under the State Council ; TCSC)와 반덤핑조사의 집행기관으로서의 해관총서(Customs General Administration ; CGA)가 있다.

20) 중국반덤핑조례 제13조.

21) 중국반덤핑조례 제16조.

22) 중국반덤핑조례에서 조사방법에 있어서 조사기관이 질의서, 표본조사, 현장조사, 공청회 등의 방법을 통해 이해관계인으로부터 상황을 파악하고 조사할 수 있다는 원론적인 규정을 두고 있으며 이와 관련된 시행규칙들이 따로 정해져 있다. 즉, 반덤핑질의서 조사잠정시행규칙(反傾銷問券調查立案暫行規則), 반덤핑조사 표본추출 잠정시행규칙(反傾銷調查抽樣暫行規則), 반덤핑조사 현장실사 잠정시행규칙(反傾銷調查實地核查暫行規則), 반덤핑조사 공청회 잠정시행규칙(反傾銷調查廳證會暫行規則) 등이 있다.

셋째, 예비판정[24]은 상무부 산하의 수출입 공평무역국과 산업피해조사국의 조사결과에 따라 각각 덤핑, 피해에 대한 예비판정을 내리고 만약 예비판정을 거쳐 덤핑과 피해가 존재하지 않았거나 인과관계가 성립되지 않는다면 반덤핑조사는 이로서 종결된다. 잠정 반덤핑조치[25]는 예비판정에서 덤핑이 성립된다고 확정했으며 이로 국내산업에 피해가 발생했을 경우 ① 잠정 반덤핑관세를 부과, ② 현금예치, 은행보증서 또는 기타 형식의 담보를 제공할 것을 요구하는 잠정 반덤핑조치를 취할 수 있다. 잠정반덤핑관세의 부과는 상무부가 국무원 관세세칙위원회에 잠정 반덤핑조치를 건의하면 동 건의에 근거하여 위원회는 결정을 내리고 이를 상무부가 공고한다. 잠정조치는 반덤핑조사개시결정 공고일로부터 60일 이내에는 부과하지 못하며 잠정반덤핑 조치의 실시기한은 잠정반덤핑 조치 결정 공고일로부터 4개월을 초과하지 못하며, 특별한 사정이 있는 경우 9개월까지 연장할 수 있다.

넷째, 가격약속(Price Understanding)이란 응소한 회사가 자발적으로 덤핑가격으로 수출한 조사대상 제품의 가격을 인상하거나 수출을 중지하고 상무부가 이것을 받아들여 조사를 중지하거나 종료할 것을 약속하는 것을 지칭하는 말이다.[26] 즉 반덤핑조사기간 중에 덤핑상품의 수출자는 상무부에 가격수정 또는 덤핑가격으로의 수출을 중지하겠다는 가격약속을 할 수 있다.[27] 조사기관은 덤핑과 그러한 덤핑으로 인한 피해에 대해 긍정적 예비판정을 내리지 않는 한, 가격약속을 추진하거나 접수하지 못한다. 가격약속 위반[28]의 경우

23) 중국반덤핑조례 제21조.

24) 중국반덤핑조례 제24조.

25) 중국반덤핑조례 제1절 제28조 이하.

26) 반덤핑 가격약속잠정시행규칙(反傾銷價格承諾暫行規則) 제3조.

27) 중국반덤핑조례 제2절 제31조 이하.

수출자가 가격약속을 위반한 경우 상무부는 동 조례의 규정에 따라 즉시 반덤핑조사 회복을 결정할 수 있고 입수 가능한 최적의 정보에 근거하여 잠정 반덤핑조치를 취하기로 결정할 수 있다.[29]

다섯째, 반덤핑관세[30]는 최종판정에서 덤핑이 성립된다고 확정하고 또 이로 인해 국내산업에 피해가 발생한 경우 반덤핑관세를 부과할 수 있고 반덤핑관세의 납세자는 덤핑상품의 수입자이다. 반덤핑관세 세액은 최종판정에서 확정한 덤핑마진을 초과하지 않으며 반덤핑관세의 부과기간은 5년을 초과하지 않는다고 규정하고 있는데 이는 WTO반덤핑협정과 일치한다. 반덤핑관세 환급 등[31]은 최종판정에서 반덤핑관세를 부과하지 않는다고 확정했거나 반덤핑관세를 소급하여 부과[32]한다고 확정하지 않은 경우 이미 부과한 잠정 반덤핑관세와 이미

28) 중국반덤핑조례 제33조.

29) 가격약속을 위반한 것으로 간주되는 것은 첫째, 약속 가격보다 낮은 가격으로 수출한 경우 둘째, 약속 내용에 따라 약속 관련 상황에 관한 이행 여부를 정기적으로 보고하지 않은 경우 셋째, 제출한 데이터 및 기타 정보에 대하여 상무부가 실시하는 확인 조사에 불응하는 경우 넷째, 제출한 데이터 및 기타 정보가 사실과 크게 다른 경우 다섯째, 명확한 기피 행위가 존재하는 경우 여섯째, 가격약속을 위반하는 기타 행위가 있는 경우 등이다.(반덤핑 가격약속잠정시행규칙(反傾銷價格承諾暫行規則) 제26조.)

30) 중국반덤핑조례 제3절 제37조 이하.

31) 중국반덤핑조례 제46조.

32) 반덤핑관세는 예외적인 경우를 제외하고 원칙적으로 최종 판정 결정 공고일 이후 수입한 제품에 반덤핑관세를 부과한다. 여기서 예외적인 경우 즉, 소급부과가 되는 경우는 중국반덤핑조례 제36조, 제43조, 제44조에 규정된 경우로서 첫째, 수출자가 가격약속을 위반한 경우 조사당국은 즉시 반덤핑조사 재개, 이용 가능한 최선의 정보에 근거하여 잠정반덤핑조치를 결정할 수 있다. 또한 잠정 반덤핑조치가 실시되기 전 90일 이내에 수입된 상품에 대해 반덤핑조치를 소급부과할 수 있으나 단, 가격약속 위반 전에 수입한 제품은 소급대상이 되지 않는다. 둘째, 최종판정을 거쳐 피해의 최종판정이 내려진 경우, 또는 피해의 우려가 있다는 최종적인 판정의 경우에 잠정조치가 취해지지 아니하였다면 덤핑수입의 효과가 피해가 있다는 판정으로 귀결되었을 경우, 잠정조치가 있는 경우 동 조치가 적용된 기간에 대하여 소급부과할 수 있으며 셋째, 덤핑수입제품이 국내산업에 피해를 초래한 덤핑전력이 있거나 동 제품의 수출업자가 덤핑행위를 알고 있으며, 덤핑이 국내산업에 피해를 초래할 것

예치된 현금보증금은 환불되어야 하고 은행보증서 또는 기타 형식의 담보는 해제되어야 하며, 덤핑상품의 수입자는 이미 납부한 반덤핑관세 세액이 덤핑마진을 초과한다는 것을 증명할 수 있는 증거가 있을 경우 상무부에 세금 환급 신청을 제출할 수 있다. 덤핑 제품의 수입자는 이미 납부한 반덤핑관세 세액이 실제 덤핑마진을 초과한다는 증거자료를 관세환급 규칙에 의거하여 실제 납부일로부터 3개월 이내에 상무부에 관세환급을 청구할 수 있다.[33]

여섯째, 재심[34]은 반덤핑관세가 효력을 발생한 후, 상무부가 정당한 이유가 있는 경우에는 반덤핑관세의 계속적인 부과의 필요성에 대한 재심을 진행할 것을 결정할 수 있는데, 재심기간에 재심절차는 반덤핑조치의 실시를 방해하지 않는다.[35]

한편 우회덤핑의 방지에 관한 규정은 중국반덤핑조례 제55조[36]에 반영되어 있는 것으로 보이는데 그 내용은 우회방지에 관한 개념적인 규정에 불과하고 우회의 정의 및 방지절차에 관하여는 아무런 규정을 두고 있지 아니하므로 향후 이 규정의 운영과정에서 중국 조사당국의 자의적인 판단이 이루어질 가능성을 배재할 수 없다.[37]

이라는 것을 수입업자가 알았거나 알 수 있었어야 하고, 덤핑 수입제품이 단기간에 대규모로 수입되고, 곧 적용될 반덤핑관세의 구제효과에 대하여 심각하게 저해할 가능성이 있는 두 상황이 동시에 만족한 경우 잠정반덤핑 조치를 실시하기 전 90일 이내에 수입한 제품에 대하여 반덤핑 관세를 소급부과할 수 있다. (이승영, "중국의 무역구제제도에 관한 연구-반덤핑제도와 대한 수입규제를 중심으로-" 한국외국어대학교 대학원 박사학위논문, 2004. 2., pp. 94 - 95.)

33) 세부절차에 대해서는 반덤핑관세 환급 잠정시행규칙(**反傾銷退稅暫行規則**)을 바람.

34) 행정재심이란 반덤핑관세가 징수된 후 수출자의 청구나 조사기관의 직권으로 반덤핑관세의 징수와 가격약속의 필요여부를 조사하며, 반덤핑관세징수와 가격약속이행에 대하여 중지 혹은 계속 여부를 확정하는 것을 의미한다. 이와 관련된 규정에는 반덤핑신규수출업자 재심 잠정시행규칙, 덤핑 및 덤핑마진의 중간재심에 관한 시행규칙이 있다.

35) 중국반덤핑조례 제5장 제49조 이하.

36) 상무부는 적당한 조치를 취하여 반덤핑조치를 회피하는 행위를 방지할 수 있다.

일곱째, 보복조항은 그 동안 중국은 미국 등 수입국의 반덤핑 규제가 중국 제품에 대하여 특별히 차별적으로 이루어지고 있다는 인식을 가지고 있다. 중국은 이미 시장에서 자유롭게 가격이 결정되고 있으며 국영기업들도 정부의 통제 없이 자유로운 기업경영을 영위하고 있기 때문에, 미국이 중국에 대하여 무조건 비시장경제국가 조항을 적용하는 것은 부당하다고 본다. 또한 덤핑마진 산정시 대체국 선정이 자의적으로 이루어지고 있어서 이는 중국에 대한 차별적 무역관행이라고 주장하고 있다. 따라서 '반덤핑조례'는 제56조에서 "어떤 국가 혹은 지구가 중국 산품에 대하여 차별적인 반덤핑조치를 취하면 중국 역시 이러한 상황에 근거하여 그 국가나 地區[38]에 대하여 상응하는 조치를 취할 수 있다"라는 규정을 두어 일방적 보복조치를 가능하게 하는 길을 열어두고 있다.

2 상계관세제도

중국의 상계관련조치는 "중화인민공화국 반보조금조례(**中華人民共和國 反補貼條例** ; 이하 반보조금조례라 함)"에 그 내용이 명시되어 있다. 반보조금조례는 2001년 11월 26일 국무원령 제329호 공포, 2002년 1월 1일부터 시행하게 되었다.

반보조금조례에서의 반보조금의 조치[39]는 수입상품에 보조금이 존재하고, 이미 확립된 국내산업에 실질적인 피해 및 피해위협을 야기했거나 또는 국내산업을 확립하

37) 중국은 2002년말 산업피해조사규칙을 제정하면서 우회덤핑의 유형과 조사 고려사항등을 규정한 내용을 현재 시행하고 있다. 그 내용은 반덤핑관세 징수대상제품을 제3국에서 조립 또는 가공해서 중국에 수출하는 경우와 반덤핑관세 징수대상제품을 형식변경 또는 가공해서 반덤핑관세를 징수하지 않는 관세세목에 포함하여 수출하는 경우, 반덤핑관세 징수대상제품의 부품이나 부분품을 통해 중국에 수출하여 조립하는 경우, 반덤핑 관세 징수대상제품 이후 **後期發展産品**을 중국에 수출하는 경우, 기타의 경우로 구분할 수 있고 이는 상무부 산업피해조사국에서 담당하고 있다.

38) 중국법에서 표현되는 지구(**地區**)라는 개념은 홍콩·대만, 그리고 마카오를 지칭하는 것으로 '1국양제(兩**制**)'의 주장에 따라 체제가 다른 3곳을 지구라고 표현한다.

39) 중국반보조금조례 제2조.

는 데 실질적인 장애를 야기한 경우 동 조례의 규정에 따라 조사를 진행하며, 반보조금조치를 취한다. 보조금의 특정성[40]은 동 조례에 의해 조사를 진행하고, 반보조금조치를 취하는 보조금은 반드시 특정성이 있어야 하며 보조금의 특정성을 확정함에 있어 보조금을 받은 기업의 수량과 기업이 보조금을 받은 액수 · 비율 · 시간 및 보조금 지급방식 등 요소도 고려해야 한다.

첫째, 보조금에 의한 피해는 보조금[41]이 이미 확립된 국내사업에 실질적 피해 및 피해위협을 야기하거나 또는 국내산업 확립에 실질적 장애를 야기하는 것을 말하고, 실질적 피해위협에 대한 확정은 사실에 근거해야 한다. 보조금 수입상품의 영향평가[42]는 보조금 수입상품의 영향을 평가함에 있어 국내 동종상품의 생산에 대해 단독으로 확정해야 하는데, 국내 동종상품의 생산에 대해 단독으로 확정할 수 없는 경우, 국내 동종상품을 포함한 범위가 제일 좁은 상품 또는 생산을 심사해야 한다.

둘째, 반보조금조사는 국내산업 또는 국내산업을 대표하는 자연인·법인 또는 관련조직은 일정한 요건을 갖추어 상무부에 반보조금 조사신청서를 제출할 수 있다. 상무부는 조사를 개시하기로 결정하기 전에 보조금사항과 관련하여 조사를 받을 가능성이 있는 수출국(지역) 정부에 협의를 요청해야 한다. 조사의 진행은 조사기관은 질의서·표본추출·공청회·현지조사 등의 방식을 이용하여 이해관계자로부터 상황을 파악하고 조사를 진행할 수 있고 관련 이해관계자와 이해관계국(지역) 정부에 의견을 진술할 기회와 논거를 제공할 기회를 제공해야 한다. 자료제출은 이해관계자와 이해관계국(지역) 정부는 자신이 제공한 자료를 비밀자료로 처리해 줄 것을 신청할 수 있고 조사기관이 신청을 정당하다고 인정하면 그 자료를 비밀자료로 처리해야 하며 동시에 이해관계자, 이해관계국(지역)정부에 비밀성격을

40) 중국반보조금조례 제4조.

41) 중국반보조금조례 제7조·제8조.

42) 중국반보조금조례 제10조.

띠지 않는, 동 자료의 요약문을 제공할 것을 요구할 수 있다.[43]

셋째, 잠정반보조금조치[44]는 예비판정에서 보조금이 성립된다고 확정했으며 이로 인해 국내산업에 피해가 발생했을 경우 잠정반보조금조치를 취할 수 있다. 최종판정[45]은 예비판정에서 보조금과 피해 및 양자간의 인과관계가 성립된다고 확정한 경우 상무부와 국가경제무역위원회는 조사결과에 근거하여 각각 최종판정을 내려야 하며, 상무부에서 그 결과를 공고하고 최종판정을 내리기 전에 최종판정에서 기초한 기본사실을 이해관계자와 이해관계국(지역) 정부에 통지해야 한다.

넷째, 약속[46]은 반보조금조사기간과 수출국(지역) 정부가 보조금 또는 기타 관련조치를 취소·제한하겠다는 약속을 하거나 수출자가 가격수정의 약속을 하는 경우 상무부는 이를 충분히 고려해야 하고, 수출자와 수출국(지역) 정부가 약속을 하지 않거나 가격약속제안을 접수하지 않는다는 사실은 반보조금건에 대한 조사와 확정에 영향을 미치지 않는다.

다섯째, 재심[47]은 상계관세가 효력을 발생한 후, 상무부는 정당한 이유가 있는 경우에는 상계관세의 계속적인 부과필요성에 대한 재심을 진행할 것을 결정할 수 있으며, 재심기한은 재심개시일로부터 12개월을 초과하지 않아야 하고, 재심기간에 재심절차는 반보조금조치의 실시를 방해하지 않아야 한다.

---

43) 중국반보조금조례 제13조 - 제16조, 제20조, 제22조, 제23조.

44) 중국반보조금조례 제29조.

45) 중국반보조금조례 제26조.

46) 중국반보조금조례 제32조·제33조.

47) 중국반보조금조례 제48조·제50조·제51조.

Ⅲ 중국무역구제제도의 운용과 향후 전망

중국의 무역구제제도는 반덤핑제도 중심으로 운용되고 있다. 입법적인 측면에서 보면, 중국 최초의 무역구제입법이라 할 수 있는 "반덤핑 및 반보조금 조례"는 반덤핑과 보조금을 일괄하는 형식을 취하고 있었으나 실질적인 내용은 총6장 42조문 중 상계관세 조항은 6개 조문이었고 나머지는 36조문은 반덤핑 관련 조항이었다. 또한 무역구제제도의 활용면에 있어서도 다음의 표에서와 같이 반덤핑조치를 중심[48]으로 이루어지고 있다.

현재까지의 중국이 각 국가별로 제소한 통계[49]를 살펴보면 한국이 가장 압도적으로 가장 많은 제소를 당한 것으로 나타나고 있으며 일본과 미국이 그 뒤를 잇고 있다. 또한 연도별로 보면 1997년 조사가 개시된 이후 1999년에 4건, 2000년 1건, 2001년 6건, 2002년 9건으로 급증하였는데, 이렇게 급증한 시기에 현재의 상무부의 전신인 대외무역경제합작부의 덤핑조사인원이 대대적으로 증원되었다. 그리고 2003년 6건, 그리고 2004년 10월까지 6건이 조사 개시되고 있다. 2002년의 9건에 비하여 2003년이 6건으로 줄어든 이유는 첫째로는 대외무역경제합작부와 국가경제무역위원회가 상무부로 통합되면서 내부적인 이유에 기인한 것으로 보이며, 두 번째는 2002년 이후에 주요 반덤핑규제 품목인 화학제품과 철강제품이 호경기를 맞으면서 자연스럽게 제소건수가 감소한 것으로 보여 진다. 업종별로는 석유화학제품이 과반수이상을 차지하는 24건으로 조사되었으며 다음이 화학섬유, 제지 등의 순으로 나타났다.

48) 특히 현행 WTO반덤핑협정에서 발동요건이 세이프가드에 비해 비교적 용이하기 때문에 자국산업의 보호를 위해 반덤핑조치가 손쉽게 활용되고 있다. 즉 WTO체제에서 반덤핑 및 상계관세의 경우, 국내산업의 실질적 피해(material injury)가 발동요건으로 요구되나, 세이프가드의 경우는 실질적 피해보다 더 까다로운 심각한 피해(serious injury)가 요구되기 때문이다. 또한 외국 수출업체의 덤핑이라는 불공정무역행위에 대해 국내산업의 보호를 명분으로 하는 무역구제조치라는 점에서 그 정당성을 국민정서에 호소할 수 있다는 정치적 배려가 개입될 수 있다. 이는 경제학적 타당성이 결여되어 있더라도 반덤핑 조치의 발동에 대한 훌륭한 정치적 동기를 제공한다.

49) 이장완, "중국 반덤핑제도의 실질적 검토", 「무역구제」 제16호 가을호, 2004. 10., pp. 129 - 131.

[표 10-2] 중국의 수입규제 현황표

순번	대상국	품명	세번(HS)	유형	조사 개시	예비 판정	최종 판정	판정 내용
1	한국 캐나다 미국	신문용지 4801.0000	'02. 세번 변경 4801.0000 4802.6110 4802.6910	AD	'97.11.10	'98. 7. 9	'99 .6. 3	55~78% ('98. 7.10 부터 5년간) 반덤핑관세 5년 연장 ('04.6.30발표)
2	러시아	냉연규소강	7225.1110	AD	'99. 3.12	'99.12.30	'00. 9.11	6~62% '04.12.31 종료 (연장 가능)
3	한국	폴리에스테르필름	3920.6200	AD	'99. 3.16	'99.12.29	'00. 8.25	13~46%
4	한국, 일본	스텐레스냉연강판	7219.3100	AD	'99. 6.17	'00. 4.13	'00.12.18	6~58%
5	일본, 미국, 독일	아크릴산에스테르	2916.1200	AD	'99.12.10	'00.11.23	'00. 6. 9	24~74%
6	한국, 영국, 미국, 네덜란드, 프랑스, 독일	폴리우레탄발포제 (염화메틸렌)	2903.1200	AD	'00.12.20	'01. 8.16	'02. 6.20	4~66% ('01. 8.16 부터 5년간)
7	한국, 일본, 태국	폴리스틸렌	3900.1900	AD	'01. 2. 9	-	'01.12. 6	무혐의
8	한국, 미국, 인도네시아	라이신	2922.4110 2922.4190	AD	'01. 6.19	-	'02. 9.29	무혐의
9	한국	폴리에스터 단섬유	5503.2000 5506.2000	AD	'01. 8. 3	'02.10.22	'03. 2. 3	2~48%
10	한국	폴리에스터칩	3907.6011 3907.6019	AD	'01. 8. 3	'02.10.29	'03. 2. 3	5~52%
11	한국, 싱가포르, 말레이시아, 인니	아크릴레이트	2916.1200	AD	'01.10.10	'02.12. 5	'03. 4.10	2~49%
12	일본, 벨기에, 독일, 네덜란드, 러시아	에프시론 카르록락탐	2933.7100	AD	'01.12. 7	'03. 1. 7	'03. 6. 6.	5~28% ('03. 6.6부터 5년간 부과)
13	한국, 미국, 일본, 핀란드	아트지(동판지) 4810.1100 4810.1200	'03. 1. 31 세번 변경 4810.1300 4810.1400 4810.1900	AD	'02. 2. 6	'02.11.26 ('03. 1.31 조사 기간 6개월 연장 발표)	'03. 8. 6	4~71% ('03. 8.6부터 5년간 부과)
14	한국, 일본, 인도	무수프탈산(PA)	2917.3500	AD	'02. 3. 6	'03. 1. 7 ('03. 3. 5 조사 기간 6개월 연장 발표)	'03. 9. 6	0~66% ('03. 8.31부터 5년간 부과)
15	EU	Catechol	2907.2910	AD	'02. 3. 1	'02.11. 4 ('03. 9. 28 조사 기간 6개월 연장 발표)	'03. 8.27	20~70% ('03. 8.27부터 5년간 부과)
16	한국, 일본, 러시아	합성고무 (SBR)	4002.1911 4002.1912 4002.1919	AD	'02. 3.19	'03. 4.16 ('03. 2.27 조사 기간 6개월 연장 발표)	'03. 9. 9	0~38% ('03. 9.9부터 5년간 부과)

17	한국, 대만, 러시아, 우크라이나, 카자흐스탄	냉연강판	7209.1500 등 12개	AD	'02. 3.23	'03. 5.20 ('03. 3. 8 조사 기간 연장 발표)	'03. 9.23	0~55% ('03. 9.23부 덤핑 세율은 정하되 잠정 부과 않음)
18	한국, 미국, 일본, 러시아, 대만	PVC	3904.1000	AD	'02. 3.29	'03. 5.12 ('03. 3. 26 조사 기간 연장 발표)	'03. 9.29	6~84% ('03. 9.29부터 5년간 부과)
19	한국, 미국, 일본	TDI	2929.1010	AD	'02. 5.21	'03. 6.10	'03.11.22	3~49% ('03.11.22부터 5년간 부과)
20	한국, 일본, 미국, 대만	페놀	2907.1110	AD	'02. 8. 1	'03. 6. 9	'04. 2. 1	3~144% ('04. 2. 1부터 5년간 부과)
21	한국, 일본	MDI	2929.1030 3824.9090	AD	'02. 9.20	-	종료; 중국업체 조사신청 철회 ('03.11.28)	-
23	일본, 미국, 이란, 말레이시아, 멕시코, 대만	에틸알콜 아민	2922.1100 2922.1200	AD	'03 .5.14	'04. 3.25		21~137%
23	한국, EU, 미국, 인도	클로로포름	2903.1300	AD	'03. 5.30	'04. 4. 8	'04. 5.14 조사 기간 6개월 연장 발표	16~96%
24	한국, 미국, 일본	광섬유	9001.1000	AD	'03. 7. 1	'04. 6. 16	'04. 6. 16 조사 기간 6개월 연장	7~46%
26	대만	합성필라멘트사	5402.3111 5402.3112 5402.4110 5402.4120	AD	'03.10.31	진행 중		
27	일본, 미국, EU	클로로포렌 고무(CR)	4002.4910 4002.4990	AD	'03.11.10	진행 중		
28	한국, 미국, 일본, 프랑스	히드라진 히드레이트	2825.1010	AD	'03.12.17	진행 중		
30	한국, 미국, 태국, 대만	골판지	4804.3100 4804.4100 4804.5100 4805.2400 4805.2500	AD	'04. 3.31	진행 중		
31	한국, 일본, 러시아, 싱가포르, 대만	비스페놀A	2907.2300	AD	'04. 5.12	진행 중		
32	일본, 미국, 영국, 독일,	dimethyl cyclo -siloxane	29310000 38249090 39100000	AD	'04. 7.16	진행 중		

주 : 1) 현재 진행 중인 중국의 대한 반덤핑조치는 총 19건으로 규제 중 16건, 조사중 3건
2) 판정 내용은 예비판정과 최종판정이 모두 내려진 경우에는 최종판정 결과이며 최종판정을 위한 조사가 진행 중인 경우에는 예비판정 결과를 의미(AD는 반덤핑)
3) 이 외에도, 중국은 '02.11.20. 냉연박판, 열연박판, 칼라강판, 무방향성 전기강판, 스테인레스 냉연강판 등 철강 5개 품목에 대해 3년 기한의 세이프가드를 발동한 바 있음, 2004. 7월 이후 3건의 조사개시가 더 있음.

자료 : KOTRA 통계자료.

향후 중국 정부의 지속적인 경제성장 전략, 국내시장의 개방 확대와 세계적인 다국적 기업의 진출로 시장 환경은 더욱 치열해지고 있다. 이러한 과정에서 필연적으로 발생할 수 있는 부작용과 국내산업의 피해를 제거하고 보호하기 위해서 중국정부는 WTO에서 인정하는 반덤핑, 반보조금조치를 더욱 적극 활용할 것으로 보여 진다.

Ⅳ 중국의 무역구제제도의 문제점

중국의 무역구제제도는 형식적으로는 WTO의 무역구제제도를 모두 포함하고 있지만, 실제로 입법, 운용조직, 운용현황 면에 있어서는 반덤핑제도를 중심으로 이용하고 있다. 특히 세이프가드조치 1건을 제외하고는 상계관세조치는 아직까지 한 번도 활용된 적이 없다. 이를 통하여 우리는 중국의 무역구제제도에 있어서의 반덤핑제도가 가장 적극적인 수단으로 활용되고 있음을 알 수 있다.

1 반덤핑제도

반덤핑제도에 있어서 실체적 요건으로 덤핑의 존재, 덤핑마진의 산정, 피해의 판정은 반덤핑조치를 결정하는 데 있어 가장 중요한 요인이다. 하지만, 아직까지 중국의 반덤핑규정에서는 이러한 덤핑 판정에 대한 구체적이고 명확한 규정이 명문화되어 있지 않고 기본 개념만을 서술하고 있는 규정이 있다.

첫째, 정상가격의 결정에 있어서 중국의 반덤핑조례는 "수입제품이 동종 제품이 수출국(지역) 국내 시장에서의 정상거래 과정에서 비교 가능한 가격이 있을 경우 동 비교 가능한 가격을 정상가격으로 한다.[50]"고 규정하고 있다. 여기에서 '정상거래 과정'에 대한 정확한 판단기준이 나와 있지 않음으로 인하여 이러한 판단기준의 결여는 조사당국으로 하여금 자의적인 해석을 할 수 있도록 하고 있다.

둘째, 구성가격을 산정하는 경우의 구성요소인 생산비용과 합리적인 비용, 이윤의 산정기준이 명확하지 못하다. 중국의 반덤핑법규는 일반판매관리비용, 이익의 산정에 있어 구체적인 기준을 규정하고 있지 않아 조사당국의 자의적인 해석을 통하여 관대한 비용과 이윤을 설정하여 구성가격을 높게 산정할 가능성도 배제할 수 없다.

셋째, 수출가격의 결정에 있어서 수입자가 수출자의 자회사인 경우, 그들 사이의 실제 수출가격을 높게 설정함으로서 정상가격과의 차액을 감소시킬 수 있는 등 조작이 가능함으로 그러한 경우에는 구성수출가격을 수출가격으로 하도록 한다. 반덤핑조례는 구성수출가격기준이 사용될 수 있는 경우의 한 요건을 "수출가격이 불확실한 경우"로 규정하고 있는데 이는 WTO협정 제2.3조의 "수출자와 수입자 또는 제3자간의 제휴나 보상약정이 있는 경우"를 염두에 두고 제정된 것으로 보이나 전혀 부연설명을 하고 있지 않아 조사기관에 의해 자의적으로 해석될 수 있다는 문제점을 안고 있다.

넷째, 덤핑마진의 산정은 수입품의 덤핑행위를 입증하는데 중요한 판단자료이다. 따라서 조사기관의 덤핑마진 산정은 투명화고 표준화된 규정과 절차에 의하여 이루어져야 한다. 실무적으로는 덤핑산정 결과를 피조사자에게 통보해주고 있으나 아직 이에 관한 정확하고 세부적인 규정이 없어 조사기관의 편의와 자의적인 방법에 의하여 산정 될 가능성이 존재한다.

피해의 판정과 관련하여 수입상품에 대한 덤핑 판정과 더불어 이러한 덤핑수입으

50) 중국반덤핑조례 제2조 1항.

로 인하여 동종상품을 생산하는 국내산업에 실질적인 피해가 초래되었음이 인정되어야 한다. 그러나 덤핑의 결정이 어느 정도의 객관적인 사실과 자료에 근거하여 내려지는데 반하여 피해의 결정은 상대적으로 주관적인 기준에 의해 판단되기에 조사당국의 자의적인 해석의 소지가 크다.

첫째, 국내산업의 확정에 있어서 동종상품의 국내생산자의 기준에 관하여 명확히 규정하고 있지 않고 단지 "국내 산업은 중국 내에서 동종상품을 생산하는 국내생산자 전체 또는 그들의 총생산량이 국내 동종상품 전부의 총 생산량의 주요한 부분을 차지하는 생산자"로 규정하고 있다. 이는 WTO협정과 마찬가지로 "주요한 부분"에 대한 수량화된 기준을 제시하고 있지 않음으로 조사당국의 자의성이 개입될 여지가 다분하다.

둘째, 덤핑과 피해의 인과관계에 있어서 국내산업의 피해간의 인과관계의 입증 시 검토하여야 하는 비덤핑 요소에 대한 구체적인 기준을 전혀 규정하고 있지 않다. 이는 조사당국이 덤핑과 피해의 인과관계를 판단함에 있어 자의적으로 해석, 운용할 수 있도록 한다. 비록 실무에서 협정의 규정을 수용하여 적용하고 있지만, 비덤핑 요소에 대한 검토가 일관적이지 않음으로서 이해 당사자가 적절하게 대응하기 어렵게 하고 있다.[51)]

2 상계관세제도

중국은 WTO 가입과정에서 상계조치 관련법규를 개정하고, 개정된 규정이 WTO에 합치되는가를 검토하기로 발표하였다. 이에 따라 중국정부는 관련법령을 정비하여 2003년부터 발효시켰고, 2003년 2월 WTO에 그 내용을 통보하였는데, 통보된 법령은 첫째, 상계조사개시에 대한 규정 둘째, 상계조사 질의서에 대한 규정 셋째, 상계조사 현장검증에 대한 규정 넷째, 상계관세 조사 및 공청회 실시에 대한 규정, 다섯째 상계조치를 위한 산업피해의 조

51) 이승영, "중국의 무역구제제도에 관한 연구-반덤핑제도와 대한 수입규제를 중심으로-" 한국외국어대학교 대학원 박사학위논문, 2004. 2., pp. 111 - 113.

사 및 결정에 대한 규정, 여섯째 산업피해 관련공청회에 대한 규정 등 6가지이다.[52)]

상무부 공평무역국은 상계조사신청에 근거하여 외국의 보조금을 조사하고, 조사결과에 상응하는 조치를 취한다. 보조금이 부과된 물품의 수입이 국내산업에 어떠한 영향을 미치는지 국내산업 피해의 조사를 담당하는 기관은 산업피해조사국인데, 이 기관은 원래 국가경제무역위원회 소속이었으나, 2003년 3월 상무부 소속으로 전환되었다.

전반적으로 상계조사와 관련된 법규가 완비되어 해당법규의 WTO 합치성은 어느 정도 충족된다고 평가되나, 아직 상계조사의 구체적인 사례가 없어 운용상의 적법성을 보장하기는 어려운 실정이다.

그러나 상계관세의 부과를 결정짓기 위해서는 국내산업이 실질적인 피해 또는 피해우려를 입증하여야 하는데, 실질적인 피해우려와 관련하여 WTO보조금협정 제15조 7에서는 "실질적인 피해의 우려에 대한 판정은 사실에 기초하여 단순히 주장이나 추측 또는 막연한 가능성에 자초하여서는 아니 된다."고 규정하고 있다.

그러나 중국의 경우 이러한 조항이 아예 생략되어 있어 향후 중국이 상계조사를 임할 경우 '실질적인 피해우려'에 근거하여 상계조치를 남용할 가능성이 높은 것으로 평가된다. 특히 2003년 초에 중국정부가 취한 철강분야의 긴급수입제한조치 역시 '실질적인 피해우려'에 근거하고 있고, 긴급수입제한조치에 대한 WTO협정의 규정이 보조금협정과 유사하다는 점을 고려할 때 중국규정의 이러한 취약점은 상계조치의 남용으로 이어질 가능성이 높다.[53)]

---

52) 이 중 첫째부터 넷째까지의 내용은 G/SCM/N/1/Suppl.1에 있으며, 다섯 번째와 여섯 번째의 내용은 G/SCM/N/1/Suppl.2의 서류를 통해 통보하였다.

53) 강문성·박순찬·송유철·윤미경·이근, 『한·중·일 무역규범의 비교분석과 FTA에 대한 시사점』, 대외경제정책연구원, 2003., pp. 151 - 153.

V 도하개발의제에서의 논의쟁점

2001년 11월 14일 카타르 도하 WTO 각료회의에서 WTO체제하의 새로운 다자간 무역협상이 합의되었다. 도하개발어젠다(DDA ; Doha Development Agenda)협상에서는 반덤핑, 보조금, 지역무역협정의 개정문제가 포함된 규범의제를 비롯하여 농업, 서비스, 비농산물, 분쟁해결, 환경, 싱가포르 의제 등이 주요하게 다루어지고 있다.

1 반덤핑관세제도

DDA 협상에서 반덤핑은 규범협상그룹(Negotiating Group on Rules)에서 이루어지고 있으며, 반덤핑협정에 대한 각 국가들의 입장은 크게 세 가지로 구분할 수 있다. 우리 나라 및 일본을 비롯하여 반덤핑협정의 개정을 주장하는 반덤핑 프랜즈그룹[54], 반덤핑협정의 개정에 반대 또는 소폭 개정을 주장하는 미국, EU 및 호주, 그리고 개도국에 대한 특별한 고려가 이번 협상의 주요 이슈임을 강조하는 인도를 중심으로 한 개도국이 있다.[55]

미국과 EU의 경우 반덤핑협정의 개정에 반대 또는 소폭 개정을 주장하는 측면으로 해석되어 있으나 미국의 경우 현행 반덤핑협정의 기본틀을 유지하기를 강력하게 희망하는 데 반하여 EU는 자국의 국내법을 유지하는 범위 내에서 경미 과세의 원칙(lesser duty rules)의 강행 규정화, 공익(public interest)의 도입 등 일부 규정을 개정할 의사를 표명하고 있어 두 국가의 입장에 차이가 있는 것으로 해석할 수 있다.

---

54) 우리 나라, 일본, 칠레, 브라질, 홍콩, 콜롬비아, 코스타리카, 이스라엘, 노르웨이, 멕시코, 싱가포르, 스위스, 타일랜드, 대만의 14개국이 반덤핑 프랜즈그룹에 속한다.

55) 덤핑행위는 불공정 무역행위로서 규제가 이루어져야 하지만, 수입국의 자의적인 반덤핑제도의 운영으로 인하여 국제무역을 위축시키는 원인이 되고 있다. WTO 출범 이후 전 세계적으로 반덤핑조사가 급증하고 있는데다가, 반덤핑제소가 무혐의 판정으로 종결되는 경우가 자주 나타나고 있음으로 인하여 반덤핑제소에 대한 보다 명확하고 투명한 운영제도가 필요하게 되었다.

1. 프랜즈그룹의 주요 제안사항

여기에서는 Zeroing 금지, 일몰재심(sunset review)과 재심(review)절차의 개선, 미소(de minimis)마진 기준의 상향조정 및 원가미만 판매기준의 완화 등에 한하여 그 내용을 살펴보고자 한다.56)

어떠한 시점에서 국내 판매가격과 수출가격이 동일한 가격으로 이루어지더라도 일정 기간 동안의 국내 판매가격을 가중평균한 뒤 이를 개별적인 수출가격과 비교하여 마이너스의 마진이 나오는 경우에 이를 "0"으로 처리하는 것을 Zeroing이라 하는데, 일반적으로 널리 이용되는 관행이다.

수출가격과 정상가격과의 비교는 정상가격의 가중평균과 모든 비교가능한 수출가격의 가중평균간의 비교 또는 각각의 개별거래가격에 기준한 정상가격과 수출가격의 비교 원칙을 가지고 있고 예외적으로 가중평균에 의한 정상가격과 개별거래에 의한 수출가격의 비교를 허용하고 있다.57) 이러한 예외규정을 둔 것은 표적덤핑(target dumping)을 방지하기 위한 취지에서 인데 이것을 Zeroing으로 처리하여 인위적으로 덤핑마진이 생기게 하거나 덤핑마진을 크게 하는 효과를 갖는다. WTO반덤핑협정에는 Zeroing 관행을 허용하거나 금지하는 조항이 없다.

이에 프랜즈그룹은 Zeroing의 금지를 제안하였고, 2003년 6월 Zeroing의 금지를 명문화하자는 제안서(TN/RL/W/113)를 제출하였다. 이 제안서에서 프랜즈그룹은 현행 WTO반덤핑협정 제2.4조의 딤핑으로 간주되는 제품, 5.2조 및 11.2조에서 당국은 반덤핑 제품에 대한 조사가 수행되어야 한다고 규정하고 있듯이, 해당 제품 전체의 수입에 대한 덤핑여부를 결정하는 것이 반덤핑협정의 기본원칙이라고 지적하고 있다. 즉 정상가격 이하로 판매된 해당 제품의 개별적 거래 및 해당 제품의 모델에 따라 반덤핑조사가 선별적으로 적용되지 않아야 된다는 것이다. 이에 중국과

56) 최낙균 외, 『DDA 협상 총 점검 -2002-』, 대외경제정책연구원, 2002. pp. 134 - 140.

57) WTO반덤핑협정 2.4.2조.

인도도 각각 제안서(TN/RL/W/66, TN,RL/W/26)를 통해 제로잉의 관행은 금지되어야 한다고 입장을 표명하였다.[58)]

반덤핑 조치의 목적이 덤핑행위로 인한 국내산업의 피해를 일시적으로 구제하는 데 있기 때문에, 반덤핑조치가 국내산업을 영구히 보호하는 데 악용되지 않도록 마련된 장치가 일몰재심(sunset review)이다.

일몰재심(sunset) 규정의 적용과정에 지나치게 많은 재량을 조사당국에 부여하고 있어, 반덤핑조치의 장기화를 방지하기 위한 자동실효의 취지를 반감시키고 있다.[59)] 실제로 일부국가에서는 조사당국의 재량에 따라 반덤핑관세가 장기간 연장되는 관행이 있어 반덤핑조치가 연장되는 것이 정상적이고 종료가 오히려 예외적인 상황이 빈번하게 발생하고 있다. 따라서 일몰재심을 개선하기 위한 접근방법으로 피해를 야기하는 덤핑이 지속되거나 또는 덤핑행위가 재발할 수 있다고 판단되는 구체적인 기준을 강화하는 방법과 반덤핑조치가 5년 경과한 이후에는 자동적으로 조치가 종결되도록 하는 방안을 내 놓았는데 그 중 프랜즈그룹은 후자를 선택하기로 결정하였다고 밝혔다.[60)]

58) 강문성·박순찬이창수, 『DDA 규범분야의 협상의제별 주요 쟁점과 시사점』, 대외경제정책연구원, 2003., p. 37.

59) WTO반덤핑협정 11조는 반덤핑관세의 부과를 종결할 경우 피해가 계속 발생하거나 재발할 가능성이 있으면 반덤핑관세를 계속 부과할 수 있도록 규정하고 있다. 이 규정에 따르면 반덤핑관세의 존속여부는 반덤핑 관세가 철회될 때 확인되지 않은 미래의 상황에 달려있기 때문에, 관세의 존속여부는 사실상 조사당국의 자의적인 판단에 좌우된다. 원심과는 달리 일몰재심의 경우 덤핑과 피해사이의 인과관계를 증명하지 않고 단순히 개연성만으로도 별도의 절차를 개시하지 않더라도 덤핑조치를 지속할 수 있도록 규정되어 있을 뿐만 아니라, 덤핑과 피해의 개연성도 명확한 기준이 제시되어 있지 않다.

60) 프랜즈그룹의 14개국은 이러한 내용의 제안서(TN/RL/W/76)를 제출하였고 이에 반해 미국, EU, 캐나다, 호주 등은 유보적인 반응을 보이고 있으며, 중국은 자국 제안과 유사하다는 이유로 이 제안을 지지하였다. (강문성·박순찬·이창수, 『DDA 규범분야의 협상의제별 주요 쟁점과 시사점』, 대외경제정책연구원, 2003., pp. 38 - 39.)

재심(review)절차에서는 원심절차의 제6조(증거조항)만 준용하고, 제2조(덤핑의 판정조항) 내지 제5조(조사개시 및 후속조사조항)의 규정은 준용하지 않고 있어 각 회원국 별로 재심절차를 상이하게 운영하고 있다. 즉 수출가격과 정상가격의 비교에 있어 원심절차에서는 예외적인 가격비교방식인 가중평균 정상가격과 개별수출가격의 비교가 재심절차에서는 일반적으로 사용되고 있고, 원심에서는 2%인 미소덤핑마진을 재심에서는 원심보다 훨씬 작은 0.5%로 강화하여 적용하는 등, 반덤핑조사와 재심에서의 기준이 서로 다르게 적용되는 사례가 빈번히 발생하고 있다. 따라서 재심에서 적용되는 절차를 원심과 동일한 기준으로 이루어지도록 함으로서 재심 시 각 회원국의 자의성을 배제할 필요가 있다고 제안하였다. 프랜즈그룹이 2003년 4월 재심규정을 구체적으로 개선하기 위한 제안서(TN/RL/W/83)에서는 현행협정에 재심관련 규정이 명확하지 않아서 조사당국이 자의적으로 진행절차, 방법론을 결정함으로서 덤핑마진을 인위적으로 높이거나 덤핑의 피해를 제거하는 데 필요하지 않은 반덤핑관세를 계속 부과하는 등의 문제가 발생하고 있음으로, 원심에 적용되었던 규정을 재심에 가능한 그대로 적용하자는 것이다. 이 제안서의 내용을 구체적으로 살펴보면 첫째, 미소관세 및 정상가격과 수출가격의 산정방법은 원심과 동일하게 재심에 적용되도록 명시되어야 하고 둘째, 현행 WTO협정 9.3조하의 행정재심은 수출자와 수입자만이 요청할 수 있고 셋째, 행정재심에서 덤핑마진을 산정할 때, 각 개별 수입이 아닌 해당 수출자로부터의 모든 수입에 기초하여야 하며 넷째, 피소자에게 불리하게 재심이 연장되지 않노록 해야 하며, 다섯째 현행 협정 11.2조는 덤핑의 발생 가능성에 대해서는 전혀 언급하지 않으면서 피해의 발생가능성만을 테스트할 수 있도록 규정하고 있는데, 덤핑의 피해의 가능성을 평가하기 위해 예시적인 기준(indicative list)을 개발하여 반덤핑조치의 지속을 주장하는 측이 입증 책임을 지도록 규정할 것을 제안하였다.[61)]

61) 강문성·박순찬·이창수, 『DDA 규범분야의 협상의제별 주요 쟁점과 시사점』, 대외경제정책연구원, 2003., pp. 39 - 40.

2. 미국과 EU

미국은 도하각료선언문의 내용 중 "반덤핑협정의 기본개념과 원칙, 유효성을 유지"하는 것에 협상의 초점을 두어야 하며, 이러한 기본개념과 원칙 이외에 무역왜곡적 관행에 대한 규율을 확인하는 작업이 중요함을 강조하고 있다.

반덤핑조치의 증가가 곧 반덤핑규제의 남용이나 보호주의적 성격을 띠는 것은 아니며, WTO규범의 가장 중요한 기능은 세계경제의 효율성을 저해하는 시장왜곡적인 관행을 제거하는 것이기 때문에 반덤핑규정은 불공정무역행위인 덤핑의 피해를 제거하기 위한 유용한 수단이라고 주장하고 있다.

또한 프랜즈그룹의 제안서를 통해 제시한 항목들의 상당부분은 이행협의 또는 UR협상에서 논의되었으나 미 합의된 항목들로 합의가 쉽지 않다고 주장하고 있다. 산업피해의 위협 등은 더 이상 구체적인 정의가 불필요하고, 구성가격 산정방식과 관련하여 기업별 상황과 재정상의 문제점을 반영하여 개별적으로 구성가격을 산정하는 게 바람직하기 때문에 이를 통일하면 불합리하다고 강조하고 있다. 미국은 협정개정이 필요한 분야는 조사절차의 공개와 적법절차(due process), 투명성 및 예측가능성, 일관성 당사자의 참가권리 보장 등으로 이의 개선만이 WTO반덤핑협정의 유효성을 유지하면서 회원국간의 합의가 가능한 분야라고 주장하고 있다.

미국의 동 제안에 대해 대부분의 국가들이 우려하는 입장을 나타내고 있다. 상당수의 국가들이 반덤핑 관련 협상의 가장 중요한 목표는 협정의 명확화와 개선에 있음을 강조하고 있으나, 미국의 제안서는 이러한 기본 목표가 언급되어 있지 않으며 미국이 주장하는 무역 왜곡적인 관행이 이 반덤핑협정과 어떤 관계가 있는지 의문을 제기하고 있다.

EU는 자국의 국내법을 유지한다는 원칙을 설정하면서, 크게 네 가지의 사항을 제안하고 있다. 첫째, 현행 협정의 규율을 강화하는 방안으로 관계자에 대한 자료공개 강화, 경미과세원칙을 강행규정화, 공익개념의 도입, 신속분쟁해결절차(swift dispute settlement)의 도입 및 피제소자의 조사협력 비용 감소를 제시하고 있다. 둘째, 반덤핑협정의 유효성을 유지하기 위한 방안으로 우회덤핑(anti-circumvention)에 대한 규정이 도입되어야 한다고 주장하고 있다. 셋째, 현행 협정의 명확화와 단순화를 위해 분쟁해결절차(panel & Appellate Body)의 판정을 도입되어야 한다. 넷째, 개도국 우대조항 등 이행이슈와 관련하여 개도국 우대조항으로 제시된 항목들을 상세히 정리하여 규범협상 그룹에서도 함께 논의하는 2단계 접근법을 제시하고 있다.

신속분쟁해결절차(swift dispute settlement)는 WTO반덤핑협정 제17.4조에서 잠정 및 최종반덤핑 조치에 대해서만 분쟁해결절차에 회부될 수 있도록 규정되어 있는데, 이를 개정하여 반덤핑조사개시단계부터 분쟁해결절차에 회부될 수 있도록 허용하자는 것이다. 신속분쟁해결절차의 경우 조사개시 자체가 수출업자에게 동결효과(chilling effect)를 야기 시키므로 신속분쟁해결 절차의 도입은 긍정적으로 검토할 필요가 있다. 이러한 EU의 제안사항 가운데 상당 부문은 프랜즈그룹이 제기한 이슈에 포함되어 있다.

2 상계관세제도

보조금에 대한 협상은 2002년 상반기까지는 별다른 진전이 없었으나 2002년 하반기부터 미국, EU 등이 제안서를 제출하고 논의를 주도하면서 논의가 본격적으로 진행되어가고 있다.[62] 하지만, 아직까지 26건의 실질적인 제안서가 제출되었음에도 불구하고 반덤핑/상계관세조사를 함께 거론한 반덤핑 프랜즈그룹은 제안서(TN/RL/W/104)를 제외하면 실질적인 제안서를 제출한 국가가 9개국(미국, 브라질, 베네수엘라, 캐나다, 인도, EU, 호주, 모로코, 쿠바 등)에 불과한 실정이다. 따라서 이 분야에 대한 논의가 적극적인 일부 국가를 중심으로 진행되어 가고 있음을 알 수 있다.[63]

62) 최낙균 외, 『DDA 협상 총 점검 -2002-』, 대외경제정책연구원, 2002. pp. 144 - 151.

63) 이와 같이 일부 국가를 중심으로 실질적인 제안서가 제출되고 있는 것은 규범협상 그룹의 일정과 관련 분야에 대한 예산 및 인력의 국가간 차이에 기인한다. 2003년 2월의 제6차 규범협상그룹회의 이후 4 - 6주 간격으로 회의가 진행되자 회원국들은 새로운 제안서를 충분히 검토할 시간을 가지

일반보조금과 관련하여 대략적인 논의동향을 살펴보면 보조금 규율 강화, 수출신용, 허용보조금 및 심각한 손상규정의 부활, 개도국 우대 강화 등이 제안되었다.

미국은 무역왜곡적 관행으로서 보조금 규제 필요성을 강조하였다. 즉 금지보조금의 확대, 간접보조금에 대한 규제, 정부의 투자 규제 등이 그 내용이다. EU는 보조금협정 전반, 특히 위장보조금, 국가통제기관 등의 개정 필요성을 제기하였고 개도국들은 2000년 효력이 소멸한 허용보조금 조항(제8조)의 재도입을 검토 제안서를 제출하였다.

보조금 지급에 대한 상계조치는 특성상 반덤핑조치와 유사한 면이 많으나, 상대적으로 반덤핑협정보다 규정이 상세하지 않은 것으로 인식되어 있어 반덤핑과의 조화 문제가 제기되고 있다. 따라서 이에 대한 내용들이 향후 보조금협정의 개정방향에서 주된 쟁점들이 될 것이다.

주요국의 입장과 쟁점사안은 첫째, 보조금의 정의문제와 관련하여 위장된 보조금(disguised subsidy)과 국가통제기관(state-controlled entities) 둘째, 금지보조금과 관련하여 금지보조금 규정의 명료화 문제, 금지보조금의 확대 및 구체책의 재검토, 수출보조금에서 제외되는 수출신용의 범위와 확대여부, 수출보조금 예시목록 중에서 수출신용보증 및 보험에 대한 규정 검토 셋째, 조치가능보조금과 관련하여 심각한 손상에 대한 규정의 부활 및 명료화 문제 넷째, 허용보조금과 관련하여 1999년에 존속기간이 만료된 본 규정의 부활문제 다섯째, 개도국 S&D를 비롯한 개도국에 대한 지원논의가 주된 내용이다.[64)]

1. 미국 · EU

미국(TN/RL/W/78)과 EU(TN/RL/W/30)의 경우는 WTO보조금협정 1조에 규정되어 있는 보조금의 정의를 더욱 확대하여야 한다는 입장이다.

지 못하고 있다. EH한 이와 같이 촉박한 회의 일정에 따라 개별 회원국은 일반보조금에 대하여 자국의 입장을 정리하고 새로운 제안서를 제출할 상황이 형성되지 못하고 있다.

64) 강문성·박순찬·이창수, 『DDA 규범분야의 협상의제별 주요 쟁점과 시사점』, 대외경제정책연구원, 2003., p. 75.

상기 제안을 통해 미국과 EU는 보조금협정상 보조금 규율을 강화하는 데 그 목적을 두고 있는데 한국의 상황 역시 고려된 것으로 파악된다. 즉 미국과 EU의 주장 중 국가통제기관 등은 정부통제하의 금융기관이 비상업적 판단에 의해 금융행위를 결정하는 경우를 전제로 삼고 있어, 미국과 EU가 철강 및 조선분쟁에서 한국을 대상으로 주장한 내용과 일치한다고 볼 수 있다. 따라서 이러한 주장은 한국과의 분쟁경험에서 비롯된 것으로 분석된다.[65)]

또한 미국(TN/RL/W/78)은 수출보조금이나 수입대체보조금이 무역 및 경쟁력에 미치는 영향과 유사한 왜곡효과를 지닌 정부개입을 현행 금지보조금의 범위 안에 포함하여야 한다고 주장하고 있다. 특히 미국은 WTO보조금협정 6.1조(심각한 손상)이 있을 경우를 금지보조금의 범위에 포함시킬 것을 제안하였다. WTO보조금협정 6.1조에서는 심각한 손상이 있는 것으로 간주되는 경우로 4가지[66)]를 거론하고 있는데 이 경우에 해당되는 경우를 금지보조금으로 규정하자는 제안이다. 그러나 심각한 손상을 야기하는 보조금을 금지보조금으로 규정하자는 제안은 심각한 손상 규정이 WTO보조금협정 31조에 의해 실효된 상태여서 심각한 손상 규정의 부활문제와 연계되어 논란을 야기할 가능성이 크다.

금지보조금의 확대범위와 관련하여 EU(TN/RL/W/30)는 WTO보조금협정 3.1조 (b)항(수입대체보조금)과 관련된 국산부품(local content) 보조금을 거론하고 있는데, 이 보조금의 규율을 명확히 하자고 제안하였다.[67)]

---

65) 강문성·박순찬·이창수, 『DDA 규범분야의 협상의제별 주요 쟁점과 시사점』, 대외경제정책연구원, 2003., pp. 81 - 82.

66) 첫째, 상품에 대한 종가기준 총 보조금지급이 5%를 초과하는 경우 둘째, 특정산업이 입은 영업손실을 보전하기 위한 보조금, 셋째, 특정 기업이 입은 영업손실을 보전하기 위한 보조금 넷째, 정부보유채무의 면제와 채무상환을 위한 교부금 등 직접적인 채무감면을 말한다. (WTO보조금협정 제6.1조 (a) - (d))

67) WTO보조금협정 3.1조 (b)항은 수입대체보조금을 금지하는 조항으로 수입대체보조금을 "수입품 대신 국내 상품의 사용을 조건으로 지급되는 보조금"이라 규정하고 있다. (강문성·박순찬·이창수, 『DDA 규범분야의 협상의제별 주요 쟁점과 시사점』, 대외경제정책연구원, 2003., pp. 84 - 85)

허용보조금규정의 부활과 관련해서 캐나다(TN/RL/W/1)은 이러한 허용보조금에 대한 부활문제를 제기하였다. 그러나 미국은 명시적으로 허용보조금의 부활에 반대하는 것은 아니나, 규범협상그룹 회의에서의 발언을 통해 판단해 볼 때, 이에 대해 부정적인 것으로 평가된다. 또한 우루과이라운드 타결 이후 미국의 「우루과이라운드협정이행법(Implementation of Uruguay Round Agreement)」에서도 모든 회원국들이 허용보조금관련규정의 연장을 동의하지 않는 한, WTO협정 발효 후 5년 후 허용보조금관련규정은 적용되지 않는다고 규정하고 있어 이러한 평가를 뒷받침하고 있다.[68] 이러한 점은 결국 미국이 우루과이라운드협상의 타결을 위해 5년이라는 한시적인 시한을 두었을 뿐 궁극적으로 허용보조금을 인정하지 않겠다는 의도로 보였었는데, 이러한 미국의 입장은 변하지 않은 것으로 평가된다. 허용보조금관련규정의 부활이 합의된다고 하더라도 그 범위에 대해 선진국과 개도국의 입장이 달라서 향후 논란이 지속될 것으로 보여 지며, 앞서 지적한 바와 같이 미국은 상기 규정의 부활에 대해 부정적인 강경한 입장을 취하고 있으며 EU(TN/RL/W/30)는 환경분야에 대해 관심을 표명하며 환경보조금에 대해서는 유연한 입장을 취하고 있다.

2. 캐나다

캐나다의 경우 캐나다(TN/RL/W/112)는 특정성 개념의 도입이 보조금협정의 초석이었음에도 불구하고 상기 개념의 명확화가 필요하다고 주장하였다. 특히 기업이나 산업 또는 기업군이나 산업군(enterprise or industry or group of enterprises or industries) 등을 특정 기업(certain enterprise)로 규정하는 것보다 명확히 할 필요가 있다고 제안했다. 그러나 특정성 개념의 명확화에 대해 회원국의 특별한 반응은 없었으나 보조금 관련 WTO분쟁에서도 특정성 개념이 크게 문제되었던 적은 없어서, 특정성 개념의 명확화가 규범협상의 전체적인 성공 여부를 결정지을 정도의 쟁점사안이라 보기는 어려울 것이다.

---

68) 19 U.S.C. 1677 (5B)(G)(i).

조업개시(start-up) 보조금에 있어서 WTO보조금협정부속서 Ⅳ(종가기준 총 보조금 지급의 계산 6.1조 (a)항의 4에 따르면 "수혜기업이 사업을 개시하는 상황에서 전반적인 보조금의 지급비율이 총투자자금의 15%를 초과하는 경우 심각한 손상이 존재하는 것으로 간주"된다고 규정되어 있다. 캐나다는 상기 제안서에서 이러한 조업개시 보조금의 경우 명백한 무역왜곡 효과를 지니고 있다고 평가하고 있으며 이에 대한 현재 규범을 재검토할 필요성이 있다고 주장하고 있다.

또한 WTO보조금협정 제31조에서는 제6.1조, 제8조, 제9조의 규정은 WTO 발효일로부터 5년 동안 적용된다고 규정하고 있어, 1999년 말 시효가 만료된 보조금협정 제6.1조의 심각한 손상(serious prejudice), 제8조의 허용보조금, 제9조의 협의 및 승인된 구제 조항의 부활을 적극 검토할 것으로 제안했다. 이러한 캐나다의 주장은 많은 국가들로부터 지지를 받고 있는 것으로 알려져 있어 허용보조금의 확대 및 기존 허용보조금에 대한 규정 개선 등이 우선적으로 고려될 가능성이 높다.

Ⅵ 요약 및 시사점

중국은 무역구제제도를 입법화하면서 WTO반덤핑협정 이외에 미국, EU, 호주, 캐나다 등 무역구제의 선진 운용국가뿐만 아니라 중국과 유사한 개도국이면서 경제대국인 인도, 브라질의 제도와 운용사례를 폭넓게 조사하고 참고하여 구성하였다.

중국의 무역구제제도는 WTO 규정에 비추어 보았을 때 점차적으로 조례의 내용이 점차적으로 명확해지고는 있으나, 아직까지는 원론적인 부분이 상당수를 점유하고 있다. 특히 가장 많이 활용되고 있는 반덤핑조치와 관련해서 반덤핑조사 신청자의 자격이나 동종제품, 미소수량 등 중요한 개념에 대한 정의가 미흡하다는 점이 문제가 되고 있다.

중국은 반덤핑조치로 인하여 세계에서 가장 큰 피해를 입은 국가로 알려져 왔다. 그러나 중국이 향후에 세계 최대시장의 하나로서 등장하고 그로 인하여 세계 각국의 제품이 중국시장에서 중국제품과 경쟁하게 되는 경우를 상정한다면 중국은 장래 세계 최대의 반덤핑조치국의 하나로 등장할 가능성이 매우 크다.

이러한 예측을 통해 중국은 프랜즈그룹의 입장에서의 반덤핑조치 등의 남용을 억제하는 동시에 미국과 EU등의 입장에서의 자국의 시장에서의 자국산업 보호를 위한 구제조치의 활용을 적극적으로 할 수 있는 두 가지의 측면에서 DDA 규범협상에 임할 것으로 보여 진다. 또한 DDA 반덤핑 분야에서의 논의동향을 보면 미국을 제외한 상당수의 국가들이 범위와 정도의 차이는 있지만 어느 정도는 프랜즈그룹의 제안서에 대해서 긍정적인 입장을 표명하고 있다고 볼 수 있다. 이는 중국도 가장 많은 제소를 받고 있는 나라로서 이러한 프랜즈그룹의 입장 쪽으로 치우칠 가능성도 나타날 수 있다.

상계관세제도와 관련해서 중국은 아직까지 발동한 사례가 없어 적극적인 입장을 취한다기 보다는 경제발전정책으로서의 보조금의 기능을 인정하는 방향으로 입장을 표명할 것으로 보여 진다. 하지만, 중국은 WTO 가입 이후 15년 동안 비시장경제국으로서의 지위를 인정받았다. 이 때문에 상계조치를 실시할 경우 중국은 특례적용을 받게 된다. 이는 보조금 수령자의 이익 산정시 중국의 공여조건이 아닌 제3국에 있어서의 공여조건을 감안하여 이익 금액을 산정할 수 있다. 따라서 보조금에 대한 규율을 좀 더 강화하려는 쪽에 의견에 동조할 가능성이 있을 수도 있다. 하지만 비시장경제국의 지위를 벗어나려는 중국의 입장에서 판단하였을 때, 이러한 입장에 대해서는 논리가 부족하다고 볼 수 있다.

중국은 우리 나라의 3대 교역 상대국에 해당한다는 점을 고려한다면 향후에 예상되는 중국의 무역구제제도는 우리의 대 중국 수출에 중요한 요인으로 작용할 것은 분명하다.

CHAPTER 11

WTO 반덤핑협정

Ⅰ. 개요
Ⅱ. 덤핑의 결정구조
Ⅲ. 국내산업 피해의 결정
Ⅳ. 반덤핑조사의 개시 및 절차
Ⅴ. 증거
Ⅵ. 잠정조치
Ⅶ. 가격인상에 관한 약속
Ⅷ. 반덤핑관세의 부과 및 징수
Ⅸ. 잠정조치 및 반덤핑관세의 소급적용
Ⅹ. 소멸시효
Ⅺ. 결정공고 및 설명, 사법적 심사
Ⅻ. 협의 및 분쟁해결절차
XIII. 우회수출 방지

I 개요[1]

1 덤핑의 일반적 개념

덤핑이란 '쓸모없는 물건, 즉 폐물을 신속하게 치워버리는 행위'를 묘사하는데, 사용된 것으로서 중세이후부터 비롯되었다. 무역과 관련해서는 20세기 초 이후의 일로서 흔히 '해외에 싼 가격으로 상품을 판매하는 현상', 즉 어떤 상품을 저렴한 가격, 다시 말해서 생산비보다 낮은 가격으로 판매하는 행위 또는 투매(投賣)를 가리켜 대체로 덤핑이라고 정의하고 있다.[2]

2 경제학에서의 덤핑의 개념

Viner(Jacob Viner)는 '국가시장들 간에 있어서의 가격차별(Price discrimination national markets)'이 경제적 의미에서의 덤핑이라고 정의하였다. 이는 통상적으로 동일한 시기에 동일한 조건하에 동일상품을 운송비의 차를 고려하고서도 국내가격보다 낮은 가격으로 외국에 판매하는 현상이라 정의하였다.[3]

경제학적 측면에서 볼 때 덤핑을 하기 위해서는, 첫째 생산자가 해외시장에 비해 국내시장보다 강한 독점력을 행사할 수 있어야 하며, 둘째 국내시장과 해외시장이 운송비

---

1) '반덤핑협정'에 관한 보다 상세한 분석은 이춘삼, 미국의 반덤핑법-문제점과 대응전략-(한경신서 9), 한국경제신문사, 1987. 9. pp. 12 - 340과 이춘삼, "미국 반덤핑법상 국내산업의 피해의 범위와 기준에 관한 해석론", (법무부, 「통상법률」, 통권 제23호(상) - 제24호(하), 1989. 10·12월호) 참조.

2) Viner, J., Dumping : A Problem in International Trade, 1923 p. 1. ; Beseler, J. F. Williams, A. N. Anti-Dumping and Anti-Subsidy Law ; The European Communities, Sweet & Maxwell, 1986, p. 41.

3) Haberler G., The Theory of International Trade with Its Applications to Commercial Policy, 1936, p. 296.

와 관세장벽 등으로 효과적으로 분리되어 국내소비자가 동일 물품을 외국으로부터 싼값에 재 구입할 수 있어야 한다는 등 두 가지 전제조건이 필요할 때 비로소 가능하다.

경제학적 관점에서 볼 때 법적으로 반덤핑관세 부과의 대상이 되고 있는 국제가격차별이나 원가이하 판매는 건전한 시장경제에 있어서 매우 보편적이고 자연스런 가격설정 행위라고 할 수 있다. 즉 덤핑행위가 약탈적(掠奪的) 의도에서 비롯된 것이 아닐 경우, 이는 반경쟁적이라기보다는 소비자의 복지향상 및 자원의 효율적 배분에 기여한다는 측면에서 오히려 적극적이고 공정한 경쟁력행위라고 많은 경제학자들이 주장하기도 한다.

3 법적 비난대상으로서의 '덤핑'의 개념

WTO협정문[4] 제2조는 후술하는 바와 같이 덤핑의 결정(determination of dumping)과 관련하여 「한 국가로부터 타국으로 수출된 물품의 수출가격이 수출국에서 소비용으로 판매되고 있는 동종물품에 대한 통상의 상거래에 있어서의 비교 가능한 가격보다 낮을 경우 당해 물품이 덤핑된 것으로, 즉 어떤 물품이 정상가격보다 낮은 가격으로 타국의 상업권내에 도입된 것으로 간주 된다」[5]고 규정하여 덤핑의 법적 정의를 내리고 있다.

4 덤핑의 유형

1. 산발적 덤핑(sporadic dumping)

산발적 덤핑 혹은 간헐적(間歇的) 덤핑(intermittent dumping)이란 국내적으로 과잉생산이 있을 경우, 일시적으로 그 재고를 외국에 낮은 가격으로 수출함으로써 가격하락에 따란 시장교란을 회피하는 것을 목적으로 하는 덤핑을 말한다.

---

4) 공식 명칭은 "Agreement on Implementation of Article VI of GATT 1994" 즉, 「1994년 GATT 제6조의 이행을 위한 협정」을 말한다.(이하 '본 협정', '협정문', '신 협정문'이라고 할 때에는 이를 지칭하는 것임을 밝혀둔다.)

5) Agreement Art. 2. 1.

2. 약탈적 덤핑(predatory dumping)

약탈적 덤핑이란 수입국내 경쟁기업들의 시장축출이나 잠재적 경쟁기업들의 시장진입을 저해하기 위한 목적으로 행하여지는 덤핑을 말한다. 산발적 덤핑과 약탈적 덤핑은 덤핑의 지속기간에 따라 볼 때 단기적 덤핑(short-run dumping)에 속한다.

3. 지속적 덤핑(persistent dumping)

기존의 생산시설을 완전 가동하면서 생산과 관련된 간접비의 차이를 이용하여 국내시장에서의 가격보다 한층 싼값으로 장기적이고도 계획적으로 외국에 판매하는 덤핑을 말한다. 장기적 덤핑(long-run dumping)에 속한다. 덤핑을 최초로 이론화한 Viner는 일반적으로 지속적 덤핑은 수입국에 유익한 반면, 약탈적 덤핑은 유해하다고 설명하고 있다.

4. 서비스덤핑(service dumping)

서비스덤핑이란 특히 운임덤핑(freight dumping)을 지칭하는 것으로서 예컨대 수출업자들에게 저율의 운임료를 제공함으로써 외국시장에서의 수출품의 가격을 그만큼 낮출 수 있게 하는 것을 말한다.

5. 환(換)덤핑(exchange dumping)

환덤핑이란 자국수출상품의 가격경쟁력을 높이기 위하여 환율을 조작하는 것을 말한다.

6. 사회적 덤핑(social dumping)

사회적 덤핑이란 수출상품의 생산에 재소자(在所者)와 강제노동력을 이용함으로써 수출품의 가격을 낮추는 행위나 낮은 임금수준이나 열악한 노동조건을 통해 수출품의 가격경쟁력을 강화하려는 것을 말한다.

7. 역(逆)덤핑(reverse dumping)

덤핑을 두 개 시장 간에 있어서 가격차별을 설정하는 것으로 정의하는 경우에는 한 국가내의 두 개의 분리된 상이한 지역 간의 가격차별도 덤핑에 포함된다. 반면 국내가격보다 높은 가격으로 판매하는 것도 덤핑에는 틀림없으며 이를 특히 역덤핑이라고 한다.

8. 은폐된 덤핑(hidden dumping)

수출가격(export price)을 결정하는 데는 여러 가지 어려운 문제들이 따른다. 그 중 한 가지 경우로서 예컨대 수출업자가 그 관계회사인 수출상에 송장, 즉 「Invoice」 가격으로 상품을 선적하고, 다시 그 수입상은 「Invoice」 가격 이하로 당해 상품을 재판매하는 상황이 있을 수 있는데 GATT에서는[6] 이를 은폐된 덤핑이라고 부른다. 물론 이 경우 덤핑마진산출은 수입상의 재판매가격을 기준으로 산정한다.

9. 우회(迂回)덤핑(circumvention dumping)

우회덤핑이란 반덤핑조치의 적용을 받는 물품을 수출하는 기업이 수입국의 반덤핑조치를 회피하고자 완제품대신 부품을 수출하여 수입국내에서 조립하거나 혹은 제3국에서 조립하여 수출하는 관행으로서, 우회덤핑을 방치할 경우에는 반덤핑조치가 사실상 그 효력을 상실하고 통상질서의 존립에도 큰 위협이 될 것이라는 점에서 이에 대한 규제는 불가피하다는 인식이 국제사회에서 정착되어 가고 있다.

다만 우회덤핑을 과도하게 규제할 경우 국제간 무역의 흐름뿐만 아니라 각국의 해외직접투자 활동을 위축시키는 부정적 효과도 적지 않다.

5 덤핑규제의 역사

덤핑은 18세기 말경부터 영국의 제조업자들이 미국의 신생기업들에게 피해를 야기시키면서 일부 국가들이 관심을 갖기 시작하였으며, 19세기 말경부터는 덤핑으로 인한 국가간의 논란이 심화되자, 각국은 덤핑을 규제하기 위한 법을 제정하기 시작하

6) GATT §6, ①항 주 참조.

였다. 1904년 캐나다가 처음으로 반덤핑법을 입법화한 후로 뉴질랜드(1905년), 호주(1906년), 일본(1910년), 남아프리카(1914년), 미국(1921년), 영국(1921년) 등이 차례로 입법화함으로써 덤핑은 국제적으로 규제를 받기에 이른 것이다.

미국의 경우, 반덤핑법의 역사는 사실상 덤핑관련 문제를 직접적으로 다룬 1916년 재정징수법(Revenue Act of 1916)에서 시작되었다고도 할 수 있으나, 동 법은 반덤핑관세의 부과를 위한 것이라기보다는 덤핑행위에 대한 처벌을 위한 규정이었으며, 반덤핑관세의 부과를 직접적으로 규정한 반덤핑법은 1921년 관세법 201조(Tariff Act of 1921 §201)가 그 시초라고 할 수 있다.

반덤핑관세에 대한 국제적 관심은 1920년대 초 국제연맹(League of Nations)으로부터 고조되기 시작했으며, 이에 대한 논의가 보다 구체화된 것은 1933년의 세계경제회의(World Economic Conference)로서, 이것이 후에 ITO와 GATT의 입법과정에서 참고가 되었다. 즉, 일부국가가 보유하고 있는 상이한 반덤핑규정들을 통일하여야 할 필요성을 인식하여, 미국은 국내의 입법내용을 ITO헌장에 상당부문 반영시켰으며, 이것이 반덤핑 및 상계관세를 규정하고 있는 현 GATT 제6조의 근간이 되었다. 1947년 GATT회의에서는 덤핑을 규제하기 위한 특별규정(GATT 제6조)이 마련되었는데, 이에 의하면 '체약국들이 덤핑 수입으로 인하여 국내의 경쟁산업에 실질적 피해나 피해우려가 있음이 입증될 때에는 덤핑 수입된 물품의 덤핑마진을 상쇄하기 위해 반덤핑과세를 부과할 수 있도록' 허용하고 있으며, 이 규정이 오늘날 국제반덤핑규정의 골격이 되고 있다.

그러나 동 규정은 상당히 모호한 점이 많아 다수 국가들이 덤핑마진이나 피해산정에 있어서 자국의 반덤핑규정에 따라 자의적으로 해석하는 경우가 많았으며, 이는 결국 국제무역의 흐름을 저해하는 새로운 무역장벽이 되어 가는 결과를 초래하였다. 따라서 GATT의 제6차 다자간 협상인 케네디라운드(1962 - 1967)에서는 각국의 자의적인 운용절차를 제한하기 위한 국제반덤핑코드가 제정되었는바, 동 코드는 동경라운드 막바지에 이르러 대폭 보완 개정되어 1980년 1월부터 발효된 후 1994년까지 시행되었다.

하지만, 동 코드 역시 반덤핑제도의 남용을 방지하는 데에는 크게 미흡하였으며, 따라서 우루과이라운드 협상(1986-1993)을 통하여 그 동안 논란이 되어왔던 절차상의 많은 규정이 개정 보완되어 오늘날 적용되고 있다. 새로 제정된 WTO반덤핑협정은 원가이하판매, 구성가격산정, 수출가격과 정상가격의 비교 등에 있어서의 구체적 기준설정을 통한 덤핑마진산정의 객관화, 조사종결을 위한 덤핑마진 및 피해관련 최소기준의 설정, 제소 요건의 계량화를 통한 제소 기준의 명료화, 신규 수출자에 대한 별도의 고려, 자동소멸시효의 설정 등을 통하여 수입국 조사당국에 의한 자의적인 반덤핑제도 운용의 여지를 상당부분 제한하고 있다는 점에서 전반적으로 긍정적인 평가를 받고 있다. 그러나 반덤핑제도는 그의 성격상 앞으로도 비관세장벽으로 활용될 여지가 많다는 점에서 추가적인 개선 및 보완을 위한 국제적 협의는 계속될 전망이다.

II 덤핑의 결정구조

1 덤핑결정의 의의

덤핑의 존재(the existence of dumping)를 결정하기 위해서는 반덤핑협정상 수출된 물품의 수출가격과 수출국내의 동종물품에 대한 통상의 상거래에서의(in the ordinary course of trade) 비교 가능한 가격(comparable price)간의 비교가 선행되어야 하며 그 결과 수출가격이 정상가격보다 낮을 경우, 환언하면 정상가격에서 수출가격을 뺀 차액을 의미하는 덤핑차액(덤핑마진 = 정상가격 − 수출가격)이 정(正)의 값을 갖는 경우에 비로소 덤핑의 존재가 인정된다.

【그림 11-1】 덤핑관세의 산정

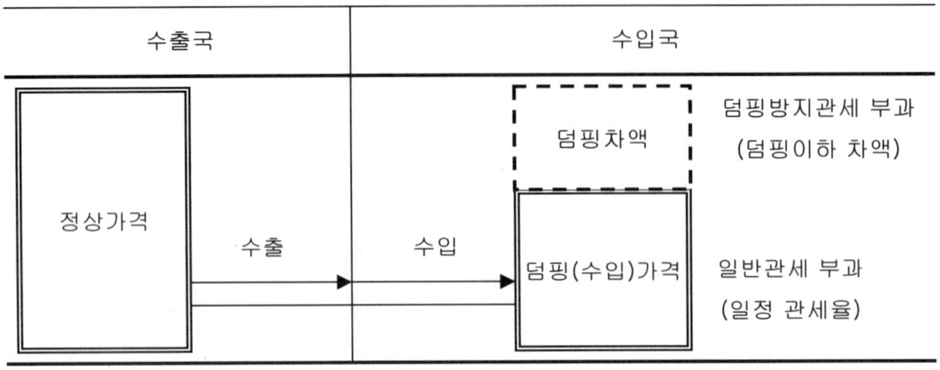

여기서, 협정문 제2조 1항의 해석과 관련하여 몇 가지 의문점을 살펴보면 다음과 같다.

① 판매시점상의 문제로 타국의 상업권내로 도입이라 함은 타국에 대한 판매를 뜻하는데 예로 매매계약청약, 계약성립, 수입자에 의한 구매주문, 수출자에 의한 주문확인, 물품인도 등 각 단계를 거치는 수입절차에서 어느 단계에서부터 덤핑방지 절차를 가동하기 위한 판매로 볼 것인지와 관련하여 협정은 어떤 기준을 두고 있지 않고, 회원국의 국내입법에 맡겨두고 있는 바, 이에 대하여 미국 및 EU는 취소불능의 판매청약을 판매의 개념에 포함시키고 있음을 유의해야 할 것이다. 특히, 판매의 개념과 관련해서 리스(lease)계약도 판매와 동일시하고 있다.

② 통상의 상거래 즉, 정상적인 거래란 물품의 수출 전 합리적인 기간 동안 동일 등급 또는 동일 종류의 상품의 거래에 있어서 보통의 형태이었던 조건과 관행으로 판매가 이루어졌을 경우를 말한다. 따라서 원가 이하의 판매는 통상의 상거래가 아니다.

2 정상가격의 산정

1. 정상가격의 결정 순위

정상가격의 결정 순서는 다음과 같다.

① 수출국에서 소비되는 동종물품에 대한 정상적인 거래에 있어서의 비교 가능한 가격(HMP : Home Market Price)

② 수출국의 국내시장에서 통상의 상거래로 이루어지는 국내 판매가 없거나 수출국 국내시장의 판매가격으로는 수출가격과의 적정비교가 불가능할 경우에는 수출국에서 제3국으로 수출되는 동종물품의 비교가능한 대표적인 가격인 제3국 수출가격(Third Country Export Sales Price)

③ 원산지국에서의 생산비용에 합리적인 관리비, 판매비와 기타 비용 및 이윤을 합산한 가격인 구성(構成)가격(Constructed value)[7)]

위 3가지 기준 가운데 우선 적용순서는 첫 번째 기준이 최우선적용에 속하고 나머지는 선택 사용할 수 있도록 규정하고 있다.

2. 정상가격 결정의 기준물품

수출가격과 대비되는 정상가격의 결정기준은 '동종물품' 및 '정상적인 거래'요건을 충족시켜야 한다.

'동종물품(like product)'이란 「모든 면에서 당해 물품과 같은 물품 또는 만일 그러한 물품이 없는 경우에는 비록 모든 면에서 같지는 않으나, 당해 물품과 아주 유사한 특성을 가지고 있는 물품」이라고 정의하고 있다.[8)] 정상적인 거래에 대해서는 앞에서 설명한 바와 같다.

7) Agreement Art. 2.1.2.2.

8) Agreement Art. 2. 6.

[표 11-1] WTO반덤핑협정상 정상가격(Normal Price)의 결정원칙[9)]

구분	정상가격 결정	비고
통상의 경우	수출국에서 소비용으로 판매되고 있는 동종물품 또는 유사물품의 통상의 상거래 가격	· 소비용으로 판매 : 제3국에서 수출목적으로 거래되는 경우에는 포함하지 않음.
특수한 시장상황인 경우	① 수출국에서 제3국으로 수출되는 동종물품의 비교 가능한 대표가격 ② 구성가격(원산지국의 생산비 + 관리비 + 판매비 + 기타 비용 + 이윤)	· 특수한 시장상황의 예 : 제조원가 이하의 판매, 수출국 국내시장의 판매규모의 소량
제3국(중간국)을 경유하는 경우	① 제3국의 통상거래가격 ② 원산지국의 통상거래가격	· ②의 방식 적용 : 수출국(제3국)에서 단순히 환적(換積) 되거나 당해 물품의 생산실적이 없는 경우
비시장 경제국 (Non-Market Economy Countries)의 경우	비시장 경제국의 가격특성(비정상적 가격)을 조사당국이 고려할 수 있음.	· 미국, EU의 고려 방법 : 수출국 즉, 비시장 경제국과 유사한 국가(비교 가능한 국가)를 선정, 그 국가 내에서의 국내판매가격을 정상가격의 기초로 삼고 있음

3. 국내판매가격(Home Market Price)

① 수출국 국내시장에서의 동종물품의 판매가 수입국에 대한 당해 물품판매의 5% 또는 그 이상을 점하는 경우 그와 같은 판매는 정상가격을 결정하기에 충분한 규모가 되는 것으로 협정은 규정하고 있다.

다만, 「국내 판매규모가 5%이하일 경우에도 적정한 비교를 하기에 충분하다는 증거가 제시될 경우에는 정상가격으로 인정되어야 한다」고 규정한다. 이 규정은 '수출국 국내시장의 판매규모가 소량인 경우' 국내가격을 정상가격으로 인정할 것인지의 여부에 대한 하나의 기준규정에 속한다.

② 수출국 국내시장에서의 판매가격이 단위당 생산비용(고정비 및 변동비에 판매비 및 일반관리비를 합한 가격 이하일 경우, 즉 '원가이하의 판매(sales below cost)일 경우' 이러한 판매가 상당기간, 상당량 행하여지고 그 판매가격

9) GATT 1994 Art. 2.2, 2.2.1, 2.2.1.1 및 2.2.2에서 발췌 요약하여 재구성.

으로는 합리적인 기간 내에 총비용을 회복하지 못할 것이라고 조사당국이 판단한 경우 정상가격의 산정에서 제외된다.

여기서 ⅰ) 상당기간(extended period time)은 1년이며 어떤 경우에도 6개월 이하가 될 수 없도록 규정하고 ⅱ) 상당량(substantial quantities)은 개별거래의 가중평균가격이 가중평균단위 비용이하이거나 원가이하의 판매량이 정상가격 결정을 위해 고려되고 있는 거래에서 판매된 양의 적어도 20% 이상이라고 판단될 경우이며, iii) 합리적 기간 내의 비용회복가능성(price which do not provide for the recovery of all costs within a resonable period of time) 여부에 대하여는 비용이하의 판매가격이 조사대상 기간 중의 가중 평균비용보다 높은 경우 동 가격은 합리적인 기간 내에 비용을 회복할 수 있는 것으로 간주한다.

③ 관계자에 대한 판매는 적정가격을 반영하지 않을 개연성(蓋然性)이 높기 때문에 미국과 EU에서는 정상가격의 산정대상에서 제외하고 있다.

4. 제3국 수출가격(Third country Export Sales Price)

제3국 수출가격을 정상가격 산정의 기초로 하는 경우, 예컨대 수출대상국이 A, B, C 국 등 여러 나라의 경우에는 「적절한(appropriate) 제3국으로 수출되는 동종물품의 비교가능한 대표적인 가격」이 기준이 된다.

제3국 선택은 조사당국의 재량에 속하나 적절한 제3국을 선택하도록 재량의 한계를 설정한 것으로 보아 재량권의 남용이 되지 않도록 유의해야 한다.

5. 구성가격(Constructed Value)

구성가격은 원산지국에서의 생산비용에 합리적인 관리비 및 판매비와 기타비용 그리고 이윤을 합산한 가격을 말한다. 여기서 이러한 관리·판매비용과 기타비용 및 이윤의 금액은 조사대상 수출업자나 생산자의 정상적인 거래에서 동종물품의 생산 및 판매에 관한 실제자료를 근거로 산출하도록 되어있다. 단, 이러한 금액이 실제 자료를 근거로 산출될 수 없는 경우 그 금액은 다음의 하나를 근거로 산출할 수 있다.

① 동일 부류물품(the same general category of products)의 원산지국의 국내시장에서의 생산 및 판매에 있어 당해 수출업자나 생산자가 부담하고 실현한 실제금액

② 원산지국의 국내시장에서의 동종물품의 생산 및 판매에 있어 조사대상 수출업자나 생산자가 부담하고 실현한 실제금액을 가중평균(the weighted average of the actual amounts)

③ 그와 같이 입증된 이윤의 금액이 원산지국의 국내시장에서 동일부류 물품의 판매로 다른 수출업자나 생산자가 통상적으로 실현하는 이익을 초과하지 아니한다는 조건하에서 그 밖의 다른 합리적인 방식(any other resonable method) 등이다.

미국 반덤핑법에서는 일반판매관리비(GS & A : General Selling and Administrative expenses)의 경우 생산비의 10%를 법정최저기준으로 설정하여 산출할 것과 이윤의 경우 생산비와 GS & A의 8%를 법정 최저기준으로 설정할 것을 요구한다.[10)]

6. 비시장(非市場) 경제국(Non-market Economy Countries)

수출국이 통제경제를 행하는 비시장경제국가인 경우, 수출국내의 가격이라는 것은 당해 물품의 정당한 가격, 즉 시장수급의 균형점에서 이루어지는 시장가격으로 볼 수가 없기 때문에 이를 수출가격과 비교하는 것은 적정한 비교라고 할 수 없다.

이 문제와 관련하여 WTO협정문은 아무런 규정을 두고 있지 않지만 미국·EU의 반덤핑은 수출국과 유사한 국가(비교 가능 국가)를 설정하여 그 국가 내에서의 국내판매가격을 정상가격의 기초로 삼고 있다. 그러나 최근 공산국가에도 시장경제가 폭 넓게 도입되고 있어 물품가격이 시장경제 하에서의 시장가격원리에 근접하고 있을 뿐만 아니라 유사국가 선정 방식이 비시장경제국에게 비교우위를 통한 수출을 원천적으로 봉쇄하는 부당한 결과를 가져온다는 비판이 제기될 수 있다.

10) 19 U.S.C.§1677b(e)(2)(B)(ii)(1990).

7. 다국적기업(MNC : Multinational Corporations)

다국적 기업에 의하여 수출국 이외의 다른 국가에서도 물품이 생산되고 있으나 그 수출국에서는 국내판매가 없을 경우, 정상가격산정의 기초를 무엇으로 할 것인가에 대하여 WTO협정문에서는 별도의 규정이 없기 때문에 이 경우, 미국반덤핑법은 수출국 이외의 다른 국가에 있는 하나 또는 그 이상인 설비에 의해 상당량 판매되고 있는 외국시장가격을 참고하여 정상가격은 결정하도록 하고 있어 객관성 측면에서 볼 때 상당히 타당하다고 할 수 있다.

3 수출가격의 산정

가격비교의 기본이 되는 수출가격(export price)은 수입국의 독립적인 수입업자, 즉 수출자와 특별한 관계에 있지 아니한 수입업자가 수입하는 가격을 의미하는데 이러한 수출가격이 존재하지 않거나 제3자간의 제휴 또는 보상약정 등으로 인하여 그 수출가격이 믿을 수 없는 것이라고 판단되는 경우에는 수업물품이 독립적인 구매자에게 최초로 재판매되는 가격을 기초로 수출가격을 계산해 낼 수 있다.[11] 그런데 독립적인 구매자에게 재판매되지 않거나 수입된 상태 그대로는 재판매되지 않는 경우 조사당국도 합리적인 근거에 따라 가격을 산정하여 사용할 수도 있다.

여기서 수출가격이 존재하지 않는 경우란 수출이 매매의 형태로 이루어지지 않는 경우(예, bater trade 또는 lease)를 말하고 '제휴'(提携 : associated)나 보상약정(補償約定 : compensatory arrangement)은 쌍방 또는 일방이 통제하는 관계에 있는 것을 의미한다. 특히 보상약정의 경우 수출업자가 저가로 수입업자에게 수출하면서 그 차액을 보상하여 주기로 하는 약정을 말한다.

수출가격의 구성은 독립된 구매자에 대한 재판매가격에서 수입과 재판매 사이에 발생하는 각종비용을 공제하는 방식으로 산정한다. 즉 공제비용은 운송비 등의 직접

11) Agreement Art. 2.3.

판매비, 관세 등 제세, 간접판매비, 이윤, 커미션 등이다. 다음, 어떤 상품이 A국에서 생산되어 B국으로 선적되고 B국이 당해 상품을 다시 C국으로 수출한 경우에 C국이 당해 수입품에 대해 덤핑을 주장하는 상황(간접덤핑 : indirect dumping)이 발생할 수 있는데 협정은 이 경우(원산지국으로부터 직수입되지 않고 중개국으로부터 수입국에 수입되는 경우)의 수출가격은 통상 중개국(an intermediate country) 즉 B국으로부터의 수출가격이 이에 해당된다고 규정한다.

다만 ① 당해물품이 수출국인 B국을 통해 단순선적 되거나 ② 수출국인 B국에서는 전혀 생산되지 않거나 ③ 수출국인 B국내에는 비교가능가격이 없는 등 각 경우에는 원산지국(the country of origin)인 A국의 국내가격이 비교된다.

4 수출가격과 정상가격의 공정한 비교

1. 공정한 비교를 위한 가격조정

① 수출가격과 정상가격은 동일한 거래단계에서 비교되어야 하는데 대체로 공장도 가격(ex-factory price)으로 비교하도록 규정하고 있다. 또한 두 가격을 산출하는 기준이 되는 거래시점은 가능한 한 동시에 이루어진 거래를 비교하도록 되어있다.[12)]

② 가격비교에 영향을 줄 수 있는 차이점들을 모두 고려하여 이를 적절히 조정하여야 한다. 즉 판매조건-상황-의 차이(신용비용, 판매수수료, 관리비, 리베이트 등) 과세, 거래단계, 판매수량, 물리적 특성의 차이점들에 대하여 적절한 조정을 하여야 한다.

2. 환율변동의 취급

두 가격비교를 위한 통화 환산시에 적용하는 환율도 원칙적으로 거래일(date of sale)의 환율을 적용한다.[13)] 즉 매매계약일, 주문서 발행일, 대금청구서 발행일 중

12) Agreement Art. 2.4.

13) Agreement Art. 2.4.1. 여기서 '거래일', '판매일(시점)' 이란 통상적으로 계약, 매수주문, 주문확인

에서 실제로 상품의 이동을 수반하는 날짜를 '거래일'이라고 해석한다. 다만 선물시장에서의 외환의 매매가 수출거래와 직접적으로 연계되어 있는 경우에는 예외적으로 선물거래 환율을 적용한다. 통상 환율의 급격한 변동은 무시되지만 조사당국은 수출업자로 하여금 조사기간 중의 지속적인 환율변동을 반영하여 수출가격을 조정할 수 있도록 최소한 60일간의 조정을 부여해야 한다.

3. 비교대상가격

WTO반덤핑협정은 가격비교기준과 관련하여 소위 '대칭'(**對稱** : symmetry)의 개념을 도입하여 사용하고 있는 것이 특징이다. 즉 덤핑마진의 존재여부는 가중 평균한 정상가격과 비교 가능한 수출거래가격의 가중평균치를 비교하거나 또는 개별적인 거래에 기초한 정상가격과 수출가격을 상호 비교해야 한다는 것이 그것이다.

Ⅲ 국내산업피해의 결정

1 피해결정의 원칙 및 요소

1. 국내산업에 대한 피해의 개념

덤핑마진이 아무리 크다 하여도 수입국내의 국내산업에 '피해(injury)'가 발생하였다는 사실이 입증되지 아니하는 경우에는 반덤핑조치를 발동할 수 없다.

WTO협정에서 '피해' 라는 용어는 다른 방법으로 구체화되지 않는 한 ① 국내산업에 대한 실질적인 피해. ② 국내산업에 대한 실질적인 피해우려 ③ 국내산업의 확립에 대한 실질적인 지연으로 정의하고 있다.[14)]

이나 송장작성일 가운데 실질적인 판매조건을 확정한 일자를 말한다.

2. 피해판정의 원칙

국내산업에 대한 피해여부의 판정을 위해서는 '명확한 증거'(positive evidence)를 바탕으로 해야 하며, 이를 위해서는 덤핑으로 수입된 물량과 덤핑으로 수입된 상품이 동종상품의 국내가격에 미치는 영향, 그리고 동 수입상품이 국내산업에 미친 결과적인 영향에 대한 객관적 검증(an objective examination)절차를 거쳐야 한다는 원칙을 천명하고 있다.

여기서의 객관적 검증이란 ① 덤핑으로 수입된 물량에 현저한 증가가 있었는지 그리고 그 결과로 수입국에서의 동일상품의 생산과 소비에 현저한 증가가 있었는지의 여부를 검증해야 하고, ② 덤핑으로 수입된 상품이 국내가격에 미친 영향을 평가하기 위해서는 덤핑수입에 의해 수입국의 동종상품의 가격이 현저하게 저하되었는지의 여부와 덤핑수입으로 인해 현저한 정도로 국내동종상품의 가격이 압박을 받았는지의 여부, 또는 덤핑수입이 없었을 경우, 있었을 것으로 판단되는 가격상승을 현저한 정도로 방해하였는지의 여부를 반드시 검증하도록 하고 있다.

3. 피해판정의 검토 요소

국내산업피해를 결정하기 위해서 검토하여야 하는 요소는 다음과 같다[15](이점은 WTO협정과 각국 법이 거의 일치한다.)

① 판매량, 이윤, 생산량, 시장점유율, 생산성, 투자수익률, 설비가동률의 실질적 혹은 잠재적 저하

② 국내가격에 영향을 미치는 제 요인, 덤핑마진율의 크기

③ 자금순환, 재고, 고용, 임금, 성장, 자본, 자본 또는 투자 조달능력에 대한 실질적 혹은 잠재적인 부정적 영향 등 국내 산업의 전반적인 영향을 미치는 모든 경제적 요소 및 지표들에 대한 평가가 포함된다.

---

14) Agreement Art. 3.n.9.

15) Agreement Art. 3.2.

4. 누적적(累積的) 피해 평가[16)]

누적평가(cumulation)라 함은 두 나라 이상으로부터 수입된 물품이 동시에 반덤핑조사의 대상의 되는 경우 각각의 국가로부터의 수입물량은 크지 않으나 여러 국가로부터 수입된 물량의 총량이 피해를 야기하는 규모에 도달할 경우, 이를 피해의 누적평가라고 한다.

WTO협정상 피해의 누적평가 허용기준은 다음 둘의 경우이다.

① 각국으로부터 수입된 상품에 대한 덤핑율이 최소량 혹은 미소량(微小量 : de minimis) 즉 2% 이상이고 수입물량 역시 무시할 만한 수준, 즉 수입국의 국내 총 소비량의 3%를 초과하는 경우, 혹은

② 수입상품 상호간의 경쟁조건 및 수입상품과 국내동종물품간의 경쟁조건을 감안할 때 수입상품의 영향에 관한 누적평가를 하는 것이 적정하다고 조사당국이 결정하는 경우에 한한다.

참고로 미국과 같이 상계관세 조사대상 물품과 덤핑방지관세 조사대상물품을 누적적으로 평가하는 소위 교차(交叉)적 누적평가(cross cumulation)는 WTO협정문이 덤핑방지관세 조사의 대상일 것을 명시함으로써 이는 결코 허용될 수 없다고 해석해야 옳다.

2 덤핑수입과 산업피해간의 인과관계

산업피해를 결정하는 마지막 단계는 정상가격이하로 판매된 수입품과 국내 산업피해간에 어떠한 관계가 존재하느냐에 대한 이른바 인과관계(a causal relationship between the dumped imports and the injury to the domestic industry)에 관한 검증이다.

인과관계의 분석은 일원적 방법과 이원적 방법으로 이루어 질 수 있다. 전자는 덤

16) Agreement Art. 3.4.

핑수입이 없었을 경우를 가정하고 이러한 경우에 국내산업의 상황이 실질적으로 호전될 수 있을 것인지를 경제학적 수단을 사용하여 분석하는 방법이고 후자는 국내산업이 실질적으로 피해를 입고 있는지를 분석하는 피해기준(injury test) 과 덤핑수입이 최소량(de minimis)이상으로 그 피해에 기여하였는지(contributing cause theory or cumulation cause theory)를 분석하는 인과관계기준(causation test)을 분리하는 방식이다. 이원적 방법 하에서는 우선 덤핑과 분리하여 국내산업에 피해가 있는지 여부를 먼저 판단함으로 덤핑물량이나 덤핑마진이 큰 경우에도 국내산업의 피해가 부정될 수 있다. 그러나 일단 피해가 있을 경우 덤핑 수입은 국내산업피해 원인의 하나이기만 하면 됨으로 덤핑수입으로 인한 피해와 그 이외의 요인으로 인한 피해를 비교 형량 할 필요가 없다.

WTO협정문은 「덤핑수입으로 인해 국내산업에 피해가 발생하였다는 사실이 입증되어야 한다」고 밝히고, 인과관계를 입증하기 위해서는 당국에 제시된 모든 관련 증빙들은 반드시 검증을 거치도록 하였다. 협정은 또 덤핑수입 이외의 모든 요소를 검토하도록 규제하고 이러한 여타 요소로 인하여 발생하는 피해를 덤핑수입으로 인한 것으로 돌리지 못하도록 하고 있다.[17)]

3 실질적 피해 우려의 결정

「국내산업의 피해 우려에 대한 판정은 단순한 주장이나 추측 혹은 막연한 가능성이 아니라 객관적인 사실」에 근거해야 하며[18)], 덤핑으로 인해 피해가 발생할 수 있는 상황의 변하는 명백하게 예견될 수 있는 것이어야 하고, 동시에 임박한(imminent) 것이어야 한다」고 규정하고 있다.

그리고 피해우려를 판정함에 있어서는 다음 요소들은 특히 고려하도록 하였다.

17) Agreement Art. 3.5.

18) 따라서 단순한 주장이나 추측 또는 희박한 가능성에 근거하지 말아야 한다.

① 실질적인 수입증가의 가능성을 보여주는 국내시장에로의 덤핑수입품의 현저한 증가

② 추가적인 수출을 흡수해 줄 수 있는 다른 수출시장의 활용가능성까지를 감안하더라도 수입국의 시장으로 덤핑수출을 실질적으로 증가시킬 수 있는 가능성을 보여주는 수출자의 생산능력의 급격한 증가가능성 혹은 실질적인 증가

③ 국내가격을 현저하게 하락 또는 억제시킬 수 있는 가격수준으로 수입이 이루어지고 있는지의 여부와 추가적인 수입수요를 증가시킬 우려가 있는지의 여부, 그리고

④ 조사 대상품의 재고현황 등이 이에 해당한다.

한편, '국내산업의 실질적 확립지연'에 대하여는 WTO협정문에 특별한 규정을 두고 있지 않아 각국의 법령, 실무에 맡겨져 있다.

4 국내산업의 정의

WTO반덤핑협정 제4조는 「국내산업(domestic industry)이란 동종물품을 생산하는 국내생산자 전체 또는 이들 중 생산량의 합계가 당해 물품의 국내 총 생산량의 주요부분(a major proportion)을 점하는 국내생산자를 의미한다」고 규정하고 있다.[19] 여기에는 다음 두 가지의 예외가 존재한다.

첫째, 생산자와 덤핑물품의 수입업자가 특수 관계에 있는 경우나 생산자 자신이 그 물품의 수입업자인 경우로 이때의 국내산업은 이 생산자 또는 수입업자를 제외한 나머지 생산자를 의미한다.

둘째, 하나의 회원국의 영토가 둘 또는 그 이상의 경쟁적인 시장으로 분리되어 있고(market isolation), 이 각각의 시장에서 활동하는 생산자가 별개의 산업으로 간주되는 경우이다. 이 경우 생산자가 별개산업으로 간주되기 위해서는 ① 각 시장 내에서 생산자가 생산한 당해 상품의 전부 또는 거의 전부를 그 시장 내에서 판매하거나,

19) Agreement Art. 4.1.

② 당해 시장 내에서의 수요가 그 영토 내에서 당해 시장 이외의 다른 장소에 소재하는 생산자로부터 상당한 분량으로 공급되지 아니한다는 조건을 충족시켜야 한다.

또한 상기 '특수관계'로 인해 국내산업의 범위에서 제외되는 생산자의 개념에 대해서는 ① 수출업자 또는 수입업자와 생산자의 어느 일방이 타방을 직·간접적으로 지배하거나, ② 그들 쌍방이 제3자에 의해 직·간접으로 지배를 받는 경우 혹은 ③ 그들 쌍방이 공동으로 제3자를 지배하는 경우의 생산자가 이에 속한다.

5 관세동맹에 대한 취급

GATT 1994 제 24조(a)에 의하여 인정되고 있는 관세동맹(Customs Union)으로 2개국 이상의 시장이 통합된 경우(a single, unified market), 이를 하나의 국내산업으로 보도록 규정한다.[20] EU가 대표적인 형태에 속한다.

IV 반덤핑조사의 개시 및 절차

1 조사의 신청 및 신청서의 검토

1. 반덤핑조사의 개시

반덤핑조사를 위한 제소는 국내산업계, 또는 그를 대리하는 자가 서면으로 신청해야 하며 신청서에는 덤핑의 존재와 국내산업에 대한 피해, 그리고 덤핑 수입된 상품과 국내산업피해간의 인과관계에 대한 구체적인 증거가 포함되어야 한다.[21] 즉 관련 증거에 의해서 입증되지 않는 단순한 주장은 충분한 제소조건을 결여한 것으로 제소를 하기 위해서는 신청인이 반드시 인과관계에 대한 입증책임을 져야한다.

20) Agreement Art. 4.3.

21) Agreement Art. 5.1.

이처럼 제소절차와 내용을 구체적으로 기술하고 있는 까닭은 부당한 제소의 남용을 막기 위한 것으로 해석된다.[22)]

2. 반덤핑조사개시 신청서 기술사항 및 검토

① 신청자의 인적사항, 신청자가 생산하는 동종상품의 국내생산량 및 금액, 그리고 대리인에 의해 서면 신청하는 경우 신청서 상에는 동종상품의 국내생산자(혹은 동종상품의 국내생산자 협회) 명부에 의해 그 신청을 대리하는 국내산업을 명기해야 하며 가능 범위 내에서 그러한 생산자들이 생산하는 동종상품의 생산량과 국내생산액을 기재해야 한다.

② 덤핑된 것으로 주장된 물품에 대한 명세, 해당 수출국, 원산지 국명, 개별 수출자 또는 내국의 생산자의 신원 그리고 문제의 물품을 수입하고 있는 수입업자 명세

③ 문제가 될 물품이 원산국 또는 수출국 국내시장 소비용으로 판매될 때의 가격에 관한 정보

④ 덤핑의 혐의가 있는 상품의 수입량의 추이에 관한 정보와 동 상품 수입이 국내시장에 있어서의 동종상품의 가격에 미친 영향 및 수입의 결과로 국내산업에 미친 영향을 기술해야 한다.

이상과 같은 제소신청을 받은 정부당국은 조사 개시전에 반드시 신청서 상에 기재된 여러 사실의 적정성과 정확성에 대한 검증과정을 거친 다음 조사에 착수할 수 있다.

2 제소적격(standing)

제소적격이라 함은 반덤핑 제소가 거시적 관점에서 국내산업피해를 구제하기 위한(개별기업을 보호하기 위한 조치가 아니다) 조치라는 이유 때문에 제소신청이 '국내산업전체를 대표'할 수 있어야 하는데 반덤핑제소 절차에서 이를 제소적격이라 한다.

---

22) Jackson, J. H., World Trade and the Law of GATT, The Michie Company, 1969. p. 413.

제소적격기준은 조사신청이 국내산업에 의하거나 국내산업을 대신하여 제기되지 않으면 신청은 기각(棄却)하고, 이 요건은 반덤핑방지 관세 부과신청에 대하여 동종물품의 국내생산자들의 반응을 조사하여 생산량 규모로 반응자의 50%가 넘는 생산자의 찬성을 얻으면 충족된다. 다만 신청을 찬성하는 국내생산자는 동종물품의 국내총생산의 25%보다 작아서는 안 된다. 즉, WTO협정문은 국내산업의 대표성을 판단함에 있어서 응답자의 50% 이상 찬성요건과 동종물품 국내 총 생산량의 25% 이상 찬성요건을 규정하고 있다.[23]

더욱이 동종물품의 국내생산업체에 종사하는 근로자나 그러한 근로자의 대표 역시 제소신청을 하거나 동 신청을 지지할 수 있도록 규정함으로써 노동조합도 제소자격을 갖도록 하였다.

3 조사신청서의 공표 및 직권조사 개시

1. 조사신청서의 공표

조사개시 결정이전에는 조사신청서를 공표하지 못하도록 하고 있지만, 수출국 정부에는 그 내용을 통보할 수 있다.

2. 직권조사개시[24]

덤핑, 산업피해 및 인과관계에 대하여 조사개시를 정당화할 충분한 증거가 있을 때 조사당국에 의한 직권조사개시 결정을 허용하고 있다.

3. 조사과정에서의 증거[25]

덤핑과 피해에 대한 증거가 조사개시여부를 결정하는데 있어서 동시에 고려되어야 하며 그 이후의 조사절차에서는 적어도 잠정조치가 적용될 수 있는 최초시점부터는 동

23) Agreement Art. 5.4.

24) Agreement Art. 5.6.

25) Agreement Art. 5.7.

시에 고려되어야 한다. 즉 덤핑조사절차가 진행되는 과정에서 덤핑, 피해 중 어느 한 쪽의 존재가 인정되지 않은 것이 분명할 때에는 즉시 조사를 종결하도록 하고 있다.

4 최소·미소(de minimis)기준에 의한 조사 종결[26)]

반덤핑조사 종결 사유는 다음과 같다.

① 덤핑, 또는 산업피해에 대한 충분한 근거가 없는 경우 신청을 기각한다.

② 덤핑마진이 작은 경우, 즉 구체적으로 덤핑마진의 미소기준을 협정은 2% 미만으로 규정하고 있다.

③ 덤핑 수입량 또는 피해가 무시할 만한 수준인 경우, 즉 구체적으로 수입국내 동종물품수입량의 3% 미만일 때 조사가 종결된다.

④ 수입량과 관련하여 3% 미만의 수출국이 다수 있을 경우, 이들 총합이 전체 수입량의 7%를 넘지 않을 경우에만 무시할만한 수준에 해당하여 조사를 종결시킨다.

이상과 같은 반덤핑조사절차는 그 목적이 반덤핑관세를 부과하는 것 이외에도 통관절차를 방해하는 등 별개의 무역장벽으로 이용될 수 없으며 조사절차의 시한도 원칙적으로 1년 이내에 종결시키되 특별한 경우 예외적으로 18개월을 초과할 수 없도록 함으로써 조사의 신속성을 확보하고 있다.

26) Agreement Art. 5.8.

V 증거[27)]

1 조사절차 참여권의 보장

① 반덤핑조사관련 이해관계자들에게는 조사당국이 필요로 한 정보가 통보되어야 하며, 모든 정보를 서면으로 제출할 충분한 기회가 부여되어야 한다.

② 생산자 또는 수출자에 대한 질문서 회신기간은 최소한 30일이며(연장가능) 비밀정보 이외의 정보는 이해관계자에게 즉시 이용될 수 있어야 한다.

③ 조사개시 결정시 조사신청서 전부를 수출자 및 수출국정부에 제공해야 한다.

④ 이해관계자에게 절차 참여 방어권은 부여하되 의무는 아니며 구술권도 방어를 허용한다.

⑤ 비밀정보가 아닌 모든 정보에 대해서는 열람기회를 제공하여야 한다.

2 비밀정보의 취급[28)]

① 성격상 비밀정보 또는 조사당사자가 비밀로 제공하는 정보는 정당한 사유가 제시되는 경우 비밀취급 되어야 하며 공개되어서는 안 된다. 다만, 비밀취급요청이 정당하지 않을 경우 그 정보는 무시된다.

② 이해관계자들이 제공하는 정보는 그 정확성이 인정 될 수 있어야 사실판단의 기초로 삼을 수 있다.

---

27) Agreement Art. 6.1, 6.2, 6.3, 6.4.

28) Agreement Art. 6.5.

3 이용 가능한 최선의 정보

① '이용 가능한 최선의 정보'(best information available)에 의한 조사는 조사대상 기업이 자료를 제출치 않거나 혹은 불성실한 자료를 제출하는 경우 조사당국이 활용하게 되는 조사기법의 하나이나 수입국정부에 의한 악용 내지 남용이 될 때에는 조사대상자 (수출기업)입장에서 보면 "이용 가능한 최악의 정보(worst information available)가 될 수 있다.

② 그러나 정보제공거부, 정보접근거부, 조사방해 등 부득이 한 경우에는 이용 가능한 사실만을 근거로 긍정적 혹은 부정적인 예비판정이나 최종판정을 내릴 수 있다.

③ 질의서 답변서 작성 방식에 정보통신기술의 발달로 인하여 전자문서 등으로 답변할 것을 요구할 수 있다.

4 표본조사

덤핑마진 산출은 생산자 또는 수출자 건별로 이루어질 것을 원칙으로 하지만 관련 상품의 수가 많은 경우 전원에 대한 개별조사는 조사당국에게 과도한 부담을 줄 수가 있기 때문에 '표본추출방법(標本抽出方法)'을 통하여 이해관계자의 물품을 제한하거나 또는 당해 국가의 생산자 또는 수출자 중에서 수출량의 비율이 가장 큰 업체 등에 한정할 수 있다. 이때 관련당사자와의 협의 및 동의를 거쳐야 함은 물론이다.

5 이해관계자(Interested Parties)

반덤핑조사 절차 참여권이 보장되는 자로서의 이해관계자의 범위에는 수출업자, 외국의 생산업자 또는 그들이 속해있는 무역협회, 사업협회, 수출국정부, 수입국내 동종물품의 생산자 또는 그들이 속해있는 무역협회나 사업협회 등이다. 미국의 경우 공인노조(公認勞組)나 인정된 노조 또는 노동자 단체, 가공업자 등도 예시하고 있다.

VI 잠정조치[29)]

1 잠정조치의 정의

잠정조치(provisional measures)라 함은 제소조사 개시로부터 피해조사 및 덤핑마진 판정을 위한 조사 종결과 반덤핑관세 부과시까지 상당시일 경과로 제소신청자의 피해를 방지하기 위해 확정덤핑율이 결정되기 이전에 잠정적으로 반덤핑관세를 부과할 수 있도록 제소신청자를 보호하기 위해 마련된 제도를 말한다.

2 잠정조치의 요건

① 조사가 협정문에 규정된 절차에 따라 개시되고 그 결과가 공표되고 이해관계자의 정보제공 및 의견진술의 기회가 보장될 것

② 덤핑 및 그로 인한 국내산업의 피해에 대한 긍정적인 예비판정과 피해방지를 위한 잠정조치의 필요성이 존재할 것.

3 잠정조치의 방식

잠정조치의 최대한도는 잠정적으로 추정된 덤핑마진으로 하고 그 형식은 잠정관세로 할 수 있지만 담보(현금예치 또는 보증) 제공형식으로 한다. 관세평가유보는 정상관세와 반덤핑관세 추정액이 표시되고 다른 잠정조치와 동일조건하에서 이루어질 경우 적절한 잠정조치의 하나로 인정된다. 관세평가가 유보되면 통관시 추정평균 덤핑마진에 해당하는 금액의 현금, 보증 기타 담보의 예치가 이루어진다.

---

29) Agreement Art. 6.10.

4 잠정조치의 제한

① 잠정조치의 남발을 방지하기 위하여 반덤핑조사 개시일로부터 60일 이전에는 행하여 질 수 없다.

② 잠정조치의 장기화를 방지하기 위하여 기본은 4개월로 하되 수출자 요청시 예외로 6개월로 할 수 있다.

③ 조사당국이 조사과정에서 덤핑마진보다 낮은 수준의 관세로서 피해를 방지할 수 있는지 여부를 검토하는 경우의 기간은 각각 6개월과 9개월로 연장할 수 있다.

VII 가격인상에 관한 약속30)

① '가격인상 약속' (Price undertakings)이란 덤핑수출혐의를 받고 있는 수출업자가 가격인상 약속(국내산업피해를 제거할 만 한 수준, 즉 피해마진을 제거하는 수준) 또는 수출 중지약속을 할 경우 잠정조치나 덤핑방지 관세 부과 없이 반덤핑조사절차를 정지하거나 종결함으로써 조사당국과 수출업자(대상자)양측을 모두 만족시킬 수 있는 제도를 말한다.

② 가격인상약속은 조사당국의 요구에 의한 것이 아닌 자발적인 약속이어야 하며 (수입국정부에 의한 가격약속제안도 있으나 이는 강요사항이 아니다) 수입국당국이 덤핑과 그로 인한 피해에 대해 긍정적 예비판정을 내리지 않는 한 수출업자에게 요구되거나 수락되어서는 안 된다.

③ 가격인상 약속에 대한 수락여부는 약속이 비현실적(impractical)일 경우 거부할

30) Agreement Art. 8.1.

수 있다(수입당국의 재량사항이다). 즉 약속이 수출중지 또는 덤핑마진을 제거하는 수준의 가격 인상을 의미하기 때문에 이 수준이 되어야만 수락할 수 있는 만족할 만한(satisfactory) 약속으로 본다.

④ 약속수락이후에는 앞에서와 같이 원칙적으로 조사절차가 종결(정지)되지만 수출업자가 원할 때 또는 조사 당국이 결정하는 경우에는 조사가 계속 수행된다. 조사 수행중 덤핑 또는 피해가 없다고 부정적 판정이 내려지면 물론 앞서의 가격인상 약속은 자동 소멸된다.

⑤ 수출업자가 가격인상약속을 위반한 때에는 입수 가능한 최선의 정보를 사용하여 즉각 잠정조치를 발동하고 이 경우 확정관세는 잠정조치일 90일 이전까지 소급 부과한다. 확정관세를 소급하는 경우에도 약속 위반일 이전에 수입된 물품에 대하여는 소급부과가 금지된다.

Ⅷ 반덤핑관세의 부과 및 징수

1 반덤핑관세액 및 부과대상[31)]

① 반덤핑관세의 세액은 결정된 덤핑률의 전액으로 할 것인가 혹은 그보다 적게 할 것인가(부과여부 및 부과정도)의 여부는 수입국당국의 전적인 재량사항이나 협정은 국내산업 피해를 제거하는데 적절한 범위 내에서 덤핑률 미만으로 결정할 것을 권고하고 있다.

② 부과대상은 국내산업 피해사실이 인정된 모든 수입원에 대하여 무차별적으로 부과되며 선별부과는 금지된다. 또한 부과대상의 지정은 원칙으로 모든 공급자로 하나, 다수 공급자가 관련되었을 경우에는 국가명칭만을 지정하는 방법을 사용한다.

31) Agreement Art. 9.1.

2 반덤핑관세의 부과 및 환급[32)]

① 반덤핑관세의 부과규모는 덤핑마진을 초과하지 못한다.

$$\text{덤핑율(또는 덤핑마진)} = \frac{\text{조정된 정상가격} - \text{조정된 덤핑가격}}{\text{조정된 덤핑가격}} \times 100$$

② 반덤핑관세를 부과하는 방식 가운데 '소급산정방식'(on a retrospective basis)은 조사절차가 완료되면 향후 수입되는 물품에 대하여 조사결과 밝혀진 덤핑마진에 해당하는 추정반덤핑관세액을 예치하게 하고 최종관세는 사후에 그 기간 동안의 실제 덤핑마진을 재조사하여 소급적으로 확정하는 방식으로 이는 미국에서 시행하고 있다. EU 및 우리 나라에서 채택하고 있는 '예상치를 기준으로'(on a prospective basis) 산정하는 방식은 조사절차가 완료되면 조사결과를 바탕으로 향후 재조사를 통하여 실제덤핑마진을 초과한 징수분을 환급하는 방식이다.

③ WTO반덤핑협정은 소급 산정되는 경우, 반덤핑관세 납부에 대한 최종판정은 가능한 한 요청할 날로부터 12개월 이내에 이루어져야 하며 어떠한 경우에도 18개월을 초과할 수 없도록 규정하고 초과환급금은 최종판정이 있는 날로부터 90일 이내에 이루어지도록 하고 있다. 반면 예상에 근거하여 산정되는 때에는 수출자가 증거를 뒷받침하여 환급요청을 하면 수입당국은 환급 요청일로부터 12개월 이내에 환급해야 하고 어떤 경우에도 18개월을 초과할 수 없다. 실제 환급은 이상과 같은 결정이 있은 이후 90일 이내에 이루어지도록 하고 있다.

④ 수출업자 또는 생산자를 표본추출 등의 방법으로 제한하여 조사를 행하는 경우 조사대상에 포함되지 않은 수출업자·생산자에 대한 반덤핑관세는 조사된 자들의 덤핑마진의 가중평균을 초과하여 부과할 수 없다.

32) Agreement Art. 9.3.

3 신규수출업자에 대한 반덤핑관세의 부과

'신규수출업자'란 덤핑으로 인한 수입된 상품의 수출자 또는 생산자에 대한 덤핑 조사가 진행되고 있는 동안(또는 반덤핑관세가 부과되고 있는 경우) 동일 상품의 수출을 희망하는 수출국내의 제3의 수출자 또는 생산자는 조사당국에 대해 개별적인 덤핑율을 결정해 주도록 요청할 수 있는데 이러한 수출자 또는 생산자를 말한다.

이 경우에는 기존의 반덤핑관세를 부과할 수 없고 빠른 검토 작업을 통하여 개별적인 덤핑율을 산정 검토 개시일에 소급하여 적용하도록 한다.

IX 잠정조치 및 반덤핑관세의 소급적용[33)]

① 잠정조치 및 반덤핑관세는 원칙적으로 잠정조치 및 반덤핑관세의 부과를 결정한 날 이후에 소비를 위해 수입된 상품에 대하여만 적용된다.

② 반덤핑관세는 최종 실질적 피해판정이 있으면 잠정조치가 적용된 기간에 소급하여 부과한다.

③ 확정반덤핑관세액이 잠정관세액 또는 담보로 예치된 금액을 상회하는 경우, 잠정조치기간동안까지 반덤핑관세가 소급 부과되는 경우에도 그 차액은 무시되어 징수되지 아니하며, 만일 반덤핑관세액이 잠정관세액 또는 담보로 예치된 금액보다 적다면 이미 납부된 경우에는 그 차이를 환급해야 하고 아직 납부가 이루어지지 않은 경우라면 그 기간 동안의 관세를 재 산정하여 그에 따르도록 한다.

④ 피해의 우려 또는 산업확립의 실질적 지연을 이유로 산업피해판정이 내려지면 그 판정일로부터 반덤핑관세가 부과되고 따라서 예치된 현금이나 담보는 신속히 반환, 해제되어야 한다. 또한 피해, 덤핑에 관한 최종판결이 부정이면 모든 절차는

33) Agreement Art. 10.1, 10.2,

종결되고, 잠정조치기간 중 예치된 현금 및 담보는 신속히 반환, 해제된다.

⑤ 반덤핑관세는 잠정조치가 취해진 기간까지 소급할 수 있지만 일정한 경우에는 예외적으로 잠정조치를 시행하기 90일전까지 소급할 수 있다. 그 요건은 다음과 같다.

첫째, 과거에 피해를 야기한 덤핑을 행한 적이 있거나 혹은 수출자가 덤핑행위를 하고 그러한 덤핑의 피해를 야기할 수 있을 것이라고 수입자가 인식을 하였거나 인식할 수 있어야 한다.

둘째, 덤핑수입이 단기간에 걸쳐 대량으로 행하여 통상의 반덤핑관세의 구제효과를 심각히 저해할 가능성이 있다는 점을 입증할 경우이다.

X 소멸시효[34)]

1 일반원칙

반덤핑관세는 조사당국의 자의적인 혹은 정책적 판단에 따라 덤핑을 상쇄할 정도를 넘어서 부과되거나, 부당하게 장기간 부과되어서는 안 된다는 원칙을 말하는데, 바꿔 말하면 산업피해를 야기 시키는 덤핑의 효과를 없애는데 필요한 기간 및 한도까지는 그 효력이 지속되어야 한다는 것을 말한다.

2 재심사유

반덤핑관세부과의 필요성은 첫째, 관세의 지속적인 부과가 덤핑을 상쇄시키기 위하여 필요한 것인지의 여부(수출업자가 반덤핑관세 부과 이후 상당기간 덤핑수출을 하고 있지 않는 경우의 예) 둘째, 반덤핑관세가 없어지거나 변경될 경우에도 피해가 계속되거나 재발할 것인지의 여부(예컨대, 국내산업의 성장 등의 이유로 덤핑행위가 있다고 하더라도

34) Agreement Art. 11.1, 11.2, 11.3.

국내산업의 피해를 야기하지 않게 되었을 경우) 등이다. 반덤핑관세의 궁극적 목적은 덤핑 또는 피해의 지속 또는 재발가능성 중 하나라도 없으면 반덤핑관세 부과는 종결되어야 마땅하다. 이해관계자는 위 두 가지를 재심사유로 하여 당국에 조사를 요청할 수 있다.

3 자동실효제(sunset clause)

반덤핑관세의 부과기간은 원칙적으로 부과일로부터 5년을 초과할 수 없다. 다만, 행정적 재심에서 덤핑과 피해에 관한 조사가 이루어졌다면 가장 최근의 검토일로부터 5년을 초과할 수 없다.

XI 결정공고 및 설명, 사법적 심사[35)]

① WTO반덤핑협정에 나타나고 있는 주요 특징의 하나는 반덤핑조사의 공고와 이해당사자에 대한 설명 등의 집행에 있어서 절차적 측면과 관련하여 비교적 상세한 규정을 두고 있다는 점이다. 즉, 조사개시, 예비판정, 가격약속 수락결정 및 종결확정 판정, 확정반덤핑관세의 종결 등 중요한 절차와 내용을 반드시 공고(public notice)하도록 하였다.

② 반덤핑조치관련규정을 국내법에 포함하고 있는 개별회원국들은 특히 최종판정과 관련한 행정조치 및 재심에 대한 신속한 심사를 목적으로 사법적, 중재적, 또는 행정적 성격의 법정 또는 절차를 갖추어야 한다. 그리고 여기서의 법정 또는 절차는 독립기관에 의하여 독립적 절차를 행하여져야 한다.

미국의 경우 불복은 국제무역법원(TCT : The Court of International Trade) 항소는 미연방순회항소법원(CAFC : U. S Court of Appeals for the Federal Circuit)에서 EU는 유럽사법재판소에서 행한다.

35) Agreement Art. 12.1, 12.2, 12.3.

XII 협의 및 분쟁해결절차[36)]

1 분쟁해결의 두 방식

WTO반덤핑협정은 WTO설립협정의 부속서 중 일부라는 형식을 취하고 있어서 WTO에 가입하는 것은 당연히 WTO반덤핑협정에도 가입하는 것을 의미한다. 따라서 종전의 반덤핑협정에 비해 WTO반덤핑협정 가맹국의 수가 크게 증가하게 되었다.

WTO설립협정의 부속서 2에는 "분쟁해결규칙 및 절차에 관한 양해사항(Understanding on Rules and Procedures Governing the Settlement of Disputes)"이 규정되어 있는데, 이는 WTO협정에 부속된 다자간협정과 관련하여 발생되는 제반분쟁의 처리절차를 규정한 종합적인 규정이다. 이 협정내용에 따르면 우선 각종 무역분쟁을 해결하기 위하여 WTO사무국내에 분쟁해결기구(DSB : Dispute Settlement Body)를 설치하도록 하였다. 반덤핑조치와 관련하여 분쟁이 발생한 경우 이를 해결하는 절차는 WTO반덤핑협정 제17조에 의한 해결과 분쟁해결기구(DSB)를 통한 해결의 두 가지 방식이 있다. 이와 함께 WTO설립협정부속서 2의 "분쟁해결규칙 및 절차에 관한 협정"은 분쟁해결과 관련하여 각 다자간 협상에 별도의 조항이 있는 경우에는 그 조항이 우선한다는 특별규정을 두고 있다.

2 분쟁해결절차의 주요 내용

WTO반덤핑협정에 나타난 협의 및 분쟁해결절차의 내용은 다음과 같다. 협정은 분쟁이 발생하는 경우 우선적으로 당사국간의 "협의(consultation)"에 의해 해결할 것을 권고하고 있다. 즉 각 회원국은 다른 회원국에 의해 자국의 이익이 침해되었다고 판단하는

36) Agreement Art. 17.1 - 17.7.

경우 상대방 회원국에 대해 서면으로 협의를 요청할 수 있으며, 이러한 요청을 받은 상대국은 이에 대해 "호의적인 고려(sympathetic consideration)"를 해야 하며(협의요청 접수 후 10일 이내 답변, 협의 요청일로부터 30일 이내에 협의에 응해야 한다.), 동시에 그러한 협의를 위한 "적절한 기회(adequate opportunity)"를 제공해야 한다. 또 한 가지 간과할 수 없는 변화는 1979년 반덤핑협정에 규정되어 있던 화해(conciliation)조항이 삭제되었다는 점이다.

그러나 이 제도는 당사국간 협의 이전에 불필요한 화해절차를 거치게 됨으로써 분쟁해결의 시간을 지연시킬 뿐이라는 문제점이 지적됨에 따라 효율적인 분쟁해결을 위해 삭제시킨 것이다. 화해제도가 폐지됨에 따라 실제분쟁해결에 소요되는 기간은 대체로 3~4개월 이상 단축되었다.

만약, 협의를 요청한 회원국이 협의를 통해 상호 합의하는 해결이 이루어지지 못했다고 간주하는 경우에는 당해 회원국은 이 문제를 분쟁해결기구에 회부할 수 있다. (협의 요청일로부터 60일 이내에 협의가 실패될 때 제소국은 패널설치를 요구할 수 있다) 그러나 분쟁해결기구에 회부하기 위해서는 수입회원국의 당국에 의해 확정반덤핑관세가 부과되었거나 혹은 수출 생산회원국이 제시한 가격약속을 수락하기 위한 최종조치가 취해졌다고 하는 전제가 충족되어야만 한다. 다만, 수입회원국이 취한 잠정조치가 중대한 영향을 미치고 있으나 그 조치를 위한 조사가 적법한 절차에 의해 개시되거나 공표되지 않았으며, 혹은 당사자에게 정보의 제출 및 의견제시를 위한 적절한 기회가 부여되지 않은 채 취해진 것일 때에는 예외적으로 잠정조치와 관련된 문제에 대해서는 분쟁해결기구에 회부할 수 있다.

3 PANEL의 구성

분쟁해결기구는 이 협정에 의해 직접 또는 간접적으로 자국에 발생한 이익에 어떻게 무효화되거나 침해받고 있는지, 혹은 이 협정의 목표달성이 어떻게 방해받고 있는지를 입증하는 신청국의 서면진술서 및 수입회원국의 당국에 의해 적법한 국내법 절차에 의해 입수된 사실들을 바탕으로 분쟁의 대상이 된 문제를 검토하기 위한 위원단(panel)을 구성하게 된다(분쟁당사국은 패널구성에 참여할 수 없고, 패널위원은 분쟁당사국이 5명으로 하는데 합의하지 않는 한, 3명으로 구성된다). 위원단 구성 및 검토기준에 관한 WTO협정 제7조 제5항은 1979년 반덤핑협정에는 존재하지 않던 내용으로서 화해규정을 삭제하는 대신 신설된 규정이다.

분쟁해결기구에 의해 설치된 위원단은 다음과 같은 기능을 수행하게 된다.

위원단의 1차적인 기능은 분쟁해결기구가 WTO협정 부속서 상의 "양해사항 및 대상이 되는 협정"에 의해 부여된 책임을 수행할 수 있도록 지원하는 것이다.

따라서 위원단은 분쟁의 사실부분에 대한 객관적인 평가와 대상이 되는 관련협정의 적용 가능성 및 대상사안과 협정이 일치하는가의 여부 등을 포괄하여 위원단에 회부된 사안전반에 관한 객관적인 평가를 내려야 하며, 분쟁해결기구가 대상협정에 규정되어 있는 권고를 챙기거나 판정을 내리는데 도움이 될 수 있는 여타의 조사를 칭하여야 헌다. 이러한 평가 및 조사의 과정에서 위원단은 분쟁당사자와 정기적으로 협의를 하면서 분쟁당사자가가 상호 만족할만한 해결책을 찾을 수 있는 적절한 기회를 제공하여야 한다.

한편, WTO 산하에 각국의 덤핑방지절차를 종합하고 조사하며 각 회원국들이 협정운영 등과 관련한 사항을 협의할 수 있도록 중재하기 위한 행정적 역할을 수행하기 위해 덤핑방지조치위원회(Committee on Anti-Dumping Practices)를 설치하고 있다.

4 패널보고서 채택 및 상소

① 패널보고서는 분쟁당사국 일방에 의하여 상소(上訴)기구에 상소되지 않고 분쟁해결기구가 만장일치로 패널보고서를 채택하지 않기로 하지 않는 이상 배포된 날들로부터 60일 이내에 분쟁해결기구회의에서 채택된다.

② 패널보고서에 이의가 있는 당사국은 분쟁해결기구 내의 상설 상소기구에 상소할 수 있으며, 상소대상은 패널보고서에 제기된 법적 문제 및 패널의 법적 해석에만 국한된다. 상소기구는 패널의 법적인 조사결과와 결론을 확인, 수정 또는 번복할 수 있다. 분쟁해결기구가 만장일치로 상소기구보고서를 채택하지 않기로 결정하지 않는 한 분쟁해결기구는 동 보고서가 배포된 후 30일 이내에 동 보고서를 채택하며 분쟁당사국들은 동 보고서를 무조건 수락하여야만 한다.

5 분쟁해결기구의 집행

패널보고서 또는 상소기구보고서를 채택하면 그 보고서상의 권고사항 및 유권해석(有權解釋)을 집행하기 되며, 그 이행여부를 감시한다.

반덤핑협정과 관련된 분쟁의 경우, 반덤핑관세의 소급적 취소 혹은 장래적 취소 및 보상의 형식으로 집행이 이루어진다. 그런데 권고사항을 전달받은 회원국이 이에 불응하거나 이를 국내적으로 집행하지 않을 경우에는 WTO협정의 부속협정상의 '양허' 및 기타의무의 이행을 중지할 수 있는 권한이 제소국에게 허용된다.

XIII 우회수출방지[37)]

우회수출(circumvention)이란 자신의 명의로 완제품을 수출할 때 반덤핑관세가 부과될 것이기 때문에 이를 회피할 목적으로 완제품대신 부분품 형태로 수출하고, 이를 수입국 현지에서 일부 변형을 가하거나, 혹은 제3국에서 조립하여 수출하는 경우 및 경우에 따라서는 원산지를 허위표시 하는 등의 방법을 사용하여 우회적으로 수출하는 것을 말한다.

미국·EU·호주·캐나다 등은 우회방지에 관하여 WTO협정문에 반영할 것을 강력히 제안하였다. 그러나 일본, 한국, 홍콩, 싱가포르, 북구제국 등의 반대로 덤핑방지조치위원회에 그 해결을 위임하는데 그쳤다. 그런데 미국의 경우는 1988년에 종합무역법에 덤핑방지관세 명령의 우회방지조항을 마련하여 운영하고 있다. 그 요건은 대체로 앞에서 설명한 바와 같다.

이상의 설명 이외에도 WTO 반덤핑협정문은 ① 제3국을 위한 덤핑방지조치,[38)] ② 개발도상국에 대한 특별한 고려[39)] 및 ③ 최종규정[40)]을 두고 있다.

①은 어떤 수입국에 대하여 물품을 수출하고 있는 제3국의 국내산업이 다른 수출국의 수출자들의 당해 수입국에 대한 덤핑 수출로 이하여 피해를 입게 되는 경우 제3국 당국이 자신을 대신하여 수입국 당국이 덤핑수출자에 대하여 반덤핑관세를 부과하여 줄 것을 요청하는 규정이고, ②는 선진회원국이 개도국 회원국에 대하여 반덤핑관세를 부과하기에 앞서 특별고려를 해야 한다는 규명이며, ③은 회원국의 의무규

37) Agreement Chap. 19.

38) Agreement Art. 14.1 - 14.4.

39) Agreement Art. 15.

40) Agreement Art. 18.1 - 18.3.

정으로서 즉 회원국은 본 협정문의 전 조항을 수락하여야 하며 일부조항 또는 내용을 유보할 수 없도록 하고 자국법령을 협정에 일치시키도록 강제하고 있다는 규정이다.

CHAPTER 12

중국의 반덤핑제도와 WTO와의 비교

Ⅰ 개요

중국은 1978년 개혁·개방정책을 도입한 이후[1] 1980년 IMF 및 IBRD의 동시 가입과 2001년에는 WTO에 가입함으로서 국제무대에서 자국의 역량을 강화하기 위한 통상정책들을 지속적으로 추진해 오고 있다. 그 결과 미국과 일본 및 EU를 중심으로 한 국제경제의 틀에서 중국 중심의 중화경제권이라는 새로운 하나의 축을 형성하는 성과를 이루어 내었다.

중국의 대외개방정책의 패러다임은 부족한 자본과 고용의 창출을 외자도입과 적극적인 대외무역으로 해결하고자 하는 데 있다. 그러나 이러한 중국의 무역확대는 한편으로는 통상마찰을 증대시키는 결과를 초래하고 있다. 특히 미국과의 통상마찰은 환율문제 등으로 매우 심각한 단계에까지 이르렀으며 우리 나라와도 후술하는 바와 같이 반덤핑제소 및 피소 등을 통하여 꾸준히 확대되어 가는 추세이다.

현재 한·중간의 통상마찰 중 가장 대표적인 것이 반덤핑조치이다. 중국은 1997년 신문용지에 대한 반덤핑조사를 개시한 이후 2005년 5월 현재까지 총 36건의 반덤핑제도를 운용하고 있으며 이 중 26건에 한국산 제품이 포함되어 있어 **對韓** 반덤핑조치가 70%를 상회하고 있다. 이는 일본의 17건, 미국의 15건과 비교하여 볼 때 매우 높은 규제조치로 판단된다. 오늘날 중국의 반덤핑제도를 단순히 WTO가 허용하는 무역규제의 수단으로서 사용하는 것이 아니라 특히 **對中** 무역흑자국에 대한 수입규제 수단으로서 선택·집중, 남용됨으로서 문제가 되고 있다.

중국은 급속한 법치국가로의 전환을 꾀하고 있으나[2], 단기간에 다양한 관계법령

1) 일반적으로 1978년 11월에 개최되었던 제11기 중앙위원회 3차 전체회의(통상 제11기 3**中全會**로 칭함)를 중국에서 개혁과 개방노선의 시발점으로 보는 것이 가장 보편적인 견해이다. 이 시기를 개혁·개방노선의 분수령으로 규정하고 있는 까닭은 정치적인 고려와 함께 다분히 상징적인 측면이 많다고 할 수 있다. 정재호 편, 『중국 개혁-개방의 정치경제 1980~2000』, 까치출판사, 2002.

및 규정 등을 제정함으로서 여러 가지 문제점을 낳고 있다. 특히 중국의 반덤핑조례는 과거 반덤핑조례와 비교하여 WTO반덤핑협정과의 합치를 위하여 개정한 것 같이 보여지나, 아직까지 중국 반덤핑조례는 WTO반덤핑협정과 비교하여 볼 때 많은 부분에서 불합치하는 부분이 산재하고 있으며, 이러한 문제로 인하여 중국의 반덤핑제도는 법규범에 의하여 투명하고 객관적으로 운용되기 보다는 조사당국의 관행이나 주관직 해석으로 남용되는 경우가 자주 빌생한다.

중국은 WTO에 가입한 이후 점진적으로 시장개방을 확대해 나가고 있으나 이러한 시장개방이 자국산업에 미칠 피해를 예방하기 위해서 비교적 발동이 용이한 반덤핑조치를 빈번하게 사용하고 있다. 이와 같은 중국의 반덤핑제도의 빈번한 발동에 대하여 우리 나라는 이에 적극적으로 대응할 필요성이 있다. 그 까닭은 중국의 반덤핑조사에 대해 답변서 제출, 청문회 참석 등 적극적으로 대응한 업체들의 평균 덤핑마진율이 6.5%이었던데 반해, 답변서 미제출 등 무대응업체들의 평균 덤핑마진율은 57.9%로 나타나 조사에 적극 대응하는 것이 효과적인 것으로 나타났다. 일례로 2001년 12월 조사개시가 공포되었던 폴리스티렌은 조속한 대응으로 산업피해의 무혐의 판정을 받아 조사철회를 결정 받게 되었다. 또한 반덤핑조사 후 최종 판정이 높은 덤핑마진으로 내려져 대중수출이 어려워 진 경우라도 법에 보장된 재심제도를 적극적으로 활용해야 한다. 실제로 폴리에스텔 필름의 경우 당초 33%의 최종 덤핑관세를 부과 받은 업체가 재심을 신청하여 일부 품목에 대해 2003년 초 0% 덤핑마진을 판정받아 중국 수출재개가 가능해진 경우도 있다.[3]

---

2) 등소평 등장 이전에는 중국에 있어서의 경제 통제는 자유 민주주의 국가의 통치원리인 法治가 아닌 人治에 의존해 왔다고 할 수 있다. 즉 중국에서는 1978년 말까지 당 우위의 시대로서 당의 정책이 국가의 입법에 우선하였다. 정책은 국가와 당이 일정한 역사적 시기에 있어 그의 임무를 실현하기 위해 규정한 행동의 근거와 준칙으로서 이러한 정책의 구체화, 조문화가 바로 법이라는 것이다. 그러나 1979년 개혁·개방을 표방한 이후 당·정 분리가 시도되면서 헌법과 법률이 정책에 우선하게 된 것이다.(小口彦太 『中國ヒシネスのた法と 實際』 有斐閣, 1994, p. 76.)

3) 김연, "중국 진출시 유의사항", 법무법인 대륙, 2003. 12. 22., p. 3~4.

이러한 현상은 중국의 반덤핑제도가 아직까지 법규범에 의하여 운용되기 보다는 조사당국의 자의적인 판단에 따라 운용됨으로서 응소기업의 적극적 태도가 반덤핑조치에 있어 많은 영향을 미치는 것으로 판단할 수 있는 근거가 된다.4)

본 연구의 목적은 우리 나라와의 교역에 있어서 큰 비중을 차지하고 있는 중국이 한국산 제품에 대하여 반덤핑조치를 남용함으로써 나타나는 수입규제의 문제점을 인식하고, 중국의 반덤핑규범이 WTO반덤핑협정과 비교분석을 통하여 중국의 반덤핑 실무 관행상의 문제점을 분석하였다.

II 중국의 반덤핑제도의 운용과 특징

1 중국의 반덤핑제도의 전개

초기의 중국경제는 저렴한 노동력과 원자재를 통하여 노동집약적 산업에 경쟁력을 가지고 있었다. 대부분의 물품들이 저부기기치 물품들이었으니, 대량공급을 통하여 지속적으로 수출을 확대하여 나갔다. 이러한 수출의 확대는 교역국과의 통상마찰을 야기 시켰으며 나아가 교역 상대국으로부터 반덤핑 제소 중심의 수입규제를 빈번하게 당하기 시작하였다.

1990년대 중반에 중국의 국영기업과 대기업들은 생산의 어려움에 직면하게 되었고, 중국 내수시장은 외국제품들의 급속한 수입증가로 인하여 외국제품의 시장점유율이 높아졌을 뿐만 아니라,5) 외국에서도 중국에 대한 각종 반덤핑조사가 진행된 결

4) 반덤핑조사의 경우도 일반적으로 피제소기업이 해당 반덤핑조사 절차에 있어서 얼마만큼 효과적으로 응소를 하느냐, 즉 피제소기업의 입장을 얼마만큼 논리적으로 대응 하는가가 매우 중요한 관건이다.

5) 1999년 1차물품은 수출용 원자재, 수입 호조, 에너지 부족 등에 따른 광물성연료 수입 등이 크게 늘어나 전년대비 17% 증가한 268억 달러이며, 화공품, 기계류 등의 2차 물품은 전년대비 18.4% 증가한 1,389억 달러로 총수입의 83.8%를 점하고 있다.

과 중국의 수출기업들은 크게 위축되었다.

그러나 그 당시 중국정부는 계획경제에서 시장경제로 전환하는 이행기에 있었으므로 중국정부는 기업구제에 직접적인 행정수단을 취하는데 소극적이었다. 또한 외국에서 급증하는 중국제품의 반덤핑제소에 대해서 모두 대응할 수 없었다. 이에 불공정한경쟁으로부터 자국내 기업을 존속시키고 나아가 외국에서 중국 제품에 대한 반덤핑제소를 막아보기 위해서 중국정부는 자구적인 노력이 필요하였다. 이를 위해서 수출물품의 저가판매에 대한 처벌규정과 수출물품이 외국에서 반덤핑 제소를 당했을 경우 응소규정을 1994년 4월 4일에 공포하였다.[6] 또한 중국은 시장경제국가로 인정받기 위한 많은 노력들을 하였다.[7]

1987년 이후 2002년 말 현재 중국은 461건으로 전 세계에서 가장 많은 반덤핑 제소를 당한 국가이다.[8] 1979년부터 1996년까지 중국의 수출제품들은 미국이나 유럽연합 및 기타 국가들[9]로부터 302여건의 달하는 반덤핑제소를 받았다.[10] 이는 중국의

---

6) 구 대외무역경제합작부는 1994년 4월 "**中國出口産品在國外發生的反傾銷案件應訴規定**", 1995년에는 "**關干進出口商會, 外商投資企業協會組團參加國外反傾銷案件廳證會的古若干規定**", "**關干在出口反傾銷案件中聘用律師的暫行規則**"을 제정, 중국 수출기업의 적극적인 응소를 독려하였다. 이후 2001년 12월 1일부터는 상기 3개 법안을 폐지하고 "**出口産品反傾銷應訴規定**"을 제정, 시행하고 있다.

7) 중국은 비시장경제국가로 취급되어 중국의 가격을 국가통제가격으로 인정하여 **代替國家**의 가격이 정상가격으로 산정됨에 따라서 고율의 반덤핑관세부과를 당하는 경우가 매우 빈번하게 나타나게 되었다. 이러한 현상에 따라 중국은 계획경제체제하에서 시장경제체제로 전환하고 있다는 것을 외국에 인식시킬 필요가 제기되었다. 이들 시장경제의 체제하에서 원가이하의 판매에 대한 기준이 형성될 수 있기 때문이다. 이에 따라서 중국 정부는 1990년대 이후 소비제품의 90%이상, 생산원자재의 80%이상, 농업제품의 85%이상이 시장경제체제로 전환되었음을 확신하고 유럽 이사회로부터 중국이 사회주의 경제체제라는 목록에서 삭제해줄 것을 요청하기도 하였다.

8) WTO 통계에 따르면 중국의 수출기업들은 1990년대 이후 500여건의 반덤핑조사와 350건 이상의 규제를 받고 있다.(Bing Jiang and Alexander E. Ellinger, "Challenges for China-the world's largest anti-dumping target", Business Horizons/May-June, 2003.)

9) 중국의 수출물품에 대한 외국에서의 반덤핑제소는 1980년대 초반부터 유럽과 미국 등의 선진 국가들이었으나, 1980년대 중반부터 캐나다와 오스트레일리아 등과 후발 개도국들까지 확대하였다. 1980년 후반부터는 남미와 아시아의 개도국들까지 그 범위가 광범위하게 확대되었으며, 특히 1990년대 후반부터 전 세계적으로 중국이 수출한 제품에 대해서 수입국들의 반덤핑조치가 만연하였다; (**高永富 外**, **「國際反傾銷法」**, **复旦大學出版社**, 2001., pp. 188 - 189.

정치 사회적인 배경과 더불어 중국이 비시장경제체제로 인정되고 있었으며, 중국의 제품들이 기본적으로 덤핑을 행하고 있다는 서방국가들로부터의 인식이 확산되고 있었기 때문이다. 홍콩에서 조사한 바에 따르면 중국의 수출품목 160여개 중에서 120여개 품목이 20%이상 낮은 가격으로 수출되고 있었으며, 중국이 과거 GATT 체약국이 아니라는 사실 등의 원인에 기인한 것이었다.[11]

이와 같은 이유로 중국은 자국 산업의 보호와 상대국에 대한 통상압력의 수단으로 활용하기 위한 무역구제제도의 도입[12]의지를 나타내기 시작하였다. 또한, WTO 가입을 계기로 합법적 수단으로서의 무역구제제도에 대한 활용의 필요성도 느끼게 되었다.

중국이 그동안 자국 제품에 대한 반덤핑제소에 대해서 적극적으로 대처하지 못한 원인을 살펴보면 개혁개방 추진 이후 자국의 경제시스템을 시장경제체제로 전환하기 위한 내부조정비용의 상승으로 인하여 국제적 상황에 적극적으로 대처할 여력이 부족하였기 때문이다.[13] 또한 중국의 주요 무역상대국이 상대적으로 정교한 반덤핑제도를 발전시켜 온데 반해 중국은 1997년까지 반덤핑조치에 관한 법률이 부재하였으며, 또한 외국의 덤핑행위를 다루어 본 경험이 없었기 때문이라는 분석도 있다.[14]

이러한 인식아래 중국에서 무역구제제도의 도입은 대외무역법의 제정과 더불어 그 법률적 근거를 만들게 되었고, 이를 통하여 보다 구체적인 무역구제제도가 성립하게 되는 계기가 되었다. 1994년에 제정된 중화인민공화국 대외무역법(**中華人民共和國 對外貿易法**)의 제정[15]을 계기로 무역구제제도에 대한 구체적인 시행의 시발점이 되었다.

10) **任建新**, **「社會主義法制建設基本知識」**, **法律出版社**, 1996., p. 225.

11) **李鋒**, **"我國外務出口經營秩序混亂的原因及對策"**, **「國際經貿報」**, **第2版**, 1995. 11., p. 23.

12) 이에 1993년 대외무역합작부가 반덤핑조례안에 대한 세부내용을 작성하여 제출하였으나, 그 당시 대내외적 요인으로 인하여 입법부가 당해법안에 대해서 승인을 하지 않았다.

13) 전의천·김석민, "중국의 반덤핑제소 적용과 **法源**에 관한 연구", 「산업경제연구」, 한국산업경제학회, 2003.

14) Jianming Shen, "A Critical Analysis of China First Regulation on Foreign Dumping and Subsidy and Its Consistency with WTO Agreement", Journal of International Law, Vol 15, 1997. p. 297.

무역구제조치를 법에 의해 집행할 수 있는 법적 근거를 제공하는 대외무역법 제5장은 대외무역질서에 관한 조문으로서 제29조~제31조까지 수입물품의 수량증가로 국내산업에 심각한 피해 야기 시 수입제한조치를 취할 수 있는 규정과 더불어 덤핑수입·보조금 수혜 물품의 수입에 대한 국내산업의 피해 초래 시 이에 대한 대응조치를 취할 수 있게 하는 법률적 근거를 마련하였다. 또한 제32조는 이러한 상기 조항에 대하여 국무원이 규정한 부문 혹은 기구는 법률, 행정법규 규정에 따라 조사하여 처리할 수 있다고 규정하고 있다.[16)]

전술과 같이 중국은 1994년 대외무역법의 제정을 통해 반덤핑에 대한 원칙적인 규정을 마련하였지만 실제로 반덤핑제도에 있어서의 구체적인 절차와 규정의 결여로 그동안 반덤핑제도를 활용하지 못하고 있었으나, 1997년 3월 반덤핑 및 반보조금조례의 제정을 통하여 법적 기초를 마련하자 1997년 11월 길림제지유한공사(**吉林造紙有限公司**) 등 9개 업체를 대표로 하여 한국, 미국, 캐나다산 수입신문용지에 대하여 반덤핑조사를 요구함으로서 최초로 중국의 반덤핑조사 절차가 개시되었다.

현재까지 중국이 각 국가별로 제소한 통계를 살펴보면 한국이 가장 많고(총 36건 중 26건), 일본(17건)과 미국(15건) 순으로 나타나 있다. 또한 연도별로 보면 1997년 조사가 개시된 이후 1999년에 4건, 2000년 1건, 2001년 6건, 2002년 9건으로 급증하였는데, 이렇게 급증한 시기에 현재의 상무부의 전신인 MOFTEC의 덤핑조사인원이 크게 증원되었다. 그 결과 2003년 6건, 그리고 2004년 10월까지 6건이 조사개시되었다. 2002년의 9건에 비하여 2003년이 6건으로 줄어든 이유는 첫째, MOFTEC와 SETC가 상무부로 통합되면서 내부적인 이유에 기인한 것으로 보이며, 둘째, 2002년 이후에 주요 반덤핑규제 품목인 화학제품과 철강제품이 호경기를 맞으면서 자연스럽게 제소건수가 감소한 것으로 보여 진다. 업종별로는 석유화학제품이 과반수이상을 차지하

15) 1994년 5월 12일 제8기 전국인민대표회의 상무위원회 제7차 회의에서 제정, 1994년 7월 1일부터 시행.

16) 이는 문제가 되는 외국수입품에 대하여 중국정부의 관련 핵심기관이 법에 의해 조사를 할 수 있음을 규정하고 있으며 무역구제에 관한 하위조례나 규정을 제정할 수 있는 법적 근거를 제공하고 있다.

는 24건으로 조사되었으며 다음이 화학섬유, 제지 등의 순으로 나타났다.[17)]

중국 반덤핑제도의 특징은 선진제국이 반덤핑조치를 자국의 사양산업(decline industry) 보호의 수단으로 이용하는 것에 반하여 중국은 유치산업(infant industry)에 대한 보호의 수단으로 이용하고 있다는 점이다.[18)] 이러한 중국의 반덤핑제도의 특징은 국제시장에서 경합제품의 수가 상대적으로 많은 우리 나라에 반덤핑제소가 집중되고 있는 점에서도 알 수 있다. 특히 우리 나라 수출품에 대한 반덤핑조치는 일본이나 미국에 비하여 크게 증가하고 있는 추세이며, 다양한 제품이 조사대상에 포함되고 있음이 특징이다. 이는 우리 나라에 대한 수입규제가 크게 강화된 것으로 분석할 수 있으며 그 이유는 다음과 같이 추론할 수 있다.

첫째, 우리 나라의 對中 무역수지가 매년 50억 달러 이상으로 흑자를 지속하고 있고, 석유화학 등 일부 품목의 對中 집중수출과 이로 인한 對中 수출비중 과다 및 국내업체간 과당경쟁으로 인한 수출가격 하락 등의 문제가 지속적으로 발생하고 있기 때문으로 파악된다. 둘째, 유화·철강·전기전자 등 자본집약산업에 대한 중국정부의 대규모 외자유치의 필요성에 따라 경쟁관계에 있는 한국기업에 타격을 주어 투자협상 과정에서 우위를 점하기 위한 전략적 수단으로 파악된다. 셋째, 對韓 무역적자와 수출입 물품구조가 양국간의 수직적 산업구조를 고착시켜 과거의 한·일 관계와 같이 중국의 對韓 의존형 경제로 고착될 것을 우려하여 이를 시정하기 위한 노력의 일환으로 對韓 수입규제를 강화하는 것으로 파악된다.

향후 중국 정부의 지속적인 경제성장 전략, 국내시장의 개방 확대와 세계적인 다국적 기업의 진출로 시장 환경은 더욱 치열해질 것으로 전망된다. 이러한 과정에서 필연적으로 발생할 수 있는 부작용과 중국 국내산업의 피해를 제거하고 보호하기 위해서 중국정부는 WTO에서 인정하는 반덤핑조치를 더욱 적극적으로 활용할 것으로 전망된다.

---

17) 이장완, "중국 반덤핑제도의 실질적 검토", 「무역구제」 제16호 가을호, 2004. 10., pp. 129 - 131.

18) 손성문, "한중 반덤핑 통상마찰의 비교분석", 「정기학술대회발표논문집」, 한국무역통상학회, 2003., p. 38.

2 중국의 반덤핑제도의 운용 메커니즘

반덤핑조치와 관련하여서는 조사기관의 분석이 반드시 전제되어야 한다. 이는 반덤핑조치가 조사기관의 성향이나 재량행위가 어느 정도 포함될 수 있음으로 조사기관에 대한 분석이 반덤핑조치를 이해하는 데 가장 우선시 되어야 할 부분이기 때문이다.

WTO체제하에서는 반덤핑 등 무역구제조치를 발동하려면 WTO협정에 부합되는 국내법적 근거와 이를 집행할 무역구제 운영기관이 있어야 한다. WTO반덤핑협정은 조사기관에 대한 구체적인 규정을 두지 않고 각 국가의 입법에 의존하고 있는 실정이다. 따라서 각 국가마다 반덤핑조치 관련 운용기구가 차이를 보이고 있다.

각 국가의 조사기관은 주로 일원적 구조(one pillar system)인 수직형과 이원적 구조(two pillar system)인 병렬형 구조의 두 가지로 구분된다.[19]

수직형은 반덤핑조사를 진행하고 아울러 예비판정과 최종판정을 내리는 것을 모두 동일한 주관기관에서 관할하거나 비록 2개의 서로 다른 기관이 있지만 이 두 기관 사이에 상하 관계에 예속되어 있는 존재를 가리킨다.[20]

병렬형은 반덤핑조사를 진행하고, 예비판정과 최종판정을 내리는 것을 두 개의 주관기관이 각각 담당하고 이 두개의 주관기관은 서로 병렬 독립되어 상하 관계가 예속되지 않는 체제[21]를 의미한다.

---

19) 미국의 반덤핑제도는 덤핑과 피해에 대한 조사가 각각의 전담기관에 의해 이루어짐으로서 객관성과 공정성을 유지할 수 있으나, 만약 두 기관이 동시에 보호주의 색채를 가질 경우 덤핑피소국은 이중의 고통을 당할 수도 있다. EU와 같은 일원적 제도는 덤핑과 피해의 조사를 집행위원회에 권한을 주고 있어 한 기관에 너무 많은 권한이 주어진다는 비판이 있을 수 있으나 조사의 효율성 측면에서 일원적 구도가 훨씬 우월하다고 볼 수 있다.

20) 예를 들어 EU의 반덤핑운영에 있어서 EU 집행위원회 무역총국이 예비판정의 기관으로서 조사개시결정, 잠정반덤핑관세의 부과, 가격약속의 수락, 재심 등 대부분의 반덤핑절차에 관여한다.(Regulation 384/96 Art5~9). 그러나 최종판정으로 확정반덤핑관세를 부과할 수 있는 권리를 가진 최고 결정기구는 EU 이사회에 있다.(Regulation 384/96 Art.9(4)).

중국의 반덤핑조사기관은 상무부와 국무원 관세세칙위원회 그리고 세관총서로 구분할 수 있다. 2003년 3월 개최된 제10기 전인대 1차 회의에서 승인된 국무원 산하 조직개편에 따라 종전에 무역구제 조사와 집행을 담당했던 MOFTEC와 SETC의 기능은 MOFCOM라는 새로운 조직으로 통합되었다.22) 이러한 MOFCOM는 국무원 산하의 부·위원회기구로서 구분된다. 따라서 제도적으로는 종전의 병렬형(two-pillar system)에서 수직형 시스템(one-pillar system)으로 변경되었다. MOFTEC는 수출입공평무역국으로, SETC는 산업피해조사국으로 그 지위와 역할이 변화되고 이는 다시 MOFCOM로 통합되었다.23)

1997년 3월 반덤핑 및 반보조금 조례 제정 이후 2003년 3월 MOFCOM 출범 이전까지 중국의 반덤핑운용기구는 기본적으로 미국과 비슷한 형태의 이원적 구조를 취하고 있었다. 덤핑조사는 MOFTEC에서, 산업피해의 조사는 SETC에서 각각 진행하고 반덤핑관세 부과의 결정권은 국무원관세세칙위원회가 가졌다. 과거 舊條例하에서

21) 미국의 반덤핑조사의 주관기관은 상무부(US DOC)와 미국국제무역위원회(ITC)이다. DOC는 덤핑의 조사 및 상응하는 예비판정과 최종판정을 하는 기관으로서 수입물품의 덤핑의 존재여부와 덤핑마진을 결정하고 잠정조치를 취한다. ITC는 산업피해의 조사 및 상응하는 예비판정과 최종판정을 하는 기관으로서 산업피해를 결정한다. DOC와 ITC가 각각 예비판정과 최종판정을 내린 후에 DOC는 비로소 잠정조치를 취하거나 반덤핑관세 명령을 부과할 수 있다. (Tariff Act of 1930(as amended) Sec 733(d), Tariff Act of 1930 (as Amended) Sec 735 (c) (2)).

22) 상무부(MOFCOM : Ministry of Commerce of the People's Republic of China, 이하 MOFCOM이라 약칭함)

23) 중국은 조사기관의 변화에 따라 무역구제 법률체계의 정비가 시급한 과제가 되고 있었다. 조사기관간의 업무 권한과 책임 조정, 조사 절차, 관련조치의 집행 및 시행 등은 우선 개정되어야 할 부분이다. 특히 3개의 조례가 아직 개정되지 않은 관계로 새로운 조사나 새로운 조치의 적용은 아무런 법적 근거 없이 이루어지고 있는 셈이다. MOFCOM는 집행할 아무런 법적 근거를 가지고 있지 않기 때문이다. 2003년 7월 10일 MOFCOM는 공고(2003년 제30호)를 통해 구 MOFTEC, SETC, 국내무역부, 국가발전계획발전위원회 등에서 발표한 부문규장 및 규범성 문건 중 362건의 주관부문 및 집행기구명을 'MOFCOM'로 개정한다고 발표하였다. 단순한 주관기관의 명칭 변경이 아닌 조사기관의 단일화에 따른 실질적인 법과 제도의 정비는 조사기관은 물론 이해관계자들을 위해서도 우선적으로 해결해야 할 부문이다. (이승영, "중국의 무역구제제도에 관한 연구-반덤핑제도와 대한 수입규제를 중심으로-" 한국외국어대학교 대학원 박사학위논문, 2004. 2., pp. 33~34.)

(1997년~2001년)[24] 海關(세관)이 MOFTEC와 함께 덤핑조사를 하였고, 국무원 물품 관련 부서가 산업피해 조사 시 SETC와 조사를 공동으로 하였다. 舊條例하에서는 조사기관이 5개로 너무 많다는 지적이 있었고, 이로 인해 일부 학자는 중국의 반덤핑조치와 관련하여 운용시스템을 중국식 혼합형이라고도 하였다.[25]

국무원 관세세칙위원회(TCSC : Tariff Commission under the State Council)는 반덤핑조사와 관련한 조사업무를 수행하지는 않지만, 중국반덤핑조사의 최종결정기관으로서 MOFCOM에서 제출한 건의에 근거하여 잠정반덤핑관세의 결정, 반덤핑관세 부과결정, 반덤핑관세의 환급결정에 대해 최종결정을 내리고, 반덤핑관세의 유보, 수정, 최소에 관한 재심결정을 내린다.

이외에도 국무원 관세세칙위원회는 잠정세율, 관세쿼타세율, 세관관세세율을 심의 및 조절하고 수출입 稅則稅目, 세목번호의 방안을 수정하며 관련 국가에 세칙우대세율을 적용하는 방안을 허가하고 중대한 관세정책과 대외관세방안을 심의한 후 국무원에 보고하며, "수출입관세조례(進出口關稅條例)" 제정 및 수정하는 방침, 및 정책 및 원칙을 제출하고 동 수정초안에 대하여 심의한다.

해관총서(CGA, Customs General Administration)[26]는 국무원산하의 직속기구이고 반덤핑조사의 집행기관으로서 우리 나라의 세관과 같은 역할을 하는 곳이다. 잠정반덤핑관세 부과, 반덤핑관세의 부과와 반덤핑관세의 환급결정을 집행한다. 또한 MOFCOM이 결정한 수입업자가 제공한 현금보증금 또는 기타의 형식의 담보에 대한 임시조치를

24) 일반적으로 중국의 반덤핑조례는 2002년을 기준으로 해서 구조례와 신조례로 구분하는 경우가 일반적이다. 이는 2002년에 개정된 반덤핑조례는 기존의 조례에 비하여 많은 부분에서 객관성과 투명성을 확보하였기 때문이다. 따라서 본 논문에서의 구조례란 1997년에 제정된 중화인민공화국 반덤핑 및 반보조금 조례(中華人民共和國反傾銷和反補貼條例)를 말하고 신조례라 함은 2004년에 개정된 중화인민공화국 반덤핑조례(中華人民共和國反傾銷條例)를 의미한다.

25) 李煉, 『反傾銷法律與實務』, 中國發展出版社, 1999., p. 138.

26) http://www.customs.gov.cn

집행하며, 약속합의서의 집행 등을 감독한다.27)

【그림 13-1】 중국의 반덤핑제도 운용체계

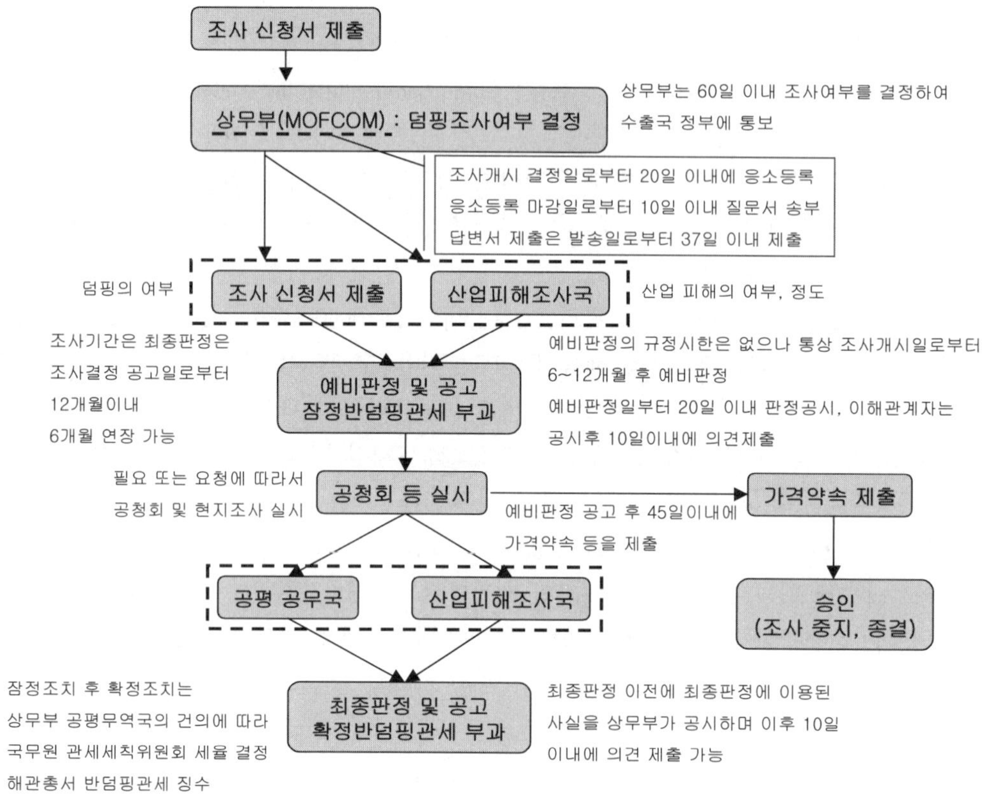

자료 : 중국의 반덤핑조례(反傾銷條例) 관련 조항에 의거하여 작성.

舊條例에서 중국의 무역구제 조사기관은 5개로 MOFTEC와 SETC가 주도적인 역할을 하는 병렬형 이었지만 국무원 관세세칙위원회, 해관총서, 국무원 유관부문(덤핑제

27) 이승영, "중국의 무역구제제도에 관한 연구-반덤핑제도와 대한 수입규제를 중심으로-" 한국외국어대학교 대학원 박사학위논문, 2004. 2., pp. 29~40.

품 관장부서)등도 조사에 참여하여 조사기관이 지나치게 많다는 비판을 받아 왔었다. 반면 新條例에서는 MOFTEC, 수출입공평무역국이 덤핑 및 덤핑마진조사를 담당하고 SETC, 산업피해조사국이 산업피해 및 인과관계를 조사하는 미국형에 가까운 병렬형의 시스템을 유지하고 있다. 다만 농산물과 관련된 국내산업 피해조사는 농업부가 산업피해조사국과 함께 진행한다고 규정하고 있다. 2003년 3월 국무원 기구 개편에 따라 상무부로 조사기관이 단일화되었으므로 EU형에 가까운 수직형으로 변경되었다.

각 국가의 반덤핑 관련 기구의 체제를 비교하여 볼 때, 수직형을 취하는 국가의 조사기관이 조사를 진행하는 기간은 비교적 짧아 일반적으로 9개월에서 12개월 내에 조사개시로부터 최종판정까지의 기간이 소요되며, 덤핑이 성립될 확률이 비교적 높다. 반면에 병렬형은 조사기간이 비교적 길어 통상 12개월에서 18개월이 소요되고 최종판정에서 덤핑이 성립되는 확률은 50% 미만이다.

예컨대 EU에서는 수입제품의 덤핑과 산업피해 간에는 상당히 밀접한 관계의 존재를 요구하기 때문에, 예비판정에서 덤핑이 성립된다면 최종판정에서 번복되는 경우가 상당히 드물다. 반면에 미국에서는 예비판정에서는 덤핑이 성립되지만, 최종판정에서는 덤핑이 성립되지 않는 상황이 많이 발생한다.[28)]

요컨대, 덤핑 및 산업피해판정을 담당하는 조사기관은 다음과 같이 운용함이 가장 객관적이고 공평하다. 첫째, 중립적위원회로 기능할 수 있도록 하여야 한다. 둘째, 전문성과 정치적 중립성을 생명으로 하는 기관이 되어야 한다. 셋째, 국내산업, 소비자(산업 수요자)에 대한 무역정책의 영향을 정규적으로 조사연구 및 공표토록 하여 국민들이 무역정책의 정치경제적 함축성과 효과를 정확하게 파악하고 균형 잡힌 사고를 함으로서 상주의적·보호주의적 편향성에서 벗어날 수 있도록 하여야 한다. 이런 측면에서 US ITC는 매우 중요한 역할을 수행하고 있다고 평가된다.

---

28) 李煉, 『反傾銷 法律與實務』, 中國發展出版社, 1999., p. 138. ; 이승영, "중국의 무역구제제도에 관한 연구-반덤핑제도와 대한 수입규제를 중심으로-" 한국외국어대학교 대학원 박사학위논문, 2004. 2.

III 중국의 덤핑결정기준 규범에 관한 분석

1 서론적 고찰

중국 반덤핑조례는 "덤핑이란 정상적인 무역과정에서 수입제품을 그 정상 가치보다 낮은 가격으로 중화인민공화국의 시장에 진입하는 것을 말한다."라고 정의하고 있다. 정상적인 무역과정과 중화인민공화국의 시장에 진입을 규정하였는데[29], 이러한 덤핑의 정의에 대한 개념은 WTO반덤핑협정에서 정의한 덤핑의 개념과 일치시키기 위한 것으로 보인다. 즉 중국반덤핑조례 문구는 WTO반덤핑협정에서의 "정상적인 거래에 있어서(in ordinary course of trade)" 및 "다른 나라의 상권으로 도입(introduced into the commerce of another country)"이라는 표현에 상응하는 것으로 간주될 수 있다. "중화인민공화국의 시장에 진입"을 삽입한 것은 중국으로의 판매를 의미하는데, 단순한 환적 또는 계약의 청약 등은 시장에 진입하지 않는 것으로 간주하기 위한 것으로 판단된다.

2 정상가격의 결정문제

중국의 반덤핑 조례는 "수입제품의 동종제품이 수출국 국내시장에서의 정상거래과정에서 비교 가능한 가격이 있을 경우에 동 비교 가능한 가격을 정상가격으로 한다." 라고 규정하고 있는데,[30] 이는 WTO반덤핑협정 제2.1조의 내용을 반영하기 위한 것으로 보인다. 또한 동 조례 제4조 2항에서 수출국의 국내시장에서 판매되지 않은 경우에는 제3국에 대한 수출가격 또는 구성가격을 정상가격으로 정한다고 규정하고 있는데, 이는 WTO반덤핑협정의 규정과 유사하다.

---

29) 중국 반덤핑조례 제3조.

30) 중국 반덤핑조례 제4조.

그러나 정상거래의 의미에 대해 중국의 조례는 구체적인 기준을 제시하고 있지 않다. WTO반덤핑협정은 수출국의 국내시장 소비를 위한 동종제품의 판매가 수입국에 대한 조사대상 물품 판매의 5% 이상을 차지하는 경우에 이러한 판매는 정상가격의 결정에서 충분한 수량(a sufficient quantity)으로 간주한다고 규정하고 있으나, 중국의 조례에는 정상가격의 결정과 관련된 기준, 수출자의 회계자료 이용 등에 대한 구체적인 내용이 없다. 또한 WTO반덤핑협정은 단위비용 이하로 판매규모가 상당기간 동안 실질적 수량으로 이루어지고 그 가격이 합리적 기간 내에 총비용을 회수할 수 없다고 인정하는 경우에는 정상가격의 결정에서 제외할 수 있다고 예시하고 있는 반면[31], 중국의 조례에는 이러한 조항이 존재하지 않기 때문에 MOFCOM의 자의적인 판단이 개입될 여지가 상대적으로 높다. 실제 중국의 반덤핑 판정을 보면, 상당수의 판정에서 원가 미만의 판매에 대한 기준이 제시되지 않은 채 단순히 비정상거래로 취급되어 정상가격의 결정에서 제외되고 있다. 이러한 관행은 정상가격을 낮게 책정함으로써 정상적인 거래를 덤핑으로 판정하게 되는 경우를 양산하게 된다.

3 덤핑마진율의 산정문제

중국의 반덤핑조례는 정상가격과 수출가격의 비교는 가중 평균 가격을 비교하는 방식, 개별 거래가격을 비교하는 방식 및 가중 평균가격과 개별 수출가격을 비교하는 방식으로 덤핑마진을 정할 수 있도록, 규정하고 있다.[32] 그러나 WTO반덤핑협정 제2.4조는 공정한 비교를 위한 일련의 구체적인 조건들을 제시하고 있는 데 반해 조례에서는 가격비교에 영향을 미치는 요인과 관련하여 "여러 가지 가능성을 감안하여야 한다."고 기술하고 있어서 불확실성과 조사당국의 자의성이 개입될 여지는 여전히 높다. WTO반덤핑협정은 거래 단계, 거래 시기, 판매조건의 차이 등의 가격의 비교

31) 상당한 기간이란 일반적으로 1년이고 어떠한 경우에도 6개월 미만이어서는 아니 되며, 단위비용 이하의 판매는 조사대상거래에서 판매된 수량의 20%이상인 경우에는 상당한 수량으로 간주된다.

32) 중국 반덤핑조례 제6조.

가능성에 영향을 주는 차이들을 조정해야 한다고 규정하고 있는데, 중국의 조례에서는 이에 대한 구체적인 조항이 없을 뿐만 아니라, 중국에서 실제로 이루어진 판정을 보면 이러한 차이를 고려하였다고 언급한 판결보고서는 찾아 볼 수 없다. 또한 한국 및 일본산 스테인리스 강판 사건[33]을 보면 가중평균과 개별수출가격을 비교하는 방식을 채택할 때 그 이유를 밝히지 않고 있어서 중국 반덤핑 집행의 객관성을 의심받고 있다.

IV 중국의 반덤핑조사절차 규범에 관한 비교

중국의 반덤핑조사 절차의 개괄적인 흐름을 보면 국내산업을 대표하는 신청인이 신청서를 접수하면 조사기관이 이에 대하여 신청인의 적격성을 심사하고, 제출된 자료에 대해서 조사 당국이 이를 근거로 조사개시 여부를 결정하게 된다. 조사개시 결정이 나면 이해당사자에 대한 통지와 공고를 통하여 조사개시가 이루어지며, 조사단계에서 질의서 발송, 공청회, 현장조차 등을 통해 관련 자료를 수집하고 또한 이해딩사자들에게 반론의 기회를 제공한다. 이러한 일련의 과정을 통하여 예비판정을 통한 잠정조치, 가격약속 등이 이루어지고 본조사를 통한 최종판정 및 확정조치가 이루어지게 되며, 이러한 결정에 대하여 불복할 경우 이에 대한 재심(review)이나 사법적 심사(judicial review) 등을 통하여 이의를 제기할 수 있다. 통상 중국의 반덤핑조사기간은 1년으로 하되, 특별한 상황이 있을 경우 6개월을 연장하여 최장 18개월을 초과할 수 없게 되어 있다.[34]

---

33) 1999년 6월 조사개시, 2000년 12월 확정판결.

34) 중국의 반덤핑조사 기간과 관련하여 과거 1997년 반덤핑조례에서는 기간에 대한 명확한 설정이 없어 조사기관의 연장 및 지연으로 조사대상 기업에게 불리하게 작용하였으나, 현재의 2002년 반덤핑조례에서는 이에 대한 명확한 규정을 설정하여 놓고 있으며, 이는 WTO반덤핑협정의 내용을 그대로 수용하고 있는 것으로 보여 진다.(중국 반덤핑조례 제26조.)

1 제소자 적격 문제

중국반덤핑조례는 중국 국내산업 또는 그를 대표하는 자연인, 법인 또는 관련조직이 조사를 신청할 수 있도록 규정하여 WTO반덤핑협정과 매우 유사하다. 그러나 '관련조직'이 구체적으로 무엇을 의미하는지를 명시하지 않아서 반덤핑조사가 남용될 가능성을 배제하기 어렵다. 중국 반덤핑당국은 동종물품의 생산자를 확대 해석하고 있는 것으로 파악하고 있다. 즉 동종물품을 실제로 생산하는 자회사를 대표하는 모기업에게도 제소를 허용하고 있다. 또한 조례는 수출국 국내시장에서의 소비자가격 및 수출가격에 대한 정보를 포함하도록 명시하고 있고, 조사 신청 시 덤핑의 존재, 중국산업의 피해, 덤핑구입제품과 피해와의 인과관계를 별첨으로 제시해야 한다고 규정하고 있어서 WTO반덤핑협정의 제52조에서 규정하고 있는 내용을 수용한 것으로 보인다. 중국반덤핑조례는 WTO반덤핑협정의 제54조에서와 같이 국내산업 중 지지자의 생산량이 의견표명자의 50% 이상이고, 신청을 지지하는 국내산업 생산자의 총생산량이 25% 이상일 때 제소적격의 요건을 충족한다고 명시하고 있다.[35] 그러나 이러한 제소적격요건이 실제로 지켜질 것인지 예단하기 어렵다. 1999년 조사가 개시되어 2000년8월에 최종판정을 내린 한국산 폴리에스테르 필름의 경우를 보면, 최종판정에 단순히 제소자는 그 자격요건을 충족하였다고 언급하고 있을 뿐이며, 어떤 조건을 충족하였는지에 대해서는 전혀 언급이 없다.

덤핑 제소자격은 조사개시의 요건에서 중요한 의미를 지닌다. 반덤핑은 조사의 개시만으로도 수출자에게는 상당한 부정적인 영향을 비친나. 반덤핑제소가 빈번하게 발생하여 효율적인 수출자도 불이익을 받게 될 수 있다. 현행 WTO를 비롯한 한·중·일 3국의 제소자 적격에 대한 규정은 반덤핑제도가 남용될 가능성을 갖고 있다.[36]

35) 중국 반덤핑조례 제17조.

36) 예를 들어 반덤핑제소를 당한 동종제품의 국내생산 35%를 담당하고 있는 어떤 협회가 있다고 가정할 때, 어떤 덤핑 제소 건에 대해 이 협회는 찬성을 하였고 34%의 다른 국내생산자는 반대, 그리고 나머지 31%는 의견표명을 하지 않았다. 또한 국내생산의 35%를 차지하는 이 협회의 의사결정과정에서 18%는 찬성, 17%는 반

따라서 불합리한 반덤핑제소를 사전에 방지하기 위해서는 제소자적격의 요건을 더욱 강화해야 한다.

2 접수사실의 통보 문제

신청서가 접수된 사실의 통보와 관련하여 WTO반덤핑협정은 요건을 갖춘 신청서가 접수되면 조사절차 개시 전에 관련 수출국 정부에 통지하여야 한다고 규정하고 있는 반면, 중국의 조례는 신청서 및 관련 증거의 접수일로부터 60일 이내에 제출된 신청서와 증거에 대해 심사를 실시하여 조사의 개시여부를 결정하며, 조사를 결정하기 전에 수출국의 정부에 통보해야한다고 규정하고 있다. MOFCOM는 반덤핑 질의서 조사에 관한 잠정시행규칙을 발표하고 2003년 4월 15일부터 시행하고 있는데, 조사대상국가의 생산업자나 수출업자는 반덤핑 입안일로부터 20일 이내에, 입안 공고에서 요구하는 바에 따라 MOFCOM에 응소신청을 접수해야한다고 규정하고 있다.[37] 만약 외국의 이해관계자가 이 기간 내에 등록하지 못하면 그 이후 이해관계자가 제출 자료를 거부할 수 있으며, 특수한 경우에는 BIA에 따라 덤핑마진을 책정하고 있다. 이에 따라 수출업자가 이에 대응할 충분한 여유를 갖지 못하는 경우가 빈번하게 발생할 수 있다. 중국 반덤핑 담당자들이 반덤핑제소의 신청이 이루어졌다는 것을 피소자가 알지 못하는 것이 피소자가 조사에 대처할 수 있는 여유를 주지 않기 때문에 훨씬 더 낫다는 견해를 피력하고 있다고 지적하고 있다.

대하였으나, 다수결의 원칙에 따라 반덤핑제소에 찬성하는 것으로 경정되었다고 가정한다. 현행 규정에 따르면 이 경우는 의견표명이 50% 이상이고 국내 총생산의 25% 이상이 찬성하였기 때문에 제소자의 적격의 요건을 갖춘 것으로 판단할 수 있다. 그러나 그 내용을 보면, 국내 총 생산의 18%만이 반덤핑제소를 찬성한 것이다.

37) 여기서 응소란 WTO반덤핑협정에서 규정하고 있는 수출자가 질의서에 답변하는데 최소 30일의 기간을 보장받는 것과는 다른 문제이다. 20일 이내에 응소해야 하는 것은 질의서에 대한 답변 기간이 아니라, 반덤핑조사 및 진행에 참여하고 필요한 정보를 제공하겠다는 의사를 표시하는 것이다. 질의서는 응소 접수 마감일로부터 10일 이내에 발송한다.

3 조사과정상의 문제

조사의 실시와 관련된 중국의 규범은 WTO반덤핑협정과 기본적으로는 거의 유사하다. 이용 가능한 정보와 관련하여 개정조례는 "획득한 사실 및 획득 가능한 가장 좋은 정보에 근거하여"라는 표현을 사용하고 있으나, 입수 가능한 정보에 대해 부속서 2에 상세하게 설명하고 있는 WTO반덤핑협정과는 달리 중국의 개정조례는 추가적인 설명이 전혀 없다.

또한 영업상의 비밀자료에 대하여 WTO반덤핑협정의 내용을 대부분 수용하고 있다. 즉 이해관계자의 비밀처리 요청 가능성, 비밀유지가 요구 되지 않는 요약문의 요구, 조사기관의 비밀유지에 대한 의무 등을 기술하고 있다. 이 규정도 여타의 규정과 마찬가지로 WTO반덤핑협정의 기본 골격은 수용하였으나 구체성이 결여되어 있다. WTO협정은 요약본의 경우에 비밀유지가 요구되지 않는 요약본이 가능하지 않는 경우를 예외로 인정하고 있으나, 중국의 조례는 이를 명시적으로 규정하지 않고 있다. 조사의 종료에 관하여 제27조에서 ① 신청자의 철회, ② 덤핑, 피해 또는 양자 간의 인과관계에 대한 충분한 증거가 없을 경우, ③ 덤핑마진이 2% 미만인 경우, ④ 덤핑 수입제품의 실제적인 또는 잠재적인 수량 및 그 손해가 미소할 경우, ⑤ 조사대상국이 반덤핑조사의 실시가 적합하지 아니하다고 인정할 경우로 구체화하였다. 또한 1개 또는 일부 국가의 조사대상 제품이 상기 조항의 하나에 해당될 경우에 반덤핑조사는 종료되도록 규정하고 있어서[38], WTO반덤핑협정과 합치된다.

4 잠정조치 문제

반덤핑조사는 상당한 시간이 소요되는 절차이기 때문에 조사기간 중에 국내산업이 입는 피해를 방지하기 위해 대부분의 국가는 잠정조치를 취한다. 중국은 일시 및 기간에 대해 WTO반덤핑협정과 같이 조사개시일로부터 60일 이내에는 적용할 수 없고, 잠

38) 중국 반덤핑조례 제27조.

정관세는 4개월을 초과하지 못하고 특별한 상황에서만 9개월까지 연장할 수 있도록 규정하고 있다. WTO협정과의 차이점은 WTO협정 제74조는 잠정조치의 연기기간을 보다 구체적으로 제시하고 있다는 것이다. 즉 이 규정은 무역의 상당한 비율(significant percentage)을 대표하는 수출자들의 요청에 따라 관할당국이 결정하는 경우에는 6개월을 초과할 수 없고, 당국이 조사기간 중 덤핑마진보다 낮은 관세로서 피해를 제거하는데 충분한지를 조사하는 경우에는 9개월까지 연장할 수 있도록 규정하고 있다.

또한 WTO반덤핑협정 제71조에서 명시한 잠정조치의 요건, 즉 조사당국이 조사기간 중 야기되는 피해를 방지하기 위한 조치가 필요하다는 예비판정이 내려진 경우에만 가능하다는 내용은 중국 조례에서는 제외되어 있다. 잠정조치의 발동요건이 WTO협정에 비해 완화되어 있으나, 덤핑수입이 발생하였다고 판단하였기 때문에 덤핑조사가 개시된다는 점을 감안하면 잠정조치의 요건을 명시하는 것 자체가 큰 의미를 지니는 것으로 판단되지는 않는다.

5 가격약속 문제

가격약속은 절차를 끝까지 진행하여 확정적으로 덤핑관세를 부과하는 대신에 수입국 당국과 피제소자가 가격수정에 대해 합의하여 조사를 종결시키는 조치를 가리킨다. 덤핑관세에 비해 가격약속은 수출업자가 지게 되는 부담이 적으면서도 국내산업의 피해를 해소할 수 있는 장점이 있다. 중국의 조례는 가격약속에 대해 WTO반덤핑협정에서 규정한 가격약속의 내용을 대부분 수용하고 있다.[39)]

한편 WTO반덤핑협정 제83조는 당국이 수출자의 가격약속제안을 거부할 수 있는 이유로 수출자가 너무 많거나 일반정책적인 이유(reasons for general policy)를 포함한 기타 이유(other reasons)를 들고 있는 반면, 중국의 조례는 당국이 거부할 수 있는 이유를 제시하지 않고 있다. 다만, 반덤핑 가격승인에 관한 잠정시행규칙[40)]에서 가격약

39) 중국 반덤핑조례 제31조 내지 제36조.

속의 승인여부를 판단할 때 ① 덤핑으로 인해 야기된 피해의 해소여부, ② 실행을 감독 및 통제할 수 있는 유효한 정책의 구비여부, ③ 중화인민공화국의 공공이익에 부합하는지 여부, ④ 조사를 회피할 가능성 여부, ⑤ MOFCOM가 필요하다고 인정하는 기타 요소에 대해 심사해야 한다고 규정하고 있다. WTO반덤핑협정과 중국이 반덤핑 시행규칙이 제시하는 이유가 매우 불투명하여 당국의 재량에 의해 가격약속의 수락여부가 결정될 여지가 많다. 특히 중국의 시행규칙은 가격약속의 계속적인 집행이 중화인민공화국의 공공이익에 더 이상 부합하지 않는다고 판단될 경우, 해당 가격약속을 취소할 수 있다고 규정하고 있어서[41], 필요에 따라서는 공공이익을 이유로 가격약속을 취소할 수 있게 되어 있다.

6 반덤핑관세 문제

중국의 반덤핑조례는 최종판정을 거쳐 덤핑의 성립을 확정하고 이로 인해 중국 산업의 피해를 초해할 경우에 반덤핑관세를 징수할 수 있으며, 또한 반덤핑관세는 덤핑마진을 초과하지 않는다고만 규정하고 있다.[42] 그러나 WTO반덤핑협정에서는 반덤핑관세의 크기와 관련하여 국내산업의 피해를 제거하는 데 적절하다면 덤핑마진보다 적은 반덤핑관세를 책정하는 것이 바람직하다고 - 즉 명시적으로 경미과세의 원칙(lesser duty rule)을 - 규정하고 있는데 반해, 중국조례는 이러한 규정을 포함하지 않고 있다.

중국의 조례 제41조 조사에 포함되지 않는 수입제품에 대하여 반덤핑관세를 징수할 경우에는 합리적인 방식에 따라 반덤핑관세를 확정한다고 규정하고 있을 뿐, 어떤 방식이 합리적인가에 대해서는 전혀 언급하지 않고 있다. 실제 관행에서 중국 당

40) 2002년 4월 15일 시행.

41) 중국 반덤핑조례 제22조.

42) 중국 반덤핑조례 제37조 및 제42조.

국은 피해를 제거하는 데 필요한 산업구제수준이 아닌 덤핑마진 전부를 부과하는 것이 정형화되고 있다고 지적하고 있다.

WTO반덤핑협정 제9.4조는 조사대상에 포함되지 않는 수출자에 대한 덤핑관세는 ① 선정된 수출자 또는 생산자에게 부과된 덤핑마진의 가중평균, ② 반덤핑관세의 지급의무가 예상되는 정상가치로 선정될 경우에는 선정된 수출자 또는 생산자의 수출가격간의 차이를 초과하지 않도록 규정하고 있다.

과다 납부된 관세의 환급과 관련하여 WTO반덤핑협정은 덤핑 관세액이 소급적 방식으로 평가된 경우에 환급이 즉시 이루어져야 하고 어떠한 경우에도 최종판정일로부터 90일 이내에 이루어져야 하며, 전망적 방식으로 평가된 경우에는 환급신청일로부터 12개월 이내에 환급하며 18개월을 초과할 수 없다고 규정하고 있다. 그러나 중국의 조례는 납부시한을 명시적으로 표시하지 않고 있고, 단지 "그 차액을 구체적인 상황에 따라 반환하거나 또는 세액을 재계산해야 한다"고 규정하고 있다. 아울러 신규 수출자에 대해서는 WTO반덤핑협정 제9.5조의 내용을 그대로 수용하여 가급적 빠른 시일 내에 기존의 수출자와 관계가 없음을 증명한 신규 수출자에 대한 재심을 하도록 규정하고 있다.

7 재심 문제

중국의 조례는 반덤핑세의 징수기한 및 가격승낙의 이행기간은 5년을 초과하지 않는다고 규정하고 있다. 그러나 단서조항으로 재심사를 거쳐 반덤핑세의 징수 종료는 덤핑 및 손해의 계속 발생 또는 재발을 초래할 가능성이 있다고 확정될 경우 반덤핑세의 징수기한은 적당하게 연장될 수 있도록 하고 있다.

또한 반덤핑조치의 효력이 발생한 이후에 "MOFCOM는 정당한 이유가 있는 상황에서 계속하여 반덤핑관세를 징수할 필요성에 대해 재심사를 실시할 것을 결정할 수 있다"고 규정하고 있다. 그리고 그 다음 문장에서 "일정한 합리적 시간을 거쳐 이해관계자의 청구에 따라 또한 이해관계자가 제공한 관련 증거에 따라 심사를 실시한 후 지속적으로 반덤핑관세를 징수할 필요성에 대해 재심을 실시할 것을 결정할 수 있다"고 규정하고 있다. 그러나 이해관계자가 덤핑관세를 지속적으로 부과하는 것이 덤핑의 상쇄에 필요한지의 여부에 대해 요구할 수 있는 권리에 대한 규정은 없다.

V 요약 및 시사점

본 연구는 국제통상관계를 규율하는 제도 중 전통적으로 통상에 관한 일국의 규제로 이해되는 중국의 공법적 측면인 반덤핑제도에 관한 해석과 그 실무 관행을 중심으로 WTO반덤핑협정과 비교하여 적합성 여부에 초점을 두고 분석하였다.

지난 1995년 1월 1일 발효된 WTO협정문 제18.4조는 세계무역기구설립협정 발효일 이전에 회원국의 법률·규정 및 행정절차를 협정문에 일치시키도록 요구하고 있기 때문에 모든 회원국은 예외 없이 국내법을 협정문에 일치시켜야 할 의무가 있다. 따라서 2001년 11월 15일 뒤늦게 다자무역체제인 WTO에 가입한 중국 역시 반덤핑에 관한 국내법이 협정문과 정면으로 배치되는 부분은 이를 협정문과 합치하도록 수정하고 해석여하에 따라 협정문과 배치될 수도 있는 부분은 협정문을 수용할 수 있도록 수정하여야 한다. 그리고 협정문상 세밀하고 구체적인 사항 예컨대 구체적인 판정기준 등은 이를 중국 국내법으로 명문화하는 대신 실무적으로 수용하는 방안을 채택하는 것이 요청된다. 한편 협정문에는 규정되어 있지만 중국 국내법에서는 그 동안 법령의 불비로 남아있던 부분 및 협정문에도 규정되어 있지 않지만 미국·EU 등 선진국에서 전향적으로 채택하고 있는 제도들은 이를 적극적으로 수용하여 반덤핑에 관한 중국의 시스템을 완비하는 계기로 삼아야 할 것이다.

돌이켜보건대 중국은 1994년 "중화인민공화국 대외무역법" 시행이후 반덤핑조항은 그 시행령이나 규칙이 마련되지 않고 있다가 1997년에야 비로소 중국 반덤핑과 보조금 조례를 제정하여 시행에 들어갔다. 그 후 2001년 WTO 가입과 함께 국무원령 제 328호로 총 6개장 59조로된 반덤핑조례를 개정하여 2002년 1월 1일부터 시행하여 현재에 이르고 있다.

반덤핑법제를 중심으로 한 중국의 통상관계제도는 현재 계속 정비과정에 있으며 아직 우리 나라와 같이 체계화가 되어 있지 않아 단일법전이 존재하지 아니라할 뿐만 아니라 법 상호간 효력의 우선순위 또한 불분명하기 때문에 구체적인 통상마찰이 발생하여 법을 적용하고자 할 때에는 어떤 법이 존재하는가 부터가 문제되며 존재하는 법 상호간에 어떤 법이 우선하여 적용되고 상호 모순되거나 충돌될 경우에는 어느 법에 따를 것인가가 문제될 수 있다(예컨대 반덤핑에 관한 법규성 문건과 행정법규인 반덤핑조례 그리고 반덤핑에 관한 지방성법규와의 관계가 명백하지 않다). 이러한 문제점은 아직도 중국사회가 인치사회에서 법치사회로 또한 비시장경제체제 (NME : Non-Market Economics, CPE : Centrally Planned Economics)로부터 시장경제체제 (Private Enterprise or Market Oriented Economics)로 병존, 전환 중에 있으면서 나타난 현상이라고 평가된다.

이하에서 중국의 반덤핑규정, 즉 실체적·절차적 규성에서 나타난 WTO 관련 규정과의 주요 불일치 내용을 요약, 정리하면 다음과 같다.

첫째, 정상가격 결정문제와 관련하여 WTO반덤핑협정은 「수출국의 국내시장 소비를 위한 동종제품(like product)의 판매가 수입국에 대한 조사대상 물품판매의 5% 이상을 점하는 경우에 이러한 판매는 정상가격 결정에서 충분한 수량으로 간주한다.」 고 규정하고 있으나 중국의 조례는 구체적 기준 제시가 없어 중국 MOFCOM의 자의적 판단이 개입될 여지가 상대적으로 높아 비관세장벽으로 활용할 가능성이 크다.

둘째, 덤핑마진 산정문제와 관련하여 WTO반덤핑협정 제2.4조는 공정비교를 위한 일련의 구체적인 조건들 (예로, 거래단계·시기·조건의 차이 등)을 열거하고 있는데 반해 중국의 반덤핑조례는 단지, "여러 가지 가능성을 감안하여야 한다."고 만 되어 있어 이 역시 불확실성과 조사당국의 자의성이 개입될 여지가 높다.

셋째, 국내산업 피해의 결정요소 문제와 관련 중국의 반덤핑조례는 실질적 피해(material injury)와 실질적 피해에 대한 위협(threat of material injury)을 구분하지 않고 동일한 기준을 적용함은 물론 실질적 피해에 대한 위협을 이류로 덤핑관세를 부과할 때 잠정조치가 적용된 기간에 대하여 소급적(retroactively)으로 확정반덤핑관세를 부과하고 있는데 이러한 관행은 WTO반덤핑협정을 정면으로 위반한 것이 된다.

넷째, 국내산업 문제와 관련하여 중국 반덤핑조례는 WTO반덤핑협정과 달리 생산자가 수출자나 수입업자와 관련된 것으로 간주될 수 있는 경우를 구체적으로 예시하지 않고 있다. 한편 지역산업의 존재를 인정한다는 점에서 WTO반덤핑협정과 동일하나 지역산업에 대한 피해판정에 있어서는 그 지역의 생산자 전부 또는 거의 전부에 대하여 피해가 야기되는 경우로 한정함으로서 전국적 피해에 비해 상대적으로 엄격한 요건을 정하고 있으나 구체적으로 지역총생산의 몇 %가 그 요건을 충족하는지에 대해 계량화되어 있지 각 사안별로 조사당국의 자의적 판단에 좌우될 여지가 많다고 판단된다.

다섯째, 반덤핑 제소자 적격문제와 관련하여 중국 반덤핑조례는 「중국 국내 산업 또는 그를 대표하는 자연인·법인 또는 관련조직이 조사를 신청할 수 있다.」고 규정하여 WTO반덤핑협정과 매우 유사하다. 그러나 '관련 조직'이 구체적으로 무었을 의미하는지가 불분명하여 반덤핑조사가 남용될 가능성이 높다.

여섯째, 반덤핑조사접수사살의 통보문제와 관련 중국 MOFCOM는 「조사대상국가의 생산업자나 수출업자는 반덤핑입안일로부터 20일 이내에 입안공고에서 요구하는 바에 따라 MOFCOM에 응소신청을 접수해야 한다」고 규정하고 있는데, 만약 외국의 이해관계자가 동 기간 내에 등록하지 못하면 그 이후 이해관계자의 제출 자료를 거부하고 있으며 특수한 경우에는 이용 가능한 최선의 정보(best information available)에 따라 덤핑마진을 산정하고 있다. 이러한 조치는 WTO반덤핑협정과 정면으로 위배된다.

일곱째, 반덤핑조사과정 및 잠정조치(provisional measures)문제와 관련하여 전자의 경우 WTO반덤핑협정은 요약본의 경우에 비밀유지가 요구되지 않는 요약본이 가능하지 않는 경우를 예외로 허용하고 있으나 중국의 반덤핑조례는 이를 명시적으로 규정하고 있지 않다. 후자의 경우에도, WTO반덤핑협정과의 차이점은 잠정조치의 연기기간을 구체적으로 제시하지 않고 있다는데 있다.

여덟째, 경미과세원칙(lesser duty rule)문제에 있어서 WTO반덤핑협정에서는 반덤핑관세의 크기와 관련하여 국내산업의 피해를 제거하는데 적절하다면 덤핑마진보다 적은 반덤핑관세를 부과하는 것이 바람직하다고 권고규정을 두고 있는데 반해 중국 반덤핑조례는 이러한 규정을 두고 있지 않다. 산업피해구제 이상의 관세 부과는 필요 이상의 무역제한효과를 초래하기 때문에 향후 WTO DDA협상에서도 이를 권고규정에서 강행규성으로 개선할 필요가 있다고 판단된다.

끝으로 중국의 반덤핑실무 운용상 가장 큰 문제점은 반덤핑조사담당관에 따라 덤핑마진의 계산방법이나 조정항목 취급에 차이가 있는 것은 물론 동일조사담당관에 있어서도 사안(건)에 따라 조정항목의 취급방법에 대해서 일관성을 결여하고 있다는 점이 가장 큰 문제점으로 대두되고 있다. 특히 이러한 문제는 제품분류의 방법, 조정항목의 취급, 비용테스트, BIA(이용 가능한 최선의 정보)의 채용, 정보 개시 등에서 현저하게 나타나고 있다.

CHAPTER 13

미국의 사법적 반덤핑법

Ⅰ 출현배경

1 문제의 소재

국제거래상 반덤핑에 대한 규제 수단으로서의 미국의 법적구조는 이원화 되어 있다. 그 하나는 사법적 구제 입법으로서 1916년에 제정된 반덤핑법(the U.S. Anti-dumping Act of 1916)과 다른 하나는 행정적 구제 입법에 속하는 1930년 관세법(the U.S. Tariff Act of 1930)이 그것이다.[1] 우리가 흔히 미국의 반덤핑법을 지칭할 때 이는 곧 후자인 행정적 구제 입법을 말하고 동 법은 1921년 처음으로 1904년 캐나다의 반덤핑을 모델로 하여 긴급관세법(the U.S. Emergency Act of 1921)의 일부로서 제정된 바 있다. 그 후 GATT체제의 출범과 1979년 동경라운드 및 1995년 WTO체제의 출범과 함께 수차례 개정을 통하여 국제거래에 주된 보호주의 무역규제 수단으로 활용되고 있다. 오늘날 미국을 제외한 세계 모든 나라는 행정적 구제 입법으로서 반덤핑법, 즉 WTO반덤핑협정과 거의 일치하는 난일의 법체계로 구성되어 있다.

이 글에서 다루고자 하는 미국의 사법적 반덤핑법은 국제반덤핑관행을 구제하기 위해 민사상·형사상제재를 가하고 있다는 점 이외에도 그 시행에 있어서 행정기관(미 상무부 : DOC)이나 준사법기관(미 국제무역위원회 : USITC)과는 관계없이 법원의 제소와 판결에 따라 가부를 결정하도록 되어 있다는 점이 오늘날 각국이 원용하고 있는 행정적 구제 입법으로서의 반덤핑법과 그 성격을 달리 하고 있다.

미국의 사법적 반덤핑법은 1916년 제정된 이후, 60여 년 동안 실제로 민·형사소추가 단 한건도 없을 정도로 거의 사문화되었고, 따라서 행정적 구제 입법으로서의 1930년 관세법이 주로 적용되었기 때문에 이러한 법이 현재 미국에서 유효하게 존재

1) 이춘삼, 미국의 반덤핑법 - 문제점과 대응전략- , 한국경제신문사, 1987, p.46

하고 있는지 여부도 대부분의 국가에서 모르고 있다.

사법적 구제 입법으로서의 1916년 미국이 반덤핑법이 처음으로 문제가 된 것은 1970년과 1974년 일본산 TV 및 가전제품의 대미 수출과 관련하여 동법 위반 여부의 소송을 National Union Electric Corporation(이하, NUE라 함)과 Zenith Radio Corporation이 원고가 되어 뉴저지 연방지법에 제기된 때로부터 비롯된다. 그 후 미국의 사법적 반덤핑법에 대한 문제는 없었으나 1998년 EUROFER(European Confederation of Iron and Steel Industries)의 청원에 따른 EU의 무역장벽규칙(TBR)조사에 따라 EU는 미국의 사법적 반덤핑법이 WTO반덤핑협정에 위반되었다고 제소하였고[2] EU와 동일한 사안이 역시 일본에 의해(2000년 3월) WTO에 제소됨으로써 미국의 사법적 반덤핑법에 대한 논란이 최근 들어 잇따르고 있다.

따라서 본 장에서는 미국의 사법적 반덤핑법이 WTO협정에 일치하는지의 여부에 대한 분석에 앞서 이 법의 출현배경과 법적구조를 상세히 검토하고 해석상의 문제점 및 WTO협정과의 불일치 요소를 도출하여 보고자 한다.

특히 일본산 TV(1970) 및 가전제품(1974)의 대미 수출에 대한 반트러스트법 위반 사건을 통하여 이 법이 갖는 문제점을 먼저 살펴보고자 한다.

2 사례검토

1970년 12월 21일 NUE社는 일본의 TV메이커, 판매자회사 및 미국현지법인인 수개의 회사를 피고로 하고 피고들이 공모에 의한 약탈적행위에 의하여 TV시장으로부터 도태를 당하였다고 주장하고, 반트러스트법에 의거하여 3배 이상 및 압류명령을 구하는 소를 뉴저지 연방지법에 제소하였다. 이 사건에서는 1916년 반덤핑법[3](청구원인

2) 고려대학교 통상법연구센터, 통상법제 브리핑(제59~60호), 2000. 3. 26.~4. 8, p.27

3) the U.S. Anti-dumping Act of 1916, 15U.S.C, § 72에서 다음과 같이 규정하고 있다.
「Importation or sale of articles at less them market value or wholesale price. It shall be unlawful for

1), 윌슨관세법[4](동 2), 셔어먼법[5] 제1, 2조(동 3 및 4), 크레이톤법 제2조(a)[6] (로빈슨 · 패드맨법) (동 5), 연방거래위원회법[7] 제5조 및 셔어먼법 제1조 (동 6)의 각 위반이라고 주장되었다. 이어 1974년 9월 10일에 Zenith Radio Corporation은 유사한 반트러스트소송(이하 Zenith사건[8])이라 한다. (다만, 이 건에 있어서의 대상품목은 TV뿐만 아니라 기타의 민간용전기제품을 포함한다) 본 사건을 통하여 일본 가전제품메이커 및 관련자는 공모 외에 과거 20년 이상에 걸쳐 미국 가전업계를 조직적으로 파괴하려고 기도하였다고 주장하였다. Zenith사건에 있어서는 셔어먼법 제1, 2조(청구원인 1 및 2), 크레이

---

any person importing or assisting in importing any articles from any foreign country in to the United States, commonly and systematically to import, sell or cause to be imported or sold such articles, within the Unites States at a price Substantially less than the actual market value or wholesale price of such articles, at the time of exportation to the United States, in the principal markets of the country of their production, or of other foreign countries to which they are commonly exported after adding to such market value or wholesale price, freight, duty, and other charges and expenses necessarily incident to the importation and sale thereof in the United States : provided.

that such act or acts be done with the intent of destroying or injuring an industry in the United States, or of preventing the establishment of an industry in the United States, or of retaining or monopolizing any part of trade and commerce in such articles in the United States. Any person who violates or combines or conspires with any other person to violate this section is guilty of a misdemeanor, and on conviction thereof, shall be punished by a fine nat exceeding $5,000, or imprisonment not exceeding one year, or both, in the discretion of the court. Any person injured on his business or property by reason of any violation of, or combination or conspiracy to violate, this section, may sue therefor in the discretion court of the United States for the district in which the defendant resides or is found or has an agent, without repeat to the amount in controversy, and shall recover threefold the damages sustained, and the cost of the suit, including a reasonable attorney's fee. The foregoing provisions shall not be construed to deprive the proper State courts of Jurisdiction in actions for damages thereunder.」

4) The Wilson Tariff Act, 15U.S.C. § 8

5) The Sherman Act, section 1 and 2, 15U.S.C. § § 1 and 2.

6) The Clayton Act, section 2(a), as amended by the Robinson-Patman Act, 15U.S.C. § 13(a).

7) The Federal Trade Commission Act, section 5, 15U.S.C. § 45.

8) Zenith Radio Corp. vs Matsushita Elec. Indus. co. Ltd., 402 F. supp.244, at 245~246(E.D. pa. 1975)

톤법 제7조(동 3), 로빈슨·패트맨법 제2조(a)(동 4 및 5), 윌슨관세법(동 6) 및 1916년 반덤핑법(동 7)의 각각 위반이 주장되었다. Zenith사건의 피고들은, 사건을 뉴져지 연방지법에 이송하고 NUE사건과 사전심리(pre-trial)를 위하여 병합하도록 구하고 협의결과, 1974년 11월 25일 NUE사건을 펜실베니아 동부지구 연방지법에 이송하여 Zenith사건에 병합한다는 취지를 결정하였다. 이것이 이른바 일본산 TV 반트러스트법 위반사건이며, 이 건은 당시 미국재판사상 가장 큰 소송의 하나였다. 이 사건에서는 대미수출에 관하여 문제가 되는 모든 반트러스트법위반이 주장되고 있다. NUE사건에 있어서는 1971년, Zenith사건에 있어서는 1975년, 피고들은 로빈슨·패드맨법 위반의 주장(NUE사건에 관하여는 청구원인 5, Zenith사건에 관하여서는 청구원인 4)에 관하여 동법의 덤핑(국제적가격차별)에 대한 관할(jurisdiction) 부존재를 이유로 각하신청을 각각 하였으며, 동 신청은 인용되었다. 동시에 1916년 반덤핑법 위반의 주장(NUE사건에 관하여는 청구원인 1, Zenith사건에 관하여는 동 7)에 관하여도 그 규정자체가 불명확하기 때문에 위헌 무효임을 이유로 각하신청을 하였으나, 이 신청은 용인되지 아니하고, 동법의 합헌성이 확인되었다. 또한, 1980년 4월 14일에는 1916년 반덤핑법에 의한 청구원인에 대한 피고들의 동법 적용을 부정하는 약식판결(summary judgement)의 신청에 대하여 동법적용에 있어서는 수입에 이와 같은 제품과 가격이 비교되어야 할 일본에서 판매되고 있는 제품과의 사이에 유사성이 요구되고 있는 바, 이 건에 있어서는 거래상의 대체성이 존재하지 아니하고, 이 유사성의 요건이 충족되어 있지 아니하다는 것을 이유로 이 신청의 대부분이 인용된 바 있다.

3 문제점의 개관

미국의 사법적 반덤핑법은 1916년 제정 이래 약 60년 동안 거의 적용되지 아니하였다. 형사소추는 한 번도 된 경우가 없으며, 민사소송에 관하여서도 증거개시절차(discovery)에 관한 사건이 겨우 1건에 불과하였다.

이 "사문(dead letter)"에 가까운 상태에 있던 1916년 반덤핑법을 소생시킨 것은 일본산 TV 반트러스트법 위반사건이며, 동 법은 그의 합헌성을 확인한 전기 판결 이래 각광을 받게 되어 현재 많은 사건이 계류되어 있다. 그러나 아직도 1916년 반덤핑법의 불명확성은 완전히 불식된 것은 아니고, 동법에 관한 논의는 거의 없었기 때문에 그 적용에 있어서는 많은 문제점을 남기고 있다. 같은 반덤핑법이라고 하여도 1916년 반덤핑법은 이른바 약탈적덤핑(predatory dumping)에 대하여 사법적 구제를 정하고, 행정적 구제 즉 수출가격이 수출국내 시장가격(원칙적으로)을 하회하는 [공정가격미만(less than fair value)] 가격으로의 미국에서 수입에 대하여, 그 차액에 상당하는 금액을 반덤핑관세로써 징수하는 행정적 구제입법으로서의 반덤핑법과는 그 성격에 있어서 크게 다르다.[9] 구법인 반덤핑에 대한 행정적 구제입법은 "전통적인 관세개념과 반트러스트법에 있어서의 가격차별이론의 혼합체(hybrid)"라고 할 수 있다. 그러나 최근에 있어서의 동 법의 운용, 특히 국제무역위원회(ITC)에 의한 그것과는 보호주의적 경향을 농후하게 나타내고 있다.

이는 그 제정에 있어서는 오히려 반트러스트법적 접근에 중점을 두고 있었음에도 불구하고, 점차 관세법적 접근에 중점을 두고 있다. 이 경향은 현행 반덤핑법에도 그대로 계수되고 있다. 한편, 1916년 반덤핑법은 반트러스트법적 접근에 기초를 두고 제정되었으며, 반트러스트법의 일부를 구성한다. 어느 제정법의 성격을 어떻게 파악하느냐는 그의 운용, 해석 또는 그 성격의 판단에 좌우된다. 이하에서는 이를 토대로 하여 동법의 성격, 비실효성과 같은 문제점을 확인한 후, 동법에 관한 판례의 검토를 통하여 그 동안 사문에 가까운 상태에 있던 동법에 대한 소생의 경위에 이어, 지금까지 판례 및 이론이 적었기 때문에 해석상 의문이 많았던 동법의 적용상의 문제점을 최근의 판례를 토대로 하여 검토한다.

9) 이춘삼, 신국제반덤핑법, 청주대학교출판부, 2000, p. 83.

Ⅱ 미국의 사법적 반덤핑법의 구조

1 해석기준

1916년 반덤핑법의 성격에 관한 판례의 견해는 이를 반트러스트 목적의 수행을 위하여 제정되어 반트러스트법의 일부를 구성하는 것으로 취급되어 왔다.10) 일본산TV 반트러스트법 위반사건에서 내려진 판결의 하나는 1916년 반덤핑법의 법문자체, 동법제정당시의 정치적 또는 법적배경, 및 동법제정경위로부터 볼 때 동법은 불공정한 경쟁을 금지하려는 반트러스트법 그 자체이며 보호주의적인 입법은 아니라고 한다. 그리고 1916년 반덤핑법의 해석원칙에 관하여 다음과 같은 입장이다.

1916년 반덤핑법의 제정에 따라 미 의회는 이미 국내거래에 과하여지고 있는 것과 동일한 가격제한을 수입에도 과하려는데 불과하다. 법률을 해석하여 그 규정이 가지는 의의와 이유를 확인하기 위해서는 그 제정경위를 검토하는 것이 요청되는 바, 1916년 반덤핑법을 해석함에 있어 우리들의 목적은 전기의회의 의도에 효력을 부과하는 것이다.

따라서 동법은 국내거래에 적용되는 불공정경쟁법(unfair competition law ; 1916년 반덤핑법은 차별적 가격금지법이기 때문에 여기서의 불공정경쟁법이라 하는 것은 그 레이톤법 제2조를 개정한 로빈슨·패드맨법이다)과 같은 차원에서 해석되어야 할 것이다. 그리고 "수입에 대하여 동일한 불공정경쟁법을 적용시키려는 의회의 의도에 충실하게 하기 위해서는 우리들은 국내기업에 적용되는 것보다도 엄격한 법적규제를 수입에 과하도록 1916년 반덤핑법을 해석하여서는 안 된다."가 해석원칙이다.

---

10) Applebaum, .EG., the Anti-dumping Laws-Impact on the Competitive Process, 43 Anti-trust. L. J.(1975), pp. 590~592.

이와 같이 로빈슨·패드맨법 및 1916년 반덤핑법은 어느 것도 반트러스트법의 일부를 구성하고, 피해를 수반하는 가격차별(injurious price discrimination)을 금하여 불공정한 경쟁을 금지하려는 점에서 동일한 원리이다.

따라서 1916년 반덤핑법은 로빈슨·패드맨법과 많은 공통점을 가지고 있다. 또한 로빈슨·패드맨법하에서는 이를 해석하는 판례법의 발전에 따라 일정한 '룰'이 확립되어 있기 때문에 1916년 반덤핑법의 해석에 있어서는 로빈슨·패드맨법의 해석을 비교검토함으로써 유의한 해석적인가를 얻을 수 있다. 그러나 양자는 그 적용대상을 달리하고 있음을 주의하여야 할 것이다. 즉, 수입에 관하여는 로빈슨·패드맨법은 적용되지 않으며, 전적으로 1916년 반덤핑법이 적용된다. 따라서 국내의 가격차별에 관하여는 로빈슨·패드맨법이 수입에 수반되는 가격차별에 관하여는 1916년 반덤핑법이 각각 적용되며, 양자는 서로 그 기능을 배분한다. 양자의 원리, 원칙의 동일성에 따른 해석상의 유사성과 더불어, 적용대상의 차이로부터 생기는 그 한계에도 유의하여야 할 것이다.

이하에서는 1916년 반덤핑법의 해석상의 문제점을 검토하기로 한다.

2 주·객관적 적용범위

사법적 반덤핑법의 적용범위를 검토함에 있어서는 주관적 측면과 객관적 측면을 구별하여 고찰할 필요가 있다. 주관적 측면이라 함은 어떠한 사람이 원고가 되어 3배 배상청구소송을 제기할 수 있는가, 그리고 어떠한 사람이 형사소송에 있어서 피고인이 되거나 3배 배상청구소송에서 피고가 될 수 있는가, 이른바 당사자 적격[11)]의 문제이다.

한편 객관적 측면이란 금지의 대상이 되는 수입에 있어서의 제품에 관한 것이나,

---

11) 당사자적격이라 함은 특정의 소송 간에 있어서 당사자로서 소송을 수행하고 본안판결을 받기에 적합한 자격을 말한다. 원고나 피고가 어느 특정사건에서 자기의 이름으로 소송을 수행하고 거기에서 판결을 받았으나, 그것이 아무런 가치도 없고 불필요한 것이라면, 소송은 무의미하게 될 것이므로, 이러한 무의미한 소송을 배제하기 위하여 인정된 제도이다. 당사자적격이 있는 자를 정당한 당사자라고도 하며, 권한의 면에서 파악하여 소송수행권이라고도 한다.

이 수입은 외국시장에 있어서의 제품과 비교하여 검토되어야 하기 때문에 다음과 같은 특수한 문제를 제시한다. 즉, 문제가 되어 있는 수입에 의한 제품의 가격과 비교될 수출국시장에서의 제품의 실제의 시장가격 또는 도매가격이 존재하는 것이 필요한가 및 이들 비교될 2개의 제품은 동일한 것이 아니더라도 적어도 유사한 것이면 되느냐, 그리고 그 유사성은 어느 정도로 요구되느냐, 라는 문제이다.

1. 주관석 석용범위

3배 배상청구소송에 있어서의 원고적격에 관하여는 위반행위에 의하여 사업 또는 재산(business or property)에 피해를 입은 자가 소송을 제기할 수 있다. Bywater vs Matsushita Elec. Indus. Co., Ltd. 에 있어서는 피용자, 노동조합 및 그 국제단체는 당사자적격을 가지고 있지 않다고 판시되었다.12) 이 건에 있어서 원고들은 다음과 같이 주장하였다.

피고 송하전기 등은 일본에서의 가격을 하회하는 가격으로 TV를 판매하였으나 이는 미국에서의 TV의 시장점유율을 증대하려는 전제 계획의 일부로서 행하여진 것이며, 미국의 TV메이커에 피해를 주어, 이를 파괴하려는 의도 하에 행하여진 것이다.

그 결과 Emerson Radio and Phonograph Corp. 는 TV의 제조사업으로부터 도산이 불가피하여, 동 사의 피용자들은 실직하여 받아야 할 임금 기타의 이익을 상실하고, 노동조합 및 그 국제단체들은 조합원 또는 구성단체로부터의 받아야 할 가맹료 등의 이익을 상실하였다. 그리고 원고들은 이는 1916년 반덤핑법, 월슨관세법 및 셔어먼법 제1·2조에 위반한다고 주장하고, 그의 압류 및 3배 배상청구소송을 제기 하였다.

---

12) Bywater vs Matsushita Elec Indus, Co, Ltd 사건에서 원고는 피고 송하전기 등이 일본에서의 가격을 하회하는 가격으로 TV를 판매하여 미국의 TV메이커에 막대한 피해를 주었음은 물론, 동사의 피용자들이 실직함에 따라 임금을 상실하고 노동조합 및 그 단체들도 조합원 및 구성 단체로부터 받아야 할 회비 등의 이익을 상실하였다고, 소를 제기한 데 대하여 법원은 이들이 당사자적격을 갖지 않는다고 판시하였다. 즉, 판결이유에서 본건에서의 직접적인 피해를 받은 것은 미국의 TV메이커인 Emerson and Photograph Co. 이지 그들의 피용자, 노동조합 및 그 단체는 부수적인 피해 당사자에 불과하기 때문에 원고적격을 갖지 못한다고 판시하였다.
[1971 Trade cas. Pare. 73,750 <S.U.N.Y. 1971>]

이에 원고들은 당사자적격을 가지고 있지 아니함을 이유로 약식판결을 구하였다. 법원은 다음과 같이 판시하였다. 반트러스트소송에 있어서 원고적격의 법칙은 명확하며, 피고의 위반에 의하여 입은 손해를 청구하기 위해서는 이 피해는 부수적인 것이어서는 아니되며 직접적인 것이어야 한다. 이 건에 있어 직접적인 영향을 받은 것은 미국의 메이커인 Emerson이며, 그의 피용자들의 피해는 부수적인 것에 불과하다. 이 룰은 1916년 반덤핑법위반을 청구요인으로 하는 경우에도 타당하기 때문에 피고들은 동 법 하에서 원고적격을 갖지 아니한다. 이 판결의 취지는 그 후의 판례에 있어서도 그대로 유지되었다.

형사소송에 있어 또는 3배 배상청구소송에 있어 피고 또는 피고로 될 수 있느냐 아니냐에 관하여서는 1916년 반덤핑법하에서 형사책임 및 3배 배상책임을 지는 자는 "상품을 수입하는 자 또는 수입을 협조하는 자" 및 그들의 공모자이다. "수입을 협조하는 자"중에는 수출업자도 포함하느냐의 여부는 명백하지 아니하고, 이를 긍정하는 견해도 존재하였지만, 부정되어야 할 것이다. 왜냐하면 법률해석의 기본원칙에 따르면 "수입을 협조하는 자"라고 하는 일반적인 용어는 "수입하는 자"라도 특정적인 용어에 의하여 정의되는 일정한 범위의 자만을 포함시켜야 할 것이기 때문에 수입업자와 동일한 기능을 하고 있는 미국의 위탁판매업자 또는 대리점은 포함되지만, 수출업자는 포함하지 아니한다. 공모자도 1916년 반덤핑법의 적용대상으로 되어 있으나, 여기서 말하는 공모라 함은 동법 위반의 공모를 말하고, 덤핑에 관한 일반적인 공모를 의미하지는 아니한다.

2. 객관적 적용범위

사법적 반덤핑법의 적용에 있어서 문제로 되어 있는 수입에 관계되는 제품의 가격과 비교될 외국시장에서의 제품의 실제 시장가격 또는 도매가격이 존재할 필요가 있느냐의 여부에 관하여는 Outboard Marine Corp. vs Pezetel에서 긍정적 판단이 내려졌다. 이 건은 폴란드로부터의 골프·카드의 수입에 관해서 이다. 이 건 골프·카드는 거의가 미국에 독점적으로 수출하기 위하여 제조된 것이며, 폴란드 내에서는 판매되지 않고 있었으며 미국 이외의 국가에는 수출되고 있지 않았다.

여기서, 원고는 제조코스트 등으로 산정한 구성가격으로서 외국시장가격에 갈음할 수 있다고 주장하였다. 법원은 입법경위로부터 판단하여 실제적인 외국시장가격의 존재가 요건으로 되어 있는 것을 확인한 후 "어떤 제정법이 헌법위반의 주장을 부정하는데 충분할 정도로 명확하게 되는 (Zenith 판결)경우에는 그 용어는 무시할 수 없는 명확하며 의문의 여지가 없는 의미를 가지는 것이다."라고 하여 미국에 수입된 골프·카드와 동일 또는 유사제품의 외국시장에서의 실제의 시장가격 또는 도매가격이 존재하지 아니하는 이 건에 있어서는 1916년 반덤핑은 적용되지 아니한다고 판시하였다.13)

따라서 수입에 위한 상품과 비교되는 외국시장에서의 상품의 가격은 실제로 존재하여야 하며 또한 2개의 상품과 동일한 것이 아니라고 하더라도 적어도 유사한 것이면 성립된다. 다만 그 유사성 정도와 관련하여 일본산 TV 반트러스트법 위반 사건에서 쟁점이 되었다. 이 건에서 피고들은 약식판결을 구하고, 1916년 반덤핑법의 적용이 부정되어야 한다는 근거로서 동 법이 적용되기 위해서는 비교된 상품은 동일 종류의 것이어야 한다. 만약, 그러하지 아니한다고 하더라도 크레이톤법 제2조가 정하는 "동종의 등급 및 품질", "(like grade and quality)"의 기준이 적용되면, 이 건 TV 기타의 가전제품은 이 조건을 충족시키지 못하고 있다고 주장하였다. 이 건의 쟁점을 구체적으로 살펴보면, 미국에서 판매되거나 사용되기 위하여 제조된 TV 등과의 사이에 다음의 ①내지 ③의 사실이 존재하는 경우에도 1916년 반덤핑

13) Outboard Marine Co. v. Pezetel 사건에서 이 건 골프·카드는 거의가 미국에 독점적으로 수출하기 위하여 제조된 것이며, 폴란드 내에 있어서는 판매되지도 않을뿐더러 또 미국 이외에는 정상적으로 수출되고 있는 국가도 존재하지 않기 때문에 원고가 주장한 구성가격으로서 외국시장 가격에 갈음할 수 있다는 데에 찬성할 수 없다고 판결하였다. 즉, 법원은 미국에 수입된 골프·카드와 동일 또는 유사제품의 외국시장에서의 실제 시장가격 또는 도매가격이 존재하지 아니하는 이 사건에서는 1916년 반덤핑법은 적용할 수 없다고 하여 원고패소판결을 내렸다. [461 F. Supp. 384 (D. Del 1978)] 따라서 1916년 반덤핑법의 객관적 적용범위가 충족되기 위해서는 수입에 의한 물품과 판매되는 외국시장에서 물품의 가격은 실제로 존재하고 있어야만 한다는 것이 명백해졌다.

법의 목적상 비교하는데 충분한 유사성이 존재하느냐의 여부에 있었다. ① 이들 두 종의 제품은 각 국가의 상이한 기술적 합의에 적응하도록 제조되고 있다. ② 따라서, 두 종 제품의 튜너, 파워·토랜스훠머 및 전동모터는 각각 상이한 것이다. 및 ③ 그 결과 두 종의 제품은 소비자의 사용(consumer use) 및 시장성(marketability)에서 상이하여 상업적으로 교환할 수 없는 것(not commercially interchangeable)이다.

법원은 피고들이 비교하는 제품은 동일 종류의 것이어야 한다는 주장에 대하여는 법문의 "such article"라고 하는 용어의 사용에 따랐을 뿐이며 근거가 없다고 이를 부정하고, 유사성의 정도 및 이 건에 있어서의 적용에 관하여 다음과 같이 판시하였다. 1916년 반덤핑법의 입법경위가 시사하는 바에 의하면, 동 법은 가격차별에 관하여 1914년 크레이톤법에 의하여 국내거래에 있어 이미 과하여지고 있던 법적 규제(legal stricture)와 실질적으로 동일한 것을 수입업자에게 과함으로서 반트러스트법을 보완할 목적으로 제정된 것이다. 국내기업에 과하여진 것보다도 엄격한 법적 규제를 수입에 과하도록 1916년 반덤핑법을 해석하여서는 안 된다. 따라서 동 법 위반으로 되기 위해서는 수입에 위한 제품과 외국시장에서 판매되는 제품은 크레이톤법 제2조 (로빈슨·패드맨법)가 정하는 "동종의 등급 및 품질"을 가지는 것이어야 한다.[14] 로빈슨·패드맨법에 있어서의 판례에 의하면, 제품 간의 물리적 차이는 그 건이 소비자의 사용 및 기호 또는 시장성에 영향이 있는 것이면 앞의 기준을 충족시키는 것은 아니라고 되어있다. 한편, 1916년 반덤핑법은 "실제의 시장가격 또는 도매가격"이라는 용어를 사용하지만, 이는 당시의 관세평가법인 1913년 관세법으로부터 계수된 것이다. 동 법에서는 수입품의 가격은 원산지에 있어서의 유사제품(similar)의 판매가격을 참고로 하여 결정되었다. 1916년 반덤핑법위반으로 되기 위해서는 동 법이 1913년 관세법의 용어를 계수한 취지에서, 관세법에 대한 유사서의 요

14) Zenith Radio Co. v. Matsushita Elec, Indus, Co., Ltd 사건에서 이 문제와 관련하여 법원은 미국에 수입된 물품과 일본에서 판매된 물품과의 사이에 튜너, 파워, 트랜스포머 및 전동모터에서 차이가 있으며, 이들의 차이는 두 나라의 기술적 합의에 의한 결과에 불과하나 소비자의 사용기호 및 시장성에의 영향을 존재하는 양 제품간에 상업적인 교환성이 이루어질 수 없는 것이 명백하기 때문에 1916년 반덤핑법의 적용은 부정되어야 한다고 판결하였다. 494 F. Supp. 1. 190. at 1194 (1980).

건이 충족되어야 한다고 생각하지 않을 수 없으며, 이 기준은 크레이톤법의 그것보다도 엄격하여, 수입에 의한 제품과 외국시장에서 판매되는 제품과의 차이가 소비자의 사용, 기호 및 시장성에 대하여 영향을 미치지 아니하는 것과 함께 양 제품 간에 상업적으로 교환성이 존재하는 것을 요건으로 한다. 이 건에 있어서 TV등은 미국에 수입된 제품과 일본에서 판매된 제품과의 사이에 튜너, 파워·트랜스훠머 및 전동모터에서 차이가 있으며, 이들의 차이는 미·일의 기술적 합의에 적응하게 된 결과에 불과하나, 소비자의 사용·기호 및 시장성에의 영향이 존재하는 것 및 양 제품 간에 상업적인 교환성이 존재하지 않는 것은 명백하기 때문에 1916년 반덤핑법의 적용은 부정되어야 한다.

그러나 이 판결은 문제의 유사성 요건에 관하여 상이한 견해도 있을 수 있다는 것을 전제로, 중간상소(interlocutory appeal)를 인정하였다.

3 경쟁에의 피해

사법적 반덤핑법은 미국 산업에 피해를 주었으며, 이를 파괴하거나 그의 확립을 방해 또는 미국 내의 당해 상품에 대한 거래 및 통상의 어떠한 부분이라 할지라도 이를 제한하거나 독점할 의도로서, 행하여진 국제시장간의 가격차별을(덤핑)을 금지한다. 피해의 요건을 고찰함에 있어서는 로빈슨·패드맨법의 그것과 비교 검토할 필요가 있다. 로빈슨·패드맨법 제2조(a)[15]는 가격차별의 결과로서 경쟁에의 피해에 대한 존재 내지 그 우려

15) the Clayton Act § 2(a), as amended by the Robinson-Patman Act, 15 U.S.C. § 13(a), Robinson-Patman Act, § 2(a)항은 다음과 같이 규정하고 있다.

「That it shall be unlawful for any person engaged in commerce, in the course of such commerce, either directly or indirectly, to discriminate in price between different purchasers of commodities of like grade and quality, where either or any of the purchases involved in such discrimination are in commerce, where such discrimination are in commerce, where such commodities are sold for use, consumption, or resale with the united states or any thereof of the district of Columbia or any insular possession or other the jurisdiction of the united states, and where the effect of such discrimination may be substantially to lessen competition or tend to create a monopoly in any line of commerce, or to injure, destroy or prevent competition with any person who either grants or knowingly receives the benefit of such

가 존재하는 것을 요건으로 한다. 구체적으로는 가격차별의 경쟁에의 영향은 ① 통상의 어떤 과정에서 경쟁을 실질적으로 감쇄하는 것(substantially to lessen competition in any line of commerce) ② 통상의 어떤 과정에서 독점을 형성할 우려가 있는 것(to tend to create a monopoly in any line of commerce) 또는 ③ 피해를 주어 이를 파괴하거나 그의 확립을 방해하는 것이어야 한다. 양자는 경쟁 제한적 효과를 가진 가격차별을 금지한다는 점에 있어서는 공통점을 가지고 있으나, 로빈슨·패드맨법은 경쟁을 감쇄할 우려가 있는 가격차별도 금지의 대상으로 하는 점에서는 1916년 반덤핑법과 다르다.

로빈슨·패드맨법은 셔어먼법이 금지의 대상으로 경쟁제한행위의 예비단계에 있는 행위를 보충하여 이를 금지하려는 것이다. 1916년 반덤핑법에는 로빈슨·패드맨법에 있어서와 가튼 예비적 규정은 존재하지 아니하기 때문에, 1916년 반덤핑법위반이 되는 것은 현실적인 경쟁제한효과를 가진 가격차별에만 한정된다. 또한 로빈슨·패드맨법은 어떠한 가격차별도 금지의 대상으로 함에 반하여 1916년 반덤핑법 하에서는 미국에의 수입가격과 외국시장가격의 비교에 있어 복잡한 조정이 요구될 뿐만 아니라, 수입가격이 외국시장가격보다 실질적으로 하회하는 (substantially less) 가격차별일 것을 요구한다. 1916년 반덤핑법 하에서는 단순한 가격차별이 금지되는 것이 아니고, 금지되기 위해서는 보다 복잡한 경쟁 제한적 해위(more sophisticated anti-competitive act)일 것이 요구된다.

4 경쟁대항의 항변

로빈슨·패드맨법 하에서는 동 법 자체에 의하여 동 법 제2조 (a) 위반의 주장에 대하여 다음과 같은 항변이 인정되고 있다. 즉, 비용의 차이에 의한 항변(cost justification) 및 경쟁대항의 항변(meeting competition defence). 이들 대항이 1916년 반덤핑법 하에서도 인정되느냐의 여부가 문제된다. 비용의 차이에 의한 항변은 가격차별이 제조, 판매, 인도방법 또는 구입수량의 차이로부터 발생되는 비용의 차이에 의

---

discrimination, or with customers of either of them.......」

한 경우로서, 이와 같은 가격차별은 상업상 정당한 것으로서 로빈슨·패드맨법 제2조(a)에 의하여 금지로부터 배제된다. 연방거래위원회(federal trade commission) 및 법원은 정확한 비용의 차이 및 그에 의한 가격차를 설정하는 것이 정확성의 입증을 요구하는 것이기 때문에, 이 항변이 이익을 향수하는 것은 반드시 용이하지 아니하다.

그러나 가격차별이 정당한 비용의 차이에 의한 것이 입증되면, 이 가격차별은 불공정한 경쟁은 아니라는 것(약탈적 의도의 부존재)이 입증된 것이기 때문에, 1916년 반덤핑법하에 있어서도 이 항변은 인정되게 될 것이다.[16] 한편 경쟁대항의 항변이란 경쟁자의 저가격에 대항하기 위하여 선의로 그의 경쟁자가 있는 지역에서 타 지역에 있어서 보다 저가격으로 판매하는 것을 말하며, 로빈슨 · 패드맨법 제2조(a)에 의하여 인정되고 있는 항변이다.[17] 가격차별이 경쟁에 대항하기 위하여 행하여졌음이 입증된 경우에는 설사 그 가격차별이 경쟁에 피해를 준 것이라고 할지라도 면책된다.[18]

대항하려고 하는 경쟁자의 가격이 합법적일 것이 요구되지만, 그 가격 자체가 가격차별을 이유로 하는 경우에는 이 항변은 인정된다. 대항은 선의(good faith)일 것이 요구되고 있으나 이 점에 대하여는 경쟁가격에 대항할 수(meet)있기 뿐이기 때문에, 타도(beat)하는 것이어서는 아니된다고 한다. 대항이 방어적인 것이면 종종 경쟁자에의 가격보다 저가격일지라도 이 항변을 향수할 수 있으며, 당해 대항가격이 경쟁자에 가격에 대항하기 위하여 필요한 것이라고 믿는 것이 합리적이라고 인정되는 경우에도 같다. 경쟁대항의 항변은 1916년 반덤핑법에 있어서도 인정되어야 할 것이다. 생각하건대, 경쟁에 대항하기 위하여 선의로 저가격으로 판매하는 것은 약탈적 덤핑, 즉 미국 산업에 광범한 피해를 주고, 독점화를 초래하는 수입행위와는 모순된다.

---

16) Sullivan, L, Handbook of the Law of Anti-trust(1977). pp. 702~703.

17) 경쟁대항의 항변에 관한 상세한 내용은 「Meeting Competition under the Robinson Patman Act」 90 Harv, L, Rev, 1476(1977) 참조.

18) Hiscocks, op. cit., p. 239.

Ⅲ WTO반덤핑협정과의 위반여부

1 사법적 반덤핑법의 문제점

미국의 사법적 반덤핑법은 그 규정 자체가 매우 불명확하고 또한 약탈적 덤핑에 대한 의도입증의 어려움 때문에 실효성이 없었다. 그 결과 이 법은 제정 이래 형사소추는 한 번도 이루어지지 않았으며, 민사소송에 관하여도 증거제시절차에 관한 사건이 겨우 1건에 불과할 정도였다. 그것은 이 법이 제정된 후 불과 5년 만에 1921년 반덤핑법이 제정된 것으로 미루어 보아도 충분히 짐작할 수 있다. 이 법의 문제점은 다음과 같은 두 가지 측면에서 요약될 수 있다.

첫째, 법규의 용어가 불명확하다는 점이다. 즉 「일반적이고 조직적으로(commonly and systematically)」, 「실질적인 하회(substantially less)」, 「실제의 시장가격 또는 도매가격(actually market value or wholesale price)」 및 「미국에의 수입 및 판매에 필연적으로 수반하는 기타 비용(other charges and expenses necessarily incident to the importation and sale there of in the united states)」 등의 용어가 구체적으로 무엇을 뜻하는 것이며, 또 기준도 애매하다는 점이다.

둘째, 주관적 요건인 『약탈적 덤핑의 의도』에 대한 객관적인 요건의 결여이다. 이 법에 의한 위법성 요건이 충족되기 위해서는 미국의 산업을 파괴하고 피해를 주며, 미국산업의 확립을 방해하며, 또는 미국 내의 덤핑에 의한 물품의 거래 및 통상을 제한하거나, 독점하는 의도를 수반하는 덤핑일 것이 요구되고 있는데, 그 입증이 매우 곤란하여 로빈슨·패드맨법의 적용관습은 ① 영속적인 코스트이하의 판매, ② 급격한 가격인하, ③ 중대한 가격구조의 변화, ④ 주변의 경제적 사정 등과 같은 증거에 의하여 결정되었다.

따라서 1916년 반덤핑법제 하에서도 위와 같은 사실의 증거에 따라 약탈적 의도의 입증이 될 수 있을 것이다.

그러나 로빈슨·패드맨법에서의 약탈적 의도는 성문법상의 요건이 아니고 위법성 판단의 증빙임에 비추어 1916년 반덤핑법에서는 그것이 위법성의 인정을 위한 본질적 요소라는 점에 주의할 필요가 있다.

이상과 같은 문제점으로 인하여 이 법은 그 동안 거의 사문화 되었지만, 그렇다고 하여 이 법이 현재 폐지된 것은 아니며, 유효한 법으로 남아있다.

그 까닭은 새로운 법이 특별히 종래의 법 규정을 폐기하거나 변경을 명시하지 않는 한 새로운 법이 제정되었다 하여(이를테면 1921년 반덤핑법 및 1994년 WTO 이행법 등) 구법이 자동적으로 실효 되지 않기 때문이다.

그리하여 미국의 반덤핑법은 성격상 아직도 반트러스트적 구제입법인 사법적 측면과 관세적 구제입법으로서의 양면성을 갖고 있다.

생각건대, 실효성이 없는 위 사법적 반덤핑법은 금후의 입법과정에서 1979년 통상협정법에 의하여 1921년 반덤핑법을 폐지한 것과 같이 이 법도 폐지시킴으로서 반덤핑규제를 하나의 법테두리 속에 묶어 행정적 규제입법으로서 일원화시키는 것이 WTO정신과도 일치한다.

2 WTO협정과의 불일치요소

오늘날 각 국의 반덤핑법은 WTO반덤핑법과 개별국가들의 국내반덤핑법으로 구성되어 있다. WTO반덤핑법(international anti-dumping rules)과 관련하여 1995년 발효된 WTO협정의 부속서 중 하나인 WTO반덤핑협정은 WTO회원국 모두에 대해 구속력을 가지는 법적문서이고,[19] 2000년 8월 현재 135개 국가가 WTO에 가입하고 있는 현실

19) WTO설립협정 제2조 제2항 참조. 이와는 달리 1967년 및 1979년 반덤핑규약은 모든 GATT회원국에 대해 적용되는 것이 아니라 별도로 이에 가입한 회원국들에 대해서만 적용되었다는 점에서 양자간에 중요한 차이가 있다.

에 비추어 볼 때 이제 'WTO 반덤핑협정'은 사실상 덤핑에 관한 표준적인 국제법으로서의 위치를 차지한다고 평가할 수 있다.[20]

다음으로 국내 반덤핑법(national anti-dumping laws)과 관련하여 1994년 GATT 제Ⅵ조 및 WTO반덤핑협정에서는 그 이행을 위하여 회원국이 별도의 국내(반덤핑)법을 제정하는 것을 그 전제로 하고 있다. 그렇다고 하여 모든 WTO회원국이 별도의 반덤핑법을 제정하고 있지는 않으며 설사 별도의 국내반덤핑법을 가지고 있는 회원국이라 할지라도 그 법규의 내용에 있어서는 약간의 차이가 있다. 여기에 있어서는 미국과 같이 WTO반덤핑협정보다 훨씬 더 상세하고도 복잡한 반덤핑법규를 가진 국가도 있으나, 대개의 경우 동 협정을 기계적으로 수용하는 수준의 반덤핑법을 가지고 있다.

이와 같이 현실적으로 국제사회의 대표적인 국제반덤핑법인 WTO반덤핑협정과 각국의 국내반덤핑법이 각기 존재하고 있는 상황에서 양 규범간의 관계는 무엇인가라는 문제가 제기될 수 있다. 여기서의 핵심문제는 국제협정과 국내반덤핑법이 충돌하는 경우 어느 규범이 우선하여 적용되는가 하는 것이다. 이에 관하여 국제법상의 이론(학설) 및 실제(국제조약의 규정 및 판례 등)에 기초하여 검토할 수 있겠으나 여기에서는 WTO협정의 관련규정에 대해서만 간략히 언급하기로 한다.[21]

먼저 WTO협정에서는 각 회원국으로 하여금 자국의 법률, 규정 및 행정절차가 부속협정 - 여기에는 WTO반덤핑협정이 포함된다 - 에 규정된 자국의 의무와 합치되도록 보장한 것을 요구하고 있고[22] 다음으로 WTO반덤핑협정에서도 각 회원국으로 하여금 WTO협정이 자국에 발효되기 이전에 자국의 법률, 규정 및 행정절차가 자국에게 적용되는 WTO반덤핑협정의 규정과 합치하도록 보장하기 위한 일반적 또는 특별한

20) 그러나 중국 · 러시아 등과 같이 아직 WTO협정에 가입하지 않은 국가들은 WTO반덤핑협정을 준수할 의무가 없다.

21) 이에 대한 자세한 설명은 이춘삼, 한국통상법, 법문사, 1999, pp. 29~39 참조.

22) WTO설립협정 제16조 제4항.

성격의 모든 필요한 조치를 취하여야 한다고 규정함으로서 동 협정이 국내 반덤핑법규에 우선함을 우회적으로 표현하고 있다.

이상과 같이 WTO의 기본정신은 WTO의 반덤핑법을 포함한 제 부속 협정은 회원국의 국내법과 합치되도록 가맹국에게 일반적 의무를 부과하고 있다. 그러나 1916년 미국의 사법적 반덤핑법은 다음과 같은 점에서 WTO협정과 합치하지 않는다.

첫째, GATT/WTO(1994)제 6조의 덤핑에 대한 정의와 1916년 미국의 사법적 반덤핑법상의 국경간 가격차별 테스트간에는 상당한 유사성이 존재하기 때문에 이 법은 WTO반덤핑협정에 따라 분석되어야 함에도 불구하고 미국은 이 법이 독점금지규정이며, 국경간 가격차별을 규율하는 법률상의 독점금지 목적의 존재는 WTO 반덤핑규정의 범위에서 제외시키고 있는데 이 논리는 타당하지 않다.

둘째, 미국의 1916년 사법적 반덤핑법은 반덤핑조치 부과의 전제조건인 국내 산업에 대한 피해의 존재 또는 피해의 위협을 요구하지 않고 또한 덤핑에 대한 대응으로서 반덤핑 관세의 부과 이외의 형벌(penalties)을 허용함으로서 WTO 반덤핑협정 VI : 1조 및 VI : 2조를 위반하고 있다.

셋째, 또한 동 법은 민사절차에 있어서 미국산업의 최소한의 대립성을 요구하고 있지 않으며, 동 법에 따른 반덤핑사건 개시 이전에 수출국 정부에게 통지할 것을 요구하고 있지 않음으로서 WTO반덤핑협정 1조, 4조 및 5조를 위반하고 있다.

V 요약 및 시사점

덤핑은 수입국의 국내 산업에 반드시 해악을 초래하는 것은 아니다. 도리어 수입국 내의 경쟁을 촉진하고, 물가를 내림으로서 소비자에게 이익을 가져오는 경우도 많다. 이와 같은 인식에 입각하면, 덤핑 중 수입국의 산업에 광범한 피해를 주어서, 독점화를 초래하는 약탈적 덤핑만이 자유무역정책에 반하여 법적인 제재로서 대처하여야할 것이라고 하는 설득력 있는 논지가 존재한다. 이러한 시각은 또 반트러스트 정책과도 유사하다. 반트러스트 정책은 시장에서의 활력 있는 경쟁은 자유경쟁의 목적인 자원의 적정한 분배, 제조방법에 대한 발명의 활발화 및 소비자에의 저가격으로 제품의 공급을 달성하기 위한 가장 유효한 수단이라고 하는 이론을 전제로 한다. 자유무역이론은 이 반트러스트 정책에 있어서의 목적을, 국경을 초월하여 경쟁을 촉진함으로서 세계적 규모에서 달성하려는 것이다. 1916년 미국의 사법적 반덤핑법은 무역면에서의 경쟁 제한적 행위를 규제하려는 것이며, 미국 반트러스트법의 일부를 구성한다.

구체적으로는 가격차별을 금지하고, 불공정한 경쟁을 저지하려는 것이며, 이러한 의미에서 로빈슨·패드맨법과 동일한 원리에 입각한 것이다. 그러나 후자는 미국시장 내에서의 차별가격을 규제대항으로 하는데 대하여 1916년 반덤핑법은 국제시장 간에서의 가격차별을 규제대상으로 함으로서 양자는 그 적용영역을 분담하고 있다.

1916년 반덤핑법은, 그 제정 이래 약 60년간 거의 적용되지 아니하며 거의 사문에 가까운 상태에 있었다. 이를 소생시킨 것은 일본산 TV 반트러스트법 위반사건, 특히 그 중의 1916년 반덤핑법하의 합헌성을 긍정한 판결이다. 그리고 동 판결 및 비교되어야 할 상품의 유사성에 대한 판단을 한 판결은 1916년 반덤핑법의 해석을 표시하는 수가 적은 선례로서 매우 중요하다.

그러나 미국의 1916년 사법적 반덤핑법은 WTO반덤핑협정의 적용요건인 '실질적 피해'의 존재를 요구하지 않고 있으며 구제조치도 벌금, 구속 및 3배의 손해배상을 규정함으로서(사법적 구제입법) 유일한 구제수단으로 반덤핑관세의 부과를 규정하고 있는(행정적 구제입법) WTO반덤핑협정상의 규정을 위반하고 있고 더욱이 소수의 생산자에 의해서도 조사가 개시될 수 있도록 규정하고 있어 WTO반덤핑협정의 절차법규정과도 합치되지 않는다.

따라서 미국은 1979년 통상협정법에 의하여 1921년 반덤핑법을 폐지한 것과 같이 이 법도 폐지시킴으로서 WTO협정과 일치시켜야 할 것이다.

CHAPTER 14

WTO보조금 및 상계관세 협정

Ⅰ 개요

1 보조금과 상계조치

보조금(subsidies)이란 각국 정부가 자국의 정책목표를 달성하기 위해 기업에 제공하는 각종의 지원을 말한다. 어떤 상품 전체의 국내생산물에 대한 보조금은 흔히 '생산보조금(production subsidy)' 또는 '국내보조금(domestic subsidy)'으로 불리며, 수출품에만 전적으로 지급되는 보조금은 '수출보조금(export subsidy)'이라고 불린다.[1)]

이러한 보조금이 특정 산품에 대하여 지원되고, 이러한 지원을 받은 산품이 타회원국에 수출되거나, 타 회원국이 동종 또는 유사한 산품을 보조금을 지급한 국가로 수출할 경우 어떠한 형태로든 불리하게 영향을 미치게 된다. 이들 보조금의 지급은 타 회원국의 수출·수입에 유해한 영향을 주고 정상적인 사업이익에 지장을 초래할 수 있기 때문에 각국은 무역상대국의 보조금 지급을 규제하려는 입장을 취하고 있다.

즉, 상계조치(Countervailing Measures)라는 수단을 통하여 수입국은 생산물의 제조, 생산 또는 수출에 직·간접적으로 부여된 보조금을 상쇄할 목적으로 부과되는 특별관세, 상계관세 등을 포함하는 대응조치를 취하게 된다.

2 보조금규제의 논의 배경

보조금의 지원은 원칙적으로 각국의 고유권한이긴 하지만, 어떤 보조금은 특정 산업이나 특정 기업의 경쟁력을 변화시켜 상당한 정도로 수출을 촉진하거나 수입을 억제하는 등의 무역왜곡효과를 초래하여 타국의 경쟁산업이나 기업에 피해를 준다는 점에서 국제적 규제의 대상이 되어 왔다. 특히 국가가 수출에 보조금을 지급하는 것은 기업의 덤핑과 동일한 효과를 가질 수 있다. 그러므로 GATT 제6조는 수입국은 타국

---

1) 이영준, 「국제경제법」, 법문사, 1996. pp. 151 - 152.

정부의 수출보조금에 대해서는 '상계관세'(countervailing duties)를 부과할 수 있다고 규정하고 있으며, 제16조 A는 보조금이 타체약국에 중대한 피해를 야기하는 경우에는 상호 협의(consultation)할 것을 규정하고 있다. 그밖에, 종래 GATT 제16조 B에서 무역왜곡을 야기하는 불공정보조금의 사용을 규제하는 규정을 마련하고 있고, 동경 라운드에서 채택된 '보조금코드'(Subsidies Code)[2]를 통하여 보완된 바 있지만, 각국의 경쟁적인 보조금지원과 이에 대한 상계관세의 발동을 둘러싼 국제적 분생은 계속적으로 심화되어 왔다.

II WTO보조금 및 상계관세협정의 특징

첫째, 수출보조금의 전면금지와 금지의무위반시의 보복조치 강화, 국내 보조금의 허용범위의 대폭적 축소, 금지보조금의 사용에 대한 피해여부와 무관하게 보복조치의 강화 등 종전의 규정과는 달리 전반적으로 보조금에 대한 국제규율이 강화되었다.

둘째, 보조금이 어떤 기업이나 산업에 대하여 특정(specific)하게 주어졌는지 여부를 판다하는 기준인 이른바, '특정성 조항'을 도입하여 이 특정성이 존재하는 어떤 보조금에 대하여 보조금지급 물품의 수입국은 일정요건이 충족되는 경우 상계조치 및 기타의 대응조치를 취할 수 있다.

셋째, 보조금의 법적 정의, 실질적 피해 등 그 동안 불명확한 개념들을 명료하게 함으로써 상계관세 발동의 남용을 줄였다.

2) 정식명칭은 "GATT 제6조, 제16조 및 제23조의 해석과 적용에 관한 협정"(Agreement on Interpretation and Application of Article VI, XVI and XXIII of GATT).

III 특정성의 원칙과 보조금의 구분

1 보조금의 정의 및 특정성의 원칙

우루과이라운드 협상에서는 보조금의 범위와 기준을 명확히 하고 상계관세의 발동절차 등을 분명히 하기 위하여 "보조금 및 상계조치에 관한 협정"(Agreement on Subsidies and Countervailing Measures)을 채택하였다. 협정은 이전의 협정들과는 달리 보조금을 보다 명료하게 정의하고 있으며, 또 그 종류를 '금지보조금'(prohibited subsidies), '조치가능 보조금'(actionable subsidies), 그리고 '허용보조금'(non-actionable subsidies)으로 구분하여 동 협정에 의거하여 이의가 제기될 경우 각기 다른 결과를 초래하도록 만들어 놓았다.[3)]

이 협정 제1부에 의하여, 보조금(subsidy)이란 (i) 회원국의 영역 내에서 정부 또는 공공기관의 재정적인 기여가 있거나,[4)] 또는 GATT 제16조(보조금)의 의미의 소득지지 또는 가격지지가 어떤 형태로든 존재하고, 또한 (ii) 이로 인하여 이익(benefit)이

---

3) 이러한 보조금의 분류는 WTO 협상 당시 스위스 대표의 제안에 따라 입안된 「교통 신호식 접근방법(traffic signal approach)」에 의한 것으로서 수출입에 주는 영향에 따라 금지보조금(prohibited subsidies ; red light), 상계조치가능보조금(actionable subsidies ; yellow light), 허용보조금(non-actionable subsidies ; green light)의 3가지 분류로 구분하고 있다.(김성준, 「WTO법의 형성과 전망 -제3권 : GATT(반덤핑, 보조금, 세이프가드」, 삼성출판사, 1996. pp. 357 - 358. ; 서헌제, 「국제경제법」, 율곡출판사, 1996. pp. 366 - 380.)

4) 재정적인 기여(financial contribution)가 있는 경우라 함은 ① 정부의 관행이 자금의 직접이전(예를 들어, 무상지원, 대출 및 지분참여), 잠재적인 자금 또는 채무부담의 직접이전(예를 들어, 대출보증)을 수반하는 경우, ② 정부가 받아야 할 세입을 포기하거나 징수하지 아니하는 경우(예를 들어, 세액공제와 같은 재정적 유인), ③ 정부가 일반적인 사회간접자본 이외의 상품 또는 서비스를 제공하거나 또는 상품을 구매한 경우, 혹은 ④ 정부가 자금공여 기관에 대하여 지불하거나 일반적으로 정부에 귀속되는 위의 ②에서부터 ③에 예시된 기능의 유형중 하나 또는 둘 이상을 민간기관으로 하여금 행하도록 위임하거나 지시하며, 이러한 관행이 일반적으로 정부가 행하는 관행과 실질적으로 상이하지 아니한 경우를 말한다. "보조금 및 상계조치에 관한 협정" 제1조 1항 (a) (1).

부여되는 경우를 말한다. 보조금은 '특정적인'(specific) 경우에 한하여 금지되거나, 조치 가능하거나 또는 상계조치가 취해 질 수 있다.[5] 보조금이 특정적인지의 여부를 결정하는 데에는 이 협정의 구체적으로 명시되어 있는 특정성(specificity)의 원칙이 사용된다.

예컨대, 공여당국 또는 공여당국이 그에 따라 활동하는 법률이 보조금에 대한 접근을 특정기업으로 명백하게 한정하는 경우, 이러한 보조금은 특정성이 있다. 그러나 공여당국 또는 공여당국이 그에 따라 활동하는 법률이 보조금의 수혜 조건 및 금액을 규율하는 객관적인 기준 또는 조건을 설정하고, 수혜 요건이 자동적이며, 이러한 기준과 조건이 엄격히 준수되는 경우, 특정성은 존재하지 아니한다. 다만 협정 제3조에 해당하는 모든 보조금, 즉 금지보조금은 특정적인 것으로 간주된다.[6]

2 보조금의 종류

1. 금지보조금

이 협정 제2부는, 먼저, '금지보조금'(prohibited subsidies)으로서, (a) 부속서 1에 예시된 보조금을 포함하여 유일한 조건으로서 또는 다른 여러 조건중의 하나로서, 법률상 또는 사실상 수출실적에 따라 지급되는 보조금과 (b) 유일한 조건으로서 또는 다른 여러 조건 중의 하나로서, 수입품 대신 국내상품의 사용을 조건으로 지급되는 보조금을 규정하고 있다. 회원국은 금지보조금을 지급하거나 유지해서는 안 된다.[7]

타 회원국이 금지보조금을 지급 또는 유지하고 있다고 믿을만한 사유를 가진 회원국은 그 타 회원국에 대해 협의를 요청할 수 있다. 협의를 통해 상호 합의된 해

5) 동 협정 제1조.

6) 동 협정 제2조.

7) 동 협정 제3조.

결책에 도달하지 못하는 경우에는 DSB의 패널 및 상소절차가 필요한 변경을 가하여 적용된다. 문제의 조치가 금지보조금으로 판정이 내려지는 경우, 패널은 보조금 공여국에게 문제의 조치를 지체없이 철폐하도록 권고해야 하며, 이 경우 당해 조치의 철폐기한을 지정하여야 한다. DSB의 권고가 패널보고서 또는 상소기관보고서가 채택된 날로부터 제기되는 패널이 정한 기간 내에 이행되지 아니하는 경우, DSB는 만장일치(consensus)로 거절하지 않는 즉 역만장일치제를 적용하여 제소국에게 적절한 대응조치(appropriate countermeasures)를 취하도록 승인하여야 한다.[8)]

2. 조치가능 보조금

이 협정 제3부는 이어서 '조치가능 보조금'(actionable subsidies)을 구체적으로 규정하고 있다. 즉, 금지보조금 이외에도 회원국은 보조금지급을 통하여 다른 회원국의 이익에 부정적 효과 즉, 다른 회원국의 국내산업에 대한 피해, GATT에 따른 이익의 무효화 또는 침해, 다른 회원국의 이익에 대한 '심각한 손상'을 초래해서는 아니 된다. 그러나 이 규정은 "농업에 관한 협정" 제13조에 규정된 바에 따라 농산물에 대해 유지되는 보조금에는 적용되지 않는다.[9)] '심각한 손상'(serious prejudice)의 개념도 구체적으로 정의되고 있다.[10)] 타 회원국에 의해서 지급 또는 유지되는 보조금이 자국의 국내산업에 대하여 피해, 무효화 또는 침해, 또는 심각한 손상을 초래한다고 믿을만한 이유가 있는 회원국은 언제든지 그 타 회원국에 대하여 협의를 요청할 수 있다. 협의를 통해 상호 협의된 해결책에 도달하지 못하는 경우에는 DSB의 패널 및 상소절차가 필요한 변경을 가하여 적용된다. 보조금이 타 회원국의 이익에 부정적 효과를 초래하였다는 판정이 내려진 패널보고서 또는 상소기구보고서가 채택된 경우, 보조금을 지급하거나 유지하는 회원국은 적절한 조치를 취

8) 동 협정 제4조.

9) 동 협정 제5조.

10) 동 협정 제6조.

하거나 보조금을 철폐하여야 한다. DSB가 패널보고서 또는 상소기관보고서를 채택한 날로부터 6개월 이내에 피고 회원국이 부정적 효과를 제거하기 위한 적절한 조치를 취하지 아니하거나 보조금을 철폐하지 아니하는 한 제소국이 존재한다고 판정된 부정적 효과의 정도와 성격에 상응하는 대응조치를 취하도록 승인하여야 한다.[11)]

3. 허용보조금

이 협정 제4부에 의하면, 특정적이지 않거나, 특정적이더라도 연구기관의 연구활동에 대한 지원 즉, 연구개발 보조금이나 회원국영토 내의 낙후 지역에 대한 지원 즉, 지역개발 보조금 또는 새로운 환경요건에 적응을 촉진하기 위한 지원 즉, 환경보조금 등은 '허용보조금'(non-actionable subsidies)으로서 인정된다. 그러나 허용보조금이라고 하여 무제약적으로 제공할 수 있는 것은 아니며, 그 시행 전에 본 협정 제7부(통보와 감시)의 규정에 따라 "보조금 및 상계조치위원회"에 통보하여야 한다.[12)]

앞에서 설명한 연구개발지원 보조금의 용도는 구체적으로 다음과 같은 경우로 한정된다. 즉,

① 인력비용

② 연구활동 전용의 도구, 설비, 토지 및 건물비용

③ 연구활동 전용의 상담이나 서비스(연구, 기술적 지식, 특허권 등)

④ 연구활동의 직접적 결과로서 발생한 추가적 간접비용

⑤ 연구활동의 직접적 결과로서 발생한 운용비용(재료, 공급품 등)

그리고 이러한 허용보조금이 자국의 국내산업에 심각한 부정적 효과'(serious adverse effects)를 초래한다고 믿는 회원국은, 이에 대한 구제를 보조금지급 회원국과 협의

11) 동 협정 제7조.

12) 동 협정 제8조.

할 수 있으며, 협의 요청일로부터 60일 이내에 상호 수용 가능한 해결책에 도달하지 못한 경우에는 "보조금 및 상계조치위원회"에 회부할 수 있다. 위원회는 심각한 부정적 효과가 존재한다고 결정하는 경우, 보조금 지급국가에게 이러한 효과를 제거할 수 있는 방법으로 당해 계획을 수정하도록 권고할 수 있다. 위원회는 사안이 회부되어 온 날로부터 120일 이내에 자신의 결론을 제시하여야 한다. 권고가 6개월 이내에 이행되지 않으면 위원회는 적절한 대응조치를 요청회원국이 취하도록 승인하여야 한다.[13)]

IV 상계관세조치 절차

1 개요

이 협정 제5부는 보조금규정에 이어서 상계조치(countervailing measures)에 관하여 규정하고 있는바, 이는 피해국의 일방적 대응조치라고 할 수 있다. 제2부 또는 제3부의 규정은 제5부의 규정과 병행하여 원용될 수 있다. 그러나 수입회원국의 국내시장에서의 특정보조금의 효과에 대해서는 오직 한 가지 형태의 구제 즉, 제5부의 요건이 충족되는 경우 상계관세, 또는 제4조 또는 제7조에 의한 대응조치만이 가능하다.

제3부 및 제5부의 규정은 제4부의 규정에 따라 허용 가능한 것으로 고려되는 조치는 제2조의 의미 내에서 특정적인 것인지의 여부를 결정하기 위하여 조사될 수 있다. 또한 제8조 3항에 따라 통보되지 아니한 계획에 따라 부여된 제8조 2항에서 언급된 보조금의 경우에는 제3부 또는 제5부의 규정이 원용될 수 있지만, 이러한 보조금의 제8조 2항에 언급된 기준에 합치하는 것으로 판명되는 경우 허용보조금으로 취급된다.[14)]

---

13) 동 협정 제9조.

회원국은 상계관세[15]를 부과함에 있어 GATT 제6조 및 이 협정의 규정에 부합하도록 필요한 조치를 취하여야 한다. 상계관세는 이 협정과 "농업에 관한 협정"의 규정에 따라 개시되고 수행된 조사에 따라서만 부과될 수 있다.[16]

2 조사의 개시

주장된 보조금의 존재, 정도 및 효과를 판정(determination of subsidy)하기 위한 조사는 원칙적으로 국내산업의 (또는 이를 대신한) 서면신청으로 개시된다. 이러한 조사는, 당국이 동종 상품의 국내생산자에 의해 표명된 신청에 대한 지지 또는 반대의 정도에 관한 검토에 근거하여,[17] 동 신청이 "국내산업에 의하거나 이를 대신하여" 이루어졌다는 결정을 하지 아니하는 한, 개시되어서는 아니 된다.[18] 이러한 신청은 이러한 신청에 대해 지지 또는 반대를 표명한 국내산업의 부분이 생산한 동종 상품 총생산의 50%를 초과하는 총체적 산출량을 구성하는 국내생산자가 지지할 경우에는 국내산업에 의거하나 이를 대신하여 이루어진 것으로 간주된다. 그러나 신청을 명시적으로 지지하는 국내생산자들의 총생산이 국내산업에 의해 생산된 동종 상품의 총생산의 25% 미만인 경우에는 조사가 개시되어서는 안 된다.

예외적으로 특별한 상황 하에서 관계당국은 서면신청이 없더라도 직권으로 조사를

14) 동 협정의 각주 35.

15) '상계관세'라는 용어는 GATT 제6조 3항에 규정된 바와 같이 상품의 제조, 생산 또는 수출에 직접적 또는 간접적으로 지급된 보조금을 상쇄하기 위하여 부과되는 특별관세(special duty)를 의미하는 것으로 양해된다.

16) 동 협정 제10조.

17) 산업이 분할되어 예외적으로 많은 수의 생산자를 포함하고 있는 경우 당국은 통계적으로 적절한 표본추출방법을 사용하여 지지 또는 반대를 결정할 수 있다.(동 협정 각주 38.)

18) 특정 회원국의 영토 내에서 동종 상품의 국내생산자의 피고용인들이나 이러한 피고용인들의 대표들도 조사를 위한 신청을 하거나 지지할 수 있다.(동 협정 각주 39.)

개시할 수 있다. 상품이 원산지국으로부터 직접 수입되지 아니하고 중개국을 거쳐 수입회원국으로 수출되는 경우, 이 협정의 규정이 완전히 적용가능하며, 이 협정의 목적상 이 같은 거래는 원산지국과 수입국간에 이루어진 것으로 받은 수입품의 실제적 또는 잠재적 수량 또는 그 피해가 무시할 수 있는(negligible) 정도인 경우, 조사는 즉각 종결되어야 한다. 조사는 특별한 상황을 제외하고는 1년 이내에 종결되어야 하며, 어떠한 경우에도 개시 후 18개월을 초과할 수 없다.[19)]

상계조치를 위하여 증거조사를 할 수 있으며, 비밀정보는 보호받는다.[20)] 서면신청이 수락된 후 가능한 한 속히, 그리고 어떠한 경우에도 조사가 개시되기 전에, 자기 나라 상품이 이러한 조사의 대상이 될 수 있는 회원국은 상황을 명백히 하고 상호 합의된 해결책에 도달하기 위한 협의에 초청되며, 또한 조사기간 전과정을 통하여 협의를 계속하기 위한 합리적인 기회를 부여받는다.[21)] 수혜자에게 주어진 이익을 계산하기 위하여 조사당국이 사용하는 모든 방법은 관련 회원국의 국내법이나 이행규정에 규정되고, 각 개별 사안에 대한 이들의 적용은 투명해야 하고 적절히 설명되어야 한다.[22)]

3 피해의 판정

보조금판정에 이어서 '피해의 판정'(determination of injury)이 요구된다. 덤핑의 경우와 마찬가지로 보조금이 부여되었다는 사실만으로 수입국이 이에 상응하는 상계조치를 취할 수 있는 것이 아니다. 즉, GATT 제6조 6항(a)에 의하면, 보조금은 수입국의 기존 국내산업에 '실질적인 피해'(material injury)를 야기하거나 '실질적인 피해의 우려'(threat of material injury)를 야기할 때, 혹은 '새로운 국내산업의 확립에 대해 실질적인 지체'(material

19) 동 협정 제11조.

20) 동 협정 제12조.

21) 동 협정 제13조.

22) 동 협정 제14조.

retardation of the establishment of a new domestic industry)를 야기할 때에만 인정된다.

피해의 판정은 명확한 증거에 기초하여야 하며, ① 보조금을 받은 수입품의 물량과 이 수입품이 국내시장의 '동종상품' 가격에 미치는 효과 및 ② 이 수입품이 이 상품의 국내생산자에 미치는 영향에 대한 객관적인 검토를 포함하여야 한다.[23)]

4 국내산업의 정의

이 협정의 목적상 '국내산업'(domestic industry)이라 함은 동종상품의 국내생산자 전체 또는 이들 중 생산량 합계가 이 상품의 국내 총생산량의 상당부분(a major proportion)을 점하는 국내생산자들을 의미한다. 둘 또는 그 이상의 국가가 GATT 제24조 8항(a)의 규정에 의해 단일시장으로 통합된 경우에는 전체 통합지역의 산업이 국내산업으로 간주된다.[24)]

5 잠정조치 및 상계관세의 부과와 징수

보조금이 부여되었고 그리고 이 보조금이 국내산업에 피해를 야기했다는 긍정적 예비판정(preliminary affirmative determination)이 내려진 경우에 잠정조치(provisional measures)가 취해질 수 있고, 이 조치는 현금예치 또는 유가증권에 의해 담보되는 잠정 상계 관세(provisional countervailing duties)의 형태를 취할 수 있다. 또한 잠정조치는 4개월을 초과하여 적용되어서는 안 된다.[25)]

수출회원국정부가 보조금을 중단 또는 삭감하기로 하거나, 혹은 수출업자가 보조금의 피해효과가 제거되는 방식으로 가격을 수정하기로 하는 '만족스러운 자발적인 약속'(satisfactory

---

23) 동 협정 제15조. 동 협정의 각주 46에 의하면, 이 협정의 목적상 '동종상품'이라 함은 "GATT 1994 제6조의 이행에 관한 협정" 제2조 6항에 나타난 '동종상품'의 정의와 동일하다.

24) 동 협정 제16조.

25) 동 협정 제17조.

voluntary undertakings)이 접수되는 경우에는 잠정조치나 상계관세의 부과 없이 조사절차가 정지 또는 종료될 수 있다.[26)]

협의의 종결을 위한 합리적인 노력이 이루어진 후에 회원국이 보조금의 존재 및 금액에 대하여 최종판정을 하고, 보조금의 효과를 통해 동 보조금을 받은 수입품이 피해를 야기하고 있다고 최종 판정한 경우, 동 회원국은 보조금이 철회되지 아니하는 한 상계관세를 부과할 수 있다. 상계관세는 차별적으로 적용될 수 없다. 즉, 그 원산지가 어디이건 간에, 실제로 문제의 보조금을 수령한 모든 제품에 대해 적용되어야 한다.[27)]

확정상계관세(definitive countervailing duty)가 현금예치 또는 유가증권에 의하여 담보된 금액보다 적은 경우, 초과되는 금액은 신속히 환불하여 주거나 유가증권담보를 해제하여야 한다. 반대로, 확정상계관세가 예치되거나 담보된 금액보다 높더라도 수입국은 그 차액을 징수할 수 없다.[28)]

상계관세는 피해를 초래하는 보조금지급을 상쇄하기 위한 필요한 기간과 범위 내에서만 부과된다. 다만 모든 확정상계관세는, 그러한 관세의 종료가 보조금지급과 피해의 지속 혹은 재발을 초래할 가능성이 있다고 당국이 결정하지 않는 한, 부과일로부터 5년 이내에 종결되어야 한다.[29)]

상계관세판정은 공고되고 설명되어야 한다.[30)] 상계관세조치에 관한 국내법 규정을 두고 있는 회원국은 특히 회원국은 특히 최종판정 및 제21조의 의미 내의 판정검토에 관련한 행정적 조치의 신속한 검토를 목적으로 하는 사법, 중재 또는 행정 재판소 또는 절차를 유지해야 한다. 이러한 재판소 또는 절차는 당해 판정 검토를 책임지는 당국으로부터

26) 동 협정 제18조.

27) 동 협정 제19조 3항.

28) 동 협정 제20조 3항.

29) 동 협정 제21조.

30) 동 협정 제22조.

독립되어야 하며, 또한 행정적 절차에 참여하며 검토에 접근할 수 있도록 해야 한다.[31]

이 협정의 운용을 위해 각 회원국 대표로 구성되는 "보조금 및 상계조치에 관한 위원회"(Committee on Subsidies and Countervailing Measures)와 보조기관(subsidiary bodies)이 설치된다. 패널을 지원하고 보조금의 존재와 성격에 관한 자문을 구하기 위하여 위원회는 "상설전문단"(Permanent Group of Experts)을 설치한다.[32] 회원국은 WTO사무국에 매년 자국의 보조금에 관하여 통보하여야 한다. 위원회는 회원국의 통보서를 검토한다.[33]

6 개발도상국 우대제도

이 협정은 개발도상국위원회에 대한 특별 및 차등대우를 규정하고 있다. 즉, 보조금은 개발도상회원국의 경제개발계획에 있어서 중요한 역할을 할 수 있기 때문에, 이 협정 제3조 1항(a)에 명시되어 있는 '수출실적에 따라 지급되는 보조금의 금지'는 부속서 7에 언급된 최빈개발도상회원국에는 적용되지 않으며, 다른 개발도상회원국의 경우에는 WTO협정 발효일로부터 8년의 기간에 걸쳐 그같은 수출보조금을 단계적으로 폐지하면 된다. 그리고 제3조 1항 (b)에 규정된 '수입품 대신 국내상품의 사용을 조건으로 지급되는 보조금의 금지'는 WTO협정 발효일로부터 개발도상회원국은 5년 동안, 최빈개도국은 8년 동안 적용되지 않는다.[34]

이 협정에 합치되지 않는 특정회원국의 '기존의' 보조금계획 즉, '특정 회원국이 WTO협정에 서명한 일자 이전에 이미 수립된' 보조금 계획은 그 회원국에 대한 WTO 협정 발효 후 90일 이내에 위원회에 통보되어야 하며, 이 회원국에 대한 WTO협정 발효 후 3년까지는 협정 제2부(금지보조금)의 대상이 되지 아니하고 허용된다.[35]

---

31) 동 협정 제23조.

32) 동 협정 제24조.

33) 동 협정 제25조.

34) 동 협정 제27조.

계획경제에서 시장경제로 전환과정에 있는 회원국에 대해서도 특별대우가 규정되어 있다. 이러한 회원국은 이 협정 제3조에 의하여 금지대상인 보조금 계획을 WTO 협정 발효일로부터 7년의 기간 내에 단계적으로 폐지하거나 제3조에 합치시켜야 한다. 또한 예외적으로 필요하다고 인정되는 경우에는 위원회는 이러한 국가가 통보해온 계획과 조치 및 그 시한으로부터의 일탈을 허용할 수 있다.[36)]

협정에서 달리 명시하고 있는 경우를 제외하고는 DSU에 의하여 발전되고 적용되는 GATT 제22조 및 제23조의 규정이 이 협정 하의 협의 및 분쟁해결에 적용된다.[37)]

이 협정에는 부속서 1(수출보조금 예시목록), 부속서 2(생산과정에서의 투입요소의 소비에 관한 지침), 부속서 3(수출보조금으로서의 대체환급제도 판정지침), 부속서 4(종가기준 총 보조금지급의 계산), 부속서 5(심각한 손상과 관련한 정보개발절차), 부속서 6(제12조 6항에 따른 현장조사절차), 부속서 7(제27조 2항(a)에 언급된 개발도상회원국)이 첨부되어 있다.

V 농업분야의 보조금 및 상계조치

1 농업협정상 보조금 조치의 논의 동향

보조금 협상의 대상에 농업보조금을 포함시킬 것인지의 여부를 놓고 브라질·미국·호주·캐나다 등의 찬성안과 우리 나라·일본·EU·북유럽 등의 반대 안이 대립되었으나, 최종협정문에서는 후자의 입장이 채택되었다. 즉, 보조금협정은 농산물협정에 규

35) 동 협정 제28조.

36) 동 협정 제29조.

37) 동 협정 제30조.

정된 경우에는 금지보조금에 관한 제3조가 적용되지 않으며, 또한 제5조에서는 농산물협정 제13조에 규정된 농산물에 대하여 유지되는 보조금에는 조치가능보조금에 관한 동 조항이 적용되지 않는다고 규정하고 있다. 따라서 농산물에 대한 보조금은 보조금의 일반적 규율을 받지 아니하고, 농산물협정에 포함된 규정의 규율을 받는다고 할 수 있다.

2 농업협정상 보조금 구분 및 특징

1. 농산물협정의 보조금의 구분

농산물협정의 보조금에 대한 규율은 '적절한 규제'(due restraint)에 관한 제13조에서 규정하고 있는데, 동 조항은 농업보조금을 우선 국내보조금과 수출보조금으로 구분하고, 다시 국내보조금은 농산물협정 부속서 2에 따른 감축약속이 면제되는 국내보조금과 제6조에 따른 감축약속의 대상이 되는 국내보조금으로 나누어 규율하는 태도를 취하고 있다.

2. 감축약속이 면제되는 국내보조금

우선 감축약속이 면제되는 국내보조금에 대하여는 상계관세를 부과할 수 없고, 보조금협정 제3부에 근거한 대응조치(counter-measure)로부터도 제외되며, GATT 1994 제2조에 근거하여 다른 회원국에 주어진 관세양허(tariff concessions)의 이익의 침해(impairment) 또는 무효화(nullification)에 근거한 조치로부터 제외된다. 감축약속이 면제되는 국내보조정책은 무역왜곡효과나 생산에 미치는 효과가 없거나 최소한도이어야 한다는 기본적인 요건을 만족시켜야 하는데, 그에 대한 일반적인 기준으로서 협정이 열거하고 있는 것은 ① 당해 보조가 정부의 징수감면액(government revenue foregone)을 포함하여, 정부의 공공재정계획(publicly funded government programme)에 의하여 제공되는 것이어야 하며, 소비자에게 전가되는 것이 아니어야 한다는 것과, ② 생산자에 대한 가격지지(price support) 효과가 없는 것이어야 한다는 것이다. 이어서 감축약속이 면제되는 국내보조를 정부서비스정책과 생산자에 대한 직접지불로 대별하고 각각의 유형을 열거한 후 각 개별정책에 요구되는 세부조건을 명시하고 있다.

다음으로 농산물협정 제6조에 따른 감축약속의 대상이 되는 국내보조금은 보조금협정 제5부에 의하여 피해 및 피해의 위험이 있다는 판정이 내려질 경우에는 상계관세의 부과대상이 되며, 1992 유통 년도(marketing year)에 결정된 보조수준을 초과하여 어느 특정품목에 국내보조가 주어지게 되면 보조금협정 제5조와 제6종에 근거한 대응조치(counter measure)의 대상이 됨과 아울러 GATT 1994 제2조에 따른 다른 회원국에게 주어진 관세양허의 이익의 침해 또는 무효화에 근거한 조치의 대상이 된다.

3. 농산물협정에 따른 수출보조금

마지막으로 농산물협정 제5조에 따른 수출보조금은 보조금협정 제5부에 따라 수량, 가격에 미치는 효과, 또는 결과적 영향에 기초하여 피해 또는 피해의 위험이 존재한다는 판정이 내려질 경우 상계관세의 부과대상이 되며, 상계관세의 부과를 위한 조사의 초기단계에서 적절한(due restraint)이 가하여 지지만, 수출보조금의 경우에는 보조금협정 제3조, 제5조, 제6조에 기한 대응조치의 대상으로부터는 제외가 된다.

종합하여 볼 때 감축약속이 면제되는 금지보조금은 소정의 기준에 합치되는 한, 상계관세 및 대응조치로부터 제외되지만 감축약속의 대상이 되는 국내보조금 및 수출보조금은 각각 소정의 감축기준에 따라 지급되더라도, 피해 또는 피해의 위험이 있다고 판정되면 상계관세의 부과대상이 된다는 점에 차이가 있다. 또한 감축약속의 대상이 되는 국내보조금은 상계관세뿐만 아니라, 소정의 대응조치의 대상이 되지만 수출보조금의 경우에는 상계관세의 부과대상이 될 뿐 대응조치의 대상에서는 제외된다는 점에서 양자에 대한 규율의 차이가 있다고 할 수 있다.

CHAPTER 15

WTO 세이프가드협정

Ⅰ 세이프가드제도의 개요

WTO 회원국은 특정상품의 수입이 급증하여 경쟁상품을 생산하는 자국의 국내 생산자에게 심각한 피해를 초래하거나 초래할 우려가 있을 때에는 상품의 수입에 대해 일정기간동안 양허율 이상으로 관세를 인상하거나 수량제한을 가나는 것이 허용된다. 이러한 세이프가드[1] 조치는 세계무역체제에서 무역자유화에 대한 안전판[2]으로 인정된 회원국의 권리이다.[3]

만약 무역자유화에 따라 수입이 급증하여 국내산업에 심각한 피해를 초래하였거나 초래할 우려가 있는 상황에 대처할 수 있는 이화 같은 장치가 WTO체제 내에 마련되어 있지 않다면 회원국들은 추가적인 관세양허를 하거나 무역자유화를 추진하는데 주저할 것이다. 이러한 이유로 인하여 세이프가드 조치는 1947년도 GATT의 출범부터 세계무역체제의 불가분의 일부가 되어 왔다. 그러나 세이프가드 조치는 양허 또는 그 밖의 GATT상의 의무를 철회하는 것을 그 내용으로 하므로 이는 비상조치(emergency action)이며 특별한 구제조치(extraordinary remedies)의 성격을 갖는다.

---

1) 협정상의 핵심용어인 "Safeguards 「safeguard measures」" 의 표현은 GATT 1947에서는 이를 단지 "emergency action" (긴급조치)으로 규정하였는데 다만 학자들이 그 동안 講學의 목적상 Safeguard로 사용하여 왔던 것을 WTO 신 협정에서 비로소 "Safeguards 「safeguard measures」"란 표현을 공식 법률 문언으로 채택하게 되었다. 그런데 신 협정에 의하면 이러한 "Safeguards"가 국내산업의 심각한 피해를 방지하거나 구제할 목적으로 행사될 수 있음은 물론이지만 국내산업의 구조조정을 촉진할 목적으로도 행사될 수 있다고 규정하였다, 따라서 협정에서의 "Safeguards"는 GATT 1947 제19에 따른 종래의 긴급수입제한조치보다 광의의 개념이 되었음을 알 수 있다. 따라서 이 글에서는 협정상의 "Safeguards"란 표현을 긴급수입제한조치로 번역하는 대신에 협정상의 표현을 발음 나는 대로 옮겨 "세이프가드조치"로 표현하고 다만 협정의 명칭에서는 원어를 그래도 사용하기로 한다.

2) 이러한 예외조치로는 세이프가드 외에도 GATT 제12조 및 제18조b (국제수지 방어를 위한 수입제한), GATT 제 18조c (경제개발을 위한 수입제한), GATT 제20조 (공중도덕, 위생 및 생명보호를 위한 수입제한) 등이 있다.

3) 이 글에서는 세이프가드 협정에 관한 일반적인 설명은 생략한다. 이에 대한 보충은 이춘삼, 국제통상법, 239~246(1999)과 한국통상법458~464(1999) 참조.

세이프가드 조치는 수입에 의한 국내 산업 피해의 구제수단이라는 측면과 그 형태와 현실적으로 적용되는 방법에 있어서 반덤핑 조치 및 보조금에 대한 상계조치와 유사하다. 그러나 가장 큰 차이점은 세이프가드 조치는 덤핑·보조금지급과 같은 수출국으로부터의 불공정 행위를 상정하는 것이 아니라는 점이다. 세이프가드 조치를 발동하기 위한 전제는 수입증가에 따른 경쟁으로 인하여 국내산업이 심각하게 피해를 입고 있는지 또는 그러한 우려가 있는지의 유무뿐이며, 그러한 수입증가가 상대방 국가의 어떠한 불공정한 행위에 기인하는지 묻지 아니한다. 이런 차이점으로 인하여, 특히 세이프가드조치를 발동할 수 있는 조건인 국내산업 피해에 대한 요건이 반덤핑 조치나 상계조치의 경우보다 한층 높다.

세이프가드에 관한 WTO의 규범체제는 기본적으로 WTO세이프가드협정(WTO Agreement on Safeguards)과 동협정의 기초가 되는 GATT 제 19조로 구성되어 있다. WTO체제가 출범하면서 전통적인 세이프가드 제도 외에도, 농업협정 제5조에 의해 관세화대상 농산물에 대하여 일정물량 이상으로 수입이 급증하거나 일정한 기준가격 이하의 가격으로 수입되는 경우 발동할 수 있는 특별 세이프가드 조치(special safeguard action : SSG)와 섬유협정 제6조에 의해 GATT체제에 아직 통합되지 않은 섬유 품목의 수입급증에 대처하기 위한 과도기적 세이프가드(transitional safeguard)제도가 새로 도입되었다. 그러나 이 글에서는 세이프가드 협정에 의한 일반적인 세이프가드 조치를 둘러싼 사례 중심의 법률쟁점만 검토하기로 한다.

II 세이프가드의 발동

세이프가드에 관한 WTO의 규범체계는 기본적으로 WTO 세이프가드 협정(WTO Agreement on Safeguards)과 1994년도 GATT 제19조로 구성되어 있다. 동 규범들은 상품무역에 대하여만 적용된다. 세이프가드협정은 전문과 14개조로 구성되어 있는데, 대체로 5개의 중요요소가 그 골격을 형성하고 있다고 볼 수 있다. GATT 제19조 규정에 상응하는 처음 3개는 세이프가드 조치를 어느 경우에 발동할 수 있는지에 관한 발동요건(제2.1조, 제3조, 제4조), 세이프가드 조치를 발동키로 결정한 경우 어떻게 이를 적용하여야 하는지에 관한 시행요건 (제2.2조, 제5조 내지 제9조)과 세이프가드 조치 발동시 이에 관한 보상요건(제8조)을 규정한 것이다. 네 번째 요소는 기존에 존재하던 회색분야 조치를 제거하고 장래 사용을 금지하는 규정(제10조 및 제11조)이며, 마지막 요소는 협정의 효과적인 기능을 확보하기 위한 장치로서 통보 및 협의, 세이프가드협정과 GATT 제19조와의 관계에 관하여 규정하고 있다. 발동요건에 관한 법적 구조는 다음과 같다. 즉 회원국은 이 협정에 명시된 규정에 따라, 특정 상품이 '동종 또는 직접경쟁적인 상품(like or directly competitive product)을 생산하는 국내산업에 심각한 피해를 초래하거나 초래할 우려가 있을 정도로 국내생산에 비해 절대적 또는 상대적으로 증가된 물량과 조건하에 자기 나라의 영토내로 수입되고 있다고 판정한 경우만, 그 상품에 대하여 세이프가드조치를 취할 수 있다. 세이프가드조치는 수입상품의 출처에 관계없이 적용되어야 한다.4)

관세동맹은 단일체로서 또는 그 한 회원국을 대신하여 세이프가드조치를 적용할 수 있다, 관세동맹이 단일체로서(as a single unit) 세이프가드조치를 적용하는 경우, 이 협정에 따른 심각한 피해 또는 그 우려의 판정을 위한 모든 요건은 관세동맹 전체에 존재하는 제반조건에 기초해야 한다. 반대로 관세동맹 측의 세이프가드조치가 그 한 회원국을 대신하여 적용되는 경우, 그 같은 판정을 위한 모든 요건은 당해 회원국내에 존재하는 제반조건에 기초해야 하며, 당해 조치는 당해 회원국에 한정되어야 한다.5)

회원국은 자국의 주무당국이 GATT 제10조(무역규칙의 공포 및 시행)에 의거하여 공표된 절차에 따라 조사를 행한 후에만 세이프가드조치를 적용할 수 있다. 이러한 조사는 모든 이해당사자에 대한 공고, 의견 제출 기회 보장 등을 포함하며, 주무당국

4) WTO Agreement on Safeguards §2.

5) WTO Agreement on Safeguards §2.1.

은 조사결과에 관한 보고서를 공표한다. 제정된 정보의 비밀도 보장된다.[6)]

이 협정에서 '심각한 피해'(serious injury)란 "한 국내산업의 상태에 있어 중대하고도 전반적인 손상"(a significant overall impairment in the position of a domestic industry)을 의미하고, '심각한 피해의 우려'(threat of serious injury)는 '명백히 임박한 심각한 피해'(Serious injury that is clearly imminent)를 의미한다.[7)] 회원국은 심각한 피해를 방지하거나 구제하고 구조조정을 촉진하는 데 필요한 범위내에서만 세이프가드 조치를 적용하여야 한다.[8)] 이상과 같은 일반적·실체적 구성요소상의 발동요건과 관련하여 주요법률쟁점을 검토하면 다음과 같다.

Ⅲ 세이프가드 발동요건별 주요 내용

1 수입증가(import surge)의 법적 의미

WTO 세이프가드 협정 제2조 및 제4조 2항(a)에서 「증가된 수량의 수입」 이라는 의미를 구체적으로 「절대적 또는 상대적인 수입의 증가」 (…the rate and amount of the increase in imports of product concerned in absolute and relative term…)라고 규정하였다.

그러나 이러한 규정에 따른 문제점으로 첫째, 실제에 있어서 수입수령이 증가하지 않았는데에도 불구하고 수입국내의 생산량이 감소하여 수입의 「상대적 증가현상이 발생한 경우(prima facie increase of import)」 에도 세이프가드 조치를 발동하는 것은 세이프가드 조치를 보호무역수단으로 남용할 가능성이 크다는 문제점이 야기될 수 있다.

---

6) WTO Agreement on Safeguards §3.

7) WTO Agreement on Safeguards §4.

8) WTO Agreement on Safeguards §5.

둘째, 수입의 증가가 있었는지의 여부를 판정할 때의 또 하나의 문제점은 그것을 판정하기 위한 조사의 대상기간을 어떻게 결정해야 되는가이다. 이 조사기간의 설정의 문제가 수입증가여부의 최종적인 결정에 실질적인 영향을 미치게 되기 때문이다. 그러나 GATT(1947)협정 제19조는 물론, WTO세이프가드협정에서도 이에 관해서는 규정하고 있는 바가 없다. 추측컨대, GATT체제하에서 세이프가드조치 발동건수의 거의 대부분을 차지해 온 선진국들이 자국의 유리한 방향으로 이를 운용하기 위하여 WTO협정에서 의도적으로 조사대상기간의 범위에 관하여 규정하지 않은 것으로 보인다. 참고로 미국의 국제무역위원회(ITC)는 통상 제소일 직전의 5년간을 조사대상으로 하고 있는데, 그것이 적절하지 아니한 경우에는 별도의 기간을 설정하고 있다. EC의 집행위원회는 통상조사개시전의 5년의 기간을 조사대상기간으로 하고 있다.[9] 이상의 문제점에 대하여 WTO 패널은 협정 제2.1조는 단순하게 수입증가에 대한 입증만을 규정하고 있는 것이 아니라, "국내 산업에 심각한 피해를 초래하거나 초래할 우려가 있을 정도로" 수입증가가 있다는 것을 입증하도록 규정하는 점을 지적하였다. 또한 Agrentina-Footwear 사건(Agrentina-Safeguard Measures on Imports of Footwear, (제소국 : EC, 분쟁번호 : WT/DS 121)에서 비교의 기준이 되는 연도를 어떻게 결정하느냐에 따라 수입증가 추세에 대한 판정이 완전히 달라질 수 있음에 주목하고 있다. 따라서 수입증가에 대한 적절한 검토는 어느 특정시점에서의 정태분석에만 의존하여서는 안 되며, 관련된 전체 기간에서의 추세에 대한 동태적인 고려가 반드시 필요하다는 것을 시사하였다. 결론적으로, 패널은 아르헨티나가 전체 조사기간에 대한 전반적인 수입의 추세파악을 적절하게 수행하지 못하였으며, 판정의 기준

9) WTO세이프가드협정 제4조에서는 "2(a) 증가된 수입상품이 이 협정의 조건에 따라 국내산업에 심각한 피해를 초래하였거나 심각한 피해를 초래할 우려가 있는지의 여부를 판정하기 위한 조사에 있어서 관할당국은 「동 산업의 상황에 영향을 미치는 객관적이고 계량가능한 성격의 모든 관련요소를 평가하며」 특히 관련 상품의 절대적 그리고 상대적인 수입증가율 및 증가량, 증가된 수입상품이 국내시장에서 차지하는 점유율, 판매수준의 변화, 생산, 생산성, 가동률, 이윤 및 손실, 그리고 고용의 수준에 있어서의 변화를 평가한다"라고 규정하고 있어서 수입증가 및 심각한 피해발생의 조사대상기간에 관해서는 아무런 언급이 없다. 말하자면 수입국으로 하여금 광범위한 재량을 가질 수 있도록 하고 있는 「재량조항」의 성격을 띄고 있다.

연도 변화에 따른 결과 차이, 즉 Sensitivity Test 또한 적절하게 수행하지 못하였다는 점을 들어 아르헨티나가 의무를 위반하였다고 판결하였다.

이에 대해 상소기구는 궁극적으로 패널의 판결에 동의하면서도 수입증가 판정에 관한 중요한 부분에 대해 패널의 판결을 수정하고 있다. 즉, 상소기구는 수입증가의 판정에 있어 패널이 아르헨티나가 "지난 5년간의 과거" 통계자료에 의존하고 있는 부분에 대해 동의하고 있는 점을 기각하였다. 상소기구는 세이프가드협정 제2.1조와 GATT 제XIX:1(a)조에서 모두 수입증가와 관련한 규정이 "such product is being imported ... in such increased quantities"로서 현재형의 문구로 제시되고 있는 점을 지적하였다. 따라서 상소기구는 WTO 회원국의 주무당국이 수입증가에 관한 판정을 수행함에 있어서 단순히 과거의 수년간 동계자료에 근거하여 수입에 관한 추세를 평가해야 하는 것이 아니라 최근의 수입관련 통계자료도 함께 평가하여야 한다고 판결하였다.

결론적으로 상소기구는 세이프가드협정 제2.1조와 GATT 제 XIX:1(a)조에 근거하여 볼 때, 수입증가에 대한 입증의무에서 규정하는 수입증가는 충분히 최근의 현상이며, 갑작스러운 것이어야 한다고 판결하고 있다.[10] 그러므로, 세이프가드 조치와 관련한 수입증가의 판정에 있어서는, 우선 구체적으로 어느 정도의 기간 동안에 대한 통계자료를 검토하여야 하는지에 대해 명확한 기준은 없으나, 가장 최근을 포함한 적절한 기간 동안의 전반적인 수입추세를 검토하여야 한다는 점을 유의해야 한다.

2 심각한 피해 또는 피해 우려(serious injury or threat of serious injury)의 해석문제

세이프가드 협정 제4.1(b)조는 심각한 피해의 위협 또는 피해 우려에 대해 다음과 같이 규정하고 있다. 즉 '심각한 피해의 우려'는 제2항의 규정에 따라 명백히 임박한 심각

10) "this language in both Article 2.1 of the Agreement on Safeguards and Article XIX:1(a) of the GATT1994, we believe, requires that the increase in imports must have been recent enough, sudden enough, sharp enough, and siginificent enough, both quantitatively and quantitatively, to cause or threaten to cause 'serious injury'".

한 피해를 의미하는 것으로 양해된다. 심각한 피해의 우려가 존재하는지 여부에 대한 판정은 사실에 근거하며, 단순한 주장, 추측 또는 막연한 가능성에 근거하지 아니한다.

상기 규정으로부터 US-Lamb Meat사건(United state-Safeguard Measure on Import of Lamb Meat from Australia , 제소국 : Australia, 분쟁번호 : WT/DS 178)에서의 패널은 피해 위협 또는 피해 우려에 대한 분석을 위한 다음의 고려 요소들을 지적하고 있다.

첫째, 심각한 피해 위협의 여부에 대한 판정은 단정, 추론이나 가능성에 근거하지 않도록 하기 위해 최근의 객관적이고 증명 가능한 자료에 입각한 분석에 기초하여야 한다.

둘째, 임박한 미래의 산업상황과 수입에 대한 사실에 입각한 추정에 의해 보완된 최근의 사실자료가, 관련사업 부문에 중대하고 전반적인 피해가 가까운 미래에 임박하였는지를 결정하는데 반영되어야 한다.

셋째, 세이프가드 조치가 적용되지 않는 경우 가까운 미래에 심각한 정도의 피해가 실제로 발생한 것인지에 대한 분석이 이루어져야 한다는 점 등이다.

한편, 패널은 반덤핑과 관련된 판례분석을 통해, 일반원칙으로서, 무역구제 사건에서 피해의 우협이 명백하게 임박한 것인지에 대한 판정은 사실에 근거한 미래 지향적인 분석(fact-based, future-oriented analysis)에 입각하여야 한다고 결론지었다.

또한, 피해위협요소가 입증되기 위해서는 심각한 피해가 명백하게 임박해 있음(clearly imminent)을 제시하여야 하는 데 이에 대하여 상소기구는, 사실 관계차원에서 국내산업이 심각한 피해를 입기 직전이라는 것이 자명하게 입증되어야 한다고 판결하였다.(“the phrase” clearly imminent “indicates that, as a matter of fact, it must be manifest that the domestic industry is on the brink of suffering serious injury”)피해 위협 판정과 관련한 조사대상 기간에 대해서 상소기구는 원칙적으로 가장 최근의 자료가 가까운 장래의 산업상황에 대해 가장 정확한 추론근거가 된다는 패널의 결론에는 동의하고 있으나, 그러한 최근 자료는 보다 장기간의 자료에 비추어 검토되어야 한며 그러한 장기간의 추세와 분리되어 파악될 수 없다고 판결하고 있다.

3 수입증가와 심각한 피해간의 인과관계 존재문제(causal link)

WTO 세이프가드 협정은 GATT체제에서와는 달리 「수입증가」와 「심각한 피해 또는 그 우려」와의 사이에 인과관계(causation, causal link)가 존재하여야만 한다는 것을 명시적으로 규정하고 있다.

즉, 동 협정은 "조사가 객관적인 증거에 기초하여 관련 상품의 수입증가와 심각한 피해 또는 피해의 우려사이에 인과관계의 존재를 증명하는 경우 이외에는 본조(a)호에서 언급된 판정이 내려지지 아니한다. 증가된 수입물품 이외의 요소가 국내산업에 동시에 피해를 초래하는 경우에는 이러한 피해가 증가된 수입물품에 기인하는 것으로 받아들여져서는 아니 된다."[11] 라고 규정하고 있다. 인과관계의 구체적인 정도 및 내용은 규정하고 있지 않다. 그러나 동 협정은 수입증가 이외의 기타 요인과 동시에 국내산업에 피해를 발생시키고 있을 때에는 그 피해를 수입증가에 귀속시켜서는 안 된다는 점을 명기하고 있다.

이렇게 볼 때 인과관계의 구체적인 내용이 특별히 규정되어 있지 않기 때문에 현실적으로는 세이프가드조치 발동 국에게 사실상 어느 정도의 재량권을 주고 있는 결과가 되고 있다.

그 결과 사실상 미국은 세이프가드와 관련하여 재량사항이 많은 종합무역법(Omnibus Trade and Competitiveness Act of 1988)의 규정을 최대한 활용하고 있다.

인과관계에 관한 쟁점은 전술의 US-Lamb Meat 사건에서도 다시 한 번 제기되어 아래와 같은 판결을 낳고 있다. 인과관계 분석과 관련하여 WTO 패널은 첫째, 수입증가가 피해요인들의 하락세와 일치하는 추세를 보이는지 둘째, 수입품과 국내 상품간의 경재조건이 수입과 피해간의 인과관계의 존재를 입증하는지 셋째, 수입외의 요인에 의한 피해가 수입에 의한 영향에서 제외되었는지의 3단계 분석을 통해 인과관계의 입증이 이루어진다고 파악하고 있다.

특히 상기한 요소들 중 세 번째 요소와 관련하여, 패널은 수입증가가 기본적으로 심각한 피해의 필요·충분조건이 되어야 한다고 판결하였다.

11) WTO Agreement on Safeguards §4.2 (b).

4 국내산업의 의미

세이프가드 협정 제4.1(c)[12]는 국내산업의 정의를 다음과 같이 규정하고 이다. 즉 피해 또는 피해의 우려를 판정함에 있어서 "국내산업"은 회원국의 영토 내에서 활동하는 동종 또는 직접적인 경쟁상품의 생산자 전체, 또는 자신의 동종 또는 직접적인 경쟁상품의 총산출량이 동 상품의 국내총생산의 상당한 비율을 구성하는 생산자를 의미하는 것으로 양해된다. WTO세이프가드협정에서의 동종물품(like product)의 개념은 WTO반덤핑협정에서의 like product와 같은 개념으로 볼 수 있으며, 이는 GATT(1994) 협정 제7조(반덤핑조치)와 제19조(세이프가드 조치)에서 공히 "like product"라는 용어를 사용하고 있는 데에서도 알 수가 있다. 그리고 「동종물품」 의 개념은 GATT(1994) 협정 제1조, 제3조, 제5조, 제9조, 제11조, 제13조 및 제16조의 각 조항에도 나타나는데 다만 그것이 구체적으로 무엇을 의미하고 있는지에 대해서는 GATT의 각 패널보고서에서도 명확히 언급하지는 않고 있다.

종전까지의 GATT분쟁사례에 대한 패널보고서에서 나타난 체약국단의 관행을 보면 GATT의 각 체약국에 관세품목분류에 있어서 큰 재량권을 부여하고 있는 것을 전제로 당해 상품간의 「동종간」 을 인정하는 기준으로서 수입국의 관세품목분류 및 기타의 기준(상품의 최종용도, 상품의 속성 · 성질, 소비자의 기호 · 습관, 상품의 정의의 보편성 및 기타의 체약국의 관행 등)을 고려하여 사례별 「동종성」 을 결정하고 있다.

한편, 직접적 경쟁상품(directly competitive product)은 동종물품(like product)의 예시 또는 설명이 아닌 확장개념으로 보는 것이 옳을 것이다. 이를 반덤핑협정과 세이프가드협정으로 나누어 보면 명확해 진다.[13]

---

12) "a domastic industry shall be understood to mean the producers as a Whole of the like or directly competitive products operating within the territory of a Member, or those whose collective output of the like or directly competitive products constitutes a major proportion of the total domestic production of those product."(emphasis added).

아무튼 동종물품과 직접적 경쟁물품에 대한 개념은 WTO에서도 명확히 정의하고 있는 개념은 아니고, 또한 이를 정의하기가 쉽지도 않다. 그러나 보다 더 큰 문제는 상기물품에 대한 개념적 구분보다도 세이프가드조치 발동 국이 그 필요성 여하에 따라 "수입으로 인하여 피해를 입는 산업"을 "직접적 경쟁관계에 있는 산업"으로까지 무분별하게 그 개념을 확장하여 운용할 가능성이 없지 않다는 점이다. 따라서 WTO에서는 이러한 점에 관한 논의가 있어야만 할 것이다. 이상의 문제와 관련하여 WTO 패널은 수직적 통합(vertical intergration)이나 공동소유(common ownership)의 요소들 그 자체가 국내산업 범주의 판정에 결정적이거나 특별히 관련되어 있는 것은 아니라고 판정한 바 있다. 즉 국내산업과 관련한 쟁점의 판정에 핵심적인 사항은 첫째, 생산의 제반 단계에서의 제품이 단일 동종상품의 다른 형태인지(different forms of a single like product) 둘째, 해당 동종상품의 생산 공정을 개별적으로 구분하는 것이 가능한지, 혹은 공동소유에 의해 다른 생산 공정을 개별적을 구분하는 것이 가능한지, 혹은 공동소유에 의해 다른 생산 단계에 의한 개별적 구분이나 분석이 불가능한 수준으로 생산공정이 완벽한 통합이 이루어졌는지에 대한 판정이라고 결론지었다.

결론적으로, WTO 패널은 국내산업의 범주판정에 있어 다른 생산단계간 정보와 공정의 분이성은 관련이 있는 반면, 수직적 통합 공동소유, 연속적 생산공정, 경제적 연관성 또는 경제적 이해에서의 중대한 일치 등 요소는 무관하다고 결론을 내렸다.

5 산업구조조정 조치 적용 문제

WTO세이프가드협정은 세이프가드조치의 일환으로 산업구조 조정조치를 열거하고 있다. 즉 동 협정 제5조 제1항에서는 "가. (수입)회원국은 심각한 피해를 방지하거나 구제하고 「(산업구조)조정」 을 촉진하는데 필요한 범위 내에서만 세이프가드조치를 적용한다."라고 규정함으로써 세이프가드로서의 산업구조조정의 목적을 명기하고 있다.

---

13) WTO협정별 「물품」 에 관한 규정 비교

또한 동 협정 제12조 제2항에서는 "나. (...)세이프가드조치를 적용하거나 연장할 것을 제안하는 회원국은 세이프가드 조치위원회에 모든 관련된 정보를 제공하며 동 정보에는 증가된 수입품으로 인한 심각한 피해 또는 심각한 피해의 우려에 관한 증거, 관련 상품과 제안된 조치의 정확한 기술, 제안된 도입일자, 예상 존속기간 및 점진적인 자유화를 위한 일정이 포함된다. 조치의 연장의 경우에는 관련사업이 조정 중에 있다는 증거가 포함한다. 조치의 연장의 경우에는 관련사업이 조정 중에 있다는 증거나 연장할 것을 제안하는 국가로부터 그들이 필요하다고 간주하는 추가정보를 요구할 수 있다."라고 규정하고 있다.

따라서 산업구조조정 정책 및 조치가 세이프가드의 테두리 내에서는 이를 합규범적으로 인정받게 된 것이다. 그러나 문제는 그러한 산업구조 조정조치가 「WTO 보조금 및 상계조치에 관한 조약」 및 「WTO 농산물협정」 과의 관계에서 어떻게 이해되어야 하는지 즉, "금지보조금" 또는 "상계대상 보조금"이 세이프가드의 일환으로서의 산업구조조정 조치시에 사용될 수 있는지에 관해서는 「WTO 세이프가드 협정」 에 규정되어 있지 않다. 환언하면, "산업구조조정을 촉진하는 데에 필요한 범위 내"(to the extent necessary to facilitate adjustment)에 해당되는 경우라면 「WTO 보조금 및 상계조치협정」 및 「WTO 농산물협정」 에서 규정하고 있는 금지보조금 또는 상계대상 보조금이 공여될 수 있는지의 여부에 대해서는 향후 WTO에서 논의가 있어야만 할 것이다.

6 WTO에의 통보관련 사항

1. 세이프가드조치 발동국의 통보의무

WTO세이프가드협정은 회원국으로 하여금 다음의 사항에 관하여 WTO 긴급수입제한조치위원회(Committee on Safeguard)에 통보하도록 의무화하고 있다.[14)]

① 심각한 피해 또는 심각한 우려와 관련한 조사과정의 개시 및 사유

② 증가된 수입품으로 인한 심각한 피해 또는 심각한 피해의 우려에 관한 판정

14) WTO Agreement on Safeguards §12·1

③ 긴급수입제한조치의 적용 및 연장에 관한 결정

④ 잠정긴급수입제한조치

2. WTO에의 정보제공의무

동 협정은 회원국으로 하여금 세이프가드조치에 관한 각종의 정보를 WTO긴급수입제한조치위원회에 제공하도록 의무화하고 있다.15) 즉, 동 협정 제7조 제1항이 규정하는 통보를 함에 있어서 긴급수입제한조치를 적용하거나 연장할 것을 제안하는 회원국은 WTO긴급수입제한조치위원회에 모든 적절한 정보를 제공하여야 하며, 그 정보에는 증가된 수입으로 인한 심각한 피해 또는 피해우려에 관한 증거, 정확한 대상품목의 설명, 계획하고 있는 조치, 조치적용일자 및 예정기간, 점진적인 자유화 일정계획 등이 포함되어 있어야 한다.

동 조치를 연장코자 하는 경우에는 관련 산업이 구조조정 중에 있다라는 증거를 포함하여야 한다.

3. 사전적 협의

세이프가드조치를 발동하거나 연장코자 하는 국가는 관련 상품의 수출국으로서 「실질적인 이해」를 가지고 있는 회원국에게 정보의 검토, 조치에 관한 의견교환 및 무역상의 보상에 대한 양해에 도달하기 위하여 사전협의(prior consultation)의 기회를 제공하여야 한다.16)

그런데 WTO세이프가드협정의 모법이 되는 GATT(1994)협정 제19조 제2항은 당사국간의 협의에 관하여 "2. 체약국은 본 조 제1항의 규정에 따른 조치 [GATT(1994)협정상의 의무의 전부 또는 일부를 정지하거나 관세양허의 철회 또는 수정조치]를 취하기 전에 가급적 조속히 서면으로 체약국단에 통고하여야 하며, 또한 동 조치에 관하여 자국과 협의할 기회

15) WTO Agreement on Safeguards §7·2

16) WTO Agreement on Safeguards §12·11

를 체약국단 및 해단산품 수출국으로서 실질적인 이해관계가 있는 체약국에게 부여하여야 한다. 특혜양허에 관하여 전기한 통고를 할 때에는 동 통고에 조치를 요청한 체약국에게 부여하여야 한다. 특혜양허에 관하여 전기한 통고를 할 때에는 동 통고에 조치를 요청한 체약국명을 표기해야 한다. 지연되면 회복이 곤란한 피해를 야기할 만큼 급박한 사태에서는 본조 제1항에 의한 조치를 사전협의 없이 잠정적으로 적용할 수 있다. 다만, 이는 동조치를 위한 후에 즉시 협의할 것을 조건으로 한다."[17]고 규정하고 있다.

4. 기타의 통보의무

WTO세이프가드협정은 전술한 사항에 대한 통보의무이외에 그 밖의 사항에 대한 WTO통보의무도 또한 규정하고 있다.[18]

즉,

① 회원국은 점정 세이프가드조치를 취하기 이전에 WTO세이프가드조치위원회에 통보한다. 협의는 조치가 취해진 후 즉시 개시되어야 한다.[19]

② 협의결과 뿐만 아니라 중간검토 결과, 보상의 어떤 형태, 양허와 다른 의무의 정지들은 관련 회원국들에 의해 즉시 WTO상품교역이사회에 통보되어져야 한다.[20]

③ 회원국은 신속히 WTO 세이프가드조치위원회에 세이프가드조치에 관련된 자국의 법률, 규정 및 행정절차와 이에 대한 모든 수정사항을 통보하여야 한다.[21]

④ WTO협정의 발효일 현재(1995년 1월 1일)로 존재하는 기존의 세이프가드 조치 및 본 협정 제11조에 규정된 「회색조치」 들을 유지하고 있는 체약국들은

---

17) GATT(1994) §19·2

18) WTO Agreement on Safeguards §12·4~11

19) WTO Agreement on Safeguards §12·4

20) WTO Agreement on Safeguards §12·5

21) WTO Agreement on Safeguards §12·6

그러한 조치들을 WTO협정 발효일로부터 60일 이내(즉, 1995년 3월 1일까지)에 WTO 세이프가드조치위원회에 통보하여야 한다.22)

⑤ 회원국은 본 협정에 의거하여 통보되어야 하나 당해 회원국이 이를 통보하지 아니한 본 협정의 대상이 되는 법률, 규정, 행정절차 및 조치 또는 행위를 세이프가드조치위원회에 통보할 수 있다.23)

⑥ 모든 회원국은 본 협정 제11조 제2항에 언급된 모든 비정부적 조치를 WTO 세이프가드조치위원회에 통보할 수 있다.24)

그런데 동 협정 제11조 제3항은 "3. 회원국은 제1항에서 언급된 조치(즉, 회원국은 특정상품에 대한 긴급조치(emergency action)가 WTO세이프가드협정에 의거하여 실행되는 GATT(1994)협정 제19조의 규정과 합치되지 아니하는 경우에는 이러한 조치를 취하거나 모색하지 아니한다)와 동등한 비정부적 조치(non-governmental measures)가 공·사기업에 의해서 채택 또는 유지되는 것을 장려하거나 지지하여서는 아니 된다."라고 규정하고 있는 바, 따라서 동 협정 제11조 제3항과 제12조 제9항에 의거하여 결국 WTO회원국은 GATT(1994)협정 제19조와 WTO세이프가드협정에서 불인정되는 긴급조치를 정부를 우회해서 공기업 또는 사기업 즉, 기업의 차원에서 이를 실행해서는 아니 된다는 것이다. 환언하면 WTO세이프가드협정상 정부차원에서 불허용 되는 긴급수입제한조치를 기업차원에서 우회시켜서 사실상 발동시키는 것을 방지하겠다는 취지인 바, 이는 소위 「anti-circumvention of safeguard measure」 조항으로서 회원국 공·사기업을 통해서 세이프가드조치를 사실상 (de facto)실시하는 것을 규제하는 조항인 것이다.

22) WTO Agreement on Safeguards §12·7

23) WTO Agreement on Safeguards §12·8

24) WTO Agreement on Safeguards §12·9

즉, WTO협정에서 세이프가드협정의 실효성을 확보하기 위한 방안으로서 마련된 규정이다.

⑦ 본 협정에 언급된 WTO 상품무역이사회에 대한 모든 통보는 통상적으로 WTO 세이프가드조치위원회를 통하여 이루어진다.[25)]

⑧ 본 협정 중 통보에 관한 규정은 회원국에게의 공개시에 법집행을 방해하거나 달리 공공의 이익에 반하거나 또는 특정한 공기업 또는 사기업의 적법한 상업적 이익을 저해할 수 있는 비밀정보를 공개하도록 요구하지 아니한다.[26)]

이상에서와 같이 WTO세이프가드협정은 회원국이 세이프가드조치결정과 이에 앞서 이루어지는 조사과정과 관련하여 WTO에 통보하여야 하는 경우로 모두 4가지 즉 ① 조사과정의 개시 ② 심각한 산업피해 또는 그 우려에 대한 판정 ③ 세이프가드의 적용 또는 연장 결정시에 WTO에 통보하도록 규정하고 있다. 여기서 조사개시에 관한 통보의 내용에 대하여 협정은 "조사개시 및 그 사유"라고만 규정한 이외에는 더 이상의 자세한 규정을 두고 있지 않다. 동 통보는 실질적인 이해관계를 가진 회원국이 제3.1조에 규정된 바대로 조사과정에 참여할 권리를 행사할 수 있도록 하고 제12.3조 하의 사전협의를 할 기회를 보장하기 위한 것이 그 목적이라고 할 수 있다. 동 통보는 WTO를 통해 모든 국가에 통보된다. 세이프가드 조치는 원칙적으로 최혜국대우 원칙에 따라 모든 국가로부터의 수입에 대하여 적용되므로 반덤핑협정에서와 같은 개별국가에 대해 통보할 필요는 없다.

또한 심각한 산업피해의 판정과 세이프가드 조치의 결정에 관한 통보에 포함될 내용에 관하여는 제12.2조가 상세히 규정하고 있다. 동 조항은 일반적으로 "모든 관련 정보(all pertinent information)"가 통보되어야 한다고 하고, 구체적으로 피해 증거, 대상 상품 및 계획된 조치의 내용, 적용예상 일자, 예상 존속기간, 점진적 자유

25) WTO Agreement on Safeguards §12·10

26) WTO Agreement on Safeguards §12·11

화 일정 등이 이에 포함된다고 규정하고 있다. 동 조항에 열거든 항목들은 "모든 관련 정보"에 필수적으로 포함되어야 할 요소로서, 동 요소가 통보에 포함되어 있지 않으며 제12조의 요건을 충족하지 않은 것으로 해석된다.

한편 통보시기와 관련하여 WTO/DSB의 패널은 세이프가드협정 제12.1조상의 통보는 결정이나 판정 시점 "즉시"이루어져야 한다는 점에서 어느 정도의 긴급성(urgency)이 내포되어 있다고 해석하고, 통보내용에 포함될 정보의 최소수준을 규정한 제12.2조상의 요건과 통보의 즉시성을 규정한 제12.1조상의 요건은 서로 균형을 이룰 필요가 있다고 전제하면서, 통보 내용에 포함할 정보가 자세할수록 회원국은 그 만큼 통보를 즉각적으로 하기가 현실적으로 하기가 현실적으로 어려울 것이라는 점과 WTO 언어(영어, 불어, 스페인어)를 사용하지 않는 회원국의 경우에는 번역에 시간이 소요된다는 점을 감안하여 이러한 긴급성의 정도를 판단해야 할 것이라고 해석하고 있다.

IV 요약 및 시사점

세이프가드 제도는 WTO를 중심으로 지속적으로 진전되고 있는 세계무역자유화 노력을 회원국들이 보다 안정적으로 수용할 수 있도록 하는 중요한 완충기능을 수행하고 있다. 또한, 세이프가드협정은 145개 WTO회원국들의 참여로 꾸준히 확립되어 가는 국제통상규범을 심각하게 훼손할 수 있는 회색지대조치들의 남용을 방지하는 기능도 수행하고 있다. 중국과 대만의 WTO가입으로 중국을 대상으로 한 WTO 특별 세이프가드제도의 운영이 논의되고 있으며, 이에 따라 우리도 향후 세이프가드조치의 사용이 대폭 증가할 것으로 기대되고 있다.

이러한 시점에서 이제까지 세이프가드조치의 운용과 관련한 WTO분쟁해결기구의 판정은 새로이 마련된 세이프가드협정의 운용과 관련한 유용한 지침과 기준을 제시하고 있다. 한편 1995년 1월 1일 WTO가 출범한 이후 세이프가드사건을 처리하는 과정에서 패널과 상소기구에 의해 GATT 제19조 및 세이프가드 협정의 여러 조문에 대한 명확한 작업이 상당부분 이루어졌다. 패널이나 상소기구는 분쟁해결양해(DSU) 제3.2조의 규정에 의거하여 분쟁해결을 위해 필요한 정도에서 관련조항의 규정을 명확히 하는 임무를 지니고 있을 뿐이고, 특정사건에서 패널·상소기구가 내린 해석은 추후 사건의 기소력을 가지지 아니한다.[27)]

그러나 실제 있어서는 이후 사건을 맡은 패널이나 상소기구가 동일한 조항을 해석하는 데 있어 종전의 패널과 상소기구가 내린 해석과 논리를 유용한 지침으로 삼아왔고, 특히 상소기구는 자신이 내린 특정조항에 대한 해석에 있어 일관성을 유지하려는 강한 경향을 가지고 있으므로 패널도 상소기구가 내린 종전의 해석을 거의 예외 없이 그대로 적용하여 왔다.

회원국의 입장에서 보면, 이는 자신이 취한 세이프가드 조치가 추후 다른 회원국에 대한 도전을 받지 않게 하기 위해서는 세이프가드조치의 발동과 시행에 있어 종전에 패널 및 상소기구가 내린 WTO관련 조항에 대한 해석을 충실이 적용할 필요가 있다는 것을 의미한다.

이런 측면에서 패널 및 상소기구의 해석은 회원국에 대하여 실제적인 유권 해석적 효과를 미친다고 볼 수 있다. 따라서 모든 회원국은 WTO/DSB의 패널 및 상소기구의 상기 법적 쟁점에 대한 사항을 충분히 검토하여야 할 것이다.

---

27) WTO협정 제9.2조에 규정되어 있는 바와 같이 WTO협정 조문에 대한 유권해석을 내릴 수 있는 권한은 어디까지나 회원국으로 구성된 각료회의(Ministerial Conference)와 일반이사회(General Council)에 있다.

CHAPTER 16

한·중 세이프가드 분쟁사례 분석

I 개요

1990년대 초까지 비시장 경제국가로서 특수한 경제 환경을 가진 중국은 세이프가드 조치 등의 산업피해구제제도를 보호주의적이고 자의적으로 이용함으로써 국제사회에서 많은 비판을 받아왔다. WTO 가입을 위한 실무회의(working party)과정에서도 중국은 통상법률의 불투명성 때문에 많은 지적을 받았다. 특히 1992년 중·미간에 체결된 '시장진입 양해각서'와 WTO 가입을 위한 실무회의에서 이 내용이 정식 문제점으로 대두되면서 중국정부는 자국 통상법률의 불투명성을 제거하려는 움직임이 보이기 시작하였다.

중국정부는 자국의 대외무역관련 법률의 불투명성 제거를 위하여 1993년 7월에는 「반덤핑 조례」, 「상계관세 조례」, 「세이프가드 조례」 등 세 가지 산업피해 구제제도의 초안을 발표하였으나, 우루과이라운드(UR)와 맞물려 그 제정이 지연되다가 1994년이 되어서야 비로소 세이프가드 조항(제29조)과 반덤핑과 관련된 단일조문(제30조)을 포함하는 총 8장 44조로 구성된 대외무역법을 제정되게 된 것이다.[1] 그러나 대외무역법의 제정 이후에도 산업피해구제제도에 대한 특별한 시행세칙이 마련되고 있지 못하다가 1997년이 되어서야 반덤핑관세(총36조)와 상계관세(총6조)관련 조문을 포함한 총 6장 42개 조문의 「중국 반덤핑과 보조금 조례」가 제정되게 되었다. 그러나 당시에 발표된 「중국 반덤핑과 보조금 조례」는 전체 42조에 총 5000자에 불과한 법률로, 반덤핑과 상계관세제도에 대하여 너무 간소하고 개괄적으로 규정되어 있었고, 또 다른 주요한 산업피해구제 제도 중 세이프가드 관련 규정은 아직도 제정되지 못했다는 국제적인 비난을 받게 되었다.

중국 정부는 이러한 문제점을 인식하여 중국 반덤핑 및 보조금 조례를 개정하여

1) 왕승빈, 「서방국가 반덤핑 법 실무」, 중국대외경제무역출판사, 1996, p.309

2001년 11월 26일 총 6장 59조의 「중국 반덤핑 조례」[2]와 총 6장 58조의 「중국 반보조금 조례」를 공포하였으며, 세이프가드에 관한 조례인 총 5장 35조의 「중국 보장조치 조례」(중화인민 공화국보장조치 조례)도 자국의 대외무역법 제29조에 근거하여 새롭게 발표하였다. 그리고 이러한 공포와 더불어 그 후 동 법률에 관한 많은 시행세칙들이 2002년 2월 10일과 3월 13일 다시 발표되었다.

본고에서는 중국의 보장조치 조례, 즉 세이프가드 조례를 WTO와 비교하여 검토하고 특히 중국의 세이프가드 조례가 담고 있는 문제점과 이것이 우리에게 주는 시사점을 고찰한 다음, 한중 세이프가드 사건을 구체적으로 분석하고자 한다.

Ⅱ 중국 세이프가드제도의 구성

1 제소와 제소자적격의 문제

중국 세이프가드 조례[3]는 수입제품의 수량이 증가하고 동종제품 혹은 직접적인 경쟁제품이 국내산업에 심각한 손해 혹은 심각한 손해위협을 초래하는 행위에 대해 국내산업과 관련된 사람이나 법인 혹은 기타 조직이 대외무역경제합작부(이하; 외경무부)에 제소하면서 시작된다.[4] 제소에 대해 외경무부는 제조사 적격을 심사하여 입안조사여부를 결정하게 된다. 제소자적격의 문제에서 국내산업은 중국 국내의 동종제품 혹은 직접적인 경쟁제품의 전부 생산자나 또는 그 총생산량이 국내 동종제품 혹은 직접적인 경쟁제품의 전체생산에서 차지하는 정도가 주요한 정도인 생산자를

2) 중화인민공화국 국무원령, 제328호

3) 2001년 11월 26일 국무원령 제330호 공포, 2002년 1월 1일 발효.

4) 중국 세이프가드 조치 조례 제2 내지 제3조.

의미한다. 그러나 이러한 제소가 없더라도 외경무부에서 국내산업이 수입제품의 수량증가로 인해 손해를 입었음을 입증한 충분한 증거를 가지고 있을 경우에는 직권으로 입안조사를 결정할 수도 있다. 이러한 조사결정에 대해서는 WTO에 통보를 해야 한다.

2 세이프가드 조사

한편 세이프가드 조사에서 수입제품의 수량증가에 관련된 조사와 결정을 담당하게 되는 것은 외경무부에서 실시하게 되는데, 여기서 수입제품의 수량증가는 수입제품의 수량이 국내생산량과 비교하여 절대적 혹은 상대적으로 증가한 것을 의미하게 된다.

그리고 손해에 대한 조사와 확정은 국제경제무역위원회(이하; 경무위)에서 책임지게 되는데, 만약 농산물 관련 세이프가드조치에 관한 조사에 대해서는 경무위와 농업부에서 함께 진행하게 된다. 그리고 국내산업에 대한 손해여부를 확정할 경우에는 수입제품의 절대 및 상대적 성장률과 증가율, 증가한 수입제품이 국내시장에서 차지하는 점유율, 그리고 수입제품이 국내산업에 가져다주는 영향부분에는 국내산업의 생산량, 판매수준, 시장점유율, 생산율, 설비 이용율, 흑자와 적자, 취업 등 다양한 분야에서의 영향 등을 고려하여야 하고, 그 외 국내산업으로 인해 손해를 초래하는 기타 요소 등도 심사하여 손해여부에 대해 최종 결정하여야 한다.[5)]

3 정보의 입수 및 조사의 운영

중국의 세이프가드 조례에서는 엄중한 손해위협의 확정에 대해서는 반드시 사실에 의거해서 행해야 하고, 고소나 추측 혹은 극소 가능성에만 의거하지 말아야 한다. 또한 수입제품의 수량증가로 인한 국내산업의 피해를 확정할 경우에는 수입증가 외의 요소가 국내 산업에 가져다주는 피해를 수입의 증가에 의한 것으로 귀결해서는 안

5) 중국 세이프가드 조치 조례 제6 내지 제8조.

됨도 밝히고 있다. 이와 유사한 맥락으로 세이프가드 조례에서는 외경무부와 경무위가 수입제품의 증가와 국내산업의 손해사이에 존재하는 인과관계를 입증할 시에 객관적인 증거에 의거해야 함도 규정하고 있다.6)

중국 세이프가드 조례에서는 세이프가드 조사 시에 수입업자와 수출업자 및 기타 이해관계인들의 의견과 진술의 기회를 보장하고 있다. 즉, 설문지나 또는 청중회 등 기타 방식으로 조사를 진행할 수 있음을 명백히 규정하였다. 그리고 조사를 통해 수입한 자료 중 자료 공급 측에서 기밀이 필요하다고 인정하는 경우, 외경무부와 경무위는 이를 기밀 자료로 처리하여야 한다. 물론 이러한 기밀자료는 자료 공급 측의 동의를 거치지 않고 마음대로 누설되어서는 안 된다. 그리고 수입제품의 수량 증가, 피해에 관련된 조사결과 및 그 이유에 대한 설명은 외경무부에서 공고하고, 관련사항은 WTO 세이프가드 위원회에 통보한다.

4 잠정조치와 최종조치의 시행7)

중국 세이프가드 조치에서는 수입제품의 수량급증과 피해에 관한 예비판정은 외경무부와 경무위에서 각자 실시하되 외경무부에서 이를 공고하게끔 되어 있다. 이 때 수입제품의 수량증가를 입증할 수 있는 확실한 증거가 있고 잠정 세이프가드 조치를 취하지 않음으로 인해 국내산업에 가져다주는 구제하기 어려운 피해가 발생하는 긴급한 상황 하에서는 세이프가드에 관한 예비판정과 동시에 관세를 높이는 방식인 잠정 세이프가드 조치를 발동할 수 있다. 관세세칙 위원회에서는 외경무부의 건의에 따라 관세율을 결정하고 외경무부에서 이를 공고하면, 해관에서는 공고일로부터 200일 이내에 잠정 세이프가드조치를 실행하게 된다. 그리고 이러한 잠정 세이프가드조치의 실시도 WTO세이프가드위원회에 통지되게 된다.

6) 중국 세이프가드 조치 조례 제11내지 제14조.

7) 중국 세이프가드 조치 조례 제3장.

수입제품의 급증과 이로 인한 국내산업의 피해에 대한 최종결정이 긍정적으로 나면 관세를 높이거나 또는 수량제한의 방식을 통해 세이프가드조치를 실시할 수 있다. 여기서 차이점은 잠정 세이프가드조치는 관세의 방식으로 행해지지만 최종조치는 관세와 수량제한 두 가지의 방법 중 어떤 것도 채택할 수 있다. 이 중 관세방식으로 채용한 세이프가드 조치는 외경무부에서 건의하고, 이에 따라 국무원 관세세칙위원회에서 관세율을 결정하며, 이를 다시 외경무부에서 공고하는 형식으로 취해진다. 이러한 과정을 거쳐 공고된 세이프가드 조치는 해관에서 집행되게 된다.

그리고 수량제한 조치를 채용한 것은 수량제한 후 수입량이 최근 3개월 대표적 연평균 수입량보다 적지 않아야 한다. 만약 수량제한에 수출국 혹은 원산지국사이의 수량 분배가 필요한 경우, 외경무부는 이들 국가나 지역과 협의하여 수량분배를 진행한다. 하지만 이러한 조치 모두는 반드시 엄중한 손해를 방지하거나 또는 구제하는 동시에 국내산업에 대한 편리한 조절이 필요한 범위 내에서만 행해진다.

5 세이프가드조치의 기한 및 재심사[8)]

세이프가드 조치의 실시기한은 최고 4년으로 하되, 만약 동 조치가 특히 손해의 방지 혹은 구제에 여전히 필요한 경우, 관련 국내산업이 조절진행 중임을 표명하는 증거가 있는 경우, 관련 대외통지, 협의관련의무를 이미 이행한 경우에는 세이프가드 조치의 연장이 가능하다. 하지만 이러한 연장을 통해 실시되는 조치는 연장전의 조치보다 엄하지 않아야 하며, 기존의 기간과 합쳐진 총 연장기간이 8년을 넘어서는 안 된다.

한편 보장조치의 실시기간이 3년을 초과했을 경우 외경무부와 국가 경무위에서는 동 조치에 대한 중간 재심사를 진행해야 한다. 그리고 동일한 수입제품에 대한 세이프가드 조치가 다시 시행될 경우 바로 전에 취한 보장조치 시간간격은 반드시 바로 전에 취한 보장조치의 실시기한보다 길어야 하고, 적어도 2년 이상이어야 한다.

---

8) 중국 세이프가드 조치 조례 제4장.

6 세이프가드 조례의 특성(보복조항)

중국 세이프가드 조례에서 찾아볼 수 있는 특별 조항으로는 제5장 부칙에서 "임의의 국가(지역)가 중국의 수출제품에 대해 차별적인 보호조치를 취할 경우 중국은 실제상황에 따라 동 국가(지역)에 대해 상응한 대책을 취할 수 있다." 라고 규정하고 있다. 이는 결국 외국의 세이프가드 조치에 대한 일방적 보복조치의 가능성의 길을 열어두고 있는 것이다.

중국은 과거 세이프가드 규정이 없던 시기에도 자국의 대외무역법 제7조에 근거하여 외국의 세이프가드조치에 대한 일방적 보복조치를 강행했던 경험이 있다. 중국의 대외무역법 제7조는 사실 미국의 슈퍼 제301조에 대한 입법적 성격을 띄고 만들어진 것이다. 1991년 미국이 지적재산권 침해를 이유로 중국을 스페셜 제301조의 '우선협상 대상국(PFC)'으로 지정한 후 시행한 6개월간의 협상이 결렬됨에 따라 중국에 대해 스페셜 제301조를 발동했던 경험이 있다. 양국은 1992년 「중·미 지적재산권보호에 관한 양해각서」 교환을 통해 동 분쟁을 타결하였지만, 이 과정에서 중국은 미국의 일방적 무역조치에 대한 대응필요성을 절감하게 된 것이다. 그래서 1994년 자국의 「대외무역법」 을 제정하면서 일방적 보복조항의 규정을 삽입하게 된 것이다. 실제로 중국은 이러한 보복조항을 1994년과 1996년 미국의 스페셜 제301조에 대한 보복위협에 대해 동 조항을 근거로 역보복을 발표했던 경험도 있다.

이와 같이 중국이 자국제품의 수출급증에 따른 외국의 세이프가드 조치의 발동에 대해서도 보복조치의 가능성을 열어놓고 있지만, 동 조항에 대한 세부적인 지침은 어디에도 찾아볼 수 없다. 즉 어느 정도의 조치가 차별적인 보장조치인지에 대한 최소한의 근거조차도 공개하고 있지 않다는 점이다. 그리고 상응한 대책의 수준이 어느 정도인지에 대한 근거도 없다.

실제로 한·중간의 마늘분쟁에서는 한국이 중국산 마늘에 대해 고율의 긴급수입제한관세를 부과하자, 중국은 이를 이유로 한국의 주종 대중수출상품인 휴대폰과 폴리에틸렌에 대해 수입금지 조치를 내렸다. 즉, 상응한 대응이 양적이나 질적 수준에서 지켜지지 않고 단지, 조치 대 조치로서의 대응으로 상응한 대응을 강구했다고 볼 수 있다. 그리고 WTO 세이프가드 협정에서는 동 조치의 발동 후 일반적 세이프가드에서는 4년, 대 중국 특별세이프가드 조치에서는 2-3년 동안의 보복조치 발동을 허가하지 않고 있다. 그러나 중국 측의 보복조치는 이러한 규정도 무시하고 있는 것이다.

이렇게 볼 때 중국의 세이프가드 조례 내에 존재하는 일방적 보복조항은 결국 미국의 슈퍼 제301조나 중국의 대외무역법 제7조와 성격을 같이 한다고 볼 수 있다. 결국 동 조항은 향후 세이프가드 관련 분쟁이 국가간에 발생했을 경우 보다 높은 협상결과를 도출하기 위한 협상카드(negotiation leverage)로서 사용된다고 볼 수 있는 것이다.

그러나 이는 WTO의 분쟁해결양해에서 규정하고 있는 분쟁해결절차에 따른 분쟁해결과 상충하는 측면이 있으며, 일방적인 보복조치를 금지하고 있는 WTO의 원칙과도 합치하지 않는다. 그리고 중국이 취하는 직접적이고 독자적인 일방적 보복조치는 국가관할권 행사의 남용을 초래함으로써 향후 주권평등원칙에 입각한 국제법질서와 다자주의에 입각한 국제경제질서를 손상시킬 수 있다. 따라서 동 조항은 중국이 WTO에 가입한 지금으로 볼 때 향후 철폐되어져야 할 규정이라고 볼 수 있다.

무엇보다 중요한 것은 중국이 이러한 조항을 WTO에 가입할 즈음에 맞추어 제정한 세이프가드 규정 속에 삽입해 두고 있다는 점이다. 이는 결국 향후 발생할 통상분쟁에서 동 조항의 운용을 통하여 자국의 통상협상에 대한 협상력을 강화하는 방향으로 이용하려고 하는 것이다. 그러므로 중국과의 경제관계가 점차 커져가고 있는 우리 나라로서는 동 조항에 대한 연구와 대응논리의 개발이 절실히 필요하다고 볼 수 있다.

Ⅲ 한 · 중 세이프가드 분쟁사례

1 사건개요

농업협동조합중앙회는 1999. 9. 30일 중국 등으로부터 마늘의 수입이 증가하여 국내 마늘산업에 심각한 피해를 주고 있으므로 동 품목을 시장접근물량 이내로 수입물량 제한 또는 4년간의 관세인상 등의 구제조치를 취해줄 것과, 이와 함께 본 조치 이전에 잠정조치로 관세를 인상해 줄 것을 요청하는 산업피해조사신청서를 대외무역법 제26조 제1항 및 동법시행령 제62조 규정에 의해 무역위원회에 제출하였다.

조사신청품목은 마늘이며, 세부적으로는 신선 또는 냉장마늘(HSK 0703.20.0000), 일시저장마늘(HSK 0711.90.1000), 건조마늘(HSK 0712.90.1000), 냉동마늘(HSK 0710.80.2000), 초산조제마늘(HSK 2001.90.9060)로 구성되어 있다. 마늘의 관세율은 신선 · 냉장, 일시저장, 건조마늘의 경우 "국내외 가격차에 상당한 율로 양허하거나 국내시장개방과 함께 기본세율보다 높은 세율로 양허한 농림축산물에 대한 양허관세"가 적용되어 최소시장접근물량[9] 이내에서는 50%, 초과물량에 대해서는 고율관세(376% 또는 1,880원/kg 중 고액)가 적용되었고, 냉동 및 초산조제마늘의 관세율은 30%이었다.

동년 10. 11일 무역위원회는 대외무역법 제26조, 제27조 및 동법시행령 제61조, 제63조 규정에 의거 신청인의 신청자격, 수입의 증가 여부, 신청서 및 증빙자료에 수입증가로 인한 국내산업의 심각한 피해 또는 피해우려를 인정할 만한 사실이 포함되어 있는지 여부를 검토한 결과, 신청인인 농협중앙회는 농업협동조합법 제121조에 따라

9) Minium Market Access(MMA) : 관세화 유예가 인정되지 않는 관세화 품목 중 기준년도의 수입량이 국내소비량의 3% 미만인 농산물에 대하여 이행기간 동안 낮은 관세율로 최소시장접근이 인정되었다.

설립된 생산자단체로서 대외무역법 제26조 제1항 및 동법시행령 제61조의 규정에 의한 적법한 신청자격을 갖춘 것으로 인정되고, 수입량이 절대적으로나 국내생산과 비교한 상대적인 면에서 증가하고 있으며, 신청서의 내용이 국내산업의 피해 또는 피해우려에 관한 자료를 포함하고 있으므로 조사개시 요건을 충족하였다고 판단하여 마늘의 수입증가로 인한 산업피해조사를 개시하기로 하고, 조사대상기간은 관련규정에 따라 '96. 1월부터 산업피해유무 판정시점까지 중 정보이용이 가능한 기간으로 하기로 결정하였다.

한편, 무역위원회는 '99. 10. 27일 신청인의 잠정조치 부과요청에 대하여, 마늘의 수입이 '96년 이후 급격히 증가하고 있으며, 이로 인해 수입품의 국내 시장점유율이 상승하고, 국산품의 판매가격이 하락하였으며, 국산품의 재고가 증가하고, 국내마늘 산업의 수익이 급격히 감소하는 등 국내산업이 심각한 피해를 받고 있고, 또한 연간 마늘소비량의 30% 이상이 집중되는 김장철에 수입증가로 인하여 국산품이 판매되지 못할 경우 국산품의 판매기회 상실과 국산품가격의 급격한 하락을 초래할 것이고, 이럴 경우 국내산업의 심각한 피해는 회복하기 어려울 것으로 판단하였으며, 이와 함께 잠정조치의 시행이 관련 산업에 미치는 영향, 소비자 이익과의 관계 및 국제통상차원의 영향 등을 종합 검토한 결과, 200일 동안 수입품 중 냉동마늘과 초산조제마늘에 한하여 잠정적으로 285%의 긴급관세[10)]를 기본관세에 추가하여 부과하여 줄 것을 재정경제부장관에게 건의키로 결정하였다.

이에, '99. 11. 18일 재정경제부는 무역위원회의 건의안대로 냉동마늘과 초산조제마늘에 대하여 285%의 잠정긴급관세를 부과하였다.

---

10) 1996~98년 평균 국내외 가격차에 상당하는 율이다.

2 산업피해판정 경위 (요인별 검토)

1. 동종 또는 직접적인 경쟁관계에 있는 물품인지의 여부

수입품의 수입증가로 인하여 국내산업이 심각한 피해를 받고 있는지의 여부를 판단하기 위해서는 우선 수입품이 국내생산품과 "동종의 물품 또는 직접적인 경쟁관계에 있는 물품"인지 여부를 검토하여야 한다.[11] 검토 결과 수입품중 신선 · 냉장마늘은 국산품과 물리적 특성, 성분, 용도 등에서 매우 유사한 특성을 갖고 있어 동종물품이며, 수입품 중 냉동마늘, 건조마늘, 일시저장마늘 및 초산조제마늘은 신선 · 냉장마늘을 단순 가공한 것에 불과하여 상업적인 용도에 있어서 상호 대체사용이 가능하므로 국산품과 직접적인 경쟁관계에 있는 물품으로 판단하였다.

한편, 국내산업은 수입품과 동종 또는 직접적인 경쟁관계에 있는 마늘을 생산하는 국내생산자 전체로 하였다.

2. 수입수량의 증가 및 예기치 못한 상황의 발생여부

위원회는 조사대상 수입품의 수입수량이 절대적, 상대적으로 증가하였으며, 이는 예상하지 못한 상황(unforeseen development)의 발생에 해당한다고 판단하였다.

예상하지 못한 상황의 발생과 관련하여, UR협상당시 정부는 마늘산업의 중요성을 감안, 수입이 국내 산업에 미칠 수 있는 영향을 최소화하기 위해 국내외가격차에 상당하는 고율관세(396% 또는 1,980원/kg)로 마늘시장을 개방하였다. 다만, 초산조제마늘과 냉동마늘은 과거 국제무역거래가 거의 없었던 품목으로서 시장개방에 따른 영향이 매우 적을 것으로 예상되어 UR협상타결 이전인 '77년과 '93년에 각각 저율관세

---

11) **동종물품여부** : 물리적 특성 · 품질 및 소비자의 평판을 포함한 모든 면에서 동일하거나 경미한 차이가 있을 뿐 실질적으로는 동일한 물품인지 여부 검토.
직접적인 경쟁관계여부 : 기능이 같거나 상업적인 용도에 있어서 상호대체 사용이 가능한 물품인지 여부 검토.

로 시장을 개방한 바 있다. 그런데, UR협상 당시에는 국내에서 유통되는 마늘의 대부분이 통마늘 상태로 유통되었으나, 최근 들어서는 깐마늘 상태로 유통되는 비중이 증가하는 추세에 있으며, 이로 인해 수입마늘도 깐마늘 상태로 수입되는 양상을 보이고 있는데, 수입 깐마늘은 국산 깐마늘에 비해 상당한 가격경쟁력을 갖고 있다.[12)]

위원회는 UR협상 당시 협상담당자가 이러한 국내 마늘유통거래 형태의 변화가 수입품과 국산품간의 경쟁 상태에 미치는 영향을 예상할 수 있었거나, 예상했어야 한다고 기대하는 것은 불합리하며, 또한 냉동마늘 및 초산조제마늘은 관세양허협상 당시 국내수요가 없거나 미미한 수준이고 국제무역거래도 거의 없었거나, UR협상의 결과 신선 · 냉장마늘 등에 대해 고율관세가 적용되자 이를 회피할 목적으로 수출업자들이 제조 · 수출하게 된 바, 위원회는 관세양허협상 당시 협상담당자가 이러한 수출자들의 수출형태의 변화가 수입품과 국산품간의 경쟁상대에 미치는 영향을 예상할 수 있었거나, 예상했어야 한다고 기대하는 것은 불합리한 것으로 판단하였다.

3. 국내산업의 심각한 피해 발생 여부

국내산업이 심각한 피해를 받고 있는지 여부를 판단하기 위해서는 수입품의 국내시장점유율, 가격, 생산 및 재고, 판매, 이윤 및 손실, 생산성, 가동률, 고용, 투자 등의 변화를 중심으로 국내산업의 상태를 종합적으로 검토하여야 한다. 위원회의 검토 결과, 수입급증으로 인해 수입품의 국내시장점유율이 증가하였고, 국산품의 판매가격이 '99년 급격히 하락하였으며 '99년 9월말 현재 국산품 재고가 전년 동기에 비해 증가하였고, '99년 생산농가의 총 판매액이 감소하였으며 '99년 국내마늘산업의 단위면적당(10a) 순수익이 감소하였고, '96년 이후 마늘재배 농가 수 및 마늘산업에 대한 투자가 계속하여 감소하는 추세를 보이는 등 국내산업이 심각한 피해를 받고 있다고 판단하였다.

12) (i) 주요 수출국인 중국과 우리 나라의 인건비 차이에 따른 탈피비용의 차이(200~300원/kg).
(ii) 깐마늘은 통마늘과 동일한 중량이더라도 껍질제거에 따른 수율을 감안할 때, 실제로는 통마늘의 1.25배에 상당하나 동일한 관세적용.

4. 인과관계 성립여부

수입품의 수입증가와 국내산업의 심각한 피해 간에 인과관계가 성립하는지 여부를 판단하기 위해서는 수입증가와 피해지표 악화추세 비교, 수입품 가격이 국산품 가격에 미친 영향 및 수입 이외의 다른 요인이 국내산업 피해에 미친 영향 등을 폭넓게 검토하여야한다.

첫째, 수입증가 추세와 피해지표 악화추세의 비교결과, 마늘의 수입급증은 국내시장의 수급상의 특성을 고려할 때, 국산품 가격하락의 주요한 원인이 되었고, 이로 인해 마늘 농가의 총 판매액 감소 및 수익의 감소를 야기했으며, 또한 재고증가와 농가수익 감소 및 투자 감소를 초래하는 등 국내산업에 부정적인 영향을 미친 것으로 나타났다.

둘째, 수입품 가격이 국산품 가격에 미친 영향을 분석한 결과, 수입 통마늘의 국내 판매가격은 kg당 '96년 4,445원에서 '97년 3,316원, '98년 3,152원, '99.1 ~ 9. 2,693원으로 계속 하락하였으며, 분기별로는 '98년 2/4분기 이전에는 3,300원 ~ 5,300원 수준이었던 수입 통마늘의 국내 판매가격이 '98년 3/4분기 이후 2,600 ~ 2,700원 수준으로 하락하였다.

국산 통마늘의 판매가격은 kg당 '96년 1,317원에서 '97년 1,965원, '98년 3,097원으로 상승하였으나, '99.1 ~ 9 1,901원으로 하락하였으며, 분기별로는 '98년 3/4분기부터 '99년 1/4분기까지는 3,100원 ~ 3,300원 수준에서 일정하세 유지되었으나, '99년 2/4분기 이후 급격히 하락하였다.

수입 통마늘은 '98년 2/4분기까지는 국산 통마늘 보다 높은 가격에 판매되었으나, '98년 3/4분기부터 '99년 1/4분기까지는 국산품보다 낮은 가격에 판매됨에 따라 이 기간 동안 가격경쟁력을 상실한 국산품을 대체하여 수입이 크게 증가하게 되었고, 이러한 저가의 수입품 수입급증이 국산품 판매가격을 하락 또는 정상적으로 발생할 수 있었던 국산품 판매가격의 상승을 억제한 것으로 나타났다.

셋째, 수입이외의 다른 요인이 국내산업 피해에 미친 영향을 평가하기 위해서는 국내생산, 국내소비, 국산품 품질수준 및 소비자 기호변화, 수출 및 국내 유통구조 문제에 대하여 검토하여야 한다.

이와 관련하여 수입업자 및 수출업자는 국산품 가격하락의 주요원인은 국내생산의 증가 때문이며 수입과는 무관하다고 주장하였다. 이에 대해 검토한 바, '99년 마늘 생산량은 전년대비 22.8% 증가하였으며, 수입은 '99. 1~9 전년 동기대비 28.2% 증가하였다. 마늘가격의 하락은 최근 1년('98. 10~'99. 9) 동안에 나타난 현상이므로 동 기간 동안의 월별 가격추세를 분석한 바, '98. 10월 3,300원/kg 수준이던 마늘가격이 '99. 9월 들어 1,700원/kg 수준까지 하락하여 최근 1년간 가격 하락폭이 1,600원/kg 정도에 이르고 있는데, 가격하락의 대부분이 '99년 마늘생산 시점(6월)이전에 나타나고 있다. 따라서 '99. 5월 이전의 국산품 가격하락은 주로 수입증가 때문으로 판단되며, '99년 6월 이후의 가격하락은 생산증가와 수입증가가 동시에 영향을 미친 것으로 판단된다. 또한 '99년의 경우 국내 소비가 9.6% 증가하였으므로 생산증가의 영향은 국내소비 증가에 의해 상당부분 흡수된 것으로 판단된다.

위와 같은 사실을 종합적으로 고려할 때, '99년도 생산증가가 수입증가 보다 국산품 가격하락에 더 큰 영향을 미치지는 않았다고 판단하였다.

3 세이프가드 시행과 한 · 중 통상마찰

WTO세이프가드협정의 관련 규정에 의거 한국정부는 중국 측과 2차(4. 24, 5. 18)에 걸쳐 보상방안을 협의했으며, 재정경제부는 2000. 6. 1일부터 3년간 무역위의 건의 원안대로 깐마늘의 냉동 및 초산조제마늘에 대하여 긴급관세를 부과한다는 내용을 2000. 5. 31일 관보에 게재하고 긴급수입제한조치를 발효하였다. 이에 2000. 6. 7일 중국은 우리 나라 휴대전화 및 폴리에틸렌에 대해 잠정수입중단조치를 내린 바 우리정부와 중국은 2000. 6월말부터 7월 중순까지 마늘관련 통상협상을 실시하게 된다. 동 협상결과를 반영하여 2000. 8. 2일 재정경제부는 현행 긴급관세 적용시한을 2003. 5. 31에서 2002. 12. 31일로 5개월 단축하고, 매년 중국산냉동 및 초산마늘 2만 톤 가량에 대하여 저율의 기본관세(30%)를 허용하며, 저율의 기본관세(50%)로 수입 가능한 MMA물량을 중국산 마늘로 도입하는 것으로 세이프가드 조치내용을 변경한 바 있다.

이후 양국 간 협상결과 도입된 저율관세 적용 쿼터 중 2000년 도 분 약 1만 톤 가량이 미소진되자 2001. 4 .6일한 한 · 중 실무회담시 중국 측은 미소진 물량 이행 대책을 요구하였으며, 대책 미강구시 보복조치재개를 경고해 온 바, 2001. 4. 21일 통상교섭본부는 2000년도 쿼터 미소진 물량(약 1만 톤)을 전량 수입할 것과 2001년, 2002년 쿼터물량의 수입을 보장할 것을 중국 측과 합의하였다.

4 시사점

중국산 마늘에 대한 세이프가드조치는 당시 중국이 비록 WTO 비회원국임에도 불구하고 WTO세이프가드협정의 규정과 절차에 따라 시행된 적법한 조치이다. 또한 중국산 마늘에 대한 산업피해구제를 WTO세이프가드협정에 근거하여 발동함으로써 사실상 WTO 가입이 확정된 중국에게 WTO규정에 따르도록 압력을 행사하여 중국과의 무역분쟁을 WTO체제 안에서 해결하기 위한 노력을 경주했다고 볼 수 있다. 그러나 중국은 자국산 제품에 대한 차별적 조치라는 이유로 2000년 6월 7일 「대외무역법」 제7조를 근거로 한국산 폴리에틸렌과 휴대폰에 잠정 수입중단 조치를 발표함으로서 일방적인 보복조치를 금지하고 있는 WTO세이프가드협정을 위반하였다.

중국의 국내법인 「대외무역법」 제7조[13]의 발동 근거로서 중국정부는 ① 중국 상품

13) 미국의 301조에 대한 대항입법의 성격을 가지고 있는 중국의 「대외무역법」 제7조는 "어떠한 국가나 지역이 중국에 대하여 차별적인 무역금지나 제한 그리고 이와 유사한 조치를 취할 경우 중국도 실제적 상황에 근거하여 상응의 조치를 취할 수 있다."라고 규정하여 수입국의 중국 상품에 대한 차별적인 행위에 대하여 보복조치를 취할 수 있는 근거를 두고 있다. 그러나 동 조항에 대한 발동요건이나 세부지침이 공개되지 않아서 중국 정부의 자의적인 해석이 가능하다는 문제가 있다.

의 대한국수출에 대한 실질적인 상황을 전혀 반영하지 않았으며, ② 이러한 차별적인 조치로 인하여 중국의 피해가 인정되었고, 따라서 ③ 한국 정부에 그 책임이 있다고 주장하였다. 즉, 중국정부의 보복조치는 1999년 관련 마늘 수입 증가는 1200톤에 불과하고 한국 내 생산량의 증가는 9만 톤에 이르고 있어 피해와 수입과는 인과관계가 없으며, 마늘에 대한 세이프가드조치에 대해 100억불 이상의 무역흑자를 기록하고 있는 한국이 무역 역조를 해소하기 위한 노력보다는 중국산에 대한 무역장벽을 행사한 것으로 간주하였다.

그러나 WTO체제는 개별국가의 일방적 보복권을 엄격히 통제하고 있다. 개별 회원국에 대한 보복조치는 반드시 분쟁해결기구(DSB)의 승인을 받아야하며, 이때에도 비례의 원칙(principle of proportionality)과 기타 관련 규정을 준수하여야 한다. 이에 대해 WTO세이프가드협정 제8조[14)]에는 세이프가드조치발동에 대한 회원국의 보복권과 그 발동에 대해 상당한 제한을 규정하고 있다. 당시 WTO 정식회원국이 아닌 중국은 WTO 규정을 이행할 법적인 의무가 없기 때문에 자국에 불리한 DSB에 의한 해결보다는 협상력을 최대한 발휘할 수 있는 일방적인 보복조치를 선택하였다.

그러나 1969년 '비엔나 조약법의 협약'은 비준·수락 또는 승인되어야하는 조약에 서명한 경우와 같이 아직 정식으로 조약당사국이 되지는 않은 국가라 하더라도 조약의 대상과 목적을 저해하는 행위를 삼가야 하는 의무를 갖는다고 규정하고 있기 때문에, 이러한 중국의 조치는 이미 WTO 가입절차를 밟고 있으며 가입이 사실상 확정된 예정 회원국으로써 WTO협정을 존중할 의무를 갖는다는 점에서 명백히 국제법 위반이 된다.

14) 세이프가드조치가 시행되는 경우 이에 따라 영향을 받게 되는 수출국은 사전협의 개시 30일 이내 합의가 이루어지지 않는 경우, 세이프가드조치 적용 90일 이내에, 그리고 보복조치에 대해 상품무역이사회에 서면통고를 한 30일 이후, 보복조치를 시행할 수 있다. 이러한 경우 보복조치는 세이프가드조치에 의해 받은 피해에 동등한 수준이 되도록 하여야 하며, 세이프가드 조치가 수입의 절대적인 증가의 결과로 시행되는 경우, 세이프가드협정에 합치하는 조치에 대해서는 처음 3년간 보복조치의 시행이 금지되어 있다.

IV 요약 및 향후 전망

이상에서 살펴본 바와 같이 세이프가드제도는 시장자유화에 따른 국내산업의 급격한 붕괴를 막고 국내산업으로 하여금 경쟁력 강화 또는 타 산업으로의 전업 등 구조조정의 기회를 주기 위해 WTO가 인정하는 국내 산업피해 구제수단이나, 통상분쟁과 국내적 문제 등 결코 발동이 용이한 제도는 아니다.

2001년 11월 중국의 WTO 가입에 따라 우리 나라는 대중 특별세이프가드 조례의 제정을 통해 중국산 제품의 수입급증에 의한 국내시장교란을 방어할 수 있는 최소한의 방어책을 가지게 되었다. 중국 또한 그동안 독자적으로 존재하지 않던 세이프가드에 관한 규정을 하나의 정형화된 조례로서 발표하게 됨으로써 그간 문제가 되었던 제도의 투명성을 통한 양국간의 세이프가드 분쟁발생가능성을 완화시켰다고 할 수 있다.

그러나 중국의 세이프가드제도를 자세히 살펴보면 기존의 「대외무역법」 제7조에 명시되어있던 보복조치에 대한 조항을 그대로 적용하고 있다. 즉 제5장 부칙에서 '임의의 국가(지역)가 중국의 수출제품에 대해 경시적인 보장조치를 위할 경우 중국은 실제상황에 따라 동 국가(지역)에 대해 상응한 대책을 취할 수 있다'라고 규정하고 있다.

이는 결국 외국의 세이프가드조치에 대한 일방적 보복조치의 가능성의 길을 법적으로 열어두고 있는 것이다. 또한 동 조항의 세부지침이 없는 관계로 어느 정도의 조치가 경시적인 보장조치인지, 그리고 상응한 대책의 수준이 어느 정도인지가 불분명하기 때문에 다분히 정치적인 결정에 의존할 수밖에 없을 것이다. 그러므로 한·중 마늘분쟁에서 우리가 겪었던 대중국 세이프가드조치 발동에 따른 중국의 일방적 보복조치 시행으로 이어지는 한·중간 세이프가드분쟁의 가능성은 여전히 존재하고 있다.

물론 중국은 현재 WTO 정식 회원국으로서 WTO규범을 지켜야 할 의무가 있기 때문에, 추후 중국과의 세이프가드분쟁이 발생했을 시에는 양국의 세이프가드제도와 WTO협정에 근거하여 WTO분쟁해결절차를 통해서 해결할 수 있기 때문에 중국이 무역 보복조치를 일방적으로 사용하지는 않을 것으로 보인다.

그럼에도 불구하고 중국이 이러한 WTO규범에 어긋나는 조항을 WTO에 가입할 즈음에 맞추어 제정한 세이프가드 규정 속에 삽입해 두고 있는 점은 향후 세이프가드 관련 분쟁이 국가간에 발행했을 경우 보다 높은 협상결과를 도출하기 위한 협상무기(negotiation leverage)로서 사용할 개연성이 있음을 시사하고 있다.

CHAPTER 17

무역과 환경

Ⅰ 개요

자유무역론자들은 대부분 환경론자들의 관심을 위장된 보호주의(disguised protectionism) 혹은 비합리적 광신(irrational fanaticism)으로 생각한다. 자유무역론자들은 다른 국가의 보다 낮은 환경기준이 자국의 '환경'이 아니라 자국의 '무역'에 대하여 미치는 영향에 대해서 관심을 가진다. 이들은 자유무역을 통하여 소득이 증가되면 고용증대와 사회복지의 증대로 빈곤이 감소되고, 환경오염 방지·처리를 위한 재원이 증대됨으로서 환경개선 효과를 방생시킨다는 견해를 제시한다. 또한 환경보호기준이 종종 선진국의 국내산업을 보호하기 위한 방향으로 설정되거나 집행 되는 경향이 있다고 주장하고 있다.

반면 환경론자들은 대개 자유무역을 환경파괴적 경제성장으로 인식하고자 하는 경향이 있다.[1] 또한 환경론자들의 '멸종위기에 처한 야생동식물종의 국제거래에 관한 협약'과 같은 몇몇 국제환경협약은 환경목적을 실현하기 위한 국제적 수단으로서 무역통제(control of trade)를 사용하기도 한다.

이러한 자유무역론자와 환경론자의 대립[2]의 특징을 설명하면 아래와 같다.

첫째, 자유무역론자가 지지하는 GATT/WTO체제는 관세 및 비관세장벽을 제거하고

1) Esty는 환경주의자들의 견해를 다음 4가지로 정의하였다. 첫째, 환경세이프가드가 없을 경우, 국제무역은 지속가능하지 않은 자연자원의 소비와 폐기물 생성을 유발시키는 방향으로 경제성장을 촉진하게 되며, 둘째 무역자유화는 시장접근에 관한 합의를 수반하게 되면 적절한 환경보호정책이 수립되어 있지 않을 경우, 이러한 합의는 환경규제를 무효화 시킬 수 있다. 셋째, 무역제한조치는 지구적 차원의 환경보호를 증진하기 위한 유용한 도구로 활용되어야 하며, 넷째 환경오염이 월경효과를 가지지 않을 경우에도, 낮은 환경기준을 가진 국가는 국제시장에서 경쟁적인 우위를 점하게 되고, 높은 환경기준을 가진 국가로 하여금 환경기준을 낮추도록 하는 효과가 발생된다. Esty , D. C., Greening The GATT, Institute for international economic, 1994, pp.42~46.

2) Esty는 무역론자와 환경론자의 갈등요인을 문화의 충돌(clashes of culture), 패러다임의 충돌(clashes of paradigms), 판단의 충돌(clashes of judgement)등으로 설명하고 있다. Esty, D. C., , Ibid., pp.35~41.

무역의 자유화를 통하여 후생의 극대화를 실현하는데 그 목적을 둔다. 이에 대하여 환경론자는 자유무역의 토대인 GATT를 '대규모 사업(big business)으로 하여금 자연의 혜택을 마음대로 유린하게 하는 악마의 현장' 이라고 비난한다.

환경론자는 환경자원이 일단 접근 또는 이용되면 어떤 형태로든 영향을 받게 되며 특히 훼손된 경우에는 재생이 거의 불가능하기 때문에 환경자원의 자유로운 개발 또는 이용보다는 이를 절대적으로 보호해야 한다고 주장한다. 즉, 환경론은 환경자원이 있는 그대로 보존·유지되어야 한다는 'Stock'개념에서 출발한다. 말하자면 무역처럼 적자에서 흑자로 또는 그반대로 융통성이 있는 개념인 'Flow'가 적용될 수 없다고 한다.

둘째, 무역론자들은 환경을 이유로 한 무역제한조치를 보호무역주의의 숨은 저의가 있는 것으로 의심한다. 또한 환경보호를 뒷받침하는 논리가 과학적으로 불충분하고 경제적으로 불확실하다는 등 환경가치의 수용을 거부한다.

이에 대하여 환경론자들은 자유무역이 비록 경제성장을 가져오지만 환경보호를 무시함으로써 오염을 유발하고 환경에 유해한 영향도 동반하여 손익계산에서 손해라고 응수한다.

셋째, 무역론자나 환경론자 모두 공감하고 있는 것은 '무역은 그 자체가 목적이 될 수 없으며 목적에 대한 수단이다. 그 목적은 환경적으로 지속가능한 개발(sustainable development)이다. 따라서 무역과 환경은 지속가능한 개발이라는 대명제하에서 서로 조화를 이루어야 한다. 환경보호를 위한 일방적 무역제한 정책은 지구환경보호라는 궁극목적을 달성하는데 효과적이지 못하며 따라서 환경보호를 위하여 일방적으로 자유무역이 제한되어서는 안 된다. 한편 환경비용의 내부화 등 건전한 환경정책을 전제로 하지 않은 무역자유화는 무절제한 자원의 이용으로 인한 환경파괴 등 환경에 악영향을 끼치게 되기 때문에 상호조화가 이루어져야 한다'는데 그 뜻을 같이하고 있다.

끝으로 무역·환경조화에 관한 UN환경개발회의 '리우선언원칙 12'도 "각국은 환경악화에 적절히 대처하기 위해서 모든 국가의 경제성장과 지속가능한 개발은 도모함에 있어 도움이 되고 개방적인 국제경제체제를 증진시키도록 협력하여야 하고, 환경목적을 위한 무역정책수단은 국제무역에 대하여 자의적 또는 부당한 차별적 조치나 위장된 제한을 포함해서는 아니 되고 수입국의 관할지역 밖의 환경문제에 대응하기 위한 일방적 조치는 회피되어야 하며, 국경을 초월하거나 지구적 차원의 환경문제에 대처하는 환경조치는 가능한 한 국제적 합의에 기초하여야 한다"고 표명하고 있다.[3)]

국제 환경문제의 해결방안으로 무역제한 조치가 허용되어야 하는지 여부를 검토함에 있어 선진국과 개발도상국간에는 매우 큰 입장의 차이를 보이고 있다. 선진국들은 국제환경문제를 다루기 위한 국제환경협약에의 참가 및 동 협약상의 의무의 이행을 강제하는 수단으로 무역제한조치가 활용되어야 한다고 주장하고 있다. 반면에 개발도상국들은 정치적 힘이 있는 선진국들이 정치적 힘이 없는 개발도상국들에게 부당한 부담을 지우는 국제환경협약을 제정하고, 이 국제환경협약 및 환경보호를 위한 무역제한조치를 허용하도록 개정된 GATT/WTO에 근거하여 부당한 부담을 개발도상국에 강제할 가능성을 우려하고 있다.

따라서 국제 환경문제를 다루는 국제환경협약에 무역제한조치를 삽입함에 있어서는 이러한 국제환경협약이 개발도상국의 입장에서도 적법한 것이어야 한다. 즉, 개발도상국의 입장에서는 국제환경협약의 규제수단이 효율적이고, 공정하고, 비용 부담에 있어서 공평하게 분담해야 한다는 것이다.

예를 들어 말레이시아와 브라질은 전 세계의 열대우림지역의 20% 이상을 보유하고 있다. 그러나 100개 이상의 국가들이 열대우림의 지속가능한 개발을 위하여 관리되어야 한다고 결정할 경우에 말레이시아와 브라질의 입장에서는 이러한 결정은 부

3) 이춘삼, 「국제통상법」, 법문사, 1999, pp. 103~104.

당한 것으로 간주될 수 있다. 말레이시아와 브라질의 입장에서 본다면, 열대우림의 보존으로 인한 이익 즉, 이산화탄소의 흡수 및 생물다양성의 보존은 세계의 모든 나라들이 향유함에 반하여 열대우림을 개발하는 경우 얻을 수 있는 잠재력 이익의 상실도는 이를 보존하는데 소요되는 비용은 말레이시아와 브라질 등 열대우림을 보유하고 있는 국가가 전부 부담하여야 한다는 것은 부당한 것으로 볼 수 있다.

이러한 사유로 인하여 개발도상국가들은 국제환경협약에 무역제한조치를 규정하고, 이를 GATT상 적법한 것으로 하려는 시도에 대하여 계속 반대해 왔으며, 이러한 무역제한조치가 부당하게 활용되는 것을 방지할 만한 장치가 마련되지 않는 한, 앞으로도 이러한 무역제한조치의 도입에 계속 반대할 것이다.

마지막으로, 국제환경문제에 대하여 많은 경우 선진국들이 책임이 있다는 점을 지적할 필요가 있다. 예를 들면, 환경보호를 위한 무역제한조치의 입법화를 가장 강력히 지지하고 있는 미국의 경우 그 인구는 전세계 인구의 5% 미만에 불과하지만, 전세계에서 배출하는 이산화탄소의 23.27%를 배출하고 있으며,[4] 전 세계에서 배출하는 오존층 파괴물질의 29%를 배출하고 있는 것이다.[5] 또한 미국은 생물다양성 협약에 대한 비준마저 거부하고 있다. 기후변화, 오존층 파괴 및 생물다양성의 훼손은 가장 전형적인 국제환경문제의 실례인 것이다. 이와 같은 복잡한 상황은 선진국과 개발도상국 사이에 실질적인 합의에 이르는 것을 매우 어렵게 하고 있다.

이에 본 연구의 목적은 GATT/WTO규범 중에서 환경보호와 관련한 내용들을 분석함으로써 통상자유화와 환경보호간의 관련성 및 문제점을 규명하고, 특히 통상과 환경문제에 있어서 국제적으로 쟁점이 되고 있는 WTO 기본원칙과 환경보호를 위한 무역규제조치의 조화문제, 환경부과금 및 환경세의 무역효과, 환경마크 등의 제품요

4) OECD, Climate Change Policy Initiative, 30(1992). 동 보고서에 의하면 일인당 이산화탄소 배출량은 일인당 소득이 증가함에 따라 일반적으로 증가하는 것으로 조사되었다.

5) Greenpeace International, The Ozone Layer Destroyers : Whose Chlorine and Bromine is it? : A Greenpeace Inventory of Ozone Depleting Substance Production from 1986 to 1995.

건의 무역효과, 환경관련 조화의 투명성 등의 주요 쟁점들의 내용들을 분석하여 환경보호를 위한 통상규제조치의 타당성을 검토한다. 또한 WTO의 기본규범과 환경보호를 목적으로 한 통상규제의 조화 문제를 제시함으로써 향후 환경보호문제에 대한 인식전환의 계기를 제공하기로 한다.

II 환경보호와 무역제한조치의 논거

1 불공정무역행위론의 논거

일부 높은 환경기준을 갖고 있는 선진국의 입장에서 보면, 다른 나라가 환경기준을 낮게 설정하거나, 또는 그 환경기준을 효과적으로 집행하지 않는 행위는 불공정무역(unfair trade) 또는 불공정경쟁(unfair competition)행위에 해당한다. 동일 조건에서 경쟁하기 위하여 다른 국가들도 그 환경기준을 상향조정하여야 하며, 이러한 환경기준의 상향조정이 이루어지지 않는 경우 높은 환경기준을 갖고 있는 국가들은 환경기준의 차이로 인하여 자국 기업들이 입는 피해를 상쇄하기 위하여 덤핑방지관세 또는 상계관세를 부과할 수 있어야 한다는 주장이 있다.

이와 같은 주장은 결국 세계의 각 국가가 동일한 환경기준을 가져야 함을 전제로 하고 있으나, 이러한 전제조건을 다음과 같은 이유로 부당함을 설명할 수 있다. 6)

첫째, 각 국가의 환경기준의 차이는 각 국가의 경제발전 정도의 차이에 기인한다는 것이다. 예를 들면 참치를 잡는 과정에서 돌고래가 같이 남획되는 경우, 경제발전 정도가 높은 미국과 같은 나라는 돌고래의 보호에 우선순위를 두고, 이러한 방법에 의한 참치 잡이를 금지할 수 있다. 반면에 경제발전 정도가 낮은

6) Stewart, Richard. B., ,Market Versus Environment?, Jean Monnet Chair Papers, pp.18~19에 의한 것임.

멕시코와 같은 나라는 이러한 방법에 의하더라도 참치를 잡아서 그 빈곤을 퇴치하는데 우선순위를 둘 수 있는 것이다.

둘째, 각 국가는 역사적 또는 그 이외의 여러 가지 이유로 어떤 환경문제에 우선순위를 둘 것인지에 대하여 다른 결정을 내릴 수 있다. 예를 들면 멕시코와 같은 국가는 위생문제 때문에 깨끗한 물을 공급하는데 우선순위를 두는 반면, 미국과 같은 국가는 이러한 문제를 해결하였으므로, 깨끗한 공기에 우선순위를 둘 수 있는 것이다. 또한 경제발전정도가 서로 비슷한 서유럽 국가 사이에서도 환경문제에 대한 인식의 정도는 큰 차이가 있다. 예를 들면, 독일, 덴마크, 네덜란드와 같은 국가들은 환경문제에 높은 비중을 두고 있는 반면, 영국, 프랑스 및 이탈리아 같은 국가들은 환경문제에 상대적으로 낮은 비중을 두고 있는 것이다.

셋째, 각 국가는 지형, 기후 및 생태계 등 자연조건이 상이하며, 이러한 자연조건의 차이는 오염물질 동화능력(assimilation capacity)의 차이를 초래한다. 예를 들면, 경사가 급하고 짧은 강은 경사가 완만하고 긴강보다 더 많은 오염물질을 동화시킬 수 있다. 또한 각 국가는 기존의 환경오염정도가 서로 다르며, 그 결과 자연조건이 동일한 경우에도 오염물질 동화능력의 차이를 가져올 수 있다. 이미 환경이 상당히 오염된 국가는 환경오염이 덜한 국가보다 상대적으로 낮은 오염으로도 큰 피해를 입을 수 있는 것이다. 이와 같이 각 국가가 오염물질 동화능력에 차이가 있음을 감안한다면, 각 국가가 서로 다른 환경기준을 갖는 것은 경제적 효율성 측면만이 아니라, 환경보호의 유효성 측면에서도 그 이유가 있는 것이라고 볼 수 있는 것이다.

따라서 세계의 각 국가가 서로 다른 환경기준을 설정하는 것은 경제적 효율성 및 환경보호의 유효성의 측면에서 정당한 이유가 있는 것이므로, 환경기준의 차이가 불공정무역행위에 해당한다는 주장은 그 전제부터 잘못된 것이라고 할 것이다.

2 하향 평준화론의 논거

선진국에서는 각국이 경쟁력 상실에 대한 우려의 결과 자국의 환경기준을 낮추도록 압력을 받을 가능성이 있다는 점이 지적되고 있다. 이와 관련하여 각국이 경쟁력을 갖추기 위하여 실제로 환경기준을 낮추는 경우는 많지 않을 것이다.

그러나 환경기준이 낮은 국가로 자본 및 고용기회가 이전하게 되는 경우, 각국은 자본을 유치하고 고용기회를 확대하기 위하여 자신이 바람직하다고 판단하는 수준이하로 환경기준을 낮추게 된다. 즉, 다른 국가에 비해 높은 환경기준을 가지고 있는 국가는 자국의 국내 생산업자들에게 상대적으로 높은 제조비용을 지불하게 됨으로 국제경쟁력의 상실을 초래할 수 있다. 따라서 국제경쟁력을 회복하기 위하여 높은 환경기준을 유지하는 것을 포기할 가능성이 있다.[7] 그 결과, 세계 각국의 환경 기준은 하향평준화(Race to the Bottom)의 길을 밟게 될 수도 있다는 우려가 있다.

그러나 하향평준화 주장은 첫째, 자본이 과연 더 낮은 환경기준을 채택하는 국가로 이전하는 것인지, 둘째 각 국가가 실제로 자본을 유치하기 위하여 환경기준을 낮출 것인지의 두 가지 점이 확정될 때 그 타당성을 인정받을 수 있다.

먼저 자본의 이동성 문제이다. 과거의 통념적 견해에 의하면 각 국가가 서로 다른 환경기준을 채택하는 경우 높은 환경기준을 갖고 있는 국가로부터 낮은 환경기준을 갖고 있는 국가로 자본이 이동할 가능성이 있다고 보아 왔다. 특히 이익이 거의 없거나 적자를 보는 등 한계 상황에서 가동 중인 기업의 입장에서 본다면, 환경기준의 차이로 인하여 그 비용의 일부라도 절감을 도모할 수 있다면, 낮은 환경기준을 채택하는 국가로 기업을 이전할 개연성은 상당히 높을 것으로 볼 수가 있다.

그러나 일부 예외적 사례를 제외하고는 실제로 이상과 같은 점을 입증할만한 체계적인 증거는 확보되지 않고 있으나 기존 실증연구의 결과에 의하면 일반적 통념과는

7) 김성준, 전게서, p.218.

반대의 결론에 이르고 있다. 기존의 연구 성과를 요약하면 다음과 같다.

① 미국 기업들의 해외 투자행태에 대한 광범위한 조사 결과에 의하면, 환경기준 때문에 해외에 투자하기로 결정한 미국 기업은 극소수에 불과하였다.[8] ② 미국 각주 사이의 기업 유치 경쟁의 결과 각 주의 사회복지의 하향평준화현상은 일어나지 않았으며, 오히려 각 주간에 산업활동의 효율적 분배라는 긍정적인 결과를 초래하였다.[9] ③ 다국적기업의 상당수(설문조사에 응한 기업의 약 70%)는 그 회사의 내부환경기준이 투자유치국의 환경기준보다 더 높은 경우 회사 내부환경기준에 따른 다고 응답하였다.[10] ④ 각국의 환경정책의 차이는 환경오염산업의 이전 여부를 결정짓는 비용요서가 아니다.[11] ⑤ (상대적으로 높은 환경기준을 채택하고 있는) 독일의 환경정책의 결과 그 투자대상국으로서의 유인이 감소되지 않았으며, 환경보호는 독일에 대한 투자를 저해하기보다는 오히려 이를 증진하는 결과를 초래하였다. [12]

이러한 연구 성과에 비추어 본다면 적어도 과거의 통념적 견해는 사실이 아닐 수 있다는 결론을 내릴 수는 있을 것이다.

두 번째로 각 국가가 실제로 자본을 유치하기 위하여 환경기준을 낮출 것인지의 여부이다. 세계 각국은 투자를 유치하기 위하여 많은 노력을 기울이고 있으나, 이러한 노력은 조세의 감면, 공장용지의 무상 또는 저가 제공, 장기저리융자 등의 형태로

8) Cairncross, F., Costing the Earth, 1992, pp.305-306.

9) Revesz, R. L., Rehabilitating Interstate Competition : Rething the "Race to the Bottom" Rationale for Federal Environmental Regulation, 67 N.Y.U.L. Rev.2320, 1992.

10) Antony Zamparutti and Jon Klavins, Environment and foreign Investment in Central and Eastern Europe : Results from a Survey of Western Corporations, 124 in OECD, Environmental Policies and Industrial Competitiveness, 1993.

11) Patrick Low and Alexander Yeats, Do "Dirty" Industries Migrate?, in Patrick Low(ed.), International Trade and the Environment, World Bank Discussion Papers No. 159, 1992.

12) Blazejczak, J., Foreign Investment and Environmental Policies, in OECD, Environmental Policies and International Competitiveness, 1993.

이루어지는 것이며, 환경기준을 낮추는 방법으로 이루어지지는 않는 것이다.

따라서 하향평준화의 논거에 대하여는 몇 가지 모순성이 있다.

첫째, 환경기준을 낮추지 않고서도 보다 효율적인 환경보호방법으로 변경함으로써 환경비용의 격차를 줄이는 것이 가능할 것이다. 또한 무역경쟁이 국내산업으로 하여금 보다 높은 수준의 환경기준을 충족시키면서도 보다 적은 비용이 소요되는 환경기술을 개방하도록 압력을 가함으로써 세계경제복지를 더욱 증대시킬 수 있다.

둘째, 모든 국가가 동일한 수준의 환경의식, 환경기준을 가지고 있다고 하더라도 수단의 선택 및 규제대상 위험의 선택의 접근방법은 매우 다를 수 있다는 것이다. 왜냐하면 각국의 기후적, 지리적, 인구 통계학적 조건이 서로 다르기 때문이다. 이러한 이유로 모든 국가가 환경에 대하여 동일한 가치기준을 가지고 있다고 하더라도 각 국가마다 환경법이 상당히 다를 수 있고, 환경법이 동일하더라도 법규를 준수함에 있어 산업이 부담하는 비용은 국가마다 다르기 때문이다.

따라서 이상을 감안한다면 환경기준의 하향평준화라는 현상은 실제 세계에서는 존재하지 않는다고 하여야 할 것이다.

3 도덕적 접근방법

선진국의 일부 환경보호론자들은 환경을 악화시키는 행위는 그 자체로 부도덕한 행위이며, 따라서 다른 국가들이 자국의 환경을 악화시키는 경우 그러한 부도덕적인 행위를 금지하기 위하여 국제적인 조치가 필요하다고 주장하고 있다. 나아가, 그들은 환경을 악화시키면서 제품을 제조하는 행위는 마치 노예나 죄수로 하여금 제품생산에 종사하도록 하는 것처럼 그 자체로 부도덕한 행위이며, 따라서 이런 방식으로 제조된 제품의 수입은 금지되어야 한다는 주장을 제기하기도 한다.

이와 같은 환경문제에 대한 도덕적 접근방법은 1960년대 선진국에서 시작된 환경보호운동의 배경이 되었으며, 선진국 환경법의 발전 과정에서 매우 중요한 역할을 수행하였다.

그러나 이와 같은 도덕적 접근방법은 구체적인 환경문제의 해결을 오히려 어렵게 할 수 있음을 유의할 필요가 있다. 즉, 이러한 도덕적 접근방법은 환경이란 어떠한 대가를 치르면서도 반드시 보호되어야 할 "절대선"이라는 결론에 이를 수 있으며, 이와 같은 결론 하에서는 구체적 환경문제의 해결이 불가능하게 될 수 있는 것이다. 예를 들면, 제품의 생산과정에서 물, 또는 공기가 오염되는 경우 오염자체를 금지한다면 생산활동은 불가능하게 되는 것이므로,[13)] 구체적인 정책은 일정 농도 이상의 폐수의 방출을 금지하는 등의 형태로 이루어 질 수밖에 없는 것이다. 결국 이 경우 일정농도 이하의 폐수의 배출은 허용되는 결과가 되는 것이며, 이는 환경오염이란 생산활동에 필수적으로 수반되는 "필요악"이라는 전제하에서만 이해가 가능한 것이다. 따라서 선진국에서조차 환경정책의 수립 과정에서는 도덕적인 측면은 다른 측면, 예를 들면 경제적 측면 등에 비하여 상대적으로 작은 역할밖에 수행하지 못하고 있는 것이다.[14)]

또한 특정 국가의 도덕적 견해를 관철하기 위하여 다른 국가에 대하여 무역제한조치를 취하는 것은 다음과 같은 문제점이 있다.[15)]

첫째, 비탈길 시나리오(Slippery Slope Scenario)[16)]를 초래할 수 있는 문제점이 있다. 한 국가의 도덕적 판단은 본질적으로 주관적인 것이므로, 이는 자의적인 것

13) 물론, 폐수를 100% 정화하는 것도 기술적으로 가능할 것이나, 그 비용을 감안한다면 현실적으로는 불가능한 대안이라고 할 것이다.

14) 김병진, "무역과 환경-한국의 선택", 통상법률(통권 12호), 법무부, 1996. 12, pp.46-47.

15) Bhagwati, J., Trade and Environment : The False Conflict?, Law, Economics and Policy, 1993, pp.170-176.

16) 비탈길 시나리오란 비탈길에 한 걸음만 내딛으면, 그 결과 계속 미끄러져 필연적으로 바닥에 이르게 됨을 의미한다. 따라서 이 시나리오상 바닥에 이르기 원하지 않는다면, 이런 비탈길에는 한 걸음도 내딛지 말아야 하는 것이다. Coleen D. Clements, Stasis : The Un-natural Value, 231, in Robert Elliot(ed), Environmental Ethics, 1995.

으로 흐를 소지가 있다. 따라서 도덕적 판단에 근거한 무역제한조치를 허용하는 경우 자의적인 판단에 근거한 무역제한조치가 무제한 확산될 가능성을 배제할 수 없다. 또한 보호무역주의자들은 이와 같은 과정을 이용하여 보호주의적 장벽을 높일 가능성이 높은 것이다. 따라서 이와 같은 과정은 소위 "비탈길 시나리오"라는 상황을 초래할 수 있다.

둘째, 환경제국주의(Eco-Imperialism)를 초래할 가능성이 있다. 도덕적 판단에 의한 무역제한조치가 허용될 경우 이는 경제력이 있는 국가만이 활용할 수 있어 경제적으로 약한 국가에게 불리하게 작용할 수 있다. 따라서 경제력이 있는 국가의 도덕적 판단은 경제력이 없는 국가에 대하여 강요됨에 반하여, 그 반대의 경우는 불가능하게 될 수 있으며, 이는 소위 "환경제국주의"라고 하는 상황을 초래할 수 있다. 즉, 경제적 또는 정치적으로 강한 국가가 자신의 도덕적 판단을 다른 국가들이 받아들이도록 강제하는 행위가 GATT와 같은 국제협약상 허용되는 결과가 되는 것이다.

III 환경보호와 무역제한조치의 전개

국제환경문제는 어느 국가의 환경문제의 결과, 다른 국가가 물리적으로 영향을 받는 경우를 의미하며, 그 영향의 범위에 따라 쌍무적(bilateral), 지역적(regional) 및 세계적(global) 문제로 구분되고 있다. 이와 같은 국제환경문제의 경우 환경과 무역의 연계성 문제는 국제환경연합에 참여하지 않거나, 참여한 경우에도 동 협약상의 의무를 이행하지 않는 국가에 대하여 과연 무역제한 조치를 취할 수 있는지 여부의 형태로 제기되고 있다.

1 무역제한조치의 타당성 논리

이와 관련하여 종종 간과되고 있는 문제는 도대체 왜 무역제한 조치가 필요한지 여부에 대한 것이다. 공공정책의 수립과 관련하여 가장 기본적인 원칙은 어떠한 정책은 그 대상이 되는 문제에 국한하여 그 내용이 결정되어야 한다는 것이다. 그 이유는 특정정책은 이를 통하여 해결하고자 하는 문제만을 대상으로 하는 것이 경제의 불필요한 왜곡을 방지함으로써 가장 효율적인 결과를 가져올 수 있기 때문이다. 이러한 원칙에 의한다면, 환경보호목적을 위하여서는 무역제한조치가 활용되어서는 안되며, 환경정책수단이 활용되어야 한다는 결론에 이르게 된다.[17]

그러나 일부 환경보호론자들은 이러한 점을 감안하더라도 무역제한조치는 필요하다고 주장 하고 있다. 그들이 내세우는 근거는 첫째, 무역제한조치가 집행수단으로서 유용하다는 데에 있고, 둘째, 무역제한조치가 비용내재화의 목적으로 활용될 수 있다는 점이다. 환경보호론자들이 주장하는 이 두 가지 근거의 타당성 여부에 대하여 검토해 보고자 한다.

먼저 환경보호론자들은 무역제한조치가 필요한 근거로 집행수단으로서의 유용성을 들고 있다. 즉, 국제적인 문제의 경우 이를 처리하기 위한 권위 있는 기구가 없는 경우가 많으며, 이러한 각 국가에 의한 무역제한조치의 활용은 반드시 필요하지는 않더라도 정치적으로 매력 있는 대안이 될 수 있다는 것이다. 또한 환경문제에 대하여 그 위반행위에 대하여 무력행사를 취할 수 있으나, 환경문제를 해결하기 위한 무력의 행사는 과잉행동으로 간주될 가능성이 높으며, 이러한 무력행사는 그 자체로서 환경악화의 요인이 될 수도 있다. 따라서 환경문제의 경우 무역제재가 거의 유일한 제재수단인 것이다. 특히, 어느 국가의 생태계에 입는 피해가 심각한 경우 그 제재의 필요성은 더하다고 할 수 있다. 그러나 이와 같은 주장에는 다음과 같은 문제점이 있다.

17) Esty, D. C., Unpacking the "Trade and Environment" Conflict, 25 L& Pol'y Int'l Bus. 1259, 1278-79, 1993.

① 무역에 대한 제한은 경제를 왜곡시킴으로써 경제적 효율의 저하를 초래하므로, 이러한 제한은 이를 통하여 얻어지는 경제적 이익이 그 비용을 초과하는 경우에 한하여 경제적으로 타당성이 있는 것이다. 이와 관련하여 실증적 연구가 많지는 않지만, 한 연구에 의하면, 환경보호목적의 무역제한조치는 경제적 효율성 면에서 정당화 될 수 없다는 연구가 있다.18)

② 또한 경제적 효율성을 분석한 결과 무역제한조치를 취하는 것이 경제적으로 효율적이라는 결론에 이르게 되는 경우에도, 그 비용을 부담하는 국가와 그 이익을 얻는 국가가 서로 다른 경우가 많이 있을 수 있는 것이며, 이러한 경우 이익을 얻는 국가가 비용을 부담하는 국가에 대하여 적절한 보상을 하지 않는다면 이는 환경보호를 위한 무역제한조치를 정당화 할 수 없는 것이다.

다음으로 관세에 의한 무역제한조치는 환경의 사회적 비용을 내재화하는 수단으로 활용될 수 있다는 주장이다. 경제학적으로 환경문제는 시장실패를 초래하는 외부효과(externality)의 고전적 사례에 해당한다. 즉, 어떠한 제품을 생산하기 위하여 공해를 배출하는 경우, 이를 처리하기 위하여 사회적으로 비용이 지출됨에도 불구하고, 이러한 비용이 제품의 가격에 포함되지 않는다. 그 결과 이러한 제품의 가격은 사회적으로 바람직한 수준이하로 설정되게 되며, 따라서 이러한 제품은 사회적으로 바람직한 수준보다 더 많은 양이 생산, 소비됨으로써 환경악화를 초래하게 된다는 것이다.

이러한 공해의 사회적 비용을 내재화하여 제품의 가격에 반영하는 수단으로 일부 경제학자들은 환경세의 도입을 주장하고 있다. 즉, 어떠한 제품을 생산하기 위하여 공해를 배출하는 경우 그 공해로 인하여 사회가 부담하는 비용에 해당하는 세금을 부과하여 이러한 비용이 공해의 사회적 비용을 반영하도록 함으로써 그 제품의 생산 및 소비를 적정한 수준으로 억제해야 한다는 주장이다.19)

---

18) Kingsbury, B., The Tuna-Dolphin Controversy, The Woard Trade Organization, and the Liberal Project to Reconceptualize International La, 5 Y. B. Int'IL. 140.

이와 관련하여 어떠한 제품의 생산과정에서 동 제품을 수입하는 국가에 외부효과에 상당하는 금액을 관세로 부과함으로써 그 사회적 비용을 내재화 하자는 주장이 제기될 수 있는 것이다.[20)]

그러나 관세를 비용내재화 수단으로 사용하는 데는 현실적으로 어려운 문제들이 개입되어있다. 첫째, 그 외부효과(사회적 비용)를 어떻게 계산할 것인지 여부가 문제된다. 둘째, 그 외부효과가 구체적으로 계산되는 경우에도 이 금액에 해당하는 관세를 부과하는 데에는 어려움이 있는 것이다.

GATT의 기본원칙은 유사물품에 대하여는 동일한 관세를 부괴하는 것이며, 그 유사성 여부의 판단은 오로지 물품의 외형적 경우에 의하여 결정되어야 하며, 그 물품의 생산과정(Process)은 고려의 대상이 되어서는 안 되는 것이다.

결론적으로, 관세를 통하여 사회적 비용을 내재화하는 것은 환경세와 같은 경제적 수단(economic instruments)에 대하여 만족할 만한 대체품이 되지 못할 뿐 아니라, 현실적으로도 그 부과과정에서 많은 어려움이 따르는 것이다.

2 쌍무적 또는 지역적 환경문제의 특수성

기후변화 및 오존층파괴 등은 그 범위를 기준으로 할 때 세계적인 환경문제라고 할 것이다. 그러나 국제환경문제는 양국간의 쌍무적 환경문제[21)] 및 지역적 환경문제[22)]등도 포함하고 있어 무역제한조치의 필요성은 더하다고 볼 수도 있다.

예를 들면, 중국의 대기오염이 황사를 통해 한국에 영향을 미치는 사실이 과학적

---

19) Arthur C. Pigou, Economics of Welfare(초간 1920).

20) William J. Baumol and Wallace E. Oates, The Theory of Environmental Policy, 266(2nd ed., 1988).

21) 예를 들면 중국의 대기오염이 황사를 통해 한국에 영향을 미치는 경우가 이에 해당된다.

22) 예를 들면 러시아가 동해에 핵폐기물을 투여함으로써 동해에 인접한 한국, 북한 및 일본 등에 피해를 주는 경우가 이에 속한다.

으로 입증 될 수 있다면 한국의 경우 외교적 경로를 통한 압력행사, 국제사법재판소의 판결을 통한 문재의 해결, 쌍무협상의 체결등과 같은 방법으로 해결방안을 도모할 수 있다.

그러나 이 사건을 국제사법재판소에 회부하거나, 쌍무협상을 체결하기 위하여서는 중국의 동의가 필요한 것이며, 중국이 여기에 응하지 않는 경우 이상과 같은 방안은 사용할 수 없는 것이다. 따라서 이상과 같은 방안이 실효성을 거두지 못하는 경우 한국으로서는 중국으로부터 수입되는 제품 중 대기를 심하게 오염시키는 방식으로 제조된 제품의 수입을 제한하는 방안이 매력적인 대한이 될 수 있는 것이다.

특히, 엄밀한 과학적 조사의 결과 중국으로부터의 대기오염이 한국 국민의 건강을 심각히 위태롭게 하고 있다는 점을 명백히 입증하는 증거가 발견되어 한국이 여러가지 외교경로를 통해 중국에 그 시정을 요구하였음에도 불구하고, 중국이 이를 시정하기 위한 조치를 전혀 취하지 않았다고 가정해 본다. 이 경우 한국 국민이 입는 피해를 방지하기 위하여 중국 제품에 대하여 무역제한조치를 취하는 것은 한국 입장에서 정당한 것이라고 볼 소지도 충분히 있는 것이다.

그러나 어떠한 무역제한조치가 특정 상황에서 정당한 것이라고 하여, 반드시 GATT가 이러한 무역제한조치를 일반적으로 허용하여야 하는 것은 아니다. 무역제한조치는 이를 취하는 국가에 경제적 힘이 있는 경우에 한하여 효과적인 압력수단이 될 수 있는 것이며, 따라서 본질적으로 경제적 약자에 불리한 것이다. 또한 이러한 무역제한조치를 일단 허용한다면, 이는 남용될 가능성도 있으며, 이 경우 세계는 환경보호의 미명하에 보호무역주의로 회귀하게 될 수 있는 것이다. 따라서 경우에 따라 무역제한조치는 사실상 쌍무적 또는 지역적 환경문제를 다룸에 있어 효율적인 방안이 될 수 있음에도 불구하고, 이를 GATT에서 일반적으로 허용해서는 안 되는 경우 별도의 무역제한조치를 취하지 않고서도 기후변화 등의 국제환경문제에 적절히 대처해 나갈 수 있다는 것이다.[23)]

3 대안조치

국제환경문제에 있어서 통상제한조치는 여러 가지 문제점을 보유하고 있으며, 이와 관련한 통상제한조치의 대안으로 적절한 조치가 무엇인지를 강구할 필요가 있다. 과거 국제환경문제는 국제환경협약을 통하여 그 해결이 모색되어 왔으며, 기존의 외교경로에 의한 문제해결 방안의 중요성 또는 최근 문제되고 있는 환경목적의 무역제한조치들 중 상당수는 기존의 외교경로를 통해 문제를 해결하기 위한 상당한 노력이 없이 조급하게 취해진 것이다.

무역제한조치의 대안으로서 첫째 환경마크(eco-labeling) 제도[24], 둘째 외교경로를 통한 경고, 셋째 외교관에 의한 비공식적 협의, 넷째 환경교육 프로그램, 다섯째 기술이전, 재정지원, 환경세 및 양도 가능한 오염물질배출권 등의 경제적 수단과 같은 방안을 생각해 볼 수 있다.

이와 관련하여 환경보호를 위하여 무역제한조치가 취해져야 한다고 주장하는 학자들 중에서도 일부는 무역제한조치를 취하는 전단계로 이상과 같은 조치가 취해져야 한다고 주장하고 있으며, 특히 경제적 수단은 무역제한조치의 대안으로서 그 중요성이 최근 부각되고 있다.

23) 김병진, 전게서, pp.52-54.

24) 환경마크도 무역에 영향을 미칠 수 있으며, 이와 같은 이유로 이를 TBT Agreement 등에서 규제하여야 할 것인지 여부가 문제되고 있다. 그러나 환경마크 제도상 소비자에게는 자발적 선택의 기회가 부여되며, 이점에서 환경마크는 관세의 부과 또는 수출금지 등과 같은 다른 무역제한조치와 구분되는 특성을 지니고 있다. 환경마크에 대한 자세한 내용은 본 논문 제 4장 제 3절 4 참조.

Ⅳ 환경보호를 위한 무역제한조치의 쟁점

통상과 환경의 연계에 관한 논의의 쟁점은 광범위하나 주요 쟁점으로는 첫째, WTO의 기본원칙과 환경목적 무역규제의 조화문제, 둘째 환경부과금, 환경세와 무역효과문제, 셋째 표준, 환경마크 등 제품요건의 무역효과, 넷째 환경관련조치의 투명성, 다섯째 국내 판매금지품의 수출규제 등으로 대별할 수 있다.

1 WTO의 기본원칙과 환경목적규제의 조화문제

WTO의 기본입장은 자유무역의 증진에 있기 때문에 예외적인 무역조치가 자유무역원칙의 기본원칙인 최혜국대우와 내국민대우원칙을 위반하여 국가간의 차별수단 또는 보호주의적으로 오용되어서는 안 된다는 입장이다.

도한 환경관련 무역조치는 자유무역주의원칙의 일반적 예외조항인 GATT 제 20조 (b) 인간 및 동식물의 생명 또는 건강을 보호하기 위한 조치, (g) 국내 생산 및 소비를 제한하는 조치와 함께 시행되는 유한천연자원의 보존을 위한 조치에 근거하여야 하나 구체적으로 그 목적이 보호주의 목적과의 구별이 용이하지 않다는 문제가 발생한다.

WTO규범과 환경관련 무역조치의 조화문제는 현재 WTO규범에서 허용하는 수준을 넘어서 무역규제범위를 확대할 수 있는가에 대한 해석문제와 확대하려는 움직임과 관련한 현실적 문제로 연결된다.

1. 무역규제대상의 문제

제품무관련 제조공정 및 생산방법(Processes and Production Methods : PPMs,이하 PPMs라고 약칭함)[25]은 제품이 제조 또는 처리되거나 천연자원이 채굴 또는 수확

25) 제조공정 및 생산방법에 대한 자세한 내용은 이춘삼, 『국제통상법』, 법문사, 1999. p. 109. 참조.

되는 방법을 의미한다. PPMs는 환경목적의 무역규제조치, 제품수명주기, 환경기준의 조화 등 여러 문제와 관련이 있는 문제로서 환경에 중요한 영향을 준다.

정부규제방식의 PPMs의 기준은 대부분 순수한 국내효과만 가지고 있어 무역과 마찰을 일으키지는 않는다. 그러나 환경오염활동의 억제 및 환경적으로 보다 건전한 활동의 장려를 위해 무역수단으로서 PPMs를 설정하는 경우도 있다. 이러한 PPMs의 기준을 통한 무역제한수단은 국가의 시장지배력과 의무를 지는 국가의 무역의존도에 따라 상대국의 환경정책을 변화시키며 국내 PPMs 기준을 여타국에 확대 적용하는 효과를 가져온다.

PPMs가 환경에 대해 부정적 효과를 가져오는 경우는 제품의 특성자체가 환경을 저해하는 경우인 제품관련 PPMs(product-related PPMs requirements)와 생산방법·공정이 직접 환경을 저해하는 경우인 제품무관련 PPMs(non-product-related PPMs requirements)로 분류할 수 있다. 현행 WTO의 기술장벽협정에서는 제품관련 PPMs의 경우 PPMs를 근거로 한 무역조치의 사용은 인정하고 있다.

그러나 수입품에 물리적으로 체화되지 않음으로써 수입국 환경에 영향을 주지 않는 제품무관련 PPMs에 대한 무역조치는 일반적으로 인정되지 않는다고 할 수 있다. 왜냐하면 제품무관련 PPMs에 의한 무역조치는 제품의 특성에 영향을 주지 않으므로 사실상 동종제품을 차별하여 내국민대우(National Treatment)원칙[26)]에 위배되기 때문이다. 또한 제품무관련 PPMs는 환경효과가 생산국가에 머무르고 수입국에 이전되지 않기 때문에 이를 근거로 무역규제를 하는 것은 역외성 문제를 초래한다.

29) GATT 제2조 2항 ; 일방 체약국의 산품이 다른 상대체약국의 영역 내에 수입되는 경우 상대체약국은 동종의 내국산품에 직접 또는 간접으로 부과하는 내국세 또는 기타 모든 과징금의 한도를 초과하는 내국세 및 기타의 내국과징금을 직접 또는 간접적으로 부과하여서는 아니 된다.

[표 18-1] 지구적 환경문제와 관련한 통상조치

<table>
<tr><td rowspan="3" colspan="2"></td><td colspan="4">법적근거</td></tr>
<tr><td colspan="2">MEA-다자간 통상조치</td><td colspan="2" rowspan="2">국내법-일방적 통상조치</td></tr>
<tr><td>의무사항</td><td>위임사항</td></tr>
<tr><td rowspan="2">환경조건의 유형</td><td>제품요건</td><td>▶ 몬트리올의정서 : 회원국은 비회원국과 규제물질의 수출·입 및 규제물질 함유제품 수입을 금지함.
▶ CITES : 회원국은 멸종위기에 처한 동·식물 및 그 제품의 수입을 금지함.</td><td>▶ CITES : EC와 미국은 위임조항에 근거하여 CITES에 명시되지 않은 외래종(고래 및 돌고래, 야생고양이, 상아제품 등)에 대해 수입제한조치 시행[27]</td><td>▶ 1972년 오스트리아의 열대목재에 대한 표시부착을 의무화하고 열대목재 및 그 제품에 대해 70%의 관세를 부과하였으나 추후 폐지됨.
▶ CITES가 체결되기 이전에 미국, 영국이 멸종위기종의 교역을 제한하기 위해 도입한 국내법과 몬트리올의정서 체결 이전에 CFC함유물질의 수입을 제한했던 국내법 등</td><td rowspan="2">▶1991년 미 펠리수정법 : 월경성·지구적 자연자원에 관한 국제협약의 이행을 촉진한다는 목적 하에, 어떤 국가가 멸종위기에 처한 생물종 보호를 위한 국제적인 프로그램의 실효성을 저해하거나 국제적인 어류 보전 프로그램의 실효성을 저해하는 방식 혹은 여건 하에서 어획하고 있다는 증거가 있는 경우, 동 국가로부터 의 수입제품에 대해 무역제제를 가할 수 있도록 허용하고[28]있음.</td></tr>
<tr><td>제품무관련 PPMs</td><td>▶ 몬트리올 의정서 ; 규제물질이 함유되어있지 않더라도 세척제등으로 사용되어 제조된 제품과 관련하여, 회원국에 대해 비회원국으로 부터의 수입금지 의무부과를 고려하였다.</td><td></td><td>▶ 네덜란드의 열대목재 사용금지 : 네덜란드 정보와 산업계는 1995년부터, 열대림을 지속가능한 방식으로 관리하지 않는 지역으로부터 수입된 열대목재를 사용하지 않기로 합의하였음. 이는 강제적인 무역조치라기 보다는 자발적인 성격을 띠고 있으나 열대림의 관리방식에 따라 열대목재의 수입이 실질적으로 제한됨
▶ 환경관련 상계관세</td></tr>
</table>

자료 : OECD, 1998

27) CITES 14조 1항 참조.

28) 펠리수정법에 따라 미 정부는 20여 차례 무역조치를 거론하였으나 아직까지 무역제재가 실제로 시행된 사례는 없음.

그러나 OECD 각료회의 보고서는 초국경적·지구적 환경목표를 달성하기 위하여 국제환경협약에 의하여 PPMs에 근거한 무역제한의 필요성을 암묵적으로 인정 하고 있다. 또한 사실상 EU가 다리덫을 사용하여 포획한 동물의 모피수입을 금지하는 등 제품무관련 PPMs에 대한 무역조치를 허용하고 있고, ISO에서는 ISO 14000과같이 제품무관련 PPMs에 대한 기준이 광범위한 무역효과를 갖는 규제제도를 마련하고 있다.

조세 및 부과금의 국경제조정[29]에 있어서 제품 자체의 특징에 근거한 조치만을 허용하는 현재의 무역규범을 넘어서 제품무관련 PPMs에 근거한 무역조치도 허용하는 것은 일견 작은 변화일지 모르나 실질적으로는 현재의 무역규범의 근간을 변화시키는 것을 의미한다. 따라서 앞으로 제품무관련 PPMs 문제는 무역과 환경의 연계논의에 있어 핵심적 이슈로 논의될 것이다.[30]

2. 역외성 문제

역외성(extraterritoriality)이란 통상규제를 취하는 국가의 영역 밖에 있는 규제기준이 적용될 수 있는지의 여부를 의미하는 것으로 환경에 대한 침해나 침해가능성, 즉 위험성이 자국 내에 있어야만 이를 사유로 하여 국제통상규제조치를 취할 수 있다는 논리이다.

일국이 자국의 환경기준, 환경법의 위반을 이유로 일방적 무역조치를 사용할 경우 보호주의적 의도로 타국의 정책관할권에 영향을 끼치게 되어 국제무역규범과 중대한 마찰을 일으킬 수 있다.

또한 일국이 자국 환경문제를 해경하기 위한 무역조치뿐 아니라 일정 조건하에서 역외의 환경문제에 대하여 일방적 무역조치가 허용될 수 있다고 주장하는 반면

29) 국경제조정에 대한 자세한 내용은 본 논문 제4장 제3절 4 참조.

30) 이호생, "무역과 환경의 연계", 대외정책연구원, 1995. 12, p.33.

대부분의 국가는 초국경적·지구적 환경문제는 기본적으로 국가간 합의에 의한 해결이 필요하다는 입장이다.[31)]

3. 국제환경협약의 무역조치와 WTO규범과의 관계

현재 무역조치를 포함하는 구제환경협약이 늘어가고 있기 때문에 WTO무역규범과 상충할 가능성이 증가하고 있다. 따라서 현재 시행되고 있는 국제환경협약상 무역규제조항을 WTO 무역규범하에서 어떻게 이해하고 수용할 것인가가 주요한 이슈로 떠오르고 있다.

이에 대하여 선진국은 현재의 국제환경협약과 향후 전개될 국제환경협약의 협상에서 무역조치에 대한 WTO 차원의 기준과 근거를 제공할 수 있도록 GATT 제 20조의 예외규정을 개정·확대하고자 한다. 반면 개도국은 국제환경협약상 무역조치를 사전적으로 인정하는 일반적 기준의 설정에 반대하며 향후 문제가 발생시 사례별로 GATT 제25조의 웨이버(의무면제)조항[32)]을 근거로 해결할 수 있다고 주장한다.

이것의 핵심은 환경목적의 무역규제를 포괄적으로 무역규범 하에서 인정할 경우 각국이 이를 근거로 무역제한조치를 확대시키고 향후 기후변화협약 후속의정서와 같은 후속협상에서 무역제한조치를 확대시키는 계기가 될 가능성이 있다는 점이다.

---

31) 역외적 적용에 대해서는 아직도 논란의 여지가 많다. 1991년의 참치/돌고래 사건에서 GATT 패널은 돌고래가 철에 따라 이동하는 동물이고, 이동경로 중 일부가 민국의 관할권 안에 있다는 사실을 인정하였다. 그러나 1994년의 GATT 패널은 GATT 제 20조상에 자언의 위치에 대한 언급이 없고, 어류에 대한 선결 예에서 국내어업과 공해상의 어업을 구분하지 않았으며, 인간, 동식물 및 기타 자원과 관련한 자국민 또는 자국국적의 배의 행위에 관해서도 국내법으로 규율할 수 있는 것이 국제법의 일반 원칙이라는 점을 들어 미국의 역외적용을 인정하였다. 그러나 1994년의 GATT 패널의 역외적용에 대하여 과연 WTO 패널이 인정할지의 여부에 대하여는 의문이 있다.

32) GATT 제 25조 5항 ; 체약국단은 본 협정에 별도로 규정되지 아니한 예외적인 사정 하에 서는 본 협정에 의하여 체약국에 부과하고 있는 의무를 면제할 수 있다.

2 환경부과금 및 환경세와 무역효과문제

1. 환경부과금의 무역효과

환경부과금은 환경개선을 위한 재원의 확보, 오염절감비용의 효율적 배분, 기술혁신 등 환경개선을 위한 동기유발을 촉진하기 위하여 오염자가 환경재 사용에 따른 사회적 비용을 내부화(internalization)시킬 수 있도록 환경기준을 달성하는 데 필요한 오염처리비용을 부과하는 경제적 수단이다. 이에는 오염물질 배출량에 때라 부과하는 배출부과금, 생산·소비·폐기 과정에서 환경에 해로운 제품에 대해 부과하는 제품부과금, 환경오염을 일으키는 제품에 대해 일정액의 예치금을 미리 받았다가 제품을 반납하거나 환경오염이 일어나지 않도록 적절히 처리한 경우 반환하는 예치금제도가 있다.

환경부과금이 국내제품과 수입제품에 동등하게 부과되는 경우 직접적인 무역제한 효과는 적을 것이나 부과금제도의 시행여부, 국가별 환경여건과 부과대상 및 부과기준 등의 차이로 인하여 잠재적 무역효과를 발생시킬 수 있다.

먼저 제품부과금이 사실상 국내 산업이익을 고려하여 특정제품에 부과될 경우 수입제품에 불리하게 작용하여 무역제한효과를 초래할 수 있다. 또 예치금의 반환요건이 동일하게 적용되더라도 회수체계 등 제반여건이 외국업자에게 불리하여 간접적인 무역효과를 발생시킨다. 특히 배출부과금의 경우 국가별 부과방식의 차이로 비용생산에 의한 경쟁력 저하를 방지하기 위하여 상계관세조치를 취하는 경우 환경기술이 낮은 국가의 수출산업에 큰 타격을 줄 수 있다.

환경비용 차이에 따른 상계관세조치는 역외성의 문제와 비용산출을 위한 기준설정의 어려움 등으로 인하여 초기보다 논의가 감소되었으나 각국이 시행하고 있는 환경목적의 부과금이 사실상 무역효과를 초래할 수 있으므로 선진 각국의 제도현황 및 무역영향요인을 분석하는 것이 필요하다.

2. 환경세와 무역효과

환경세(eco-tax)는 환경오염물질 배출자에 대하여 오염물질 배출로 인한 피해만큼 생산물에 대하여 세금을 부과하여 생산자와 소비자의 행위를 변화시키는 조세로서, 설정된 환경기준을 달성하기 위하여 생산공정이나 시설에 부과되는 환경공정세와 환경친화적 소비와 생산을 촉진하기 위하여 환경을 오염시키거나 악화시킬 수 있는 제품에 대하서 부과되는 환경제품세가 있다.

환경세가 제품이나 공정에 부과되는 경우 당해 제품의 비용상승 요인으로 작용하여 자국제품의 경쟁력에 영향을 주기 때문에 국제무역에서 동일한 경쟁조건을 확보하기 위하여 국경세조정의 필요성이 제기된다. 따라서 선진국을 중심으로 현행 WTO규범하에서 환경세에 대한 국경세조정(Border Tax Adjustment : BTA)문제의 검토를 주장하고 있다.

현행 WTO '보조금 및 상계조치에 관한 협정'의 부속서 Ⅱ 각주 61[33]은 생산공정에서 사용된 연료와 에너지를 포함한 투입에 대한 조세에 국경세조정을 허용하는 취지의 규정을 두어 동종상품인 수입품에 대한 내국세의 부과와 수출시 환급을 허용하고 있다. 위의 WTO 규정은 일반적으로 제품특성 또는 물리적으로 체화된 투입요소에 대한 국경세조정을 허용하나 생산지의 제조공정세(process tax)에 대해서는 국경세조정을 허용하지 않는 것으로 해석된다. 이 규정은 직접적으로 국내환경문제에 대처하기 위해 세금부과를 하는 것을 제한하는 것은 아니다. 그러나 일부국가는 주로 지구적 환경문제에 대처함에 있어 제조공정세에 대한 국경세조정은 경쟁력 유지를 위해 불가피한 경우가 있다는 견해를 가지고 있다.

위 규정과 관련하여 특히 쟁점이 되는 것은 일부 선진국에서 시행하고 있는 탄

33) WTO 보조금 및 상계조치에 관한 협정 부속서 Ⅱ 각주 61 : 생산과정에서 소비된 투입요소는 생산과정에서 사용도니 물리적으로 포한된 투입요소, 에너지, 연료와 기름 그리고 수출품을 얻기 위해 이들이 사용되는 과정에서 소비된 촉매제이다.

소세의 국경세소정문제가 대두될 가능성이 있다는 점이다. 하지만 개도국의 경우 환경세는 국내환경정책의 수단으로서 국경세조절은 부당한 시장접근 제한효과를 초래할 수 있기 때문에 반대하고 있어 양진영간 논란이 계속될 것으로 보인다.

또 유럽 국가를 중심으로 석유, 석탄 등 에너지원에 대한 탄소세 도입 시행이 확산되고 있다. 이들 국가는 지구환경보전에 공동참여 한다는 명분으로 탄소세 도입의 확대 필요성을 주장하고 지구온난화의 주요 원인인 이산화탄소 배출량을 줄이기 위하여 기후변화협약의 후속협상에서 탄소세의 도입을 주장할 가능성이 있다.

3 표준, 환경마크 등 제품 요건의 무역효과

1. 표준화 기술규정

제품, 공정, 배출 등 환경기준에 대한 정보당국의 기술규정이나 표준은 국가별 환경, 기술 및, 경제 여건의 차이에 따라 비관세 무역장벽으로서 활용되어 무역제한효과를 가져온다. 기술규정은 강제규범으로서 구입국의 기술규정에 부적합할 경우 직접무역효과를 발생시키고 표준을 강제규범이 아니나 소비자의 인식변화, 자국 여건에 유리한 표준여건에 의하여 간접적인 시장접근제한효과를 초래한다.

미국, EU의 자동차 배출가스 및 연비기준의 강화, 제조·수입업자에게 특정품목(배터리, 폐차 등)과 용기류의 회수 또는 재활용의무화, 유해물질을 함유한 물질의 수입제한 등의 구정은 선진국 수준의 신기술 개발, 공정 개선 및 설비대체 등을 요구하므로 개도국 제품의 시장접근을 제한하는 효과를 발생시킨다.

이러한 표준과 기술규정의 문제는 첫째 선진국의 다양한 환경규제조치가 증가함에 따라 그것이 혹시 자유무역규범에 위배되어 자국산업보호를 목적으로 위장되지 않는가와 규정의 수립시 어떻게 투명성을 확보할 수 있는가에 대한 논의이며, 둘째 각국마다 다른 표준과 기술규정을 어떻게 조화시켜 기업들의 부담을 완화시켜 환경기술향상과 실질적인 환경보호에 기여할 수 있는가에 관한 주제이다.

2. 환경마크제도

환경마크제도(Eco-labelling)는 상품의 제조, 사용, 폐기 등 제품수명주기에 걸쳐환경에 부담이 적은 상품에 표지를 부착하여 소비자로 하여금 차별적 선택을 하도록 함으로써 환경친화적 생산과 소비를 유도하는 제도이다. 환경마크는 자발적 제도이므로 수출기업은 반드시 수입국의 환경마크를 획득하여야 하는 것은 아니다. 그러나 환경마크제는 일방적으로 수입국의 환경선호도에 의하여 좌우되기 때문에 무역장벽으로 작용될 소지가 많다. 무역상대국의 상이한 요건으로 인하여 수입국에만 공해의 정도가 심각하여 환경관련기술도 발전되었지만, 수출국에는 전혀 문제가 되지 않는 경우에도 환경마크를 얻기 위하여 수입국의 생산방식을 도입하여야 하는 비용부담요인이 발생하게 된다. 더구나 환경마크가 없는 제품이 사실상 유통과정에서도 차별적으로 취급된다면 국내 산업보호를 위하여 이를 악용할 우려가 높다. 특히 환경마크 부여대상 및 기준의 선택은 국가별로 자원의 제약이나 특정상품의 선호도와 같은 지역적 여건에 따라 결정되므로 수입국에게 상대적인 무역제한효과를 가져올 수 있다.

환경마크제를 무역규제의 일종으로 파악함에 있어서 특징적인 사항은 첫째, 정부차원의 규제보다는 민간단체에서 강제성 없이 환경마크의 부착 요건을 심사하여 자발적으로 시행하는 경우가 많다. 제품의 초기 생산단계에서부터 폐기단계에 이르기까지 지속적으로 환경적인 측면을 고려하여야 한다는 이른바 제품의 life cycle 분석이 대두되면서, 민간 부문에서 환경마크제의 도입을 보다 적극적으로 추진하려는 움직임이 있다.

둘째, 주로 제품의 물리적 특성에 영향을 미치지 않는 제조공정과 생산방식을 대상으로 하고 있다는 점이다. 환경마크는 기본적으로 제품수면주기에 근거하여 부여하기 때문에 제조공정상의 환경오염여부도 환경마크부여기준에 포함시키게 된다. 즉 제품무관련 PPMs를 포함하는 경우가 많다 EU가 화장지, 부엌휴지의 제조과정에서 이산화탄소 배출기준을 부여기준에 포함시켰고, 유럽섬유의류기구는 섬유에 대한 환경마크 부여기준에 에너지 및 용수 사용의 효율성을 포함시키는 작업을 진행하고 있다. 따라서 제품무관련 환경마크의 차별적 무역효과를 억제하는 방법에 대하여 ① 이해 당사자의 기준설정과정에의 참여 및 협의기회 증진 방안, ② PPMs관련 기준의 적용범위 및 대상에 대한 제한 방안, ③ 환경마크제도의 상호 인정(mutual recognition) 방안 ④ GATS의 내국민대우 조항처럼 실직적인 차별을 금지하는 규정을 명시하는 방안 등의 논의가 전개되고 있으나 이는 제품무관련 PPMs를 현무역규범에 포함시키려는 논의로 연결될 우려가 있다.

3. 포장 및 재활용 요건

포장(packaging)은 물품의 유통과정에서 물품의 가치와 상태를 보호하기위하여 적합한 재료 또는 용기 등으로 물품을 포장하는 방법 및 포장된 상태를 말하는 것으로 사용량에 비례한 자원소모, 생산공정 에서의 환경피해, 소비 후 폐기물에 따른 환경영향을 발생시킨다. 따라서 포장폐기물을 감량화하기 위하여 사용량 및 재질 등을 규제하거나 포장폐기물의 재활용 촉진을 위하여 제조 및 수입업자에게 회수처리를 부과하는 경우가 증가하고 있다. 덴마크가 음료용 주석 캔 사용을 금지하고 재사용이 가능한 유리병을 사용하도록 한 것이나 독일이 포장재쓰레기 처리시행령에 따라 포장재 수거, 재사용, 재활용에 대한 쿼터를 설정하고 유리병을 회수하도록 한 것이 예이다.

이러한 요건의 강화는 포장재의 사용량을 최소화하고 환경에 유해한 재질을 사용을 억재하며 회수, 재활용이 용이한 환경친화적 포장을 촉진한다. 그러나 포장재질을 특정재질을 규정하는 경우 새로운 포장재로의 전화를 위한 비용과 수입국의 다양한 포장요건을 충족시키기 위한 적응비용을 증가시켜 수출기업의 제품 경쟁력을 저하시킨다. 포장재의 사용량이 과대하므로 상대적인 무역 차별효과를 가져온다. 특히 발생폐기물의 회수·재활용의무를 부과시키는 경우 수입업자는 재생과 회수처리시설 접근이 제한되어 상대적으로 큰 처리비용을 부담하게 될 가능성이 높다.

포장 및 재활용요건의 쟁점은 한국에서 환경보전을 위해서 취재진 조치가 사실상 현저한 무역효과를 초래할 뿐 아니라 환경보호를 명목으로 남용되어 불필요한 무역장벽으로 적용할 가능성이 높다는 점이다.

4 환경관련 조화의 투명성

환경보전을 위한 무역제한 조치나 현저한 무역제한효과를 초래하는 환경조치가 불공정한 무역장벽으로 작용되지 않도록 환경관련 규정 제정시 신속한 사전 · 사후통보절차와 관련문의에 응답할 수 있는 조회처 설치 등 투명성의 보장이 필요하다.

투명성과 관련한 주요 쟁점으로는 먼저 투명성을 확보하는데 충분한가이다. 이에는 환경마크 등 자발적 표준, 지방정부의 조치 등이 포함되는가의 기술장벽협정 제2조 제9항의 통보절차에 정용되는 '현저한 무역제한효과(significant trade effect)'를 해석하는 문제가 대두된다. 또한 환경관련 조치처로서 별도의 환경조회처(enquiry point)를 설치할 필요가 있는가에 대한 노란이 제기되고 있다.

그러나 환경관련 조치의 투명성 문제는 단순히 절차문제에 한정되는 것이 아니라 환경마크 생산동정 및 생산방법의 적용 등 무역과 환경에 관한 실질적 사안과 관련되어 있기 때문에 다른 실체적 주제와 연계하여 논의되어야 할 것이다.

5 국내 판매금지품목의 수출규제

보건과 환경상의 이유로 자국 내에서는 판매가 금지 또는 엄격히 제한되는 품목에 대하여 환경기준이 낮은 다른 국가로 수출하는 경가 증가되고 있다. 예를 들면 선진국에서 개방되는 화학제품, 살충제, 의약품 등이 국내에서 유통이 금지됨에도 제3세계에 수출됨으로써 환경보전과 보건상 직접적인 피해를 초래할 수 있다. 반면 개도국의 경우 수입품이 선진국 내 판금품에 해당하는지를 검사할 능력이 부족하여 이에 적절히 대처하지 못하는 경우가 많다.

따라서 개도국을 중심으로 국제협약에서 이미 규정하고 있는 품목을 제외하고 의약품, 화학물질, 식품, 화장품 등을 포괄하는 국내판금품에 대한 협약을 위한 협상을 시작할 것을 주장하고 있다. 그러나 선진국을 중심으로 현재 국제환경협약에서 광범위한 규율을 강화시키고 있으므로 WTO 차원에서 판금품에 관한 별도의 협상을 시작할 필요가 없으며 식품, 화장품, 소비재가 포함되는 것에 강력히 반대하고 있다.

판금품의 수출문제는 결국 환경위해성 여부를 판단할 수 있는 각국의 능력형성과 판금품에 대한 통보절차와 정보교환을 통한 투명성을 증가시키는 것과 관련된다. 또한 구체적인 판금품에 대한 협상과정에서 판금품의 대상문제가 쟁점이 될 것이다.

V 요약 및 시사점

1980년 중반 이후부터 국제기구와 각종기구와 각종 국제환경협약에서 환경보호를 위한 무역규제조치 및 생산과 소비활동의 규제조치 등의 이행강제성 강화를 위한 협상 및 국제규범을 가속화 하고 있다. 1995년에 설립된 WTO설립협정 전문에 지속가능한 개발의 추진을 그 목표의 하나로 인정하였으며, 그 산하에 무역환경위원회를 설치하여 10가지 의제를 중심으로 논의하고 있다. WTO는 기존의 GATT체제가 무역자유화 이외의 문제에 대하여 소극적이었던 것에 비하여 통상과 환경 문제에 대해 적극적으로 수용할 수 있음을 내포하고 있다.

국제적으로 통상과 환경문제에 있어서 가장 쟁점이 되는 사항은 첫째, WTO의 무역체제와 다자간 환경협약상의 무역제한 규정의 조화문제 둘째, 환경부과금이나 환경세의 무역효과 문제 셋째, 기술적 표준, 환경마크 등과 같은 제품요건의 무역효과 넷째, 환경관련 조치의 투명성 문제 다섯째, 국내 판매금지품목의 수출규제로 구분할 수 있다. 그러나 통상과 환경문제의 연계에 있어서도 무엇보다도 먼저 해결할 과제는 WTO에서도 CTE를 중심으로 이 문제에 대하여 많은 논의를 진행 중이다.

현재 GATT/WTO규범상에는 환경보호와 관련하여 통상제한 조치를 할 수 있는 명확한 명시적인 조항은 없다. 단지 GATT규범의 기본원칙과 제11조 수량제한 금지원칙, 제20조의 예외조항과 WTO TBT협정 등에서 환경보호를 위하여 한정된 범위 안에서만 통상규제조치를 허용하고 있다. 그러나 GATT/WTO에서 규정하고 통상규제조항은 문리적 해석상 어려움이 많으며, 그동안 환경과 관련한 분쟁해결에서 GATT패널의 판결내용을 근거로 해석함이 타당할 것으로 보인다.

GATT에서 판결한 환경관련 분쟁해결은 10여건에 불과하다. 이러한 분쟁해결과정에서 환경보호를 위한 국제통상규제조치가 GATT/WTO규범에 부합되기 위해서는 첫째, WTO의 기본원칙 및 수량제한금지의 원칙을 충족시켜야 한다. GATT 패널은 '수퍼펀드사건'에서 미국의 자국법을 이유로 수입원유에 부과하는 차별적 과세는 GATT 제3조의 내국민대우원칙에 위배된다고 판시하였다. 또한 '태국의 미국담배 수입제한 및 내국세 부과사건'에서 태국의 미국산 담배수입에 있어서 태국정부의 허가에 의한 태국 전매청의 독점적 수입권은 GATT 제11조에 명백히 위배됨을 판시하였다. 둘째, GATT 제20조 (b)항의 필요성, (g)항의 유한 천연자원의 보존관련성을 충족시키지 못하였다고 판시하였다. 셋째, 자의성 · 차별성의 배재, 위장된 규제, 관할외적 통상금의 요건을 충족해야 한다. '참치/돌고래사건'에서 GATT 패널은 미국의 멕시코산 참치수입의 금지는 GAT T제20조의 규정을 근거로 자의적, 부당한 차별 또는 위장된 규제조치가 되어서는 안 된다고 판시하였다. 또한 제20조 (b)항은 수입국의 관할권 내에서의 규제조치를 사용하는데 초점을 맞추고 있다고 해석하였다.

따라서 일국이 자국의 국내환경문제를 해소할 목적으로 시행하는 무역조치에 대해서는 분쟁사례를 통하여 현 무역규범 하에서는 적용기준이 설정되지 않아 적합성 여부에 대한 법적 한계점들이 노출되고 있다.

그러나 국제적환경문제에 대해서는 WTO체제하에서 환경보호를 위한 무역제한조치의 허용·수용 여부에 있어서는 아직까지도 문제점 및 선결과제들이 많다고 할 수 있다. 이들 문제점을 크게 4가지로 대별 해 보면 GATT 제20조의 개정문제, 일방적 무역조치의 허용문제, 환경마크와 PPMs 문제, 무역자유화의 대환경 효과문제를 구분할 수 있다.

첫째, GATT 제20조의 개정문제이다. 이 문제에 있어서 EU등 선진국은 WTO의 기본원칙과 다자간환경협약의 무역관련 규정을 수용할 수 있도록 개성하자는 입장이다. 그러나 개도국은 GATT 제20조가 다자간환경협약상 무역조치를 충분히 수용할 수 있고 환경을 명분으로 한 선진국의 보호무역주의를 용인할 위험성을 들어 GATT 제20조의 개정에 강력히 반대하는 입장이다.

둘째, 일방적 무역조치의 허용문제이다. 일방적 무역조치가 역외의 환경문제에 대하여 혹은 제품무관련 PPMs를 기반으로 시행되는 경우이다. 그러나 제품무관련 PPMs에 대해 환경피해의 성격과 위치에 맞추어 합리적인 동종상품에 대한 개념의 재정립이 필요 할 것으로 보인다. 국내환경법의 역외 적용을 목적으로 일방적 무역조치가 시행될 경우, 이는 다자간 무역규범에 치명적 위협도 초래한다는 것에는 모두다 공통적인 입장이다. 이 점에 있어서 미국 및 일부 NGO를 제외하고는 환경증진 명분의 일방적인 무역조치는 배격되어야 하며 지역적 또는 국제적 환경문제는 다자간 합의를 해결되어야 한다는 것이다.

셋째, 환경마크와 공정 및 생산방식의 문제이다. 미국과 EU 등 선진국은 환경마크가 환경친화적인 제품에 대한 소비자의 인식을 제고하고 이러한 제품의 생산을 유도하는 긍정적인 효과가 있는 유용할 환경정책 수단임을 강조하였다. 이에 대해 인도 등 개도국은 선진국 시장에의 접근을 제한하므로 수용할 수 없다는 입장이다.

마지막으로 무역자유화와 대환경 효과의 문제이다. 무역자유화가 부의 창출 및 경제성장을 통해, 환경보호 및 지속개발에 기여할 수 있다는 긍정적인 측면에 있어서는 모든 국가들이 긍정적하는 입장이나 일부 개도국 입장에서는 무역자유화가 반드시 win-win 혜택을 입을 수 있는 것은 아니다.

따라서 환경보호에 관한 통상규제에 관하여 현행 GATT/WTO 환경관련 규정을 통합적으로 적용 · 수용하기에는 여러 가지 제문제점을 가지고 있다. 따라서 향후 개방과 환경의 조화라는 대명제하에서 국제통상과 환경보호가 양립하기 위해서는 환경문제를 해결하기 위한 국제환경기금(International Environment Fund)의 설립이 최우선 되어야 할 것이다. 1990년 세계은행에 의해 설립된 지구환경금융(Global Environment Facility : GEF)이 현재 유일하게 지구환경 재정기구로 활동하고 있는 한 GEF는 운영의 미숙, 참여국, 기금 등이 아직도 미비한 수준이다. 또한 GEF는 주로 지구온난화방지, 생물다양성보존, 국제수역보호, 오존층보호 등과 같은 지구오염방지에 재정을 지원하고 있다.

따라서 IMF와 같은 국제환경기금을 설립하여 지구환경오염의 방지, 통상과 환경문제에 있어서의 지원 문제, 환경 선진국과 후진국과간의 균등한 재원조달과 지원 등을 총괄할 수 있는 국제적인 대책이 마련되어야 할 것이다.

CHAPTER 18

WTO협정과 환경문제

Ⅰ 서론

국제무역과 환경의 연계문제가 대두된 것은 환경보호를 이유로 한 각종 무역제한 조치가 점증적으로 도입되고 있으며, 이러한 조치들이 상품교역을 제한하는 요소로 등장하고 있다. 또한 환경보호라는 명분아래 국제경쟁력의 강화를 도모하는 위장된 보호무역적 수단으로 악용될 소지를 안고 있다.

무역과 환경문제가 본격적으로 논의되기 시작한 것은 1991년 GATT에서 '환경조치와 국제무역에 대한 작업반'(Group on Environmental Measures and International Trade)이 가동되면서 시작되었다. 이 작업반은 첫째, 국제환경협약에 포함된 무역조치, 둘째 각종 환경조치의 투명성 제고방안, 셋째, 환경마크, 포장요건의 무역효과 등 3가지 의제를 중심으로 논의를 진행하였다. 이러한 무역과 환경문제를 연계시키려는 움직임을 그린라운드(Green Round)[1]라 칭하며, 이것은 GATT/WTO체제하에서 무역과 관련되는 환경문제를 논의하고 이를 무역규범에 반영시키기 위한 다자간 협상을 의미하는 것이라 할 수 있다.[2] 그러나 무역과 환경문제가 보다 구체적으로 논의되기 시작한 것은 WTO설립 이후라고 볼 수 있다. WTO는 '무역의 자유화'와 '환경보호간의 상호 양립성 및 보완성'을 강화해야 한다는 대명제를 기초로 WTO산하에 '무역환경위원회'(Committee on Trade and Environment : CTE, 이하 CTE라고 약칭함)를 설치하여 10가지 의제를 중심으로 논의를 진행하여 오고 있다. CTE의 무역과 환경에 대

1) 그린라운드(Green Round)라는 용어는 미국 몬태나주 상원의원 바우쿠스(M.Baucus)가 1991년 10월 워싱턴의 국제경제연구소에서 한 연설에서 처음 사용한 것으로, 지구환경보전을 위한 각종 국제협약과 일부 선진국의 개별입법에 의한 통상규제가 증가함에 따라 환경과 통상에 관한 새로운 규범을 제정하려는 우루과이라운드 이후의 다자간협상을 말한다. Sennator MaxBaucus, "Protecting the Global Commons : The Nexus Between Trade and Environmental Policy", Address Before the Institute for International Economics, Oct. 30, 1991.

2) 이춘삼, 「국제통상법」,법문사,1999, p.130.

한 논의는 무역에 관련된 의제들을 구체화·세분화하여 주요 쟁점에 대한 참가국들의 입장을 명료화함으로써 무역과 환경에 대한 이해를 확산하는 계기가 되었다. 또한 GATT/WTO협정의 기본규범인 최혜국대우, 내국민대우, 수량제한금지와 예외조항 및 기술장벽협정과 위생검역협정, 지적재산권협정, 서비스교역에 관한 일반협정에서 환경보호를 목적으로 무역조치들을 할 수 있도록 규정하고 있다.

국제환경협약, GATT 제20조 및 WTO의 환경관련 규정들이 환경보호를 위한 무역규제조치의 인정성을 어느 정도 인정하고 있지만 환경보호의 목적으로 취해지는 무역규제와 다자간 무역체제와의 마찰요인, 다자간 및 지역환경협약의 목적달성을 위하여 취해지는 무역규제와 무역규범과의 관계, 환경보호를 위하여 개별국가가 취하는 무역규제조치 등이 무역규범과 일치하는지의 여부, 환경보호를 위한 역외의 일방적 무역규제의 허용성 등과 같은 문제에 대해 현행 규범상으로 해결하기에는 여러가지 문제점들이 제기되고 있다.

현재 무역조치를 포함하는 국제환경협약은 증가하고 있기 때문에 환경보호를 목적으로 무역조치가 발효될 경우 다자간 무역규범과 국제환경협약간의 충돌가능성은 언제나 상존하고 있다. 따라서 WTO규범과 환경관련 무역조치의 조화문제는 현재 WTO규범에서 허용하는 수준을 넘어서 무역규제범위를 확대할 수 있는가의 해석 문제와 WTO규범의 개정 또는 확대하려는 현실적 문제로 접근할 수 있다.

이에 본 장의 목적은 GATT/WTO규범 중에서 환경보호와 관련한 내용들을 분석함으로써 무역자유화와 환경보호간의 관련성 및 문제점을 규명하고, 특히 무역과 환경문제에 있어서 국제적으로 쟁점이 되고 있는 WTO 기본원칙과 환경보호를 위한 무역규제조치의 조화문제, 환경부과금 및 환경세의 무역효과, 환경마크 등의 제품요건의 무역효과, 환경관련 조화의 투명성 등의 주요 쟁점들의 내용들을 분석하여 환경보호를 위한 무역규제조치의 타당성을 검토하고[3] 나아가 WTO의 기본규범과 환경보

3) 환경과 무역에 관한 연구논문 중 대부분의 연구논문은 경제적 분석이 대부분이다. 특히 환경보호

호를 목적으로 한 무역규제의 조화문제를 제시함으로써 향후 환경보호문제에 대한 인식전환의 계기를 제공하기로 한다.

Ⅱ 환경보호와 무역규제의 적용

국제적으로 환경보호를 위한 무역규제가 환경정책의 주요한 수단으로 선호되고 있다. GATT/WTO는 무차별원칙, GATT 제11조, 제20조 및 WTO TBT협정(무역상기술장벽협정 ; Agreement on Technical Barriers to Trade), SPS협정(위생검역협정 ; Agreement on the Application of Sanitary and Phytosanitary Measures)에서 환경보호를 위한 수출입규제를 예외적으로 허용하고 있다. 국제환경협약에서는 오존층 파괴물질에 관한 몬트리올 의정서, 유해폐기물의 국가간 이동 및 처분규제에 관한 바젤협약, 멸종위기에 처해 있는 야생동식물의 국제교역에 관한 협약 등 약 19개의 협약에 환경보호를 위한 무역규제조항이 포함되어 있다. 일반적으로 환경보호를 위한 무역규제의 의의는 다음과 같다.

첫째, 환경보호를 위한 무역규제는 환경규제의 효율성을 제고시키는 기능을 한다. 특히 지구환경문제는 환경오염피해의 국가간 확산현상으로 개별국가의 노력만으로는 해결이 비효율적이나 불가능하며 범세계적 차원의 국제협력이 필수적인데, 환경요인을 고려하지 않은 제품의 국가간 이동을 규제하지 않는다면 환경규제의 실효성은 반감될 것이다.

둘째, 오염자부담원칙[4]에 입각한 환경보호관련 무역규제는 오염유발기업으로 하여

가 무역에 미치는 실익에 대한 분석이 주류를 이루고 있다. 그 이외에 논문들은 대체로 환경보호를 위한 무역규범의 분석에 초점이 맞추어져 있다. 이것이 선행연구의 한계점이라고 볼 수 있을 것이다. 따라서 본 논문은 환경보호를 위한 무역규범의 분석을 통하여 WTO 규정과의 타당성 및 조화 문제를 살펴보는데 큰 의의가 있다고 볼 수 있다.

4) 각국 정부가 환경규제에 필요한 기준을 설정하였을 경우 그 이행에 필요한 비용은 오염자가 부담

금 오염부담방지를 위한 대책을 강구하도록 유도하는 기능을 한다.

셋째, 환경보호를 위한 무역규제는 지구환경보호를 위한 국제협력에 비협조적인 국가들의 참여를 유도하는 유인책 내지 제재수단으로 가능하다. 각국의 자국의 경제적 사회적 여건에 따라 상이한 환경정책을 채택할 수 있는 주관적 권리를 보유하고 있으므로 지구환경보호를 위한 환경규제에 있어 견해가 상반될 수 있으며, 자국의 경제적 여건을 이유로 국제환경협약에의 참여를 기피하거나 환경보호를 위한 책임분담 때문에 무임승차(free ride)를 시도할 수 있다. 이 경우 지구환경보호에 비협조적인 국가에 대한 통상규제는 지구환경보호를 위한 국제협력에의 참여를 제고시키는 의의를 가진다.

넷째, 환경보호를 위한 무역규제는 불공정무역의 확대를 가져올 수 있다. 환경오염방지 비용은 기업의 제품생산비에 반영되어 강화된 환경기준을 준수하는 것은 기업의 국제경쟁력이 약화되는 것을 의미한다. 환경기준이 높은 국가의 입장에서는 환경기준이 낮은 국가의 제품에 비해 국제시장에서 상대적으로 가격경쟁력에서 떨어지므로 환경기준을 이용한 생산비 절감은 공정무역질서를 저해할 수 있다.

다섯째, 환경보호를 위한 통상규제는 선진국이 자국의 높은 환경기준과 기술수준을 배경으로 경제적 이익을 취함으로써 국제수지를 개선하고 세계경제의 주도권을 유지하려는 전략적 수단으로 기능하기도 한다. 특히 환경기준에 대한 국제합의가 없거나 불명확한 경우 환경보호를 위한 통상규제는 '위장된 보호무역수단'으로 악용될 위험이 있다.

요컨대 환경보호를 위한 무역규제는 환경보호의 중요성에 대한 일반대중의 인식이

하여야 한다는 오염자부담원칙은 1972년 OECD에서 환경정책의 근거로 채택된 바 있는데, 동원칙은 '리오선언'의 '원칙 16'에서도 명시적으로 규정되어 있다. E. Petersmann, "International Environmental Law," 27 Journal of World Trade 43(Fed. 1993), pp.48-49.

제고되고 각국의 민주화에 따른 환경문제의 정치화가 가속화 될수록 지구환경문제를 해결하는 주요한 정책수단으로 기능할 수 있다. 그러나 환경보호를 위한 무역규제의 구체적 범위에 관한 국제합의가 없는 한 개별국가의 자의적이고 일방적인 무역규제는 국제법상의 정당성문제와 관련하여 관련 국가간에 국제분쟁을 초래하고 있다.

Ⅲ 환경보호 측면에서의 무역규제의 구분

환경보호를 위한 무역규제는 (1) 규제조치의 성격에 따라 '규제적 무역규제'와 '경제적 무역규제', (2) 규제대상에 따라 '제품에 대한 무역규제'와 '공정 및 생산방법에 대한 무역규제', (3) 국가관할권에의 귀속부여에 따라 '관할내적 무역규제'와 '관할외적 무역규제', (4) 관련조항의 존재여부에 따라 국제환경협약상의 관련규정에 입각한 '다자간 무역규제'와 국내법상의 관련규정에 입각한 '일방적 무역규제' 등으로 구분될 수 있다.5)

1 규제적 무역규제와 경제적 무역규제

일반적으로 환경보호를 위한 무역규제수단으로는 환경오염을 유발하는 특정제품에 대한 수출입의 제한이나 금지 및 환경기준의 적용, 환경오염 유발제품에 대한 각종의 부과금 및 상계관세의 징수 등이 있다. 전자는 환경오염 유발제품에 대하여 직접 취해지는 규제적 성격의 무역규제수단이며, 후자는 환경오염행위를 규제하거나 환경보호행위를 권장하기 위해 간접적으로 취해지는 경제적 성격의 무역규제수단이라 할 수 있다.6)

5) 이동걸, 『무역과 환경』, 산업연구원, 1995. 제6장 참조.

6) 1988년에 행한 연구조사에서 OECD는 150여개에 달하는 환경규제수단들을 크게 규제적 수단

규제적 성격의 무역규제의 구체적 예로는 ① 유해폐기물, 납, 수은, 카드뮴 등의 유해화학물질 등과 같이 환경피해 및 오염을 유발하는 특정의 '제품 또는 성분'(products and ingredients)의 사용규제, ② 완제품에는 환경유해 물질이 포함되어 있지 않지만 제조과정에서 환경유해물질을 사용한 제품(예컨대 세정제로서 CFC를 사용해서 만든 반도체 등)에 대한 수출입규제와 같이 환경피해 및 오염을 유발하는 특정의 공정 및 생산방법의 사용규제, ③ 대기·수질·소음·공해 방지를 위하여 제품·공정·환경기준 등에 대해 적용되는 기술규정(technical regulation) 및 표준(standard), 생산업체나 유통업체에 부과되는 폐기물관리 및 재활용규정 등과 같은 '강제규범'(compulsory norm), ④ 유해물질 배출자료의 공개의무, 환경영향평가의 시행의무, 환경검사 및 환경인증(ISO 14000)에 관한 자료제출의무 등과 같은 '정보공개의무', ⑤ 유해폐기물 및 제품, 멸종위기 동식물의 수출입 또는 사용을 규제하기 위해 개별국가가 취한 국내조치에 대한 정보를 국제적으로 환산시키는 '사전정보 승인절차'(prior informed consent procedure)등이 있다.7)

규제적 무역규제수단은 국내산업에 유리하게 적용되거나 수입품에 대해서만 엄격히 적용될 경우에는 자국산업을 보호하기 위한 차별적인 무역재한조치로 국제무역분쟁을 초래할 수 있다. 예컨대 1990년 11월 15일 개정된 미국의 대기정화법(Clean Air Act)상의 엄격한 환경기준 요건은 동 기준을 충족하지 못하는 외국산 제품에 대한 직접적인 수입제한효과를 가져옴으로써 관련 국내산업을 보호하기 위한 위장된 무역장벽으로 작용할 수 있다.

경제적 성격의 무역규제의 구체적 예로는 ① 자동차에 대한 미국의 기업평균연비

(regulatory instrument)과 경제적 수단(economic instrument)으로 구분한 바 있는데, 규제적 무역규제와 경제적 무역규제에 속하는 구체적 유형들은 동 연구조사에 따른 것이다. 산업연구원, "국제환경규제의 영향과 대응방안", 산업연구원 연구보고서 제268호, 1993, p.60.

7) 상기 6가지 규제적 통상규제수단에 대한 자세한 내용은 대한무역진흥공사, 『선진국의 환경장벽(Ⅱ)』, 학림사, 1994, pp.48-176 참조

(Corporate Average Fuel Economy : CAFE) 규정, 연료과소비세(gas guzzler tax), 고급차에 대한 사치소비세(luxury exercise tax) 등과 같이 일정기준 이상의 대기오염, 수질오염, 소음 및 폐기물의 배출에 대해 부과되는 배출부과금(emission charge),[8] ② 미국의 슈퍼펀드세, 미국 및 EU국가들의 에너지/탄소세 등과 같이 오염물질을 포함하고 있거나 오염을 유발하는 제품의 생산과 소비 및 처리단계에서 부과되는 '제품부과금'(product charge), ③ 제품의 생산 및 유통과정에서 기업이 자발적으로 폐기물 생산량을 감축하고 기존폐기물을 효율적으로 관리하거나 재활용을 촉진하기 위하여 오염을 유발하는 용기, 포장재, 건전지, 폐차 등에 대해 일정한 예치금을 부과하도록 하는 '예치금제도'(deposit refund charge), ④ 환경기준의 국가간 격차에 따른 제품의 경쟁력을 제고 하고 기업의 환경기준 준수를 유도하기 위하여 무상지원, 장기저리대부(soft loan), 세액공제, 감가상각공제 등의 형태로 지급되는 재정적 지원인 '환경보조금'(environmental subsidy), ⑤환경기준의 차이로 인한 제품생산비의 차이만큼 수입품에 부과되는 '환경상계관세'(environmental countervailing duty), ⑥ 환경친화상품(environmentally friendly goods)에 대한 소비자의 수요를 충족시키고 환경친화적인 상품의 생산 및 구입을 유도하기 위한 '환경마크'(environmental labelling) 등이 있다.[9]

경제적 무역규제수단 또한 국내산업에 유리하게 적용되거나 수입품에 대해서만 엄격히 적용될 경우에는 자국산업을 보호하기 위한 차별적인 무역규제로 국제통상분쟁을 초래할 수 있다. 예컨대 미국은 환경기준의 차이로 인한 생산비차이를 '환경덤핑

8) 미국의 기업평균연비(CAFE)제도란 자동차생산업체나 수입판매상이 미국 내에서 판매하는 모든 종류의 자동차의 평균연료효율성이 일정기준을 초과할 경우 벌금형식의 세금을 부과하는 제도이다. EU는 미국의 CAFE규정과 연료과소비세 및 사치소비세가 대형자동차를 주로 수출하는 유럽산 자동차에 대해 "차별적으로" 부당하게 적용되어 EU가 발간한 1994년도 무역장벽보고서에 의하면 미국정부가 1992년 CAFE 규정에 의거하여 부과한 조세중 99.99%(263백만 달러)가 유럽 자동차업체가 부담하였다고 주장한다. 미국의 CAFE규정, 연료과소비세, 사치소비세에 대한 자세한 내용과 미국의 자동차 연비관련규정과 관련한 EU-미국간 무역분쟁에 대한 자세한 내용은 상게서, pp.179-186, 430-431 참조.

9) 상기 9가지 경제적 무역규제수단에 대한 자세한 내용은 ibid., pp,177-345 참조.

또는 생태적 덤핑'(environmental dumping or ecological dumping)으로 간주하여 생산비의 차이만큼 상계관세를 부과하는 법률을 제정하려고 하였는데, 환경상계관세의 일방적 도입은 비교우위에 입각한 자유무역질서를 손상시키고 국제통상분쟁을 유발할 위험이 있다.

2 제품에 대한 무역규제와 공정 및 생산방법에 대한 무역규제

환경보호를 위한 무역규제는 규제대상에 따라 제품에 대한 무역규제와 공정 및 생산방법에 대한 무역규제로 구분되는데, 환경보호를 위한 무역규제는 오염피해를 유발하는 특정의 제품자체를 대상으로 행해지는 것이 일반적이다.

제품에 대한 무역규제는 환경피해 및 오염을 유발하는 특정제품의 사용을 규제하는 것으로 납, 수은, 카드뮴, 살충제 등 인간이나 동식물의 건강이나 생명에 유해한 제품 및 성분(product and ingredients), 유해폐기물, 멸종위기에 처한 야생 동·식물 등의 생산, 사용 및 유통을 규제하는 방식이다.

환경오염 및 피해는 거래된 제품자체로 부터는 물론 제품을 생산하기 위한 특정의 PPMs(공정 및 생산방법 ; Process and Product Methods)으로부터도 발생할 수 있는데, PPMs은 '환경영향의 제품이전' 여부를 중심으로 크게 '제품의 특성'(characteristics)과 관련된 PPMs는 PPMs에 의해 발생된 환경영향이 제품자체에 이전되는 것으로, 예컨대 과도한 농약을 사용한 농산물의 경우처럼 생산과정에서 제품의 특성을 변화시켜 그것이 사용 소비될 때 환경피해를 유발하게 된다. 'WTO 기술장벽협정'과 '위생 및 검역협정'은 환경보호를 위한 무역규제를 제품의 특성과 관련한 PPMs에 대해서도 인정하고 있다.

'제품의 특성과 관련이 없는 PPMs'은 반도체의 세정제로서 CFC를 사용하거나 유자망을 사용하여 조업을 하는 경우 등과 같이 환경영향이 제품자체에는 이전되지 않으나, 제조과정에서 환경유해물질을 사용하여 지구환경을 오염시키거나 부적절한 보존조치로 인해 이동성 야생동물 및 공유생물자원을 고갈시켜 지구생태계를 파괴할 수 있다. 그러나 조약상의 근거가 없는 한 '제품의 특성과 관련이 없는 PPMs'에 대하여 통상규제조치를 취하는 것은 국제적으로 논란이 많다.

[표 19-1] WTO규범과 환경관련 무역제한조치의 관계

적용대상 \ 환경문제의 범위	국내적 환경문제	지구적 환경문제
제품자체 또는 제품관련PPMs	차별적 무역효과를 야기하지 않는 한 WTO규범 하에서 인정됨	차별적 무역효과를 야기하지 않는 한 WTO규범 하에서 인정됨
제품무관련 PPMs	향후 WTO규범 하에서 인정될 소지가 거의 없음	국제환경협약과 결부되어 WTO규범 하에서 인정될 소지가 있음

자료 : 이춘삼, 『국제통상법』, 법문사, 1999. pp. 102~110에서 재구성

3 관할내적 무역규제와 관할외적 무역규제

환경보호를 위한 무역규제는 국가관할권에의 귀속여부에 따라 관할내적 무역규제와 관할외적 무역규제로 구분되는데, 관할내적 무역규제는 자국관할권내에 있는 환경보호하기 위한 조치인데 비해 관할외적 무역규제는 자국 관할권 밖의 역외적 환경을 보호하기 위한 조치이다. 예컨대 상기 1991년 참치수입규제사건은 미국의 관할권 밖에 있는 동태평양 열대수역내에서 포획된 참치에 대한 미국의 수입규제로 발생하였다. 같은 유형의 사례로서 1991년 미국은 바다거북이(hawksbill sea turtle)의 껍질을 수입하는 일본에 대한 무역규제조치를 취한 바 있으며, 1991년부터 EU는 포획방법의 잔혹성을 이유로 다리를 묶는 덫(leghold trap)의 사용을 허용하는 국가로부터의 모피수입을 금지한 바 있다.[10)] 특히 타국역내의 환경을 보호하기 위한 관할적 무역규제는 영역국가의 주권침해의 문제가 있다.

10) S. Charnovitz, "Exploring the Environmental Exceptions in GATT Article X X", 25 journal of World Trade 37, 1991, p.53.

4 다자적 무역규제와 일방적 무역규제

환경보호를 위한 무역규제는 관련조약의 존부에 따라 국제환경협약상의 관련규정에 입각한 다자적 무역규제와 국내법상의 관련규정에 입각한 무역규제로 구분된다. 환경보호의 국제협력을 위한 각종의 국제환경협약은 협약의 실효성을 확보하기 위하여 비상당국에 대한 무역규제를 규정하기도 하는데 이는 조약의 제3자에 대한 효력문제 및 GATT 규정과의 저촉문제로 분쟁의 소지가 있다.

그러나 무엇보다 논란이 많은 것은 개별적국가가 조약상의 근거 없이 국내법에 근거하여 국제통상을 일방적으로 규제하는 것이다. 자국의 보다 엄격한 환경기준을 타국이 채택하도록 하기 위하여 또는 환경기준의 차이로 인한 불공정한 경쟁행위를 방지하기 위하여 행해지는 일방적 통상규제는 특수한 경제적·사회적·환경적 여건에 따라 적절한 환경정책을 선택할 수 있는 타국의 주권적 권리를 침해라는 것으로 국제분쟁을 야기 시켜 왔다.

Ⅳ WTO협정상 환경보호를 위한 무역규제의 성립요건

1 환경보호의 필요성

환경보호를 위한 무역규제는 인간, 동식물의 생명이나 건강 또는 환경을 보호하기 위하여 '필요한'(necessary) 조치여야 한다.[11] TBT협정 전문에서 '무역규제조치는 그 입법목적을 달성하기 위하여 필요 이상으로 무역 자유를 제한해서는 안 된다'고 규정하고 있다. 이것은 GATT 제20조 (b)항의 '필요성'의 정의보다 다소 완화된 표현을

11) GATT 제20조항 b항 : 'WTO 기술장벽협정' 제2조 2항 ; 'WTO 위생 및 검역협정' 제2조 1항.

명문화한 것으로 WTO체제상 환경보호를 위해 불필요한 규제조치는 정당화될 수 없다. 여기서 환경보호의 필요성이란 요건을 충족시키기 위해서는 첫째, GATT 및 WTO협정에 위반되지 않거나 최소무역제한성(least trade restrictiveness), 다른 '대체수단'(alternative measure)이 없거나 다른 대체수단을 모두 사용해 보았어야 한다. 둘째, 환경보호라는 목적과 합리적 관련성이 있어야 하며, 취해진 규제조치는 환경보호라는 목적의 중요성과 환경피해라는 사안의 심각성에 비례하여야 한다.

예컨대 1990년 미국과 태국간의 '담배수입제한 및 내국세부과 사건'[12]에서 태국정부가 미국산 담배에 대한 차별적 수입제한조치에 대한 GATT 패널은 표시부착의무, 재정적 조치, 광고금지. 금연교육 및 공공장소금연 등과 같은 GATT 규정에 부합되는 다른 '대체수단'이 존재한다는 이유로 태국정부에 의한 차별적 담배수입제한과 내국세부과는 GATT 제20조 (b)항의 '필요성'요건을 충족하지 못했다고 판시하였다.

2 보존관련성

GATT 제20조 (g)항은 환경보호를 위한 무역규제는 유한 천연자원의 '보호에 관한(relating to conservation) 조치여야 한다'고 규정함으로써 고갈되는 자원의 보전 목적을 위한 무역규제조치를 요구하고 있지는 않다. 다만 동 조치는 동조 단서조항에 규정하고 있는 국내의 생산이나 소비에 대한 '제한과 관련하여 '(in conjunction with restriction) 유효하여야 한다. 따라서 환경의 보존과 관계없는 무역규제는 WTO체제상 정당화될 수 없다. 여기서 '환경관련성'이라는 개념은 보존을 주된 목적으로 하는(primarily aimed at conservation) 것을 의미한다.

예컨대 1988년 '가공되지 않은 청어 및 연어에 대한 캐나다의 수출규제사건'[13]에

12) GATT Dispute Panel Report, Thailand-Restrictions on Importation of and International Taxes on Cigarettes, DS10/R, 1990. 11.

13) GATT Dispute Panel Report, Canada-Measures Affecting Exports of Unprocessed Herring and Salmon, L/6268, 1988. 3.

서 GATT 패널은 외국산 청어 및 연어에 대해서만 규제하는 것은 유한 천연자원의 보존을 주된 목적으로 하는 것으로 하는 것으로 볼 수 없다고 판시하였다. 또한 1991년 '참치-돌고래사건'[14]에서 GATT 패널은 미국 국내법상의 돌고래보호요건은 예측불가능하기 때문에 미국의 참치수입규제는 자원보존을 주된 목적으로 한 것으로 인정할 수 없다고 판시하였다.

결국 환경보호를 위한 무역규제조치는 보전을 주된 목적으로 취해지는 통상조치만이 WTO협정상 정당화 될 수 있음을 알 수 있다.

3 수량제한금지

GATT 제11조 1항은 상품의 수출입에 대한 할당, 수출입의 허가 또는 기타의 조치를 그 형태에 관계없이 수입관세나 과징금 이외의 상품의 수출입에 대한 금지 또는 제한을 신설하거나 유지하면 안 된다고 명시하고 있다. 동 조항은 특정 기간내(대개 1년 단위)에 일국으로 수출 또는 수입되는 특정물품의 총량(또는 총가액)에 상한선을 정하는 방식에 의한 무역규제 방식의 할당제 또는 수출입허가제와 같은 수량제한을 원칙적으로 금지하고 있다.

예컨대 1988년 '가공하지 않은 청어 및 연어에 대한 캐나다의 수출규제사건'에서 GATT Panel은 캐나다정부에 의한 미국산 청어 및 연어수입금지는 수량제한금지원칙을 위반한 무역규제라고 판정하였다.

상기 사건에 있어서 미국과 캐나다는 각각 환경보호를 위한 자국의 무역규제조치는 GATT 제11조 2항 상의 예외적 경우(부족자원을 보호하기 위한 수량제한, 상품의 분류나 등급 또는 판매에 관한 규칙을 위해 필요한 수량제한, 농수산물에 대한 수량제한 등)에 해당된다고 주장하였다. 제 11조 2항에 규정된 예외적 경우들은 환경보호를 위해 취해지는 조치에 대해 직접적으로 언급하고 있지는 않으나, 일반적으로 규

14) GATT Dispute Panel Report, U.S.-Restrictions on Imports of Tuna, DN21/R, 1991. 9.

정의 해석상 환경보호를 위한 무역규제조치는 동 예외에 포함되지 않는다.[15)]

4 최혜국대우 및 내국민대우

환경보호를 위한 무역규제는 국가간에 자의적이고 부당한 "차별적" 수단이 될 수 없다.[16)] 무역규제와 관련한 이러한 비차별원칙은 GATT와 WTO의 기본원칙으로서 최혜국대우조항과 내국민대우조항에 반영되어 있다. 즉 타회원국에 대한 무역규제는 모든 수입제품들을 동등하게 대우해야 하는 최혜국대우원칙과 수입제품을 국내제품과 동등하게 대우해야 하는 내국민대우원칙에 입각하여 행해져야 한다. 따라서 환경보호를 위한 기준이 수입제품보다 국내제품에 보다 유리하게 적용되는 경우에는 비차별원칙을 위반하게 된다. 비차별원칙은 상기 환경보호의 필요성, 보존관련성 및 수량제한금지 요건이 충족되는 경우에도 적용되는 기본원칙이다.

예컨대 1987년 '슈퍼펀드(Superfund) 사건'[17)]은 EC와 캐나다 및 멕시코에 의해 GATT에 제소되었는데, 동 사건에서 GATT Panel은 내국민대우원칙은 부과되는 목적에 관계없이 모든 내국세에 적용되며, '종합환경대응보상책임법'(Comprehensive Environmental Respones, Compensation, Liability Act : CERCLA, 이른바 슈퍼펀드법)과 '수정 슈퍼펀드법'(Superfund Amendment and Reauthorization Act :SARA)에 근거하여 미국정부가 수입원유에 대해 배럴당 3.5센트 높게 세금을 부과하는 것은 GATT의 내국민대우원칙을 위반하는 것이라 판시하였다. 또한 1990년 미국이 GATT에 제소한 '담배수입제한 및 내국세부과사건'에서 GATT패널은 수입산 담배에 대한 태국정보의 수입제한과 내국세부과는 차별적인 무역규제로 결론지었다.

---

15) 노명준 『국제환경법』, 박영사, 1977. p.25.

16) GATT 제1조, 제3조, 제20조 전문 : 'WTO설립협정' 전문 : 'WTO 기술장벽협정' 전문, 제2조 1항, 제5조 1항: 'WTO 위생 및 검역협정' 제 2조 1항, 2항, :'리오선언' 원칙 12:'의제 21'para2.22 등.

17) GATT Dispute Panel Report, U.S.-Taxes on Petroleum and Certain Imported Substances, L/6175, 1987. 6.

5 위장된 무역규제금지

환경보호를 위한 무역규제는 국제무역에 대하여 '위장된'(disguised) 제한을 가하는 수단으로 사용될 수 없다.[18] 따라서 무역규제는 환경보호를 위해 불가피하더라도 위장된 무역제한수단으로 이용되지 않아야 한다. 여기서 위장된 무역제한이란 회원국이 선택한 '생명 또는 건강기준'이 아니라 정당화를 요구하는 '무역조치'(trade measure)를 의미한다.

그러나 어떠한 무역규제가 '위장된' 무역규제인가를 구분하는 것은 쉬운 일은 아니지만, 환경보호를 위해 필요한 정도와 범위를 초과하여 취해지는 무역규제, 과학적 근거에 입각하지 않은 무역규제, 자의적이고 부당한 차별적 무역규제 등은 위장된 무역제한으로 규정되어야 한다. 또한 자의적 해석 및 적용을 방지하기 위하여 무역규제 조치와 관련한 모든 법규, 결정 및 정책은 WTO의 기본원칙인 투명성(transparancy) 원칙에 부합되어야 한다.[19]

GATT 제20조 전문에 언급된 자의적이고 불공정한 차별금지와 위장된 무역제한금지는 최혜국대우원칙 및 내국민대우원칙에 비하여 보다 완화된 비차별요건이라 할 수 있는데,[20] 수입제품에 대해서만 차별적으로 취해지는 규제조치는 환경보호를 이유로 내세우더라도 실질적으로는 위장된 무역제한조치라 할 수 있다. 또한 표면적으로는 비차별적일지라도 결과적으로 국내산업을 보호하는 차별적인 규제조치도 위장된 무역제한조치에 속한다. 따라서 환경보호를 위해 필요하다는 이유로 어떠한 보호주의적 무역규제가 정당화된다면 자유무역주의에 입각한 GATT규정은 사실상 의미가 없게 될 것이므로 위장된 무역제한금지의 보다 엄격한 해석이 요구된다.

---

18) GATT 제 20조 전문 : 'WTO 위생 및 검역협정' 전문, 제2조 3항; '리오선언'원칙 12;'의제 21'. para. 5. 27.

19) GATT 제10조 : 'WTO 기술장벽협정' 제 2조 9항~11항, 제 5조 2항 6항~9항, 제 10조; 'WTO 위생 및 검역 협정' 제 7조, 동 부속서 2.

20) Jackson, J. H., The World Trading System : Law and Policy of International Economic Relarions (Cambridge : The MIT Press, 1989), p.207.

6 최소한의 무역규제

환경보호를 위한 무역규제조치는 국제무역에 '불필요한 장애'(unnecessary obstacles)가 되지 않아야 하며 환경보호라는 목적달성에 필요한, '최소한의 무역제한조치'(the least commerce-restrictive measure)여야 한다.[21] 여기서 '최소한의 무역제한' 이라는 요건은 규제조치가 환경보호라는 목적의 중요성과 환경피해라는 사안의 심각성에 비례하여야 하며, 목적달성에 '필요한 이상으로' 무역을 규제하지 않는 것을 의미한다.

예컨대 무역에 대한 기술장벽협정 제 2조 3항은 기술규정의 채택을 야기한 상황 또는 목적이 더 이상 존재하지 아니하거나, 변화된 상황이나 목적이 무역에 덜 제한적인 방법으로 처리될 수 있을 경우에는 유지되지 아니하여야 한다고 규정하고 있다. 또한 위생 및 검역협정 제5조 4항, 5항에서는 위생 및 검역보호의 적정수준을 결정할 경우 무역에 미치는 영향을 최소화하도록 하여야 하며, 위생 및 지역보호의 적정수준을 달성하는 데 필요한 정도 이상의 무역제한적 조 취할 수 없다고 규정하고 있다.

1990년 미국과 태국간의 '담배수입제한 및 내국세부과 사건'에서 GATT 패널은 표지부착의무, 재정적 조치, 광고금지, 금연교육 및 공공장소금연 등과 같은 GATT 규정에 부합되는 '보다 덜 무역제한적인' 규제수단이 존재한다는 이유로 태국정부에 의한 차별적인 담배수입재한과 내국세부과는 GATT규정 위반이라고 판시하였다. 따라서 '최소한의 무역제한'이란 요건은 WTO체제하의 무역자유화를 실현하기 위하여 필수적인 기본요건의 하나라고 할 수 있다.

---

21) 'WTO 기술장벽협정' 전문, 제 2조 2항, 3항 : 'WTO 위생 및 검역협정' 전문, 제2조 2항 제5조 4항, 6항 : 'WTO 무역관련 지적재산권 협정' 전문, 제 27조 2항 : '의제 21', para. 5. 27.

7 일방적 무역규제금지

환경보호를 위한 일방적 무역규제란 개별국가가, 조약상의 근거 없이 단독으로 취하는 무역규제를 의미한다. 일반적으로 환경보호를 위한 일방적 무역규제는 ① 국제환경협약상의 목적을 달성하기 위한 경우, ② 국제환경기준을 준수하지 않는 국가에 대해 제재를 하기 위한 경우, ③ 국내법상의 환경기준을 적용하기 위한 경우, ④ 타국영역내에서의 환경오염으로 입은 피해에 대하여 대항조치를 취하는 경우 등에 취해진다. 이러한 일방적 무역규제는 특히 국제환경협약상의 환경기준에 불만을 가진 선진국들에 의해 선호되는 경향이 있다. 특히 미국은 자국의 환경기준이 강화되어 이에 따른 환경비용의 증가가 미국상품의 경쟁력을 약화시키자, 자국국내법상이나 국제환경협약상의 환경기준을 위반한 수입제품에 대하여 수출입제한 등 일방적인 무역규제조치를 취하는 경향이 있다.

환경보호를 위하여 자국의 환경기준과 상이하다는 이유만으로 국제무역을 일방적으로 규제하는 것은 국제무역질서의 혼란과 타국의 보복을 유발하게 될 것이며, 이로 인한 전면적인 무역전쟁의 발생은 자유무역체제와 환경규제체제를 모두 파탄에 빠뜨릴 수 있다. 자유무역과 환경보호라는 두자기 목적을 모두 달성하기 위해서는 일방주의에 입각한 대결보다는 다자주의에 입각한 국제협력이 보다 효과적이다.[22)]

그러나 선진국의 일방적 무역규제에 대한 대응수단이 별로 없는 개도국의 반발로 인한 남북관계의 악화문제와 일방적 통상규제의 확산에 따른 국제환경규범의 발전저해문제 및 일방적 무역규제의 합법성의 주관적 평가문제 등을 고려해 볼 때, GATT 및 WTO협정상의 합법성요건을 충족하는 경우에 한해 일방적 무역규제를 엄격히 제한하는 국제합의가 필요하다.

22) K.C. Kennedy, "Reroming U.S. Trade Policy to Protect the Global Environment : A Multilateral Approach." 18 Harvard Environmental Law Review 185(1994), pp.224-34.

8 관할외적 무역규제금지

국제법상 환경보호를 위한 무역규제는 규제국가의 관할내 영역에 있는 사람, 동식물 및 자원에 대해서만 취해져야 한다. GATT와 WTO협정에는 지구환경 또는 자국환경에 손상을 초래하는 관할외적 환경오염행위에 대하여 무역규제조치를 취하는 것을 허용하거나 부인하는 명시적인 규정은 없다.[23] 그러나 국가주권평등원칙, 불간섭의무원칙 등과 같은 국제법의 일반원칙에 비추어 볼 때 각국은 자국의 경제적 · 사회적 여건에 따라 관할 내 영역에 있는 인간, 동식물 및 자원을 대상으로 환경정책 및 법을 입안하고 시행할 수 있는 주권적 권리를 보유하고 있다. 따라서 자국관할권밖에 있는 인간, 동식물 및 자원을 대상으로 하는 역외적 무역규제는 WTO체제상 정당화 될 수 없다.

상기 1991년 '참치수입규제사건'에서 GATT Panel은 제20조 (b)항과 (g)항 상의 환경규제는 각각 규제국가(수입국가)의 관할권내에 있는 인간 및 동식물의 생명 또는 건강에 대해서만 취해져야 하며, 규제국가의 관할권내에 있는 자원에 대해서만 그 국내생산 및 소비에 대한 제한과 관련하여 취해저야 한다고 판시하였다.

예컨대 관할외적 무역규제가 허용된다면 각국이 일방적으로 취하는 환경규제조치는 타회원국의 권리를 침해하게 될 것이다. 또한 단순히 자국과 환경정책이 상이한 국가로부터 수입되었다는 이유만으로 그 제품의 수입을 규제하는 것이 허용된다면 국제무역질서는 혼란과 무질서가 초래될 것이다. WTO체제상 각국은 조약상의 근거가 없는 한 또는 영역국가의 동의가 없는 한, 자국 관할권 밖의 자원에 대한 환경오염을 이유로 무역규제조치를 취할 수 없다.[24]

---

23) 다만 수출국가내의 '교도소 노동'으로 생산된 제품에 대한 무역규제와 국제상품협정에 따른 무역규제의 경우에는 역외적 규제조치도 GATT 규정상 허용된다.(제20조 e항, h항).

24) 최승환, "WTO체제상의 환경보호와 통상규제", 국제법 평론-Ⅰ(통권 제4호), 국제법 출판사 1995, pp. 85-98

V 요약 및 시사점

현재 GATT/WTO규범상에는 환경보호와 관련하여 무역제한조치를 할 수 있는 명확한 명시적인 조항은 없다. 단지 GATT규범의 기본원칙과 제 11조 수량제한 금지원칙, 제 20조의 예외조항과 WTO TBT협정, SPS협정 등에서 환경보호를 위하여 한정된 범위 안에서만 무역규제조치를 허용하고 있다. 그러나 GATT/WTO에서 규정하고 무역규제 조항은 문리적 해석상 어려움이 많으며, 그동안 환경과 관련한 분쟁해결에서 GATT 패널의 판결내용을 근거로 해석함이 타당할 것으로 보인다.

GATT에서 판결한 환경관련 분쟁해결은 10여건에 불과하다. 이러한 분쟁해결과정에서 환경보호를 위한 국제무역규제조치가 GATT/WTO규범에 부합되기 위해서는 각각 다음과 같은 요건을 충족시켜야 한다.

첫째, WTO의 기본원칙 및 수량제한금지의 원칙을 충족시켜야 한다. GATT 패널은 '수퍼펀드사건'에서 미국의 자국법을 이유로 수입원유에 부과하는 차별적 과세는 GATT 제3조의 내국민대우원칙에 위배된다고 판시하였다. 또한 '태국의 미국담배 수입제한 및 내국세 부과 사건'에서 태국의 미국산 담배수입에 있어서 태국 정부의 허가에 의한 태국 전매청의 독점적 수입권은 GATT 제 11조에 명백히 위배됨을 판시하였다.

둘째, GATT 제 20조 (b)항과 (g)항의 각 요건을 충족시켜야 한다. GATT 제 20조의 (b)항의 필요성, (g)항의 유한 천연자원의 보존관련성을 충족시키지 못하였다고 판시하였다.

셋째, 자의성·차별성의 배제, 위장된 규제, 관할외적 무역조치금지의 요건을 충족해야 한다. '참치/돌고래사건'에서 GATT 패널은 미국의 멕시코산 참치수입의 금지는 GATT 제 20조의 규정을 근거로 자의적, 부당한 차별 또는 위장된 규제조치가 되어서는 안 된다고 판시하였다. 또한 제 20조 (b)항은 수입국의 관할권 내에서의 규제조치를 사용하는데 초점을 맞추고 있다고 해석하였다.

따라서 일국이 자국의 국내환경문제를 해소할 목적으로 시행하는 무역조치에 대해서는 분쟁사례를 통하여 현 무역규범 하에서의 적용이 가능하다. 그러나 이 요건들의 타당성에 대한 구체적이고 명확한 기준이 설정되지 않아 적합성 여부에 대한 법적 한계점들이 노출되고 있다.

따라서 환경보호를 위한 무역압력에 능동적으로 대응하기 위해서 몇 가지 대응방안을 제시하면 보면 첫째, 환경연계 문제의 실체를 명확히 이해하고 이를 우리의 국내환경 및 산업현실 속에서 해석하려는 적극적 수용자세가 필요하다. 특히 환경친화적 대책수립과 생산공정과 환경기술의 혁신유도 정책이 요청된다. 둘째, 모든 무역·환경 정책 및 협약을 검토한다는 것은 현실적으로 불가능한 일이다. 따라서 이러한 다양한 무역·환경 관련 정책 및 협약에 대하여 대응수준 및 중요도를 예비 심사하는 기준과 절차를 마련해야 한다. 특히 명백한 차별적 규정이 있는지, 산업에 미치는 영향은 어떤지 등을 검토할 수 있는 기준안이 마련되어야 한다. 셋째, 대외적으로 국제논의동향을 신중히 관찰 및 분석하여 대응하되 대내적으로도 이에 대한 대응방안 및 산업에 미치는 영향 등을 동시에 조사할 필요가 있다. 특히 대외적으로 의견을 같이하는 국가들과의 지속적인 협의와 더불어서 대내적으로 관련 이해당사자간의 의견조율을 통하여 최종 협상력 및 일관된 정책의 추진이 필요하다.

CHAPTER 19

WTO와 지적재산권

Ⅰ. 지적재산권에 관한 국제적 논의

Ⅱ. 지적재산권에 관한 국제협약

Ⅲ. WTO/TRIPs 협정의 구성 및 주요 내용

I 지적재산권에 관한 국제적 논의

1 지적재산권의 의의

1. 지적재산권의 의의

인간의 정신적·지적 창조물은 언제까지나 고갈되지 않는 원천적 자원이다. 지적재산권은 산업적 발명과 예술적·상업적 시장가치를 갖는 창작물들을 지칭하는 것으로, 인간의 창의적 정신활동으로 새로운 물질의 발견, 새로운 제조기술의 발명, 새로운 용도의 개발, 상품의 새로운 기능의 개발, 새로운 상품의 디자인 등의 산업적 발명이 이루어지며, 문학·미술·음악·연출·공연·제작·방송 등에서의 창작물도 지적 생산물인데, 이러한 과학적·산업적 발명과 문예적 창작물에 대한 권리를 총칭하여 지적재산권이라고 한다. 종래 특허권·의장권·상표권은 공업소유권 또는 산업재산권이라고 불렸으나, 저작권과 합하여 통상 지적재산권이라고 한다.[1]

세계지적재산권기구(WIPO : World Intellectual Property Organization)협약에서는[2] 「문학·예술·과학작품, 연출 예술가의 공연·음반, 방송, 인간이 노력하는 모든 분야에서의 발명, 과학적 발견, 공업의장·등록상표·서비스마크·상호·기타 명칭, 부당 경쟁에 대한 보호 등에 관한 권리, 공업·과학·문학·예술분야의 지적 활동에서 발생하는 그 밖의 모든 권리」를 지적재산권이라고 규정하고 있다.[3]

결국, 지적재산권(IPR-Intellectual Property Right ; TRIPs-Trade Related Intellectual

---

1) 장효상, 「국제경제법」, 법영사, 1996. pp. 322 - 323.

2) 1967년 7월 14일 스톡홀름에서 채택하였으며, 우리 나라는 1979년 3월 1일 발효되었다.

3) WIPO설치 협약 제2조 7항.

Property Rights)이란 산업·과학적 발명과 문예적 창작 등 인간의 창의적 정신활동의 결과인 지적 생산물에 대한 배타적 소유권을 의미한다. 이러한 지적재산권의 보호는 제3자의 불법적인 사용을 방지함으로써 많은 노력과 위험이 수반되는 발명과 창작활동에 의욕을 고취시켜 궁극적으로 경제발전에의 기여가 그 목적이라고 할 수 있다.

2. 지적재산권의 보호에 관한 논의 배경

지적재산권에 대한 보호문제는 기존의 GATT 체제 내에서는 다루고 있지 않았을 뿐만 아니라 지적재산권과 관련된 기존의 국제협약들의 보호 내용도 매우 미흡하여, 배타적 소유권을 최대한 보장하고자 하는 선진국들과 지적재산권의 공공재적 역할을 강조하는 개발도상국간에 심한 무역마찰을 초래하였다.

이에 따라 WTO 지적재산권협상은 지적재산권의 효과적이고 적절한 보호로 국제무역상의 왜곡과 장애를 완화시키기 위해 시작되었다고 볼 수 있다.

3. TRIPs의 이념과 목적

TRIPs는 3가지 이념에 입각하고 있는데 ① 기술혁신의 촉진, ② 기술이전과 전파의 촉진, ③ 기술·지식의 생산자와 이용자 간의 상호이익의 증진이다

TRIPs는 국제무역의 왜곡과 장애를 줄이고, 지적재산권의 유효하고 적절한 보호를 촉진하며, 지적재산권보호가 정당한 무역에 대한 장벽이 되지 않도록 지적재산권법의 시행을 위한 수단과 절차를 확보하는 것을 목적으로 한다. 이에 따라 TRIPs는 각국 법제의 차이를 최대한 고려하면서도 정부간 분쟁의 다자간 해결과 예방을 촉진하기 위한 특칙을 두고 있다. 아울러 TRIPs는 협상 결과에 대다수 국가가 참여토록 하기 위해 시행유예기간을 두는 등의 배려도 하고 있다.

4. 지적재산권보호의 한계

지적재산권은 재산권성을 가지고 있는 이상 다른 재산권과 마찬가지로 사회적인 권리이므로 절대적인 권리가 될 수는 없다. 즉, 지적재산권 자체가 사회나 개인의 발전을 저해하거나 기술 및 무역에 저해가 되는 경우에는 지적재산권의 보호에 대한 예외를 허용하고 있는데, TRIPs 제8조에서 규정하고 있듯이 ① 공중보건 및 영양 상태를 보호하기 위한 제한, ② 공공이익을 증진하기 위한 제한, ③ 권리자에 의한 지적재산권의 남용을 방지하기 위한 제한, 그리고 비합리적으로 무역을 저해하거나 국제적 기술이전에 악영향을 미치는 관행을 시정하기 위한 제한은 허용된다.

2 지적재산권의 구분

지적재산권은 크게 나누어 산업재산권(industrial property right), 저작권(copyright) 및 신지적재산권의 세 분야로 구분하여 살펴볼 수 있다.

1. 산업재산권

산업재산권은 과거 공업소유권을 개칭한 것으로서 이는 특허권, 의장권, 실용신안권, 상표권 및 지리적 표시권으로 구분할 수 있다. 이는 산업적 가치가 있는 새로운 발명에 대하여 그 발명자가 일정 기간 동안 당해 발명을 배타적·독점적으로 이용하는 권리를 의미한다.

첫째, 특허권(patent)은 가장 전형적이고 경제적 비중이 큰 분야로서 새로운 산업적 발명에 대하여 그 발명자가 일정기간 동안 그 발명의 독점적인 실시권을 보유하는 배타적 지배권을 의미한다. 여기에는 새로운 제조기술에 대하여 인정되는 제법특허(process patent), 신물질 자체의 발명에 인정되는 물질특허(product patent), 새로운 용도개발에 주어지는 용도특허(use patent) 등이 있다.

둘째, 의장권이란 상품의 새롭고 독창적인 모양이나 형태 등 외관의 전체적인 효과를 그 독점적 지배대상으로 하는 무체재산권으로서 특정상품의 제조 방법 또는 물질 자체에 대한 것이 아니라는 점에서 특허와 구별된다.

셋째, 실용신안권은 특허에 비해 상대적으로 작은 발명 즉, 창작적 중요성이 상대적으로 작은 상업적 고안에 대하여 인정되는 권리로서 상품의 형태, 구조 또는 조합에 관한 기술적 창작에 대하여 인정되는 지배권을 의미한다.

넷째, 상표권이란 어떤 상품을 타 상품과 구별하기 위하여 사용된 문자·도형·기호 및 색채 등의 결합으로 표현된 상징에 대한 독점적으로 사용할 수 있는 권리를 의미한다.

2. 저작권

저작권은 학문이나 예술에 관한 인간의 정신적 창작물을 대상으로 하는 권리로서 그 보호객체인 저작물은 창작자의 정신노동의 소산으로 창작자의 인격에 그 뿌리를 두고 있는 권리이다. 따라서 저작권은 일반적인 재산권과 달리 독특한 보호와 규제를 할 필요가 있는 분야로서 지적재산권법의 영역에서도 매우 독특한 위치를 차지하고 있다.

저작권의 대상은 전통적 의미의 도서를 비롯하여 음반, 테이프, 그림, 조각품, 사진, 필름, 악보, 컴퓨터 프로그램, 광고문안 등 매우 다양하게 인정되며, 따라서 저작권자는 자신이 창작한 저작물에 대한 공표, 출판, 번역, 복제, 공연, 방송, 연주 및 전시 등에 대한 독점적이며, 배타적인 권리를 갖게 된다.

저작권은 저작인격권(moral rights)과 저작재산권(economic rights)으로 구분되는바, 저작인격권이 저작자가 자신의 저작물에 대하여 가지는 인격적 이익의 보호를 목적으로 하는 권리임에 비해, 저작재산권은 물권과 유사한 배타적 지배권으로서 복제권, 공연권, 방송권, 전시권, 배포권 및 제2차적인 저작물 작성권 등을 포함하며 양도가 가능한 것이 특징이다.4) 한편, 저작물로 예시되지 않은 실연, 음반 및 방송물에 대해서는 저작인접권으로 보호되는 바, 보호기간이 저작권 보다 짧다.

3. 신지적재산권

신지적재산권은 전통적 재산권과의 차별을 위하여 부여된 개념으로서 산업적 저작권, 첨단 산업재산권 및 정보재산권 등으로 구분된다. 산업저작권(industrial copyright)은 산업재산권과 저작권의 복합어로서 창작의 방법과 내용에 있어서는 저작권적 성격을 갖지만, 그 용도는 산업재산권과 같이 산업적 활용이 주요 기능인 지적생산물에 대한 권리를 의미한다.

대표적인 예로서는 컴퓨터 프로그램이나 소프트웨어 및 반도체의 회로설계도 등이 이에 해당한다. 첨단 산업재산권은 유전공학, 전자, 정보산업 등 첨단기술의 급속한 발달에 따라 과거의 산업재산권에서 논의되었던 것과 달리 매우 다른 물질과 기술들이 속속 개발되면서 대두된 개념이다. 정보산업권은 상품의 제조, 판매, 영업, 기획 등 기업의 영업활동 전반에 걸쳐 기업이 보유한 영업상 가치가 있는 정보와 이의 전달수단에 관한 권리이다. 영업비밀권(trade secret), 데이터 베이스권(data base), 뉴미디어 등이 여기에 해당한다. 특히, 영업비밀은 기술비밀(technical knowhow)까지 포함되어 논의되고 있는 정보재산권의 중요한 분야로 부상되고 있다.5)

---

4) 어문 및 예술저작물 보호에 관한 베른 협정 제6조 2, 제1항.

5) 지적재산권의 무역관련 측면에 관한 협정(TRIPs : Agreement on Trade-Related Aspects of Intellectual Property Rights)은 지적재산권에 대한 정의조항을 두지 않고, 제2부 제1장에서 규정하고 있는 저작권 및 저작인접권(copyright and related rights), 상표권, 지리적 표시권(geographical indications), 공업의장권(industrial designs), 특허권, 집적회로배치 설계권(layout-design of integrated circuits), 영업비밀권 등의 지적 재산권을 규율하고 있다.

Ⅱ 지적재산권보호에 관한 국제협약

1 지적재산권의 약사

지적재산권의 국제적 보호는 1883년 공업소유권 보호에 관한 파리협약(Paris Convention for the Protection of Industrial Property), 1886년의 어문 및 예술 저작물의 보호에 관한 베른협약(Berne Convention for the Protection of Literary and Artistic Works), 1961년 로마에서 채택되어 로마협약으로 약칭되는 실연가·음반제작자·방송사업자의 보호에 관한 국제협약(International Convention for the Protection of Performers, Producers of Phonograms and Broadcasting Organizations), 1967년 파리협약(the Stockholm Act of Paris Convention of 14 July 1967), 1970년 6월 19일 워싱턴에서 채택된 특허협력조약(PCT : Patent Cooperation Treaty), 1971년 10월 29일 제네바에서 채택된 음반의 무단복제로부터 음반제작자를 보호하기 위한 협약, 1971년 베른협약(The Paris Act of Berne Convention of 24 July 1971), 1989년 집적회로에 관한 지적 재산권 조약(Treaty on Intellectual Property in Respect of Integrated Circuits) 등의 각종 조약 및 협약과 UN 산하의 세계지적재산권기구(WIPO : World Intellectual Property Organization) 등 매우 복잡하고 다각적으로 이루어져 왔다.

이렇듯 전통적으로 지적재산권에 대한 보호는 해당분야와 밀접히 관련되어 있는 해당국 정부와 이와 관련된 각종 협약과 UN산하의 세계지적재산권기구나 국제연합교육과학문화기구(UNESCO : United Nations Educational Scientific and Cultural Organization)가 관장하는 사항으로 인식되어 왔다.

그럼에도 불구하고 지적재산권 보호가 국제무역에 미치는 영향력이 크기 때문에 지적재산권보호에 관한 통일적인 협정 마련이 절실히 요구되어 WTO에서 이 분야에 대한 강력한 협정을 추진하게 된 것이라 할 수 있다. 이러한 국제적 논의를 국제무역분야로 끌어들이려는 시도는 1978년 동경라운드(Tokyo Round) 교섭 당시 미국이 GATT 제9조 원산지표시의 상표 및 저작권 보호규정에 따라 GATT 내의 위조상품 무역방지를 강화하는 방안에 대한 규정채택을 요구함으로써 국제적 논의가 시작되었으나, 그 타결에는 실패하였으며, WTO체제가 성립되기 이전까지는 앞에서 언급한 각종 협약에 의거 각 사안별로 규율되어 왔다고 볼 수 있다.

2 WTO에서의 논의

UR 협상 당시 지적재산권 보호가 주요 현안 과제가 된 것은 WIPO 관할의 기존 국제규범은 그 준수여부와 관련하여 국가간 분쟁해결과 집행이 어려웠기 때문에 지적재산권 보호에 많은 문제점을 내포하고 있었다. 실제로 기존의 다자 조약들에 의한 지적재산권 보호는 미흡하였고, 국제의무의 이행확보를 위한 효과적인 수단이 미비된 상태였다. 그 결과 무역왜곡의 효과가 초래되었다.[6] 실제로 많은 선진국들의 세계지적소유권기구의 역할에도 불구하고 관계조약들에 대한 적정한 최저기준이 없었으며, 당시국들은 제한되어 있었고, 분쟁해결 및 시행을 위한 제도적 장치도 불충분하다고 비판하여 왔었다.[7]

한편, GATT 1947에서는 지적재산권과 관련된 규정이 없었기 때문에 위조 상품의 생산 및 무역 등과 같은 지적재산권의 침해에 대한 적절한 벌칙이나 제제 수단이 미흡하였다.

결국 상기의 각 협약 및 국제적 논의는 전 세계적 논의를 도출해내는데 일부 실패

6) Frederick S. Ringo, "The Trade-Related Aspects of Intellectual Property Rights Agreement in the GATT and Legal Implications for Sub-Saharan Africa", Journal of World Trade, December 1994, p. 126.

7) 실제로 인도는 파리협약의 당사국이 아니었으며, 브라질에서는 의약품과 같은 부분에 특허권을 인정하지 않았으며, 인도네시아나 태국과 같은 나라에서는 관계 법률을 효과적으로 시행하지 않았기 때문에, 이러한 요인들이 복합적으로 작용하여 특히 미국과 EU가 이러한 국가들이 지적재산권 보호를 강화해나가도록 압력을 가하기 위해 '불공정 무역법규'를 발동하였던 것이다.

했다고 볼 수 있다. 이러한 이유는 미국을 위시한 선진제국들이 첨단 기술에 우위성을 가지고 있어, 이 문제에 관심이 비교적 높았으나, 개발도상국에서는 선진국의 입장과는 달랐다. 왜냐하면, 선진국들의 기술독점을 허용한다는 것은 지적소유권에 의해 기술에 대한 권리를 개발자에게만 인정한다면, 기술보급에 방해를 받을 것이기 때문이었다.

지적재산권이 상품의 경쟁력을 결정하는 중요한 요소로서 능장하고, 그 자체의 무역비중이 증대함에 따라 이를 WTO의 관할 범위로 끌어들이려는 시도가 선진국을 중심으로 시작되었는데, 개발도상국들은 인류의 공동재산이라는 취지로서 '인류 공동유산론(the common heritage of mankind recommences)'을 주장하며, 협정체결에 강력히 반발하였으며, 지적재산권에 관한 협정을 체결하는 경우에도 해적상품의 유통문제에 국한하여야 하며 지적재산권 전반에 관한 문제도 WIPO에서 관장하여야 한다고 주장하였다.[8)]

그러나 후진국들이 선진국들의 요구를 거절할 수 없었던 이유는 GATT 체제하에서 상품에 대한 시장 접근(market access)을 조건으로 후진국들이 협상을 받아들이게 되었으며, 지적재산권에 대한 적절한 보호가 외국인직접투자를 유치하고, 기술이전을 촉진시키며, 아울러 내국인의 기술개발 및 창작적 활동을 진작시키는 제도적 장치임을 상당수의 개도국들이 설득력 있게 받아들여졌기 때문이다.

이와 관련하여 선진국들이 자국의 지적재산권 침해를 무역 외적인 현상이 아니라 불공정한 무역관행의 일부로 간주함에 따라서 쌍무적인 통상마찰을 완화하기 위한 차원에서 지적재산권보호의 필요성이 크게 제기되었다.

이러한 지적 재산권 관련 문제를 국제적으로 도출해내는데 성공한 것이 UR 협상에서 「위조 상품을 포함한 무역관련 지적재산권 협상그룹(TRIPs : Negotiation Group in Trade-Related Aspects of Intellectual Right of Properties, including Trade in Counterfeit

8) 이영준, 「국제경제법」, 법문사, 1996, pp. 203 - 204.

Goods)의 활동개시라고 볼 수 있다.

3 관련 국제기구 및 협약

1. 산업재산권에 관한 국제협약

(1) 파리 협약

산업재산권 보호를 위하여 체결된 파리협약은 산업재산권 뿐만 아니라 저작권을 포함한 지적재산권 전체 분야에서의 최초 국제협약이다. 1873년 오스트리아 수도 빈에서 산업재산권을 국제적으로 통일·보호할 필요성에 공감하고 1878년 파리에서 논의한 결과를 정리·1883년 3월 20일 체결(Paris Conventions for Protection of Industrial Property of 1883)되었으며, 세계 114개국이 가입되어 있다.

(2) 특허협력조약

특허협력조약(PCT : Patent Cooperation Treaty)은 1966년 파리동맹집행위원회에서 검토를 시작 1978년 1월 24일부터 발효된 조약이다. 이 조약은 파리협약의 제19조에 의한 특별협정의 하나로서 오늘날 급격한 기술혁신의 결과로 특허출원 특히 외국출원이 매년 증가세에 있다는 점과 특허출원의 절반이상이 우선권 주장을 수반한 외국출원인정 등을 감안하여 동일 발명에 대하여 중복출원 및 중복심사로 야기되는 문제점을 국제적인 차원에서 해결하기 위한 목적으로 성립되었다. 전문 및 69개의 조문과 부속 규칙으로 구성되어 있으며, 61개국이 가입되어 있다.

(3) 마드리드협정

마드리드협정(the Madrid Agreement)은 허위 또는 오인을 일으키는 원산지 표시의 방지를 목적으로 1891년 4월 마드리드에서 체결되었는데, 파리협약의 제10조의 규제가 불충분하다는 문제점을 해결하기 위해 성립되었다. 주요 내용으로는 원산지 출처의 허위표시를 한 상품에 대하여 수입시 압류하거나 그러한 수입을 금지하거나, 수입에 관련된 기타 제재 조치를 가하며, 모든 상품의 판매, 전시 등과 관련하여 일반 공중에 그 상품의 출처를 기만할 우려가 있는 모든 표시의 사용을 금지되도록 하는 것이다. 현재 37개국이 가입되어 있다.

(4) 국제상표 등록에 관한 마드리드 협정

1891년에 체결되었으며, 제네바에 있는 세계지적재산권기국의 국제사무국에 상표를 국제 등록할 수 있도록 하는 협정이다.

(5) 국제미생물 기탁에 관한 부다페스트 협약

1980년 8월 발효된 협정으로서 제3의 산업혁명이라 불리는 유전공학의 발달이 가속화되면서 미생물 관련 분야의 체계적인 보호가 필요성 때문에 만들어졌다.

(6) 기타 협약

산업적의장의 국제 기탁에 관한 헤이그협정과 상표의 등록을 위한 상품 및 서비스의 국제 분류에 관한 니스협정, 원산지 명칭의 보호 및 국제등록을 위한 리스본협정, 국제특허분류에 관한 스트라스브르 협정, 상표의 도형적요소의 국제분류를 위한 비엔나협정, 산업의장의 국제 분류를 위한 로카르노협정 등이 있다.

2. 저작권 보호에 관한 국제협약

(1) 베른조약

문학적 · 예술적 저작물의 보호를 위해 탄생한 베른조약은 1886년 스위스의 베른에서 체결되었다. 저작권의 보편성과 문화, 산업, 교역적 중요성의 증대와 함께 국제협상과정에서 중요한 기준으로 제시되어 왔다. 이 협약은 두 가지 원칙을 가지고 있는데 첫 번째는 협약에 서명한 외국 국민이 본국인과 평등하다는 내·외국인 평등의 원칙이며, 둘째는 협상의 권리에 대하여 동맹국이 저작자에게 최소한의 보호를 부여한다는 원칙이다.

(2) 세계저작권조약

세계저작권조약(UCC : the Universal Copyright Convention)은 1952년 9월 체결되었는데, 베른협약이 강대국과 개도국의 참여를 이끌어내지 못함에 따라서 제정되었다.

(3) 로마조약

저작인접권 보호에 관한 대표적인 협약인데, 1961년 로마에서 성립되었다. 저작권자와 밀접한 관련이 있는 실연가(實演家), 음반제작자, 방송사업자의 권리를 보호하기 위하여 제정되었다.

(4) 음반제작자보호협약

음반 해적판이 세계적으로 만연하는 것을 방지하고 음반의 무단복제물의 작성·수입 및 배포로부터 음반 제작자를 보호하기 위해 1971년 제정되었다.

(5) 위성통신보호조약

1974년 브뤼셀에서 채결된 조약으로 인공위성사용에 의한 프로그램 전파 배포의 증가에 따라 그 임의적 배포를 방지하기 위해 만들어졌다.

(6) 기타 협약

시청각저작물의 국제등록에 관한 협약, 집적회로에 관한 지적재산권조약(IPIC), 저작권사용료의 이중과세방지에 관한 다국간협약 등이 있다.

3. 지적재산권 관련 국제기구

(1) 세계지적재산권기구(WIPO : the World Intellectual Property Organization)

가장 대표적인 지적재산권 협정을 관할하는 국제적 기구로서 1967년 세계지적소유권기구설립협정에 의거 1970년 발족되어, 1974년 12월 17일자 UN총회의 결의에 따라 UN의 14번째 전문기구로서 탄생되었으며, 문학·예술·과학·산업분야의 지적재산권의 보호를 촉진하기 위하여 창설되었다.

이 기구는 지적 재산권 보호의 증진을 위한 다자간 조약의 체결 장려 및 그 관리, 관련 국내입법의 조화, 법률적·기술적 지원, 그리고 행정적 협조를 통하여 그 본연의 역할을 수행하여 왔는데, 이 기구는 앞에서 언급한 파리동맹과 어문 및 예술물, 저작물의 보호에 관한 베른협약의 가입국들로 구성되었던 베른동맹에 관련된 업무도 수행하여 왔으며, 현재 세계 140여개 국가가 가입되어 있다.[9]

(2) 국제연합교육과학문화기구

국제연합교육과학문화기구(UNESCO : United Nations Educational Scientific and Cultural Organization)는 헌정 상의 선언에 따라 지적창작자를 보호하고 저작물의 이용을 확대시켜야 한다는 의무를 가지고 탄생하였다. 따라서 민속물 보호 등 새로운 보호기준을 마련했으며, 전문 인력의 양성, 국제 저작권 정보센터 운용, 저작물에 대한 개도국의 접근에 관한 공동자문위원회를 설치하여 활동하고 있다.

(3) 국제산업재산권보호협회

국제산업재산권보호협회(AIPPI)는 WIPO의 대응조직으로서 1897년 발족하였으며, 파리협약의 확대 및 개선을 위하여 주로 활동하고 있다.

---

9) 장효상, 「국제경제법」, 법영사, 1996, pp. 324 - 325.

(4) 국제상업회의소 위조상품정보국

국제상업회의소(ICC : International Chamber of Commerce) 산하의 위조상품정보국은 1985년 설립되어 위조상품에 관한 정보수집과 관련업계에 대한 정보 제공 및 국제상업회의소에 대한 건의활동 등을 하고 있다.

(5) 국제지적재산권 연맹

국제지적재산권 연맹(IIPA : International Intellectual Property Association)은 1984년 미국의 저작권 관련 사업들이 결성하였으며, 압력단체로서 활동하고 있다.

(6) 기타 국제기구

기타 국제기구로서는 국제 라이센싱 협회, 세계 변리사 협회, 아시아 변리사 협회 등이 있다.

Ⅲ WTO/TRIPs 협정의 구성 및 주요 내용

WTO 지적재산권 협정은 ① 지적재산권 보호 기본원칙을 규정하고 있는 일반규정 및 기본원칙, ② 지적재산권의 보호기준, ③ 지적재산권 보호 및 침해 방지를 위한 시행절차, 그리고 ④ 지적재산권협정을 관장하는 기구에 관한 제도적 규정 등을 포함하고 있다.

1 WTO/TRIPs 협정의 법적 구조

1. TRIPs의 이념과 목적

TRIPs(Trade Related Intellectual Property Rights)는 3가지의 이념에 입각하고 있다. 첫째는 기술혁신의 촉진이고, 둘째는 기술이전과 전파의 촉진이며, 셋째는 기술·지식의 생산자와 이용자 상호 이익의 증진에 두고 있다. 따라서 TRIPs는 국제무역의 왜곡과 장애를 줄이고, 지적재산권의 유효하고 적절한 보호를 촉진하며, 지적재산권의 보호가 정당한 무역에 대한 장애가 되지 않도록 지적재산권의 시행을 위한 수단과 절차를 확보하는 것을 주목적으로 삼고 있다.

이를 위하여 TRIPs에서는 다음과 같은 4가지 원칙을 두고 있다.

2. TRIPs의 원칙

(1) 일반원칙

1) 최소보호수준의 원칙

국제협정을 최저보호수준으로 하여 그 이상의 보호를 해주자는 원칙이다. 실제로 TRIPs는 소위 '국제협정 플러스 방식'을 채택하여 국제협정을 최저보호기준으로 하고 있다.[10] 따라서 회원국은 국내법으로 본 협정을 위배하지 아니하는 범위 내에서 WTO협정에서 정한 최저보호기준보다 더욱 강화된 보호를 실시할 수 있다. 회원국은 자국의 고유한 법·제도나 관행을 기초로 본 협정의 모든 내용을 이행하는 적절한 방법을 자유롭게 결정할 수 있다.[11]

2) 내국민대우의 원칙

각 회원국은 지적재산권보호에 관하여 자국민에 대하여 부여하는 것보다 더 낮지 아니한 수준의 대우(no less favorable treatment) 즉, 자국민에 대하여 부여하는 것과 똑같은 대우를 타 체약국의 국민에게 보장하여야 한다는 것이다.[12]

그러나 이 원칙에는 예외규정을 두고 있다.

---

10) 이러한 '최소보호수준의 원칙'은 NAFTA(제1702조)에서 규정한 바와 같으며, 따라서 이 규정은 주의적인 규정이라고 말할 수 있다.

11) 동 협정 제1조 1항.

12) 동 협정 제3조.

① 다른 회원국의 국민에게 파리협정, 베른협정, 로마협정 및 집적회로에 관한 지적재산권조약(IPIC)에서 규정하고 있는 예외조항을 적용할 수 있다.

② 송달을 위한 주소의 지정 또는 대리인의 선임 등에 관하여 외국인에 대한 특칙을 두는 등 사법 또는 행정절차에 관한 예외가 인정된다.

③ IPIC 등 WIPO 주관 하에 체결되는 지적재산권의 획득과 유지에 관한 다자간협정에서 규정하는 절차에는 내국민대우규정이 적용되지 아니한다. 이 규정에 따라서 외국인의 지적재산권 취득 및 유지에 관하여는 WIPO 주관하의 협정이 부과하는 조건을 시행할 수 있다.

3) 최혜국대우원칙

지적재산권보호와 관련하여 한 체약국이 다른 체약국의 국민에 대하여 허용하는 모든 이익 · 혜택 · 특전 또는 면책 혜택은 다른 모든 체약국에 동일하게 부여된다는 원칙이다. 이러한 최혜국대우원칙은 GATT체제에서는 매우 일반적인 원칙이나 지적재산권보호와 관련된 기존의 협약에는 존재하지 않았다. 이는 현재까지의 지적재산권보호체제가 속지주의원칙을 채택하고 있었고, 근본적으로 지적재산권을 무역의 대상으로 인식하지 않고 있었기 때문이다. 그러나 무역상품에 화체(化體)된 지적재산권이 상품의 국제경쟁력을 결정하는 주요 요인이 되고 주요한 무역의 대상이 되자 과거의 내국민대우원칙만으로는 지적재산권보호에 한계가 나타나기 시작하였다.

이러한 이유로 WTO체제하에서 지적재산권의 보호와 관련하여 일방 회원국에 의해 다른 회원국의 국민에 대하여 허용하는 모든 이익, 혜택, 특권 또는 면책 등은 즉시, 그리고 무조건적으로 다른 모든 회원국의 국민에게 부여되어야 한다고 하는 최혜국대우의 원칙을 규정하게 된 것이다.[13)]

---

13) 동 협정 제4조.

그러나 최혜국대우규정은 WIPO 주관 하에 체결되는 지적재산권의 획득과 유지에 관한 다자간협정에서 규정하는 절차의 경우에는 적용되지 아니하며,[14] 다음의 경우에 최혜국대우의 원칙은 면제된다.

① 특별히 지적재산권의 보호에 한정되지 않고 일반적인 사법공조 또는 집행공조에 관한 국제협정으로부터 파생되는 대우,

② 로마협정 또는 베른협정의 내국민대우조항에 의하여 부여되는 대우가 아니라 동 협정들의 조항에 근거하여 다른 나라에서 부여되는 대우,

③ 공연자, 음반제작자 및 방송사업자 등에 대한 권리로 TRIPs에서 규정한 권리 이외의 것에 관한 대우,

④ WTO설립협정 시행 전에 발효된 지적재산권보호관련 국제협정으로부터 발생한 대우 등의 경우이다.

4) 투명성의 원칙

투명성(Transparency)은 WTO체제의 기본원칙이다. 각 체약국의 모든 법 집행 절차가 기본적으로 투명하여야 한다는 것으로 이러한 투명성의 원칙이 보장될 때만이 협정의 법 집행을 감시할 수 있고, 협정의 실효성을 거둘 수 있음을 인식한 결과라 하겠다.

이 원칙은 각 회원국의 모든 법령 및 정책 등이 기본적으로 투명하여 법령 및 정책집행절차의 예측가능성을 제고하는 것에 그 목적을 두고 있다. 투명성 확보를 위해서는 공개성(openness), 명료성(clearness), 공정성(fairness)이 보장되어야 하며, 또한 검증가능성(verifiavleness)이 확보되어져야 한다.

14) 동 협정 제5조.

(2) 다른 협정의 준용

국제지적재산권 분야는 타 분야와 달리 각 국가의 입장이 매우 상충되었기 때문에 공통된 결과의 도출이 매우 어려웠다. 그리하여 WTO의 기존협정 플러스방식을 채택하는 대신, TRIPs는 불완전 협정의 형식을 가지고 있음을 볼 수 있다.

이러한 이유는 WTO의 각종협정은 그 협정 자체로 완결되어 있기 때문에 그 협정만을 가지고 해석이 가능한 '완전협정'들이지만, TRIPs는 '기존협정 플러스방식'을 채용함으로써 각종의 기존협정을 원용하고 있다. TRIPs는 4개의 기존협정을 준용하는 바, ① 산업재산권의 보호를 위한 파리협약(1967, 파리협약) 제1조 내지 제12조 및 제19조, ② 문학 및 예술저작물의 보호에 관한 베른협약(1971, 베른협약) 제1조 내지 제21조 및 부속서, ③ 실연자, 음반저작자, 방송사업자의 보호에 관한 국제협약(로마협약), ④ 집적회로에 관한 지적재산권협약(IPIC) 제2조 내지 제7조, 제12조 및 제16조 제3항 등이 준용되고 있다.

(3) 권리소진(權利消盡)의 원칙

권리소진의 원칙(Exhaustion Doctrine)이란 'First-salc Doctrinc'이라고 하는데, 원 권리자가 적법하게 만들어진 특허물품을 포함한 복제본을 일단 판매하면 이를 매수한 복제본의 권리자는 원 권리자의 독점적인 배포권에도 불구하고 이를 재판매하거나 다른 방법으로 처분할 수 있다는 원칙이다. 즉, 제1의 판매로써 특허권·저작권 등의 원 권리자의 권리는 소진(exhaust)된다는 것이다. 권리소진의 원칙은 병렬수입의 허용여부, 그리고 대여권의 인정여부와 밀접한 관련이 있다.

1) 병행(병렬)수입

병행수입(Parallel Import)이란 권리자의 국가 이외의 국가에서 적법하게 제조되거나 복제된 특허상품, 저작물, 상표부착물이 권리자의 국가로 수입되는 것을 말한다.[15] 이러한 병행수입에 대해서 지적재산권을 수출하는 국가의 경우 병행수입을 금지하려 할 것이고 지적재산권을 수입하는 국가에서는 반대로 이를 허용하려 할 것이다. 전통적인 권리소진의 원칙에 따르면 이러한 병행수입은 적법한 것이기 때문에 이를 제한할 수 없다.16)

2) 대여권

대여권이란 자기 저작물을 제3자가 대여하는 것을 금할 수 있는 권리이다. 논리적으로 보면 대여권(rental right)은 권리소진의 원칙과 상충되는 개념이다. 왜냐하면, 일단 "First Sale"이 이루어지면, 권리자의 권리는 소진되기 때문에 적법한 매수자는 이를 재판매하거나 다른 방법으로 처분할 수 있기 때문이다.

과거에는 대여권의 개념이 없었으나, 20세기 후반에 들어 '대여점(rental store)'이 늘어나면서 음반의 상업적인 대여와 대여된 음반의 불법적인 복제가 저작권법에 의한 저작권자의 복제권, 배포권 행사를 직접적으로 침해할 수 있기 때문에 이를 규제할 필요성이 대두되었다.

15) 예컨대, 우리 나라의 특허권자 "A"가 영국회사 "B"와 그리고 독일회사 "C" 및 우리 나라 회사 "D"에게 각각 특허실시권을 설정한 경우, "B"나 "C"가 적법하게 생산하여 우리 나라에 수출한 물건을 우리 나라의 "A"나 "D"의 입장에서 본다면, 병행수입이 된다. 또 잎의 예에서 독일회사 "C"가 자신이 생산한 특허물품을 영국에 수출하면, "C"의 수출은 "B"의 입장에서는 병행수입에 해당한다.

대체로 후진국에 대해서는 원거주자가 거주하는 국가에서 보다 낮은 로열티(royalty)를 받고 실시권을 설정하는 경우가 많다. 후진국은 이렇게 낮은 로열티를 지불할 뿐만 아니라, 노동비 등 요소가격이 저렴하기 때문에 낮은 비용으로 제조·생산 및 복제가 가능하다. 불법으로 복제·제조·생산된 물품을 암시장 상품(black market goods)이라고 하는 것과 대비하기 위해 병행수입물품을 '회색시장상품'(grey market goods)이라고도 한다.(Miller. Arthur R., 「Intellectual Property」, West, 1990. pp. 15 - 16.)

16) 미국저작권법은 권리소진의 원칙을 두고 있음에도 병행수입을 명문으로 금지하고 있고, (17 U.S.C.A. 109(a)), EU에서는 역외국가간에 특허, 상품, 저작, 의장등록권 분야에서 권리소진의 원칙에 적용되기 때문에 병행수입을 막을 수 없다.(19 U.S.C.A. 602(a))

2 TRIPs의 법적 구조

1. 저작권 및 저작인접권

(1) 베른협약의 준용

TRIPs는 제9조에서 베른협약 제1조 내지 제21조 및 부속서를 준용하도록 하고 있다. 따라서 저작권에 관한 한 베른협약이 전적으로 적용된다. 그러나 TRIPs 제9조 제1항 단서조항은 저작인접권(neighboring right)에 관한 베른협약 제6조의 2의 준용은 배제된다고 규정하고 있다. 저작인접권은 저작재산권에 대응하는 개념으로서 저작물의 공표권, 저작자의 지위를 주장할 수 있는 권리와 저작자의 성명을 표시하지 않을 권리, 허락 없이 저작물을 변경하거나 삭제하는 것을 막을 수 있는 권리를 포함한다.

(2) 컴퓨터 프로그램 및 자료 편집물

컴퓨터프로그램은 그것이 원시코드(source code)로 되어 있든 목적코드(object code)로 되이 있든 베른협약상의 이문지작물로 보호된다. 자료편집물의 경우 그 내용에 지적 창조성이 나타나 있을 때는 보호를 받을 수 있으나, 정보 또는 자료 그 자체까지 보호하는 것은 아니며, 또한 이에 대한 정보나 자료 그 자체의 저작권을 침해하지도 않는다.

(3) 대여권

컴퓨터 프로그램이나 영상저작물(cinematographic works)에 관하여 저작자나 저작권 상속자에게 그들 작품의 원본 및 사본을 상업적 목적으로 공중에게 대여하는 것을 허가하거나 금지할 수 있는 배타적인 권리를 부여한다. 그러나 영상저작물의 경우 대여행위가 저작자와 저작권상속자에게 부여된 배타적인 복제권을 실질적으로 침해하는 저작물의 광범위한 복제를 초래하지 아니하는 경우, 이러한 의무에서 면제된다. 또한 컴퓨터프로그램의 경우 프로그램 자체가 대여의 본질적인 대상이 아닐 경우에도 이러한 대여권의 의무는 적용되지 않는다.

(4) 보호기간

사진저작물과 응용저작물이 아닌 저작물의 보호기간은 자연인 사망시 기산주의를 채택하고 있지 않은 경우 발행연도의 다음 해부터 50년, 또는 저작물이 완성된 후 50년 내에 발행되지 않았을 경우에는 저작물 완성연도의 다음 해부터 50년까지 보호된다. 따라서 베른협약의 규정[17]에 따라 사망시 기산주의를 채택할 경우 저작권자의 사후 50년간으로 보호기간이 확대되며 이는 TRIPs협정에도 적용된다. 사진저작물과 응용저작물이 제외된 것은 베른협약에서 이들 저작물의 보호기간을 국내법에 위임하고 있기 때문이다.[18]

(5) 실연자·음반제작자 및 방송기관의 보호

저작인접권의 보호는 실연자, 음반제작자, 방송사업자 등의 권리를 보호하는 것을 주요 내용으로 하고 있다. 저작인접권에 관련된 국제협약은 불소급의 원칙을 규정하고 있으나 음반에 대해서만 원칙적인 소급효과를 천명하고 있는 베른협약의 규정이 그대로 준용되고 있다.

또한 로마협약이 보호기간을 20년으로 규정하고 있으나 TRIPs협정에서는 실연자와 음반제작자는 음반이나 음반화된 실연의 경우에는 유형물에의 고정(fixations in a tangible medium of expression)이, 음반화되지 않은 실연의 경우에는 실연이 이루어진 연도의 말로부터 50년, 방송사업자는 방송된 연도의 말로부터 20년간 보호를 받는다.

17) 동 협약 제7조.

18) 동 협약에서의 최소 보호기간은 25년이다.

2. 상표

(1) 보호대상

상표권의 보호대상인 상표(trademark)는 상품 및 서비스에 대한 식별력(distinctiveness)을 가진 표지(標識) 또는 표지의 결합으로서, 성명·문자·숫자·도형과 색채의 조합 및 이들의 결합으로 구성된 것을 말한다. 당초에 식별력이 없는 표지라도 사용에 의하여 특별한 현저성을 획득한 경우 상표등록을 인정할 수 있다. 이를 '사용에 의한 식별력획득'이라고 한다.

회원국은 상표의 등록에 일정한 요건을 부여할 수 있다. 즉, 시각적으로 인식될 수 있을 것을 요구할 수 있고, 또한 상표의 사용을 요건으로 할 수 있다. 다만, 여기서의 '사용'은 '실제의 사용'(actual use)만을 의미하는 것은 아니며, 단순히 '사용할 의사'(intent to use)로서 족하다. 출원은 출원일로부터 3년이 경과하기 전에는 불사용만을 이유로 거절될 수 없다. 상표가 사용될 상품이나 서비스의 성질은 어떠한 경우에도 상표등록의 장애가 되어서는 안 된다.

체약국은 상표등록 전 또는 등록 즉시 공보에 게재하고 등록취소 청구에 적절한 기회를 제공하여야 한다. 또한 체약국은 상표등록에 관한 이의신청제도를 둘 수 있다.[19)]

(2) 상표권자의 권리

상표권자는 등록상표에 대하여 배타적 권리를 가진다. 즉, 제3자가 상표권자의 동의 없이 상업적인 경로로 동일·유사한 상품, 또는 서비스에 대하여 동일·유사상표를 사용함으로써 오인·혼동이 발생한 것으로 추정한다. 따라서 동일한 상품이나 서비스에 동일한 기호를 사용하는 경우에는 상표권 침해자로 지목된 자가 혼동의 발생 가능성이 없음을 입증해야 한다.

---

19) 동 협정 제15조.

다만, 등록 상표권자도 등록하지 않은 선사용자의 권리를 해할 수는 없고 사용에 기초하여 권리를 획득할 수 있는 가능성을 저해하지 않는다. 이는 오랜 사용으로 인하여 일반 소비자에게 선사용자의 상표라는 인식이 확산되어 있는 경우 소비자의 혼란을 방지하기 위하여 그 권리를 보호할 필요성이 있기 때문이다.

체약국은 기술적 용어의 공정한 사용과 같이 상표의 권리내용에 관하여 제한적인 예외를 인정할 수 있다. 단, 그러한 예외는 상표권자와 제3자의 정당한 이익을 고려하여야 한다.[20]

(3) 저명상표의 보호

상표로서 등록되지 않았어도 타인의 저명상표를 사용하는 것을 금지하거나, 타인의 상표등록을 취소하도록 규정하고 있는 파리협약 제6조의 2를 TRIPs에서도 그대로 준용하고 있으며 나아가 TRIPs 제16조 제2항은 파리협약의 위 조항이 서비스마크(service mark)에도 준용된다고 규정하고 있다. 한편, 상표의 유명성의 판단기준에 있어서 협약은 관련분야의 공중의 인지도와 아울러 상표의 사용증대에 따라 당해국 내에서 얻어진 지식도 아울러 고려되어야 한다고 규정하고 있다.

동조 제3항에서는 동종 상표권자의 이익이 침해될 우려가 있을 경우에는 유명상표의 보호규정이 상표가 등록된 지정상품, 서비스와 유사하지 아니한 상품 서비스에도 준용된다고 하고 있다. 상표가 유명해져서 지정상품 이외의 소비자에게도 널리 알려진 경우 이러한 소비자에게도 다른 상품 소비자가 유명상표의 상표권자가 생산한 것으로 오인하는 것을 방지하기 위해서이다.[21]

---

20) 동 협정 제16조.

21) 우리 나라의 상표법은 제2항의 경우를 저명 상표의 보호로, 제3항의 경우를 유명상표의 보호로 구분하여 규정하고 있다.

(4) 보호기간

상표의 최초등록 및 갱신등록에 의한 보호기간은 7년 이상으로 한다. 또한 상표등록은 무한히 갱신할 수 있다.[22] 우리 상표법을 비롯한 대다수 선진국은 보호기간을 10년으로 규정하고 있다.

(5) 사용요건

등록을 유지하기 위하여 상표의 사용이 요구되는 경우, 상표권자가 상표를 사용할 수 없었던 정당한 사유를 입증하지 못하는 한 최소 3년 동안 상표를 사용하지 않으면 등록은 취소될 수 있다. 상표에 의하여 보호되는 상품 또는 서비스에 대하여 수입제한조치 또는 그 밖의 정부의 규제 같은 상표권자의 의사와는 관계없이 발생한 상표의 사용제한은 상표의 불사용에 대한 정당한 사유로 인정된다.

관리자가 아닌 제3자가 상표를 사용하더라도 그 사용이 권리자의 통제 하에 있다면 등록유지에 필요한 사용으로 인정하여야 한다.[23]

(6) 상표권에 대한 부가조건의 금지

TRIPs는 제20조에서 상표의 상업적 사용에 ① 다른 상표와의 연합사용, ② 사용의 특별한 형태지정, ③ 다른 기업의 상품·서비스와의 식별력을 해치는 조건을 부여하는 것 등을 금지하고 있다.

(7) 사용권설정과 양도

회원국은 상표의 사용권설정과 양도에 관한 제반 조건을 결정할 수 있다. 따라서 상표의 강제사용권설정은 인정되지 않고, 등록된 상표권의 권리자에게는

---

22) 동 협정 제18조.

23) 동 협정 제19조.

그 상표가 속하는 영업과 함께 또는 분리하여 상표를 양도할 권리가 부여될 수 있다.[24)]

3. 지리적 표시

(1) 보호대상

지리적 표시는 상품의 품질, 명성 또는 다른 특질이 본질적으로 지리적인 출처에서 기인하는 경우, 특정물건이 특정회원국의 ① 영토 내에서 또는 ② 특정 지역이나 지방에서 생산되었음을 알리는 표시이다.

전통적으로 지리적 표시에 대한 정의로서는 ① 상품이나 서비스가 특정의 국가, 지역에서 생산되었음을 알리는 표시를 일컫는 '출처표시'(indication of source)와, ② 생산된 제품의 특징적인 품질이 생산지의 지리적 환경에 의하여 밀접한 영향을 받을 경우 그 생산지의 지리적 명칭을 의미하는 '원산지 표시'(appellation of origin)가 있다. TRIPs 협정에 사용되고 있는 지리적 표시의 정의는 '출처 표시'보다는 '원산지 표시'의 개념에 가까운 것으로 보아야 한다.

(2) 보호방법

회원국은 이해 관련 당사자로 하여금 ① 원산지에 대한 오인을 유발하는 지리적 상표의 사용, ② 파리협약 제10조의 2에서 정한 부정경쟁이 되는 행위의 금지를 요청할 수 있는 법적 수단을 국내법에 마련하여야 한다. 이러한 규정은 특정 지리적 명칭의 사용금지 요청권을 인정한 것이라고 해석할 수 있다.

회원국은 국내법의 규정이 있는 경우에는 직권으로 또는 이해관계인의 신청으로 실제 원산지에 대한 오인을 유발할 수 있는 지리적 표시로 구성되거나 그러한 지리적 표시를 포함하는 상표의 등록을 기각 또는 무효화할 수 있도록 하여야 한다. 정당한 지역적 명칭을 표시하는 경우라도 일반인이 같은 상품이 타

24) 동 협정 제21조.

지역에서 생산되는 것으로 오인할 우려가 있는 경우에는 보호방법이 부여되어야 한다.

TRIPs는 주류(wines), 주정(spirit)에 관하여 특칙을 두고 있는데 이는 EU측의 강력한 주장에 따른 것이다. 회원국은 이해당사자에게 주류나 주정에 대한 허위의 지리적 표시의 사용을 금지시킬 수 있는 법적 수단을 마련하여야 한다. 포도주나 주정의 지리적 표시를 구성요소로 하는 상표는 법령상 규정된 경우 직권으로, 혹은 이해관계인의 청구에 의하여 거절 또는 무효화된다.

(3) 국제협상 및 예외

지리적 표시의 보호를 강화하기 위해 회원국간의 양자협상이나 다자간 협상을 할 수 있다. TRIPs이사회는 본 규정의 이행을 검토할 수 있으며, 협정발효 후 2년 내에 첫 번째 검토가 이루어져야 하고, 회원국은 WTO협정의 발효일 직전에 존재하는 지리적 표시의 보호를 약화시키지 못하게 규정되어 있다.[25)]

회원국이 자국의 영토 내에서 상품 및 서비스에 대한 일반명칭으로서 관습적으로 사용되는 용어와 관련표시가 동일한 상품과 서비스에 관한 다른 회원국의 지리적 표시는 보호받지 못한다.

4. 의장(산업디자인)

(1) 보호요건

회원국은 신규성(novelty) 또는 독창성(originality)이 있는 공업의장을 보호하여야 하고, 공지된 의장 또는 공지된 의장의 조합과 구별이 되지 않을 경우에는 이러한 의장이 새롭지 아니하거나 독창성이 없는 의장이라고 규정할 수 있기 때문에 보호대상에서 제외할 수 있다. 기능적인 것만을 나타내는 의장이란, 예컨대 기계부품과 같이 부품의 형태가 그 기계의 효율성에 영향을 미치는 경우 그 형

25) 동 협정 제24조 1항, 2항, 3항.

태에 관한 의장을 말한다.[26)]

(2) 직물의장의 특칙

직물의장에 대하여는 민감한 유행과 관련한 특칙을 두고 있다. 직물의장의 경우 그 보호요건, 특히 비용, 심사, 공고상의 요건들 때문에 의장의 보호가 부당하게 저해되어서는 안 된다. 따라서 직물의장은 가능한 조속히 심사처리되어야 한다.[27)]

(3) 권리의 보호내용

배타적인 권리로서 보호되는 의장의 권리자는 제3자가 권리자의 동의 없이 보호 의장을 복제하였거나 실질적으로 복제한 의장을 지니거나 형체화한 상품을 상업적 목적으로 제조, 판매 또는 수입하는 행위를 금지할 권리를 가지며, 보호기간은 최소 10년이다.[28)]

5. 특허

(1) 보호대상

모든 기술분야에서 물질 또는 제법에 관한 어떠한 발명도 신규성(novelty), 진보성(non-obviousness) 및 산업상 이용가능성(capable of industrial application)을 갖춘다면 특허의 대상이 될 수 있다. 특허권의 향유에 대하여 발명지, 기술분야, 제품의 수입 또는 국내생산 여부에 따른 차별을 두어서는 안 된다.[29)]

---

26) 동 협정 제25조 1항.

27) 동 협정 제25조 2항.

28) 동 협정 제26조.

29) 동 협정 제27조 1항.

(2) 특허제외대상

특허대상을 규정하고 있는 TRIPs 제27조는 특허제외대상도 아울러 규정하고 있다. 즉, 공공질서 또는 공서양속을 보호하거나, 인간 및 동물·식물의 생명 또는 건강보호 또는 환경보호를 위해 필요한 경우 특허권을 부여하지 않을 수 있다. 구체적으로는 ① 인간 또는 동물의 치료를 위한 진단·수술·처치방법, ② 미생물을 제외한 식물과 동물 그리고 그 식물과 동물을 생물학적 방법으로 생산하는 제법 등을 특허제외대상으로 할 수 있다고 규정하고 있다. 그러나 회원국은 특허 또는 효과적인 독자적 제도 또는 양자의 혼합을 통해 식물변종의 보호를 규정하고 있다. 이 경우 협정 발효 후 4년 이내에 재검토가 이루어져야 한다.[30)]

(3) 최적실시형태의 공개

특허제도는 출원인에게 특허권에 대한 독점권을 부여함으로써 산업의 발전 및 인류의 복지증진에 기여하기 위한 제도이다. 이러한 대전제 하에서 TRIPs는 제29조에서 특허출원은 해당발명이 해당분야의 기술자에 의해 시행될 수 있을 정도로 충분히 명백하고 완전해야 하며, 또 회원국은 출원당시, 또는 우선권이 주장된 경우에는 우선권이 적용되는 출원당시에, 발명자에게 알려진 최적실시형태(best mode)를 요구하여야 한다고 규정하고 있다.[31)]

(4) 특허권의 범위

물질특허의 경우 특허물질의 제조·사용·판매의 독점권을 가진다. TRIPs는 이와 같은 독점권 외에도 판매제의·제조·사용·판매를 목적으로 한 수입권도 독점권의 범주에 포함시키고 있다. 제법특허인 경우 제법의 사용에 관한 독점적인 권리뿐만 아니라, 그 제법을 사용하여 직접 얻어진 물건에 대한 사용, 판매, 수입 등을 금지할 수 있는 독점권도 갖는다. 특허권자는 특허권을 양도·상속에 의해

30) 동 협정 제27조 2항, 3항.

31) 동 협정 제29조.

이전할 수 있으며 사용권설정 계약을 체결할 권리를 갖는다.[32)]

회원국은 특허권의 배타적 권리에 대하여 제한된 예외를 인정할 수 있다. 다만 그러한 예외는 ① 특허의 정상적인 이용을 부당하게 제한하는 것이어서는 안 되며, ② 특허권자의 적법한 이익을 부당하게 침해해서는 안 되고, ③ 제3자의 적법한 이해관계를 고려하여야 한다.[33)]

(5) 강제실시권

강제실시권은 권리자의 허락 없이 강제적으로 특허를 사용할 수 있도록 하는 특허권의 남용에 대한 제재수단의 하나로서 특허권의 취소제도와 함께 파리협약 제5조의 A에 의하여 인정되고 있다. 강제실시권이 발동될 수 있는 경우는 ① 합리적 기간 내에 합리적 계약조건으로 특허권자로부터 사용허가를 얻으려고 노력했음에도 불구하고 합리적인 기간 내에 라이선스를 받을 수 없는 경우, ② 국가비상사태 혹은 긴급한 상황, ③ 공공·비영리 목적, ④ 이용발명의 경우 선특허의 권리자로부터 합리적인 조건으로 라이선스를 받지 못하는 경우, ⑤ 법정판결에 의한 경우 등으로 규정되어 있다.

'1차 특허' 없이는 '2차 특허'가 불가능한 경우, 강제실시권을 허용하기 위해서는 '2차 특허'는 '1차 특허'와 관련하여 중요한 기술적 진보가 있어야 하며, 1차 특허권자는 합리적 조건으로 2차 특허를 사용할 수 있는 교차특허를 맺을 수 있는 권리를 가진다.

강제실시권의 성격은 ① 허가된 목적 이외의 사용불가, ② 비배타적인 권리, ③ 양도불가(단, 기업내 양도나 선의의 사용은 가능), ④ 사용 허가국의 국내시장의 공급을 위해서만 허가, ⑤ 강제실시권의 행사 후 특허권자에게 경제적 가

32) 동 협정 제28조.

33) 동 협정 제30조.

치를 고려한 보상의 지급을 들 수 있다.

강제실시권은 통상 실시권을 규정하고 있다. 일반적으로 실시권은 전용실시권과 통상실시권으로 구분되는데 전용실시권은 그 실시권자가 혼자만 사용할 수 있고 권리자가 제3자에게 라이선스(License)를 줄 수 없는 것으로서 원특허권과 거의 동일한 효력을 지닌다. 강제실시권을 전용실시권으로 부여할 경우 권리자의 권리가 과도하게 저해될 우려가 있으므로 통상실시권으로 부여해야 한다고 규정한 것이다.

강제실시권의 신청 심사에 있어서는 개별적인 필요성을 기준으로 심사가 이루어져야 한다. 또한 사용의 범위 및 기간은 이와 같은 사용이 허용되는 목적에 한정되어야 한다. 더욱이 강제실시권의 발동은 제품이 생산될 경우 회원국의 국내시장 공급을 위해서만 허용되고 있기 때문에, 개도국은 강제실시권을 발동하여 생산한 제품을 수출할 수 없게 된다. 강제실시권에 대한 보상은 각 권리의 라이선스시 금액을 고려하되 적절한 보상금, 즉 그보다 적은 금액으로 보상하도록 규정되어 있다.

권리자의 권리남용으로 인한 반경쟁적 행위가 발생하여 이에 대한 구제수단으로 강제실시권이 발동되었을 경우에는 일반적인 절차나 규정과는 다른 것을 적용하도록 하고 있다. 즉 반경쟁적 행위 여부가 주로 법률적인 절차에 의해 결정되고 권리자의 과다한 권리남용을 규제하기 위해 발동되기 때문에 권리자와 선라이선스 협상 의무가 배제되고 수출금지 의무도 배제된다. 또한 강제실시권 발동 사유가 종료되면 곧 강제실시권도 종료되도록 하는 통상적인 강제실시권의 종료와는 달리 재발 우려만 있어도 강제실시권이 종료되지 않도록 하는 등 강력하게 반경쟁적 행위를 규제하고 있다.

(6) 보호기간

특허의 보호기간은 출원일로부터 최소 20년으로 규정되어 있다. 15년으로 하자는 개도국의 제안도 있었으나 세계적인 특허법 통일화의 방향이 출원일로부터 최소 20년으로 규정하고 있기 때문에 현재의 규정대로 된 것이다.[34]

(7) 제법특허와 입증책임

특허침해소송에서 침해대상특허가 특정물품을 얻기 위한 제법특허[35]인 경우, ① 특허된 제법에 의해 취득된 물건이 새로운 것이거나, ② 침해상품이라고 주장된 상품이 특허의 방법에 의해 만들어졌을 가능성이 많으나 특허권자의 합리적인 노력에도 불구하고 실제로 어떤 방법이 사용되었는지 알 수 없을 경우에는, 회원국은 피고로 하여금 침해상품이 특허된 방법 이외의 방법으로 만들어졌다는 점을 입증하도록 하여야 한다.

제법 특허침해 소송에 있어 입증책임은 침해자인 피고인에게 있다. 이러한 책임전환은 특허제품이 새로운 것일 경우 혹은 생산공정간에 실질적 유사성이 있는 경우에 한한다.[36]

6. 집적회로 배치설계

(1) 보호대상

반도체집적회로의 배치설계의 보호에 관하여 TRIPs는 집적회로에 관한 지적재산권조약(IPIC)에 따르도록 하고 있다. 집적회로 배치 설계권의 보호대상은 ① 보호되는 배치설계, ② 보호된 배치설계가 내장된 집적회로 또는 ③ 불법적으로

34) 동 협정 제33조.

35) 제법특허라 함은 쉽게 말해서 특정물품을 제조(생산)하는 방법과 관련된 특허를 말한다.

36) 동 협정 제34조.

복제된 배치설계를 계속 포함하고 있는 집적회로 내장제품을 권리소유자의 허가 없이 상업적 목적으로 수입, 판매 혹은 유통시키는 행위는 불법적인 것으로 간주한다.[37)]

단, 불법적으로 복제된 집적회로나 동회로가 포함된 최종제품을 선의로 구매한 업자(최종제품 제조자 포함)는 규제대상에서 제외된다. 이 경우 선의의 구매자가 배치설계가 불법으로 복제되었다는 것을 통고 받은 이후에 재고로 남아 있는 집적회로나 통고 이전에 주문한 집적회로에 대해서는 권리소유자에게 합리적인 수준에서 로열티를 지불해야 한다.

(2) 강제실시권

TRIPs는 IPIC의 강제실시권제도를 규정하고 있다. IPIC는 ① 제3자의 경우에는 정상적·상업적인 관행에 따라 노력하더라도 권리자로부터 사용승낙을 받아낼 수 없을 때, ② 국가의 경우에는 국가의 목적을 달성하기 위해 필수적이라고 판단할 때에는 강제실시권을 설정하도록 하고 있다. TRIPs는 배치설계의 강제실시에 특허의 강제실시조항을 준용하도록 하고 있다.[38)]

(3) 보호기간

각 회원국은 보호요건으로서 등록을 요하는 경우에는 ① 등록 출원일로부터, 또는 ② 자국영역 밖에서 최초로 상업적 이용을 한 날로부터 10년 이상 배치설계를 보호하여야 하고, 보호요건으로서 등록을 요하지 않는 국가에서는 자국영역 밖에서 최초의 상업적 이용이 시작된 날로부터 10년 이상 배치설계를 보호하여야 한다.

---

37) 동 협정 제36조.

38) TRIPs 제37조 2항.

7. 미공개정보의 보호

1967년 파리협약 제10조의 2(부정경쟁행위방지)에 규정된 것처럼 부정경쟁을 효율적으로 방지하기 위한 일환으로 회원국은 미공개 정보 및 정부기관에 제출된 자료를 보호하여야 한다.

영업비밀이라 함은 ① 공연히 알려져 있지 아니하고(비공지성), ② 독립된 경제적 가치를 가지는 것으로(경제성), ③ 상당한 노력에 의하여 비밀로 유지된(비밀유지성), ④ 생산방법 · 판매방법 기타 영업활동에 유용한 기술상 또는 경영상의 정보(정보성)를 말한다. 영업비밀의 불법사용으로 1심에서 7년간의 제조금지처분이 선고된 소위 일진 다이아몬드사건에서 미국 보스턴 연방지방법원은 영업비밀의 요건으로 위 네 가지를 들고 있다.

TRIPs는 영업비밀의 구성요소로서 비공지성, 경제성, 비밀유지성을 들고 있다. 즉, 정보가 ① 전체 또는 구성요소의 정밀한 배열 및 조합형태 때문에 그러한 정보를 일반적으로 취급하고 있는 업계의 사람들에게 일반적으로 알려져 있지 아니하고(비공지성), ② 그것이 비밀이기 때문에 상업적 가치를 가질 것(경제성), ③ 정보관리자가 비밀보호를 위한 적절한 조치를 하고 있을 것(비밀유지성)이 요구되고 있다.

이러한 영업비밀의 소유자는 건전한 영업적 관행에 반하는 방식으로 미공개정보가 공개, 사용되는 것을 금지할 수 있는 권리를 가진다. 건전한 영업적 관행에 반하는 방식이란 최소한 계약위반, 신뢰위반, 또는 위반의 유도를 의미하며, 정보취득이 부정하였음을 알았거나, 중대한 과실로 인하여 알지 못한 제3자가 미공개정보를 취득하는 것을 포함한다.

회원국은 신규 화학물질을 이용한 의약품 또는 농약품의 제조허가 조건으로, 그러한 의약품 및 물질의 사용이 안전하고 효력이 있는가의 여부를 결정하기 위한 상당한 노력이 필요한 미공개 테스트 데이터 또는 기타 데이터의 제출을 요구할 때, 그와 같은 데이터는 부정한 영업적 사용으로부터 보호되어져야 한다. 그러나 회원국이 ① 공중을 보호하기 위해 필요한 경우 또는 ② 부정한 영업적 사용으로부터 동 자료의 보호를 보장하기 위한 조치가 취해진 경우에는 예외로 한다.

E. I. Du Pont De Nemours Power Co. v. Masand(1917) 판결[39)]에서 Holmes 판사는 미국의 영업비밀보호법에서 영업비밀보호의 초점은 신뢰관계의 위반이라고 보았으며, 정부기관에 제출된 영업비밀정보가 정부기관에 의해서 사용되고 정보기관에 의해 누설된 사례에 대하여 미국 수정헌법 제5조에 의한 수용규정을 적용하기 위해서는 그 정보가 비밀엄수라는 보장 하에 제출된 경우에만 한정되고, 그러한 정보가 자발적으로 정부기관에 제출된 경우에는 수용규정이 적용될 수 없다고 판시하고 있다.

8. 사용허가 계약에 있어서 반경쟁적 관행의 통제

라이선스 계약에 있어서 반경쟁적 행위의 통제에 관한 제40조에 대해서 개도국은 이 분야가 지적재산권 권리자의 권리남용을 규제하고 손쉽게 선진국의 기술에 접근할 수 있는 가능성으로 본 반면, 선진국은 이들 조항이 권리자의 권리보호를 약화시키고 오히려 기술이전을 저해하는 규정이 될 수 있다는 우려를 표명한 바 있다.

따라서 회원국은 경쟁을 제한하는 지적재산권에 관한 몇 가지 사용허가 관행 내지 조건이 무역에 부정적인 영향을 줄 수 있고, 기술이전과 전파에 방해가 된다는 데 동의한다는 원칙적 선언과 반경쟁적 행위를 제한하는 조치와 협의가 규정되어 있다.

회원국은 특정한 경우에 있어서 관련시장의 경쟁에 부정적 영향을 주는 지적재산권의 남용을 구성하는, 예를 들어 배타적인 일방적 양도조건, 유효성 이의제기 금지조건, 강제적인 일괄 사용허가 등의 사용허가 관행 또는 조건을 자국 법에 명시할 수 있으며, 각국은 이러한 관행을 금지 또는 통제하기 위하여 적절한 조치를 취할 수 있다.

---

39) Ruckelshaus v. Monsanto Co. 1984.

상대방 회원국 국민이 자국의 국내법에서 반경쟁적 행위로 규제하고 있는 사항을 위반하였을 경우, 자국 법을 적용하여 사법 처리할 수 있는 구체적 방안이 없기 때문에 TRIPs 협정에서는 이러한 문제가 발생할 경우 국가간에 협의를 한다는 수준의 규정만을 두고 있다.[40]

3 TRIPs에 대한 절차규범

TRIPs는 제3장 제41조 내지 제61조에서 지적재산권의 집행절차에 대해 규정하고 있다. TRIPs에서 집행절차가 중요한 이유는 기존 조약들이 이러한 집행절차를 구비하지 못하고 있었기 때문이다. 다만 TRIPs는 ① 각국의 법제도를 존중하고, ② 각국의 법제도 및 관행의 토대 위에서 협약을 시행하며, ③ 지적재산권분야에 독특한 사법체계를 만들거나 일반적인 법집행에 지장을 주어서는 안 된다는 원칙을 선언함으로써 각 회원국의 법집행 제도를 최대한 존중토록 하고 있다.

1. 일반적 의무

회원국은 지적재산권의 침해행위에 대한 효과적인 대응을 위해 각 국내 법규 하에서 시행절차를 마련해야 한다. 그러나 이러한 시행절차는 침해방지를 위한 즉각적인 구제조치는 물론 계속적인 침해를 막는 조치를 포함하여야 한다. 그러나 시행절차 자체가 정당한 무역에 대한 위장된 장애가 되어서는 안 되며 시행절차의 남용에 대한 안전보장을 마련하여야 한다.

지적재산권의 시행절차의 원칙으로서는 ① 공정하고 형평성이 있어야 하며, ② 불필요하게 복잡하거나 비용이 많이 들지 않아야 하고, ③ 불합리하게 시간을 제한 또는 부당하게 지연시켜서는 안 된다.

사건의 중요도를 기준으로 하는 국내법의 사법권 관할규정에 따라, 분쟁당사자에게는

40) 동 협정 제40조.

최종적인 행정결정 및 최소한 최초의 사법적 결정의 법적 측면에 대해서 사법당국에 대한 재심사청구의 기회가 부여되어야 한다. 사법심사는 적어도 2심 이상이 되어야 한다. 그러나 형사사건에 있어서 석방(acquittals)에 대한 심사기회를 부여할 의무는 없다.[41)]

2. 민사 및 행정절차

(1) 증거제출 및 절차

사법당국은 어느 한 당사자가 자신의 주장을 입증하기에 충분한, 합리적으로 취득 가능한 증거를 제시하고 자신의 주장을 입증할 수 있는 관련증거가 상대방의 관할에 있는 것을 소명한 경우, 비밀정보를 보호하는 조건하에 상대방 당사자에게 그 증거자료의 제출을 명령할 수 있는 권한을 갖는다.

정당한 이유 없이 필요한 정보에의 접근을 거부하거나 합리적 기간 내에 필요한 정보를 제공하지 않은 경우, 또는 시행절차를 방해할 경우, 기제출된 정보를 근거로 사법당국은 긍정적이거나 부정적인 예비 및 최종판결을 내릴 권한이 있다.[42)]

(2) 금지명령

사법당국은 일방당사자에게 침해를 중단하도록 명령할 수 있는 권한을 가지는데 특히 지적재산권을 침해한 수입상품이 통관된 직후 시장에 유통되는 것을 금지할 수 있어야 한다. 다만, 선의자(**善意者**) 즉, 당해 상품이 지적재산권 침해상품이라는 사실을 알기 이전 또는 알고 있었을 상당한 이유를 갖기 이전에 주문 또는 취득한 상품에 대해서는 금지명령(injunctions)을 인정하지 않을 수 있다.

강제사용의 경우와 국내법상 금지명령이 불가능한 경우에는 금지명령의 사용을 제한할 수 있다. 국내법상 금지명령의 사용이 불가능한 경우에도 선언적 판결(declaratory judgement)이나 적절한 보상을 부여하여야 한다.[43)]

---

41) 동 협정 제41조.

42) 동 협정 제42조.

(3) 손해배상

사법당국은 지적재산권의 침해자가 권리소유자에게 지적재산권의 피해에 상응하는 충분한 배상을 하고, 권리소유자의 소송비용까지 침해자가 부담하도록 명령할 수 있다.44)

(4) 기타구제

권리침해의 효과적인 방지를 위해 사법당국은 침해상품 또는 침해상품을 제조하는 것을 주된 목적으로 하는 물건, 기구 등을 보상없이 압수하고 현행 헌법 조항에 반하지 않는 한도에서 침해상품을 폐기할 수 있다. 본 조치를 취할 때 피해의 심각성과 명령조치와의 균형이 필요할 뿐만 아니라 제3자의 이익도 신중히 고려해야 한다.45)

(5) 정보권

사법당국은 침해의 심각성과의 균형을 유지하는 한, 침해자에게 침해상품 또는 서비스의 제조 및 배포에 관여한 제조자의 인적사항과 이들의 유통체계에 관한 정보를 권리자에게 통보할 것을 명령하는 권한을 가진다.46)

3. 잠정조치

사법당국은 ① 지적재산권의 침해를 예방하고, 특히 통관 직후의 수입상품을 포함한 침해상품의 시중유통을 방지하기 위해서, ② 침해와 관련된 증거보전을 위해 신속하고 효과적인 잠정조치를 명령할 권한을 가진다.

43) 동 협정 제44조.

44) 동 협정 제45조.

45) 동 협정 제46조.

46) 동 협정 제47조.

본 조치는 국내법에서 허용하거나 혹은 기간에 대한 규정이 없는 경우 근무일 기준으로 20일과 달력 기준으로는 31일 중 긴 기간 내에 본 사안에 관한 절차가 개시되지 않으면 피고 측의 청구로 철회 또는 효력이 중지된다.

잠정조치에 대한 피고인의 보상 문제와 관련하여 ① 잠정조치가 철회된 경우, ② 청구인의 행위나 부작위로 잠정조치가 소멸된 경우, ③ 추후에 침해행위 또는 침해의 위협이 없었음이 확인된 경우 사법 당국은 피고의 청구에 의해 청구인에게 동 조치로 입은 피해에 대해 적절한 보상을 명할 수 있다.47)

5. 국경조치

TRIPs는 위조상품의 유통을 방지하려는 목적에서 출발하였고, 위조상품 유통방지의 핵심은 위조상품의 통관을 금지하는 것이기 때문에 국경조치가 필수적이라고 할 수 있다.48)

(1) 세관당국에 의한 통관방지

모든 회원국은 권리자가 행정 또는 사법기관에 서면으로 상표권 위조상품 및 저작권 침해상품의 유통을 저지하기 위해 세관에 의한 통관정지를 청구할 수 있는 절차를 마련하여야 한다. 본 조치는 상표권이나 저작권에 대하여는 의무적으로 이를 도입하도록 하고 기타의 지적재산권에 대하여는 이를 임의규정으로 하고 있다. 또한 외국에 수출될 침해상품에 대해서도 세관에 의한 통관정지조치에 상응한 절차를 규정할 수 있다.49)

(2) 신청

권리소유자는 세관당국에 통관정지요청을 할 때 수입국 법률에 의거하여 자신의 지적재산권이 침해받고 있다는 적절한 증거를 제공해야 하고 세관당국이

47) 동 협정 제50조.

48) 동 협정 제51조, 제52조, 제53조, 제54조, 제55조, 제56조, 제57조, 제58조, 제59조, 제60조.

49) 동 협정 제51조.

용이하게 인지할 수 있도록 침해상품에 대한 상세한 설명을 제공하여야 한다.50)

(3) 예치금 또는 공탁금

본 조치의 남용을 방지하기 위해 통관정지 요청자는 세관당국에 예치금 또는 공탁금을 기탁해야 한다. 또한 의장, 특허, 배치설계 및 영업비밀 등에 관한 본 조치가 사법당국이나 기타 독립적인 기관에 의해서가 아니라 세관당국에 의해 내려진 경우 해당상품의 소유자, 수입업자, 상품의 수탁자 등은 권리소유자를 충분히 보호할 만한 금액을 예치하고 우선 통관시킬 수 있다.51)

앞서 본 바와 같이 상표권, 저작권 이외의 지적재산권의 경우에는 통관정지조치가 무역의 장애요인으로 작용할 가능성이 크므로 이를 구제하기 위하여 채택된 조항이다.

(4) 통관정지기간

통관정지조치 후 10일 이내에 피고가 아닌 자가 본안 소송을 제기하거나 또는 적법하게 통관정지기간을 연장하는 잠정조치가 이루어졌음이 세관에 통보되지 않는 한 해당상품은 통관되어야 한다. 위기간은 적절할 경우 20일까지 연장될 수 있다.52)

(5) 수입자 및 상품소유자에 대한 배상

통관정지 요청자가 잘못된 요청으로 수입업자, 상품 수탁자 및 해당상품 소유자에게 피해를 입혔을 경우 통관정지 요청자는 그들에게 충분한 배상을 해야 한다.53)

(6) 직권조치

지적재산권이 침해받고 있다는 명백한 증거가 있을 경우, 관할기관은 직권조

50) 동 협정 第52조.

51) 동 협정 第53조.

52) 동 협정 第55조.

53) 동 협정 第56조.

치를 발동할 수 있다. 회원국은 선의로 취했거나 의도된 적절한 구제조치가 있었을 경우 국가기관과 공무원의 책임을 면제할 수 있다.54)

(7) 최소허용수입량

여행자의 개인적 휴대품에 포함된 소량상품이나 소량의 탁송상품으로서 비상업적 성격의 경우에 대해서 본 조치는 적용되지 않는다.55)

5. 형사절차

회원국은 고의로 상표 또는 저작권을 상업적 규모로 침해한 경우에 적용될 형사절차와 처벌을 마련하여야 한다. 처벌은 유사한 죄질을 가진 다른 범죄와 처벌수주에 있어 균형을 유지해야 하며, 지적재산권침해를 억제하기에 충분한 구금 또는 벌금조치를 마련하여야 한다. 형사절차에는 침해상품뿐만 아니라 침해상품 제조를 목적으로 하는 물건 또는 장치에 대한 압수, 몰수와 폐기처분이 포함되어야 한다. 다른 지적재산권 침해의 경우에도 그 침해행위가 영업상의 이득을 얻을 수 있는 규모로 또는 고의적으로 행해지고 있다면 형사처벌 절차를 적용할 수 있다.56)

6. 지적재산권 취득·유지 및 관련당사자간 절차

회원국은 TRIPs에 규정되어 있는 지적재산권의 취득, 유지의 조건으로 합리적인 절차 및 형식의 준수를 요구할 수 있다. 이러한 절차 및 형식들은 TRIPs협정 조항들과 일치하여야 한다.

등록이 되어야만 권리행사를 할 수 있는 지적재산권인 경우에는 보호기간이 부당하게 단축되지 않도록 각 회원국은 합리적인 기간 내에 등록절차가 이루어지도록 보장해야 한다. 권리취득의 실체적인 조건이 충족된 경우에는 허가 및 등록을 허용

54) 동 협정 제58조.

55) 동 협정 제60조.

56) 동 협정 제61조.

하여야 하며 허가 및 등록을 위한 합리적인 기간이 보장되어야 한다. 서비스상표에 대한 우선권적용에 있어서 파리협약의 우선권규정이 서비스상표에도 준용된다.

회원국의 국내법에 지적재산권의 권리 취득·유지에 관한 이의신청·취소·소멸 등 당사자간 절차나, 행정적인 취소절차 등이 마련되어 있는 경우 이러한 절차들은 ① 공평하고 형평성이 있어야 하며, ② 불필요하게 복잡하거나 비용이 많이 들지 않아야 하고, ③ 지나치게 지연되거나 시간이 많이 요구되는 것이 아니어야 한다. 모든 사건의 본안에 대한 결정은 가능한 한 서면으로 하고 그 결정이유가 명시되어야 한다.[57)]

7. 분쟁예방 및 해결

(1) 투명성

지적재산권의 이용가능성 · 범위 · 획득 · 시행 및 남용방지 등에 관한 법률, 규제 및 행정 · 사법적인 결정 등은 공개·발간되어야 한다. 또한 각 회원국은 자국의 법률 및 규제 등을 무역관련 지적재산권 이사회(Council for TRIPs)에 통보해야 한다.

각 회원국은 자국의 법률시행에 방해가 되거나 공중의 이익에 반하며, 특정한 공·사기업의 정당한 상업적 이익에 손상을 줄 비밀정보는 공개하지 않아도 된다.[58)]

(2) 분쟁해결절차

TRIPs에 관련된 분쟁은 TRIPs에서 특별히 규정하지 않는 한, GATT 제22조, 제23조 및 분쟁해결절차 및 규칙에 관한 양해각서(DSU)에 의하여 처리된다. 분쟁대상의 잠정적 제한으로서 WTO설립협정 발효 후 5년간은 협정위반을 이유로 한 분쟁사건만을 분쟁의 대상으로 할 수 있다. 환언해서 이 기간 동안에는 협정위반이 아닌 조치 또는 기타 상황을 이유로 한 분쟁은 제기할 수 없다.[59)]

57) 동 협정 제62조.

58) 동 협정 제63조.

59) 동 협정 제64조.

8. 경과조치

(1) 경과조치

협정이행 준비를 위한 경과기간에 대하여 TRIPs협정이 발효된 이후 1년이 경과하기 전까지는 본 협정을 적용하지 않으며 선진국의 경우 1년, 개도국의 경우 경과기간을 추가적으로 4년 연장할 수 있도록 규정하고 있다. 중앙계획경제로부터 자유시장경제로의 전환과정에 있는 국가나 지적재산관련법률의 준비 및 시행에 있어서 문제에 봉착해 있는 국가도 연기기간의 혜택을 받을 수 있다.

물질특허제도가 없는 개도국은 기본경과기간에 추가하여 5년간 더 적용을 유예할 수 있으며 최빈개도국은 1년의 경과기간 후 추가로 10년의 경과기간을 가질 수 있도록 규정하고 있다.[60)]

(2) 기술협정

이 협정의 이행을 용이하게 하기 위하여 선진회원국은 요청시 및 상호 합의된 조건에 따라 개도국과 최빈개도국을 위하여 기술 및 재정상의 협력을 제공해야 한다. 이러한 협력은 지적재산권의 남용방지뿐만 아니라 지적재산권의 보호와 시행에 관한 법과 규정의 준비에 있어서의 지원을 포함하며, 인력의 훈련을 포함하여 동사안과 관련된 국내기구 및 기관의 설립 또는 강화에 관한 지원을 포함하도록 하고 있다.[61)]

9. 제도적 규정

(1) 무역관련 지적재산권 위원회

TRIPs협정을 관장하는 기구로서 각국의 대표로 구성되는 무역관련 지적재산

---

60) 동 협정 제65조.

61) 동 협정 제67조.

권 위원회를 설립하고 동 위원회는 ① 회원국들의 지적재산권관련 의무이행을 감시, ② 회원국들간의 분쟁해결을 지원, ③ 세계지적재산권기구(WIPO)와의 협력을 위해 첫 회기 이후 1년 이내에 적절한 조치를 마련하는 등의 기능을 수행토록 하고 있다.[62)]

(2) 기존 지적재산권 대상의 보호

본 협정은 협정적용일 이전에 발생한 행위에 대해서는 적용하지 않으며 협정적용일 현재 존재하고 있는 지적재산권에 대해서는 본 협정을 적용한다. 그러나 협정적용일 현재 공공의 영역(public domain)에 속하게 된 대상물에 대해서는 본 협정을 적용하지 않는다. 협정적용일 이전에 구입한 원본이나 복제품에 대해서는 대여권을 적용하지 않는다. 협정인지일 전에 정부에 의해 사용허가권이 부여된 기술분야의 특허권에 대해서는 권리소유자의 허락 없이도 사용할 수 있다. 협정적용일 현재 계류 중인 출원은 보다 강화된 보호(any enhanced protection)를 위해 청구범위를 수정할 수 있다. 협정발효일 현재 의약 및 농약품에 대한 특허보호제도가 없는 회원국의 경우, 협정 발효일로부터 동 제도를 도입해야 한다. 물질특허제도가 없는 회원국에서 협정발효 이후에 특허 출원되어 계류 중에 있을 때, 물질특허제도가 없는 국가에게 5년 동안 판매 독점권을 부여한다.[63)]

(3) 검토 및 개정

TRIPs이사회는 개도국에 대한 경과조치 이후 본 협정의 이행여부를 검토해야 한다. 위원회는 이행과정에서의 경험을 고려하여 그 일자부터 2년 후 협정을 검토하고, 그 이후에는 동일 기간의 간격으로 검토한다.

WTO의 모든 회원국들이 가입한 협약에서 이루어진 지적재산권 보호수준의

62) 동 협정 제68조.

63) 동 협정 제70조.

향상에 일치하는 목적만을 가진 개정안은 TRIPs 위원회의 만장일치로 WTO설립 협정 제10조 제6항의 개정절차에 따라 각료회의에 상정될 수 있다.[64)]

(4) 유보

다른 회원국의 동의 없이 이 협정의 어떠한 규정에 대해서도 유보할 수 없다.[65)]

(5) 국가안보를 위한 예외

TRIPs는 제73조에서 안보를 위한 경우에는 일정한 예외를 규정하고 있다. 즉, 국가안보이익에 반한다고 여겨지는 정보는 이를 제공하거나 공개하지 않을 수 있으며, ① 핵분열관련물질 혹은 이에서 추출되는 물질, ② 무기, 탄약, 전쟁장비의 거래 및 군사시설에 대한 보급 목적을 위하여 직접적 또는 간접적으로 수행되는 상품 및 재료의 거래관련조치, ③ 전쟁이나 국제간의 비상시와 관련된 경우에는 자국의 중대한 국가안보이익을 보호하기 위해 어떠한 행동을 취하는 것을 방해하지 않는다. 또한 국제평화 및 안전보장의 유지를 위한 UN헌장 하의 의무이행을 위한 회원국의 조치도 허용된다.

---

64) 동 협정 제71조.

65) 동 협정 제72조.

CHAPTER 20

전략물자 수출통제제도

I 서론

과거 냉전시대에서 대량살상무기 확산방지 노력은 주로 군사 강대국인 미국과 소련을 중심으로 하여 양자간 협의를 통해 이루어졌으나, 탈냉전시대 이후에는 전 세계 모든 국가들이 참여하는 다자간협상 형태로 추진되어 오고 있는 실정이다. 강대국은 국제사회에서의 영향력 유지의 수단으로, 기타 국가들은 자국의 안보를 보장받는 수단으로 다자간 협의에 참여하고 있다.[1)]

전략물자 수출통제제도[2)]는 냉전시기 첨단기술과 제품이 공산권으로 이전되는 것을 차단하기 위해 서방국들이 코콤(COCOM[3)])을 결성하여 공산권에 대한 수출을 통제하기 시작한 것으로 볼 수 있다. 그러나 냉전 이후 공산권붕괴로 코콤은 해체되고, 급변하는 국제 안보환경에 대체하고, 불특정한 테러단체 또는 테러지원국으로 민감한 물품이 이전되는 것을 막기 위해 코콤의 회원국들이 다자간 전략물자 수출통제체제를 결성하게 되었다. 다자간 전략물자 수출통제체제(비확산체제)란 여러 국가들로 구성된 전략물자 수출입에 관한 사항을 협의·조정하는 국제적인 협의체, 또는 이와 유사한 기구를 말한다. 다자

1) 남만권, 『군비통제 이론과 실제』, 한국국방연구원, 2004., p. 237

2) 국가안보를 위한 전략물자수출통제의 의의는 다음과 같이 요약될 수 있다. 첫째, 무분별한 북방교역의 확대로 인한 국가안보의 손상가능성을 최소화하고 둘째, 우호국가의 안보에 손상을 초래할 수 있는 물자의 유출을 사전에 통제함으로서 사인간의 국제거래가 국가간의 분쟁으로 진화되는 것을 방지하고 셋째, 미국을 포함한 바세나르체제 참여국들이 다른 참여국에 전략물자를 수출하는 경우에는 수출입통제를 해제하거나 수출입절차를 간소화하기 때문에 동 체제에 부합되는 전략물자 수출통제제도의 시행은 한국이 필요로 하는 첨단물자의 수입을 보다 용이하게 하고 넷째, 통제국가에 의한 무역보복을 방지함으로서 관련 국내기업이 해외시장을 상실하는 것을 방지할 수 있다.(최승환, 『국제경제법』, 제2판, 법영사, 2001., pp. 573~575.)

3) 냉전시대 소련을 비롯한 공산권에 대해 민감한 기술과 장비의 수출을 통제하기 위한 "대공산권 수출통제체제(Coordinating Committee for Multilateral Export Controls)"를 구축하였다. 향후 COCOM은 탈냉전시대의 도래와 함께 "바세나르체제(WA ; Wassenaar Arrangement)"로 대체되었다.

간 전략물자 수출통제체제는 현재 5개의 비확산체제(NSG, AG, MTCR 및 Wassenaar Arrangement)가 존재하며, 한국은 현재 5개의 비확산체제에 모두 가입되어 있다.4)

특히 2001년 9월 미국에서 발생한 9.11 테러사태는 전략물자 품목의 이동에 대한 강력한 규제를 국제적인 문제로 부각시켰으며, 이러한 품목의 이동에 대한 감독과 관리의 중요성을 증대시키는 계기가 되었다. 현재 국제체제와 세계 각국은 WMD (Weapons of Mass Destruction)의 개발, 생산 등에 이용 가능한 이중용도의 전략물자 수출을 통제하고 있으며 911테러 이후 캐치올제도를 도입하여 최종용도나 최종 사용자가 의심스러운 경우 비통제품목도 규제하는 등 수출통제를 강화하고 있다.5) 이러한 국제적 환경 변화에 대해 한국은 아직까지 전략물자 수출입통제체제의 인식부족과 수출통제가 제대로 이루어지지 않고 있어 문제가 되고 있다.6)

한국무역협회 전략물자무역정보센터 조사결과에 따르면, 우리 나라의 전략물자 수출통제와 관련된 수출허가신청 건수를 살펴보면 2004년 전략물자 수출허가 신청은 493건, 2005년 전략물자 수출허가신청은 610건으로 전략물자 수출자 중 극히 일부만이 수출 허가를 신청하는 것으로 나타나7) 아직까지 전략물자 수출통제와 관련한 인

4) 이러한 다자간 전략물자수출통제체제는 수출통제를 위한 기본원칙과 통제대상품목의 성능과 규격을 정하면, 회원국정부가 구체적인 절차와 기준 및 통제대상품목을 자국의 국내법에 반영하여 집행하도록 되어 있다.

5) 한국관세학회, "전략물자 통제제도의 국제적 변화에 따른 효율적인 수출관리방안에 관한 연구", 「관세학회지」, 한국관세학회, 2005., p. 2.

6) 최근 들어 전략물자수출입통제체제의 강화 필요성이 급속하게 증진되고 있는 이유를 살펴보면, 전략물자의 불법수출로 인한 해당기업의 손실과 국가이미지 훼손이 크게 나타나고 있으며(미국에 의해 일본기업의 전략물자의 불법수출사례들을 적발된 경우 수상의 사과성명, 해당기업의 파산 등 기업과 국가의 큰 손실을 초래), 국가등급의 하향조정으로 추가적인 통관서류를 요구하거나 통관지체가 발생하게 된다. 또한 전략물자에 대한 수출통제는 국가 안보에 대한 위협요인을 제거함으로서 국제평화 및 국내안정을 도모하는 데 필수적인 요소이다.

7) 전략물자와 관련이 있는 품목은 HS 10단위 1,351개(2004년 조사)로 관련 수출업체는 14,000여 업체(2003~2004년도)로 추정되고 있다. 산업자원부는 2004년 국제통제품목을 생산, 수출하는 기업을 파악하기 위해 전략물자 가능성이 높은 HS의 수출품에 대한 조사 판정사업을 실시하였으며, 그 결과

식과 이에 대한 문제 인식이 낮은 것으로 분석되었다. 따라서 본 논문은 이러한 전략물자 수출통제제도 분석을 통하여 향후 우리 나라의 전략물자 수출통제제도를 효율적으로 운영하기 위한 방안을 제시하는 데 목적이 있다.

본 논문의 구성은 전략물자 수출통제의 의의를 살펴보고, 전략물자 수출통제의 국제체제 및 규범에는 어떠한 것이 있는지 분석하였다. 또한 선진국의 전략물자 수출통제제도에 대한 분석과 한국의 전략물자 수출통제제도의 분석을 통하여 향후 우리 나라 전략물자 수출통제의 인식제고를 위한 방안과 향후 발전방향을 모색하는 데 목적이 있다고 하겠다.

Ⅱ 전략물자 수출통제의 의의와 현황

1 전략물자 수출통제의 의의 및 개요

전략물자 수출통제제도는 자유로운 무역거래에 있어서 국제평화와 안전에 위협을 가할 수 있는 전략물자[8]에 대하여 무역거래가 제한되는 물품을 수출하는 기업이 준수해야 하는 제도이다. 즉, 수출통제체제는 대량살상무기의 실험, 제조 및 생산에 직접적으로 사용되는 기술, 부품, 또는 평화적, 민간사업용으로 사용되는 물품 및 기술이더라도 대량살상무기의 제조 및 생산에 전용되는 경우 수출을 제한하기 위하여 관계 당국에 수출허가(export license)를 사전에 구하도록 강제하는 개념이다.

국제적으로 전략물자 수출통제는 제2차 세계대전 이후, 구소련 중심의 공산권 국가와 미국 중심의 서방자유주의 국가 사이에 최초로 1949년 11월에 논의되고, 1950

70여개 업체 200여 품목이 1종 전략물자 통제리스트에 해당되는 사실을 확인한 바 있다.(산업자원부·한국무역협회 전략물자무역정보센터, 『전략물자수출입관리정보시스템 이용안내서』, 2006., p. 77.)

8) 전략물자란 무기 또는 무기 제조나 개발에 이용 가능한 민수용 물품으로서 위험한 국가 또는 단체에 이전될 경우 국제평화 등에 위해를 가할 수 있기 때문에 자유로운 무역거래가 제한되는 물품을 말한다. 현형법상 1종 전략물자와 2종 전략물자로 구분된다. (대외무역법 제39조 제1항)

년 1월 대공산권 수출통제위원회라는 COCOM(Coordinating Committee for Multilateral Export Controls)이 설립되어 활동을 개시하였다. 따라서 서방국가들은 공산권 국가에 전략적 물자 및 기술의 제공을 엄격히 통제하였고 우리 나라도 COCOM 협력국으로서 전략물자 수출통제체제에 참여하게 되었다.

그러나 수출통제의 대상물자, 기술, 대상 국가는 국제안보 환경에 따라 수시로 변화되어 왔다. 과거 동서 냉전구조는 1990년 독일의 통일, 1991년 구소련의 붕괴로 인해 그 목표나 의미가 퇴색하게 되었다. 또한 신생 러시아는 공산주의 통치를 고수하지 않고 미국과 서방에 코콤체제의 해체를 요청함에 따라 1994년 3월 코콤체제가 해체되었다.

과거 코콤체제형 수출통제체제는 "비확산형(non-proliferation) 수출통제체제"로 변화하였다. 코콤의 수출통제는 공산권이라는 특정한 국가를 대상으로 한 전략물자의 유출을 통제하려는 목적을 가지고 있었으나 비확산형 수출통제체제는 확산 우려가 있는 기술, 첨단산업 및 부품의 최종용도(end-use)및 최종사용자(end-user)에 대한 수출통제를 목표로 하고 있다.9)

[표 20-1] COCOM형과 비확산형 수출통제체제 비교

	COCOM형	비확산형
목적	전략물자의 구공산권에로의 유출방지(동서의 상대적 기술격차 유지)	대량파괴무기 등의 확산방지(확산우려국의 부정활동 금지)
참가국	서방선진국	구공산권 포함
규제 대상국	구공산권 제국(우회수출 방지의 관점에서 타지역도 규제대상)	특정하지 않고 모든 지역을 규제대상
심사 방법	규제 대상품목의 사양심사	규제대상 품목의 사양심사에 덧붙여 최종 수용자, 최종용도의 심사
수출 허가 결정	원칙적으로 참가국 전원일치제	참가국의 재량에 의존

자료 : 구본학, "다자간 수출통제체제 현황과 향후 전망", 전략물자 수출통제 국제포럼, 2006. 5. 25., p. 5.

9) 구본학, "다자간 수출통제체제 현황과 향후 전망", 전략물자 수출통제 국제포럼, 2006. 5. 25., p. 5.

수출통제의 방식으로는 첫째, 관계 법령에 통제 리스트를 명시하여 동 목록에 포함된 물자 및 기술을 타국에 수출하는 경우 관련 당국에 사전허가를 신청하도록 하는 방법이 있다. 통제 리스트의 작성은 각 국가의 재량행위에 속하지만, 국가별 통제 리스트를 조화시키고 공통된 행동을 유발하도록 하는 것이 국제수출통제체제의 주요 임무이다. 둘째, 수입국의 대량살상무기 개발 및 생산에 기여하는 구체적 활동을 명시하고, 동 활동과 관련된 모든 수출, 이전 및 교육을 금지하는 방법이 있다. 이는 "최종 사용통제(end-use control)", 또는 "최종 사용자통제(end-user control)"라고 하는 Catch-all제도로 구체화되어 있으며, 특정 통제 리스트 없이 각 기업 및 개인의 수출, 지원, 교육 등의 행위가 상대국 또는 상대국 내 최종 사용자가 대량살상무기 개발에 기여할 가능성이 있는 경우 사전에 관계 당국의 허가를 받아야 하는 것이다. 셋째, 대량살상무기의 제조 및 생산을 기도하고 있는 특정 국가나 단체, 기업 등을 우려국가나 집단으로 분류하여 "Black list"를 작성하고 이들에 대한 수출 및 이전을 금지하는 방법이다.[10)]

2 전략물자 수출통제의 국제체제

오늘날 초강대국 사이의 큰 전쟁이나 무력충돌의 가능성은 감소하였으나, 중동 걸프만, 팔레스타인, 인도, 파키스탄, 아프리카 등 종교와 인종, 영토분쟁 등을 이류로 지역적인 분쟁이나 테러리스트에 의한 안보위협은 지속되고, 국가차원에서 생화학, 핵무기나 미사일을 보유하려는 우려국(concerned countries)도 여전히 존재하고 있다.

이에 핵무기, 생화학무기, 미사일 및 그 운반수단의 확산을 통제하는 국제협의체가 나타났고 그 대표적인 것으로 핵공급 그룹(NSG), 호주그룹(AG), 미사일기술 통제체제(MTCR)로 구성되고, 해체된 코콤은 1996년 7월 재래식 무기를 통제하는 협정형태인 네덜란드의 소도시 바세나르를 인용한 이른바 바세나르체제(WA)로 다시 출범하게 되었다.

핵공급 그룹(NSG)은 1977년 설립된 국제수출통제체제로 1974년 인도의 핵실험성

10) 류광철·이상화·임갑수, 『군축과 비확산의 세계』, 평민사, 2005, pp.298~299.

공과 "핵무기 비확산조약(NPT)" 비회원국과의 원자력 교역확대에 따른 핵무기 또는 핵폭발장치의 개발과 확산을 방지하는 것을 주된 목적으로 한다. 원자력 전용품목의 수출에 관련된 경우, 수출국은 핵폭발장치에의 사용을 금지한다는 수입국 정부의 보증이 있는 경우에만 수출을 허가하여야 하며, 안전조치에 관한 국제원자력기구(IAEA)의 협정을 이행중인 핵무기 비보유국에 한하여 수출을 허가하여야 한다.

생화학무기관련 비확산체제는 이란 · 이라크전에서의 화학무기사용을 계기로 생화학무기의 개발이나 생산을 통제하기 위해 1985년 호주그룹(AG)에 의해 설립되었다. 대상품목의 수출이나 재수출은 원칙적으로 생화학산업에 있어서 평화적 목적으로 사용되는 경우에 한하여 허가되어야 한다. 수입국정부의 허가가 없는 경우에는 대상품목의 선적, 환적, 재수출이 금지된다. 대상품목을 제3국으로 재수출하기 위해서는 수입국정부로부터 사전 하가를 받아야 한다. 참여국이 거부한 품목에 대해서는 다른 참여국은 최초의 거부국가와 협의 없이는 동일한 수출을 거부하여야 한다.

미사일관련 비확산체제(MTCR)은 1980년대 초 개도국들의 미사일개발에 대한 관심이 증대하자 대량파괴무기 운반체계의 개발과 생산을 통제하기 위해 1987년에 설립되었다. 미사일 관련 비확산체제는 비확산체제 중 수출통제의 정도가 가장 강하다. 예컨대 대상품목의 사용목적을 변경하거나 대상품목의 수정·복제를 금지하겠다는 수출국정부의 보증이 있는 경우에만 수출을 허가하며, 제3국으로의 재수출은 최초 수출국정부의 사전허가가 있는 경우에만 가능하다. 참여국들은 매년 정기적으로 회합하고 정보를 교환하며, 의사결정은 총의에 의한다.[11)]

바세나르체제(WA)[12)]는 'New Forum'이라고도 불리는 데, 상용무기(conventional weapons)

---

11) 2005년 1월 현재 "미사일기술통제체제"의 참여국은 총 33개국이다. 북한을 포함한 중국, 인도, 이스라엘, 리비아, 이집트, 이란, 파키스탄 등 다수의 미사일 생산국가가 미가입한 상태이다. 우리 나라는 2001년 MTCR에 가입하였다.

12) 바세나르협정은 연성법(soft law)이며, 법적 구속력이 없는 신사협정(gentlemen's agreement)에 불과하다. 바세나르체제상의 전략물자수출입통제는 개별 참여국의 고유권한이며, 한 참여국의 수출허가

와 이중용도 품목 및 기술의 불법취득방지를 위하여 그 수출 또는 이전에 대한 투명성과 책임을 강화함으로서 지역 및 국제평화와 안전 및 안정에 기여하는 것을 주된 목적으로 하고 있다. 참여국은 국내입법 등을 통하여 대상 품목의 수출이 '바세나르체제'의 설립목적에 반하는 군비증강이나 무기개발을 초래하지 않도록 보장하여야 한다.[13)]

이외에도 미국의 911사태 이후 테러와의 전쟁을 선포한 미국 부시행정부는 자국의 수출통제법규를 위반한 기업에 대한 처벌을 강화하고, '대량살상무기 비확산체제'를 더욱 강화시키려고 노력해왔다. 2003년 5월 31일 미국은 대량파괴무기의 확산방지를 위한 비확산안보연구구상(PSI : Proliferation Security Initiative)을 선언하였다. PSI는 테러 우려국가 및 집단에 관련된 WMD와 미사일 및 관련 물자의 운송혐의가 있는 선박 및 항공기를 수색, 임검 및 나포하는데 필요한 체제를 강화하려는 다자간협력체제로서 동 참여국들은 WMD 관련 물자 및 기술의 불법유출과 확산을 방지하기 위한 국내법 강화와 국제협력에 합의하였다.[14)]

"유엔안전보장이사회 결의 1540"은 미국의 부시 대통령이 2003년 9월 23일 유엔총회에서 모든 회원국들이 대량파괴무기 확산행위를 형사처벌하고, 국제기준에 부합되는 엄격한 수출통제를 입법하고, 모든 민감한 물질을 자국 영역 내에 안전하게 확보할 것을 요청하는 결의를 안전보장이사회가 채택할 것을 제안하였다. 그리고 2004년 4월 28일 안전보장이사회는 미국에 의해 제안된 결의안을 기초로 '결의 1540'을 만정일치로 채택하였다. 다만 동 결의는 국내법과 국제법에 따른 불법적 거래를 방지할 협력조치를 취할 것을 모든 회원국에 요청하고 있다는 점[15)]에서 권고적인 효력을 가

거부가 다른 참여국을 구속하지 않는다.(Kenneth A. Dursht. "Form Containment to Cooperation : Collective Action and the Wassenaar Arrangement", 19 Cardozo Law Review 1079, 1997., p. 1114.)

13) http://www.wassenaar.org/2003Plenary/intial_elements2003.htm

14) Michael Byers, "Policing the High Seas : The Proliferation Security Initiative", 98 American Journal of International Law 526, 2004., pp. 528~529.

15) Sean D. Murphy, "UN Security Council Resolution on Non-Proliferation of WMD)", 98 American Journal

지는 데 불과하다.16)

[표 20-2] 전략물자 수출통제의 국제체제

구분	설립연도	설립목적	설립배경	통제대상 물자와 기술	참여국수	한국참여
핵공급국그룹(NSG)	1978	핵무기 확산방지	-1974년 인도의 핵실험, 원유가 상승에 따른 국제사회의 원자력 도입 분위기 확산	-핵무기 물질 및 장비 89개 품목 -핵관련 이중요도 장비, 물질, 기술 67개 품목	44	1995
호주그룹(AG)	1985	생화학 무기확산 방지	-1984년 유엔특별사찰단에 의해 이라크가 대 이란전에서 화학무기를 사용한 것으로 확인	-54개 이중용도 화학 전구체 및 이중용도 화학무기 관련 생산 설비 -인간, 가축, 식용식물에 영향을 주는 94개 병원균과 독소 및 이중용도 생물학적 생산설비	40	1997
미사일 기술통제체제(MTCR)	1987	미사일 기술확산 방지	-1970년대 말과 1980년대 초 국제사회의 미사일 개발 움직임	-제1품목 : 로켓체제 완성품(탄도미사일, 우주발사체, 관측로켓 포함) 및 무인항공체제(순항미사일 체계, 표적기, 무인정찰기 포함) -제2품목 : 제1품목체계에 사용되어질 수 있는 완전한 하위체계 및 특수설계된 이들의 생산설비와 장비들 -이중용도품목·기술	34	2001
바세나르협약(WA)	1996	재래식 무기 및 이중용도 품목·기술확산 방지	-1994년 COCOM의 해체	-196개 재래식 무기류 : 총기, 무기류, 탄약, 탱크, 전투기, 공격용 헬기, 전함, 미사일 등 -541개 이중용도 품목 -기술 : 신소재, 소재가공, 전자, 컴퓨터, 전기통신 및 정보보안센서 및 레이저, 항법 및 항공전자공학, 해양기술, 추진장치(상기 품목의 개발, 생산, 운용을 위해 사용되는 소프트웨어 및 기술 포함)	38	1996

자료 : 전봉근, 「전략물자 수출통제체제의 현황과 전망」, 『주요국제문제분석』, 외교안보연구원, 2005. p. 4.

---

of International Law 606, 2004, pp. 606~607. ; SC Resolution 1540., UN Doc.S/RES/1540, April 28, 2004.

16) 최승환, "국제전략물자통제체제의 남북경협의 운영방안", 「국제거래법연구」,제14집 제1호, 국제거래법학회, 2005. pp. 181~190

III 주요국의 전략물자 수출통제제도

1 미국

미국의 전략물자수출통제는 상무성의 산업안보국(Bureau of Industry and Security : BIS), 국무성의 방위무역통제국(Directorate of Defense of Trade Control : ODTC), 재무성의 해외자산통제국(Office of Foreign Assets Control : OFAC), 에너지성의 원자력규제위원회(Nuclear Regulatory Committee : NRC)가 관련 업무를 분담하는 4원적 체제로 구성되어 있다. 예컨대 상무성은 군사용과 민수용 겸용의 이중용도 품목(상품과 기술 및 소프트웨어), 국무성은 무기 등 방산물자, 에너지성은 핵전용 물질 및 장비의 수출 및 재수출을 통제하며, 재무성은 테러지원 등 특정국가에 대한 경제제재조치를 담당한다.[17] 미국의 수출통제는 수출관리법(EAA : Export Adminstration Act of 1979) 및 그 하위규정인 수출관리규정(EAR : Export Adminstration Regulations)에 근거를 두고 있다.[18] 동 법률은 미국의 국가안보, 외교정책 및 공급부족을 이유로 "미국의 관할권에 속하는 모든 상품과 기술 또는 미국의 관할권에 속한 사람에 의해 수출되는 모든 품목의 수출을 금지하거나 제한"할 수 있도록 허용하고 있다.[19]

---

17) 최승환, "국제전략물자통제체제의 남북경협의 운영방안", 「국제거래법연구」,제14집 제1호, 국제거래법학회, 2005., p. 191.

18) 상무부가 관할하는 Dual-Use 품목의 규제는 그 대상 품목수가 많기 때문에 방대한 규제체제로 되어 있고, 각국의 재수출자도 접촉하는 기회가 가장 많다. 따라서 이를 확인하는 것만으로도 상당한 노력이 필요하다. EAR의 규제는 규제대상품목(제품, 기술, 소프트웨어)의 이전에 착안한 품목규제와 개인이나 법인의 활동(activities)에 주목한 활동규제의 양면으로 성립되어 있다. 수출·재수출이라고 말한 경우는 주로 품목의 이전에 착안한 것이며 그것을 규제하는 것은 감각적으로 판단하기 쉽다. 그러나 그와는 별도로 활동(activities)에 착안한 규제가 있으며 수출·재수출이라는 행위가 아니고 미국이 규제를 하고자 하는 활동을 정의하여 규제하고 있다. 이와 같이 EAR은 "품목과 활동"을 규제대상으로 삼고 있다.

수출통제를 담당하는 부처로는 이중용도(Dual-Use)품목을 규제하는 상무부 (DOC/BIS), 방산물자 및 서비스, 기술데이터를 통제하는 국무부 방위무역 관리국(DOS/DDTC), 테러지원국(이란, 리비아, 수단, 쿠바 등) 특정국에 대한 규제를 담당하는 재무부 해외자산관리국(DOT/OFAC), 핵전용 물질 및 장비를 규제하는 원자력규제위원회(NRC)등이 있다.

통제기관 중에서 상무부는 수출관리법규의 1차적인 집행기관으로 관할하는 통제품목이 타 기관에 비교가 되지 않을 정도로 압도적으로 많다. 상무부는 국가안보와 대량파괴무기(WMD) 확산방지 등 국제체제의 규제이유 외에도 테러방지, 범죄단속, 공급부족, UN제재 등을 이유로 한 독자적인 수출통제를 실시하고 있다.

2 일본

일본은 대량살상무기(WMD)와 그 운반수단인 미사일의 확산(개발, 제조, 사용 및 저장)방비 및 재래식 무기의 과잉축적을 방지함으로써 국가의 안전보장을 위하여 수출을 통제하고 있다. 이와 함께 군대가 직접 전투용으로 사용하는 것으로 규정하는 무기류에 대해서는 '수출금지 3원칙'에 의거, 공산주의 국가(북한, 중국, 쿠바), UN안보리 결의에 의한 무기 등의 수출이 금지되고 있는 국가로의 수출을 금지 하고 있다.[20]

---

19) 상기 선진국의 전략물자 수출통제는 한국무역협회 전략물자무역정보센터, 『전략물자 수출관리가이드』, 2005. pp. 89~125쪽의 내용을 참조로 하여 작성하였음

20) 일본의 안전보장 수출관리를 규율하는 법령으로는 법률, 정령, 성령, 고시, 통달, 알림 등으로 체계화 되어 있다.

- 법률 : 외국환 및 외국무역법
- 정령 : 수출무역관리령(수출령) 및 외국환령(외환령)
- 성령 : 수출무역관리령 별표 제1 및 외국환령 별표에 의한 제품/기술 등을 정하는 성령
  무역관계무역외거래 등에 관한 성령
  수출제품이 핵무기 개발 등에 이용될 우려가 있는 경우를 정한성령
  수출무역관리 규칙
- 고시 : 무상고시, 우려고시 등
- 통달 : 운용통달, 기술통달 등

일본의 규제형태는 List규제와 Catch-all규제로 분류할 수 있다. 리스트규제는 국제체제의 수출통제 품목 또는 기술을 규제대상지역으로 수출하려고 하는 경우 경제산업성 장관의 허가가 필요한 경우를 말한다. 규제품목으로는 무기 및 관련기술(수출령 및 외환령 별표1의 1항), 대량파괴무기관련 제품 및 기술(수출령 및 외환령 별표1의 2~4항), 재래식 무기관련 제품 및 기술(수출령 및 외환령 별표1의 5~15항)이 있다.

Catch-all규제[21]는 리스트규제 이외의 제품 또는 기술이 WMD의 개발 등에 이용될 우려가 있는 경우에는 경제산업성 장관의 허가가 필요하다. 규제대상품목은 HS 25~40류, 54~59류, 63류,68~93류(수출령 별표 제1의 16항)이고, 규제대상 기술은 규제대상품목의 설계, 제조 또는 사용에 관계되는 기술과 문서, Disk, Tape, ROM 등의 매체 또는 장치에 기록된 기술데이터이다. Catch-all규제의 경우는 수출령 별표 제16항(상품) 또는 외환령 별표16항(기술)해 해당하고, 객관요건 또는 "Inform"요건 또는 행정지도에 의한 Know 요건에 해당할 경우 적용된다.[22]

전략물자 수출관리를 담당하는 정부기관은 중앙정부의 경제산업성과 주요 지방자치단체의 경제산업국이 있는데 담당인원은 무역관리부 70명, 경제산업국 60명 합계 130명이며 이밖에 수출화물을 체크하는 세관이 있다.

일본은 기업이 1987년 허가 없이 공작기계를 구소련에 수출함으로써 구소련의 군사력을 증강시킨데 대한 국제사회의 비난을 받은 후 미국의 예를 기초로 전자물자 관리방법인 CP제도를 도입하였다.

---

21) 일본의 경우 Catch-all제도를 2002년 4월 1일 도입하였다.

22) Catch-all제도의 유형으로는 첫째 inform통제가 있는데 이는 수출허가 당국이 수출 당사자에게 문제의 품목이 대량살상무기의 개발과 관련된 품목이라는 통보(inform)를 할 경우 수출당사자는 허가신청을 해야 한다는 것이고, 둘째 know통제는 수입자 또는 최종 사용자가 대량살상무기 개발과 관련된 사실을 알고 있는 경우(know) 수출허가 당국에 신청을 해야 한다는 것이다. 셋째 suspect 통제는 수입당사자 또는 최종 사용자가 대량살상무기 개발과 관련되었다고 의심할 만한 근거가 있는 경우(has grounds for suspecting) 수출허가 당국에 허가신청을 해야 한다는 것이다.(구본학, "다자간 수출통제체제 현황과 향후 전망", 전략물자 수출통제 국제포럼, 2006. 5. 25., p. 6.)

일본 정부는 '87년 9월 7일 통상산업성 장관 명의로 수출관련단체에 CP를 제정하여 전략물자 무역관리에 관한 법령을 철저히 준수할 것을 요청하였으며 그 결과 현재 약 1,000개 기업이 CP를 제정하여 경제산업성에 신고하였으며 경제산업성은 수출기업에게 CP제정을 지도하고 방문조사를 통해 기업의 CP이행 실태를 확인하고 있다. 경제산업성은 '안전보장수출관리규정'이라는 모델 CP를 만들어 기업들에게 도입을 권장하며 보급하고 있는데 주요 내용은 전담조직, 절차, 출하관리, 감사, 교육, 자회사 지도, 벌칙 등으로 구성되어 있다.

3 EU

유럽의 국가들은 기본적으로 과거 무기수출 및 대 공산권 수출을 위한 통제시스템을 활용하여 이중용도품목 등 전략물자 수출통제에 확대·적용하고 있다. 무기의 경우 근본적으로 세밀한 통제가 필요한 사항이며, 나머지 이중용도품목의 경우 통제기준 정보를 토대로 민감한 품목이나 우려국가에 대한 수출에 대하여 집중 관리하고 있다. EU의 수출통제의 시작은 1958년 유럽공동체(EC) 설립협정에 의해서이다. EU의 이중용도 품목 규세의 법적 토대는 공동체 전체의 관할에 속하는 부분과 회원국의 관할에 속하는 부분으로 이원화되어 있다. 이는 공동체 전체의 관할에 속하는 부분과 회원국의 영역에 전적으로 속하는 부분사이의 관할분할을 설정하기 위해서이다. EU 수출통제는 전반적으로 보면 미국만큼 철두철미하지 않으나 효율적인 시스템을 구축하여 운영 중이며, 일정수준 통제유지를 위하여 노력하고 있다.[23)]

또한 유럽 국가들은 지금까지의 경험을 토대로 수출통제의 효율성을 제고하고자 노력하고 있다. 즉 전략물자 등에 대한 수출통제정책의 수립 및 집행에 있어서 자국기업의 부담경감을 도모하기 위한 통제방안 마련에 집중하고 있다. 특히, 수출허가

23) 국제통제체제에 의한 통제리스트상의 전략물자 및 이중용도품목에 대한 수출허가제도 운영의 중점은 불법수출에 대한 사후적인 조사 및 처벌보다는 사전에 그러한 상황이 발생되지 않도록 기업들을 유도하고 독려하는데 있다. 그래서 실제로 각 국가별로 불법 수출자 처벌에 관한 통계가 많지 않으며(영국의 경우 최근 5년 내 2~3건 수준)구체적으로 밝히기를 꺼리는 상황이다.

종류의 다양화, 기업의 자율관리시스템 활용 등을 통해 기업의 원활한 무역활동을 할 수 있도록 지원한다.

이외에 다른 특징적인 사항을 들어보면, 기업의 자율적인 수출 통제를 담당할 임원급을 지정하고 사고발생시 개인적인 책임까지 묻게 하거나(독일), 전략물자 해당여부 판정시 기업의 이익에 좌우될 우려를 방지하기 위하여 정부 내에 전문가를 확보하고 있다.

1. 영국

전략물자 및 무기류 등 수출허가를 요하는 모든 서류는 DTI(통상산업부)내 ECO에 접수된 후 기초검토를 거쳐 관련부처(국방부, 외무성, 국제개발처 등)으로 이송된다. 이 서류는 통상 약 10일 이내에 해당부처의 검토의견을 첨부하여 다시 ECO에 이송되며, ECO는 허가여부에 대한 최종적 결정을 한다. 만일 부처간 이견으로 합의되지 않을 경우 부처간 국장급 및 장관급 합동회의(합하여 연간 20건 이하)에서 최종 결정한다.

또한 외무성이 전략물자 수출에 관한 대 의회관계를 담당하고 있다. 분기별로 수출허가 및 거부현황 등을 관계부처 합동으로 의회 특별위원회에 보고하며, 의회가 행정부에 대하여 결정을 번복하지 않도록 NGO 및 이익단체 등으로부터 수렴된 의견을 제시한다. 동 의회는 원칙적으로 공개로 진행하되, 필요시 비공개로 할 수 도 있다.

ECO(Export Control Organization)는 DTI에 소속된 실장급 단위 조직이며, 3개 그룹으로 구성되어 현재 약 150명이 근무하고 있다. 세부적으로 보면, 업무처리 및 개선그룹(20명)은 업무개발과, 계획수립과, 업무정보지원과로 구성되어 있으며, 정책 및 업무관계 그룹(30명)은 기업 CP이행 점검팀, 국제 체제 담당팀, 정책개발팀으로 구성되어 있다. 그리고 수출통제의 핵심인 허가담당그룹(100명)은 허가담당과(3개과, 60명), 기술판정팀(20명), 진행팀(10명,), 허가접수팀(10명)으로 구성되어 있다.[24)]

---

24) FCO(외무성)는 각 국가별 정보(Country File)에 근거하여 국가별 상황, 최종사용자 정보 및 국제관계 등을 종합한 의견을 ECO에 제출하고 있다. 비확산국에 3과를 두고 있으며 인원은 약 50여명이다. 이들은 각종 수출통제 체제, 인권, 유엔권고 등을 감안하여 의견을 제시 한다 ECO로부터 하루 2

영국정부는 CP를 통하여 각종 국제적인 수출통제정보를 기업에 전파하는 한편, 기업들과의 밀접한 의견교환의 도구로 활용하고 있다. 현재 영국의 경우 대기업을 중심으로 약 1,000여개의 기업이 CP를 갖추고 있는 것으로 파악되고 있다. 각 회사별 CP조직은 업종 및 규모에 따라 다르지만 대략 2명부터 많게는 10명 수준에 이르는 곳도 있다. 또한 수출허가 기관인 ECO는 정기적인 CP Visiting을 시행하고 있는데, CP담당과에 근무하는 8명이 주기적으로 대상회사를 방문하여 확인하고 있다. '04년의 경우에는 연간 770개사를 방문하였으며, 심각한 수전의 지적이 20여건 있었다고 한다. 단순하고 불가피한 지적의 경우 6개월 후 재방문하여 확인하고, 심각한 지적의 경우 포괄수출승인의 제한이나 취소조치를 할 수 있으며, 이 같은 내용을 세관에 통보하여 정보를 공유토록 한다.

2. 독일

독일 연방경제동부(Federal Ministry of Economics and Labour, BMWA)에는 3개 전략물자 담당과가 있고 이곳에서 기본적인 정책을 결정하며, 그 외청인 경제수출통제청(BAFA, Federal Office of Economics and Export Control)에서 모든 수출통제가 중점적으로 이루어진다.

BAFA는 4개국(행정관리국, 수출절차국, 수출통제국, 에너지국)총 610명이며, 이 중 수출통제관련업무는 수출절차국과 수출통제국을 중심으로 220명이 담당하고 있다. 직접적인 수출허가를 담당하는 허가과의 인원만 50명이다. 독일은 영국의 ECO와 달리 모든 수출허가 업무가 BAFA를 중심으로 행해지고 있다. 또한 BAFA는 25개 EU회원국가들 중 스위스, 룩셈부르크, 덴마크 등 전략물자 해당여부에 대한 자체 판정인력 확보가 안 된 국가에 기술자문 역할을 수행하고 있다.

독일의 특징적인 사항 중의 하나는 수출통제 담당임원을 BAFA에 등록하게 한

번씩 신청서류를 받아 각 국가별 담당자가 검토하게 되는데, 연간 2만 내지 2만 5천 건의 허가서류를 검토하고 있다 또한 ECO에서 받은 서류는 10일 이내에 회신하는 것을 목표로 하고 있다.

다는 점이다. 수출통제에 대한 1차적 책임은 기업에 있으며 실무자가 아닌 고위층의 관심이 있어야 효율적인 통제가 가능하다고 판단하여, 전략물자를 수출하는 기업들의 임원 중 한명씩을 BAFA에 통보토록 하고 있다. 현재 약 7,000명에 이르고 있는데 이러한 임원들은 평소에는 의사소통의 통로로 활용되며, 불법수출이 발생하였을 때 법인이 지는 책임과 별도로 개인적인 책임을 져야 할 경우도 있다. 또한, 독일의 경우 대기업은 대부분 CP를 갖추고 있는 반면, 중소기업은 그렇지 못하여 일종의 표준 CP프로그램(일명 Excellant Program)을 개발 추진 중이다. 이 프로그램은 수출통제와 관련하여 기업이 반드시 지켜야 할 의무사항과 BAFA가 제공하는 권고사항으로 구성된다.

4 전략물자 수출통제제도의 최근 동향 및 시사점

기존의 전략물자 수출통제에 대한 국제협약과 통제체제에서는 회원국들이 자율적으로 준수해 왔으나, 미국 등 주요 선진국들이 최근 들어 테러방지 등을 목적으로 이러한 통제체제를 국제 규범화하기 위한 노력을 기울여오고 있다.

첫째, 2004년 4월 유엔 안보리는 결의안 1540호를 채택하여 모든 국가들이 전략물자의 생산, 운송, 사용 등에 대하여 효과적인 국내통제체제를 구비·이행하도록 요구하고 있다. 동 결의안은 기본적으로 유엔 회원국내 비국가단체에 대한 통제장치를 요구한 것으로 전략물자의 국제적 교역을 통제하는 다른 국제 수출통제체제와 차별화되며, 상호 보완적 성격을 지니고 있다.25)

둘째, 수출통제 환경변화에 직면하여 전략물자 수출통제강화와 무역거래 보호라는 2가지 요구를 동시에 충족시킬 수 있는 방안으로 기업인증제가 모색되고 있다. 기업인증제의 사례로는 세관 통제영역에서 먼저 실시되고 있는데, 미국의 C-TPAT, EU의 공인경제운영자(AEO) 등이 있다. 이 제도는 개별 국가나 지역

25) 정봉근, “전략물자 수출통제체제의 현황과 전망”, 「주요국제문제분석」, 외교안보연구원, 2005. 4., p. 7

차원에서 인증제가 실시되거나 실시될 예정이지만, 세관 통관 분야의 표준화가 상대적으로 쉽기 때문에 국제적인 인증제로의 발전 가능성은 크다고 할 수 있다. 허가와 집행의 전 영역에 걸친 진정한 의미의 국제 인증제도는 각국 수출통제체제의 분산적 성격으로 인해 본격적인 논의는 아직 없으나, 다만 국별 차원에서 내부 자율수출통제체제의 구축 및 강화의 형태로 진전되고 있다.[26]

셋째, 앞에서 살펴본 바와 같이 대체적으로 기업 내부 자율수출통제체제(CP)가 대체적으로 보편화되어 운영되고 있는 것으로 보여 진다. 이는 우리 나라와 비교하여 선진국은 전략물자에 대한 적극적인 정책수행의 결과로서 나타난 산물이라고 볼 수 있을 것이다. 그러나 여기에서 특이할 만한 점은 선진국들의 경우 전략물자와 관련된 인력이 보통 100명 이상 충분한 인력을 확보하고 있는 것으로 보여 진다. 이러한 충분한 인력은 전략물자와 관련한 각종 기업이 애로 및 요구사항을 최단 시간 안에 해결함으로서 보다 전략물자 도입에 따른 기업의 부담을 최소화한 것으로 판단된다. 또한 전략물자와 관련한 기관들을 최소화하여 집중화된 기구를 통하여 전략물자 수출통제체제를 활용함으로서 더욱 실효성 있는 전략물자 수출통제체제가 운영되고 있는 것으로 보여 진다. 이는 분권화된 형태의 조직보다는 일원화됨과 동시에 전문성을 확보하기 위한 인력의 구성을 보면 보다 명백하게 알 수 있다.

26) 이석기, “전략물자 수출통제와 관련된 기업인증제 실시 전망과 대책”, 「산업경제분석」, KIET, 2006. p. 40.

Ⅳ 한국의 전략물자 수출통제제도 분석

1 한국의 전략물자 수출통제제도의 개요

우리 나라는 코콤(COCOM) 회원국은 아니었지만, 코콤에 준하는 전략물자 수출입 통제가 국제평화와 안보유지를 위해 필요함을 인식하고 1987년 9월 한미간 "전략물자 및 기술자료의 보호에 관한 양해각서"를 체결한 후 1989년 5월부터 이를 발효시켰다. 정부는 이를 대외무역법시행령 및 대외무역관리규정에 반영하여 1990년 7월부터 수출입 공히 수입국을 중심으로 한 수동적 통제를 하여 왔다. 그러나 1992년 12월에 개정된 대외무역법에서는 이를 법률사항으로 반영하여 전략물자수출통제에 대한 법적 기반을 마련하였고 아울러 수출입 공히 우리 나라가 자체적으로 수출입승인전 단계에서 전략물자에 대한 수출·수입의 허가 등을 능동적으로 취할 수 있도록 하였다.[27] 2003년 1월에는 수출통제 품목 이외의 물품·기술이 대량파괴무기 등의 개발 등에 사용될 우려가 있는 경우 수출을 제한하는 "Catch-all(이중용도품목의 수출을 통제)제도[28]"를 시행하고 있다.

우리 나라의 전략물자 수출통제의 관련 법령으로는 대외무역법과 대외무역법시행령이 있으며, 이에 의하여 전략물자·기술수출입통합공고에서 수출통제 관련 구체적인 규정, 수출통제품목, 전략물자 수출지역 구분, 외국의 전략물자 거래부적격자명단 및 전략물자 수출통제 지침 등을 규정하고 있다.

---

27) 이춘삼, 『한국통상법』, 법문사, 1999, p. 150.

28) Catch-all 제도는 전략 물자 관련 국제 수출통제체제에서 규정하고 있는 통제대상품목(HS 25~40류, 54~59류, 63류, 68~93류, 95류)여부와 상관없이 대량살상무기 및 이의 운반수단인 미사일 개발에 전용될 수 있는 모든 품목(all)을 통제(catch)하는 제도를 말한다.

2004년 2월 산업자원부는 국제적으로 중요시되고 있는 전략물자의 수출입관리의 기능을 강화하기 위하여 전략물자관리과를 신설하였으며, 같은 해 8월에는 민간차원에서 전략물자 수출관리를 전담할 기구로 전략물자무역정보센터29)를 한국무역협회 부설기관으로 설립하였다.30)

[표 20-3] 전략물자 수출입 통제 관련 국내법률

법률	내용
대외무역법, 시행령, 통합공고	-전략물자수출입의 일반법 -전략물자 수출입의 90% 이상을 점하는 상업용, 일반산업용에 대한 전략물자 수출입관리 내용 규정
원자력법, 기술개발촉진법	-원자력분야, 기술거래 수출입 관리 내용 규정
방위산업에 관한 특별 촉진법	-무기, 빙산물자 수출입 관리 내용 규정
남북교류협력 촉진법	-남북한간 교역을 국제간 무역이 아니라 민족내부거래로 간주하여 반출입이란 용어를 사용하며 대외무역법을 적용하지 않고 남북교류협력 촉진법을 적용
화학무기 금지를 위한 특정 화학물질의 제조, 수출입 규제 등에 관한 법률	-화학무기금지협정 우려 정부의 이행책임관련 내용 규정

자료 : 한국관세학회, "전략물자 통제제도의 국제적 변화에 따른 효율적인 수출관리 방안에 관한 연 구", 「관세학회지」,제6권 제4호, 2005., p. 10.

29) 전략물자무역정보센터는 전략물자 사전판정 업무를 정부로부터 위탁받아 수행하고 있으며, 산업자원부와 공동으로 전략물자 수출입관리정보시스템을 구축 운영하여 온라인상에서 전략물자 판정·허가의 신청처리 및 수출통제 관련 국제동향, 국내법령 등 관련 정보를 제공하는 등 기업이 자율적으로 전략물자 수출통제를 이행할 수 있도록 다각적으로 지원하고 있다.

30) 한국무역협회 전략물자무역정보센터, 『전략물자 수출관리 가이드』, 2005., p. 5.

2 한국의 전략물자 수출통제제도의 업무

전략물자 수출입관리 판정·허가 업무에 있어 산업자원부와 사전 판정 수탁기관인 전략물자무역정보센터를 중심으로 판정·허가에 필요한 수출통제 기준설정, 판정, 허가, 사후관리 관련 업무 프로세스를 통해 우리 나라 전략물자 업무 프로세스를 분석할 수 있다.

수출통제 기준 설정업무는 다자간 수출통제체제의 통제품목 및 기준 변경 등의 이슈 발생시 해당 품목 소관부처가 내용을 검토하고, 업체의 의견을 수렴하여 전략물자 기술 수출입 통합공고를 개정 공표하는 오프라인 업무이다.

수출허가기관과 관련하여 바세나르체제 품목 중 일반산업용물품, 원자력관련 비확산체제 관련 일반산업용물품, 미사일관련 비확산체제 관련 물품, 생화학무기관련 비확산체제 관련 물품, 화학무기금지협약 관련 화학물질(1종, 2종, 3종)은 산업자원부 전략물자관리과에서 수출을 허가한다. 바세나르체제 품목 중 방산물자는 국방부 국제협력과에서 수출을 허가한다. 바세나르체제 품목 중 일반산업용 물품, 미사일과 생화학무기 및 화학무기 관련 물품을 수입국이 군사목적으로 수입하는 경우 국방부 국제협력과에서 수출을 허가한다. 1종 전략물자 중 기술만을 수출하는 경우와 원자력 전용물품을 수출하는 경우 과학기술부에서 수출을 허가한다. 2종 전략물자의 경우 별표 7에 게기된 품목은 산업자원부에서 수출을 허가하며 별표 7에 기기된 품목과 관련된 기술은 과학기술부가 수출을 허가한다. 전략물자에 해당하는 소프트웨어를 기술과 함께 수출하는 경우 물품에 대한 수출허가기관이 수출을 허가하며, 전략물자에 해당하는 물품 및 소프트웨어를 기술과 함께 수출하는 경우 물품 및 소프트웨어에 대한 허가기관이 수출을 허가한다.

다만 전략물자를 북한으로 직접 반출하는 경우에는 통일부장관이 반출승인권자이다. 통일부는 대북 반출물품의 군사적 전용 가능성에 대한 기술적 검토능력부족으로 산업자원부에 전략물자판정을 의뢰하여, 판정결과에 따라 반출승인 여부를 결정한다. 대북 반출승인 대상 품목은 통일부장관이 고시한다.

사전판정이란 거래하고자 하는 품목과 기술 등이 수출통제 품목 즉 1종 전략물자에 해당하는 지 여부를 판정하는 것으로 수출통제의 가장 기초가 되는 업무이다.[31) 전략물자 사전판정은 대외무역법 시행령 제40조의 2, 116조 제6항 및 전략물자기술수출입공고 제4조 내지 제10조의 규정되어 있으며, 수출통제 체제별 통제품목인 1종 전략물자는 전략물자 기술 수출입통합공고 별표 2~6에 규정되어 있다. 1종 전략물자 해당 여부를 판정하기 위해서는 그 물품의 규격, 성능 및 기술수준이 수출통제체제별 통제품목인 공고 별표 2 내지 6에서 열거하고 있는 체제별 수출통제품목의 규격과 성능에 해당하는 지 여부를 확인해야 한다.

수출업체의 요청에 의해 1종 전략물자 수출을 원하는 업체는 수출허가기관의 장에게 허가 또는 신고를 통하여 수출품목이 허가 또는 신고 대상물품 유무를 판정받는 것이 중요하다. 이러한 전략물자 사전판정결과는 전략물자수출입관리정보시스템에서 열람할 수 있다. 또한 수출하려고 하는 물품 등이 1종 전략물자에 해당하는 경우에는 원칙적으로 수출허가를 받아야 한다. 2종 전략물자의 경우는 수입자 등이 WMD 제조 개발, 사용 및 보관 등에 이용하고자 하는 개연성이 명확한 경우 또는 의고가 있음을 인지한 경우 등 수요자와 용도에 따라 수출허가를 받아야 한다. 수출허가의 유형별로 분류하면 개별수출허가와 포괄허가로 나눌 수 있다. 개별수출허가는 개별적으로 수출허가 신청건에 대해 허가해 주는 형태로 1건의 수출허가에 대하여 유효기간 내 분할선적이 가능하다. 포괄수출허가는 매번 수출허가 받는 것을 피할 수 있도록 수출자에게 포괄적으로 수출허가해 주는 형태로서 자율준수무역거래자로 지정된 경우에만 가능하다. 통관업무는 전략물자 통관허가기관의 장이 전략물자를 외국으로 수출시 허가하는 것으로 확인된 수량의 품목들에 대하여 수출하는 것을 말하며, 자율준수무역거래자 뿐만 아니라 모든 수출업체가 신청할 수 있다.[32)]

31) 전략물자 기술수출입통합공고 제7조.

32) 이상진 외 1, "전략물자 통제제도의 국제적 변화에 따른 효율적인 수출관리 방안에 관한 연구", 「관세학회지」,제6권 제4호, 2005., p. 13~14.

【그림 21-1】 우리 나라 전략물자 수출통제체제의 흐름도

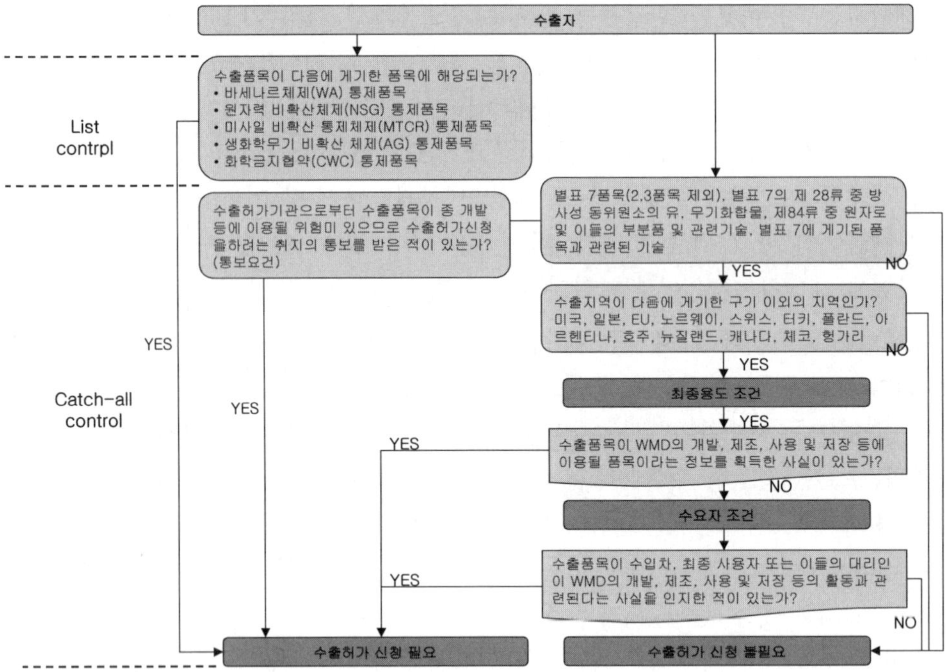

자료 : 한국무역협회 무역실무매뉴얼, 2005, p. 218.

3 한국의 전략물자수출통제제도의 분석

전략물자수출통제는 크게 전략물자통제제도와 전략물자정보시스템과 기업자율준수제도로 구분하여 볼 수 있다. 현재 전략물자수출통제제도는 대외무역법 제21조와 동법 시행령 제39조~제45조 및 전략물자수출입공고(산업자원부 고시)에 의해 시행되고 있다. 기존의 대외무역법에서는 전략물자수출허가제도를 운영하고 있지만, 허가에 필수적인 사전심사나 보고·자료제출권 등이 규정되어 있지 않아서 9.11 테러 이후 미

국 주도의 전략물자 등 특정품목에 대한 수출통제 수준을 반영하지 못하였다. 개정 대외무역법은 캐치올(Catch-all) 등 전략물자수출통제제도의 실효성을 높이기 위해 전략물자 불법 수출자에 대한 보고명령, 자료제출, 현장검사 권한 등 전략물자사전심사요청제도(대외무역법 제21조)규정을 신설하여, 대량 살상무기 전용가능성 여부를 체계적으로 심사할 수 있도록 하였다.

최근의 전략물자수출통제체제는 캐치올(Catch-all)제도를 도입하여 다자간전략물자수출통제체제가 전략물자로 지정한 품목뿐만 아니라 대량살상무기로 정용가능성이 있는 품목에 대해서도 전략물자와 동일하게 최급하고 수출을 엄격히 통제하고 있다.

한국은 2002년 12월 캐치올(Catch-all)제도를 도입(대외무역법 제21조)하는 등 전략물자수출통제제도를 정비하고 있으며, 산업고도화로 인해 전략물자로 사용될 수 있는 공장기계 및 반도체 등의 주요 생산국에도 불구하고 전략물자수출통제 측면에서는 여타 선진국에 비해 많은 문제점을 가지고 있는 실정이다.[33)]

둘째, 자율준수체제의 운영을 볼 수 있다. 자율준수체제(CP)라 함은 무역거래자가 독립적인 수출거래심사기구를 갖추고, 규정에 의해 수출거래를 심사한 후 수출거래를 거부하거나 허가기관과 밀접하게 협력하여 수출허가절차를 이행하는 제도를 말한다.[34)]

미국과 EU 등 선진국 기업에서 CP 도입은 수출통제를 위해 당연시 되고 있고 통제대상 해당여부 판단 및 필요한 허가절차를 위해 필수적이다. 수출거래를 심사하는 등 자율준수체제를 운영하기 위한 자율수출관리규정에는 자율수출관리기구의 조직, 전략물자 수출심사 절차, 출하관리, 감사, 교육, 문서관리, 자회사 및 관련회사 등에 대한 지도, 보고, 벌칙사항이 포함되어 있어야 한다. 자율준수체제를 운영하는 무역거래자는 자율준수무역거래자로 지정하여 줄 것을 산업자원부 장관에게 신청할 수 있으며, 무역거래자는 자율준수체제를 구성 운영함에 있어서 독립성의 원칙과 책임성의 원칙[35)]을 준수해야 한다.

---

33) 이지석, "전략물자 통제제도의 분석과 전망", 「2006 무역학자 전국대회 발표논문집」, 2006. 8., p. 346~347.

34) 전략물자기술수출입통합공고 제55조.

자율준수무역거래자로 지정된 자는 개별수출허가는 신청할 당시 제출해야 될 서류를 중에서 제2호 내지 제8호의 서류를 해당 전략물자의 수출 후 7일 이내에 제출할 수 있으며 또한 포괄수출허가를 신청할 수 있는 장점이 있다.

셋째, 기존 법에서는 전략물자 해당여부 및 판정, 수출자들의 전략물자 수출허가신청을 체계적으로 분석·처리하고, 전략물자수출통제에 대해 관련 유관기관간 전략물자에 대한 정보를 공유할 수 있는 유기적 관리정보시스템의 구축 및 운영에 대한 규정이 미비하였다. 따라서 개정 대외무역법에서는 "전략물자수출입관리정보시스템의 구축·운영"에 대한 근거[36]를 마련하여, 전략물자수출허가 등 각종 민간처리의 편의성 제공과 함께 수출이 부적합하다는 판정이 내려진 물품 등에 대해서는 세관장의 확인제도를 통해 통관저지를 신속히 처리할 수 있는 통제체제를 구축하였다.

정부는 국제평화와 안전에 기여하기 위한 합리적이고 효율적인 전략물자 관리의 실현을 위해 2004년 8월에 한국무역협회 부설기구로 "전략물자무역정보센터"를 설립하였다. 본 정보센터는 수출물품에 대한 전략물자 해당여부 판정, 전략물자 수출입 관리 및 교육, 전략물자에 대한 국내외 정책 및 제도 조사, 전략물자수출입정보시스템의 운영 등을 주요 사업으로 하고 있다.[37] 2005년 2월에는 전략물자수출입관리시스템(www.sec.go.kr)을 개통하여 업체들이 전략물자에 대한 이해와 전략물자의 판정, 수출허가 등이 온라인상에서 가능하도록 하였다. 또한 전략물자 품목별 판정도구와 통제리스트를 계속 보완하여 기업에게 제공함으로서 원활한 수출활동과 기업의 자율통제제도의 정착에 기여하고 있다.[38]

---

35) 독립성의 원칙은 자율수출관리기구는 영업부분과 독립적으로 운영되어야 하며 책임성의 원칙은 전략물자의 해당여부의 판정, 거래심사 의뢰, 수출허가신청, 출하와 관련된 의사결정에 있어서 최고 책임자로부터 실무자에게 이르기까지 책임소재가 명확해야 하는 것을 의미한다.

36) 대외무역법 제21조의 2 (전략물자수출입관리정보시스템의 구축·운영) 산업자원부장관은 전략물자의 수출 또는 수입의 통제에 필요한 정보를 수집·분석하기 위하여 관계중앙행정기관의 장 및 대통령령이 정하는 법인 또는 단체의 장과 공동으로 전략물자수출입정보시스템을 구축·운영할 수 있다.

37) 조직구성은 기획정보팀, 무역관리팀, 산업조사팀 등 총 26명으로 구성되어 있다.

V 결론 및 시사점

전략물자수출통제는 최근 들어서 세계 안전보장의 위협과 동시에 지역분쟁의 빈번한 발생 등으로 인하여 국제평화 유지 및 자국의 안전을 위하여 모든 국가가 철저하게 이행을 촉구하는 상황에 이르고 있다. 특히 이러한 전략물자의 수출통제는 단순히 국제평화 유지 및 자국의 안정보장 뿐만 아니라, 지속적인 수출을 위한 환경 조성을 하는데 있어서도 매우 중요한 역할을 하고 있다. 최근 전략물자수출통제를 제대로 이행하지 못하여 나타나는 교역제한 및 금지조치들이 이를 반증하고 있다.

본 연구는 앞에서 전략물자수출통제와 관련된 전반적인 내용을 살펴보았다. 국제체제와 관련된 내용과 선진국의 사례 및 우리 나라의 제도 분석을 통하여 나타난 대안을 살펴보면 아래와 같다.

첫째, 전략물자수출통제에 있어서 인식확산이 아직까지는 미흡한 것으로 평가된다. 특히 전략물자 수출과 관련된 대기업의 경우는 자체적인 전문인력의 확보와 정보력으로 인하여 별다른 문제점이 없으나, 중소기업의 경우는 전략물자에 관한 정보 및 인력이 부족한 것이 현실이다. 현재 운영 중인 전략물자정보시스템의 구축도 우리 나라의 전략물자수출통제의 수준을 한 단계 높이는 계기가 되었으나, 무엇보다도 전략물자수출통제와 관련한 허가기관 및 관련 기관들의 전문인력의 확보가 무엇보다도 시급하다. 거기에 더하여 인식확산을 위한 기업의 최고경영자의 지속적이고 실질적인 교육 및 홍보활동이 강구되어야 할 것이다.[39]

38) 이지석, "전략물자통제제도의 분석과 전망", 『2006 무역학자 전국대회 발표논문집』, 2006. 8., p. 348~349.

39) 먼저 선행되어야 할 과제로 현재 전략물자 수출입거래와 관련된 업체에 대한 자료가 충분히 확보되어야 할 것이며, 국제포럼이나 심포지엄뿐만 아니라 전략물자수출통제에 대한 전국 대도시를 중심으로 한 지역교육실시와 같은 다양한 방법의 인식확산을 위한 노력을 경주해야 할 것으로 보여 진다.

앞서 살펴본 바와 같이 선진국의 경우 전략물자 전담인력이 우리 나라 산업자원부 전략물자팀과 한국무역협회 전략물자무역정보센터의 인력을 합하여도 선진국의 전략물자 관련 주무기관 및 관련기관의 인원수와 비교하여 매우 낮은 수준이다. 이는 아직까지 정보 활용 능력이 부족한 중소기업에서는 대면접촉서비스를 선호하는 중소기업의 입장에서 볼 때 시급히 보완해야할 사항이다.

둘째로 전략물자와 관련한 허가의 효력이 1년을 중심으로 해서 운용되고 있다. 그러나 국제정세의 변화와 이에 따른 정책의 변화는 전략물자수출통제에 해당되는 기업에 있어서 큰 어려운 점이 아닐 수 없다. 이에 대하여 해당 업체가 충분히 예견 가능한 정책을 전개해나가야 하는 측면이 있다. 즉, 1년의 허가 유효기간을 두었으나, 향후 정책변화에 따라 이에 대한 해제효과가 사라질 경우가 있을 수 있는데, 이를 기업이 충분히 예견할 수 있어야 이에 대한 대비책을 강구할 것이다. 이를 위하여 해당 전략물자에 대한 공고의 방식에 신호등 방식(traffic light system)을 도입하여 현재 국제정세 등의 변화에 덜 민감한 전략물자는 green으로 민감한 품목은 yellow로 아주 민감한 품목은 red로 하여 기업이 향후 정책방향에 대하여 지속적인 모니터링을 보다 용이하게 할 수 있도록 방안을 강구해야 할 것이다.

셋째, 기업의 자율준수체제의 구축 및 운영을 위한 인센티브제도의 확대를 시행해야 한다. 전략물자의 수출통제가 효과적으로 운영되기 위해서는 수출업체들의 적극적인 참여가 필요하다. 특히 선진국들의 경우와 비춰보았을 때 아직까지 우리 나라 업체의 경우는 자율준수가 미흡한 걸음마단계이다. 이를 위하여 기업들이 자율준수체제를 점진적으로 수용할 수 있는 유인책마련이 시급할 것이다. 특히 자율준수를 기업이 적극 활용하는데 있어서 가장 큰 유인책으로 허가사항에 대한 신고제로의 전환이 있을 것이다. 이에 대하여 아직까지 리스크가 나타나는 부분에 대해서는 등록제 형태로 전환하는 등의 방안을 모색할 필요성이 있다.

넷째, 전략물자수출통제로 인한 무역거래의 제한요소가 광범위하게 확대되어서는 본질적인 전략물자의 무역거래를 제한해서는 안 될 것이다. 특히 미국의 EAR의 역외적용문제 등은 전략물자수출통제의 범위를 벗어나 무역제한의 요소로서 작용할 수도 있을 것이다. 특히 모든 전략물자와 관련한 규범이 국제체제의 원칙에 따라 자국의 관련 법령을 근거로 하여 자의적으로 운용될 소지가 다분하다. 이러한 것을 미연에 방지하기 위해서는 전략물자와 관련한 수출통제의 협상에 있어서 우리 나라가 선도적인 위치를 점해야 할 것이다. 이를 위해서는 앞에 말한 과제들이 먼저 선결되어야 할 것으로 보여 진다.

전략물자수출통제는 국제평화와 안전을 위한 반드시 필수적인 요소이긴 하나, 이것이 무역거래의 제한적 요소로 작용하거나 너무 조급한 정책의 수행은 더딘 결과를 가져오게 될 것이다.

참고문헌 국문

강문성 외, 『DDA 규범분야의 논의동향과 개정방향』, 대외경제정책연구원, 2003.

강문성 외, 『한・중・일 무역규범의 비교분석과 FTA에 대한 시사점』, 대외경제정책연구원, 2003.

강문성 외, 『DDA 규범분야의 협상의제별 주요 쟁점과 시사점』, 대외경제정책연구원, 2003.

강윤구 외, 『알기 쉬운 식품위생법』, 도서출판 우등불, 1995

구본학, "다자간 수출통제체제 현황과 향후 전망", 전략물자수출통제 국제포럼, 2006. 5. 25.

국회사무처 법제연구실, "UR/위생 및 식물위생협정하의 현행 검역제도의 문제점과 대책", 법제현안 제95-16호 통권16호, 1995.

김대원, "국제통상체제에서의 수출통제의 의의 및 전망", 전략물자수출통제 국제포럼, 2006. 5. 25.

김명환 외, "농산물 품질인증제도와 안정성조사제도의 발전방향", 한국농촌경제연구원, 1999.

김부찬 외, "한・중 통상마찰과 중국의 대응조치에 대한 법적접근", 「국제법평론」, 통권 제13호, 국제법학회, 2000.

김성준, 『WTO법의 형성과 전망』, 삼성출판사, 1996.

김성철, "전략물자의 수출통제체계에 관한 연구", 「국제통상연구」, 한국국제통상학회, 1999.

김여선, "한・중간 반덤핑 규제에 관한 연구", 「통상법률」, 통권 제39호, 법무부, 2001.

김우규, "서비스무역과 그 유형", 「무역상무연구」 제13권, 한국무역상무학회, 2000.

김윤배, "신 지적재산권의 등장과 우리의 대처방안", 「대한전자공학지」 제18권 3호, 대한전자공학회, 1991.

김완순 외, 『세계경제와 국제통상』, 무역경영사, 2000.

남만권, 『군비통제 이론과 실제』, 한국국방연구원, 2004.
노명준, 『국제환경법』, 박영사, 1997.
대외경제정책연구원, 『UR 총점검』, 1993.
대외경제정책연구원, 『홍콩 각료회의의 주요 내용과 향후 전망』, 2005.
대우경제연구소, 「우루과이라운드와 한국경제」, 1994.
대한무역진흥공사, 『선진국의 환경장벽 II』, 학림사, 1994.
류광철 외, 『군축과 비확산의 세계』, 평민사, 2005.
박노형, "WIPO 신조약과 지적재산권의 국제적 논의동향 연구", 프로그램조정심의위원회, 2002. 11.
박문서, "FTA 추진과 서비스무역 협상전략", 「국제지역연구」, 국제지역학회 춘계학술대회, 2005.
박준우, 『WTO TRIPS 협정 및 분쟁사례연구』, 프로그램조정심의위원회, 2002. 11.
법무부 , 각 호 『통상법률』, 법무부.
법무부, 『UR협정의 법적고찰』, 법무부, 1994
법무부, 『미국통상법 연구』, 법무부, 1996
산업연구원, 『다자간 전략물자 수출통제체제와 우리의 대응방안』, 산업연구원, 1998.
산업자원부, 무역위원회, 각 호 「무역구제」, 산업자원부 무역위원회.
산업자원부, "수출통제제도해설", 전략물자수출통제제도 설명회 자료, 2005. 7.
산업자원부·한국무역협회 전략물자무역정보센터, 『전략물자수출입관리정보시스템 이용안내서』, 2006.
서헌재, 『국제경제법』, 율곡출판사, 1996.
왕승빈, 『서방국가 반덤핑법 실무』, 중국대외경제무역출판사, 1996.
윤미경, "WTO 지적재산권 논의동향", 「과학정책기술」, 과학기술정책연구소, NOV·DEC 2002.
이남구, "한국의 FTA 정책에 관한 연구", 「무역학회지」, 제28권 4호, 한국무역학회, 2003.

이동걸, 『무역과 환경』, 산업연구원, 1995.

이병호, 『한국통상법 및 사례연구』, 한국무역위원회, 2000. 11.

이상정 외, 『기술조치 및 권리관리정보의 보호연구』, 문화관광부, 1999. 12.

이상정, "디지털콘텐츠의 보호", CLIS Monthly, 2003.

이상진 외 1, "전략물자 통제제도의 국제적 변화에 따른 효율적인 수출관리 방안에 관한 연구", 「관세학회지」,제6권 제4호, 2005.

이승영, "중국의 무역구제제도에 관한 연구 -반덤핑제도와 대한 수입규제를 중심으로 -" 한국외국어대학교 대학원 박사학위논문, 2004. 2.

이장완, "중국 반덤핑제도의 실질적 검토", 「무역구제」 제16호 가을호, 2004. 10.

이지석, "전략물자 통제제도의 분석과 전망", 「2006 무역학자 전국대회 발표논문집」, 2006. 8., p. 346~347.

이호생, 『UN지속개발위원회의 논의 현황 및 정책과제』, 대외정책연구원, 1994.

이호생, 『무역과 환경의 연계』, 대외정책연구원, 1995, 12.

이춘삼, 『국제통상법』, 법문사, 2001.

이춘삼, 『무역관계법』, 법문사, 1994.

이춘삼, 『미국의 반덤핑법 - 문제점과 대응전략』 한국경제신문사, 1987

이춘삼, "미국·EU의 상계관세제도에 관한 비교연구", 「무역학회지」 제15권, 한국무역학회, 1990

이춘삼, 『신국제반덤핑법』, 청주대학교 출판부, 2002.

이춘삼, "중국 반덤핑실행의 법적 문제", 「산업경영연구」, 제28권 2호, 청주대학교 산업경영연구소, 2005.

이춘삼, "중국 반덤핑제도의 규범체계", 「산업경영연구」 제27권 1호, 청주대학교 산업경영연구소, 2004. 2.

이춘삼, 『중국통상법』, 대왕사, 2004.

이춘삼, "중국통상의 법적 구조", 「산업경영연구」, 제26권 3호, 청주대학교 산업경영연구소, 2003. 12.

이춘삼 외, "중국의 무역구제제도와 WTO DDA 규범과의 비교연구 -반덤핑 및 상계관세제도를 중심으로-", 「산업경영연구」 제27권 3호, 청주대학교 산업경영연구소, 2004. 12.

이춘삼, 『한국통상법』, 법문사, 1999

임원선, "권리보호를 위한 기술장치와 그 문제점", 계간 저작권, 1996년 겨울호

임원선, "세계지적소유권기구(WIPO) 저작권 조약 및 실연·음반 조약해설", 지적재산권연구, 1998.

장동식, "중국 반덤핑조례에 관한 비판적 분석", 「한국경상논총」, 제18권 제2호, 한국경상학회, 2001. 12.

장동희, "국제환경법의 최근 논의동향", 환경법연구, 제18권, 1996

장승화, "GATT 제3조의 동종물품의 개념", 「서울대법학」, 제37권 제1호, 1996.

장효상, 『국제경제법』, 법영사, 1999.

전성훈, "COCOM, Wassenaar체제 그리고 한국의 안보", 『한반도 군비통제』, 국방부, 2000.

전의천 외, "중국의 반덤핑제소 적용과 법원에 관한 연구", 「산업경제연구」, 한국산업경제학회, 2003.

전정기 외, "중국의 WTO 가입과 통상관련규범의 변화에 따른 한국의 대응방안에 관한 연구", 「국제상학」, 한국국제상학회, 제16권 2호, 2001. 11.

정보통신부, 『2004 문화정책백서』, 2005.

채욱 외, 『WTO 뉴라운드의 규범분야의 논의동향과 한국의 협상전략』, 대외경제정책연구원, 2001.

최경수, "WIPO 저작권조약고 우리의 대응", 「지적소유권법연구」 제4권, 2000. 6.

최낙균 외, 『DDA 협상 총 점검 -2002-』, 대외경제정책연구원, 2002.

최승환, 『국제경제법』, 법영사, 2001.

최승환, "국제전략물자통제체제의 남북경협의 운영방안", 「국제거래법연구」, 제14집

제1호, 국제거래법학회, 2005.

최승환, 『WTO체제상의 환경보호와 통상규제』, 국제법평론-Ⅰ(통권 제4호), 국제법출판사, 1995.

한국관세학회, "전략물자 통제제도의 국제적 변화에 따른 효율적인 수출관리방안에 관한 연구", 「관세학회지」, 한국관세학회, 2005., p. 2.

한국무역협회 무역연구소, "2003년 수출의 국민경제에 대한 파급효과", 2004. 2.

한국무역협회 전략물자무역정보센터, 『전략물자 수출관리 가이드』, 2005.

한국소프트웨어진흥원, 『디지털콘텐츠 보호강화를 위한 법령연구』, 2004.

한국소프트웨어진흥원, 『디지털콘텐츠의 기술보호조치 보호방안에 관한 연구』, 2001. 12.

한국전산원, 『디지털 지적재산권 보호를 위한 법제도 연구』, 2002. 12.

참고문헌 영문

Antony zamparutti and Jon Klavins, "Environment and Foreign Investment in Central and Eastern Europe : Results from a survey of Western Corporation", 124 in OECD, Environmental Policies and Industrial competitiveness, 1993.

Banerjee, Sumitra, "The Antidumping and Subsidy Codes and the Trade Agreements Act of 1979", Unpublished manuscript, Washington : Georgetown University Law Center, 1981.

Barcelo, John J., "An Injury-only Regime(for Imports) and Actionable Subsides" Washington, International Law Institute, 1984.

Bawldwin, R. E., "US Trade Policy, 1945-4988: Foreign Policy To Domestic Policy;ed" by Charles,S,Pearson and James Riedel, The Direction of Trade Policy,1990

Belayneh Seroum, "Export Subsidies under the MTN", Journal of World Trade Law, 1984. 11, 12

Beseler, J. F. and Williams, A.N "Anti-dumping and anti-Subsidy Law" : The European Communities, Sweet & Maxwell, 1986

Bhagwati, J. & Patrick, H. T., "Aggressive Unilatrealism, America's 301", Trade Policy and World Trading System, Univ. of Michigan, 1990

Bierwagen, Rainer M., "GATT Article Ⅵ and the Protectionist Bias in Anti-Dumping Laws", Studies in Transnational Economic Law Vol.7, Kluwer Law and Taxation Publishers, 1990.

Bing Jiang and Alexander E. Ellinger, "Challenges for China-the World's largest anti-dumping target", Business Horizons/May-June, 2003.

Brown, G.A., "Tax Incentives for Exports by Developing Countries", Vol. 26, Bulletin for

International Fiscal Documentation, 1982

Butler, E. Bruce, "Countervailling Duties and Export Subsidization : A Re-emerging ISSUE In International Trade", Virginia Journal of International Law 82-152, 1969.

Elena Ianchovichina and Will Martin, "Trade Liberalization in China's Accession to the World Trade Organization," World Bank Research Paper, June 2001.

FAO, Implementation of WTO Agreement and Multilateral Trade Negotiations : Agreement on the Application of Sanitary and Phytosanitary Measures, TBT and on Subsidies and Countervailing Measures, Committee on Fisheries, Sub-Committee on Fish Trade seventh Session, Bremen, Germany, 22-25 March 2000.

Huang Thomas W., "China Launches its Safeguard Enforcement : A Critical Assessment", Journal of World Trade 37(2), 2003.

J, Elfring, "New Evidence on the Expansion of Service Employment in Advanced Economics," Review of Income and Wealth 35, 1989.

Jackson, John H., and Davery, William J., 『Legal of International Economics Relations』, West Publishing co., 1986.

John H. Jackson and william J. Davey, Legal problems of International Economic Relations, West publishing co, 1986.

John H. Jackson, The world Trading System (Law and policy of International Economic Relation), The MIT Press, 1990.

John H. Jackson, The World Trading System 213 (2nd ed. The MIT Press) 1997.

K.C. Kennedy, "Reroming U.S. Trade Policy the Global Environment : A Multilateral Approach" 18 Harvard Environment Law Review 185 1994.

Krasner, S. D., "The Tokyo Round : Pracicularistic Interests and Prospects for Stability in The Global Trading System", International Studies Quarterly, Dec.1979

Krugman, P., "Geography and International Trade", MIT Press, 1988.

McDonald, Janet, "Trade and the Environment" : Greening the GATT : Harmonizing Free Trade and Environment Protection in the New World Order", Environmental Law vol. 23, 1992.

Michael Byers, "Policing the High Seas : The Proliferation Security Initiative", 98 American Journal of International Law 526, 2004.

Nicolaides Phedon, "Economics Aspects of Services : Implications for GATT Agrements" Journal of World Trade Vol 23., 1989.

Patrick A. Messerlin, "China in the World Organization : Antidumping and Safeguard", The World Bank ECONOMIC REVIEW, Vol. 18., No. 1., 2004.

Petersmann, E., "International Trade Law and International Environmental Law," 27 Jouranl of World Trade 43, Fed. 1993.

Petersmann, Ernst-Ulrish and Hilf, Neinhard, 『The New GATT Round of Multilateral Trade Negotiation(Legal and Economics Problems)』, Klwer Law and Taxation Publishers, 1991.

Robert E. Hudec, Enforcing International Trade Law: The Evolution of the Modern Legal System, Butterworth Legal publication 1993.

S. Charnovitz, "Exploring the Environmental Exceptions in GATT Article X X", 25 journal of World Trade 37, 1991.

Sean D. Murphy, "UN Security Council Resolution on Non-Proliferation of WMD", 98 American Journal of International Law 606, 2004.

Sennator MaxBaucus, Protecting the Global Commons : The Nexus Between Trade and Environmental Policy, Address Before the Institute for International Economics, Oct. 30, 1991.

Si Joong Kim, "Impact of China's Accession to the WTO on Korea's Economy," International Workshop on China's Integration with the World Economy :

Repercussions of China's Accession to the WTO, August 2001.

Stanbrook, C., Internaional Trade Law and Practice, Euromoney Publication Limited, Nestor House, Playhouse Yard, London EC4, 1983.

The United States-China Business Council, “China and the WTO : Critical Issues and Objectives,” June 1998.

USTR, “U.S. China Sign Historic Trade Agreement”, Dec. 14 1999.

USTR, “USTR Barshefsky's Press Remarks Following Negotiations with China on the WTO,” Dec. 14 1999.

참고문헌 중문·일문

高永富·張玉卿, 『國際反傾銷法』, 复旦大學出版社, 2001.

高田昇治, アメリカ通商の展開, 東京布井出版株式會社, 1982.

郭華, “中國的反傾銷現狀与對策”, 「外貿經濟 國際貿易」, 2001, 7期,

國家經濟委反傾銷和反補貼辦公室編, 反傾銷和反補貼保障措施知識讀本 中國經濟出版社, 2001.

唐震, “WTO与反傾銷內在關系的探論”, 「外貿經濟 國際貿易」, 第7期, 2001.

寧宣鳳,“中國におけるアンチグンピング法制およびその運用”, 「國際商事法務」, Vol. 29, No. 3~4, 國際商事法研究所, 2001.

三宅正太郎, 貿易摩擦どカツト, 日本關稅協會, 1984.

西山千明編, 新自由主義 とは 何か, 東京新聞社, 1977

孫恒有, “反傾銷規則的國內國際比較研究”, 『鄭州輕工業學院學報』, 2000. 12. 4期

野崎正剛, 東京ラウンドの全貌, 日本關稅協會, 東京ラウンド研究會, 1980.

羽田昇史(1993), サービヌ經濟學入門, 同文館.

李煉, 『反傾銷法律與實務』, 中國發展出版社, 1999.

日本經濟新聞社, 新通商法ど國際貿易, 1974.

張曉東, "加入WTO与修改中國的反傾銷法", 「國際法學」, 第2期, 2001.

朝倉弘教, 世界關稅史, 日本關稅協會, 1983.

中國對外經濟貿易合作部, 『中國對外經濟貿易白皮書』, 經濟科學出版社., 1999.

中國對外貿易經濟合作部, 〈中國對外經濟貿易白皮書〉 編纂委, 『1999中國對外經濟貿易白皮書』, 經濟科學出版社, 1999.

中國對外貿易經濟合作部〈中國對外經濟貿易白皮書〉編纂委, 『1999中國對外經濟貿易白皮書』, 經濟科學出版社, 1999.

中川 淳司, 中國のアソチダソピソグ, 日本貿易振興機構, 2004.

曾我 貴志, "中國による アンチダンピグ調査·措置發動の 個別案件分析Ⅱ-國內産業 被害認定因果關係 問題點", 2004.

川合 弘造,『中国による アソチグソピソグ 調査·措置発動の 個別事件分析Ⅰ~グソピソグ·マージソ算出関にする問題點』, 中国の アソチグソピソグ, ヅェトロ, 2004.

색인

숫자 · 영문

국문색인

ㄱ

ㄴ

ㄷ

ㅅ

ㅊ

저자약력

이재영(李在英)

- 청주대학교 무역학과 졸업, 경영학 박사
- 청주대학교 대학원 무역학과 수료(경영학석사· 경영학박사)

◀ 경력 ▶

- 청주대학교 경제통상학부 무역학전공 교수(현)
- 국제통상전략연구원 원장(현)
- 청주세관 이의신청 심의위원(현)
- (사)한국전자무역연구원 팀장
- 한국전자거래진흥원 이러닝 수출전략연구회 연구위원
- 청주대학교, 충남대학교, 우송대학교 강사

◀ 저서 및 논문 ▶

- "중국의 반덤핑제도에 관한 연구"논문 외 다수
- 『글로벌 무역의 이해』, 공저, 우용출판사, 2006.
- 『무역 e-마켓플레이스 운영과 실습』, 공저, 유일문화사, 2006.
- 『꼭 알아야 할 무역이야기』, 도서출판 위지, 2005.

국제통상론

2007년 9월 19일 초판 인쇄
2007년 9월 27일 초판 발행

저자 / 이재영
발행인 / 고종식
발행처 / 우용출판사
등록일 / 1997년 11월 25일
출판등록 / 제 2001-1호
주소 / 서울특별시 마포구 망원1동 338-53
전화번호 / 02) 324-6577
팩시밀리 / 02) 324-6177

정가 / 23,000원

ISBN / 978-89-87951-86-7 93320

www.choolpansa.com